www.web-adressbuch.de
Mathias Weber *(Hrsg.)*

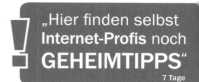

„Hier finden selbst
Internet-Profis noch
GEHEIMTIPPS"
7 Tage

DAS
WEB-
ADRESS-
BUCH FÜR
DEUTSCHLAND
2015

**Ausgewählt: Die 5.000 besten
Surftipps aus dem Internet!**

m.w. VERLAG

Weber, Mathias (Hrsg.)
Das Web-Adressbuch für Deutschland 2015
Ausgewählt: Die 5.000 besten Surftipps aus dem Internet!

ISBN 978-3-934517-46-2

Umwelthinweis: Dieses Buch wurde auf chlorfrei gebleichtem Papier gedruckt.

18. völlig überarbeitete und aktualisierte Auflage
Copyright 1998 bis 2014 by m.w. VERLAG GmbH
Printed in Germany

www.web-adressbuch.de

Redaktion & Marketing: Hannah Küstler, Matthias Reuß, Julia Schubert, Mathias Weber, Angela Widder
Layout, Satz & Anzeigenverwaltung: m.w. VERLAG GmbH, 60486 Frankfurt/Main
Technische Betreuung: Computer Stede, 61137 Schöneck
Druck & Bindung: Parzeller Druck- und Mediendienstleistungen, 36043 Fulda
Vertrieb für den Zeitschriftenhandel: BPV Medien Vertrieb GmbH & Co. KG, Römerstraße 90,
79618 Rheinfelden, Tel.: 07623/96 40, Fax.: 07623/96 42 59
Vertrieb für den Buchhandel: m.w. VERLAG GmbH, Hamburger Allee 45, 60486 Frankfurt,
Tel.: 069/40 89 48 70, Fax.: 069/40 89 48 75

Editorial

Für die vorliegende aktualisierte 18. Auflage unseres Internet-Bestsellers hat die Redaktion die besten Perlen aus den Tiefen des Internets herausgefischt, darunter auch viele neue Surftipps, die bei den Suchmaschinen im Netz nur sehr schwer zu finden sind. Im Gegensatz zu den Suchdiensten im Internet werden unsere Web-Tipps von der Redaktion aufwendig recherchiert und getestet. Sie sind nicht das Ergebnis von automatisiert zusammengestellten Listen, wie z. B. bei Google. Lassen Sie sich von unseren Web-Seiten-Empfehlungen inspirieren!

Auf dem Internet-Portal www.web-adressbuch.de erhalten Sie viele interessante Zusatzinformationen zu unserem Buch, u. a. auch jeden Tag einen neuen, aktuellen Surftipp!

Das Web-Adressbuch ist auch auf Facebook vertreten. Wir würden uns freuen, wenn Sie unserem Auftritt einen Besuch abstatten und einen Kommentar hinterlassen: www.web-adressbuch.de/facebook

Wir wünschen Ihnen viel Spaß beim Schmökern, und dass Sie mit Hilfe unseres Internet-Guides viele neue, interessante Web-Seiten entdecken.

M. Weber

Dipl.-Pol. Mathias Weber
(Herausgeber)

Inhalt

Arbeit & Beruf

Bildung & Lernen

Computer & Software

Einkaufen

Inhalt

Erotik

Essen & Trinken

Freizeit & Hobby

INHALT

Geld & Finanzen

Gesundheit

Ärzte & Apotheken 246

Beauty & Wellness 249

Gesundheitsinformationen 250

INHALT

INHALT

INHALT

Medien

Politik & Behörden

Inhalt

Umwelt

Urlaub & Reise

INHALT

INHALT

Verkehr

Wirtschaft

Index

Inhalt

Legende

Der rote Punkt links neben dem Namen der Web-Seite eines Eintrags signalisiert, dass diese Internet-Seite zusätzlich mit einer farbigen Screenshot-Abbildung präsentiert wird.

Alle Einträge, die mit diesem Siegel versehen sind, besitzen die „s@fer shopping"-Auszeichung des TÜV Süd.

Alle Einträge, die mit diesem Siegel versehen sind, sind im Besitz des „Trusted Shops"-Zertifikats der Trusted Shops GmbH.

Alle Einträge, die mit diesem Siegel versehen sind, wurden vom EHI Retail Institute mit dem Prädikat „Geprüfter Online-Shop" im Rahmen des europaweiten Euro-Label Systems ausgezeichnet.

Alle Einträge, die mit diesem Siegel versehen sind, besitzen das eKomi-Bewertungssiegel.

Das Gütesiegel „Zertifizierte Web-Seite" wird vom m.w. Verlag verliehen und zeichnet nicht nur Online-Shops aus, sondern alle Web-Seiten, die ein aufwendiges Prüfverfahren durchlaufen und bestanden haben.

Hintergrundinformationen über die verschiedenen Siegel können Sie ab Seite 24 nachlesen.

☎ Das Telefonsymbol kennzeichnet eine Telefonnummer.

Anrufe zu Nummern mit der Vorwahl (0800) sind kostenlos aus dem deutschen Festnetz, Mobilfunkpreise können abweichen. Die restlichen angegebenen Nummern sind Festnetznummern, für die je nach Telefontarif die vereinbarten Festnetzgebühren anfallen.

Alle Angaben sind ohne Gewähr.

Gütesiegel für Online-Shops

Zu den wichtigsten empfohlenen Shop-Gütesiegeln im Internet zählen „Trusted Shops", „s@fer shopping" vom TÜV Süd und „Geprüfter Shop" vom EHI Retail Institute. Bei diesen drei Auszeichnungen basiert die Prüfung auf einem umfangreichen Kriterienkatalog, der sich auf die Grundlage von gesetzlichen Vorschriften stützt. Verfügt ein Shop also über eines dieser Gütesiegel, heißt das, dass das jeweilige Zertifizierungsunternehmen die Umsetzung dieser Vorschriften garantiert. Die einzelnen Gütesiegel haben über die gesetzlichen Vorschriften hinaus zudem auch eigene Qualitätskriterien entwickelt.

Trusted Shops

Das Gütesiegel „Trusted Shops" bietet dem Kunden Sicherheit in Form eines integrierten Käuferschutzes. Während des Online-Bestellvorgangs kann sich der Käufer für die Geld-zurück-Garantie anmelden. Der Kaufpreis wird dann dem Käufer erstattet, falls er für eine bereits bezahlte Ware keine Lieferung erhalten hat oder wenn der Kaufpreis nach einer Rückgabe nicht fristgemäß erstattet wurde. Die Höhe dieser Absicherung beläuft sich bei dem für den Kunden kostenlosen Käuferschutz Classic auf maximal 2.500 Euro.

Bei Problemen mit den Online-Shops haben Kunden die Möglichkeit, sich über ein Kontaktformular auf der Homepage oder per Telefon direkt an Trusted Shops zu wenden.

Die Shop-Betreiber werden zudem jährlichen Kontrollen zur Einhaltung der Qualitätskriterien unterzogen.

Beim Erhalt des Gütesiegels werden dem Shop-Betreiber je nach Leistungspaket Gebühren berechnet, die nach Höhe des jährlichen Online-Umsatzes gestaffelt sind.

Weitere Infos: www.trustedshops.com

Safer Shopping

Das Gütesiegel „s@fer shopping" vom TÜV Süd prüft in seinem besonders umfangreichen Kriterienkatalog nicht nur systematisch, ob alle gesetzlichen Vorgaben erfüllt werden, sondern auch die Übersichtlichkeit, den Seitenaufbau, das Navigationskonzept und die benutzerfreundliche Bedienung sowie die Organisation des Shops direkt vor Ort.

Ein Beschwerdeverfahren wird auch bei „s@fer shopping" angeboten. Dabei tritt der TÜV Süd als Vermittler zwischen Kunde und Online-Händler bei eventuellen Konflikten auf.

Nicht nur Shops können die Auszeichnung „s@fer shopping" erhalten: Für Web-Seiten mit Preisvergleichen, Reisebuchungen und Online-Versicherungen bietet das Siegel ein zusätzliches Prüfungskonzept.

Konkrete Kosten für die Shop-Betreiber sind für diese Auszeichnung nicht festgelegt, da jeder Online-Shop ein individuelles Angebot erhält.

Weitere Infos: www.safer-shopping.de

Geprüfter Online-Shop

Das Siegel „Geprüfter Online-Shop" wird vom wissenschaftlichen EHI Retail Institute vergeben, zu dessen Mitgliedern internationale Handelsunternehmen und deren Branchenverbände, Hersteller von Konsum- und Investitionsgütern sowie verschiedene Dienstleister gehören. Jeder zertifizierte Shop wird dabei jährlich in vollem Umfang neu überprüft.

Zusätzlich zu den gesetzlichen Vorschriften ist für dieses Siegel Voraussetzung, dass neben der Bezahlung per Vorkasse noch mindestens eine weitere Zahlungsmethode angeboten wird. Wie bei den zuvor genannten Siegeln steht man den Kunden auch hier mit einem Beschwerdemanagement zur Seite, falls es zu Problemen mit Verkäufern kommt.

Die Kosten für dieses Gütesiegel richten sich nach Umsatz des Unternehmens und starten ab 750 Euro im Jahr.

Weitere Infos: www.shopinfo.net

Gütesiegel für Web-Seiten

Mit dem Gütesiegel „Zertifizierte Web-Seite" werden nicht nur Online-Shops ausgezeichnet, sondern alle Web-Seiten, die sich einer umfassenden Prüfung unterziehen und deren Qualitätskriterien erfüllen. Verliehen wird diese Auszeichung vom m.w. Verlag, der die Einhaltung der Prüfkriterien jedes Jahr aufs Neue in Zusammenarbeit mit einer Rechtsanwaltskanzlei kontrolliert. Hierfür werden sowohl die gesetzlichen Vorschriften überprüft, die für Betreiber von Web-Seiten gelten, als auch Aspekte wie Benutzerfreundlichkeit und Inhalt, die für die Internet-Surfer beim Besuch einer Internet-Seite von Bedeutung sind.

Zertifizierte Web-Seite

Bereits seit 1997 testet und bewertet die Redaktion des Internet-Bestsellers „Das Web-Adressbuch für Deutschland" deutschsprachige Web-Seiten und veröffentlicht die besten Online-Auftritte in diesem Internetguide. Die Redaktion hat ein Test- und Prüfverfahren für Web-Seiten entwickelt, um die seriösen Anbieter im Internet zu filtern.

Für das Gütesiegel „Zertifizierte Web-Seite" wurden die Qualitätskriterien umfangreich erweitert und verfeinert. Web-Seiten, die dieses Gütesiegel tragen, haben sich verpflichtet, die strengen Qualitätskriterien dauerhaft einzuhalten. Dies dient der Sicherheit der Internet-Nutzer, aber auch der Seitenbetreiber, da diese das Risiko einer teuren Abmahnung reduzieren.

Überprüft wird unter anderem der Aufbau der Web-Seiten hinsichtlich Benutzerfreundlichkeit, wie etwa übersichtliche Menüführung und klare Strukturierung. Außerdem wird großer Wert darauf gelegt, dass möglichst wenig Fremdwerbung zu sehen ist und dass sich keine Flut unerwünschter Pop-up-Fenster sowie störende Banner oder Werbevideos öffnen, die den Inhalt der Seite überlagern und erst vom Nutzer weggeklickt werden müssen. Weiterhin dürfen keine versteckten Viren und Dialer vorhanden sein. Zudem sollte sich die Web-Seite durch schnelle Ladezeiten sowie einen barrierefreien Aufbau auszeichnen.

Ein weiteres Kriterium ist der Inhalt der Web-Seiten, der möglichst umfangreich sein sollte (z. B. aktuelle Meldungen, Hintergrundberichte, Link-Verzeichnisse, Buchbesprechungen, Insider-Tipps, Produktinformationen etc.) sowie ein großes Service-Angebot beinhalten sollte. Die Texte auf der Web-Seite müssen in deutscher Sprache verfasst sowie verständlich und gut zu lesen sein.

Für das Zertifikat ist außerdem eine vollständige Betreiberkennzeichnung inklusive Datenschutzerklärung erforderlich, d. h. die gesetzlichen Vorschriften für das Impressum müssen erfüllt sein. Auch weitere obligatorische Angaben, wie z. B. die Umsatzsteuer-Identifikationsnummer bei umsatzsteuerpflichtigen Seitenbetreibern, Handelsregisternummern sowie Einträge im Vereins-, Genossenschafts- oder Partnerschaftsregister dürfen nicht fehlen. Zudem muss eine einfache Möglichkeit der Kontaktaufnahme mit dem Web-Seitenbetreiber sichergestellt sein.

Der Serverstandort bzw. der Sitz des Providers einer zertifizierten Web-Seite sollte in der Europäischen Union liegen. Sie darf keine kinderpornographischen, politisch extremistischen und gewaltverherrlichenden Inhalte enthalten. Wird ein Forum angeboten, muss dieses durch den Betreiber moderiert und kontrolliert werden.

Die rechtliche Prüfung der zertifizierten Web-Seiten erfolgt durch die renommierte Anwaltskanzlei lexTM unter Berücksichtigung der jeweils aktuell gültigen Rechtsprechung.

Der Mitgliedsbeitrag für dieses Gütesiegel beträgt 599 Euro pro Jahr.

Weitere Infos: www.zertifizierte-web-seite.de

www.gruenderszene.de

gruenderszene.de

Mitarbeiterführung, Rechtsklauseln, Suchmaschinenoptimierung, Projektmanagement und Vitamin B – wer sich selbstständig gemacht hat, der muss sich mit vielen neuen Themen vertraut machen. Im Magazin Gründerszene finden Existenzgründer und Jungunternehmer zahlreiche informative Startup-Porträts. Wenn Sie wissen möchten, welche Rechtsform die Richtige für Ihr Unternehmen ist und wo Sie am besten Stellenausschreibungen veröffentlichen sollten, sind Sie hier goldrichtig. Expertenbeiträge, Videointerviews, ein Gründerlexikon sowie eine Datenbank mit Investoren und branchenrelevanten Seminaren helfen Ihnen, stets einen klaren Kopf zu bewahren.

www.beroobi.de

beroobi

Schluss mit langweiligen Berufsbeschreibungen, unter denen sich niemand etwas vorstellen kann! Hier kannst Du Ausbildungsberufe aktiv erleben und den Job finden, der wirklich zu Dir passt. Der Beruf-O-Mat ermittelt anhand persönlicher Stärken passende Berufsbilder und Berufszweige für Dich. Wer sich lieber überraschen lässt, kann am Zufallsrad drehen oder sich einfach durch die Berufe-Galerie klicken. Hat man einen interessanten Beruf gefunden, kann man sich Erfahrungsinterviews anderer Azubis anschauen, interaktiv den Arbeitsplatz eines Optikers oder Bäckers erkunden sowie jede Menge Infos zum Tagesablauf, den Tätigkeiten und Perspektiven finden.

www.venturetv.de

Venture TV

Alles fängt mal klein an! Das wissen vor allem die Betreiber von VentureTV, die sich intensiv mit ausgefallenen und manchmal auch verrückten Geschäftsideen von bereits etablierten Firmen oder auch Start-ups befassen. Was gehört zu einem erfolgreichen Geschäftskonzept und was sollte man auf dem Weg in die Selbstständigkeit unbedingt beachten? Hier stehen nicht nur Geschäftsführer von Youtube, Twitter & Co. Rede und Antwort und geben aufstrebenden Führungskräften Tipps und Tricks mit auf den Weg, auch Jungunternehmer von Firmen wie AvatR, Chocri oder Froodies stellen sich vor, erzählen von Herausforderungen und vom Geheimnis ihres Erfolgs.

www.iwwb.de

Info-Web Weiterbildung

Im Leben lernt man nie aus. Gerade in der heutigen Zeit muss man sich weiterbilden, um auf dem Arbeitsmarkt eine Chance zu haben. Der ideale Ausgangspunkt zur Recherche nach dem passenden Kursangeboten ist diese Meta-Suchmaschine, die alle wichtigen regionalen und überregionalen Weiterbildungsdatenbanken durchsucht. Wo finde ich den nächsten Management-Workshop? Gibt es in meiner Stadt ein Rhetorik-Seminar? Wo gibt es eine Einführung in die Kinesiologie? Die umfangreiche Datenbank erfasst über eine Million Kurse in Deutschland und leitet zum jeweiligen Anbieter weiter, bei dem man sich dann direkt anmelden kann.

www.bewerbung-forum.de

bewerbung-forum.de

Wie bewirbt man sich erfolgreich um eine Arbeitsstelle? Ganz gleich, ob Sie Berufsanfänger sind, oder nach längjähriger Berufserfahrung eine neue Herausforderung suchen, bei der Bewerbung herrscht doch immer eine leichte Unsicherheit, wie man sich idealerweise präsentiert. Hier finden Sie hilfreiche Tipps für das richtige Anschreiben und den optimalen Lebenslauf mit entsprechenden Mustervorlagen. Im Forum können Sie sich mit anderen Bewerbern über Ihre Erfahrungen austauschen. Wer doch lieber professionelle Hilfe in Anspruch nehmen möchte, ist auf der Web-Seite www.berufszentrum.de mit zahlreichen kostenpflichtigen Bewerbungsvorlagen gut aufgehoben.

www.promotionbasis.de

promotionbasis.de

„Jobvermittlung mit System" lautet das Motto dieses Portals, welches speziell auf den Promotion-, Messe- und Eventbereich zugeschnitten ist. Gut strukturiert und mit übersichtlichem Design. Die Jobsuche kann nach Aktualität, Region, Branche oder Tätigkeit eingegrenzt werden. Ideal für Messen ist die Rubrik „Mitwohnservice", in der für fast alle Großstädte kostenlose Unterkunftsmöglichkeiten gelistet und verwaltet werden. Nutzen Sie die Möglichkeit, Ihre eigene SetCard mit Foto anzulegen, die dann mit jeder Bewerbung automatisch an Agenturen übermittelt wird. Der Weg in die Selbstständigkeit ist nur noch zwei Mausklicks von Ihnen entfernt!

www.arbeitsrecht.de

arbeitsrecht.de

Jeder Arbeitnehmer sollte seine Rechte kennen! Auf diesem Portal finden Sie Infos zu den verschiedenen Anliegen in Sachen Arbeitsrecht von A wie Abfindung bis Z wie Zeitarbeit. Hier können Sie Richtersprüche und Urteile, egal ob zum Mutterschutz, zum Tarifvertragsgesetz oder zum Kündigungsschutz, sowie Expertenartikel nachlesen. Sollte dabei das Juristendeutsch zu unverständlich sein, werden im Rechtslexikon Begriffe wie Abdingbarkeit, Effektivgarantieklausel oder Mankohaftung verständlich erklärt. Wenn Sie den fachlichen Rat eines Juristen brauchen, werden Sie im Verzeichnis der Anwälte für Arbeitsrecht fündig.

www.jobrobot.de

JobRobot

„JobRobot sucht – und Sie finden!" lautet das Motto dieser Jobsuchmaschine, die aus über 80 Jobdatenbanken und Jobbörsen ca. 500.000 offene Stellen zusammenträgt. Auf Grund dieses umfangreichen Anbieter-Pools sind die Chancen, hier auf ein passendes Angebot zu stoßen, ziemlich gut. Die Suche erfolgt atemberaubend schnell und weist eine hohe Trefferquote auf – da empfiehlt es sich, die Suche durch Optionen wie branchenspezifische Angaben, den Postleitzahlenbereich oder Stichwörter einzugrenzen. Auch die Veröffentlichung eines eigenen Stellengesuches ist möglich. Im Bewerberforum erhält man Tipps für die richtige Bewerbung.

Allgemein

imgriff.com

www.imgriff.com
imgriff.com beschäftigt sich mit den täglichen Problemen der Arbeitswelt und zeigt Tipps für mehr Produktivität.

JobTV24.de
info@jobtv24.de

www.jobtv24.de
Videoplattform für Job, Karriere und Existenzgründung mit über 1.000 Filmen, in denen sich Unternehmen präsentieren.

karrierebibel.de
info@karrierebibel.de

karrierebibel.de
Dieser Blog gibt hilfreiche Tipps rund um Karriere, Job und Bewerbung und informiert über den aktuellen Arbeitsmarkt.

kununu
office@kununu.com

www.kununu.com
Auf der Arbeitgeberbewertungsplattform berichten Mitarbeiter über ihr Arbeitsverhältnis und zeichnen Top-Arbeitergeber aus.

Arbeitslosigkeit

Erwerbslosen Forum Deutschland
info@erwerbslosenforum.de

www.erwerbslosenforum.de
Ausführliche Informationen rund um Hartz IV, mit einem Forum und Download-Bereich für unterschiedliche Anträge.

Arbeitsrecht

Arbeitsrecht
mail@info-arbeitsrecht.de

www.info-arbeitsrecht.de
Wissenswertes zum Individual- und Kollektivarbeitsrecht sowie zum Arbeitsgerichtsprozess für Arbeitgeber und Arbeitnehmer.

arbeitsrecht.de
redaktion@arbeitsrecht.de

www.arbeitsrecht.de
Fachportal für Arbeits- und Sozialrecht mit Informationen über aktuelle Rechtsprechung und Gesetzgebung.

Au-pair

AuPair
info@aupair.de

www.aupair.de
Die Internationale Sprach- und Studienreisen GmbH vermittelt Au-pairs in die USA und andere Länder.

aupair kontakt

www.aupairkontakt.de
Suchdienst für Gastfamilien in Deutschland und Au-pairs aus der ganzen Welt, die eine deutsche Gastfamilie suchen.

Au-pair-Agenturen.de
info@au-pair-agenturen.de

www.au-pair-agenturen.de
Ein umfassendes Verzeichnis deutscher Au-pair-Agenturen sowie Informationen und Tipps für Au-pairs und Gastfamilien.

Aupairnet24
info@aupairnet24.com

www.aupairnet24.com
Netzwerk für die Au-pair-Vermittlung. Ausführliche Profile und eine detaillierte Suche helfen, ein Au-pair zu finden.

Ausbildung/Allgemein

AlleBerufe.de

www.alleberufe.de
Portal für alle etwa 350 amtlich anerkannten Ausbildungsberufe.

ausbildung.de
info@employour.de

www.ausbildung.de
Alles rund ums Thema Ausbildung mit umfangreicher Datenbank und Informationen zu verschiedenen Berufen.

● AZUBIYO
mail@azubiyo.de

www.azubiyo.de
Auf diesem Portal lassen sich mit Hilfe des kostenlosen Berufswahltests passende Stellenangebote für Lehrstellen und duale Studienplätze filtern. Über das Bewerberprofil kann man sich zudem auch von Ausbildungsbetrieben finden lassen, die auf der Suche nach geeigneten Bewerbern sind. **(Siehe Abbildung)**

beroobi	**www.beroobi.de**
	beroobi ist ein Portal, das Jugendlichen auf multimediale und interaktive Weise zukunftsträchtige Ausbildungsberufe vorstellt.
Deutscher Bildungsserver	**www.bildungsserver.de**
dbs@dipf.de	Sehr umfangreicher Web-Katalog zum Thema Bildung und Ausbildung.
ichhabpower.de	**www.ichhabpower.de**
kontakt@wassollwerden.de	ichhabpower.de hilft jungen Menschen bei der Suche nach einem geeigneten Beruf.
Industrie- und Handelskammertag	**www.dihk.de**
	Portal der IHK-Organisation in Deutschland, Infos zu Aus- und Weiterbildung, Standortpolitik und Starthilfe.
Meisterschulen	**www.meisterschulen.de**
info@meisterschulen.de	Die wichtigsten Informationen zu Industrie- und Handwerksberufen, zudem eine Übersicht von über 3.000 Meisterschulen.
planet-beruf.de	**www.planet-beruf.de**
redaktion@planet-beruf.de	Alles rund um Berufswahl und Bewerbung für Schüler, Lehrer, Eltern. BERUFE-Universum, Bewerbungstraining, Reportagen.
Stuzubi - bald Student oder Azubi	**www.stuzubi.de**
info@stuzubi.de	Das Karriereportal zu den Themen Ausbildung, Studium und Duales Studium (mit Stellenbörse).

Ausbildung/Fernunterricht

Distance and Independent Studies Center	**www.zfuw.uni-kl.de**
info@disc.uni-kl.de	Informationen zum berufsbegleitenden Master-Fernstudium und zur wissenschaftlichen Weiterbildung.
Europäische Fernhochschule Hamburg	**www.euro-fh.de**
information@euro-fh.de	Dieses umfangreiche Fernstudien-Programm legt seinen Schwerpunkt auf die Richtungen Wirtschaft, Recht und Management.

AZUBIYO

www.azubiyo.de

Fernakademie für Erwachsenenbildung
kursinfo@fernakademie-klett.de

www.fernakademie-klett.de
Die Fernakademie für Erwachsenenbildung bietet in drei Fachakademien über 170 Lehrgänge mit hochwertigen Abschlüssen an.

Fernschule ILS
kursinfo@ils.de

www.ils.de
Großes Angebot an Fernlehrgängen: Schulabschlüsse, Fremdsprachen, Wirtschaft und Beruf, EDV/Informatik und Medien.

FernUniversität in Hagen
info@fernuni-hagen.de

www.fernuni-hagen.de
An der FernUniversität in Hagen studiert man räumlich und zeitlich flexibel neben Beruf und Familienarbeit.

Hamburger Akademie für Fernstudien
info@haf-mail.de

www.akademie-fuer-fernstudien.de
Ausführliche Informationen zu mehr als 200 staatlich zertifizierten Fernlehrgängen.

Wilhelm Büchner Hochschule
info@wb-fernstudium.de

www.wb-fernstudium.de
Hochschule für Technik mit den Bereichen Ingenieurwissenschaften, Informatik, Digitale Medien und Technologiemanagement.

Ausbildung/Lehrstellen

AUBI-plus
info@aubi-plus.de

www.aubi-plus.de
Ausbildungsportal mit Ausbildungsbörsen, Berufs-Scout, Bewerbungs- und Prüfungstipps, Weiterbildung und Forum.

ausbildungsstelle.com
info@ausbildungsstelle.com

www.ausbildungsstelle.com
Hier finden Jugendliche eine Ausbildung und Arbeitgeber ihre Bewerber. Kostenfrei und seit 10 Jahren online. **(Siehe Abbildung)**

Azubitage.de

www.azubitage.de
Informationen zu den Ausbildungsmessen sowie eine umfangreiche Ausbildungsplatz- und Studienplatzbörse.

Azubi-topline.de
info@jobware.de

www.azubi-topline.de
Ausbildungs- und Lehrstellenangebote mit übersichtlichen Trefferlisten, regionaler oder deutschlandweiter Suchfunktion.

ausbildungsstelle.com   **www.ausbildungsstelle.com**

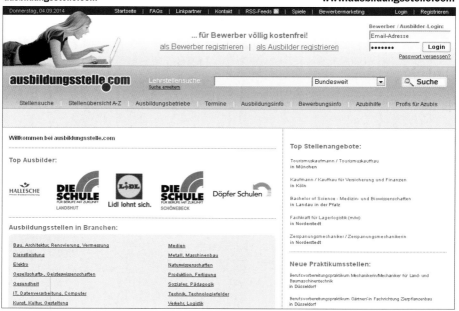

IHK-Lehrstellenbörse
kiss.markus@dihk.de

www.ihk-lehrstellenboerse.de
Betriebe können hier ihre Ausbildungsplätze anbieten und Jugendliche können nach Lehrstellen suchen.

PRAKTIKA für Studierende

www.jobware.de/Praktikum
Praktika und Nebenjobs aus 80 Bereichen für Studenten und Absolventen.

Ausbildung/Medien & Multimedia

Bayerische Akademie für Fernsehen
info@fernsehakademie.de

www.fernsehakademie.de
Studiengänge für Fernsehjournalismus, Kamera, Schnitt und 3D-Animation. Aufbaustudium zum TV-Produktionsmanager.

EurAka
info@euraka.de

www.euraka.de
Aus- und Weiterbildung, Event-Management und -Technik, Koordination und Vernetzung von Bildungsträgern und Einrichtungen.

Macromedia.de
info.muc@macromedia.de

www.macromedia.de
Bildungsangebote von Macromedia: Studiengänge und Berufsausbildungen für die Werbe-, Film-, TV- und Veranstaltungsbranche.

Medienstudienfuehrer.de
info@medienstudienfuehrer.de

www.medienstudienfuehrer.de
Über 950 Studiengänge und Weiterbildungsangebote aus dem Medienbereich auf einen Blick: etwa Studieninhalte und Fristen.

● **Mediengestalter.info**
info@mediengestalter.info

www.mediengestalter.info
Community für Medienschaffende und Mediengestalter Digital- und Printmedien (Print/Non-Print) und Bild und Ton. Themen sind Ausbildung, Prüfungen und Beruf, Web- und Mediendesign, Medien-Produktion, Wissensvermittlung und Kreatives. Die Seite bietet einen umfangreichen Forenbereich. **(Siehe Abbildung)**

Mediengestalter.info   **www.mediengestalter.info**

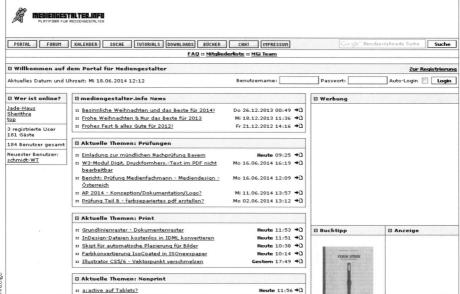

Ausbildung/Versicherungen

BWV Bildungsverband
info@bwv.de

www.bwv.de
Überregionales Bildungsprogramm und umfangreiche Lehr-, Lern- und Informationsangebote für die Versicherungswirtschaft. Infos über den beruflichen Einstieg, über Aus- und Weiterbildung durch Lehrgänge und Seminare, auch im Bereich Neue Medien sowie Allgemeines zur Karriere. **(Siehe Abbildung)**

gut beraten
info@gutberaten.de

www.gutberaten.de
„gut beraten" ist die Weiterbildungsinitiative der Versicherungswirtschaft für alle Mitarbeiter im Außendienst. Der Vermittler kann auf einer überbetrieblichen Plattform Art und Umfang seiner Weiterbildung dokumentieren. Kunden können sich so ein Bild von der Qualität ihres Beraters machen. **(Siehe Abbildung)**

Auslandsjobs

Zentrale Auslands- und Fachvermittlung
zav@arbeitsagentur.de

www.ba-auslandsvermittlung.de
Fachvermittlung: Vermittlung von Führungskräften in mittelständische Unternehmen. Außerdem Vermittlung von Künstlern.

Auswandern

Auswandererforum.de

www.auswandererforum.de
Diskussionsforum zum Thema Leben und Arbeiten im Ausland. Es gibt viele einzelne Länderforen.

auswandern info
info@auswandern-info.com

www.auswandern-info.com
Infos und Hilfestellungen für Auswanderer: Fremdsprachen lernen, Hotel- und Flugbuchung, Länder im Überblick, weitere Ratgeber.

BWV Bildungsverband   **www.bwv.de**

Auswandern-webforum.de
info@auswandern-webforum.de

www.auswandern-webforum.de
Im Forum diskutieren Ausgewanderte mit Auswanderungswilligen und geben hilfreiche Tipps.Mit Videos von Traumzielen und einem virtuellen Fotoalbum.

wohin-auswandern.de
kg@nomaden-web.de

www.wohin-auswandern.de
Großer Ländervergleich für die Suche nach dem richtigen Auswanderungsland. Mit Länderreportagen und Interviews. Die Unternehmensbörse bringt Unternehmer und Verkäufer im Ausland zusammen.

Betriebsräte

SoliServ.de

www.soliserv.de
Datenbank für Betriebsräte und Arbeitnehmer mit arbeits- und sozialrechtlichen Urteilen und Links zu Gewerkschaften.

Büromanagement & Sekretariat

**Bundesverband Sekretariat
und Büromanagement e. V.**
info@bsb-office.de

www.bsboffice.de
Berufsverband, Netzwerk für Office-Professionals: Branchenrelevante Infos und Veranstaltungen, Aus- und Weiterbildung.

sekretaria.de
info@sekretaria.de

www.sekretaria.de
Die Service- und Karriereplattform für Sekretariat und Assistenz bietet Tipps, Tricks und Tools rund um die Themen Büroorganisation, Korrespondenz, Computer und Karriere. In den beliebten Foren findet ein reger Erfahrungsaustausch unter Kolleginnen und Kollegen aus ganz Deutschland statt.

gut beraten   **www.gutberaten.de**

Bewerbung & Arbeitszeugnisse

arbeits-abc.de
infos@arbeits-abc.de

www.arbeits-abc.de
Tipps zur Bewerbung und zum Vorstellungsgespräch. Kostenpflichtige Mustervorlagen für die erfolgreiche Bewerbung.

Arbeitszeugnis
arbeitszeugnis@ziel-gmbh.de

www.arbeitszeugnis-info.de
Hier kann man ein Arbeitszeugnis in nur 20 Sekunden am Bildschirm erstellen. Außerdem ein Zeugnisprogramm zum Downloaden.

Berufszentrum
kundenservice@berufszentrum.de
☎(05731) 84 207 35

www.berufszentrum.de
Deutscher und englischer Bewerbungsservice. Professionelle Erstellung und Überprüfung von Bewerbungsunterlagen. 5.000 Muster in MS-Word zu Anschreiben, Lebenslauf, Arbeitszeugnis und Arbeitsvertrag sofort per E-Mail. Kostenloser Bewerbungsratgeber. Seminare und Coaching für Fach- und Führungskräfte.
(Siehe Abbildung)

Bewerben.de – Online-Bewerbungsservice
info@bewerben.de

www.bewerben.de
Unterstützung von Fach- und Führungskräften im gesamten Bewerbungsprozess vom Bewerbungsschreiben bis zur Karriereplanung.

bewerbung-forum.de
service@bewerbung-forum.de

www.bewerbung-forum.de
Infos rund um das Zusammenstellen einer Bewerbung: Anschreiben, Lebenslauf, Fotos sowie Tipps für Bewerbungsgespräche.

BewerbungsShop24
kundenservice@bewerbungsshop24.de

www.bewerbungsshop24.de
Online-Shop und Spezialversand für exklusive und günstige Bewerbungsmappen sowie professionelles Zubehör zur Bewerbung.

Bewerbung-Tipps.com
webmaster@bewerbung-tipps.com

www.bewerbung-tipps.com
Von der Umsetzung einer schriftlichen Bewerbung bis hin zum Anschreiben-Check. Zudem ein großes Forum.

CVOne.de
info@cvone.de

www.cvone.de
Software zur Erstellung von eigenen Videobewerbungen, inklusive Bewerbungs-Homepage und Hosting der Bewerbung.

Existenzgründung & Selbstständigkeit

BMWI Existenzgründer-Portal
info@bmwi.bund.de

www.existenzgruender.de
Der optimale Einstieg für alle Gründerinnen und Gründer: Infomaterial, Check-Listen, Experten-Interviews und Datenbanken.

deutsche startups

www.deutsche-startups.de
Informationen über deutsche Start-ups und deren Investoren.

förderland
info@foerderland.de

www.foerderland.de
Unabhängiges, bundesweites Informations- und Nachrichtenportal für Gründer und Unternehmer.

freelance.de
team@freelance.de

www.freelance.de
Freelance.de bringt Freiberufler und Projekte zusammen. Aus allen Branchen findet man hier Freelancer und Projektangebote.

Für-Gründer.de
info@fuer-gruender.de

www.fuer-gruender.de
Großes Wissensportal zur Existenzgründung mit Kapitalgeber- und Förderdatenbank sowie Dienstleister- und Beraterbörse.

gruenderszene.de
redaktion@gruenderszene.de

www.gruenderszene.de
Das Existenzgründungsmagazin bietet Informationen und Links zu allen Themen rund um die Selbstständigkeit.

Venture TV
kontakt@venturetv.de

www.venturetv.de
Web-Seite mit Interviews von Geschäftsgründern: Erfahrungen, Informationen und Ideen zur Selbstständigkeit.

Existenzgründung & Selbstständigkeit/Franchise

Franchise Direkt
diana@franchisedirekt.com

www.franchisedirekt.com
Franchise Direkt vermittelt Existenzgründern detaillierte Informationen über lokale und internationale Franchise-Unternehmen.

franchise-net
info@franchise-net.de

www.franchise-net.de
Das Online-Portal für Existenzgründer, Franchise-Geber und -Dienstleister bietet aktuelle Infos zum Thema Franchising.

FranchisePORTAL
contact@franchiseportal.de

www.franchiseportal.de
Das FranchisePORTAL bietet zahlreiche Angebote für die Existenzgründung oder ein zweites berufliches Standbein.

Gewerkschaften

Deutscher Gewerkschaftsbund
info.bvv@dgb.de

www.dgb.de
Infos zum DGB und zu Themen wie Tarifpolitik, Mitbestimmung, Bildungspolitik, Altersvorsorge und Migrationspolitik.

Lohn & Gehalt

companize
redaktion@companize.com

www.companize.com
Kostenfreier Gehaltsvergleich bis auf die Ebene von Kollegen derselben Firma sowie Bewertung von Arbeitgebern.

GehaltsCheck.de
info@gehalts-check.de

www.gehalts-check.de
Gehaltsvergleich mit über 500.000 Gehaltsprofilen und ein Brutto-Netto-Rechner zur Berechnung des Einkommens.

gehaltsvergleich.com
info@gehalts-check.de

www.gehaltsvergleich.com
Datenbank, mit der man seinen Arbeitsmarktwert mit anderen Menschen vergleichen kann.

Lohnspiegel.de

www.lohnspiegel.de
Der kostenlose Lohn- und Gehaltscheck bietet Informationen zu 280 Berufen.

Nettolohn.de
kontakt@nettolohn.de

www.nettolohn.de
Kostenlose Berechnung des Nettolohns unter Berücksichtigung der Sozialabgaben.

Praktikumsstellen & Praktikumsbörsen

Career-contact
info@career-contact.de

www.career-contact.net
Wegweiser für Jobs und Praktika im Ausland: Infos zu einzelnen Ländern, zu Programmen sowie zu Arbeitsbedingungen.

meinpraktikum.de
info@employour.de

www.meinpraktikum.de
Bewertungsplattform, auf der man Informationen über die zukünftige Praktikumsstelle einholen kann. **(Siehe Abbildung)**

monster.de

www.monster.de
Praktikumsstellen in allen Berufsfeldern.

Praktika.de
service@praktika.de

www.praktika.de
Datenbanken und Informationen zu den Themen Praktikum, Auslandsjobs, Berufseinstieg und Diplom.

Praktikum.info
kontakt@praktikum.info

www.praktikum.info
Angebote und Gesuche von Praktika, Diplomarbeiten, Studentenjobs, Stellenangeboten oder Praxissemesterplätzen.

praktikumsanzeigen.info
service@praktikumsanzeigen.info

www.praktikumsanzeigen.info
Über 6.000 Praktika, Trainee-Positionen und Einstiegsjobs im In- und Ausland.

meinpraktikum.de   **www.meinpraktikum.de**

Seminare & Weiterbildung

allekurse.de
info@allekurse.de

www.allekurse.de
Bildungsportal für Beruf und Freizeit. Über 65.000 Kurse aus den Bereichen EDV, Kultur, Health, Sport und Wirtschaft.

edudip
info@edudip.com

www.edudip.com
Plattform für Online-Seminare. Trainer finden oder Seminare abhalten. Unternehmen können auch interne Schulungen anbieten.

emagister.de
info@mail.emagister.de

www.emagister.de
Plattform, die Aus- und Weiterbildungsanbieter mit Kurssuchenden zusammenbringt.

IHK.Online-Akademie
info@ihk-online-akademie.de

www.ihk-online-akademie.de
IHK-Online-Qualifizierungsangebote und Informationen rund um die berufliche Bildung und relevante Wirtschaftsthemen.

Info-Web Weiterbildung

www.iwwb.de
Meta-Suche nach Kursen in regionalen und überregionalen Weiterbildungsdatenbanken.

semigator

www.semigator.de
Über 150.000 Schulungen und Seminare für Marketing, Personalmanagement, Sprachen, IT, Jura und das Gesundheitswesen.

● **frontline consulting group**
info@frontline-consulting.de
☎(089) 500 77 97 0

www.frontline-consulting.de
Die frontline consulting group ist Premium-Anbieter von Praxis-Transfer-Trainings für das Optimieren persönlicher Kompetenzen in den Bereichen Management, Führung, Rhetorik, Kommunikation, Verkauf, Vertrieb und Projektmanagement. **(Siehe Abbildung)**

Stellenmarkt/Allgemein

indeed.de

www.indeed.de
Suchmaschine für Stellenanzeigen und Praktika von Online-Job-börsen, Zeitungen, Verbänden und Unternehmen.

Jobbörse.com

www.jobbörse.com
In dieser Jobsuchmaschine finden sich über zwei Mio. Arbeitsstellen.

jobisjob.de
info@jobisjob.com

www.jobisjob.de
Eine Jobsuchmaschine, die es ermöglicht, die interessantesten Stellenangebote aus einer Vielzahl von Jobbörsen zu finden.

Jobs.de
info@jobs.de

www.jobs.de
Reine Suchmaschine für Jobs, die das Internet nach Jobangeboten auf Unternehmensseiten durchsucht und diese auflistet.

Jobscanner
info@jobscanner.de

www.jobscanner.de
Der Suchroboter durchforstet regelmäßig die Web-Seiten bedeutender Unternehmen nach aktuellen Jobs.

Jobturbo.de

www.jobturbo.de
Jobturbo durchsucht Stellenanzeigen von Zeitungen und Online-Stellenbörsen.

jooble.org

www.jooble.org
Diese Suchmaschine durchsucht das Internet weltweit nach Jobs.

● **JobRobot**
info@jobrobot.de

www.jobrobot.de
JobRobot ermittelt täglich ca. 700.000 aktuelle Jobs aus über 80 Jobbörsen und 20.000 Firmen-Web-Seiten und stellt diese übersichtlich mit direkten Links zusammen. Dazu gibt es einen Veranstaltungskalender für Events rund um Ausbildung und Karriere. Außerdem Bewerbungstipps und aktuelle Arbeitsrechtsurteile.
(Siehe Abbildung)

JobRobot   **www.jobrobot.de**

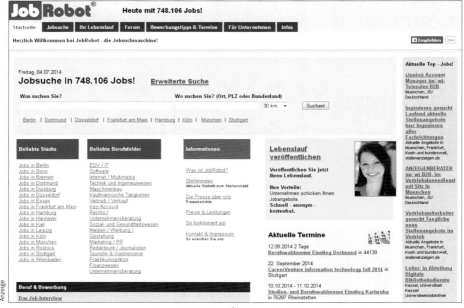

Kimeta
mail@kimeta.de

www.kimeta.de
Die Kimeta-Jobsuchmaschine findet über eine Million aktuelle Stellenangebote und Jobs auf Jobbörsen und Karriereseiten.

njobs

www.njobs.de
Die übersichtliche Jobsuchmaschine findet Stellen in sechs europäischen Ländern.

opportuno
mail@opportuno.de

www.opportuno.de
Stellenanzeigen, Praktika und Diplomarbeiten von über 3.000 Firmen-Web-Seiten und Online-Jobbörsen.

renego

www.renego.de
Renego durchsucht alle verfügbaren Jobbörsen, direkte Stellenangebote von Unternehmen und Personaldienstleistern.

yovadis.de
service@yovadis.com

www.yovadis.de
Eine Suchmaschine durchforstet Internet-Stellenbörsen und Firmen-Homepages selbstständig nach Stellenausschreibungen.

Stellenmarkt/Allgemein/Jobbörsen

Bundesagentur für Arbeit
zentrale@arbeitsagentur.de

www.arbeitsagentur.de
Informationen zur Berufs- und Studienwahl und zu Geldleistungen der Bundesagentur. Mit Stellenangeboten und Bewerberprofilen.

Eures
empl-eures@cec.eu.int

ec.europa.eu/eures
Freie Stellen in 29 europäischen Ländern, Lebensläufe von Bewerbern, Infos zum Thema Leben und Arbeiten im Ausland.

job-consult.com
info@job-consult.com

www.job-consult.com
Auf dem übersichtlich gestalteten Internet-Stellenmarkt können sowohl Bewerber als auch Unternehmen kostenfrei ihre Stellengesuche und Stellenangebote online stellen. Die Datenbank kann dabei nach den unterschiedlichsten Kriterien wie Tätigkeitsfeld, Einsatzort oder Art der Anstellung durchsucht werden.
(Siehe Abbildung)

job-consult.com   **www.job-consult.com**

● **gigajob**
info@gigajob.com

www.gigajob.com
Jobportal mit Stellenangeboten und -gesuchen sowie Tipps zu Job, Bewerbung und Ausbildung. Kostenlose Nutzung möglich. **(Siehe Abbildung)**

ingenieurkarriere.de
info@ingenieurkarriere.de

www.ingenieurkarriere.de
Karriereportal der VDI nachrichten mit großem Stellenmarkt, Bewerber-Datenbank, Karriereberatung und Gehaltstest.

IT Jobkontakt
info@it-jobkontakt.de

www.it-jobkontakt.de
Stellenmarkt für die IT-/EDV-Branche mit einem „Jobs per E-Mail-Service" und Flatrate zur Stellenschaltung.

Jobomat.de
service@jobomat.de

www.jobomat.de
Der Online-Stellenmarkt von Jobomat.de bietet eine Jobbörse und einen Bewerbungsservice zur Suche von Stellen und Bewerbern.

jobpilot
info@monster.de

www.jobpilot.de
Karriereinteressierte finden kostenfrei tausende Stellenanzeigen – international, bundesweit und auch in ihrer Region.

Jobscout24
info@jobscout24.de

www.jobscout24.de
Großer Karrieremarkt aus Deutschland für qualifizierte Fach- und Führungskräfte mit umfangreichem Stellenangebot.

JobStairs
support@jobstairs.de

www.jobstairs.de
Stellenangebote von großen Arbeitgebern in Deutschland.

Jobware
info@jobware.de

www.jobware.de
Karriereportal mit aktuellen Stellenangeboten für Fach- und Führungskräfte und den akademischen Nachwuchs.

monster.de
info@monster.de

www.monster.de
Jobbörse, auf der Unternehmen und Bewerber den idealen Kandidaten oder die passende Stelle finden können.

gigajob   **www.gigajob.com**

stellenanzeigen.de
info@stellenanzeigen.de

www.stellenanzeigen.de
Eine der führenden Jobbörsen unterstützt Jobsuchende mit aktuellen Jobs, Online-Lebenslauf und kostenlosen E-Mail-Services.

Stellenblatt.de
info@stellenblatt.de

www.stellenblatt.de
Stellenangebote im öffentlichen Dienst mit Infos zur Besoldung der Angestellten und Beamten.

StepStone
info@stepstone.de

www.stepstone.de
Europas Jobbörse für Fach- und Führungskräfte mit vielen aktuellen Stellenangeboten und einer Bewerberdatenbank.

yourfirm
info@yourfirm.de

www.yourfirm.de
yourfirm ist die Adresse für Fach- und Führungskräfte auf der Suche nach Stellenangeboten und Arbeitgebern im Mittelstand.

Stellenmarkt/Nebenjobs & Minijobs

jobmensa

www.jobmensa.de
Studenten-, Ferien- und Promotionjobs sowie Praktika.

jomondo
info@jomondo.de

www.jomondo.de
Online-Nebenjobbörse für Jobs, die sich in Heimarbeit erledigen lassen.

Nebenjob-Zentrale
info@nebenjob.de

www.nebenjob.de
Die Nebenjobzentrale bringt Arbeitgebernachfragen und Aushilfskraftangebote auf dem Arbeitsmarkt zusammen.

promotionbasis.de
info@promotionbasis.de

www.promotionbasis.de
Das Portal für den Promotion-, Messe- und Eventbereich. Hier wird die Jobsuche durch viele persönliche Filter zum Kinderspiel. Dazu gibt es Tipps rund um die Promotionbranche, ein Bewertungs-System zur Steigerung der Leistungstransparenz, ein großes Forum und viele weitere nützliche Tools. **(Siehe Abbildung)**

promotionbasis.de   **www.promotionbasis.de**

Stellenmarkt/Studenten & Hochschulabsolventen

Absolventa.de
info@absolventa.de

www.absolventa.de
Jobbörse für Studenten, Absolventen und Young Professionals. Eine Bewerbung – Alle Unternehmen. **(Siehe Abbildung)**

Berufsstart Aktuell
info@berufsstart.de

www.berufsstart.de
Praktika- und Stellenangebote für Studenten und Absolventen mit Bewerbertipps und Gehaltsanalyse.

CAREER-CENTER by audimax
info@audimax.de

www.audimax.de
Mit ca. 39.000 Stellenangeboten, Videos, Branchennews und Unternehmensporträts ist das CAREER-CENTER eine der größten Stellenbörsen für Akademiker Deutschlands und bietet einen Informationspool für Schüler, Studenten und Absolventen bei der Stellensuche und der beruflichen Orientierung. **(Siehe Abbildung)**

GO!Jobware

www.go-jobware.de
Karriere-Portal für Studenten und Absolventen. Praktika- und Jobbörse und Bewerbungstipps in einem Wiki.

Karriere.de
karriere@vhb.de

www.karriere.de
Portal für Studenten, Absolventen und Berufstätige. Ratgeber zu Studium, Jobfinder und Meta-Suche über Praktikumsbörsen.

Stellenmarkt/Technik

ingenieurweb
vertrieb@ingenieurweb.de

www.ingenieurweb.de
Karriereportal für das Ingenieurwesen mit Jobbörse und professionellen Servicetools für Arbeitnehmer und Arbeitgeber.

Absolventa.de   **www.absolventa.de**

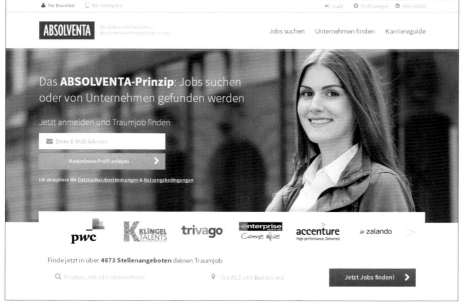

BILDUNG & LERNEN

Das Bibliotheksportal   **www.bibliotheksportal.de**

www.planet-wissen.de

planet wissen

Erwerben Sie Wissen interaktiv! Lösen Sie ein Quiz über die verschiedenen Flaggen der Welt, testen Sie beim Intelligenztest online, wie hoch Ihr IQ wirklich ist, oder tauchen Sie ein in die unterschiedlichen Epochen der jüdischen Geschichte! Die Fülle an Informationen reicht von den Hieroglyphen im Alten Ägypten über erneuerbare Energien wie Solarkraft bis hin zum Thema Inklusion bei Behinderungen. Detaillierte Texte schildern anschaulich Hintergrundinformationen zu einem vielfältigen Themenspektrum. Komplexe Sachverhalte werden hier einfach und verständlich erklärt sowie durch kurze Videos untermalt. Hier wird Wissen greifbar!

www.deinegeschichte.de

Deine Geschichte

Erleben Sie Geschichte hautnah! Von der erschütternden Zeit des Nationalsozialismus bis zur Nachkriegszeit und der Teilung Deutschlands. Auf DeineGeschichte.de wird Zeitgeschichte wieder lebendig! Hier kommen Zeitzeugen zu Wort, fesselnde Tonbandaufnahmen entführen in die Vergangenheit und spannende Filme lassen Sie in diese eintauchen! Entdecken Sie, wie besonders z. B. die Situation 1987 war, als die U20-Fußballnationalmannschaften der DDR und der BRD gemeinsam in einem Flugzeug saßen! Oder erfahren Sie durch Interviews mit Zeitzeugen, wie Familien unter Einsatz ihres Lebens versuchten, die Grenze gen Westen in Richtung Freiheit zu überqueren!

www.dwds.de

Digitales Wörterbuch der deutschen Sprache

Was verbirgt sich eigentlich hinter Wörtern wie Stretchhülle, Twittertape, Kinderwagenbox, Wurfkamera oder Defibrillator-Toaster? Diesen und anderen Begriffen aus dem deutschen Wortschatz geht das „Projekt Digitales Wörterbuch der deutschen Sprache" auf den Grund: die große Datenbank gibt Auskunft über Wortgeschichte, genaue Bedeutung und Verwendung und fasst so das Wissen aus großen Wörterbüchern und Lexika zusammen. Sie ist immer auf dem neuesten Stand, denn die Einträge lassen sich jederzeit flexibel erweitern und korrigieren. Die Web-Seite durchsucht neben dem eigenen Wörterbuch auch die Einträge anderer, ausgewählter Datenbanken.

www.zeno.org

Zeno.org

Liebhaber von Cicero, Goethe oder Kant können hier ausgiebig in deren Biografien und Schriften online stöbern! Die Volltextbibliothek von Zeno.org präsentiert viele Werke und Lebensläufe der bedeutendsten Literaten, Philosophen und Komponisten. Die Bildersammlung beinhaltet Gemälde, Zeichnungen und Grafiken von etwa 4.500 Künstlern wie Klimt oder Monet. Auch Schriften bekannter Historiker, naturwissenschaftliche Standardwerke, Dokumente der Kulturgeschichte und eine Auswahl historischer Lexika sowie die Luther-Bibel von 1545 können online im Volltext eingesehen werden.

Das Bibliotheksportal

www.bibliotheksportal.de

Bibliotheken sind Orte des Wissens, doch leider weiß man nicht immer, wo man die gesuchten Informationen findet. Hier hilft das Bibliotheksportal weiter, das neben allgemeinen Daten und Fakten zur Bibliothekslandschaft in Deutschland auch eine praktische Übersichtskarte bereitstellt, auf der man schnell die nächste öffentliche Bibliothek in seiner Umgebung entdecken kann. Zudem erhält man Hilfe bei seiner Suche nach Medien wie etwa nach elektronischen Büchern oder Zeitschriftenartikeln. Für Bibliothekare werden fachliche Themen wie das Digitalisieren von Bibliothekskatalogen behandelt und aktuelle Trends im Bibliothekswesen aufgezeigt.

einestages

www.spiegel.de/einestages/

Geschichte wird von Millionen erlebt, aber nur von wenigen aufgeschrieben! So lautet der Slogan dieser Web-Seite. Wenn Sie auch zu denen gehören, die etwas Außergewöhnliches erlebt und darüber geschrieben haben, dann sind Sie auf diesem Portal genau richtig. Haben Sie den Mauerfall in Berlin hautnah mitbekommen? Waren Sie bei Lady Dianas Tod in Paris an der Unfallstelle? Oder standen Sie beim legendären Depeche Mode Konzert in Ostberlin im Publikum? Erzählen Sie anderen davon und lesen Sie selbst beeindruckende Berichte über den Aufstand der Nackten in der DDR, Elvis Presley als Soldat in Friedberg oder über die wilde Protestbewegung der 68er.

HRK-Hochschulkompass

www.hochschulkompass.de

Wo bitte geht's zur Uni? Der Hochschulkompass bietet erste Orientierung. Im Verzeichnis deutscher Hochschulen finden Sie Informationen zu allen staatlich anerkannten Hochschulen, zu deren grundständigen und weiterführenden Studien- und Promotionsmöglichkeiten sowie zu allen internationalen Kooperationsvereinbarungen. Wer schon genau weiß, wo er studieren möchte, kann auf den Informationsseiten der einzelnen Hochschulen gezielt nach Studienfächern oder Austauschprogrammen suchen sowie Studienbedingungen, Fristen und Vorlesungstermine oder die Adresse der Studienberatungsstelle einsehen. Zum Studium? – Hier entlang!

dict.cc

www.dict.cc

Sie müssen schnell etwas in eine andere Sprache übersetzen und Ihre eingerosteten Schulkenntnisse bringen Sie nicht mehr weiter? Dann verzagen Sie nicht, denn hier wird Ihnen weitergeholfen! Was heißt bloß „Käferlarve" auf Englisch und wie spricht man nur „Köszönöm" auf Ungarisch aus? Damit Sie keine fragenden Blicke ernten, wenn Sie Ihre neu erworbenen Sprachkenntnisse anwenden, lauschen Sie gleich, wie sich die richtige Aussprache anhört. Vermissen Sie Übersetzungen, die hier noch nicht aufgeführt sind? Dann können Sie diese vorschlagen und eintragen lassen – völlig egal, ob es sich um türkische, französische oder schwedische Vokabeln handelt!

Bildung & Lernen

Allgemein

bildungsklick.de
info@bildungsklick.de

www.bildungsklick.de
Umfassende Bildungsinformationen mit Hintergrundberichten, Themenschwerpunkten und Pressemeldungen.

innovations-report
redaktion@innovations-report.com

www.innovations-report.de
Forum für Wissenschaft, Industrie und Wirtschaft zur Förderung der Vernetzung von Innovations- und Leistungspotenzialen.

wissen.de
wissen@mmcd.de

www.wissen.de
Portal für Allgemeinwissen mit Videos, Artikeln, Lexika, Wissenstests und praktischen Services.

wissenschaft.de
wissenschaft@konradin.de

www.wissenschaft.de
News und Hintergründe aus Wissenschaft und aktueller Forschung.

Archäologie

Archäologie Online
webmaster@archaeologie-online.de

www.archaeologie-online.de
Aktuelle Meldungen, Hintergrundberichte, große kommentierte Link-Sammlung, Buch- und CD-Tipps und ein Forum.

Bibliotheken

Bibliotheksportal, Das
redaktion@bibliotheksportal.de

www.bibliotheksportal.de
Daten und Fakten zu Bibliotheken, Wegweiser zu bibliothekarischem Fachwissen im Netz, Nachrichten und Termine.

Deutsche Nationalbibliothek
postfach@dnb.de

www.dnb.de
Vorstellung der Präsenzbibliothek aller deutschen Veröffentlichungen seit 1913; mit Fototour und Online-Katalog.

Zeno.org
info@zeno.org

www.zeno.org
Online-Bibliothek mit Volltexten für Bereiche wie Kunst, Literatur, Musik, Naturwissenschaft, Sprache und Geschichte. **(Siehe Abbildung)**

E-Learning

lecturio
info@lecturio.de

www.lecturio.de
Über 4.000 kostenpflichtige Vorlesungen und Vorträge vieler Fachrichtungen und Branchen als Video oder mp3 zum Download.

lynda.com

www.lynda.com
Große englischsprachige E-Learning-Plattform zu allen möglichen Themenbereichen.

sofatutor
info@sofatutor.com

www.sofatutor.com
Über 8.600 Videos in 19 Fächern mit Lernkontrolle nach jedem Video. Die Nutzung erfolgt gegen eine Monatsgebühr.

Elektronik

Elektronik Kompendium
kontakt@das-elko.de

www.elektronik-kompendium.de
Elektronik-Grundlagen, Bauelemente, Schaltungstechnik, Kommunikationstechnik, Computertechnik und Netzwerktechnik.

Experimente

Forscherquartett

www.forscherquartett.de
Kindgerecht aufbereitete Experimente zum Nachmachen, die die Welt der Wissenschaft verständlich gestalten.

kids-and-science.rakuten-shop.de
info@kids-and-science.de

kids-and-science.rakuten-shop.de
Produkte zum Forschen und Experimentieren in der Physik, Chemie oder Biologie für Kinder.

verrueckte-experimente.de

www.verrueckte-experimente.de
Sammlung von Filmclips zu verrückten und urkomischen Experimenten, die seit 1650 durchgeführt wurden.

Expertenwissen & Fragen

askalo

www.askalo.de
askalo ist eine lokale Frage-Antwort-Community, auf der sich Leute mit den gleichen Interessen kennenlernen können.

cosmiq

www.cosmiq.de
Mit cleveren Fragen und Antworten sammelt man Punkte und erhöht seinen Rang vom Einsteiger zum neuen Albert Einstein.

experto.de
info@experto.de

www.experto.de
Täglich neue Business- und Lifestyle-Tipps und -Ratschläge von Experten. Über 50.000 Artikel können nachgelesen werden.

Frag Wikia

frag.wikia.com
Bei Frag Wikia kann man Fragen stellen, die andere User beantworten.

ScienceBlogs.de
redaktion@scienceblogs.de

www.scienceblogs.de
Blog-Portal zu den Themen Naturwissenschaften, Medizin, Kultur, Politik, Umwelt, Sozialwissenschaften und Technik.

Tipps, Tricks und Kniffe
redaktion@mirko.de

www.tipps-tricks-kniffe.de
Praktische Tipps und Anleitungen, vor allem zu Internet und Computer aber auch zu anderen Bereichen mit vielen Videos.

Wer-weiss-was
info@wer-weiss-was.de

www.wer-weiss-was.de
Kostenloses Netzwerk zum Austausch von Wissen. Themengebiet eintippen und „Experten" befragen.

wikiHow
wiki@wikihow.com

de.wikihow.com
Diese Ratgeber-Plattform präsentiert Anleitungen und Hilfestellungen zu allen möglichen Fragen und Problemen.

Zeno.org
www.zeno.org

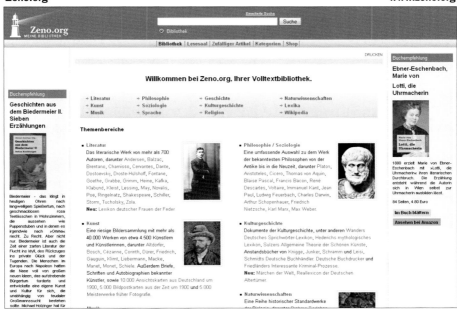

Yahoo.de Clever

de.answers.yahoo.com
Praktisch bei dieser Frage-Antwort-Community ist, dass sämtliche
Fragen (und Antworten) in Kategorien eingeordnet sind.

Geschichte

Anne Frank Museum

www.annefrank.org/de/
Die Seite bietet einen virtuellen Rundgang durch das Versteck,
eine Zeitleiste der Ereignisse und viele Infos zum Museum.

DAMALS.de
damals@konradin.de

www.damals.de
News aus Geschichte, Kultur und Politik, interessante Ausstellungen und Buchempfehlungen.

Das Alte Ägypten

www.mein-altaegypten.de
Bebilderte Infos zur Hochkultur des Alten Ägypten: Pyramiden,
Pharao, Tempel, Kunstschätze oder Hieroglyphen-Inschriften.

Das Wunder von Leipzig

php2.arte.tv/wundervonleipzig
Die friedliche Revolution von Leipzig interaktiv im Netz erleben.

Deine Geschichte
info@kooperative-berlin.de

www.deinegeschichte.de
Interaktives und multimediales Bildungsportal zum Thema
deutsch-deutsche Teilung.

Deutschegeschichten.de
redaktion@deutschegeschichten.de

www.deutschegeschichten.de
Hier erfährt man, was in Deutschland von 1890 bis 2005 geschah. Mit Dossiers, Zeitzeugenberichten und Online-Videos.

einestages

www.spiegel.de/einestages/
Spiegel Online sammelt mit den Usern Zeitgeschichte und will damit ein kollektives Gedächtnis der Gesellschaft aufbauen.

Geheimsache Mauer
zuschauerservice@mdr.de

www.geheimsache-mauer.de
Eine Web-Dokumentation über den Bau der Berliner Mauer. Zeitleiste des Mauerbaus, Kartenansicht und Zeitzeugeninterviews.

historicum.net
redaktion@historicum.net

www.historicum.net
Großes, epochenübergreifendes Angebot geschichtswissen-
schaftlicher Informationen, Literaturrecherchen und Rezensionen.

Holocaust-Chronologie.de
info@holocaust-chronologie.de

www.holocaust-chronologie.de
Komplette Tag-für-Tag-Chronologie des Holocausts: Alle Ereignisse vom 30.01.1933 bis zum 08.05.1945.

Lebendiges Museum Online
lemo@hdg.de

www.hdg.de/lemo
Die deutsche Geschichte wird übersichtlich, informativ und mit
zahlreichen Abbildungen und Dokumenten dargestellt.

Momente der Geschichte
info@zdf.de

www.momente.zdf.de
Auf einer Zeitleiste sind Videos verortet zu den wichtigsten geschichtlichen Ereignissen des 20. und des 21. Jahrhunderts.

Wir waren so frei...
info@deutsche-kinemathek.de

www.wir-waren-so-frei.de
Web-Archiv mit mehr als 7.000 privaten Filmen und Fotos aus der
Zeit des Mauerfalls sowie begleitende Erinnerungstexte.

Wochenschau Archiv
filmarchiv@barch.bund.de

www.wochenschau-archiv.de
Online-Archiv zur Recherche in ca. 6.000 historischen Aufnahmen
von 1895 bis 1990. Wertvolle Linksammlung, Videostreams.

zeitzeugengeschichte.de
zeitzeugen@metaversa.de

www.zeitzeugengeschichte.de
Die Seite bietet einen Überblick über Themen des Dritten Reiches aus der Sicht von Zeitzeugen: Alltag unterm Hakenkreuz.

Lernmaterialien & Bildungsmedien

Erstling Lehr- und Lernmittel
info@erstling.de

www.lehrmittel-shop.de
Schulausstattung für alle Schultypen, auch für Ganztags- und Grundschulen. Zudem Lehrmaterialien für viele Fächer.

LegaKids.net
info@legakids.net

www.legakids.net
Das LegaKids-Abenteuerspiel ist ein spielerischer Ansatz zur Überwindung einer Lese-Rechtschreib-Schwäche.

planet wissen

www.planet-wissen.de
Interaktive kostenlose Lernvideos, Fotostrecken und Podcasts zu Natur, Technik, Kultur, Länder und Allgemeinwissen.

schulportal.de
info@wissensportal.com

www.schulportal.de
Portal für Lehrer und Referendare mit großer Sammlung an Unterrichtsmaterialien für die Sekundarstufen I und II.

Sprachenshop.de
sprachenshop@spotlight-verlag.de

www.sprachenshop.de
Lernmaterialien zum Lernen von Sprachen: Audio-Sprachtraining, Wortschatztraining, Selbstlernkurse und Wörterbücher.

Wikibooks

www.wikibooks.de
Bibliothek mit Lehr- und Lernmaterialien. Natur und Technik, Geisteswissenschaften, Gesellschaft und Hobby, Wikijunior.

Wikiversity

www.wikiversity.de
Virtuelle Forschungsgemeinschaft: Bereitstellen von Lernmaterial, Teilnahme an Kursen, Projekten und Kolloquien.

Mathematik

Echt Einfach TV
info@echteinfach.tv

www.echteinfach.tv
Viele kostenlose Lernvideos zu den Grundlagen in Mathematik. Mit Mathespielen, Formeleditor und Zeichentool.

Gute-Mathe-Fragen.de
info@gute-mathe-fragen.de

www.gute-mathe-fragen.de
Hier kann man mathematische Fragen stellen oder die von anderen beantworten.

Mathematik.de

www.mathematik.de
Vorstellung der Disziplin und hilfreiche Infos und Links für Schüler, Studis, Lehrer und Mathematiker im Berufsleben.

Matheplanet.com
mail@matroid.com

www.matheplanet.com
Großes Forum zu allen Bereichen der Mathematik, Physik und Informatik. Mit umfangreichen Mathe-Links.

Matheraum.de
verein@vorhilfe.de

www.matheraum.de
Matheforum mit kurzen Antwortzeiten zu allen Themen der Schul- und Hochschulmathematik.

unterricht.de
info@wissensportal.com

www.unterricht.de
Tausende Mathe-Übungen zur Vorbereitung auf Schulaufgaben, Klausuren und Prüfungen.

Medizin

Abkürzungslexikon medizinischer Begriffe
arztinf@web.de

www.medizinische-abkuerzungen.de
Kostenlose Nachschlagemöglichkeit für medizinische Abkürzungen, Akronyme und Symbole mit über 150.000 Einträgen.

DocCheck Campus
campus@doccheck.de

www.doccheck.com
Alles rund um das Medizinstudium mit vielen Skripten, Lerntipps, Auslandsberichten und nützlichen Tipps zur Literatur.

medi-learn.de
support@medi-learn.de

www.medi-learn.de
Service und Informationen für Bewerber, Medizinstudenten und Assistenzärzte mit großer Community für junge Mediziner.

Nachhilfe

Betreut.de
info@betreut.de

www.betreut.de
Betreut.de bringt Nachhilfeschüler und Nachhilfelehrer zusammen.

MatheHilfe
kontakt@mathehilfe.tv

www.mathehilfe.tv
Online-Mathenachhilfe für Schüler und Studenten anhand verständlicher Videos.

Nachhilfenet.de

www.nachhilfenet.de
Online-Datenbank für Nachhilfelehrer und Nachhilfinstitute mit den Bereichen Nachhilfe-, Sprach- und EDV-Unterricht.

tutoria
info@tutoria.de

www.tutoria.de
Kostenlose Datenbank, um den richtigen Nachhilfelehrer in der Nähe zu finden.

Nachschlagewerke & Lexika

Wikia

www.de.wikia.com
Lizenzfreie Nachschlagewerke. Jeder kann mitarbeiten. Man kann für vorhandene Wikis schreiben oder ein neues erstellen.

Wikipedia
info@wikipedia.de

www.wikipedia.de
Mehrsprachige, frei verfügbare Enzyklopädie: Jeder kann alle Artikel frei nutzen und auch selbst als Autor mitarbeiten.

Naturwissenschaften/Allgemein

dasgehirn.info
info@dasgehirn.info

www.dasgehirn.info
Das Gehirn, seine Funktionen und Bedeutung für das Fühlen, Denken und Handeln anschaulich und verständlich erklärt.

spektrum.de
verlag@spektrum.com

www.spektrum.de
Aktuelle Artikel und Nachrichten aus den verschiedensten Bereichen der Naturwissenschaft sowie interessante Bildergalerien.

wissenschaft-online
service@spektrum.com

www.wissenschaft-online.de
Großes Wissenschaftsportal mit Berichten aus der Forschung, Hintergrundartikeln, Online-Lexika und Fachwörterbüchern.

Naturwissenschaften/Biologie

Biologie.de
info@biofacts.de

www.biologie.de
Aktuelle biologische Informationen, Biojobbörse und Firmenverzeichnis.

Biologie-Online.eu

www.biologie-online.eu
Einführende Artikel in alle Bereiche der Biologie.

Naturwissenschaften/Chemie

Chemie.de
info@chemie.de

www.chemie.de
Chemieinfoservice: Suchmaschine, Produkttipps, Karrierenetzwerk sowie zahlreiche Nachschlagewerke und Einheitenrechner.

ChemieOnline
webmaster@chemieonline.de

www.chemieonline.de
ChemieOnline bietet ein großes Forum zu den Themen Analyse, Haushaltschemie, Verfahrenstechnik und Biochemie.

Naturwissenschaften/Physik

Welt der Physik
redaktion@weltderphysik.de

www.weltderphysik.de
Das Portal präsentiert interessante, allgemeinverständliche Artikel sowie aktuelle Nachrichten aus der Physik.

Politikwissenschaft

Portal für Politikwissenschaft

www.pw-portal.de
Datenbank mit Annotationen und Rezensionen zur politikwissen-
schaftlichen Literatur im deutschsprachigen Raum.

SWP
webmaster@swp-berlin.org

www.swp-berlin.org
Fundierte Beiträge zu außen- und sicherheitspolitischen Frage-
stellungen der EU und Deutschland. Mit Studien und Infodienst.

vifapol

www.vifapol.de
In 20 Datenbanken kann hier parallel nach Texten und Artikeln
zur Politikwissenschaft recherchiert werden.

Schule/Abitur

abiweb.de
kontakt@examio.de

www.abiweb.de
Kostenpflichtig für das Abitur in den verschiedenen Bundesländern und Fächern mit Texten, Videos und Aufgaben lernen.

Abschlusszeit
info@abschlusszeit.de

www.abschlusszeit.de
Die Abizeitung online bestellen. Druckkosten kalkulieren, Anzeigen annehmen, sich vom Abimotto-Pool inspirieren lassen.

Schule/Allgemein

Bildungsserver.de
dbs@dipf.de

www.bildungsserver.de
Der Internet-Wegweiser zum Bildungswesen in Deutschland.

SchulRadar
info@schulradar.de

www.schulradar.de
Bei SchulRadar werden Deutschlands Schulen von Eltern, Schülern, Ehemaligen und Lehrern bewertet.

**Zentrale für Unterrichtsmedien
im Internet e. V.**
info@zum.de

www.zum.de
Der Bildungsserver ZUM Internet e. V. bietet Lehrern und Schülern kostenlose Unterrichtsmaterialien an.

Schule/Ausland

Zentralstelle für das Auslandsschulwesen
zfa@bva.bund.de

www.auslandsschulwesen.de
Verzeichnis der Deutschen Schulen im Ausland, Stellenangebote
und Bewerbungsinformationen für Lehrer.

Schule/Grundschule

Die-Grundschule.de

www.die-grundschule.de
Magazin mit Suche nach Unterrichtsmaterialien für Lehrer, Downloads und „Lernorten", wie Museen oder Ausstellungen.

Note1plus.de
mail@note1plus.de

www.note1plus.de
Erfolgreicher Schulübertritt von der Grundschule in die Realschu-
le und das Gymnasium. Dazu Beratung und Insider-Tipps.

Schule/Hausaufgaben & Referate

e-Hausaufgaben.de

www.e-hausaufgaben.de
Bundesweite Community für Schüler mit kostenlosen Hausaufga-
ben, Klausuren, Referaten, Biografien und großem Hilfeforum.

Fundus
kontakt@fundus.org

www.fundus.org
Große Auswahl an Referaten aller Schulfächer mit eigener Suchmaschine.

BILDUNG & LERNEN

Schule/Internate

internate-portal.de
info@unterwegs.de

www.internate-portal.de
Beschreibung von über 300 Internaten. Der Wegweiser zum richtigen Internat. Umfassender Überblick für Eltern und Schüler.

Schule/Lehrer & Pädagogen

4teachers.de
service@4teachers.de

www.4teachers.de
Lehrerportal von Lehrern für Lehrer mit Stundenentwürfen, Arbeitsmaterialien und großem Forum für den Erfahrungsaustausch.

Lehrer-online
redaktion@lehrer-online.de

www.lehrer-online.de
Materialien für den Einsatz neuer Medien im Unterricht für Lehrerinnen und Lehrer aller Schulformen.

news4teachers
info@news4teachers.de

www.news4teachers.de
Die Service-Plattform von Lehrern für Lehrer berichtet über aktuelle Neuigkeiten aus dem Bildungssektor.

planet-schule.de
planet-schule@swr.de

www.planet-schule.de
Sendungen und interaktive Angebote für Lehrer, Schüler und Bildungsinteressierte zur kreativen Unterrichtsgestaltung.

ZUM-Wiki

wiki.zum.de
Offene Plattform für Lehrinhalte und Lernprozesse. Man kann sich hier über Unterricht und Schule informieren und austauschen.

Schule/Schüler

spickmich.de
crew@spickmich.de

www.spickmich.de
Forum, in dem Schüler ihre Lehrer benoten und zudem ihre Schule präsentieren können.

StayFriends.de
service@stayfriends.de

www.stayfriends.de
StayFriends ist die deutsche Internet-Plattform, auf der man Freunde und Bekannte aus der Schulzeit wiederfinden kann.

Schule/Schüleraustausch

Ausgetauscht.de
redaktion@ausgetauscht.de

www.ausgetauscht.de
Infos zu Vorbereitung, Aufenthalt und Nachbereitung des Austausches sowie Suchmaschine für Austauschprogramme.

Austauschschueler.de
webmaster@austauschschueler.de

www.austauschschueler.de
Großes Forum für Austauschschüler, Infos über Austauschorganisationen und die Austauschländer.

Schule/Schul-Homepages & Internet

Schulhomepage.de
email@schulhomepage.de

www.schulhomepage.de
Hilfen zur Erstellung und Optimierung einer Schul-Homepage: Fachartikel, Verzeichnis, Hilfe-Center, Forum und Award.

Schule/Umweltschutz

umweltschulen.de
tilman.langner@umweltschulen.de

www.umweltschulen.de
Online-Informationsdienst für Umweltschutz, Umweltbildung und Bildung für nachhaltige Entwicklung in Schulen.

Schule/Waldorfschulen

Bund der Freien Waldorfschulen
bund@waldorfschule.de

www.waldorfschule.de
Informationen über die verschiedenen Aspekte der Waldorfpädagogik und der Anthroposophie. Adressen der Schulen weltweit.

exWaldorf
info@exwaldorf.com

www.exwaldorf.com
Forum für ehemalige Waldorfschüler, in dem man alte Freunde und Weggefährten treffen kann.

Sprachen/Abkürzungen & Akronyme

abkuerzungen.de
webmaster@abkuerzungen.de

www.abkuerzungen.de
Einfach eine Abkürzung eingeben und man erhält bequem die Bedeutung.

Woxikon Abkürzungen
webmaster@woxikon.de

abkuerzungen.woxikon.de
Über 24.000 Abkürzungen und ca. 40.000 Bedeutungen können in der Datenbank von Woxikon.de recherchiert werden.

Sprachen/Allgemein

● **Lingolía – einfach besser in Sprachen**
mail@lingolia.com

www.lingolia.com
Schwierigkeiten beim Lernen von Englisch, Französisch, Spanisch, Esperanto, Russisch oder Deutsch? Lingolía schafft Abhilfe. Mit leicht verständlichen Erklärungen und Übungen zur Grammatik sowie mit Hör- und Lesetexten im Bereich Wortschatz hilft Lingolía Jung und Alt beim Sprachenlernen. **(Siehe Abbildung)**

Lingolía – einfach besser in Sprachen   **www.lingolia.com**

BILDUNG & LERNEN

Sprachen/Deutsche Sprache & Rechtschreibung

Canoonet
canoonet@canoo.com

www.canoo.net
Deutsche Sprache online: Wörterbuch, Grammatik und Rechtschreibung von über drei Millionen Wortformen.

Deutsch lernen

deutsch.lingolia.com
Deutsche Grammatik, Schreibschule und Wortschatz mit einfachen Erläuterungen und Übungen sowie Hör- und Lesetexte.

**Digitales Wörterbuch der
deutschen Sprache**
dwds@dwds.de

www.dwds.de
Eine umfassende Datenbank, die Auskunft über den deutschen Wortschatz in Vergangenheit und Gegenwart gibt.

Duden-Website
info@duden.de

www.duden.de
Online-Auftritt des Dudenverlags mit Infos und Service zur deutschen Rechtschreibung und deutschen Sprache allgemein.

Forum Deutsch als Fremdsprache
online-redaktion@deutsch-als-fremdsprache.de

www.deutsch-als-fremdsprache.de
Fachportal Deutsch als Fremdsprache mit Diskussionsforen, Infobrief, Link-Sammlung, Grammatik und Übungsdatenbank.

Goethe-Institut
info@goethe.de

www.goethe.de
Informationen zur deutschen Kultur sowie zu Goethe-Instituten weltweit. Angebote für Deutschlerner und Deutschlehrende.

Online Rechtschreibprüfung
info@rechtschreibpruefung24.de

rechtschreibpruefung24.de
Kostenlose Rechtschreibprüfung für Texte aller Art. Es stehen über 20 Sprachen zur Verfügung, zudem gibt es News.

Wortschatz Uni Leipzig
wort@informatik.uni-leipzig.de

wortschatz.uni-leipzig.de
Das Projekt Deutscher Wortschatz – ein automatisch generiertes Korpus des deutschen Wortschatzes als Vollformenlexikon.

Sprachen/Englisch

Englische Grammatik Online
contact@lingo4u.de

www.ego4u.de
Umfangreiches Angebot an Lehr- und Lernmaterialien zur englischen Sprache mit Übungen und Erläuterungen.

Englisch-hilfen.de
mail@englisch-hilfen.de

www.englisch-hilfen.de
Vokabeln, Grammatik, Übungen, Tests, Referate sowie Wörterbücher, Buchempfehlungen, ein Forum und Links.

langua.de

www.langua.de
Deutsch-Englisches Wörterbuch mit Anzeige von Synonymen und ähnlichen Wörtern.

Linguee
info@linguee.de

www.linguee.de
Deutsch-Englisches Wörterbuch und Internet-Suche in 100 Millionen von Menschen verfassten Übersetzungen.

phrasen.com
info@phrasen.com

www.phrasen.com
Redewendungen, Floskeln, Redensarten, Phrasen und Sprichwörter in englischer und deutscher Übersetzung.

Sprachen/Französisch

franzoesisch-lernen-online.de

www.franzoesisch-lernen-online.de
Links zu Web-Seiten auf denen online Französisch gelernt werden kann.

Französisch lernen
contact@lingo4u.de

francais.lingolia.com
Französische Grammatik, Schreibschule und Wortschatz mit Erläuterungen und Übungen sowie Hör- und Lesetexte.

Sprachen/Germanistik

Altgermanistik im Internet
info@mediaevum.de

www.mediaevum.de
Portal für Wissenschaftler und Studis: Systematische, kommentierte Übersicht der Internet-Angebote zur Mediävistik.

Sprachen/Latein & Griechisch

e-latein
info@latein.de

www.latein.at
Übersetzungen lateinischer Texte, nach Themen geordnete Vokabellisten, Wörterbuch, Probeschularbeiten sowie Referate.

Navicula Bacchi

www.gottwein.de
Die Seite bietet Schülern und Studenten umfassende Materialien für Latein, Griechisch, Alte Geschichte und Ethik.

Sprachen/Online-Sprachkurse

deutsch-perfekt.com
redaktion@deutsch-perfekt.com

www.deutsch-perfekt.com
So einfach ist es Deutsch zu lernen: Mit Nachrichten von Berlin bis Wien, Tests und Audio-Dateien.

Internet Polyglot
polyglot1@internetpolyglot.com

www.internetpolyglot.com
Kostenlose Online-Sprachkurse in Sprachen wie Englisch, Spanisch, Französisch, Chinesisch, Japanisch oder Italienisch.

Sprachen/Spanisch

cibera
info@cibera.de

www.cibera.de
Bibliothekskataloge, Internet-Quellen, Volltexte, Bibliografien und Datenbank zur deutschsprachigen Lateinamerikaforschung.

myjmk.com
jan-mark.kunberger@myjmk.com

www.myjmk.com
Spanisch-deutsches Internet-Wörterbuch mit großer deutsch-spanischen Community, Tandem- und Stammtischgesuche.

spaleon.de

www.spaleon.de
Kommentierte Links zum Spanischlernen: Wörterbücher, Online-Kurse, Konjugationstrainer, Grammatik und Verbtabellen.

Spanisch lernen

espanol.lingolia.com
Spanische Grammatik, Schreibschule und Wortschatz mit einfachen Erläuterungen und Übungen sowie Hör- und Lesetexte.

Super-Spanisch.de
feedback@super-spanisch.de

www.super-spanisch.de
Kostenlose Plattform zum Spanischlernen: Mit Spanischkurs, Wörterbuch, Vokabeltrainer, E-Books und Vokabellisten.

Sprachen/Sprachaustausch & Tandempartner

sharedtalk.com

www.sharedtalk.com
Shared Talk ist eine Community mit Mitgliedern aus der ganzen Welt für den Sprachaustausch und das Lernen von Sprachen.

Sprachen/Sprachkurse & Sprachreisen

Euro-Sprachreisen
info@get-education.com

www.sprachreise.com
Sprachreisen für Schüler und Erwachsene weltweit. Unterbringung in Hotels, Internaten oder Gastfamilien.

Languagecourse.de
info@languagecourse.de

www.languagecourse.de
Die unabhängige Web-Seite für Sprachkursbuchungen weltweit sowie Bewertungen anerkannter Sprachschulen.

Langwhich

www.langwhich.com
Marktplatz und Suchmaschine für Sprachschulen, Sprachkurse und private Nachhilfelehrer mit Bewertungen und Infos.

BILDUNG & LERNEN

Lingoschools
info@lingoschools.com

www.lingoschools.de
Portal auf dem man Sprachschulen und -reisen finden, vergleichen, bewerten und Reisen beziehungsweise Kurse buchen kann.

Sprachdirekt
frage@sprachdirekt.de

www.sprachdirekt.de
Vermittler von Sprachreisen ins Ausland zu hochwertigen, famili-
är geführten Sprachschulen. Direkte Preise der Schulen.

sprachkurse-weltweit.de
info@sprachkurse-weltweit.de

www.sprachkurse-weltweit.de
Informationsseite zum Thema Sprachreisen mit einem umfangreichen Verzeichnis von Sprachschulen weltweit.

Sprachen/Synonyme

openthesaurus.de

www.openthesaurus.de
Synonym-Wörterbuch, in dem jeder eigene Beiträge hinzufügen
oder bestehende verbessern kann.

Woxikon Synonyme
webmaster@woxikon.de

synonyme.woxikon.de
Bei Woxikon.de findet man zahlreiche Synonyme und Synonym-
gruppen sowie Antonyme.

Sprachen/Übersetzungen & Wörterbücher

bab.La
info@bab.la

de.bab.la
Dieses Sprachportal bietet alles, was man zum Erlernen einer
Sprache braucht: Vokabeltrainer, Wörterbücher und Tests.

dict.cc
info@dict.cc

www.dict.cc
Das Online-Wörterbuch enthält etwa eine Million Deutsch-Eng-
lisch-Einträge und eine Million Übersetzungen in anderen Sprachen. Bei 800.000 Begriffen gibt es Tonaufnahmen von Mutter-
sprachlern, bei anderen eine Computerstimme. Weitere Funktionen: Synonyme, Beugungen, Übersetzungsforum, Vokabeltrainer.
(Siehe Abbildung)

FreeTranslation.com

www.freetranslation.com
Dieser Service übersetzt Texte und ganze Web-Seiten aus dem
Englischen ins Deutsche oder Spanische und umgekehrt.

Google Übersetzer

translate.google.de
Die automatischen Übersetzungen von Google: Texte, Web-Seiten
und Dokumente in zahlreiche Sprachen übersetzen.

LEO
dict@leo.org

dict.leo.org
Kostenlose Wörterbücher Deutsch-Englisch/-Französisch/-
Spanisch/-Italienisch/-Chinesisch/-Russisch mit Forum.

PONS.eu
info@pons.eu

www.pons.eu
Online-Wörterbuch in zwölf Sprachen. Der zugehörige Lexitrainer
sammelt nachgeschlagene Wörter zum Vokabeltraining.

The Free Dictionary
info2@farlex.com

de.thefreedictionary.com
Ein lizenzfreies Online-Wörterbuch mit Worterklärungen und Übersetzungen in andere Sprachen.

Wiktionary
info-de@wikimedia.org

www.wiktionary.org
Wörterbuch aller Sprachen, das frei zugänglich ist und an dem jeder mitarbeiten kann.

woerterbuch.info
info@pagedesign.de

www.woerterbuch.info
Über 3.750.000 Synonyme und Übersetzungen aus und ins Englische, Spanische, Italienische und Französische.

Woxikon.de
webmaster@woxikon.de

www.woxikon.de
Online-Wörterlexikon für Deutsch, Englisch, Französisch, Spanisch, Italienisch, Niederländisch und Schwedisch.

Sprachen/Verben & Vokabeln

Verben konjugieren

www.lingolia.com/de/konjugator
Verben-Konjugator für Deutsch, Englisch, Französisch und Spanisch.

verben.info
info@verben.info

www.verben.info
Übungen zum Umgang mit Verben in verschiedenen Weltsprachen.

Vokker

www.vokker.net
Vokabeltrainer mit Karteikarten-Lernkonzept. Vokabeln aller Sprachen können online oder auf dem Handy gelernt werden.

Statistik

statista
info@statista.com

de.statista.com
Statista bietet über eine Million kostenlose Statistiken zu über 8.000 verschiedenen Themen.

Statistisches Bundesamt

www.destatis.de
Aktuelle Statistikinformationen und Jahresergebnisse aus nahezu allen Bereichen der amtlichen Statistik, Infos zum Institut.

Umrechnungstabellen

Tabellen Umrechnung
info@hug-technik.de

www.tabelle.info
Tabellen, Umrechnungen sowie Listen für Technik, Beruf, Studium, Schule, Arbeit und Privat.

Umrechnungstabelle
info@umrechnungstabelle.de

www.umrechnungstabelle.de
Umrechnungstabelle für alle bekannten Währungen, Gewichte, Volumina, Längen, Flächen und Temperaturen.

dict.cc

www.dict.cc

Bildung & Lernen

Uni/Allgemein

duales-studium.de

www.duales-studium.de
Schüler, Studenten, Firmen und Hochschulen treffen sich auf dieser Plattform, um alles rund um das duale Studium zu finden.

iversity
office@iversity.org

www.iversity.org
Eine interdisziplinäre Plattform für Forschung und Lehre, um gemeinsam online zu arbeiten und zu publizieren.

LLEK Bookmarks
webmaster@llek.de

www.llek.de
Umfangreiches Link-Verzeichnis wissenschaftlicher Ressourcen und weltweiter Medien im Internet.

was-studiere-ich.de

www.was-studiere-ich.de
Der Selbsttest zur Studienorientierung gibt Empfehlungen für die Studien- und Berufswahl.

Uni/Auslandsstudium

Studium im Ausland
beratung@college-contact.com

www.college-contact.com
Das Portal zum Studium im Ausland mit Studienführern, Erfahrungsberichten, Beratung und Vermittlung zu Universitäten.

Uni/BAföG

BAföG-BMBF
information@bmbf.bund.de

www.das-neue-bafoeg.de
Klare Infos zu BAföG-Anspruch, -Antragstellung und Auslandsförderung anhand von Rechenbeispielen und Merkblättern.

BAföG-Rechner
info@bafoeg-rechner.de

www.bafoeg-rechner.de
Sicherheit, ob Anspruch besteht: Genaueste Infos zur BAföG-Regelung mit hilfreichen Tipps aus Studentensicht.

Uni/Diplom- & Hausarbeiten

Diplom.de
info@diplom.de

www.diplom.de
Marktplatz für die Veröffentlichung und den Verkauf von Bachelor-, Master-, Diplom- und Magister-Arbeiten.

Hausarbeiten.de
info@grin.com

www.hausarbeiten.de
Hausarbeiten.de bietet über 100.000 kostenlose und kostenpflichtige Referate, Seminar- und Diplomarbeiten.

Uni/Doktorarbeiten, Habilitationen & Promotionen

Doktorandenforum.de
post@doktorandenforum.de

www.doktorandenforum.de
Zur Suche von Doktorvater und Thema, Promotionsmöglichkeiten für FH-Absolventen, Muster für Exposés.

Uni/Stipendien & Forschungsförderungen

DAAD

www.daad.de
Infos für alle Studierenden sowie für Graduierte und Promovierte zum Studien- und Arbeitsangebot im In- und Ausland.

Deutsche Forschungsgemeinschaft

www.dfg.de
Infos über verschiedenste Fördermöglichkeiten in allen Wissenschaftszweigen durch Unterstützung und/oder Zusammenarbeit.

Förderberatung
beratung@foerderinfo.bund.de

www.foerderinfo.bund.de
Die Erstanlaufstelle für alle Fragen zur Forschungs- und Innovationsförderung. Ausführliche Infos und Telefonberatung.

Kooperation international
info@kooperation-international.de

www.kooperation-international.de
Der Wegweiser zur internationalen Zusammenarbeit in Bildung und Forschung: Information, Kommunikation und Kooperation.

Stipendienlotse.de
information@bmbf.bund.de

www.stipendienlotse.de
Mit Hilfe einer großen Datenbank das geeignete Stipendium anhand von Wunschkriterien finden.

Studienstiftung des deutschen Volkes e. V.
info@studienstiftung.de

www.studienstiftung.de
Infos zu Auswahlverfahren und Förderprogrammen der Studienstiftung für begabte Abiturienten, Studierende und Doktoranden.

Uni/Studentenportale

Academicworld
info@academicworld.net

www.academicworld.net
Interaktives Internet-Magazin für Studenten mit Wissenswertem aus den Themen Studium, Karriere und Studentenleben.

ArbeiterKind.de

www.arbeiterkind.de
Orientierung, Infos und Mentorenprogramm für Schüler und Studenten, deren Eltern keine Erfahrung im Studieren haben.

Studentenpilot
studentenpilot@aschendorff.de

www.studentenpilot.de
Tipps zu allen Lebensbereichen angehender oder derzeitiger Studenten. Komplette Studienplanung bis Einstieg in den Beruf.

Studenten-WG.de
info@studenten-wg.de

www.studenten-wg.de
Große Studienplatz-Tauschbörse, Wohnungsmarkt für Studenten sowie ein Netzwerk für eine Zusammenarbeit über das Internet.

Studis Online
info@studis-online.de

www.studis-online.de
Tipps zu BAföG, GEZ-Befreiung, Kindergeld, Stipendien, WG-Börse, Studienplatztausch, Foren für alle Fragen.

● **MeinProf.de**
info@meinprof.de

www.meinprof.de
Auf MeinProf.de können Studierende ihren Dozenten ganz einfach, schnell und anonym Feedback für deren Lehre geben. Die Bewertungen dienen nachfolgenden Kommilitonen bei der Orientierung. Seit 2007 veröffentlicht MeinProf.de jährlich ein Hochschulranking, das allein die Qualität der Lehre berücksichtigt.
(Siehe Abbildung)

MeinProf.de   **www.meinprof.de**

studiVZ
team@studiverzeichnis.com

www.studivz.net
Auf dieser Plattform kann man Kontakte zu anderen Studenten knüpfen und sein eigenes Profil anlegen.

uni.de
presse@uni.de

www.uni.de
Infos rund um die Themen Studium, Karriere, Ausbildung und Networking.

uni-protokolle.de
info@uniprotokolle.de

www.uni-protokolle.de
Diskussionsforum für viele Studienfächer und Einstellungstests. Praktisch: Protokolle und Fragen von Prüfungen.

Uni/Studentenzeitschriften

CAREER-CENTER by audimax
info@audimax.de

www.audimax.de
Informationspool für Schüler, Studenten und Absolventen bei der Stellensuche und der beruflichen Orientierung.

UNICUM.de
redaktion@unicum-verlag.de

www.unicum.de
Tipps zu Studium und Berufseinstieg sowie Foren, Tests, eine Praktikums-, Stellen- und Ausbildungsbörse.

Uni/Universitäten & Hochschulen

Hochschulranking, Das
info@che.de

www.che-ranking.de
In dem detaillierten Ranking werden ausgewählte Studienangebote an Hochschulen (Uni und FH) vergleichend dargestellt.

hochschulstart.de
poststelle@hochschulstart.de

www.hochschulstart.de
Informationen über die Studienplatzvergabe in örtlich und zentral zulassungsbeschränkten Studiengängen.

HRK-Hochschulkompass
kompass@hrk.de

www.hochschulkompass.de
Studienangebote, Promotionsmöglichkeiten und internationale Kooperationen der deutschen Hochschulen im Überblick.

researchgate.net

www.researchgate.net
Englischsprachige Community für Wissenschaftler aller Fachbereiche.

Studien- & Berufswahl
stub-redaktion@meramo.de

www.studienwahl.de
Studien- und Ausbildungsangebote, Orientierungshilfen, Infos zum Studium und Verzeichnis aller deutschen Hochschulen.

studieren.de
info@studieren.de

www.studieren.de
Portal zur Studienwahl: Datenbank mit allen Studiengängen und Hochschulen, ausführliche Studienprofile.

Wegweiser Duales Studium
info@wegweiser-duales-studium.de

www.wegweiser-duales-studium.de
Informationsportal zum Dualen Studium. Mögliche Studiengänge und Unternehmen sowie ein Forum und eine Studienplatzbörse.

Uni/Universitätsorganisationen

Deutsches Studentenwerk
dsw@studentenwerke.de

www.studentenwerke.de
Zusammenschluss deutscher Studentenwerke: Infos zu Studienfinanzierung, Wohnen, Mensen, Beratung und sozialen Diensten.

Hochschulrektorenkonferenz HRK
post@hrk.de

www.hrk.de
Informationen und Stellungnahmen zu Hochschulthemen, Datenbank mit Studienangeboten.

Volkshochschulen

Deutscher Volkshochschul-Verband e. V.
info@dvv-vhs.de

www.dvv-vhs.de
Adressen aller deutschen Volkshochschulen, wichtige Termine von Vorträgen, Workshops und Schulungen sowie Pressemitteilungen.

COMPUTER & SOFTWARE

NEWS   TESTS   TIPPS   COMPUTER   SPIELE   TV   FOTO   MOBIL   PRODUKTE   DOWNLOADS   SPECIALS   TOP-THEMEN

Computer Bild.de

RSS | NEWSLETTER | VIDEOS | ABO | SHOP | SITEMAP | FORUM

Suchbegriff oder Webcode eingeben

▸ LOGIN
▸ REGISTRIEREN

▮ TOP-THEMEN

Alle Top-Themen

50-Euro-Androide bei Aldi: LG Optimus L3 II im Praxis-Test

Aldi Nord verkauft zum 14. Juli das LG Optimus L3 II für 50 Euro. Der Praxis-Test zeigt, wie sich das Schnäppchen-Handy im Alltag schlägt.

Juli-Patchday schließt 29 Lücken: Aktualisieren Sie jetzt!

Der Juli-Patchday von Microsoft liefert Ihnen wichtige Sicherheits-Updates für Internet Explorer, Windows und Office frei Haus. Das Update ist Pflicht!

Ohne diese Stromfresser läuft Ihr Android-Handy länger!

Ihr Smartphone-Akku ist wieder einmal viel zu früh leer und das Android-Gerät muss ans Netz? Mit den folgenden Tipps erhöhen Sie die Betriebsdauer.

Motorola Moto G LTE: Teurer – und auch besser?

Im Juli bringt Motorola das Moto G LTE heraus – mit schneller Mobilfunktechnik. Ist es den Aufpreis gegenüber dem herkömmlichen Moto G wert?

LG Optimus L3 II bei Aldi: Lohnt das 50-Euro-Handy?

Aktuelle Smartphones gibt es schon für 50 Euro, zum Beispiel das Optimus L3 II von LG bei Aldi Nord am 14.7.2014. Schnäppchen oder Fehlinvestition?

▮ TOP-BILDERGALERIEN

Download: Die Top 150 Android-Apps

Gratis: 100 Programme von Microsoft

Fotowettbewerb: 111 heiße Akt-Wallpaper

Kostenlose Spiele: 100 Download-Games

COMPUTER BILD   ▮ Gefällt mir   145.202

News bei COMPUTER BILD   🔊 RSS

Juli-Patchday: Kritische Updates für den IE

The Evil Within: Blutspende auf der QuakeCon

WM 2014: Kleines Finale live mit Magine

Microsoft: Supportende für Office 2010 SP1

MyWallet: Telekom führt Couponing-Funktion ein

Tarifrechner: Strom- und Gasanbieter einfach wechseln

Preissturz: Top-5-Rabatte auf Notebooks bei Amazon

Weitere Meldungen

COMPUTER BILD Tipps & Tools

G-Data-Special

Sicherheits-Center

Tarifrechner

Film-Flatrate testen

▸ Produktsuche   ▸ Kaufberatungen
▸ Fotoservice   ▸ Hersteller
▸ Schnäppchen   ▸ Gewinnspiele

Top-Downloads der Woche   **Die neuesten Downloads**

McAfee Labs Stinger (64 Bit)
Freeware (kostenlos)
Englisch

McAfee Labs Stinger (32 Bit)
Freeware (kostenlos)
Englisch

www.administrator.de

Administrator.de

Haben Sie ein schwieriges Computerproblem, bei dem Ihnen auch Ihr technik-versierter Nachbar nicht weiterhelfen konnte? Dann sollten Sie Ihr Anliegen unbedingt der Community von administrator.de schildern! Tüfteln Sie gemein-sam mit den Computerexperten die Lösungen für all Ihre kniffligen Fragen aus und schildern Sie das Ergebnis anschließend anderen Usern. Die Antworten auf die Fragen, die im Forum gestellt werden, unterliegen einem detaillierten Bewertungssystem, so dass gleich zu Beginn die wirklich hilfreichen Antworten herausgefiltert werden können. Seien Sie Teil dieser Community und helfen Sie, eine Wissensdatenbank der Informationstechnologie aufzubauen!

www.hardwareluxx.de

Hardwareluxx

Ihre primäre Festplatte wird nicht erkannt? Sie haben eine neue Grafikkarte gekauft und jetzt spinnt Ihr PC? Sie sind kurz vorm Durchdrehen, weil Ihr Internet-Browser die Seiten mal wieder nur im Schneckentempo aufbaut? Kein Problem, denn die IT-Cracks von Hardwareluxx.de können Ihnen garantiert weiterhelfen! Hier finden Sie aktuelle IT-News mit Berichten über Hardware und PC-Komponenten, Software und Treiber als Downloads sowie aller-hand Tipps und Tricks für Ihren PC. Also nicht verzweifeln. In der riesigen Community mit über einer Million Themen, mehr als 21 Millionen Beiträgen und ca. 200.000 Benutzern, finden auch Sie ganz bestimmt ein offenes Ohr!

www.notebookcheck.com

Notebookcheck.com

In der Welt der Notebooks, Tablets und Laptops versteht man als Normalsterblicher oftmals nur Bahnhof. Ist das neue Ultrabook von Asus wirklich zu empfehlen? Was ist mit dem Slider Tab Book 2? Und wer kennt eigentlich den Unterschied zwischen einem Iconia A1-830 und einem Iconia B1-730HD? Egal, ob Computer-Laie oder Technik-Freak, auf Notebookcheck.com sind Sie genau richtig! Erfahren Sie, welche Modelle gerade neu auf dem Markt sind und prüfen Sie nach, wie Ihr persönlicher Favorit im Test abgeschnitten hat. Im Forum können Sie sich mit der Community über die aktuellen Trends austauschen oder in der Bastelecke Ihre Notebooks tunen.

www.psd-tutorials.de

PSD-Tutorials.de

Möchten Sie wissen, wie Sie mit ein paar Klicks Geburtstagskarten oder Partyeinladungen nach Ihrem Geschmack illustrieren, die Farben Ihrer Urlaubsfotos auffrischen oder sogar ein eigenes Web-Layout erstel-len können? Auf dieser Web-Seite finden Sie unzählige Anleitungen, Mini-Workshops, Video-Trainings und Downloads rund um das Thema Bildbearbeitung und Mediengestaltung mit Programmen wie Photoshop, GIMP, InDesign oder Dreamweaver. Auch das Thema Fotografie kommt nicht zu kurz: Neben einem Basic-Fotolehrgang finden Sie hier zahlreiche Hilfestellungen für gelungene Porträt-, Sport- oder Aktfotografien.

PC-WELT

www.pcwelt.de

Welche Gratis-Tools verschlüsseln zuverlässig meine Daten, welche Risiken bergen soziale Netzwerke und welches DSL-Schnäppchen hält tatsächlich, was es verspricht? Hier finden sowohl PC-Laien als auch Computerexperten hilfreiche Informationen, Tipps und Tricks für den Umgang mit Multimedia-Geräten. Neben neuen Trends, Preisvergleichen und Videos gibt es umfangreiche Produkttests und Ratgeberartikel, die erklären, wie man kinderleicht Serienbriefe verfasst, Wikis verwaltet oder PDF-Formulare am PC ausfüllt. Im Download-Bereich finden Sie außerdem Spiele, Browser, Wallpapers, Vokabeltrainer und von Zeit zu Zeit Gratis-Vollversionen von PC-Anwendungen.

computerbild.de

www.computerbild.de

Wie rüste ich mein altes Notebook auf, wo finde ich eine solarbetriebene Funk-Maus und worauf muss ich beim Kauf eines Navigationssystems achten? Bei Fragen rund um Computer, Hard- und Software, Internet, Fernseher, Handy oder Digitalkamera hilft computerbild.de. Wissbegierige finden hier Artikel über die neuesten Entwicklungen in der Multimedia-Branche, Produktbewertungen, eine Online-Kaufberatung oder Spieletipps und Komplettlösungen. Dazu gibt es verschiedene Antivirus-Programme, Spiele, interaktive Bildschirmschoner, Bildbearbeitungssoftware und 3D-Raumplaner zum kostenlosen Download.

CHIP Online

www.chip.de

CHIP Online ist ein praktisches Portal mit Infos zu allem, was mit IT und Telekommunikation zu tun hat. Hier finden sowohl Anfänger als auch Profis nützliche Tipps und Tricks rund um Smartphone, PC, Notebook, Digicam, Software oder Flachbildschirme. Welcher Computer eignet sich am besten für mich? Auf was muss ich beim Kauf eines neuen Laptops alles achten? Was benötige ich für einen DSL-Anschluss und welches Handy ist am besten? Besonders interessant sind die kostenfreien Downloads, denn egal, ob es sich um Fotobearbeitungs-, Viren- oder Brenner-Software handelt, man hat stets gute Programme zur Auswahl. So wird man schnell vom Laien zum Profi!

WinFuture.de

winfuture.de

Google Glass, 3D-Drucker, oder Windows 8 – das Windows-Online-Magazin informiert über neue Entwicklungen der PC-Welt, wobei der Schwerpunkt auf Windows-Produkten liegt. Praktisch ist der Preisvergleich: Von Audio-, HiFi- und Video-Zubehör über TV- und DVD-Geräte bis zum Studio-Equipment finden Sie zu jedem Modell das derzeit günstigste Angebot mit Angabe des Händlers und der voraussichtlichen Lieferzeit. Neben einem gut sortierten Download-Bereich bietet ein Forum mit über 77.000 Nutzern die Möglichkeit, sich über Hard- und Software, Tools oder alternative Betriebssysteme auszutauschen.

Computerhilfen & Computertipps

Administrator.de
impressum@administrator.de

www.administrator.de
Plattform für erfahrene Computeranwender zum Gedankenaustausch über Betriebssysteme, Netzwerke oder Software-Entwicklung.

ChannelBiz

www.channelbiz.de
Aktuelle Meldungen zu den Themen PC, Notebooks, Server, IT-Sicherheit, Software und Netzwerke.

computerfrage.net
info@computerfrage.net

www.computerfrage.net
Computernutzer können hier Fragen stellen und Ratsuchenden ihre Erfahrungen im Bereich Computer weitergeben.

Computerhilfen.de
hilfe@computerhilfen.de

www.computerhilfen.de
Anleitungen, Tipps und Foren zu den Betriebssystemen Windows, Linux und MacOS bieten Hilfestellungen für viele PC-Probleme.

Hardwareluxx

www.hardwareluxx.de
Aktuelle IT-News mit Berichten über Hardware und PC-Komponenten. Mit sehr großem Forum.

HT4U.NET

ht4u.net
Nachrichten, Testberichte, Downloads und ein Forum zu den Themen Hardware und Computer.

Netzwelt.de
redaktion@netzwelt.de

www.netzwelt.de
Aktuelle Meldungen zu allen Themen der Computerwelt, dazu Ratgeber, Lexikon für Fachbegriffe und Internet-Tarifübersicht.

PC-Heaven.de
pch.nico@pc-heaven.de

www.pc-heaven.de
PC-Forum mit News, Tools, Tutorials und Programmiercodes.

Powerforen.de
rene-beeskow@alfa-video.de

www.powerforen.de
Großes Forum mit Infos zu Hardware, Software, Internet, Telekommunikation, PC-Spielen und Satellitentechnik.

IT-DIRECTOR   www.it-director.de

silicon.de

www.silicon.de
Technologie-Nachrichten (nicht nur) für IT-Manager.

Computerzeitschriften

● **IT-DIRECTOR**
info@medienhaus-verlag.de

www.it-director.de
IT-DIRECTOR ist als Business-Magazin konzipiert und berichtet über wirtschaftliche Lösungen durch den Einsatz moderner Informations- und Kommunikationstechnologien im gehobenen Mittelstand sowie in Großunternehmen und Konzernen. Der Fokus liegt auf Kosten-Nutzen-Optimierung und Investitionssicherheit. **(Siehe Abbildung)**

● **IT-MITTELSTAND**
info@medienhaus-verlag.de

www.itmittelstand.de
Das Magazin für erfolgsorientierte Unternehmen. Es adressiert ausschließlich den Mittelstandsmarkt und informiert IT-Entscheider: Geschäftsführer, IT-Chefs und Bereichsleiter. Sämtliche für den Aufbau und die Nutzung von IT-Infrastrukturen und -Ressourcen relevanten Aspekte werden beleuchtet. **(Siehe Abbildung)**

ChannelPartner
redaktion@channelpartner.de

www.channelpartner.de
Nachrichten und Hintergrundinformationen für IT-, TK- und CE-Händler.

CHIP Online
info@chipxonio.com

www.chip.de
Hardware- und Software-Infos, interaktive Test- und Preisübersichten, Tipps und Tricks sowie Downloads.

CIO.de
redaktion@cio.de

www.cio.de
Das Wirtschaftsmagazin für Manager informiert umfassend über die unternehmensstrategischen Aspekte im IT-Bereich.

Cnet.de

www.cnet.de
Magazin zu diesen Themen: Mobiles Internet, Hard- und Software, TV, HiFi und Spiele.

IT-MITTELSTAND   **www.itmittelstand.de**

Anzeige

COMPUTER & SOFTWARE

com! – Das Computer-Magazin
leser@com-magazin.de

www.com-magazin.de
Aktuelle News, Hintergrundinfos, Tests, Tipps und Ratgeber zu Windows, zu Anwendungs-Software, zum PC und zum Internet.

computerbild.de
onlinered@computerbild.de

www.computerbild.de
Das Internet-Portal von Computer Bild, Computer Bild Spiele und Audio Video Foto liefert Tests, News und Produktinfos.

COMPUTERWOCHE.de
cw@computerwoche.de

www.computerwoche.de
Für IT-Entscheider: Aktuelle Nachrichten der Branche, IT-Strategien und Lösungen für Hardware, Software, Telekommunikation.

c't
ct@ctmagazin.de

www.ctmagazin.de
Ausgewählte c't-Artikel, News und Serviceangebote wie Treiberservice oder Software-Archiv.

iX-Magazin
post@ix.de

www.ix.de
News-Ticker, Artikel aus dem aktuellen Heft und zahlreiche Serviceangebote.

PC Magazin
redaktion@pc-magazin.de

www.pc-magazin.de
Von Experten für Experten: Aufwändige Einzel- und Vergleichstests, Workshops, Profi-Corner.

PC-WELT
info@pcwelt.de

www.pcwelt.de
Das Portal für Computer und Technik, Business-IT und Digital-Lifestyle mit News, Tests, Downloads sowie einem Forum.

TecChannel.de
redtecchannel@idginteractive.de

www.tecchannel.de
Fachinformationen, die man zur Planung, zum Betrieb und zur Optimierung der Unternehmens-EDV benötigt.

Computerzeitschriften/Linux

Linux-Magazin

www.linux-magazin.de
Artikelübersicht und -archiv des aktuellen Heftes, Buchtipps und Linux-News.

LinuxUser

www.linux-user.de
Die Artikel der Monatszeitschrift LinuxUser können hier online gelesen werden.

Computerzeitschriften/Mac

Mac Life
redaktion@maclife.de

www.mac-life.de
Hier finden Apple-User ausführliche Software- und Hardware-Tests, Tipps und Tricks sowie viele News rund um den Mac.

Macwelt Online
redaktion@macwelt.de

www.macwelt.de
Umfassender Online-Informationsdienst für Mac-Anwender mit täglich aktualisierten Nachrichten.

Computerzeitschriften/Telekommunikation

connect
redaktion@connect.de

www.connect.de
Connect.de bietet News und Testberichte aus dem Heft zu Mobilfunk, Telekommunikation sowie PC und Internet.

Datensicherheit/Allgemein

Computerbetrug.de
info@computerbetrug.de

www.computerbetrug.de
Diese Seite informiert über Gefahren des Internets und über PC-Dialer, Abofallen sowie Abzocke am Telefon. Mit Forum.

German Software Engineering

www.german-software-engineering.de
Nach Spionage-Skandalen brauchen nicht nur Lebensmittel einen Herkunftsnachweis: geprüfte Deutsche-Software.

Kaspersky
info@kaspersky.de
☎(0841) 98 18 90

www.kaspersky.com/de
Der Sicherheitsspezialist bietet Heimanwendern und Unternehmen Lösungen zum Schutz vor Viren, Spyware, Spam, Hackern und anderen Bedrohungen aus dem Internet. Das Software-Angebot reicht von AV-Programmen für Endanwender bis hin zu umfassenden und integrierten Sicherheitslösungen für Unternehmen. **(Siehe Abbildung)**

Protecus Security
impressum@protecus.de

board.protecus.de
Großes Security-Forum mit Tipps, Anleitungen, Wissen und Hilfe rund um Computer, Internet- und Netzwerk-Sicherheit.

Trojaner-Board

www.trojaner-board.de
Diskussionsseite über Trojaner und Viren, deren Arbeitsweise und Beseitigungsmöglichkeiten.

Hardware/Netzwerke

lancom-forum.de

www.lancom-forum.de
Das Forum für Nutzer von Lancom-Produkten mit Themen wie Router, VPN, VoIP, Firewalls und Access Points.

Netzwerk Total
webmaster@netzwerktotal.de

www.netzwerktotal.de
Tipps und Know-how für die Einrichtung eines lokalen Netzwerkes unter Windows.

Router-Forum.de
redaktion@dsl-magazin.de

www.router-forum.de
Großes Forum, wo User Fragen rund um Netzwerke und Router stellen und beantworten.

Kaspersky   **www.kaspersky.com/de**

COMPUTER & SOFTWARE

Hardware/PCs, Notebooks & Computerzubehör

ALTERNATE
kontakt@alternate.de

www.alternate.de
ALTERNATE ist einer der führenden Technik-Versender für Computer, Hardware, Software, Home-Entertainment und Digitalfoto.

billigdrucker.de
info@bueromaterial.com

www.billigdrucker.de
Testberichte zu Druckern, PCs und Notebooks. Neben Druckerzubehör sind Büromaterialien aller Art erhältlich.

computeruniverse.net
info@computeruniverse.net

www.computeruniverse.net
Riesige Auswahl an günstiger PC-Hardware, PC-Software, Digital Imaging sowie DVDs, Games und Unterhaltungselektronik.

emendo
info@emendo.de

www.emendo.de
Bei emendo kann man Notebooks entweder online einkaufen oder per Händlersuche einen Berater vor Ort finden.

Future-X.de
info@future-x.de
☎(0201) 102 860

www.future-x.de
Future-X.de ist auf den Vertrieb von Standard-, Business- und Education-Software sowie IT-Hardware-Produkten spezialisiert. Der Onlineshop bietet Hilfe bei Auswahl, Beschaffung und Unterhalt von Software-Lizenzen oder IT-Hardware-Umgebung und hat ein umfassendes Sortiment aller namhafter Hersteller. **(Siehe Abbildung)**

MEDION
info@medion.com

www.medion.com
Produkte aus den Bereichen PC, Notebook, Navigationssysteme, Heimkino, Telekommunikation, Foto und Camcorder.

Misco.de
info@misco.de

www.misco.de
Computerprodukte aller Art: Von Komplett-PCs über Notebooks, TFT-Monitore und Drucker bis hin zu Multimedia-Komponenten.

Notebookcheck.com

www.notebookcheck.com
Portal mit Meldungen, Testberichten unn einem Forum zu den Themen Laptop, Tablet und Smartphone.

notebooksbilliger.de
vertrieb@notebooksbilliger.de

www.notebooksbilliger.de
Online-Shop für Notebooks, Zubehör, Drucker, Monitore und Projektoren. Mit Produktbewertungen und Sonderangeboten.

Tom's Hardware Guide

www.tomshardware.com
Verschiedene Hardware-Tests, Foren und Links zu Treiber-Downloads.

Vobis
service-dn@bora-computer.de

www.vobis.com
Das Angebot des Vobis Online-Shops umfasst PCs und Notebooks diverser Markenhersteller sowie PC-Zubehör und Software.

PC-Notdienste

PC Gesund
info@pcgesund.de

www.pc-gesund.de
PC-Hilfe per Fernwartung: Problem beschreiben, aus Lösungsangeboten wählen und zum Festpreis beheben lassen.

PC-Feuerwehr

www.pc-feuerwehr.de
Hilfe bei Hard- und Software-Problemen, Virenbefall oder verlorenen Passwörtern.

Remoters
info@remoters.de

www.remoters.de
Schnelle Hilfe bei PC-Problemen. Ein Techniker greift extern auf den PC zu und kann so Probleme wie Trojaner beheben.

Software/Betriebssysteme/Android

Siehe Kapitel Internet & Technik

Smartphones & Tablets/Android

Future-X.de   **www.future-x.de**

Software/Betriebssysteme/Apple Mac OS

Siehe Kapitel Internet & Technik   **Smartphones & Tablets/Apple iPhone, iPod & iPad**

Software/Betriebssysteme/Linux & Unix

Linux-Community.de

www.linux-community.de
Nachrichten zu Linux und Hilfe durch andere Linux-Nutzer.

Linux-Onlineshop.de
info@linux-onlineshop.de
www.linux-onlineshop.de
Verschiedene Linux-Distributionen, Anwendungen und Spiele sowie Bücher und Fanartikel zum Thema Linux.

linux-web.de
sigma@fidu.org
www.linux-web.de
Deutschsprachiges Forum rund um Linux, Unix und freie Software.

Pro-linux.de
info@pro-linux.de
www.pro-linux.de
Aktuelle Nachrichten mit Newsletter, Tipps, Anleitungen und Foren rund um Linux, Open Source und alternative Systeme.

rpmseek.com
info@rpmseek.com
www.rpmseek.com
Umfangreiche Suchmaschine für Linux-rpm-Pakete und ein Verzeichnis für Linux-Software inklusive Forum.

Software/Betriebssysteme/MS Windows

German Win-Lite
admin@win-lite.de
www.win-lite.de
Forum zu allen Fragen rund um die Betriebssysteme Windows 7 und 8 sowie Windows Vista und XP.

MCSEboard.de
www.mcseboard.de
Alles zu den Microsoft Zertifizierungen MCP, MCSA, MCSE und den verschiedenen Windows-Betriebssystemen.

windows-forum.info
www.windows-forum.info
Hier gibt es Infos zu allen Windows-Betriebssystemen, zu Netzwerken und Windows-Servern.

WinFuture.de
sk@winfuture.de
winfuture.de
Online-Magazin mit zahlreichen Nachrichten und Tipps aus der Computerwelt sowie einem umfangreichen Download-Archiv.

WinTotal
info@wintotal.de
www.wintotal.de
Windows-Portal mit Berichten, Tipps, Downloads, Testberichten und Forum.

Siehe auch Kapitel Internet & Technik   **Smartphones & Tablets/Windows**

Software/Bildbearbeitung

PSD-Tutorials.de
webmaster@psd-tutorials.de
www.psd-tutorials.de
Anleitungen für viele Programme der Bildbearbeitung, Video- und Audio-Bearbeitung, Mediengestaltung und des Web-Designs.

Software/Buchhaltungssoftware

Lexware
webmaster@lexware.de
www.lexware.de
Das Shop-, Service- und Informationsportal von Lexware bietet innovative Softwareprodukte rund um die Bereiche Steuern und Finanzen. Die Produktpalette umfasst sowohl Unternehmenslösungen für Buchhaltung, Rechnungswesen, Lohn, Gehalt und Personal als auch Programme für die private Steuererklärung.

Sage Software
info@sage.de

www.sage.de
Kaufmännische Anwendungen für Freiberufler, kleine und mittlere Unternehmen, soziale Organisationen und öffentliche Hand.

Software/Free- & Shareware

Download-Tipp.de
webster@hum.de

www.download-tipp.de
Umfangreiche redaktionelle Auswahl an nützlicher und unterhaltsamer Software für Windows, Mac sowie für mobile Geräte.

Freeware downloads
info@freeware-download.com

www.freeware-download.com
Antiviren-Software, Firewalls, Spiele, Firmen-Software und Programme zum Downloaden von Filmen und MP3s.

freeware.de

www.freeware.de
Die Download-Plattform für kostenlose Software.

Freeware-Tipp.de
webster@hum.de

www.freeware-tipp.de
Auf Freeware-Tipp.de werden redaktionell geprüfte und übersichtlich nach Kategorien geordnete Freeware-Downloads angeboten.

● **Giga Software**

software.giga.de
Free- und Shareware-Programme sowie aktuelle Software-Neuigkeiten. **(Siehe Abbildung)**

PDF24
geek@pdf24.org

de.pdf24.org
Mit dem PDF Converter direkt auf der Web-Seite eine Datei hochladen und per E-Mail kostenlos als PDF zurück erhalten.

PortableApps.com
Contact@Rareldeas.com

www.portableapps.com
Portable Apps zum Download. Einfach auf den USB-Stick, iPod oder MP3-Player herunterladen und überall nutzen.

Shareware.de
kontakt@shareware.de

www.shareware.de
Tausende von Shareware- und Freeware-Programmen: Spiele, Programme und Tools für Windows und Smartphones.

Giga Software   **software.giga.de**

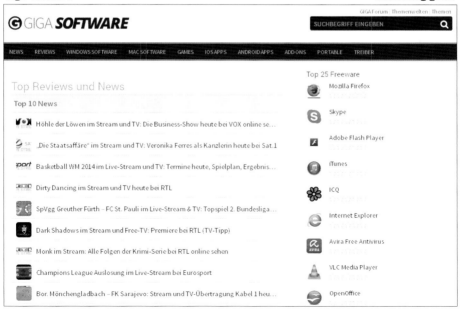

Computer & Software

Softonic
info@softonic.de

www.softonic.de
Softonic bietet eine große Auswahl an Software und Apps, die von einem Expertenteam getestet und bewertet werden.

Winsoftware.de
info@winsoftware.de

www.winsoftware.de
Großes Download-Archiv, nach Kategorien sortierte Free- und Shareware-Programme für MS Windows und Screensaver.

XP Archiv
xparchiv@xparchiv.de

www.xparchiv.de
Windows-Freeware und -Shareware-Download sowie ein Treiber-Archiv mit Beschreibungen der Programme.

Software/Grafik & 3D

3D-Ring.de
info@3d-ring.de

www.3d-ring.de
Deutsche 3D-Community mit umfassenden 3D-Galerien, Tutorials und allem, was dazu gehört.

C4D-Network
info@c4d-treff.de

www.c4dnetwork.com
Community für 3D-Designer, speziell für Cinema 4D- und Body-Paint3D-Anwender.

photoshop-cafe.de

www.photoshop-cafe.de/forum
Photoshop-Cafe.de ist ein großes Forum zu den Themen Bild- und Fotobearbeitung, mit Schwerpunkt auf Fragen zu Photoshop.

Software/Hilfen & Schulungen

easylearn24.com
info@easylearn24.com

www.easylearn24.com
Experten-Hotline inklusive Soforthilfe und Live-Schulungen zu über 100 Themen wie Computer, PC, Software und Technik.

GIGA Software
support@giga.de

www.giga.de/software/
Computerprogramme werden hier redaktionell geprüft und vorgestellt. Zudem auch News zu Apps sowie Tipps und Tricks.

IT-Fortbildung
it-services@evolvem.de

www.it-fortbildung.com
Die Suchmaschine für IT-Schulungen und Kurse für Excel, Notes, Java, DTP, SAP, AS/400.

Software/Office

Access-Paradies
webmaster@access-paradies.de

www.access-paradies.de
Hier bekommt der Besucher kostenlose Tipps und Tricks sowie Downloads für Microsoft Access, VBA und Visual Basic.

MS-Office-Forum
forum@ms-office-forum.net

www.ms-office-forum.net
In diesem Forum kann man seine Fragen zu Microsoft Office loswerden und erhält kostenlose Hilfe.

Software/Programmierung

byte-welt.net

www.byte-welt.net
Diskussionsforum zur ganzen Welt des Programmierens: Java, Swing, Netzwerk- und Datenbankprogrammierung.

coding-board.de

www.coding-board.de
Das Forum für Programmierer.

HotScripts.com

www.hotscripts.com
Englischsprachiges Scriptportal für PHP, CGI, Perl, JavaScript und ASP.

Tutorials.de

www.tutorials.de
User helfen Usern zu Themen wie 3D, Photoshop, Webmaster, Flash, PHP, Java, C, Pascal, VB oder Delphi.

Software/Programmierung/C++

c++ Community

www.c-plusplus.de/forum/
Sehr großes Forum zu C++ und verwandten Themen.

Software/Programmierung/CSS

CSS 4 You

www.css4you.de
Umfassende Infos zu Cascading Style Sheets mit Befehlsreferenz, Browser-Kompatibilitätstabelle und Code-Beispielen.

css-info.de

www.css-info.de
Im Forum gibt es Tipps und Hilfe bei Fragen zu Cascading Style Sheets (CSS).

Software/Programmierung/Delphi

delphipraxis.net

www.delphipraxis.net
Tutorials und Kurse, Jobangebote für Delphi-Programmierer, Freeware-Programme, Open-Source-Projekte und Tipps zu Delphi.

Delphi-Treff

www.delphi-treff.de
Know-how für Delphi-Programmierer; Grundlagen und Tutorials (auch als Downloads), Tipps und Tricks, kommentierte Links.

entwickler-ecke.de

www.entwickler-ecke.de
Hier treffen sich die Programmierer zu den Themen VCL, Visual-CLX, Datenbanken, Netzwerk und Linux-API.

Software/Programmierung/Flash

Flashforum
wolter@flashforum.de

www.flashforum.de
Flash-Forum rund um das Thema Web-Design, das Fragen zu Sound, Effekten, Grafik, 3D sowie Adobe Flash beantwortet.

Flashhilfe.de
info@flashhilfe.de

www.flashhilfe.de
Flash-Community mit interaktivem Forum und vielen Beiträgen für Anfänger und Fortgeschrittene sowie einem Download-Bereich.

Software/Programmierung/HTML

forum-hilfe.de
impressum@forum-hilfe.de

www.forum-hilfe.de
Das HTML- und Webmaster-Forum. Fragen zu den Skripten PHP, CGI, Perl, JavaScript, Tutorials, Workshops und Anleitungen.

html.de Forum
support@webhostlist.de

www.html.de
html.de hilft HTML-Anfängern und HTML-Profis bei Fragen rund um die Programmierung mit HTML, XHTML und DHTML, PHP.

HTML-Kurs
kontakt@html-seminar.de

www.html-seminar.de
Dieser HTML-Kurs ist sowohl für Einsteiger und HTML-Neulinge als auch für Fortgeschrittene konzipiert.

SELFHTML aktuell
projekt@selfhtml.org

aktuell.de.selfhtml.org
Die allumfassende Dokumentation zu HTML, CSS, XML, XSLT, JavaScript, DOM, CGI/Perl und DHTML.

Xhtmlforum
info@xhtmlforum.de

www.xhtmlforum.de
Das Forum bietet Tipps und Tricks zur Programmierung von HTML mit Lexikon zur Programmierung.

Software/Programmierung/Perl

perl-community.de

www.perl-community.de
Das große deutschsprachige Forum mit Wissensdatenbank für Perl-Programmierung.

Perlscripts
perlscripts@news-software.com

www.perlscripts.de
Rund 2.400 Perl-Skripte von A wie Animationen bis Z wie Zufallstexte.

Perlunity.de
support@perlunity.de

www.perlunity.de
Perl-Skripte, Web-Anwendungen wie Foren und Gästebücher, MySQL-Anwendungen sowie PHP- und Java-Skripte.

Software/Programmierung/PHP

phpforum.de
webmaster@phpforum.de

www.phpforum.de
Alles rund um PHP, MySQL und andere Programmiersprachen. Außerdem Jobangebote.

PHP-Welt.de
info@2bits.de

www.phpwelt.de
Alle wichtigen Infos, Downloads, Rezensionen, Artikel und Links zur Skriptsprache PHP.

Software/Programmierung/Visual Basic

ActiveVB
mail@activevb.de

www.activevb.de
Umfassende Tutorials, Tipps und Tricks zu allen Anwendungsfeldern in VB und verwandten Themen wie VBA, VB.NET und Access.

Software/Softwarevertrieb

Asknet Softwarehouse
softwarehouse@asknet.de

www.softwarehouse.de
Software, eingeteilt nach Produkt, Kategorie oder Hersteller. Außerdem Software-Portal für Forschung und Lehre.

SoftGuide Softwareführer
info@softguide.de

www.softguide.de
Marktübersicht mit detaillierten Informationen über betriebliche Software-Produkte und Branchen-Software.

Softwareload

www.softwareload.de
Bei Softwareload umfasst die Auswahl über 30.000 Titel – darunter Vollversionen, Demos sowie Free- und Shareware.

Software/Treiber

c't-Treiber-Service
treiber@ctmagazin.de

www.heise.de/ct/treiber
Verzeichnis für Treiber, Hersteller, FAQ-Seiten und Dokumentationen.

treiber.de
kontakt@treiber.de

www.treiber.de
Treiber für alle Systeme mit einer Suche nach Herstellern, Gerätegruppen und Produkten. Dazu aktuelle Nachrichten.

Treiberupdate.de
webmaster@treiberupdate.de

www.treiberupdate.de
Hier findet man über 194.000 Treiber zum kostenlosen Download. User können eigene Profile anlegen und Treiber hochladen.

EINKAUFEN

Shopauskunft.de

WWW.**SHOPAUSKUNFT**.DE

schafft nachhaltiges Vertrauen im Online-Handel

User   Shop

Ihre E-Mail

Login

Passwort vergessen

Start | Kunde | Datenschutz | Kontakt   Shop-Betreiber

Shop-Suche | Informationen über den Shop Ihrer Wahl | **SUCHE** | ♥ **SHOPVERZEICHNIS**

Deutschlands großes Online-Shop-Bewertungsportal

Für Kunden

Profitieren Sie von den Erfahrungen zehntausender Kunden und helfen auch Sie, mit Ihren Bewertungen, den Online Handel zu verbessern.

Ihre Vorteile:
- Kostenlose & unabhängige Informationen
- Über 11.500 registrierte Shops
- Ihre Meinung zählt!

Auskunft zum Shop Ihrer Wahl

Für Shop-Betreiber

SHOPAUSKUNFT verhilft Ihrem Shop mittels Kundenbewertungen zu mehr nachhaltigem Kundenvertrauen und dem damit verbundenen Umsatz.

Ihre Vorteile:
- Vertrauenswürdigkeit
- Kundenbindung
- Umsatzförderung

Jetzt Shop registrieren

Neueste Bewertungen Top-Shops

Absolut einwandfreier Ablauf des Einkaufs. Jederzeit aktualisierter Bestellstatus. Sofortige Lieferu...

komplette Bewertung

gut

komplette Bewertung

nach Vergleich bei den größeren Anbietern könnte ich bei outdoortrends.de die beste Wahl treffen u...

komplette Bewertung

Gute Preise, großes Sortiment, aber die Verpackung könnte oftmals besser sein, da zu lose verpackt...

komplette Bewertung

Shopauskunft-Blog

Recht | Werbung mit Selbstverständlichkeiten: BGH mit aktuellem Urteil

Eine ausgezeichnete Produktpräsentation ist für Online-Händler heute eine der Grundvoraussetzungen für eine gute Konversionsrate und damit für einen erfolgreichen Onlineshop. Neben den Produktdetails und einem ansprechenden Bild weisen Verkäufer auf Produktseiten oftmals auch auf die gesetzlichen Rechte für Verbraucher hin. Wichtig sind dabei Darstellung und Wortwahl der dort verwendeten Formulierungen, da allzu werbliche Aussagen schnell [...]. weiterlesen

Studien | Online-Payment: PayPal vor Rechnungskauf

Wie mehrere Studien in der Vergangenheit gezeigt haben, entscheidet immer öfter das Online-Payment im Checkout über Kaufabschluss oder Kaufabbruch des Kunden. Webshop-Betreiber konzentrieren sich daher mehr und mehr darauf, Käufern verschiedene Zahlungsoptionen anzubieten, damit diese den Shop nicht wieder verlassen und bei der Konkurrenz kaufen. Vor knapp einem Jahr fand das Ibi Research Institut der [...]. weiterlesen

News | Verspätete Lieferungen: eBay will Bewertungsmaßstab ändern

eBay stellt für zahlreiche Online-Händler neben dem hauseigenen Webshop einen zusätzlichen lukrativen Verkaufskanal dar. Mit seinen Millionen von Angeboten ist die Plattform für viele Verbraucher die erste Anlaufpunkt, wenn es um die Produktsuche im Netz geht. Dabei ist für Webshop-Betreiber, wie vor fast allen Portalen im Netz, vor allem die Kundenbewertung ein entscheidendes Kriterium, will [...]. weiterlesen

Studien | Datenschutz: Von deutschen Onlineshops vernachlässigt

www.gutscheinrausch.de

Gutscheinrausch

Sie brauchen neue Schuhe und sind gerade dabei, in einem der großen Online-Shops zu stöbern? Stopp! Schauen Sie erst bei Gutscheinrausch.de rein. Denn dort finden Sie aktuelle Gutscheine, Rabatte, Gratisartikel und Gutscheincodes von über 5.000 Online-Shops! Hier gibt es nahezu alles, was das Schnäppchenjäger-Herz begehrt. Von Büchern und Technik bis hin zu Schmuck. Klicken Sie sich einfach durch die verschiedenen Kategorien von „Urlaub und Reisen" bis zu „Sport und Fitness". So können Sie unter anderem Lastminute-Gutscheine von vielen Reiseanbietern, kostenlose Kino-Karten oder Amazon-Gutscheine finden. Entdecken Sie den Sparfuchs in sich!

www.bonavendi.de

Bonavendi

Wenn Bücher, CDs, Spiele, DVDs oder Filme im Regal verstauben, dann wird es wohl Zeit, Ihr Inventar einmal gründlich zu durchforsten. Aber keine Sorge, wegwerfen bleibt nicht Ihre einzige Option! Auf dieser Seite können Sie all Ihre veralteten Schätze direkt verkaufen, ganz ohne Wartezeit, Stress oder Gebühren. Sie tragen meist nicht einmal die Portokosten! Geben Sie einfach die Strichcode-Nummer des betreffenden Artikels ein, lassen Sie sich den besten Preis von über 40 Ankaufportalen im Internet anzeigen und machen Sie aus Ihrer wertlosen Deponie eine fließende Geldquelle! Nicht nur gebrauchte Medien werden Ihnen abgekauft, sondern sogar Handys, Smartphones, Notebooks und Tablets.

www.shopwiki.de

ShopWiki

Vorbei sind die Zeiten, in denen man mehrere Online-Shops nach seinen Wunschartikeln durchforsten musste. Mit Shopwiki macht Bummeln im Internet wieder Spaß – dank der übergreifenden Suchfunktion, die aus über 200.000 Online-Anbietern das gewünschte Produkt aufspürt! Geben Sie einfach einen Suchbegriff oder ein Kriterium ein, völlig egal, ob es sich um eine Produktbezeichnung oder eine Farbe handelt, und erleben Sie die Vorzüge des weltweiten Online-Shoppings. Die ausführlichen Ergebnisse werden Ihnen in übersichtlichen Trefferlisten angezeigt, so dass Sie mit wenigen Klicks auf den jeweiligen Shop gelangen und wie gewohnt Ihre Einkäufe tätigen können.

www.supermarktcheck.de

Supermarktcheck.de

Wo zahlt man beim Einkaufen den niedrigsten Preis? Das verrät Ihnen Supermarktcheck.de! Hier finden Sie aktuelle Prospekte von Supermärkten und Discountern online. Informieren Sie sich, bevor Sie einkaufen, und sparen Sie sich das Durchforsten der Vielzahl an Produkten! Geben Sie einfach Ihre Postleitzahl ein und schon erhalten Sie Prospekte der Supermärkte in Ihrer Umgebung. Der direkte Preisvergleich von Discountern verschafft Ihnen einen schnellen Überblick über aktuelle Angebote, Sie können jedoch auch gezielt nach bestimmten Lebensmitteln, Getränken und Drogerieartikeln suchen und deren Bewertungen und Testergebnisse anderer User vergleichen!

Factory-Outlets.org

www.factory-outlets.org

Sie suchen Markenprodukte zum Schnäppchenpreis? Auf diesem Portal finden Sie über 6.000 Adressen von Factory Outlets, Lager- und Werksverkäufen. Die komfortablen Suchfunktionen nach Städten, Postleitzahlen, Branchen, Marken und Produkten erleichtern Ihnen den Überblick über die Schnäppchenmöglichkeiten in Ihrer Nähe. Sparen Sie beim Kauf von Bekleidung, Computern, Accessoires, Elektronik, Möbeln und Sportgeräten, indem Sie in einen nahegelegenen Outlet Store vor Ort einkaufen und bis zu über 50% Preisnachlass erhalten. Von Esprit, Tom Tailor bis hin zu Siemens oder Swarovski – einfach anklicken und preiswert shoppen gehen!

smatch.com

www.smatch.com

Einkaufen macht jede Menge Spaß, kostet aber auch einiges an Zeit, da man sich gerne vorab über das Produkt informieren und den günstigsten Anbieter suchen will. Da ist es hilfreich, wenn alles unter einem Dach vereint ist und einem die Vorauswahl abgenommen wird. Auf dieser Web-Seite wird das Beste aus einer Unmenge von Online-Shops präsentiert und übersichtlich vorgestellt. Hier findet man eine breite Palette an nützlichen Dingen, von Mode über Lifestyle bis Wohnen. Praktisch ist vor allem, dass die Produkte einzeln angezeigt werden und man diese nach Farbe und Preis sortieren lassen kann.

dawanda.com

www.dawanda.com

Wer kennt das nicht? Sie suchen ein individuelles Schmuckstück oder ein originelles Geschenk und finden nur einfallslose, langweilige Massenprodukte. Das hat ein Ende, denn hier werden selbsthergestellte Accessoires, fantasievolle Wohndekorationen, maßgeschneiderte Bekleidungsstücke, kunstvoller Schmuck und handgefertigte Designermöbel als Unikate oder in limitierter Auflage angeboten. Wer selbst ein kreativer Designer oder Handwerker ist, kann seine Werke hier auch zum Kauf anbieten. In der Community hat man zudem die Möglichkeit, Produkte zu kommentieren und zu bewerten sowie seine künstlerischen Ideen mit Gleichgesinnten auszutauschen.

Buchkatalog.de

www.buchkatalog.de

Buchkatalog.de bietet 8,7 Millionen Bücher, E-Books, Hörbücher und Downloads, Software, CDs und DVDs, Noten bekannter Komponisten und zahlreiche Spiele. Aktuelle und redaktionell gepflegte Zusatzinformationen sowie Bestsellerlisten machen die Entscheidung leicht. Komplettiert wird das Angebot durch die Bestellmöglichkeit von Zeitschriften sowie gebrauchten und antiquarischen Büchern. Sie haben die Möglichkeit, sich die Bestellungen entweder bequem nach Hause liefern zu lassen oder selbst in einer Buchhandlung vor Ort abzuholen.

EINKAUFEN

Allgemein

erfolgreich-einkaufen.de

www.erfolgreich-einkaufen.de
Auf dem Einkaufsportal kann man in einer Vielzahl an redaktionell ausgewählten Links und Surf-Tipps rund um das Thema Einkaufen stöbern. **(Siehe Abbildung)**

Augenoptik/Brillen

Brille24
kundenservice@brille24.de

www.brille24.de
Bei Brille24 kann man zwischen 700 Brillenmodellen wählen und seine Lieblingsbrille einfach virtuell anprobieren.

brilledirekt.de
info@brilledirekt.de

www.brilledirekt.de
Brillen vieler bekannter Markenhersteller mit Online-Anprobe.

brillen.de
service@brillen.de

www.brillen.de
Viele Brillen, immer der gleiche Preis. Mit dem Brillenkonfigurator findet man dabei schnell das passende Modell.

brillen-butler.de
info@brillen-butler.de
☎(0671) 88 61 866

www.brillen-butler.de
Regional kaufen beim Optiker steht hier im Vordergrund. Die online ausgesuchten Brillen können gratis beim Optiker in der Umgebung oder zu Hause getestet werden – inklusive Service beim Optiker vor Ort. Als Förderpartner von BUY LOCAL unterstützt brillen-butler.de somit mittelständische Optiker. **(Siehe Abbildung)**

brillenlover.de
info@brillenlover.de

www.brillenlover.de
Modische Brillen, Sonnenbrillen, Retrobrillen, Pilotenbrillen und Nerdbrillen.

briloro
kontakt@briloro.de

www.briloro.de
Brillen mit Gleitsichtgläsern, Sonnenbrillen und Kontaktlinsen. Auch Gläserwechsel.

erfolgreich-einkaufen.de

www.erfolgreich-einkaufen.de

Eyemade
info@eyemade.de

www.eyemade.de
Große Auswahl an Damen-, Herren- und Sonnenbrillen.

megabrille.de
info@megabrille.de

www.megabrille.de
Brillen mit verschiedenen und innovativen Fassungsgestellen, Sonnenbrillen sowie Kontaktlinsen im Abo und Pflegemittel.

Mercy Would
feedback@mercywould.com

www.mercywould.com
Shop mit in Deutschland gefertigten Brillen. Das Besondere: Selbstdesignte Brillen in verschiedenen Farben und Styles. Mit einem Style-Finder: einfach eigenes Bild hochladen und die Wunschbrille darauf platzieren.

Mister Spex
service@misterspex.de

www.misterspex.de
Online-Optiker mit preiswerten Korrektionsbrillen, Designersonnenbrillen und Kontaktlinsen.

netzoptiker
info@netzoptiker.de

www.netzoptiker.de
Damen- und Herrenbrillen, Brillengläser, Kontaktlinsen aller Marken sowie Lesebrillen, Sport- und Sonnenbrillen.

optik24plus.de
kontakt@optik24plus.de

www.optik24plus.de
Große Auswahl an Brillen, Sonnenbrillen, Sportbrillen mit Stärken, Schwimmbrillen und Skibrillen.

Sehshop.de
info@sehshop.de

www.sehshop.de
Brillen, Sonnenbrillen und Gleitsichtbrillen mit individueller Sehstärke. Mit praktischer Online-Brillenanprobe.

Augenoptik/Brillen/Sonnenbrillen

UVstars
info@uvstars.com

www.uvstars.com
Sonnenbrillen von der klassischen Pilotenbrille über Butterfly-Modelle bis hin zu sportiven oder randlosen Varianten.

brillen-butler.de   **www.brillen-butler.de**

Augenoptik/Kontaktlinsen

321linsen.de
info@321Linsen.de

www.321linsen.de
Kontaktlinsen in verschiedenen Variationen und Zubehör wie Pflegemittel, Augentropfen und Behälter.

● **kontaktlinsen-vergleichen.de**
info@tmx-marketing.de

www.kontaktlinsen-vergleichen.de
Der Kontaktlinsen-Preisvergleich informiert über die aktuellen Preise der beliebtesten Kontaktlinsenmarken wie Air Optix, Acuvue, SofLens, Pure Vision oder Focus Dailies. Gesucht werden kann nach Tageslinsen, Wochenlinsen und Monatslinsen sowie nach torischen Kontaktlinsen und Gleitsichtlinsen. **(Siehe Abbildung)**

Lensbest
service@lensbest.de

www.lensbest.de
Der Brillenersatz in allen Varianten: Tages- und Monatslinsen, farbige Linsen, Weich- und Hartlinsen sowie Pflegemittel. Auch Brillen und Sonnenbrillen.

Lensspirit
info@lensspirit.de

www.lensspirit.de
Kontaktlinsen, Pflege, Zubehör, Accessoires und Kosmetik.

● **linsen24.de**
kundenservice@linsen24.de
☎(089) 12 76 22 30

www.linsen24.de
Bei Linsen24 ist eine große Auswahl an Monatslinsen, Tageslinsen und 2-Wochen-Linsen aller namhaften Hersteller erhältlich. Mit dem Kontaktlinsen-Preisvergleich findet man schnell das benötigte Produkt. Dank der praktischen Erinnerungsfunktion versäumt man es nicht mehr, rechtzeitig nachzubestellen. **(Siehe Abbildung)**

misterlinse.de
kundenservice@misterlinse.de

www.misterlinse.de
Tages-, Wochen- und Monatskontaktlinsen sowie Zubehör und Pflegemittel für harte und weiche Linsen.

kontaktlinsen-vergleichen.de   **www.kontaktlinsen-vergleichen.de**

Auktionen

1-2-3.tv
info@1-2-3.tv

www.1-2-3.tv
Auktionsportal mit drei parallel laufenden Live-Auktionen und vielen Sofortkauf-Angeboten zu Schnäppchenpreisen.

Auktionssuche.de
info@auktionssuche.de

www.auktionssuche.de
Online-Auktionen übersichtlich nach Kategorien und Alphabet sortiert. Zahlreiche Auktionen gleichzeitig durchsuchbar.

bidvoy
info@bidvoy.net

www.bidvoy.net
bidvoy zeigt an, zu welchem Preis ein bestimmtes Produkt bei eBay zur Zeit gehandelt wird.

eBay Deutschland

www.ebay.de
Der weltweite Online-Marktplatz für den Verkauf von Gütern und Dienstleistungen aller Art.

Hood.de
info@hood.de

www.hood.de
Kostenloses Anbieten und Ersteigern von Produkten aller Art. Auf der Startseite gibt es Verweise zu begehrten Angeboten.

trademind.de

www.trademind.de
Forum rund um Fragen zu Online-Auktionen sowie zum Außenhandel und innereuropäischen Warenverkehr.

Bekleidung

7 Trends
service@7trends.com

www.7trends.de
Kleider, Röcke, Jeans, Shirts, Accessoires, Pullover, Jacken, Mäntel, Tops, Hosen, Tuniken und Blusen.

ABOUT YOU
kundenservice@aboutyou.de

www.aboutyou.de
Junge Mode vieler bekannter Marken für Sie und Ihn. Mit Modeberater und eigener Wunschliste.

linsen24.de   **www.linsen24.de**

kik
info@kik24.de

www.kik.de
Der Onlineshop von KiK beweist, dass aktuelle Modetrends auch günstig zu haben sind. Ob Damen, Herren oder Kinder, hier findet die gesamte Familie eine große Auswahl an stylischer Bekleidung in verschiedenen Kollektionen. Auch Dekoartikel sowie Heimtextilien, Haushalts- und Spielwaren sind erhältlich. **(Siehe Abbildung)**

ADLER Onlineshop
kundenservice@adler.de

www.adlermode.com
Große Auswahl an Damen-, Herren- und Kindermode mit zeitlosen Modeklassikern und neuesten Fashion-Trends.

bonprix
service@bonprix.de

www.bonprix.de
bonprix bietet aktuelle Modetrends für Damen, Herren und Kinder, Accessoires, Heimtextilien und Wohnartikel.

brandcharter
service@brand-catcher.com

www.brand-catcher.com
Urban- und Lifestyle-Textilprodukte von bekannten Modemarken. Bademode, Cardigans, Hosen, Jeans, Accessoires und Röcke.

Brax
info@brax.com

www.brax.com
Mode für Damen und Herren. Der Größenfinder hilft auch online, perfekt sitzende Kleidung zu finden.

C&A
service@shop-cunda.de

www.cunda.de
Im C&A-Online-Shop findet man aktuelle, modische Freizeitbekleidung.

CONLEYS
service@conleys.de

www.conleys.de
Ein Mix aus ausgewählten Mode- und Freizeitartikeln, Design-Klassikern, bequemen Basics und ausgefallenen Accessoires.

Coutie
mail@coutie.com

www.coutie.de
Ausgewählte Marken, Kreationen von unbekannten Labels weltweit sowie außergewöhnliche Modeideen.

dress-for-less
service@dress-for-less.de

www.dress-for-less.de
Schnäppchenjäger finden hier Designerbekleidung zu günstigen Preisen. Außerdem gibt es Accessoires und Unterwäsche.

Eddie Bauer
service@sportscheck.com

www.eddiebauer.de
Legere und bequeme Damen- und Herrenbekleidung sowie Schuhe und Accessoires von Eddie Bauer. Mit Sendungsauskunft.

Ernsting's family
service@ernstings-family.com

www.ernstings-family.com
Online-Shop für junge Familien mit großer Auswahl an Baby- und Kindermode sowie Kleidung für Damen und Herren.

Fashiola.de
info@fashiola.de

www.fashiola.de
Mit der Meta-Suchmaschine für Mode fashiola.de kann man mehrere Online-Shops auf einmal durchsuchen und vergleichen.

Fashion.de
info@fashion.de

www.fashion.de
Deutschlands großes Modeportal bietet für jeden Stil und jede Preisklasse eine riesige Produktauswahl aus vielen Shops.

Fashionesta
kontakt@fashionesta.com

www.fashionesta.com
Markenmode und Accessoires für Männer und Frauen zu reduzierten Preisen.

Heinrich Heine Versand
service@heine.de

www.heine.de
Der Online-Shop bietet Designeroutfits, lässige Freizeitkleidung und vielfältiges Wohnambiente.

K&L Ruppert
bestellung@kl-ruppert.de

www.kl-ruppert.de
Aktuelle Trendmode für Damen, Herren und Kinder.

kik

Anzeige

Kleiderbuegelprofi.de
info@kleiderbuegelprofi.de
☎ (06721) 30 86 44

www.kleiderbuegelprofi.de
Kleiderbügelprofi ist „das Fachgeschäft im Internet" für Garderoben- und Kleiderbügel aus Metall, Holz, Leder, Acryl und Kunststoff. Große Auswahl an hochwertigen Bügeln für Oberteile, Hosen, Röcke, Tücher, Krawatten, Gürtel oder Taschen. Ein Profi auch bei Wandhaken, Garderoben oder Schirmständern.
(Siehe Abbildung)

kleidoo
support@kleidoo.de

www.kleidoo.de
Modeartikel aller Art, von Damen- und Herrenmode über Kinder- und Sportbekleidung bis hin zu Schuhen und Accessoires.

Lands' End GmbH Deutschland
info@landsend.de

www.landsend.de
Große Auswahl an hochwertiger Freizeitkleidung für Damen, Herren und Kinder. Mit Möglichkeit, die Ware online zu bestellen.

My Oma
info@myoma.de

www.myoma.de
„Strick-Omas" stricken in Handarbeit individuelle modische Damen-, Herren- und Kindermode.

Mybestbrands.de
info@mybestbrands.de

www.mybestbrands.de
5.000 Designerlabels und Marken aus 100 Online-Shops.

Peter Hahn
service@peterhahn.de

www.peterhahn.de
Eine Auswahl an hochwertiger Mode und Designer-Marken. Mode für jeden Anlass und für jeden Stil.

s.Oliver
onlineshop@soliver.com

www.soliver.de
Großes Angebot an Kleidung, Schuhen und Accessoires der Marke s.Oliver: Damen, Herren, Kinder, aktuelle Fashion Trends.

Stylight
info@stylight.de

www.stylight.de
Bei Stylight kann man sich die unterschiedlichen Bekleidungsstücke nach Farben geordnet zusammenstellen lassen.

Tom Tailor
e-shop@tom-tailor.de

www.tom-tailor.de
Die gesamte Kollektion der Marke Tom Tailor auf einen Blick. Top-Looks kann man als Komplett-Outfit bestellen.

Kleiderbuegelprofi.de   **www.kleiderbuegelprofi.de**

Trachten Fashion
mail@trachten-fashion.de

www.trachten-fashion.de
Trachtenmode für Damen und Herren: Dirndl, Lederhosen, Trachtenmieder, Trachten-Unterwäsche, Schmuck, Schuhe und Hüte.

Walbusch
service@walbusch.de

www.walbusch.de
Hier findet man bequeme Damen- und Herrenmode: Bekleidung und Accessoires für Freizeit und Beruf. Mit Schnäppchenmarkt.

Bekleidung/Biomode

Hess Natur
dialog@hess-natur.de

www.hessnatur.com
Online-Shop für hochwertige und giftfreie internationale Mode. Außerdem eine Babykollektion und Wohnaccessoires.

modeaffaire.de
info@modeaffaire.de

www.modeaffaire.de
Hintergründe der grünen Modewelt, alles zu jungen Labels und Herstellern sowie die Trends und Entwicklungen der Branche.

Bekleidung/Brautmoden & Abendkleider

wunsch-brautkleid
gf@wunsch-brautkleid.de

www.wunsch-brautkleid.de
Verkauf von Secondhand- und Designerkleidern. Beratung durch das Brautkleiderhandbuch sowie Infos zu den Trends.

Bekleidung/Damenmode

Alba Moda
service@albamoda.de

www.albamoda.de
ALBA MODA präsentiert exklusive, aktuelle Damenmode mit anziehend italienischer Design-Handschrift zu einem attraktiven Preis-Leistungs-Verhältnis. Ergänzt wird der Online-Shop durch ausgewählte Premium-Marken, exquisite Bademode sowie perfekt auf die Kollektionen abgestimmte Schuhe und Accessoires.
(Siehe Abbildung)

Alba Moda **www.albamoda.de**

Elégance
kunden.service@elegance.de

www.elegance.de
Bekleidung für die Frau: Jacken, Röcke, Shirts, Hosenanzüge, Blusen und Schuhe. Sortierbar auch nach Farbe oder Modelinie.

GERRY WEBER
service@house-of-gerryweber.de

www.gerryweber.de
Aktuelle Mode und Sale-Angebote in großer Auswahl sowie jede Menge modischer Ideen für attraktive Damenbekleidung.

Hallhuber
service@hallhuber.de

www.hallhuber.com
Modische und hochwertige Damenbekleidung für Freizeit und Business.

Högermann und Kox
info@hoegermann-kox.de

www.hoegermann-kox.de
Jacken, Strickwaren, Mäntel, T-Shirts, Blusen, Kleider, Röcke, Tops und Blazer für Damen.

MONA
service@mona.de

www.mona.de
Klassische Damenmode mit Modellen namhafter Marken.

olsen
info@olsen.de

www.olsen.de
Große Auswahl an Damenbekleidung mit Basic-Teilen und Röcken, Blazern, Jacken, Mänteln, Strick, Blusen und Tuniken.

sheego
service@sheego.de

www.sheego.de
Umfangreiches Sortiment an aktueller Damenmode, bekannte Modemarken, sinnliche Dessous, Schuhmode und Accessoires.

stylefruits
info@stylefruits.de

www.stylefruits.de
Bei stylefruits.de können verschiedene Kleidungsstücke und Accessoires zu individuellen Outfits zusammengestellt werden.

 Damenmode bei Zalando
service@zalando.de
☎(0800) 240 10 20

www.zalando.de/damenbekleidung/
Bei der Suche nach dem passenden Outfit finden Frauen im großen Angebot an Damenmode für jeden Anlass etwas, egal ob Galadinner, Geburtstag, Vorstellungsgespräch, Büroalltag oder Freizeit. Neben trendiger Kleidung sind hier auch passende Schuhe und Accessoires wie Handtaschen oder Schmuck erhältlich.
(Siehe Abbildung)

Damenmode bei Zalando   **www.zalando.de/damenbekleidung/**

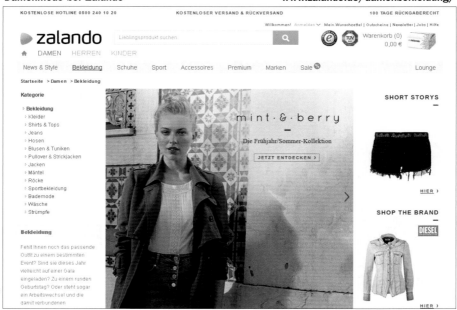

zero
zero@zero.de

www.zero.de
Shirts, Tops, Blusen, Röcke, Kleider, Hosen, Boleros, Jacken, Mäntel, Blazer, Accessoires und Schuhe.

Bekleidung/Damenmode/Übergrößen

happy-size.de
service@happy-size.de

www.happy-size.de
Spezialist für Damenmode in den Größen 40 - 60, Online-Shop mit junger Trendmode, Business-Outfits und Freizeit-Looks.

meyermode
service@meyer-versand.de

www.meyer-mode.de
Damenbekleidung, festliche Mode, Nachtwäsche und Bademode ab Größe 44 bis 66 sowie Kurzgrößen.

navabi.de
info@navabi.tv

www.navabi.de
Exklusive Boutique-Mode für Damen mit Größe 38 bis 54. Wöchentlich neue Outfit-Ideen, Designer, Labels und Angebote.

Ulla Popken
kunden-service@popken.de

www.ullapopken.de
Junge, trendige Mode ab Größe 42. Von Oberteilen, Mänteln und Hosen bis zu Bademode, Dessous sowie Accessoires.

Bekleidung/Designermode

bevonboch.com
serviceteam@brigittevonboch.de

www.bevonboch.com
Mode, Accessoires, Schmuck, Möbel des Designerlabels Brigitte von Boch für modernen Country- und klassischen Urbanstyle.

Stilverleih
info@stilverleih.de
☎(0511) 43 82 79 33

www.stilverleih.de
Hochwertige Designerschuhe und Luxushandtaschen haben ihren Preis. Anstatt sie zu kaufen, kann man diese bei Stilverleih preisgünstig ausleihen und auf verschiedensten Anlässen wie Events, Partys oder Fotoshootings stets mit exklusiver Luxusmode glänzen.
(Siehe Abbildung)

Stilverleih   **www.stilverleih.de**

Einkaufen

Closed
info@closed.com

www.closed.com
Damen- und Herren-Designermode. Komplette Outfits, Hosen, Shirts, Kleider und Schuhe.

fashionhype.com
info@fashionhype.com

www.fashionhype.com
Designerkleidung der angesagtesten Designermarken aus über 40 Luxusshops.

haburi.de

www.haburi.de
Exklusive Designer- und Markenware.

Modestern
info@modestern.de

www.modestern.de
Das Sortiment reicht von Underground- über Insider- bis hin zu Mainstream-Labels vieler bekannter Designer.

mytheresa.com
info@mytheresa.com

www.mytheresa.com
mytheresa.com bietet Modeliebhabern ein sorgfältig ausgewähltes Sortiment aktueller Designer-Labels und neuer Kollektionen.

Ralph Lauren
kundenservice@ralphlauren.de

www.ralphlauren.de
Aktuelle Kollektion an Bekleidung, Schuhen und Accessoires des Designers Ralph Lauren für Damen, Herren und Babys.

REBELLE
kontakt@rebelle.de

www.rebelle.de
Kauf und Verkauf von Designer-Second-Hand-Mode von über 600 Marken wie Chanel. Vom Kleid bis zur passenden Tasche.

Bekleidung/Jeans

Jeans-One.com
kontakt@jeans-one.com

www.jeans-one.com
Jeans für Sie und Ihn. Levi's, Lee, Wrangler, Mustang, HIS, Colorado, Paddock's. Große Auswahl an Modellen und Waschungen.

Jeanswelt.de
service@jeanswelt.de

www.jeanswelt.de
Jeans, Shirts sowie Jacken von namhaften Jeansanbietern.

my-jeans.de
info@my-jeans.de

www.my-jeans.de
Bei my-jeans.de findet man Jeans von Diesel, Dockers, G-Star, Herrlicher, Lee, Levi's, Mustang, Replay und Wrangler.

Bekleidung/Dessous & Unterwäsche

Calida Bodywear
info@calida-shop.de

www.calida-shop.de
Nacht- und Tagwäsche für die ganze Familie. BHs, Bustiers, Shirts, Bodies, Höschen, Nachthemden, Pyjamas und Loungewear.

Edition Lingerie
hello@editionlingerie.com

www.editionlingerie.com
Mit Hilfe eines Fragebogens findet man den perfekt sitzenden BH aus einer großen Auswahl an Marken. Mit Community.

Enamora
service@enamora.de

www.enamora.de
Unterwäsche für Sie und Ihn: BHs, Tops, Nightwear, Shorts, Slips und Shirts. Mit einem Dessousratgeber.

onmyskin
info@onmyskin.de

www.onmyskin.de
Tagwäsche, Nachtwäsche, Wellnesswear und Swimwear von namhaften Herstellern wie Triumph, Schiesser, Skiny und Aubade.

sheloox.de
info@sheloox.de

www.sheloox.de
Dessous-Shop mit Dessous von erotisch bis edel, schicker Bademode, High Heels, Strümpfen und Strumpfhosen.

Bekleidung/Herrenmode

babista.de
service@babista.de

www.babista.de
Hochwertige und komfortable Herrenbekleidung bekannter Modemarken wie Olymp, Gardeur oder Bugatti.

businesshemden.com
lidl@businesshemden.com

businesshemden.com
Große Auswahl an verschiedenen Farben, Mustern und Ärmellängen für Herrenhemden der Hemdenmarke Olymp und Eterna.

herrenausstatter.de
service@herrenausstatter.de

www.herrenausstatter.de
Mode für Herren. Bekleidung für Freizeit und Beruf, aktuelle Kollektionen von über 230 Marken.

hirmer-grosse-groessen.de
service@hirmer-grosse-groessen.de

www.hirmer-grosse-groessen.de
Herrenmode wie Jeans, Hemden, Sakkos und Bademoden in Übergrößen von Ralph Lauren, Tommy Hilfiger, Brax oder Joop.

Mein Smoking
info@meinsmoking.de

www.meinsmoking.de
Smokings für Herren und Jungen in verschiedenen Formen und Farben sowie Hemden, Westen, Fliegen, Krawatten und Schuhe.

menswear.de
info@menswear.de
☎(0800) 663 47 24

www.menswear.de
Der Online-Shop für Herrenmode bietet aktuelle Mode bekannter Marken an, z. B. Seidensticker, Falke, Atelier Gardeur, Prime Shoes, März, Roy Robson, Schiesser, Jacques Britt, Jockey, Joker Jeans, Olymp, Eterna, Allen Edmonds u. v. m. Inklusive Newsletter und 5 EUR Gutschein.

● Zalando Herrenbekleidung
service@zalando.de
☎(0800) 240 10 20

www.zalando.de/herrenbekleidung/
Der Online-Shop bietet ein breites Spektrum an Herrenbekleidung mit einer großen Auswahl an trendiger Sport- und Freizeitmode sowie eleganten Outfits und hochwertigen Anzügen. Das Angebot reicht von Shirts und Hemden über Hosen, Jacken und Mäntel bis hin zu Strümpfen, Unterwäsche oder Schuhen.
(Siehe Abbildung)

Zalando Herrenbekleidung — www.zalando.de/herrenbekleidung/

Bekleidung/Herrenmode/Krawatten

krawatten-aktuell.de
info@dothof.com

www.krawatten-aktuell.de
Im vielfältigen Angebot findet man Krawatten für jeden Anlass.

Krawattenforum.com
service@krawattenforum.com

www.krawattenforum.com
Krawatten in vielen Farben und Mustern. Nützliche Infos über Krawatten.

Krawatten-Ties.com
service@krawatten-ties.com

www.krawatten-ties.com
Große Auswahl an klassischen und modischen Krawatten führender Designer und Hersteller.

● **krawatten-viadimoda.de**
info@dothof.com
☎(0421) 244 35 96

www.krawatten-viadimoda.de
Hier findet man ein vielfältiges Angebot an Krawatten aller Art für geschäftliche und gesellschaftliche Anlässe. Die Auswahl reicht von Business- und Designerkrawatten in zahlreichen verschiedenen Mustern über Herrenschals und Damentücher bis hin zu eleganten Hochzeitswesten sowie Manschettenknöpfen. **(Siehe Abbildung)**

tiesociety.de
info@tiesociety.de

www.tiesociety.de
Krawatten, Schals, Einstecktücher, Schleifen und Manschettenknöpfe.

Young Office
service@krawatte-hemd.de

www.krawatte-hemd.de
Krawatten, Fliegen, Hemden, Manschettenknöpfe und Einstecktücher.

Bekleidung/Individuell bedruckt

shirtcity
info@shirtcity.de

www.shirtcity.com
Hier können T-Shirts, Lady-Shirts und andere Kleidungsstücke mit eigenen Texten und Motiven bedruckt werden.

krawatten-viadimoda.de   **www.krawatten-viadimoda.de**

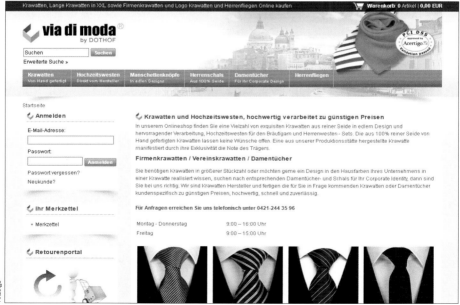

spreadshirt
info@spreadshirt.de

www.spreadshirt.de
Über 70 Produkte online mit einer persönlichen Message oder einem Motiv versehen. Fünf Druckarten stehen zur Auswahl.

Bekleidung/Individuell bestickt

Aufnäher Express -
Aufnäher von Ihrer Vorlage

☎(05138) 600 34 38

www.aufnaeher-express.de
Bei Aufnäher Express können Firmen, Vereine und Clubs hochwertige individuelle Aufnäher mit einem Firmenlogo, Vereinswappen oder sonstigen Motiv sticken lassen. Im Showroom findet man eine Übersicht von bisher bestickten Aufnähern und Patches. Ideal für Vereinsausstattung, Arbeitskleidung und Promotion. **(Siehe Abbildung)**

Bekleidung/Kinder-, Baby- & Umstandsmode

Kids Stars
info@kidsstars.de

www.kidsstars.de
Markenmode für Kinder. Strickjacken, Blusen, Jeans, Kleider, Schlafanzüge und Unterwäsche.

kinderado
info@kinderado.de

www.kinderado.de
Second-Hand-Kinderkleidung im Paket. Entweder ganz normal zu kaufen oder im Tausch.

kirondo
support@kirondo.de

www.kirondo.de
Kinderkleidung zum kleinen Preis. Hier wird bereits Gebrauchtes in gutem Zustand angeboten.

Nitis Umstandsmode
umstandsmode@t-online.de

www.nitis-flotte-kindermoden.de
Junge und moderne Umstandsmode wie Umstandshosen, Umstandsröcke oder Umstandsoberbekleidung sowie Bauchbänder.

pollywoggie
kontakt@pollywoggie.de

www.pollywoggie.de
Marktplatz, um Baby-, Kinder- und Jugend-Second-Hand-Waren einzukaufen und zu verkaufen.

Aufnäher Express - Aufnäher von Ihrer Vorlage   **www.aufnaeher-express.de**

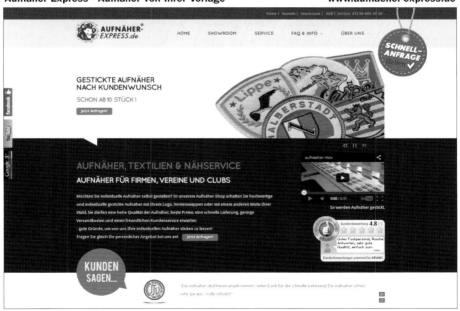

Einkaufen

tausendkind
service@tausendkind.de

www.tausendkind.de
tausendkind bietet Baby- und Kindermode sowie Spielzeug und Accessoires von großen und kleinen Marken.

Vertbaudet
service@vertbaudet.de

www.vertbaudet.de
Kinderbekleidung für Jungen und Mädchen sowie Babybekleidung, Kindermöbel und Umstandsmode mit französischem Charme.

Bekleidung/Maßbekleidung

hemdwerk

www.hemdwerk.de
Hier kann man aus über 100 Ökotex-zertifizierten Stoffen auswählen und sein Wunschhemd nach Maß selbst online designen.

You Tailor
gentlemen@youtailor.com

www.youtailor.de
Aus verschiedenen Stoffen und Designs für Hemd, Bluse und Krawatte entwirft man hier exklusiv sein persönliches Modell.

Bekleidung/Mützen & Hüte

Cappson Your Cap Store
cappsonservices@cappson.com

www.cappson.com
Fashion-, Lifestyle-, Sport-Caps von Top-Marken. Verschiedene Styles wie Trucker-, Army-, Mesh-, Flexfit- und Pitching-Caps.

Hutshopping.de
support@hutshopping.de

www.hutshopping.de
Klassische Hüte, sportliche Caps, Cowboy- und Westernhüte, Leder- und Babymützen.

hutx.de
info@hutx.de

www.hutx.de
Eine große Auswahl an Hüten und Mützen für Sie und Ihn.

myboshi
info@myboshi.net

www.myboshi.net
Individuelle Häkelmützen, genannt „Boshi", aus deutscher Handarbeit. Farben und Muster können frei gewählt werden.

Schuhcenter.de

www.schuhcenter.de

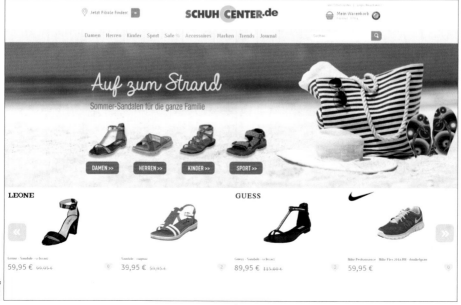
96

Bekleidung/Schuhe

Deichmann
info@deichmann.de

www.deichmann.de
Großes Sortiment an Damen-, Herren-, Kinder- und Sportschuhen sowie Accessoires. Mit Schuhknigge und Passformberater.

Görtz
service@goertz.de

www.goertz.de
Große Auswahl modischer Schuhe und Accessoires für Damen, Herren und Kinder. Attraktive Trend- und Fashion-Marken.

Humanic
humanic.at@LSAG.com

www.humanic.net
Der Online-Shop bietet Damen- und Herrenschuhe in allen Styles und Größen zahlreicher Trendmarken, auch in Extragrößen.

I'm walking
service@imwalking.de

www.imwalking.de
Elegante Schuhmode von hippen Sandaletten über schicke Pumps, Ballerinas und Stiefel bis hin zu Pantoletten.

mirapodo
service@mirapodo.de

www.mirapodo.de
Pumps, Sneaker und Spezialschuhe für Herren, Damen und Kinder. Sortierbar nach Schuhart, Marke, Preis, Material und Farbe.

Schuhcenter.de
service@schuhcenter.de
☎(02225) 926 191

www.schuhcenter.de
Aktuelle Schuhtrends und Markenschuhe zahlreicher Hersteller sind bei Schuhcenter.de erhältlich. Das vielfältige Angebot umfasst Damen-, Herren- und Kinderschuhe sowie Sportschuhe und Accessoires. Mit Hilfe der benutzerfreundlichen Suchfunktion lässt sich das geeignete Paar mit wenigen Klicks finden. **(Siehe Abbildung)**

Zalando
service@zalando.de
☎(0800) 240 10 20

www.zalando.de
Zalando ist einer der führenden Online-Händler für Fashion – mit Expertise. Inzwischen ist der Online-Shop in 15 Ländern aktiv, wobei neben Fashion auch Schuhe, Accessoires, Artikel aus dem Premium-Bereich und Sport-Produkte für Frauen, Herren und Kinder von über 1.200 Marken angeboten werden. **(Siehe Abbildung)**

Zalando   www.zalando.de

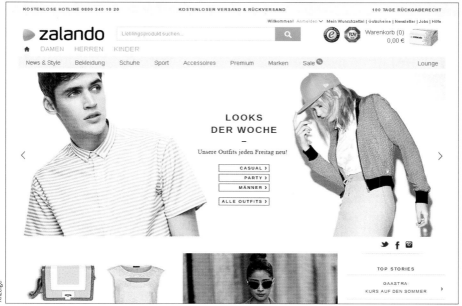

Anzeige

Schuh & Mode Kipp
info@kipp-schuhe.de

www.kipp-schuhe.de
Damenschuhe und Herrenschuhe in Übergrößen und Untergrößen. Große Auswahl an aktuellen Schuhtrends und Accessoires.

Schuhplus
info@schuhplus.com

www.schuhplus.com
Schuhplus.com ist ein Fachversand für Schuhe in Übergrößen. Damenschuhe Größe 42 – 46 sowie Herrenschuhe von 46 – 52.

SchuhTempel24
info@schuhtempel24.de

www.schuhtempel24.de
Stiefel, Stiefeletten, Pumps, Ballerinas, Sneaker, Sandalen und High Heels für Frauen.

Shooks
post@shooks.de

www.shooks.de
Übersichtsportal für Schuhe-Online-Shops. So kann man schnell Damen-, Herren- und Kinderschuhe finden.

spartoo.de

www.spartoo.de
Mehr als 750 Schuhmarken wie Converse, Kickers, Doc Martens, Pataugas oder Nike und über 30.000 Schuhmodelle.

Bekleidung/Second-Hand

Kleiderkreisel
kommando@kleiderkreisel.de

www.kleiderkreisel.de
Plattform, um Klamotten zu tauschen, zu verkaufen oder zu verschenken. Für Damen, Herren und Kinder. **(Siehe Abbildung)**

Bekleidung/Socken & Strümpfe

Falke Online-Shop
service@falke-shop.com

www.falke.de
Ob Freizeit, Business oder Sport, ob Damen, Herren oder Kinder, in dieser Auswahl findet jeder die passenden Füßlinge.

FunnyLegs
serviceinfo@funnylegs.de

www.funnylegs.de
FunnyLegs bietet über 800 verschiedene, nicht alltägliche Strumpfhosen und Nylons an.

Hosieria Ernst Mende
kontakt@hosieria.de

www.nylons-strumpfhosen-shop.de
Strumpfhosen, halterlose Strümpfe, echte Nylons, Spezialstrümpfe und Socken. Produktbewertungen durch Besucher.

Bekleidung/Stoffe & Kurzwaren

stoffe.de
kundenservice@stoffe.de

www.stoffe.de
Über 7.000 hochwertige Stoffe, passendes Kurzwarensortiment, Musterversand gratis, Anwendungsbeispiele und Nähservice.

stoffe-hemmers.de
service@stoffe-hemmers.de

www.stoffe-hemmers.de
Viele hochwertige Stoffe für Bekleidung und Dekoration, Meterware sowie Kurzwaren.

Stoffkontor
info@stoffkontor.eu

www.stoffkontor.eu
Eine große Auswahl an Stoffen und Meterwaren für Bekleidung, Kostüme, Hobby, Garten und Dekoration.

Bekleidung/Young Fashion

DefShop
info@def-shop.com

www.def-shop.com
Hip-Hop- und Streetwear-Shop für junge Menschen. Über 17.500 verschiedene Artikel von 200 Markenherstellern.

guna.de
info@guna.de

www.guna.de
Versand von Modeartikeln zahlreicher Marken für junge Leute: Hosen, Oberteile, Jacken, Caps, Schuhe und modische Accessoires.

Kleiderkreisel   **www.kleiderkreisel.de**

Kleider kreisel | Feed | Katalog ▾ | Forum | Über Kleiderkreisel ▾ | 🔍 Suche | Einloggen

Michael Kors
120,00 €
Sonstige

🔲 **xeriya**
Alles muss raus,schaut vorbei l ohnt sich* Folgt mir folge zrk :*

💬 7   ♡ 11

5,00 €
38 / S

🔲 **Raru**
Bitte keine Werbung!

💬 1   ♡ 5

H&M
10,00 €
36 / S

🔲 **xeriya**
Alles muss raus,schaut vorbei l ohnt sich* Folgt mir folge zrk :*

💬 5   ♡ 12

Atmosphere
10,00 €
~~20,00 €~~   44 / L

🔲 **xeriya**
Alles muss raus,schaut vorbei l ohnt sich* Folgt mir folge zrk :*

💬 2   ♡ 6

Marc Jacobs
70,00 €
Uni

💬   ♡ 2

Tally Weijl
7,00 € 🔄
38 / S

🔲 **xeriya**
Alles muss raus,schaut vorbei l ohnt sich* Folgt mir folge zrk :*

💬 2   ♡ 8

H&M
3,50 €
Uni

💬   ♡ 1

H&M
5,00 €
38 / S

🔲 **xeriya**
Alles muss raus,schaut vorbei l ohnt sich* Folgt mir folge zrk :*

💬 6   ♡ 7

Tally Weijl
17,00 €
~~29,90 €~~   34 / XS

🔲 **sarahisprincess**
Alle Artikel werden um 22 uhr g elöscht, also schaut noch mal r ein ist auch alles Reduziert. <3

💬 1   ♡ 9

66% Rabatt

Hollister
8,00 €
~~24,00 €~~   34 / XS

🔲 **goldenxsilver**
Summer sale! :) alle kurzen Hos en und T-Shirts für 5€ Lange H osen für 7-8€:)

💬   ♡

16,90 €
~~35,00 €~~   36 / S

🔲 **goldenxsilver**
Summer sale! :) alle kurzen Hos en und T-Shirts für 5€ Lange H osen für 7-8€:)

💬 3   ♡ 4

Deichmann
70,00 €
~~79,90 €~~   41

NEUES IM FORUM

- #schrankshow @kleiderkreisel: Or...   (292)
- Angefahrene Katze   (53)
- Tierschutz anrufen, ja oder nein?   (31)
- Ehrliche Antworten   (11030)
- Andere Mädchen/Frauen   (2)
- Spiel: Schoki gegen Chips   (83)
- Wer kennt dieses Kleid?   (9)
- Blogger kommentieren (ohne captc...   (12630)
- Ersties WS 2014/15 Uni Düsseldorf   (129)
- Talentlos   (5)
- Jeder schaut sich den Shop des ob...   (51474)

Mehr >

INSTAGRAMS
by @kleiderkreisel

Powered by ICONOSQUARE

NEUES IM BLOG

- Spätsommerfreude: Melonen-Cranberry-Bo...
- [Projekt Freiräume schaffen] Kleiderprobe - ...
- Von schwarz zu blond an einem Tag

Mehr >

SUCHE UND BIETE

- Kauf Spiel _ Schaut den Gesamten ...   (7396)
- Suche alte Labellos !   (3)
- Verschiedene Bücher   (19)
- [S] Große Größen (44/46) (LXL), ab...   (42)
- Vampire Diaries   (5)
- Zara Statement Kette Blogger   (31)
- morgen gehts zur Post   (4)
- Geschlossene Gruppe- Die Dvd/Bl...   (364)
- Gummibärchen Tausch   (1)

kolibrishop.com
info@kolibrishop.com

www.kolibrishop.com
Young Fashion und Accessoires für Damen und Herren sowie ein Mode-Blog mit News und Infos.

Pimkie
supportpne@pimkie.com

www.pimkie.de
Eine breite Auswahl an trendigen Styles für junge, selbstbewusste Frauen.

Blumenversand

Blumenfee
service@blumenfee.de

www.blumenfee.de
Deutschlandweiter Versand von Blumen in einer Frischebox mit Gratiszugabe nach Wahl.

fleurop.de
info@fleurop.de

www.fleurop.de
Blumengrüße zu verschiedenen Anlässen können hier bestellt und weltweit über Partnerfloristen versendet werden.

florito
info@florito.de

www.blumen.de
Auswahl an gebundenen Blumensträußen mit Grußkarte. Aktuelle Angebote passend zur Jahreszeit.

Rosarot-Pflanzenversand.de
hartung-rosen@t-online.de

www.rosenversand24.de
Pflanzenversand spezialisiert auf Rosen. Beet-, Duft-, Edel- und Kletterrosen gehören neben Spezialzüchtungen zum Angebot.

Valentins
service@valentins.de

www.valentins.de
Ob Glückwünsche, Dankeschön oder Liebesgruß – hier findet man die passenden Blumen und Geschenke von Valentins.

Bücher

Amazon.de

www.amazon.de
Online-Händler für Bücher, CDs, DVDs, PC-Spiele, Software, Elektronik und Foto sowie Produkte für Haus und Garten.

Buch24.de   **www.buch24.de**

buch.de
info@buch.de

www.buch.de
Bücher, Hörbücher, E-Books, Musik, Filme, Software, Spiele, Blumen, Bürobedarf und Geschenkideen.

Buch24.de
mail@buch24.de
☎(0911) 92 86 970

www.buch24.de
Nicht nur Bücherfans werden hier fündig. Mit weit über 2,6 Millionen Büchern, Hörbüchern, Kalendern, Filmen, Software und Spielen lässt das Sortiment keine Wünsche offen. 850.000 fremdsprachige Bücher zu attraktiven Preisen, viele davon sofort verfügbar. Bücher werden versandkostenfrei nach Hause geliefert. **(Siehe Abbildung)**

buchdepot24.de
info@fuller-books.de

www.buchdepot24.de
Bücher, E-Books und Hörbücher, DVDs und Blu-rays sowie Sach- und Fachbücher durch alle Genres.

Buchkatalog.de
e-commerce@knv.de

www.buchkatalog.de
8,7 Millionen Titel können bequem nach Hause geliefert oder von jeder Buchhandlung abgeholt werden. Zudem gibt es E-Books, Hörbücher, Software, DVDs und Blu-rays, Noten bekannter Komponisten, zahlreiche Spiele und Geschenkideen sowie ein umfangreiches Antiquariat für Bücher aus aller Welt. **(Siehe Abbildung)**

buecher.de
service@buecher.de

www.buecher.de
Riesige Auswahl an Büchern, Hörbüchern, Software, Musik und Filmen.

Der Club
service@derclub.de

www.derclub.de
Der Club Bertelsmann bietet über 450.000 Bücher und Hörbücher, mehr als 15.000 DVDs sowie jede Menge Musik-CDs und Spiele.

Weltbild
info@weltbild.de

www.weltbild.de
Über drei Millionen Artikel mit teils erheblichen Preisreduzierungen: Bücher, E-Books, DVDs, CDs, Geschenke und Technik.

Buchkatalog.de   **www.buchkatalog.de**

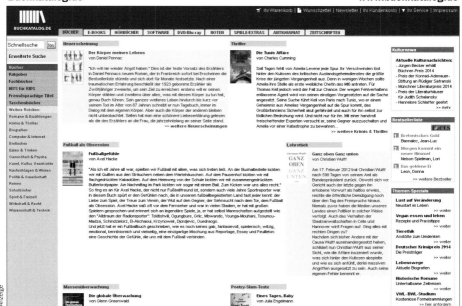

101

Einkaufen

Bücher/Antiquariate & Bücherschnäppchen

AbeBooks.de
info@abebooks.de

www.abebooks.de
AbeBooks.de ist Teil des weltweit größten Internet-Marktplatzes für neue, gebrauchte, antiquarische und vergriffene Bücher.

booklooker.de
support@booklooker.de

www.booklooker.de
Hier können gebrauchte und antiquarische Bücher, Hörbücher, Filme und Spiele gekauft und selbst verkauft werden.

Jokers
mail@jokers.de

www.jokers.de
Große Auswahl an Bücherschnäppchen 40 bis 90 % billiger als frühere Ladenpreise, Newsletter, Printkatalog und Services gratis.

Rhenania Buchversand
service@rhenania-buchversand.de

www.rhenania-buchversand.de
Sonderausgaben, Restauflagen und Standardwerke sortiert nach verschiedenen Themengebieten. Mit einer großen Resteecke.

terrashop.de
service@terrashop.de

www.terrashop.de
Über 10.000 Bücher aus allen Bereichen zu Sonderpreisen. Täglich neue Restposten.

ZVAB
info@zvab.com

www.zvab.com
Vergriffen, antiquarisch, exklusiv oder gebraucht: Hier findet man fast jedes Buch, das es im Neubuchhandel nicht mehr gibt.

Zweitausendeins
service@zweitausendeins.de

www.zweitausendeins.de
Umfangreicher Katalog an CDs, DVDs und Büchern zum Bestellen.

Bücher/Buchhandlungen

buchhandel.de

www.buchhandel.de
Bücher, Hörbücher, E-Books oder Kalender, aber auch DVDs und Software, per Versand oder Abholung bei der Buchhandlung.

Buchhaus Antiquariat Stern-Verlag
e-mail@buchsv.de

www.buchhaus-sternverlag.de
Deutsche und fremdsprachige Bücher, Hörbücher, DVDs und Geschenkartikel – neu und antiquarisch.

Hugendubel
service@hugendubel.de

www.hugendubel.de
Hugendubel bietet Bestseller, Belletristik, Sachbücher, Taschen-, Kinder- und Hörbücher sowie zahlreiche Neuerscheinungen.

Mayersche
info@mayersche.de

www.mayersche.de
Neben dem Online-Shop gibt es den Firmen- und Bibliotheksservice, die Fachliteratur-Datenbank und Hilfe bei der Filialsuche.

Thalia.de
info@thalia.de

www.thalia.de
Hier findet man über drei Millionen Bücher, E-Books, Hörbücher, DVDs, CDs, Spiele und Software.

Bücher/Buchsuchmaschinen & Bücher-Datenbanken

BookButler.com
4contact@bookbutler.com

www.bookbutler.com
Sehr umfassende Suchmaschine für Bücher. Sucht weltweit nach Buchtiteln und zeigt Lieferzeit und Preis an.

Buchpreis24.de
support@buchpreis24.de

www.buchpreis24.de
Umfassender Preisvergleich für neue und gebrauchte Bücher. Verglichen werden auch Versandkosten und Zustand des Buches.

findmybook.de
service@findmybook.de

www.findmybook.de
Neue und gebrauchte Bücher gleichzeitig bei diversen Online-Anbietern suchen. Preise und Lieferkonditionen auf einen Blick.

Google-Buchsuche

books.google.com
Bei der Google-Buchsuche ist es möglich, vollständige Buchtexte zu durchsuchen, neue und alte Bücher zu entdecken.

Bücher/E-Books

Siehe Kapitel Internet & Technik

E-Books

Bücher/Hörbücher

audible.de
audible_de@custhelp.com

www.audible.de
Audible ist eine Download-Plattform für Hörbücher und weitere Audio-Inhalte.

claudio.de
info@claudio.de

www.claudio.de
Der Online-Shop rund um kulturelle Medien: Über 8.000 Hörbuch-Downloads sowie 450.000 CDs, Bücher und DVDs.

hoerjuwel
info@hoerjuwel.de

www.hoerjuwel.de
Shop für deutsche und fremdsprachige Hörbücher und Sprachkurse für viele Sprachen. Große Auswahl mit zahlreichen Titeln.

hoerstern.de
info@hoerstern.de

www.hoerstern.de
Spannende Hörbücher, Hörspiele und Musik für Kinder und Jugendliche zum Downloaden.

sofortwelten.de
service@sofortwelten.de

www.sofortwelten.de
Die sofortwelten bieten eine große Auswahl an Hörbüchern, E-Books, Büchern, DVDs, Blu-rays und Audio-CDs zum Bestellen.

● **Buch24.de Hörbücher**
mail@buch24.de
☎(0911) 92 86 970

www.buch24.de
Wer bei Hörbüchern Geld sparen möchte, sollte bei Buch24.de vorbeischauen. Nicht nur Topseller sind dort regelmäßig günstig zu haben, sondern auch Titel aus der Backlist werden oft sehr preiswert angeboten. Breit gefächertes Sortiment, ständige Sonderangebote, Geschenkservice. **(Siehe Abbildung)**

Buch24.de Hörbücher   **www.buch24.de**

EINKAUFEN

Bürobedarf/Büroeinrichtung

Büromöbel Experte
info@bueromoebel-experte.de

www.bueromoebel-experte.de
Büroeinrichtung vom ergonomischen Bürostuhl über Schänke und Tische bis hin zum Komplettbüro.

Cairo
cairo@cairo.de

www.cairo.de
Exklusive Produkte bekannter Designer für das Büro: Stühle, Tische und Accessoires für Industrie, Handel und Gewerbe.

Chairholder
info@chairholder.de

www.chairholder.de
Stühle, Tische, Möbel und Leuchten sowie komplette Büromöbelsysteme, Chefzimmer, Konferenzmöbel und Outdoor-Möbel.

gaerner GmbH
service@gaerner.de

www.gaerner.de
B2B Online-Shop für Einrichtungslösungen in Büro, Betrieb, Lager und Labor: Über 30.000 Produkte.

KAISER+KRAFT
service@kaiserkraft.de
☎(0800) 100 8267

www.kaiserkraft.de
Über 30.000 Qualitätsprodukte aus den Bereichen Büro-, Betriebs- und Lagerausstattung online. Eine kostenfreie Lieferung, drei Jahre Mindestgarantie, Kundendienst, Ersatzteile und Nachkaufgarantie gehören ebenso zum Service wie Sonderanfertigungen und eine kostenlose CAD-Planung. **(Siehe Abbildung)**

Bürobedarf/Büromaterial

büroplus.de
kundenservice@bueroplus.de

www.bueroplus.de
Büromaterial-Discounter: Alles rund ums Büro von führenden Markenherstellern.

mcbuero.de
info@mcbuero.de

www.mcbuero.de
Online-Versand für Bürobedarf. Büroausstattungen, Büromaschinen, EDV-Zubehör und Software sowie Verbrauchsmaterialien.

office discount
info@office-discount.de

www.office-discount.de
Der Discountversand für Bürobedarf. Mit Zubehörsuche für Büro-
geräte und der Möglichkeit, den Gratis-Katalog anzufordern.

OTTO Office
service@otto-office.de

www.otto-office.com/de
Der Partner fürs Büro: Über 17.000 Produkte von Ablagekorb
über Monitor bis Zettelblock und viele hilfreiche Features.

Papersmart
kontakt@papersmart.de

www.papersmart.de
Preisvergleich für Bürobedarf. Großes Sortiment an Büroartikeln
von Markenherstellern oder aus der Eigenproduktion.

Printus
kundenservice@printus.de

www.printus.de
Der Partner für Bürobedarf. Rund 20.000 Artikel rund ums Büro.
24-Stunden-Lieferservice. Online-Katalogbestellung.

Schäfer Shop
info@schaefer-shop.de

www.schaefer-shop.de
Ordnungssysteme und Möbel für das Büro sowie Ausstattung für
Lager, Betrieb und Werkstatt.

Bürobedarf/Tinte & Toner

tintenalarm.de
vertrieb@tintenalarm.de

www.tintenalarm.de
Drucker- und Tintenpatronen kann man hier von verschiedenen
Herstellern bestellen.

Druck

● **clickandprint.de**
info@clickandprint.de
☎(0371) 909 7320

www.clickandprint.de
Bei clickandprint.de hat man die Möglichkeit, selbstgestaltete
Produkte zu bestellen. Aufkleber, Schilder, Stempel, Shirts und
andere Textilien, PVC-Banner etc. Also (fast) alles, was bedruckt
oder graviert werden kann, ist direkt gestaltbar, oder man lädt
seine eigene fertige Grafik hoch. **(Siehe Abbildung)**

clickandprint.de   **www.clickandprint.de**

diedruckerei.de
info@diedruckerei.de

www.diedruckerei.de
Flyer, Plakate, Briefpapier, Post- und Visitenkarten sowie Broschüren kann man hier in Druckauftrag geben.

Discountdruck.de
info@discountdruck.de

www.discountdruck.de
Online-Druckportal mit zahlreichen Druckprodukten und einer
Vielzahl von Formaten, Papieren und Veredelungsvarianten.

Druckereien.info
info@druckereien.info
☎(07720) 968 41 88

www.druckereien.info
Druckereien.info ist die Suchmaschine für Druckereien im Internet. Egal ob Flyer, Geschäftspapiere, Broschüren, Kataloge, Map-
pen, Etiketten, Aufkleber, Formulare, Fahnen, Schilder, Textildruck:
Hier sind alle Druckereien Deutschlands gelistet und man findet
die richtige Druckerei für sein Druckobjekt.

flyerpilot.de
info@flyerpilot.de

www.flyerpilot.de
Das Online-Druckportal für Flyer, Plakate, Poster, Visitenkarten,
Briefpapier und Broschüren.

Druck/Allgemein

Das Druckanfrageportal
info@druckanfrage-online.de
☎(07720) 81 31 83

www.druckanfrage-online.de
druckanfrage-online.de bietet einen kostenlosen Preis-Leistungs-
vergleich von Druckereien. Hier geben Druckereien aus dem gesamten Bundesgebiet Angebote auf eingestellte Druckanfragen
ab. So lässt sich leicht die passendste Druckerei ermitteln. Das
Einstellen von Anfragen ist übrigens kostenlos.

● Druckerei.eu

www.druckerei.eu
Wer auf der Suche nach einer passenden Druckerei für Zeitschriften, Bücher, Broschüren, Kataloge, Einladungen, Flyer
oder Briefpapier ist, kann hier den passenden Partner finden.
Sowohl Druckereien vor Ort als auch Online-Druckereien stehen als Ansprechpartner für Druckerzeugnisse aller Art bereit.
(Siehe Abbildung)

Druckerei.eu   **www.druckerei.eu**

druckclever.de
mail@druckclever.de

www.druckclever.de
Hier stellt man kostenlos seine Druckanfrage für einen Preisvergleich und erhält daraufhin Angebote von Druckereien.

druckpreis.DE
info@druckpreis.de

www.druckpreis.de
Vergleichsportal für Angebote von Online-Druckereien: Ob Flyer, Plakate, Prospekte, Briefpapier oder Aufkleber.

Druck/Schilder & Etiketten

Seton
info@seton.de

www.seton.de
Hier gibt es alle Arten von Kennzeichnungen für die Sicherheit drinnen und draußen: Brandschutz, Fluchtwege, Umweltschutz, Gefahrengutsicherung, Erste Hilfe, Arbeitsschutz, Ventil- und Rohrkennzeichnungen, Antirutschprodukte, Absperrung, Verkehrssicherheit sowie Elektrokennzeichnungen.

● **Wolkdirekt.com**
info@wolk.de

www.wolkdirekt.com
Schilder und Etiketten für die Ausstattung von Büro, Betrieb, Werkstatt und Freiraum zum Beschriften, Orientieren, Warnen und Sichern. Neben genormten Sicherheitskennzeichen finden sich hier auch individuell gefertigte Schilder sowie Arbeitsschutzausrüstungen. **(Siehe Abbildung)**

Druck/Stempel

Avie Art

www.avie-art.de
Avie Art entwirft individuelle Adressstempel, Namensstempel, Stempelkissen, Kinderstempel und Logostempel.

stelog
info@stelog.de

www.stelog.de
Datumstempel, Stempelkissen, Motivstempel, Textplatten, Taschenstempel und Prägezangen online gestalten und bestellen.

Wolkdirekt.com   **www.wolkdirekt.com**

EINKAUFEN

Elektronik/Allgemein

Conrad=Technik
webmaster@conrad.de
☎(09604) 40 87 89

www.conrad.de
Conrad liefert Ideen und Lösungen für alle Technikfans: Die Palette reicht von Unterhaltungselektronik wie Fernseher, All-in-One-PCs und Smartphones über Spezialsortimente wie Modellbau, Labornetzgeräte oder Wärmebildkameras bis hin zu kleinsten Bauteilen wie Zylinderrollenlager oder Widerstände. **(Siehe Abbildung)**

cyberport.de
info@cyberport.de

www.cyberport.de
Computer- und Technik-Shop mit über 8.000 Produkten von Camcordern, Digitalkameras über PC- und Netzwerkprodukte bis zu DVDs.

Deltatecc

www.deltateccshop.de
Über 15.000 Produkte aus den Bereichen Elektronik, Haushaltsgeräte und Lifestyle.

EURONICS

www.euronics.de
Elektronikartikel aus verschiedenen Sparten: Fotografie, Notebooks, Haushaltsgeräte, Telefon, TV, Spielekonsolen, Handys.

hitseller.de
vertrieb@hitseller.de

www.hitseller.de
Elektronik aus den Bereichen Multimedia, Haushalt, Audio, Video und Foto aber auch Artikel zu Heimwerken und Spielzeug.

KabelScheune.de
info@kabelscheune.de

www.kabelscheune.de
Der Versandhändler für Privat- und Geschäftskunden hat sich auf die Bereiche Elektronik, Netzwerktechnik, Elektromaterial und Multimedia spezialisiert. Von der Mantelleitung über HDMI bis zum Netzwerkkabel ist alles erhältlich. Dazu gibt es gleich das passende Installationswerkzeug. **(Siehe Abbildung)**

Media Markt
presse@mediamarkt.de

www.mediamarkt.de
Der Shop zur Kette mit Audio, Video, TV, Car-HiFi, Computer, Foto, Camcorder, Mobilfunk, Haushalt und Entertainment.

Conrad=Technik   **www.conrad.de**

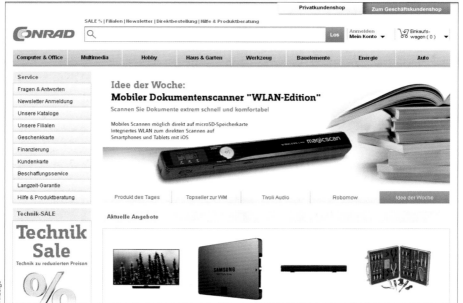

Pearl Agency GmbH
service@pearl.de

www.pearl.de
Angeboten werden über 12.000 Produkte, von PC-Hardware, Drucker-Verbrauchsmaterial, Software bis zu Freizeitartikeln.

redcoon.de
service@redcoon.de

www.redcoon.de
Internet-Fach-Discounter für LCD-TV, HiFi, Haushaltsgeräte, Computer, Notebooks, Handys und Sportgeräte.

Reichelt Elektronik
info@reichelt.de

www.reichelt.de
Großes Angebot an Haustechnik, Netzwerktechnik, PC- und Messtechnik.

Saturn
support@saturn.de

www.saturn.de
Computer, TV, HiFi, Software, Haushaltswaren, digitale Fotowelt und weitere Markenartikel.

Technik direkt
info@technikdirekt.de

www.technikdirekt.de
Versand von Fotokameras, Fotozubehör, Objektiven, Handys, Video- und TV-Geräten, Computer und Elektrogeräten.

Elektronik/Fotoapparate & Digitalkameras

AC-Foto
info@ac-foto.com

www.ac-foto.de
Hochwertige Kameras und Zubehör zum Bestellen. Großes Gebrauchtangebot und wertvolle Informationen rund ums Fotografieren.

Brenner Foto Versand
info@fotobrenner.de

www.alles-foto.de
Digitalkameras, Camcorder, analoge Kameras, Fotozubehör und Fotolaborzubehör. Fotoentwicklung von digitalen Bildern.

digitalkameravergleiche.de
info@testroom.de

www.digitalkameravergleiche.de
Rezensionen, Vergleiche, Tipps, Tests und Kaufberatung für Digitalkameras.

KabelScheune.de **www.kabelscheune.de**

109

ZERTIFIZIERTE
WEB-SEITE

VERTRAUEN SIE

WEB-SEITEN

MIT DIESEM

GÜTESIEGEL:

Infos:

www.zertifizierte-web-seite.de

Für Webmaster: Prüfen Sie Ihre Web-Seite in einem kostenlosen Vortest!

Elektronik/HiFi & Lautsprecher-Boxen

Bose
info_de@bose.com

www.bose.de
Bose informiert über innovative Klangwelten und präsentiert Lautsprecher- und Musiksysteme für zu Hause und unterwegs.

Lautsprecher Teufel
info@teufel.de

www.teufel.de
Spezialist für Lautsprecher, komplette Lautsprechersysteme, Heimkino und HiFi im Direktvertrieb.

● **Nubert**
info@nubert.de
☎(0800) 68 23 780

www.nubert.de
HiFi- und Heimkino-Boxen, Surround-Boxensets, Subwoofer. Die Testsieger und Preis-Leistungs-Highlights von Nubert gibt es nur direkt und günstig vom Hersteller. Individuelle Beratung über Gratis-Hotline. Vier Wochen zu Hause Probehören mit Rückgaberecht. Info-Downloads, Diskussions-Forum. **(Siehe Abbildung)**

Elektronik/TV, Video, Heimkino, Beamer & HiFi

Beamer24
info@beamer24.de

www.beamer24.de
Beamer, Leinwände und Zubehör für Multimedia-Geräte und TV.

beamershop24
info@beamershop24.net

www.beamershop24.net
Alles zum Thema Heimkino- und Präsentationstechnik: Beamer, Leinwände, LED- und LCD-Fernseher, Whiteboards und Zubehör.

electronic.star
service@electronic-star.de

www.electronic-star.de
Das gesamte Spektrum der Unterhaltungselektronik und ein großes Angebot an DJ-Equipment und Musiktechnik.

Plasma-TV
info@aardon.de

www.plasma-tv-vergleich.de
Infos zum Thema Plasmafernseher: Tipps, was man beim Kauf beachten sollte, Erfahrungsberichte und ein Diskussionsforum.

Nubert   **www.nubert.de**

Screenmaxx
info@screenmaxx.com

www.screenmaxx.com
Alles fürs Heimkino: Beamer, Projektoren, Leinwände und Zubehör.

Winnings GmbH Multimedia und Präsentation
info@winnings.de
☎(05233) 95 48 28

www.winnings.de
Bei der Winnings GmbH erhält man Beamer und Multimediaprodukte. Das Angebot umfasst Projektoren, Leinwände, Deckenlifte, Halterungen, Flipcharts und Zubehör wie Projektionstische. Dazu werden auch individuelle Lösungen nach Wunsch angeboten. Alles für den Profi- und Heimkinobereich. **(Siehe Abbildung)**

Geschenke & Überraschungen

Baby Bundles
service@babybundles.de
☎(07393) 95 22 448

www.babybundles.de
Ob originelle Mitbringsel für die Babyparty, Wickeltaschen, kindergerechtes Spielzeug, Schmuck zum Muttertag oder Hochzeitsgeschenke: Hier findet man zahlreiche Produkte für werdende Mütter, Väter und die ganz Kleinen. Das liebevoll ausgesuchte Sortiment hält für jeden Anlass das Passende bereit. **(Siehe Abbildung)**

Benefizshoppen.de
info@benefizshoppen.de

www.benefizshoppen.de
Ökologische Geschenke für Kunden und Freunde, edel verpackt. Inklusive einer Spende an renommierte Hilfsorganisationen.

City Souvenir Shop
info@city-souvenir-shop.de

city-souvenir-shop.de
Hier findet man Spiele, Mode, Bücher, Souvenirs und Spezialitäten aus seiner Stadt sowie Geschenkideen für Lokalpatrioten.

CoolStuff
service@coolstuff.de

www.coolstuff.de
Das Gadgetparadies bietet eine Vielzahl an innovativen und ausgefallenen Produkten.

die-geschenkidee.de
shop@die-geschenkidee.de

www.die-geschenkidee.de
Eigene Fotos als Kunstwerk drucken lassen.

Winnings GmbH Multimedia und Präsentation   **www.winnings.de**

edelight.de
info@edelight.de

www.edelight.de
Produkte der internationalen Online-Shops, neueste Fashiontrends, Must-Haves und besondere Geschenkideen.

framily
service@framily.de

www.framily.de
Hier können Kinder die Hauptrolle in einer Geschichte im eigenen personalisierten Buch spielen.

Geburtstagsgeschenk-online.de
info@geburtstagsgeschenk-online.de

www.geburtstagsgeschenk-online.de
Die richtige Geschenkidee filterbar nach Anlass, Person und Thema.

Geschenk & Korb
info@geschenkundkorb.de

www.geschenkundkorb.de
Geschenkkorb-Service für den europaweiten Versand. Geschenke nach Themengebiet und Preis sortierbar.

Geschenke für Freunde
info@geschenkefuerfreunde.de

www.geschenkefuerfreunde.de
Humorvolle und ausgefallene Geschenkideen für die unterschiedlichsten Anlässe.

geschenkegarten.com
info@geschenkegarten.com

www.geschenkegarten.com
Personalisierbare Geschenke und originelle Geschenkideen für verschiedene Anlässe mit praktischem Geschenkefinder.

geschenkeritis.de
info@geschenkeritis.de

www.geschenkeritis.de
Geschenkesortiment für jegliche Preis- und Altersklasse mit vielen Ideen zu verschiedenen Anlässen.

Givester
office@givester.com

www.givester.de
Wenn man mal nicht weiß, was man verschenken soll, hilft diese Geschenkesuchmaschine weiter.

Hot-Princess.de
info@hot-princess.de

www.hot-princess.de
Ausgefallene Geschenke und Geschenkideen, Partydekoration, Wohnaccessoires und Firmenpräsente.

Baby Bundles   **www.babybundles.de**

Anzeige

EINKAUFEN

Jochen Schweizer
info@jochen-schweizer.de

www.jochen-schweizer.de
Geschenke für Mann und Frau – Gutscheine für Erlebnisse und Abenteuer.

Jollydays.de
office@jollydays.de

www.jollydays.de
Ob Action oder Wellness, Sport oder Kulinarik – über 600 Erlebnisse als Geschenk oder zum Selbsterleben buchen.

Meine Geschenke.net
info@geschenke24-gmbh.de

www.meinegeschenke.net
Vielzahl an Geschenkideen für die unterschiedlichsten Anlässe wie Geburtstag, Hochzeit, Weihnachten oder Valentinstag.

meinkaffee.de
style@meinkaffee.de

www.meinkaffee.de
Bei meinkaffee.de kann man Kaffee durch eine individuelle Verpackung zu einem persönlichen Geschenk zu machen.

meventi.de
info@meventi.de

www.meventi.de
Außergewöhnliche Erlebnisgeschenke in verschiedenen Kategorien wie Sport, Motor, Abenteuer, Action über Wasser, Schnee, Erholung, Lifestyle und Gourmet. Bis hin zu Kurztrips und Erlebniswochenenden ist hier für jedes Alter das richtige Geschenk dabei.

MonsterZeug
info@monsterzeug.de

www.monsterzeug.de
Ausgefallene und originelle Geschenkideen für Männer, Frauen, Kinder, Freunde und Kunden.

mydays

www.mydays.de
Ein ESA-Space-Training? Ein Criminal-Weekend? Fotoshooting? Oder Oktoberfest-Tickets? Mit mydays Träume erleben.

MySTAR® Sterntaufen
service@mystar.de

www.mystar.de
Wenn das nicht romantisch ist: Ein eigener, selbst benannter Stern als Geschenk.

Geschenkgutscheine & Prämiensysteme

● **Gutschein-Maker.de**
info@gutschein-maker.de

www.gutschein-maker.de
Gutschein-Maker.de bietet Karten und Gutscheinvorlagen, die nach persönlichen Wünschen beschriftet werden können. Eine Vielzahl an Themen und Geschenkideen warten, entdeckt zu werden. Ist das Wunschmotiv gefunden, kann dies mit Wunschtext gestaltet und kostenlos am heimischen Drucker gedruckt werden. **(Siehe Abbildung)**

Kataloge

Produkte24.com

www.produkte24.com
Die Suchmaschine für Produktkataloge, Prospekte und Broschüren findet in einer Auswahl von ca. 20.000 Katalogen die jeweils aktuellsten Angebote für das gewünschte Produkt. Das Spektrum reicht dabei von Technik über Einrichtungsgegenstände, Reisen oder Dienstleistungen bis hin zu Kfz und Industriebedarf.

Kinder

● **Das Tropenhaus**
kontakt@das-tropenhaus.de
☎(07665) 50 210 25

www.das-tropenhaus.de
Hochwertiges Design aus Holland, Dänemark... Ob Kindermöbel, Möbel, ausgefallene Wohnaccessoires: www.das-tropenhaus.de bietet von allem eine breite und ganz besondere Produktpalette: House Doctor, Oliver Furniture, Bopita, Leander, Lifetime, Opsetims, Ferm Living, Designers Guild, Rice, Nordal u. v. m. **(Siehe Abbildung)**

Green4Kids
info@green4kids.de

www.green4kids.de
Ökologische Kleidung und unbedenkliche Spielwaren für Kinder erhält man in diesem Shop.

Das Tropenhaus   **www.das-tropenhaus.de**

Einkaufen

JAKO-O
firma@jako-o.de

www.jako-o.de
JAKO-O steht für Kindersachen mit Köpfchen: sorgfältig ausgewählte Artikel für Babys und Kinder von 0 bis 10 Jahren.

Kinderbutt
service@kinderbutt.de

www.kinderbutt.de
Bekleidung, Spielwaren, Bastelartikel und Freizeittipps auf den Familienseiten mit ständig wechselnden Themen.

walzkidzz
info@walzkidzz.de

www.walzkidzz.de
Spielend die Welt entdecken. Große Markenvielfalt und jede Menge spannendes Spielzeug für Babys und Kids.

Kinder/Baby

123Babyland
shop@123babyland.de

www.123babyland.de
Autositze, Kinderwägen, Buggys, Schlafsäcke, Hochstühle, Spielzeug und vieles mehr für das Baby.

Baby Butt
service@babybutt.de

www.babybutt.de
Umstands- und Babymode, Ausstattungspakete, Gesundheitsartikel für Mutter und Kind, Naturbelassenes und Geschenkideen.

Baby-Markt
info@baby-markt.de

www.baby-markt.de
Artikel und Ausstattung für Mutter und Baby wie Spielzeug, Bücher, Babykleidung und Umstandsmode.

baby-walz
info@baby-walz.de

www.baby-walz.de
Alles für das Baby finden junge Eltern im Online-Shop von baby-walz, dem Spezialversender rund ums Baby.

Baby-Online-Shop
info@babyonlineshop.de
☎ (02641) 90855 0

www.babyonlineshop.de
Baby-Online-Shop ist das „Fachgeschäft im Internet" mit qualifizierter Beratung. Angeboten werden z. B. die Marken Teutonia, Gesslein, Hartan, Quinny, bei Autositzen Maxi-Cosi oder Römer, bei Möbeln Schardt, Taube, Geuther, Stokke, Paidi u. a. Individuell konfigurierbar und optional mit Aufbauservice. **(Siehe Abbildung)**

Baby-Online-Shop   **www.babyonlineshop.de**

babywelt
info@babywelt.de

www.babywelt.de
Babyerstausstattung, Kinderwagen, Kindermöbel, Spielzeug, Kleidung, Bücher und Tipps für zukünftige Eltern.

Deine Babywelt
info@deine-babywelt.de

www.deine-babywelt.de
Online-Shop für Produkte rund ums Baby und Kleinkind wie Erstausstattung für Babys, Pflegeprodukte und Spielsachen.

Kaliso.de
info@kaliso.de

www.kalisobaby.de
KalisoBaby&Young bietet Babymode für besondere Anlässe. Im Online-Shop findet man Taufanzüge, festliche Baby- und Kinderanzüge sowie Kleider für Taufen oder Hochzeiten, wie etwa Mädchenkleider oder Anzüge für Jungs mit feinen Nadelstreifen, Hemd und Krawatte. Passende Kinderschuhe sind ebenfalls erhältlich.

kinderflohmaerkte.de
info@kinderflohmaerkte.de

www.kinderflohmaerkte.de
Termine von Kinderflohmärkten, Babybasaren und Kindertrödel bundesweit.

NiceBaby24.de
info@nicebaby24.de

www.nicebaby24.de
Alles für das Baby: Kinderwagen, Autositze, Kindermöbel, Spielzeug und Geschenkideen.

windeln.de
kundenservice@windeln.de

www.windeln.de
Großes Online-Sortiment an Windeln, Feuchttüchern, Babypflege- und Babynahrungsmittel-Produkten.

Windelnkaufen.de
shop@windelnkaufen.de

www.windelnkaufen.de
Der Windelfachhandel im Internet bietet eine große Auswahl an Babywindeln und Pflegeartikeln.

● **myToys.de**
service@mytoys.de
☎(030) 200 747 200

www.mytoys.de
myToys ist der Online-Shop für Spielzeug und Produkte rund ums Kind mit über 130.000 Produkten – angefangen bei der Babyerstausstattung über Kindermode und Wohnaccessoires bis hin zu Schulbüchern. **(Siehe Abbildung)**

myToys.de   **www.mytoys.de**

Einkaufen

Kinder/Schulartikel

Humpfle
info@humpfle.de

www.humpfle.de
Schulranzen, Rucksäcke und Sporttaschen der Marken Scout, 4You und McNeill.

Schulranzen Onlineshop

www.schulranzen-onlineshop.de
Schulranzen, Schultaschen und Schulrucksäcke.

Schulranzen.com
info@schulranzen.de

www.schulranzen.com
Schultaschen und -ranzen für Vorschule, Schule und Teens.

Kinder/Spielwaren

Holzspielzeugworld
info@holzspielzeugworld.de
☎(09503) 502 800

www.holzspielzeugworld-shop.de
Der Fachhändler bietet hochwertige Holzspielwaren der Firmen BRIO® , Plantoys und Baufix. Für Jungen und Mädchen stehen pädagogisch wertvolle Spielsachen aus Holz zur Auswahl – von Holzeisenbahnen und Puppenhäusern über Bauernhöfe und Bausätze für BRIO® Builder und Baufix bis zu BRIO® Puppenwagen.
(Siehe Abbildung)

MeineSpielzeugkiste.de
info@meinespielzeugkiste.de

www.meinespielzeugkiste.de
Statt das Kinderzimmer mit gekauftem Spielzeug zu überfüllen, kann man es hier mieten.

Mifus.de
info@mifus.de

www.mifus.de
Das große Angebot an Kinderspielsachen umfasst alle Markenartikel und aktuellen Trendthemen.

Spielwelt.de
info@spielwelt.de

www.spielwelt.de
Kinderspielzeug, Sammlerstücke und Modellbau-Artikel. Zudem Partyartikel und Bastelzubehör.

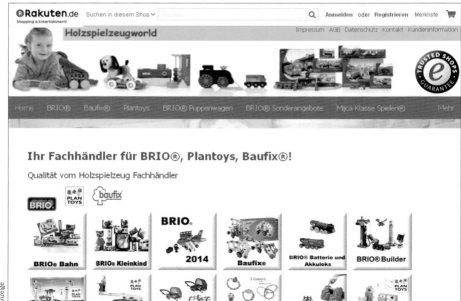

spielzeug-schütte
team@spielzeug-schuette.de

www.spielzeug-schuette.de
Spielwaren bekannter Hersteller für drinnen und draußen. Übersichtlich gegliedert, in Altersstufen unterteilt.

Toys"R"Us
kontakt@toysrus.de

www.toysrus.de
Spielwaren, Computer-Spiele, Fahrräder, Baukästen und Puppen.

Kinder/Spielwaren/Marken

Lego

www.lego.com/de-de
Lego-Produkte für jedes Alter und jeden Geschmack kann man hier in Computeranimationen bewundern und bestellen.

Playmobil
service@playmobil.de

www.playmobil.de
Hier taucht man in die faszinierende Welt von Playmobil ein und lernt die neuesten Figuren kennen. Auch online bestellbar.

Ravensburger
info@ravensburger.de

www.ravensburger.de
Spiele, Bücher und Beschäftigungsangebote für Kinder und Kleinkinder.

Steiff
info@steiff.de

www.steiff.com
„Knopf im Ohr": Bei Steiff bekommt man eine große Auswahl an Teddybären, Kuscheltieren und Kindermode geboten.

Körperpflege/Kosmetik & Parfum

Ocean of Smells
info@ocean-of-smells.de
☎(0221) 476 81 959

www.ocean-of-smells.de
Der Parfümshop bietet seltene Düfte und Duftklassiker für Damen und Herren vieler namenhafter Marken. Neben Düften, Body Lotions und weiteren Pflegeprodukten für Frauen sind auch Herrenparfüms, After Shaves, Deodorants sowie Rasierschaum und Duschgel für Männer erhältlich, auch als Geschenksets.
(Siehe Abbildung)

Ocean of Smells　　　　　　　　　　　　　　**www.ocean-of-smells.de**

Aromatisches Blog
kontakt@aromatisches-blog.de

www.aromatisches-blog.de
Wie mischt man ein Parfum, welche Stoffe gibt es u. wie setzt man sie ein? Eine Kulturgeschichte des Parfums.

beautynet.de
info@beautynet.de

www.beautynet.de
Gesichts- und Körperpflege für Sie und Ihn, Parfum, Make-up und die neuesten Trends, außerdem viele Geschenkideen.

dm-drogerie markt
servicecenter@dm.de

www.dm.de
dm online bietet alles rund um Themen wie Schönheit, Gesundheit, Haushalt, Baby und Foto sowie einen Filialfinder.

Douglas
service@douglas.de

www.douglas.de
Geschenkgutscheine, Geschenkberater, aktuelle Aktionen und Tipps für Kosmetik, Parfum und Pflegeprodukte.

Flaconi
service@flaconi.de

www.flaconi.de
Die Online-Parfümerie führt dank klar strukturiertem Menü direkt zum Wunschparfum oder Körperpflegeprodukt.

Glossybox
kontakt@glossybox.de

www.glossybox.de
Ein Abo von monatlich fünf Luxus-Kosmetikproben, die auf das eigene Beautyprofil individuell zusammengestellt sind.

Iparfumerie.de
info@iparfumerie.de

www.iparfumerie.de
Internet-Parfümerie mit Parfüms vieler bekannter Marken, Kosmetik, Haarkosmetik und Accessoires.

MyParfum
mail@myparfum.de

www.myparfum.de
Individuelles Parfum selbst kreieren oder vom MyParfum-Duftexperten anhand eines Persönlichkeitstests entwickeln lassen.

Parfumdreams
service@parfumdreams.de

www.parfumdreams.de
Die Online-Parfümerie für hochwertige Düfte und Kosmetik bietet ein großes Sortiment mit über 26.000 Produkten an.

parfumis.de
service@parfumis.de

www.parfumis.de
Herren- und Damendüfte bekannter Marken, wahlweise auch mit Geschenkverpackung.

Parfumo
info@parfumo.de

www.parfumo.de
Parfumo ist ein deutschsprachiges Meinungsportal für Parfums. Es lassen sich Düfte bewerten und beurteilen.

Parfümplatz.de
info@parfuemplatz.de

www.parfuemplatz.de
Große Auswahl an Damen- und Herrendüften aller bekannten Marken. Zudem aktuelle Neuheiten und Geschenksets.

Rossmann Online-Shop
information@rossmannversand.de

www.rossmann-online.de
Neben Kosmetik gibt es Produkte für Haushalt, Tiere, Babys sowie Wein und Feinkost, Technik und den digitalen Fotoservice.

Xergia Beautyspot
service@xergia.de

www.xergia.de
Damen- und Herrenparfums aller Luxusmarken sowie Geschenkideen, Kosmetik- und Beauty-Produkte.

Körperpflege/Haarpflege & Friseure

Basler Haar-Kosmetik
info@basler-haarkosmetik.de

www.basler-haarkosmetik.de
Ein großes Sortiment an Produkten zu den Themen Haarpflege und Friseurbedarf.

Friseurzubehör24
info@friseurzubehoer24.de

www.friseurzubehoer24.de
Nicht nur Friseurbedarf, sondern auch jede Menge Haarkosmetik und Geräte wie Haartrockner.

Hagelshop.de
info@hagel-shop.de

www.hagel-shop.de
Über 4.000 friseurexklusive Pflege- und Stylingprodukte von Herstellern wie L'Oréal, Kerastase, Revlon, Wella, Schwarzkopf.
(Siehe Abbildung)

Hairshop24
info@hairshop24.com

www.hairshop24.com
Alles für Friseurbedarf, Haarpflege und Haarstyling.

PomadeShop.de
info@pomade-shop.de

www.pomade-shop.de
Spezial-Shop für klassische Haarstylingmittel der 1920-1950er. Ohne Chemie und mit Düften von damals.

ready2style
info@ready2style.de

www.ready2style.de
Bei ready2style gibt es Haarteile aus hochwertigem Kunst- und Echthaar für Hochsteckfrisuren und Haarverlängerungen.

Körperpflege/Naturkosmetik

Bio-Naturwelt
info@bio-naturwelt.de

www.bio-naturwelt.de
Online-Shop für Naturkosmetik und Naturwaren mit großem Sortiment an Produkten für eine gesunde Körperpflege.

naturesbest.de
info@naturesbest.de

www.naturesbest.de
Informationsportal über Naturkosmetikmarken wie Apeiron, Dr.Hauschka, farfalla, lavera und i+m mit Online-Shop.

Naturprodukte Schwarz
info@Naturprodukte-Schwarz.de

www.naturprodukte-schwarz.de
Naturkosmetik zur Hautpflege und Körperpflege. Produkte zur Hornhautentfernung und Nahrungsergänzung.

Primavera Life
info@primaveralife.de

www.primaveralife.com
Primavera vertreibt naturreine Produkte aus kontrolliert biologischem Anbau: Öle, Naturkosmetik und Wohlfühlprodukte.

Spinnrad
info@spinnrad.de

www.spinnrad.de
Online-Shop der grünen Drogerie. Kosmetik, ätherische Öle, Wasch- und Reinigungsmittel und Lebensmittel.

WELEDA AG
dialog@weleda.de

www.weleda.de
Ausführliche Vorstellung von Naturkosmetikprodukten, Massage- und Pflegetipps sowie Themen rund um die junge Familie.

Hagelshop.de   **www.hagel-shop.de**

Körperpflege/Rasur

Gut Rasiert Forum
admin@gut-rasiert.de

www.gut-rasiert.de
Informationsforum zur klassischen Nassrasur in all ihren Variationen.

NassRasur-Portal
wolf@nassrasur.com

www.nassrasur.com
Wissenswertes rund um Rasiermesser, -klingen, -pinsel und -seife. Diskussionsforum, Online-Shop, Tipps und Sammlerinfos.

Shavemac
info@shavemac.de

www.shavemac.com
Alles für die Rasur für Sie und Ihn. Zudem gibt es einen Service, bei dem der eigene Name in den Rasierer eingraviert wird.

Körperpflege/Zahnpflege

dental care shop
annett.oettl@dentalcareshop.de

www.dentalmarktplatz.com
Shop für Zahnpflege und Mundhygiene: Zahnbürsten, Zahnpasta, Zahnseide, Zahnstocher, Mundduschen und Mundspülungen.

smileStudio Dentalkosmetik
info@smilestudio.de

www.smilestudio.de
Studio für professionelle Permanent-Zahnaufhellung. Bietet Bleaching als Studiobehandlung sowie als Homebleaching.

Zahnputzladen
service@zahnputzladen.de

www.zahnputzladen.de
Zahnpflege auf hohem Niveau. Neben hochwertigen Markenprodukten erhält man auch spezielle Produkte zur Pflege von Zahnspangen, Zahnimplantaten und Zahnersatz. Ein Zahn-Check hilft, den persönlichen Zahntyp zu finden. **(Siehe Abbildung)**

Merchandising- & Werbeartikel

absatzplus.com
info@absatzplus.com

www.absatzplus.com
Werbemittel-Online-Shop mit über 70.000 Produkten, vom Streuartikel über Kalender bis hin zu hochwertigen Prämienartikeln.

Zahnputzladen   **www.zahnputzladen.de**

Schneider
service@schneider.de

www.schneider.de
Spezialist für Werbe- und Geschenkartikel, Prämien und Streuartikel. Lieferung nur an Industrie, Handel und Gewerbe.

Mieten & Vermieten

erento.com

www.erento.com
Großer Mietmarktplatz mit Mietgeschäften von Büromöbeln bis
hin zu Partyausstattungen, für Suchende und Vermieter.

Miet24.de
service@miet24.de

www.miet24.de
Großes Mietportal: Fahrzeuge, Ferienhäuser, Boote, Flugzeuge,
Immobilien, Musiker und Künstler.

Rentinorio
info@rentinorio.de

www.rentinorio.de
Hier kann man alles mieten von A wie Absperrgitter über Party-
ausstattung, Baumaschinen und Bands bis Z wie Zeppeline.

rentorado
info@rentorado.de

www.rentorado.de
Vom Jumbo-Jet bis hin zum ganzen Dorf, bei rentorado einfach alles online mieten.

Navigationssysteme & GPS

GPS24
info@gps24.de

www.gps24.de
GPS-Geräte für Lauf-, Fahrrad- und Outdoorsport. Herzfrequenz-
messer und Navis fürs Auto. **(Siehe Abbildung)**

Navigogo

www.navigogo.de
Tests und Preisvergleiche von Navigationssystemen und Routen-
planern für Autos, Fahrräder oder Smartphones.

GPS24   **www.gps24.de**

Einkaufen

Navishop.de
info@navishop.de

www.navishop.de
Navigationssysteme fürs Auto, Wohmobil, Motorrad oder Fahrrad, Handynavigation, Kartenupdates und passendes Zubehör.

Öffnungszeiten

Öffnungszeiten

www.store-locator.com
Großes Verzeichnis von über 500.000 Geschäften und Märkten in ganz Deutschland und den Shoppingmeilen von München, Berlin, Hamburg, Köln oder Stuttgart. Mit praktischer Suchfunktion, die neben einer Übersichtskarte auch Anschrift, Öffnungszeiten und Kontaktierungsmöglichkeiten der gefundenen Läden auflistet.

Opendia
info@opendia.de

www.opendia.de
Hier können Verbraucher einfach, schnell und zuverlässig die Öffnungszeiten in ihrer Umgebung finden.

werhatoffen
info@elbdigital.com

www.werhatoffen.de
Öffnungszeiten von Supermärkten, Apotheken, Banken, Restaurants und Drogerien in Deutschland.

Ökologische Produkte & Fairer Handel

Avocado Store

www.avocadostore.de
Avocado Store ist ein Online-Marktplatz für nachhaltige Produkte in Deutschland.

ecofaires
info@nobrands.de

www.nobrands.de
Ratgeber für ökologische und fair gehandelte Produkte. Mit einem Produktverzeichnis, vielen Interviews und einem Blog.

entia
info@entia.de

www.entia.de
Nachhaltige Produkte aus sozialen Projekten: Holzspiele, Deko aus Holz, Schulzubehör, Bürozubehör, Spielzeug oder Schmuck.

Oeko-Fair.de
mail@verbraucher.org

www.oeko-fair.de
Das Internet-Portal der Verbraucher Initiative e. V. bietet Informationen über ökologische und soziale Hintergründe von Konsumentscheidungen sowie öko-faire Alternativen. Im Einkaufsführer findet man die Adressen der nächstgelegenen Weltläden, Bio-Läden oder Bio-Bauernhöfe. **(Siehe Abbildung)**

prodana.de
info@prodana.de

www.prodana.de
Schadstofffreie und plastikfreie Produkte für die ganze Familie und eine abfallfreie Umwelt.

vivanda
kundenservice@vivanda.de

www.vivanda.de
Eine ideenreiche Auswahl an Mode, Naturkosmetik, Haushalt, innovativen Solarprodukten oder Wohnaccessoires.

Waschbär-Umweltversand
kundenservice@waschbaer.de

www.waschbaer.de
Ökologische Produkte aus Bereichen wie Textilien, Wäsche, Haushalt, Kosmetik oder Wohnen.

Perücken

Allhair.de
info@allhair.de

www.allhair.de
Perücken aus Echthaar oder Kunsthaar. Spezialisiert auf Zweithaar von Ellen Wille.

Peruecken24
info@peruecken24.de

www.peruecken24.de
Ausgewählte Perückenkollektionen namhafter Hersteller. Mehr als 1.000 Echthaar- und Partyperücken für Männer und Frauen.

Porto/Briefe & Pakete

Deutsche Post
kundenservice@deutschepost.de

www.deutschepost.de
Infos zu Leistungen und Preisen der Deutschen Post, die PLZ-Suche sowie alle Filial- und Briefkastenstandorte.

Post Tip
kontakt@posttip.de

www.posttip.de
Briefe und Pakete verschicken leicht gemacht: Portorechner, Tipps und Tricks zum Thema sowie Infos über Tarife und Anbieter.

versandtarif.de
info@versandtarif.de

www.versandtarif.de
Versandkostenrechner und versenderübergreifender Versandscheindruck aller Paketdienste für Briefe, Päckchen und Pakete.

Produkte/Allgemein

dawanda.com
support@dawanda.com

www.dawanda.com
Online-Marktplatz für handgefertigte und individuelle Produkte.

erfolgreich-einkaufen.de

www.erfolgreich-einkaufen.de
Eine Vielzahl an redaktionell ausgewählten Links und Surf-Tipps rund um das Thema Einkaufen sowie Produkte für fast alle Bereiche und die wichtigsten Online-Shops des deutschen Internets.

Google Shopping

www.google.de/shopping
Mit dieser Suchmaschine kann man nach Produkten im Internet recherchieren.

Ladenzeile.de
info@visual-meta.com

www.ladenzeile.de
Schnellsuche für zahlreiche Produkte aus einer Vielzahl von Shops, von Mode über Möbel bis hin zu Schmuck und Kosmetik.

Shopping.com

www.shopping.com
Produktkatalog mit Millionen Produkten und Angebote von Tausenden von Händlern.

Oeko-Fair.de   **www.oeko-fair.de**

Einkaufen

Shopping.de

www.shopping.de
Produkte aus den Bereichen Küche, Haus, Büro, Geschenke, Parfum, Schuhe, Software und Spielzeug.

ShopWiki
info@shopwiki.com

www.shopwiki.de
Auflistung von Produkten verschiedener Online-Shops nach Kategorien sortiert.

smatch.com
info@smatch.com

www.smatch.com
Smatch.com ist die Produktsuche für die Segmente Mode, Wohnen und Lifestyle mit über 1,5 Millionen Produkten.

Trendish
mail@trendish.de

www.trendish.de
Infos zu den neuesten Produkten: Kosmetik, Mode, Haushalt, Media, Musik, Design, Auto, Sport, Games und Technik.

Utopia
info@utopia.de

www.utopia.de
Utopia ist die Plattform für strategischen Konsum. Mit hilfreichen Tipps, Produkten, Adressen für ein nachhaltiges Leben.

Produkte/Ankaufdienste

flip4new.de
info@flip4new.de

www.flip4new.de
Gebrauchte Elektronik-Geräte einfach in Zahlung geben und dafür ein neues Produkt, einen Gutschein oder Bargeld erhalten.

momox.de
kontakt@momox.de

www.momox.de
Hier erhält man für Bücher, CDs, DVDs oder Spielesammlungen ein Preisangebot und kann dann sofort verkaufen.

reBuy.de
support@rebuy.de

www.rebuy.de
Der An- und Verkaufsshop kauft gebrauchte Computer- und Konsolenspiele, Bücher, Handys, Videospiele und Filme an.

regalfrei.de
info@regalfrei.de

www.regalfrei.de
Hier kann man gebrauchte Bücher schnell und einfach verkaufen und erhält das Geld direkt auf das Konto. Mit Portozuschuss.

textil-ankauf.com
info@textil-ankauf.com

www.textil-ankauf.com
Bei textil-ankauf.com bekommt man für das Ausmisten seines Kleiderschrankes Geld.

Wirkaufens
info@wirkaufens.de

www.wirkaufens.de
Der Elektronikankauf im Internet. Einfach, schnell und sicher Handys, MP3-Player, Navis und Digitalkameras verkaufen.

zonzoo
info@zonzoo.de

www.zonzoo.de
Auf zonzoo kann man sein altes Handy zum Verkauf anbieten. Das Unternehmen holt es auch kostenlos ab und recycelt es.

Produkte/Ankaufdienste/Allgemein

● **Bonavendi**
info@bonavendi.de

www.bonavendi.de
Bonavendi ist ein Preisvergleich für Gebrauchtartikel. Man erfährt schnell und einfach, wer von über 40 An- und Verkaufsportalen aktuell den besten Festpreis für Gebrauchtartikel bietet. Verglichen werden Kauf- und Verkaufspreise für Bücher, CDs, DVDs, Blu-rays, Games, Handys und Tablets. **(Siehe Abbildung)**

Wer zahlt mehr?
kontakt@werzahltmehr.de

www.werzahltmehr.de
Vergleichsplattform für Ankaufportale, die ermittelt, welches am meisten für gebrauchte Artikel bezahlt.

Produkte/Gebrauchtwaren

medimops
info@momox.de

www.medimops.de
Gebrauchte CDs, DVDs, Filme, Bücher und Spiele.

Produkte/Produktinformationen

beratungsportal.de
info@larovo.com

www.beratungsportal.de
Mit detaillierten Fragen führt dieser Kaufberater direkt zum perfekt passenden Produkt.

produktrueckrufe.de
kontakt@produktrueckrufe.de

www.produktrueckrufe.de
Verbraucherinformationen zu Rückrufaktionen, Produktwarnungen und Sicherheitshinweisen.

Produkte/Produkttests

Produkttest-Online.de
info@produkttest-online.de

www.produkttest-online.de
Produkttest-Online.de bietet die Möglichkeit kostenlos Produkttester zu werden und Erfahrungsberichte anderer zu lesen.

testberichte.de
mail@testberichte.de

www.testberichte.de
Testberichte von Audio-HiFi über TV und Video bis zu Sport und Fitness. Tests, Preise, Ratgeber, alles auf einen Blick.

Testsieger.de
info@testsieger.de

www.testsieger.de
Marktplatz mit integriertem Preisvergleich und über 400.000 Testberichten aus über 2.000 verschiedenen Quellen.

Produkte/Prospekte & Angebote

Discounto
kontakt@discounto.de

www.discounto.de
Discounto ist eine Preissuchmaschine für den regionalen Bereich. Hier findet man aktuelle Angebote vom Discounter.

kaufDA
kontakt@kaufda.de

www.kaufda.de
Auf kaufDA kann man die aktuellen Angebote der Geschäfte und Supermärkte in der Umgebung sehen und vergleichen.

Bonavendi   **www.bonavendi.de**

meinprospekt.de
neuer.prospekt@meinprospekt.de

www.meinprospekt.de
Alle Angebote und Prospekte von Lidl, Aldi, Penny, Netto, Ikea und anderen Discountern.

Supermarktcheck.de
info@supermarktcheck.de

www.supermarktcheck.de
Verzeichnis mit über 38.000 Supermärkten, Discountern und Biomärkten. Alle wichtigen Prospekte in der Wochenübersicht.

Scherzartikel & Partyausstattung

racheshop.de
info@kultfaktor-gmbh.de

www.racheshop.de
Witzige und originelle Produkte aus dem Bereich Rache- und Scherzartikel: Voodoopuppen, Konfettibomben oder Rückwärtsuhren.

Scherz-Artikel.de
info@scherz-artikel.de

www.scherz-artikel.de
Online-Shop für Spaßvögel mit Scherzartikeln, verrückten Geschenken und integriertem Karneval-, Party- und Halloween-Shop.

Scherzartikel-Geschenke.de
info@trendgringo.de

www.scherzartikel-geschenke.de
Scherzartikel, Ausstattungen für Motto-Partys, Spaßartikel und lustige Geschenke.

Schmuck

eigenArt
mail@eigenart-online.de

www.eigenart-online.de
Titan- und Edelstahlschmuck, Gold- und Silberschmuck, Indianerschmuck sowie Uhren. Auch individuelle Wünsche werden erfüllt.

Goettgen Schmuck-Portal
info@goettgen.de

www.goettgen.de
Informationen über Schmuck allgemein inklusive Schmuckforum, Journal, Schmucknews und Lexika.

Juwelier Diemer
service@diemer.de

www.diemer.de
Online-Shop mit ausgewählten Schmuckstücken u. a. aus den Bereichen Diamant, Gold, Perlen sowie Markenschmuck und Uhren.

kronjuwelen.com
infoperle@kronjuwelen.com

www.kronjuwelen.com
Schmuck und StarStyles auch zum Selbermachen. 8.000 verschiedene Schmuckstücke wie Perlen, Ketten, Anhänger und Bänder.

Luxxos.com
kontakt@luxxos.com

www.luxxos.com
Über 4.000 verschiedene Produkte von über 40 Herstellern aus dem Uhren- und Schmuckbereich.

Rockberries.com
info@rockberries.com

www.rockberries.com
Persönliche Schmuck-Kreationen aus echten Steinen selbst gestalten. Viele Variationsmöglichkeiten und Basismodelle als Vorlage.

SchmuckLaden.de
info@schmuckladen.de

www.schmuckladen.de
Marktplatz für Schmuck und Uhren verschiedener Designer und Marken mit praktischem Filter.

The Jeweller
info@thejewellershop.com

www.thejewellershop.com
Hochwertiger Markenschmuck: Armbänder, Anhänger, Eheringe, Ketten, Ohrschmuck, Ringe, Schlüsselanhänger und Uhren.

theperfectstyle
info@theperfectstyle.de

www.theperfectstyle.de
Uhren, Schmuck und Accessoires wie Armbänder, Gürtel, Schlüsselanhänger, Taschen, Tücher und Schals.

valmano.de
service@valmano.de

www.valmano.de
Ausgewählte Uhren und Schmuck von bekannten Marken. Mit umfangreichen Suchfilter.

Yorxs
service@yorxs.de

www.yorxs.de
Dieser Shop hat sich ganz den Diamanten verschrieben. Man kann 70 Fassungen mit 100.000 Diamanten kombinieren.

Schmuck/Individueller Schmuck

21DIAMONDS.de
mail@21diamonds.de

www.21diamonds.de
Mit Hilfe der Kategorien Art, Stil, Edelstein und Anlass kann man hier sein ganz persönliches Schmuckstück kreieren.

Amoonìc
info@amoonic.de

www.amoonic.de
Amoonìc bietet die Möglichkeit massiven Echtschmuck online selbst zu gestalten.

pearlfection
info@pearlfection.de

www.pearlfection.de
Schmuck-Unikate kinderleicht online gestalten, z. B. Ohrringe oder Armbänder aus Edelsteinen. Ideal als Geschenk.

renesim.com
service@renesim.com

www.renesim.com
Echtschmuck mit kostbaren, farbigen Edelsteinen. Die Schmuckstücke können individualisiert werden.

Schmuck/Trauringe & Eheringe

123gold.de
info@123gold.de

www.123gold.de
Große Auswahl an Trauringen und Schmuck sowie individuelle Anfertigungen.

traumringe24.de
info@traumringe24.de

www.traumringe24.de
Großes Angebot an Trauringen aus verschiedenen Materialien zu verschiedenen Preiskategorien.

 123traumringe
info@123traumringe.de
☎(07232) 78 124

www.123traumringe.de
Große Auswahl an exklusiven Eheringen in den verschiedensten Materialien und Farben zu Herstellerpreisen, darunter in Gelbgold, Weißgold oder Multicolor. Die luxuriösen Trauringe überzeugen durch hochwertige Qualität und elegantes Design. Bei Bedarf kann vorab gratis ein Ringmaßband angefordert werden.
(Siehe Abbildung)

123traumringe   **www.123traumringe.de**

EINKAUFEN

Schnäppchen

discount24.de
info@discount24.de

www.discount24.de
Hier gibt es Schnäppchen in den Bereichen Multimedia, Fashion, Sport und Wellness, Spielwaren, Haushalt und Wohnen.

mydealz.de
webmaster@mydealz.de

www.mydealz.de
Aktuelle Beiträge zu Schnäppchen, Gutschein-Codes und Tages-angebote verschiedener Online-Shops.

Schnäppchenfuchs.com

www.schnaeppchenfuchs.com
Blog, auf dem interessante Schnäppchenangebote gesammelt aufgeführt werden.

Sonderangebote.de
service@sonderangebote.de

www.sonderangebote.de
Unter den Sonderangeboten findet man preiswerte Elektronikarti-kel, Reiseschnäppchen, reduzierte Mode und Babyartikel.

Sparwelt.de
info@sparwelt.de

www.sparwelt.de
Bei diesem Schnäppchen-Blog kann sich jeder beteiligen und sei-ne persönlichen Schnäppchen-Favoriten online stellen.

Schnäppchen/Fabrikverkauf & Outlet

aikme.de
service@aikme.de

www.aikme.de
Online-Outlet mit reduzierter Markenware in den Bereichen aktu-elle Mode, Inneneinrichtung und Accessoires.

● **Factory-Outlets.org**
info@factory-outlets.org

www.factory-outlets.org
Für Schnäppchenjäger ist factory-outlets.org die Adresse für Produkte aus dem Fabrikverkauf. Sortiert nach Branchen und Städten finden sich hier die wichtigsten Kontakte für Out-let Stores und Fabrikverkäufe. Von Mode bis Technik bietet factory-outlets.org die passende Adresssammlung für Sparfüchse.
(Siehe Abbildung)

Factory-Outlets.org   **www.factory-outlets.org**

CoolOutlets.com
customer@cooloutlets.com

www.cooloutlets.com
Auf dieser Shopping-Plattform kann man Designerkleidung und Luxusmode zu reduzierten Preisen bestellen.

Factory-Outlet-Center
info@factory-outlet-center.biz

www.factory-outlet-center.biz
Verzeichnis von Firmen, die Fabrikverkauf, Factory-Outlet oder Lagerverkauf anbieten. Mit praktischer Routenberechnung.

Schnäppchen/Gutscheine & Rabatte

Bee5
anfrage@bee5.de

bee5.de
Freunden und Bekannten Shops und Produkte über Facebook und Twitter empfehlen und Provision erhalten.

coupons4u
info@coupons4u.de

www.coupons4u.de
Kostenlose und redaktionell geprüfte Gutscheine, die beim Einkauf Rabatte gewähren oder Gratisprodukte ermöglichen.

Deals.com
info@deals.com

www.deals.com
Gutscheincodes für viele bekannte Versandhäuser sowie Gutscheine für kostenlosen Versand.

GratisTempel.de
info@gratistempel.de

www.gratistempel.de
GratisTempel.de listet zahlreiche aktuelle Shopping-Gutscheine, Rabatt-Coupons sowie kostenfreie Produktproben.

GuteGutscheine.de

www.gutegutscheine.de
Gutscheincodes und Hinweise auf Sonderangebote für über 1.400 Online-Shops.

Gutscheinrausch
mail@gutscheinrausch.de

www.gutscheinrausch.de
Auf Gutscheinrausch.de findet man aktuelle Gutscheincodes und Rabatte für über 5.000 Online-Shops. Neben zahlreichen exklusiven Coupons und Rabattgutscheinen erhält man hier auch Zeitschriften-Abos im Vergleich, Geschenkgutscheine sowie regelmäßig interessante Spar-Tipps im Schnäppchen-Blog.
(Siehe Abbildung)

Gutscheinrausch　　　　　　　　　　　　　**www.gutscheinrausch.de**

131

Einkaufen

gutscheinbox.de
info@vatago.de

www.gutscheinbox.de
Hier gibt es täglich neue und kostenlose Gutscheine und Gutscheincodes für hunderte von Online-Shops.

Gutscheine.de
info@gutscheine.de

www.gutscheine.de
Portal für regionale Gutscheine, Online-Gutscheine, Geschenkgutscheine und Gutscheinvordrucke.

Gutscheinmagazin
info@gutscheinmagazin.de

www.gutscheinmagazin.de
Täglich mit den Gutscheinen des Gutscheinmagazins bei beliebten Online-Shops sparen.

Gutscheinpony
gutschein@gutscheinpony.de

www.gutscheinpony.de
Ständig aktuelle Gutscheincodes und Rabattaktionen von knapp 400 Online-Shops werden hier übersichtlich gelistet.

Gutscheinsammler.de
kontakt@webgears.at

www.gutscheinsammler.de
Gratis Gutscheine und viele weitere Rabattaktionen von über 2.000 Online-Shops.

Kostenlos.de
webmaster@kostenlos.de

www.kostenlos.de
Gutscheine, Gewinnspiele, Schnäppchen und Produktproben.

sparheld.de
info@sparheld.de

www.sparheld.de
Aktuelle Gutscheine für viele Online-Shops. Man kann sich auch per Newsletter über neue Gutscheine informieren lassen.

Schnäppchen/Preisvergleiche & Testberichte

billiger.de
info@billiger.de

www.billiger.de
Mit dem Preisvergleich können Schnäppchenjäger die preisgünstigsten Angebote von vertrauenswürdigen Shops ermitteln.

Ciao! from bing
info@ciao-group.com

www.ciao.de
Ausführliche Produktinformationen, Erfahrungsberichte und Preisvergleiche zu mehr als 1,4 Millionen Produkten.

decido
contact@become.eu

www.decido.de
Der Einkaufsratgeber im Internet mit Testberichten zu einzelnen Produkten aus über 800 Quellen.

dooyoo
info@dooyoo.com

www.dooyoo.de
Erfahrungsberichte, Kritiken, Empfehlungen und Tests von anderen Verbrauchern inklusive Preisvergleich.

Erfahrungen.com

www.erfahrungen.com
Erfahrungsberichte von Kunden, Auszeichnungen von Magazinen zu einer breiten Palette von Produkten.

eTest
info@etest.de

www.etest.de
Testberichte, Kaufberatung und Preisvergleiche zu über 20.000 Produkten aus dem Haushaltswaren- und Elektronikbereich.

Geizkragen.de
info@geizkragen.de

www.geizkragen.de
Das Verbraucherportal im Internet: Preisvergleiche, aktuelle Verbraucher-News, Produktproben, Schnäppchen und Gewinnspiele.

guenstiger.de
info@guenstiger.de

www.guenstiger.de
Preisvergleich für Produkte der Bereiche Unterhaltungselektronik, Telekommunikation, EDV, Haushalt und Freizeit.

idealo.de
info@idealo.de

www.idealo.de
Produktsuche und Preisvergleich in den Bereichen Elektronik und Foto, Bücher, DVD, Musik, PC-Spiele und Software.

preis.de
info@comparado.de

www.preis.de
Preisvergleich von mehr als 200.000 Angeboten aus Technik, Haushalt, Garten, Mode und Freizeit.

PreisSuchmaschine.de
post@guenstiger.de

www.preissuchmaschine.de
Preissuchmaschine mit rund 50 Mio. gelisteten Preisen verschiedenster Produkte von Unterhaltungselektronik bis Haushalt.

● **vergleichen.de**
kontakt@vergleichen.de

www.vergleichen.de
Großes Vergleichsportal für Shopping, Reisen, Handy, Energie und vieles mehr. Zahlreiche Tarifrechner und Anbieterübersichten. Keine reine Preissuchmaschine, sondern gleichzeitig Angebotsvergleiche auch für Finanzen, Immobilien, Strom und Gas, DSL und mehr. Neue Rubrik: Fair gehandelt einkaufen. **(Siehe Abbildung)**

Yopi.de
info@yopi.de

www.yopi.de
Das Portal bietet neben Preisvergleichen auch persönliche Erfahrungsberichte von anderen Verbrauchern.

Schnäppchen/Tagesprodukte

DailyDeal
info@dailydeal.de

dailydeal.de
Tagesaktuelle Schnäppchen in vielen deutschen Städten.

greenest green
info@biodeals.de

www.greenest-green.de
Schnäppchenportal mit dem bekannten Tagesprodukt-Prinzip, allerdings spezialisiert auf nachhaltige Produkte.

Groupon

www.groupon.de
Auf Groupon.de gibt es täglich einen neuen Gutschein für Reisen und Shopping mit Rabatten bis zu 70 %.

myliveshopping.de
info@tagesangebote.de

www.myliveshopping.de
Live-Shopping im Internet: Hier findet man jeden Tag neue Schnäppchen-Angebote vieler Online-Shops zum Aktionspreis.

tagesangebote.de
info@tagesangebote.de

www.tagesangebote.de
Täglich neue Schnäppchen von lokalen Unternehmen und Online-Shops, besonders in den Bereichen Wellness und Gastronomie.

EINKAUFEN

Schnäppchen/Tauschbörsen

hitflip.de
support@hitflip.de

www.hitflip.de
Die Online-Tauschplattform für DVDs, Spiele, Musik-CDs, Bücher und Hörbucher.

Tauschring Bambali
info@bambali.net

www.bambali.net
Handelsplattform zum geldfreien Tausch von Waren und Dienstleistungen.

Tauschticket
service@tauschticket.de

www.tauschticket.de
Große Tauschbörse für Bücher, Filme, Musik und PC-Spiele.

Schnäppchen/Wunschpreis

spottster.com
info@spottster.com

spottster.com
Hier kann man seinen Wunschartikel und Preis angeben. Tritt dieser ein, kommt eine Mail. Mögliche Gutscheine inklusive.

Shop-Betreiber

eCommerce-vision.de
info@ecommerce-vision.de

www.ecommerce-vision.de
Artikel rund um Fragen des E-Commerce. Tipps und Tricks, Events, Interviews, Online-Marketing, Social Media und Recht.

eKomi
info@ekomi.de

www.ekomi.de
Mit Hilfe von eKomi kann man durch Kundenmeinungen mehr Vertrauen und Umsatz mit dem eigenen Shop erzielen.

etailment

www.etailment.de
Der Blog präsentiert Themen rund um den E-Commerce. Neue Online-Shops, Marketingstrategien und Marktentwicklungen.

Handelskraft
info@dotsource.de

www.handelskraft.de
Online-Blog für E-Commerce, Selbstständigkeit und Web 2.0.

onlinehaendler-news.de
info@haendlerbund.de

www.onlinehaendler-news.de
Aktuelle Neuigkeiten aus der Welt der Online-Shops. Infos zur Rechtslage, Handel und Marketing.

shopbetreiber-blog.de

www.shopbetreiber-blog.de
Aktuelle Beiträge zu Themen für Online-Shop-Betreiber mit Infos zu Gesetzen, Marketing und Abmahnungen.

shopware AG
info@shopware.de

www.shopware.de
Shop-Software, mit der man schnell und einfach einen professionellen Online-Shop erstellen kann.

Shop-Bewertungen

Shopauskunft.de
info@shopauskunft.de

www.shopauskunft.de
Online-Shop-Bewertungsportal mit über 11.500 Shops.

Trustpilot.de
support@trustpilot.com

www.trustpilot.de
Bei Trustpilot.de werden die Kundenbewertungen der Online-Shops von verschiedenen Portalen zusammengetragen.

Shop-Gütesiegel

Gütesiegel Zertifizierte Web-Seite

www.zertifizierte-web-seite.de
Das Gütesiegel „Zertifizierte Web-Seite" zertifiziert Internet-Seiten, die sich einer redaktionellen, rechtlichen und technischen Prüfung unterzogen haben. Es zeigt dem Internet-Nutzer, dass die zertifizierte Web-Seite den Datenschutz einhält, den Impressumspflichten nachkommt und benutzerfreundlich ist.
(Siehe Abbildung)

Gütesiegel Zertifizierte Web-Seite

EINKAUFEN

Geprüfter Online-Shop
info@shopinfo.net

www.shopinfo.net
Verleihung eines Gütesiegels an Shops, die sich zur Einhaltung von umfangreichen Prüfkriterien verpflichtet haben.

Trusted Shops

www.trustedshops.de
Shopping-Portal ausschließlich mit Online-Shops, die höchste Anforderungen an Daten- und Liefersicherheit erfüllen.

TÜV SÜD s@fer-shopping
info@safer-shopping.de

www.safer-shopping.de
Gütesiegel für Online-Shops des TÜV SÜD. Geprüft werden Gebrauchstauglichkeit, Serviceaspekte, Sicherheit und Datenschutz.

Shopping-Sender

Channel21
info@channel21.de

www.channel21.de
Home-Shopping-Artikel aus unterschiedlichen Bereichen sowie ausführliche Informationen zu Neuheiten und Bestsellern.

HSE24
service@hse24.de

www.hse24.de
Die neuesten Produkt- und Lifestyle-Trends aus über 10.000 Produkten des Shoppingsender HSE24 auch online.

QVC Deutschland GmbH
kundenservice@qvc.com

www.qvc.de
Zahlreiche Produkte aus den Bereichen Schmuck, Mode, Wohnen, Haushalt, Gesundheit, Elektronik und Küche.

Tarifvergleiche

CHECK24
info@check24.de

www.check24.de
Das Vergleichsportal für Versicherungen, Finanzprodukte, Energie, Telekommunikation, Reisen sowie Elektronik und Haushalt.

idealo.de
info@idealo.de

www.idealo.de
Tarifvergleiche für Strom, Gas, Kredite, Versicherungen und Geldanlagen.

TopTarif.de
info@toptarif.de

www.toptarif.de
Vergleichsportal mit Tarifrechnern für Strom, Gas, Kredite, Kfz- und Sachversicherungen, Geldanlagen und DSL.

Verivox
service@verivox.de
☎(0800) 80 80 890

www.verivox.de
Verivox ist das führende unabhängige Verbraucherportal für alle Verträge rund um das Zuhause. Ob Energie, Mobilfunk, Internet, Versicherungen, Finanzen oder provisionsfreie Immobilien – auf verivox.de können Verbraucher sicher und kostenlos vergleichen und direkt zum besten Anbieter wechseln.

Handtaschen, Koffer & Rucksäcke

Alligator
bestellung@alligator-lederwaren.de

www.alligator-lederwaren.de
Reisegepäck, Businesstaschen und Kleinlederwaren. Koffer, Trolleys, Rucksäcke, Reisetaschen und Schmuckkoffer.

best-koffer.de
best-koffer@promondo.de

www.best-koffer.de
Reisegepäck und Taschen für jeden Anlass: Trolleys, Rucksäcke, Laptoptaschen, Schulranzen und Accessoires.

Koffer.de
info@koffer.de

www.koffer.de
Passendes Business- und Reisegepäck von führenden Marken wie Samsonite, TUMI, Delsey und Victorinox auf Koffer.de.

Koffer-Arena.de
kontakt@koffer-arena.de

www.koffer-arena.de
Große Auswahl an Reisegepäck, Reisetaschen, Koffern, Trolleys, Laptoptaschen, Rucksäcken und Accessoires.

koffer-direkt.de
info@koffer-direkt.de

www.koffer-direkt.de
Umfangreiche Auswahl an Koffern, Taschen, Trolleys, Kleidersä-
cken, Flugtaschen, Kulturbeuteln und Reisezubehör.

Kofferexpress24.de
service@kofferexpress24.de

www.kofferexpress24.de
Verschiedene Koffer, Handgepäck, Reisetaschen und Handtaschen renommierter Hersteller.

kofferhit.de
info@lederdiscounter.eu

www.kofferhit.de
Verschiedene Reiseartikel, Herren- und Damentaschen, Rucksäcke und Accessoires.

koffer-kopf
info@koffer-kopf.de

www.koffer-kopf.de
Reisegepäck wie Flugtaschen, Trolleys, und Bordgepäck, aber
auch Businesstaschen und Rucksäcke für Sport und Freizeit.

Koffer-Müller.de
koffermueller@web.de

www.koffer-mueller.de
Koffer und Trolleys bekannter Marken wie Samsonite, Titan, Tra-
velite oder auch Stratic.

Lieblingstasche
service@lieblingstasche.de

www.lieblingstasche.de
Handtaschen aller Art: Umhängetaschen, Ledertaschen, IT-Bags,
Designertaschen, Clutches und Reisetaschen.

markenkoffer.de
service@markenkoffer.de

www.markenkoffer.de
Trolleys, Reisetaschen, Koffer, Kleidersäcke, Umhängetaschen
oder Beauty Cases vieler bekannter Hersteller und Marken.

● **Kofferprofi.de**
kontakt@kofferprofi.de
☎ (06831) 4 87 65 40

www.kofferprofi.de
Online-Versandhaus für Markenartikel rund um Reise, Busi-
ness, Freizeit und Schule. Zum Sortiment gehören z. B. Koffer,
Reisetaschen, Handtaschen, Rucksäcke und Schulranzen. Top-
Marken wie Samsonite, Rimowa, Titan, Stratic, 4You, McNeill,
Deuter, Scout, Dakine und Jack Wolfskin zu günstigen Preisen.
(Siehe Abbildung)

Kofferprofi.de   **www.kofferprofi.de**

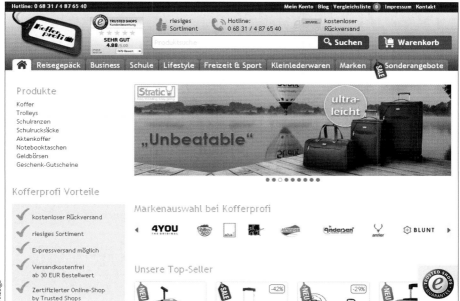

137

Rucksack Onlineshop

www.rucksack-onlineshop.com
Große Auswahl an Rucksäcken, Koffern und Taschen vieler Marken, egal ob für Schule, Büro oder Sport.

torenda.de

www.torenda.de
Große Auswahl an Taschen und Accessoires angesagter Lifestyle-Marken.

Valigia
info@valigia.de

www.valigia.de
Exklusive Handtaschen, Abendtaschen, Henkeltaschen, Herrentaschen, Schultertaschen, Shopper oder Reisegepäck.

Telekommunikation/Handy & Handytarife

all-net-flatrate.com

www.all-net-flatrate.com
Die günstigsten Tarife für Handy-Flat-Verträge. Mit Ratgeber und Testberichten.

getmobile.de
service@getmobile.de

www.getmobile.de
Online-Plattform rund um das Thema Mobilfunk mit Informationen und aktuellen Handyangeboten mit und ohne Vertrag.

Prepaid-Discounter

www.prepaid-discounter.de
Überblick über die Prepaid-Angebote für Handy, Surfstick und Flatrates. Mit Forum, Testberichten und Prepaid-Lexikon.

smart checker
info@smartchecker.de

www.smartchecker.de
Ratgeber für den Smartphone- oder Tabletkauf mit Tarifvergleich und praktischen Videotutorials zur Smartphone-Nutzung.

● **handytarife.de**
kontakt@handytarife.de

www.handytarife.de
Mobilfunkportal mit Tarifrechner, Kaufberatung und Tarif-App, die für jeden User individuell den richtigen Tarif finden. Dazu Handy-Datenbank mit Testberichten, Fotos und Spartipps sowie Infos und Tipps zu All-Net Flatrates, Discount-Tarifen, Handyabzocke, International Roaming und Datentarifen. **(Siehe Abbildung)**

handytarife.de   **www.handytarife.de**

Anzeige

Sparhandy.de
info@sparhandy.de

www.sparhandy.de
Unabhängiger Mobilfunkhändler mit großem Angebot an Tarifen, Handys und Smartphones aller Hersteller und Netzanbieter.

telfish
mail@telfish.com

www.telfish.com
Die Mobilfunk-Suchmaschine findet aus über 100.000 Handytarifen unabhängig und kostenlos den günstigsten Tarif.

Telekommunikation/Handy/Handyortung

● **Handyortung.info**

www.handyortung.info
Mit handyortung.info kann man einfach, schnell und preiswert sein Handy und das seiner Schutzbefohlenen orten. Besonders praktisch bei verlorenen oder gestohlenen Handys oder für Eltern, die wissen möchten, wo sich ihre Kinder gerade aufhalten. Voraussetzung für die Ortung ist die vorherige Anmeldung. **(Siehe Abbildung)**

piCOS - Der Handyorter!

www.picosweb.de
Mit piCOS kann man einfach, schnell und preiswert sein Handy und das seiner Schutzbefohlenen orten.

Telekommunikation/Handy/Netzbetreiber

Siehe Kapitel Wirtschaft

Telekommunikation/Mobilfunk

Telekommunikation/Telefone

telefon.de
info@telefon.de

www.telefon.de
Handys, Handyzubehör und Festnetztelefone. Ausführlicher Handy- und Vertragsvergleich. Zudem Apps für Apple und Android.

Handyortung.info   **www.handyortung.info**

EINKAUFEN

Telefone.de
info@telefone.de

www.telefone.de
Festnetztelefone, Handys, Anrufbeantworter, Funkgeräte, Headsets, Konferenztelefone und Navigationsgeräte.

teleprofi Shop
shop@tphl.de

www.teleprofi-shop.de
Telefone und Zubehör sowie Technik für Netzwerke, Elektroinstallation, Sicherheit und Computer. Außerdem Bürobedarf.

Telekommunikation/Telefontarife

Billiger-Telefonieren.de
webmaster@billiger-telefonieren.de

www.billiger-telefonieren.de
Durchblick im Dickicht des Tarifdschungels: Tarifschnellrechner, günstige Telefonauskünfte und Überblick über Tarifanbieter.

Uhren

Christ
info@christ.de

www.christ.de
Online-Shop für Schmuck und Uhren.

Chrono24
info@chrono24.com

www.chrono24.de
Die internationale Börse für hochwertige Uhren. Angebote einstellen oder suchen, mit Händlerliste und Suchauftrag.

faszinata.de
service@faszinata.de

www.faszinata.de
Der Online-Juwelier faszinata besticht durch eine beeindruckende Auswahl an hochwertigem Schmuck und modischen Uhren.

● **eigenArt**
mail@eigenart-online.de
☎(02631) 33 101

www.eigenart-online.de
Online-Shop und Infoseite für Sport- und Trenduhren von Adidas, Festina, Fossil, Diesel, Storm und vielen weiteren Marken. Außerdem gibt es Silber-, Gold- und Titanschmuck sowie als besonderes Highlight Trauringe mit individueller Lasergravur aus eigener Werkstatt. **(Siehe Abbildung)**

eigenArt   www.eigenart-online.de

Luxo24

www.luxo24.de
Eine große Auswahl an Markenuhren sortierbar nach Preis, Marke, Laufwerk, Funktionen und Armbandmaterial. Auch Schmuck von Marken wie Calvin Klein ist im Angebot.

Markenuhren-billiger.de
kundenservice@markenuhren-billiger.de

www.markenuhren-billiger.de
Shop mit großem Angebot an Automatikuhren, Chronographen, Taucheruhren, Uhrenboxen und Uhrenbewegern.

mogani.de
info@mogani.de

www.mogani.de
Über 2.500 reduzierte Herren-, Damen-, Kinder-, Automatik- und Taschenuhren von namhaften Marken und Herstellern. Außerdem Geldbörden und Taschen.

Montredo
service@montredo.com

www.montredo.com
Mit Hilfe der detaillierten Suchfunktion neue und gebrauchte Uhren mit Echtheitszertifikat online kaufen.

Preiswert24
mail@preiswert24.de
☎(08271) 42 65 42

www.preiswert24.de
Online-Shop für aktuelle Markenuhren, Schmuck, Sonnenbrillen und Accessoires sowie sehr preisgünstige Sonderposten. Große und ständig wechselnde Auswahl namhafter Marken wie Fossil, Adidas, s.oliver, Esprit, TW Steel, Messerschmitt, Konplott und viele mehr.

TrustedWatch
info@trustedwatch.de

www.trustedwatch.de
TrustedWatch ist das Uhrenportal, Uhrenmagazin und Uhrenforum für alle Themen rund um die Uhr und die Zeit.

● **Luna-Pearls Uhren- & Schmuckshop**
info@luna-pearls.de
☎+352 (2672) 1877

www.luna-pearls.de
Der Online-Shop bietet eine große Auswahl von ca. 15.000 Juwelierartikeln: Von Markenuhren bis zu Designerschmuck wie Colliers, Armbänder, Ringe, Ohrringe, Ketten und Anhänger. Über die angegebene Telefonnummer kann man sich vor dem Schmuck- oder Uhrenkauf zudem kompetent beraten lassen. **(Siehe Abbildung)**

Luna-Pearls Uhren- & Schmuckshop

www.luna-pearls.de

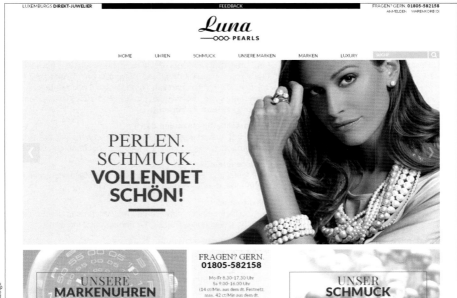

Anzeige

uhrbox.de
info@uhrbox.de

www.uhrbox.de
Großes Angebot an Markenuhren und Schmuck namhafter Hersteller sowie Spezialuhren wie Fliegeruhren und Höhenmesser.

Uhren-Park
info@uhren-park.de

www.uhren-park.de
Mehr als 5.000 Uhren auf Lager: Armbanduhren, Wanduhren, Standuhren, Kuckucksuhren und Kaminuhren.

Uhrenwarenhaus
info@uhrenwarenhaus.de

www.uhrenwarenhaus.de
Große Auswahl an Herren-, Damen- und Militäruhren.

Uhr-Forum
web@uhr-forum.de

uhrforum.de
Forum zum Thema Uhren. Hier treffen und unterhalten sich Uhrmacher, Uhrenhändler, Uhren-Fans und Uhren-Einsteiger.

Uhrreparatur online
info@uhrreparatur-online.de

www.uhrreparatur-online.de
Hier kann man Uhren zur Reparatur einschicken und erhält den Kostenvoranschlag eines geeigneten Uhrmachers.

Uhrzeit.org
shop@uhrzeit.org

www.uhrzeit.org
Uhren-Shop mit Anzeige der sekundengenauen Uhrzeit der Atomuhr in Braunschweig. Mit Uhrenforum und Uhren-Lexikon.

Wanduhr.de
info@wanduhr.de

www.wanduhr.de
Große Auswahl an Wand-, Funk-, Küchen-, Bahnhofs- und Designuhren und Weckern.

Verbraucherinformationen

ABZocknews.de
abzocknews@web.de

www.abzocknews.de
Aktuelle Warnungen zu Abo- und Kostenfallen, Phishing-Versuchen oder sonstigen Gefahren aus dem Internet.

Die Verbraucher Initiative e. V.
mail@verbraucher.org

www.verbraucher.org
Detaillierte Informationen und aktuelle Verbrauchertipps zu Themen wie Ernährung, Gesundheit, Umwelt, Recht oder Finanzen.

Geldsparen
info@geldsparen.de

www.geldsparen.de
Viele Tipps zum Geldsparen. Praktische Rechner zum Berechnen von Wohngeld, BAföG, Geldanlagen und Baufinanzierungen.

konsumo
info@konsumo.de

www.konsumo.de
Ratgeber von Verbrauchern für Verbraucher mit umfangreichen Produkttipps.

● **Label online**
mail@verbraucher.org

www.label-online.de
Von Lebensmitteln über Bekleidung bis Energie – bei label-online gibt es Informationen und Bewertungen zu rund 600 Gütezeichen. Die Labelsuche kann alphabetisch, nach Kategorie oder Bewertung erfolgen, eine kostenlose App ermöglicht die mobile Nutzung. **(Siehe Abbildung)**

nachhaltig-einkaufen.de

www.nachhaltig-einkaufen.de
Infos über Auswirkungen von Konsumentscheidungen auf Mensch und Umwelt sowie praktische Tipps zum nachhaltigen Einkauf.

Öko-Test
verlag@oekotest.de

www.oekotest.de
Alle Tests und Berichte aus den Öko-Test-Magazinen, der Kompakt-Reihe, den Ratgebern und Jahrbüchern.

Stiftung Warentest
email@stiftung-warentest.de

www.test.de
test.de bietet Testergebnisse und Meldungen aus den Bereichen Technik, Gesundheit, Freizeit, Ernährung und Finanzen.

take-me-to-auction
kontakt@take-me-to-auction.de

www.take-me-to-auction.de
Informationsportal zu Online-Marktplätzen wie Amazon oder E-Bay.

verbraucherschutz.de

www.verbraucherschutz.de
Informationsportal rund um den Verbraucherschutz. Neueste Meldungen, Empfehlungen und Warnungen.

Versandhäuser & Kaufhäuser

BADER
service@bader.de

www.bader.de
Attraktive Mode, trendige Uhren und Schmuck, aktuelle Multimedia- und Unterhaltungstechnik sowie Heim- und Haustextilien.

Baur Versand
service@baur.de

www.baur.de
Artikel aus den Kategorien Mode, Schuhe und Wohnen. Mit Wochenhighlights und tagesaktuellen Preisen.

Edeka24
edeka24@edeka.de

www.edeka24.de
Das Angebot von Lebensmitteln, Drogerie-Artikeln, Elektrogeräten, Bürobedarf und Getränken kann online bestellt werden.

Galeria Kaufhof
service@galeria-kaufhof.de

www.galeria-kaufhof.de
Breites Produktangebot aus den Bereichen Uhren, Schmuck, Spielwaren, Haushaltswaren oder Technik. Mit Filialfinder.

Karstadt
info@karstadt.de

www.karstadt.de
Artikel aus Mode, Multimedia, Sport und Spielwaren, Schmuck und Parfümerie, Haushalt und Elektro sowie Reisen und Wein.

Klingel
service@klingel.de

www.klingel.de
Damen- und Herrenmode, Schuhe, Schmuck, Wohnen und Haushalt sowie Schnäppchen.

Lidl
info@lidl-shop.de

www.lidl.de
Der Online-Shop der Discounterkette Lidl mit einem breiten und aktuellen Angebot von Non-Food Artikeln.

OTTO Online-Shop
service@otto.de

www.otto.de
Vielfältiges Angebot: Bekleidung, Bademode, Sportartikel, Schuhe, Multimedia, Haushaltswaren, Möbel oder Spielwaren.

Plus Online Shop
service@plus.de

www.plus.de
Täglich wechselnde Angebote und über 250.000 Artikel aus den Bereichen Garten, Baumarkt, Haushalt und vieles mehr.

Pro-Idee
info@proidee.de

www.proidee.de
Produktideen aus den Bereichen Mode, Technik, Sport, Schmuck und Uhren, Garten, Wohnen, Gesundheit sowie Haushalt.

real,-
info@real.de

www.real.de
Viele Produkte aus den Bereichen Mulitmedia, Sport, Freizeit, Spielwaren, Tierwelt, Gesundheit und Wellness.

Schwab Versand
service@schwab.de

www.schwab.de
Großes Sortiment an Damen-, Herren- und Kindermode, Schuhen, Bademode sowie Technik. Dazu Mode- und Stylingtipps.

Tchibo.de
service@tchibo.de

www.tchibo.de
Hier findet man die Tchibo-Themenwelten, Reisen, Kredite, Versicherungen, Mobilfunk, Blumen sowie Kaffee.

wenz
service@wenz.de

www.wenz.de
Aktuelle Modetrends, stilvolle Wohnideen, individuelle Accessoires und edler Schmuck.

Westfalia
info@westfalia.de

www.westfalia.de
Westfalia ist das Spezialversandhaus für Autozubehör, Elektronik, Haus und Garten, Heimtierbedarf, Landwirtschaft und Werkzeug.

Versandhäuser & Kaufhäuser/Internet-Kaufhäuser

Amazon.de

www.amazon.de
Händler für Medienprodukte und Unterhaltungselektronik, Produkte für Haus und Garten, Sport, Freizeit, Uhren und Schmuck.

● **Erlebnisladen**
info@triway.de
☎(0800) 87 49 290

www.erlebnisladen.de
Der „Erlebnisladen" bietet aktuelle Trends und Artikel aus der TV-Werbung über Sport- und Fitnessgeräte sämtlicher Markenhersteller, Kinderspielwaren, Produkte für Küche und Haushalt, Heimwerkerbedarf, Gartengeräte, Armbanduhren, Mode-Accessoires bis hin zu Beauty- und Wellnessprodukten. **(Siehe Abbildung)**

Fossil
info@fossil.de

www.fossil.de
Uhren, Schmuck, Sonnenbrillen, Geldbörsen und Taschen für Damen und Herren.

getgoods.de
service@getgoods.de

www.getgoods.de
Computer, Notebooks, Tablets, Smartphones, jede Menge Zubehör, Unterhaltungselektronik und Kinderspielzeug.

Hitmeister

www.hitmeister.de
Internet-Marktplatz für Spiele, Filme, Bücher und Elektronik.

Landecht
info@landecht.de

www.landecht.de
Der Online-Shop für Land und Natur. Produkte aus den Bereichen Garten, Jagd, Agrar, Imkerei, Volksmusik und mehr.

meinpaket.de

www.meinpaket.de
Online-Marktplatz mit Artikeln aus den Bereichen Technik, Freizeit, Genießen, Haus und Garten.

Quelle
online-team@quelle.de

www.quelle.de
Über 300.000 Produkte aus den Bereichen Multimedia, Haushalt, Wohnen, Garten und Sport.

rakuten
service@rakuten.de

www.rakuten.de
In dieser Shopping-Mall kann man Produkte von unterschiedlichen Shops in nur einem Bestellvorgang einkaufen.

relaxdays.de

www.relaxdays.de
Online-Versandhaus mit Möbeln, Kochutensilien, Heimwerkerzubehör, Gartenaccessoires, Sportbedarf und Schreibwaren.

Zahlungssysteme

ClickandBuy
sales@clickandbuy.com

www.clickandbuy.com
„Firstgate click & buy" ist ein Internet-basiertes Zahlungssystem für das Bepreisen und Abrechnen von Internet-Inhalten.

GeldKarte im Internet
info@geldkarte.de

www.geldkarte.de
Alles Wissenswerte zur GeldKarte wie Laden und Bezahlen, Einsatzmöglichkeiten oder Akzeptanzstellen.

giropay
info@giropay.de

www.giropay.de
giropay ist ein Online-Verfahren zur Bezahlung von Waren und Dienstleistungen im Internet.

iclear
service@iclear.de

www.iclear.de
Bezahlungssystem auf Treuhand-Basis für beiderseitige Sicherheit im Online-Geschäft.

Infin
info@infin.de

www.infin.de
Online-Kasse für anonymes, wirtschaftliches Kassieren weltweit.

Novalnet AG
sales@novalnet.de

www.novalnet.de
Die Novalnet AG ist ein Zahlungsdienstleistungsinstitut, welches von der BaFin beaufsichtigt wird.

PayPal

www.paypal.de
Mit PayPal kann man die Einkäufe in vielen Online-Shops einfach, schnell und sicher bezahlen.

paysafecard.com
info@paysafecard.com

www.paysafecard.com
Hier erhält man Infos zu paysafecard, der Prepaid-Karte, mit der man einfach und unkompliziert im Internet bezahlen kann.

sofort.com
info@sofort.com

www.sofort.com
Mit sofortüberweisung kann man Online-Einkäufe in Echtzeit bezahlen, so dass der Verkäufer die Ware direkt versenden kann.

EINKAUFEN

EROTIK

Erotisches zur Nacht

Verlagsprogramm

erotische Lyrik

Ich bin ein Schwein

Porno Royal

Sie sind hier: >>> Startseite

Homepage

die neue erotische Audio-Video-Geschichte

Die Analparty - eine erotische Geschichte

 0:00 / 6:15

■ alle Audio-Video-geschichten findest du **hier**

Auf den Leib geschrieben
Luca Simoni

Fine Art Nude S/W

Fine Art Nude Farbe

■ alle Bilder finden Sie **hier**

Home

erotische Literatur

von über 270 Autoren. Es sind mehr als 1350 erotische Geschichten in unserem Archiv vorhanden. Alle erotischen Geschichten sind nach Autor, Titel, chronologisch und alphabetisch sortiert. Die neuesten erotischen Geschichten werden gesondert angezeigt.
>>> **mehr**

Audio-Video-Geschichten

In unserer neuen Rubrik Video-Geschichten können Sie vorgelesene Geschichten anhören und sehen. Die Video-Sequenzen sind gegenüber dem vorgelesenen Text eigenständig, geben der Story aber einen wunderbaren Background. Nehmen Sie sich Zeit und genießen Sie die Erotik in Wort und Bild.
>>> **mehr**

Auf den Leib geschrieben

"Auf den Leib geschrieben" ist unsere Rubrik, in der wir Lyrik und erotische Photographie miteinander verbinden. Es entstehen spannende, verwirrende, den Nagel auf den Kopf treffende, absurde oder ...
>>> **mehr**

Kunstperlen aus dem Cybersex

Spannende erotische Fundstücke aus dem Internet. Wir präsentieren hier Bilder, Webseiten, Plastiken, Malerei oder einfach nur skurrile Dinge.
>>> **mehr**

Videos

als neue Kategorie. Hier werden Videos präsentiert, welche sich mit dem Thema Liebe, Sex und Erotik auf die verschiedenste Art und Weise auseinandersetzen.
>>> **mehr**

Kultur

Hier dreht es sich um Lifestyle-

www.seitensprung-fibel.de

seitensprung fibel

Mehr als 90 Prozent aller Menschen wünschen sich Treue in einer Beziehung, doch über die Hälfte geht fremd. Den Ursachen dafür geht Seitensprung-fibel.de auf den Grund. Artikel informieren hierbei über die möglichen Vorteile einer Dreiecks-Beziehung oder wie man verantwortungsvoll mit einem Seitensprung umgeht. Auch Betroffene, ob Geliebte oder Betrogener, kommen hier in Erfahrungsberichten zu Wort. Zudem gibt es Interviews mit Experten wie Psychotherapeuten, die zum Thema Seitensprung Stellung beziehen und die Fragen der Community beantworten. Des Weiteren wurden Seitensprung-Agenturen getestet und die Besten detailliert präsentiert.

www.youtube.com/61minutensex

61 Minuten Sex

Was Ihr schon immer über Sex wissen wolltet, Euch aber nicht zu fragen getraut habt: Der YouTube Kanal 61MinutenSex schafft hier Abhilfe! In dem großen, deutschen Aufklärungskanal beantworten der Sexualpädagoge Jan Winter und Gianna Chanel alle Fragen rund um das Thema Sex. Hier findet Ihr Videos über den perfekten Kuss, zu verschiedenen Sexualpraktiken, wie man Liebeskummer am besten los wird sowie darüber, wie man eine Beziehung ohne große Verletzungen beendet. Zudem gibt es ein Diskussionsforum, in dem Ihr Vorschläge für neue Videos macht, über bereits existierende diskutieren oder Fragen, die euch auf der Seele brennen, stellen könnt.

www.akt.de

Akt.de

Freunde der Aktfotografie finden auf dieser Seite stilvolle und ästhetische Bilder. Das Forum hilft Künstlern und Aktmodellen, neue Kontakte zu knüpfen und gibt Gelegenheit, eigene Werke auszustellen. Beim virtuellen Rundgang durch die Galerie gibt es viele erotische Fotografien sowie Malereien und Zeichnungen zu bestaunen, über die man sich später mit Fotografen, Kennern und Interessierten austauschen kann. Auch männliche Modelle zeigen viel nackte Haut, aber immer geschmackvoll und ansprechend. Wer hier noch nicht genug gesehen hat, kann weitere Ausstellungen über die umfangreiche Link-Liste besuchen.

www.erotische-blogs.de

erotische-blogs.de

Das Internet ist voll von niveaulosen Erotikseiten, da ist es nicht einfach, schöne und anregende Artikel zu finden. Das Verzeichnis für erotische Blogs hat sich zur Aufgabe gemacht, die niveauvollsten und interessantesten Blogs zusammenzustellen. Zwischen himmlischer Freude und teuflischer Lust gibt es hier zu allen Facetten der Erotik spannende Beiträge, die informieren, aufklären und inspirieren. In der Rubrik „Erotische Geschichten" erhält man Einblicke in die erotische Welt anderer Paare oder Singles sowie deren Fantasien und Erfahrungen. Nutzen Sie die Anregungen, um den Alltag zu zweit wieder zu einem Abenteuer werden zu lassen!

www.joyclub.de

JOYclub.de

JOYclub.de ist die große Community für stilvolle Erotik im deutschen Web, in der man Frauen, Männer und Paare zum gegenseitigen Kennenlernen finden kann. Das große Forum eignet sich wunderbar zum Erfahrungsaustausch mit anderen, wenn es um Fragen zu Lift-Sex, Body-Painting, Parkplatztreff oder Erotik-Kino geht. Egal ob hetero, bi, lesbisch oder schwul – hier finden Sie Anregungen zum Thema Beziehung und Sex, Tipps für Events, Swinger-Clubs und andere aufregende Locations. Wer auf High Heels, Nylon, Lack und Leder oder Tattoos und Piercings steht, wird sich in der Rubrik „Fetisch" wohlfühlen!

www.planet-liebe.de

Planet-Liebe

Kaum jemand ist nicht verunsichert, wenn es um die große Liebe, das erste Mal oder eine neue Beziehung geht. Wie finde ich den Partner, der zu mir passt? Wie wichtig ist der Altersunterschied? Darf ich mit meiner Freundin schlafen, wenn sie erst 15 ist? Was, wenn ich beim ersten Mal zu früh komme? Wie erkenne ich Schwule oder Lesben? Eine umfassende Aufklärung über Liebe und Sexualität bietet diese Seite. Sowohl Wissenswertes zu (ungewollter) Schwangerschaft, Homosexualität, AIDS und den Verhütungsmethoden als auch Beziehungstipps oder Anregungen für das Sexualleben sind neben dem Liebeslexikon und einem Forum zu finden.

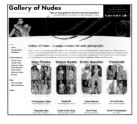

www.gallery-of-nudes.com

Classic Nude Galleries

Die Aktfotografie der etwas anderen Art! Hier vereinen sich Erotik und Kunst zu unvergleichlichen Aufnahmen internationaler Fotografen und Künstler. Die Idee dahinter war, Künstlern eine Plattform für anspruchsvolle Aktfotografie zu bieten. Sie müssen kein Profi sein, denn Nachwuchstalente sind hier genauso gern gesehen. Die Seite bietet Bilder von Paaren, Porträts sowie kunstvoll verfremdete Aktfotos und richtet sich an Künstler oder Liebhaber anspruchsvoller Erotikfotografie. Lassen Sie sich in eine Welt aus Erotik und Kunst entführen und entdecken Sie sinnliche, anspruchsvolle Bilder, die die Schönheit menschlicher Körper in Szene setzen!

www.erozuna.de

Erotisches zur Nacht

Wer am Ende eines langen, anstrengenden Arbeitstages noch nach etwas Abwechslung sucht, kann sich die Abendstunden mit einer erotischen Geschichte versüßen! Dieses Portal bietet seinen Usern über 1.350 deutschsprachige erotische Erzählungen zum Träumen. Doch nicht nur erotische Literatur, sondern auch ästhetische Videos, Fotografien und Bücher sind hier zu finden. Hören Sie sich die erotischen Geschichten an und tauchen Sie ein in eine neue fantasieanregende Welt! Hier erleben Sie erotische Kunst in all ihren Facetten, können aber auch selbst als Autor tätig werden und Ihre eigenen Geschichten veröffentlichen lassen.

Erotikblogs

erosa
kontakt@erosa.de

www.erosa.de
Erotikportal mit stilvollen erotischen Links, Anbietern und Shops sowie Blog.

erotische-blogs.de
info@erotische-blogs.de

www.erotische-blogs.de
Verzeichnis mit verschiedenen Erotik- und Sexblogs mit allen aktuellen Beiträgen der Erotik-Blogosphäre auf einen Blick.

Lustgespinst
info@lustgespinst.de

www.lustgespinst.de
Erotische Geschichten und Neuigkeiten aus der Welt der Liebe, Lust und Leidenschaft.

Nightbloom.de
infoin@nightbloom.de

www.nightbloom.de
Erotikblog mit interessanten Artikeln über Erotik, Sex, die Erotikindustrie und Sextoys.

sex-tipps.net
webmaster@powerbasis.de

www.sex-tipps.net
Der Erotikratgeber bietet Sextipps und Sextricks.

Erotikfilme

Blitz-Illu
webmaster@coupe.de

www.blitz-illu.de
Hier kann man Filme auf den Rechner laden und bereits beim Download ansehen.

● **Filmundo: Erotikfilme & Auktionen**
xmail@filmundo.de

erotik.filmundo.de
In der Erotiksektion von Filmundo kann man Erotikfilme aller Art als Blu-rays bzw. DVDs kaufen oder selbst Videos anbieten und verkaufen. Zudem steht eine Filmdatenbank zur Verfügung, in der man nach Kategorien sortiert nach Filmen recherchieren kann. Für FSK-18-Rubriken ist ein Altersnachweis nötig.
(Siehe Abbildung)

Filmundo: Erotikfilme & Auktionen   erotik.filmundo.de

bluvista.tv
service@bluvista.tv

www.bluvista.tv
Erotische Videothek im Internet mit über 1.500 Filmen als Stream oder Download.

Praline Videos
online@imckg.de

videos.praline.de
Erotik-Online-Videothek mit über 10.000 Filmen in Spielfilmlänge zum Sofortsehen mit täglichen Neuerscheinungen.

videos.coupe.de
helpdesk@imckg.de

videos.coupe.de
Die erotische Videothek im Netz: Über 4.600 Filme können direkt heruntergeladen werden.

Erotikforen & Erotik-Communitys

JOYclub.de
webmaster@joyclub.de

www.joyclub.de
JOYclub ist eine der beliebtesten deutschen Communitys für stilvolle Erotik und Online-Dating. Hier treffen sich Singles und Paare für Flirts, Unterhaltung und erotische Abenteuer. Von den über 1,6 Millionen Mitgliedern empfehlen 94% JOYclub weiter und empfinden die Community als seriös und sicher. **(Siehe Abbildung)**

Poppen.de

www.poppen.de
Kostenlose Erotik-Kontakte zu Millionen von Mitgliedern und ein großes Erotik-Forum.

sexforum.tv

www.sexforum.tv
Diskussionen zu Liebe, Sex, Rollenspiele, FKK, Gesundheit und Verhütung.

Erotikgeschichten

erotische-geschichten.biz

www.erotische-geschichten.biz
Geschichten zu Liebe und Leidenschaft. Vorstellung erotischer Literatur.

JOYclub.de   **www.joyclub.de**

151

Erotisches zur Nacht
erozuna@t-online.de

www.erozuna.de
Anspruchsvolle erotische Kunst und Literatur: Künstler und Autoren präsentieren sinnliche Geschichten und Bilder.

Erotikkunst/Aktfotografie

Akt.de
info@skarabis.de

www.akt.de
Akt.de steht für stilvolle Aktfotografie mit angeschlossener Fotogalerie.

Classic Nude Galleries

www.gallery-of-nudes.com
Große englischsprachige Online-Galerie mit ca. 200 internationalen Fotografen und weit über 3.000 Aktfotografien.

thenuproject.com

www.thenuproject.com
Aktfotos von ganz normalen Frauen.

Erotikversand & Sex-Shops

adultshop.de
info@adultshop.de

www.adultshop.de
Erotikartikel für Singles und Paare. Im Angebot sind Sex-Toys,
Dessous, Gleitgele, Kondome und Messeneuheiten.

Amor
info@amor.ag

www.amor-shop.de
Kondome in verschiedenen Größen und Farben, Spielzeug wie Vibratoren und Ringe sowie zusammengestellte Sets.

 Lustwiese Erotikshop
kundenservice@lustwiese.com
☎ (05223) 1895-789

www.lustwiese.com
Im Erotik-Onlineshop findet man lustvolles Erotikspielzeug: Von Vibratoren und Dildos über Fesseln, Bondage-Artikeln bis hin zu Hy-
giene- und Drogerieartikeln. Auch Dessous, Themenpakete, Spaßartikel und Partnerspiele sind hier erhältlich. Ein Wohlfühlshop
mit Stil und Charme für jeden Geschmack. **(Siehe Abbildung)**

Lustwiese Erotikshop   **www.lustwiese.com**

Amorelie
info@amorelie.de

www.amorelie.de
Hochwertige Lovetoys und Dessous für Frauen und Paare.

amorsins
office@amorsins.de

www.amorsins.de
Sexspielzeug wie Kugeln und Vibratoren, Massageöle, Gleitgele und Kondome. Zudem Fetischartikel wie Fesseln und Masken.

Beate Uhse
info@beate-uhse.com

shop.beate-uhse.de
Alles, was die Liebe schöner und aufregender macht. Die aktuelle Kollektion des Beate-Uhse-Sortiments.

diskret-bitte.de
kontakt@diskret-bitte.de

www.diskret-bitte.de
Vibratoren, Dildos, Sexspielzeug für Sie, für Ihn und für Paare, Gleitmittel, Kondome und Dessous.

Eis.de
info@eis.de

www.eis.de
Großer Anbieter von Erotikprodukten mit einem vielfältigen Sortiment, das nationale und internationale Produkte umfasst.

● **verwoehndich.de**
info@verwoehndich.de
☎ (030) 9302 7608

www.verwoehndich.de
Der verwoehndich-Erotik-Shop bietet Singles und Paaren ein gut sortiertes Angebot an Erotikartikeln für aufregende Stunden. Vom Vibrator bis hin zu scharfen Dessous lädt der Shop zum ausgiebigen Stöbern ein. Bekannte Marken, guter Service und zehn Jahre Erfahrung. **(Siehe Abbildung)**

Hostessen, Dressmen & Begleitservice

kaufmich.com

www.kaufmich.com
Kostenlose Community für Escorts.

Ladies.de
info@ladies.de

www.ladies.de
Die Erotik-Online-Zeitung. Erotische Kontakte mit Originalfotos und -videos: Hostessen, Escort, FKK-Clubs, Eroscenter.

verwoehndich.de   **www.verwoehndich.de**

Anzeige

Kostenpflichtige Erotik-Angebote

FunDorado.com
service@fundorado.com

www.fundorado.com
FunDorado.com – Deutschlands größtes Erotik Portal bietet Premium Erotik ab € 9,95 im Monat. Mit im Paket: Die heiße Cam Girl Flatrate mit hunderten sexy Live Cams 24 Stunden täglich, die unzensierte Community und eine riesige Erotik-Videothek. Der Vorteilscode WAB15 bringt zusätzlich 5 Gratistage. **(Siehe Abbildung)**

Liebeslexikon

lechzen.de

www.lechzen.de
Dieses Lexikon beschäftigt sich mit der Welt der Liebe, Lust und Leidenschaft.

Seitensprung

Mein Seitensprung

www.meinseitensprung.com
Web-Seiten zum Seitensprung im Test. Zudem Tipps zum Fremdgehen sowie Erfahrungsberichte und Artikel zum Thema.

seitensprung fibel
info@seitensprung-fibel.de

www.seitensprung-fibel.de
Seitensprung-Agenturen im Test. Zudem Artikel, die über Gründe für Affären und Wege hin zum Liebesglück informieren.

Selbstbefriedigung & Masturbation

lovetoytest.net

www.lovetoytest.net
Erotikratgeber zum Thema Masturbation: Infos und Tipps zur Selbstbefriedigung. Testberichte von Erwachsenenspielzeugen.

FunDorado.com **www.fundorado.com**

my-Lovetoy.com
kontakt@my-lovetoy.com

www.my-lovetoy.com
Fast 100 Lovetoys mit ausführlichen Testberichten, Videos sowie Erfahrungsberichte.

Schoener-onanieren.de
mail@schoener-onanieren.de

www.schoener-onanieren.de
Verschiedene Stellungen, Grifftechniken und weitere Tipps für Männer und Frauen.

Sexualberatung & Sexualaufklärung

● **61 Minuten Sex**

www.youtube.com/61minutensex
Auf diesem Portal mit Aufklärungsvideos werden von einem Sexualpädagogen alle Fragen zum Thema Sex beantwortet. **(Siehe Abbildung)**

Planet-Liebe
info@planet-liebe.de

www.planet-liebe.de
Rund um die Themen Liebe, Sexualität und Verhütung. Ein Forum mit über 70.000 Mitgliedern und vielen Infos wird geboten.

pro familia
info@profamilia.de

www.profamilia.de
Familienplanung, Sexualpädagogik, -beratung, die Pille danach, Kurzprofile und Adressen der einzelnen Beratungsstellen.

Sextra

www.sextra.de
Beratung und Infos für Jugendliche und Erwachsene rund um Sexualität, Partnerschaft, Verhütung und Schwangerschaft.

Swinger

augenweide.com
webmaster@augenweide.com

www.augenweide.com
Community für telefonisch geprüfte Paare, Treffpunkt und Anlaufstelle für (Swinger-) Paare und Interessierte.

Swingerclub-Verzeichnis.de

www.swingerclub-verzeichnis.de
Verzeichnis von Swingerclubs mit Adressen, Links zu Fotos und zu den Homepages.

61 Minuten Sex
www.youtube.com/61minutensex

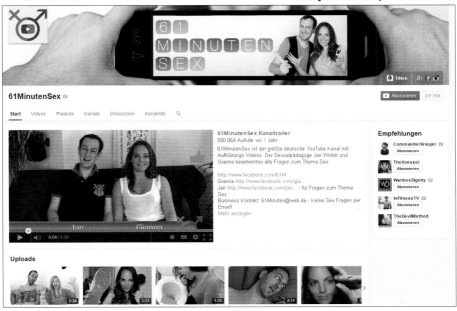

ESSEN & TRINKEN

Login | Kostenlos registrieren | Über uns | Kontakt

Die besten Rezepte zwischen Himmel und Erde

Suche: Rezepte, Videos, Blog, Forum, Mitglieder | Suchen

JETZT

Home | Rezepte | Kochbuch | Blog | Community | Video/TV | Mitmachen

powered by GU

Rezept für diesen Mittag

Nudeln mit Tofu und Pak Choi

Bewertet mit ●●●●● (0) - Kommentar schreiben

STECKBRIEF GU

Freunde einladen, Zutaten vorbereiten und den Streetfood-Klassiker gemeinsam kochen und gemeinsam genießen. zum Rezept...

Rezept der Woche
So schmeckt der Sommer: Tomaten und Auberginen kommen köstlich überbacken aus dem Ofen.
Zum Rezept der Woche

Von der Sonne geküsst
Kein Sommer ohne Auberginen! Hier gibt's die besten Tipps und Rezepte für Auberginen.
Zu den Auberginen-Rezepten

Spätsommer-Lieblinge
Zwetschge oder Pflaume - das ist hier die Frage! Wir sagen bei beiden garantiert nicht Nein!
Zu den Pflaumen und Zwetschgen

Einmachen
Heute geht's ans Eingemachte: Wir zeigen, wie Sie Süßes und Saures lange haltbar machen.
Zum Einmachen

Neues aus dem Rezepte-Blog

ZAUBER DES ORIENTS - unser magischer Kochkurs
Wir laden Sie ein zu einer Reise ins Licht voller Düfte und Aromen. Kommen Sie mit ins Morgenland bei unserem orientalischen Kochkurs am 13. November... mehr...
Erstellt am 20.08.14 von küchengötter

Die Eis-Frage
Erstellt am 19.08.14 von Bettina Müller

Der Pilz mit Pfiff
Erstellt am 18.08.14 von küchengötter

zum Blog

Rezepte-Specials

Den Überblick nicht verlieren: Hier gibt es alle saisonalen Rezepte-Specials der Küchengötter im praktischen Überblick.

Jetzt im Küchengötter TV

00:11/03:27

Lust auf Zucchini? Wie man sie richtig aussucht, putzt und verarbeitet, zeigen wir hier auf unserem Küchenpraxisvideo! zum Video

Saisonkalender

 Jan Feb Mär Apr

 Mai Jun Jul Aug

Sep Okt Nov Dez

www.foodsharing.de

Foodsharing.de

Finden Sie es auch erschreckend, dass über die Hälfte aller Lebensmittel, die in den Industrieländern produziert werden, im Müll landen? Sind Sie auch dafür, dass wir uns von einer Wegwerfgesellschaft wieder hin zu einer Gesellschaft entwickeln, die Nahrung wertschätzt? Alles zu utopisch und Sie können nichts machen? Falsch. Jeder Schritt in die richtige Richtung zählt. Auf Foodsharing.de haben Sie die Möglichkeit, „nein" zum Wegwerfkult zu sagen und Ihre überschüssigen Lebensmittel kostenlos mit anderen Nutzern zu teilen und zu tauschen. Treffen Sie Leute mit derselben Einstellung und kochen Sie zusammen, denn es stimmt: „Ein Reiskorn kann die Waage kippen"!

www.hobbybrauer.de

hobbybrauer.de

Jetzt kann jeder selbst Bier brauen: Diese Web-Seite zeigt Ihnen, wie es geht. Was brauche ich für mein erstes Bier, wie kann ich den Alkoholgehalt variieren und wie kann ich den Geschmack meines Bieres beeinflussen? Anfänger können hier im Hobbybrauer-Wiki und in den Brauanleitungen stöbern und Schritt für Schritt lernen, wie man das eigene Bier bequem zu Hause brauen kann. Auch für Fortgeschrittene gibt es viele Tipps im Forum, um den Geschmack zu optimieren. Wer dann gleich loslegen möchte, erhält die passenden Zutaten wie Hopfen, Malz oder komplette Brau-Sets auf der Web-Seite www.hobbybrauerversand.de. Na dann – Prost!

www.restaurant-kritik.de

Restaurant-Kritik.de

Sie haben Lust auf ein französisches Frühstück mit Croissants und Café au Lait und möchten dafür an Ihrem freien Tag am liebsten keinen Finger rühren? Dann schauen Sie doch auf restaurant-kritik.de vorbei! Auf diesem Gastronomie-Portal finden Sie zahlreiche Tipps für ausgefallene Restaurants, angesagte Neueröffnungen und gemütliche Cafés oder Bars in Ihrer Umgebung mit authentischen Bewertungen von anderen Gästen. Und wenn Sie selbst den Kroaten bei Ihnen um die Ecke als Geheimtipp weitergeben möchten, können Sie hier Ihre Erfahrungen teilen – denn wer könnte die Qualität des Essens, der Bedienung oder des Ambientes besser beurteilen, als die Gäste selbst?

www.kaffee-netz.de

Kaffee-Netz.de

Kaffeeliebhaber treffen sich hier: Wenn Sie den Unterschied zwischen Cappuccino, Espresso und Milchkaffee kennen und Ihnen eine Tasse Filterkaffee zum Frühstück nicht ausreicht, können Sie sich in diesem Forum mit anderen leidenschaftlichen Kaffeetrinkern austauschen: Welcher Milchaufschäumer produziert den cremigsten Schaum für Latte macchiato? Welche Kaffeebohnen schmecken am schokoladigsten und wie röstet man eigentlich selbst seine Bohnen? Dazu gibt es eine Menge Erfahrungsberichte zu verschiedenen Espressomühlen und Kaffeemaschinen sowie einen großen Marktplatz, auf dem Mitglieder restaurierte Maschinen anbieten oder nach preiswerten Einsteigermaschinen suchen.

www.mundraub.org

Mundraub.org

Wozu Öko-Kirschen und Bio-Äpfel aus Übersee einfliegen lassen, wenn die wahren Schätze vor der Haustür wachsen? Diese Initiative zeigt anhand einer interaktiven Karte, wo frei nutzbares Obst, Kräuter oder Nüsse zu finden sind. Ob Himbeere, Waldmeister, Mirabelle oder Esskastanie – alle hier eingetragenen Erzeugnisse können ohne schlechtes Gewissen geerntet werden. Eine ausführliche Wegbeschreibung lotst Sie auf den richtigen Pfad! Und wenn Sie selbst einen wilden Obstbaum an einer Landstraße oder in einem verlassenen Garten gesichtet haben, können Sie den Fund in der Karte eintragen und mit anderen „Mundräubern" teilen.

www.kochrezepte.de

Kochrezepte.de

Lust auf Rezepte von Starköchen wie Ralf Zacherl, Frank Buchholz, Stefan Marquard & Co.? Dann ist diese Seite ein Muss für Sie! Hier gibt es nicht nur leckere Ideen zum Selbermachen, sondern sogar einen Resteverwerter, in den Sie Ihre Kühlschrankzutaten eingeben und Ihnen ein Rezept ausgespuckt wird, der Ihrem Speisevorrat auf den Leib geschnitten ist! Natürlich können Sie auch standardmäßig nach diversen Rezeptkategorien wie „Saison", „Pfannen-gerichte" oder „Diät" suchen. Nahezu alle Rezepte werden von Bildern und Videos ergänzt und können in Ihrem persönlichen Kochbuch abgespeichert werden. Das macht nicht nur Appetit, sondern auch Lust auf mehr.

www.kuechengoetter.de

küchengötter.de

„Die besten Rezepte zwischen Himmel und Erde" ist das Motto des großen Kochportals küchengötter.de. Vom traditionellen Sauerbraten, über leichte Salate mit fruchtigen Garnelen-Lollis bis hin zum festlichen Lammfilet mit Granatapfel-Kirsch-Sauce wird hier dem Feinschmecker alles geboten. Bei der Auswahl aus der großen Vielfalt hilft, dass die Rezepte nach Zutaten, Anlass oder Region sortiert sind. Die Rezepte können auch bewertet oder kommentiert werden und lassen sich sogar in einem persönlichen Kochbuch zusammenstellen, das man als Geschenk für die Familie oder Freunde drucken lassen kann. Die vielen Anleitungsvideos helfen bei den ersten Kochversuchen!

www.chefkoch.de

Chefkoch

Möchten Sie nicht immerzu die gleichen Gerichte kochen? Wie wäre es mal mit Straußengulasch auf namibische Art oder Bananenfleisch in Kokossoße? Diese und über hunderttausend weitere leckere Rezepte gibt es hier. Sollen Spaghetti und Hackfleisch in Ihrem Rezept vorkommen? Kein Problem mit der internen Rezeptsuchmaschine. Wenn Sie trotz Ihres prall gefüllten Kühlschrankes keine Idee haben, dann geben Sie Ihre Zutaten ein und die Resteverwertung sucht nach Rezepten, die nur Ihre Zutaten enthalten. Falls Sie auf der Suche nach einem ganz speziellen Rezept sind, wird Ihnen in der großen Community sicherlich weitergeholfen!

ESSEN & TRINKEN

Allgemein

Dine&Fine
redaktion@dineandfine.com

www.dineandfine.com
Dine&Fine informiert über gehobene Gastronomie, Rezepte, Weinkultur und Getränke sowie News, Reviews und Neueröffnungen.

erfolgreich-geniessen.de

www.erfolgreich-geniessen.de
Eine Vielzahl an redaktionell ausgewählten Links und Surf-Tipps rund um das Thema Essen und Trinken sowie Produkte für fast alle Bereiche und die wichtigsten Online-Shops des deutschsprachigen Internets.

Ernährung

aid infodienst
aid@aid.de

www.aid.de
Wissenschaftlich fundierte Informationen in den Bereichen Verbraucherschutz, Ernährung, Landwirtschaft und Umwelt.

foodwatch
info@foodwatch.de

www.foodwatch.org
foodwatch entlarvt die verbraucherfeindlichen Praktiken der Lebensmittelindustrie und kämpft für die Rechte der Verbraucher.

Urgeschmack.de

www.urgeschmack.de
Informationen über genussvolle, gesunde und nachhaltige Ernährung, Videos und Rezepte, mit großem Forum zum Austauschen.

was-wir-essen
aid@aid.de

www.was-wir-essen.de
Der aid infodienst bietet Informationen und News rund um Landwirtschaft, Lebensmittel und Ernährung.

Gastronomieführer/Restaurants & Hotels

Gault Millau Deutschland
info@christian-verlag.de

www.gaultmillau.de
Gault Millau Deutschland ist der renommierte Restaurant- und Hotelführer für Genießer.

Gourmet Report
pr@gourmet-report.com

www.gourmet-report.de
Der Nachrichtenticker für Feinschmecker berichtet über neue Restaurants, Restaurantführer, Auszeichnungen und Web-Seiten.

Lunchtime
office@medienmacher.de

www.lunchtime.de
Hier kann man sich zum Mittagstisch in Restaurants verabreden. Gastronomen können ihre Tageskarte einstellen.

menümix
info@menuemix.de

www.menuemix.de
Aktuelle Mittagstische in allen Regionen Deutschlands. Mit Menüs, Preisen, Öffnungszeiten und Restaurantinfos.

Restaurant-Kritik.de
mail@restaurant-kritik.de

www.restaurant-kritik.de
Bewertungen für Restaurants in ganz Deutschland. Gäste können sich Profile als Kritiker anlegen.

Restaurant-Ranglisten.de
info@gourmet-portal.com

www.restaurant-ranglisten.de
Restaurantführer mit den besten Restaurants Deutschlands und Europas, dem Who-is-who der Köche sowie einem Feinschmeckerforum.

Schlemmer Atlas
info@busche.de

www.schlemmer-atlas.de
Online-Suche nach Restaurants aller Art im gesamten deutschsprachigen Raum. Dazu Gourmetlexikon und Rezepte.

**Smoke-Spots
– raucherfreundliche Locations**
info@smoke-spots.de

www.smoke-spots.de
Suchfunktion per Karte oder Liste nach gastronomischen Einrichtungen, in denen geraucht werden darf.

Varta Hotel- und Restaurantführer
varta-fuehrer@mairdumont.com

www.varta-guide.de
Hotels und Restaurants in Deutschland, Österreich, Italien und der Schweiz sind nach verschiedenen Suchkriterien verzeichnet.

Getränke/Bier

Bier.de

www.bier.de
Umfangreiche Informationen über das beliebte Getränk und ein Marktplatz, auf dem man Angebote und Gesuche aufgeben kann.

Bier-deluxe
info@bier-deluxe.de

www.bier-deluxe.de
Ausgesuchtes Sortiment an deutschen und internationalen Bierspezialitäten.

Brauen.de
shop@zugreifen.de

www.brauen.de
Shop und Hilfen, um Bier selbst zu brauen.

Braufässchen

www.braufaesschen.com
Nach nur sieben Tagen das selbstgebraute und individuell zusammen gestellte Bier direkt aus dem 5-Liter-Fass zapfen.

hobbybrauer.de

www.hobbybrauer.de
Großes Foum für Hobbybrauer mit Brauanleitungen, Braurezepten und einem Hobbybrauer-Wiki.

 Hopfen und mehr
info@hopfen-und-mehr.de
☎ (07543) 96 790 50

www.hobbybrauerversand.de
Von der Zubereitung bis zum Ausschank liefert dieser Shop alles, was man für die eigene Hobbybrauerei benötigt: Egal ob es sich dabei um Zutaten wie Hefe, Malz, Hopfen oder um Flaschen, Fässer, Reinigungsmaterial, Läuterböden, Laborbedarf, Startersets, Zapfanlagen und komplette Brauanlagen handelt. **(Siehe Abbildung)**

Hopfen und mehr   **www.hobbybrauerversand.de**

Getränke/Cocktails

Barfish
feedback@barfish.de

www.barfish.de
Alles für einen gelungenen Cocktail-Abend. Von diversen Sorten Alkohol wie Rum, Likör und Wein bis hin zu Zubehör und Sirup.

Barstuff.de
info@barstuff.de

www.barstuff.de
Man kann hier eine komplette Baraustattung erwerben. Alles für den Gästetisch, das Personal sowie Verbrauchsartikel.

Cocktail-Lounge.NET
webmaster@cocktail-lounge.net

www.cocktail-lounge.net
Hier findet man die Rezepte für die großen Klassiker unter den Cocktails sowie ausgewählte moderne Drinks.

Cocktails & Dreams
info@portavi.de

www.cocktaildreams.de
Cocktail-Rezepte mit Bildern, Lexikon für Fachausdrücke, Barkeeper-Tipps und Übersicht der Drink-Typen.

Cocktailscout.de

www.cocktailscout.de
Große Cocktail-Galerie und eine Zutatensuche, die es ermöglicht, aus vorhandenen Zutaten einen Cocktail zu zaubern.

cocktailstar.de
info@cocktailstar.de

www.cocktailstar.de
Hier gibt es alles, was man zum Mixen von Cocktails braucht. Vom Shaker bis zum Glas.

Flying Bird
info@flyingbird.de

www.fertigcocktail24.de
Fertig gemixte Cocktails: alkoholisch und alkoholfrei, außerdem Cocktailkarten und -poster sowie Barzubehör.

Pipeliners Cocktaillounge.at
shake@cocktaillounge.at

www.cocktaillounge.at
Cocktail-Seite mit Cocktail-Kartenfunktion und Partyplaner. Die Rezeptsuche ist auch an den eigenen Barbestand anpassbar. 646 Cocktailrezepte (inkl. 78 alkoholfreie Cocktails) und 33 Bowlerezepte.

Getränke/Spirituosen

Banneke Feinkost Flüssig
info@banneke.de

www.banneke.com
Whisky, Wein, Weinbrände, Champagner, Sekt, Sprituosen, Liköre und Apéritifs.

Bargross
info@bargross.de

www.bargross.de
Großes Angebot an Premium-Spirituosen: Rum, Brandy, Weinbrand und Gin.

Drinkology Spirituosen
info@drinkology.de

www.drinkology.de
Großes Angebot an Spirituosen aller Art wie Whiskey, Wodka, Gin, Tequila, Cognac oder Grappa. Dazu Anekdoten im Blog.

Schwarze und Schlichte Markenshop
info@spirituosen-markenshop.de

www.spirituosen-markenshop.de
Shop für Markenspirituosen mit vielfältiger Auswahl an Vodkas, Whisk(e)ys, Rum, Likören, Wein- und Kornbränden.

● **Spirituosen Superbillig Shop**
verkauf@spirituosen-superbillig.de
☎(0201) 50 76 72 60

www.spirituosen-superbillig.de
Der Online-Shop bietet eine große Auswahl an Spirituosen aller Art. Das vielfältige Angebot reicht von Whiskey, Brandy und Cognac über Grappa, Likör und Rum bis hin zu Scotch, Tequila und Wodka in allen Preisgruppen. In der Fundgrube kann man besondere Schnäppchen machen. **(Siehe Abbildung)**

Vinaglobo
info@vinaglobo.de

www.vinaglobo.de
Weine aus aller Welt, Champagner, Sekt, Spirituosen, Whisky und Whiskey, Feinkost, Sirup sowie Bochumer Spezialitäten.

● **Worldwidespirits**
alra@worldwidespirits.de
☎(08633) 50 87 93

www.worldwidespirits.de
Den Besucher erwarten 2.700 besonders edle und seltene Spirituosen ab Jahrgang 1802, mit Flaschen im Wert bis zu 25.000 Euro. Das fachkundige Personal berät gerne persönlich zu der außergewöhnlichen Auswahl des Online-Shops mit über 200 Jahrgangs-Raritäten und 180 Großflaschen bis 18 Liter. **(Siehe Abbildung)**

Worldwidespirits　　　　　　　　　　　　**www.worldwidespirits.de**

Getränke/Spirituosen/Absinth

Absinthe.de
mail@absinthe.de

www.absinthe.de
Absinthe in verschiedenen Preis- und Alkoholklassen sowie Zubehör für deren Genuss.

Getränke/Spirituosen/Grappa

Grappanet
info@grappanet.de
☎(0201) 50 76 72 70

www.grappanet.de
Der Grappa-Laden im Internet bietet ein reichhaltiges Sortiment erlesener Grappa-Sorten. Hier findet man Grappa aus Südafrika, dem Piemont, Südtirol, der Toskana, dem Trentino, Venetien und der Lombardei. Dazu Angebote des Monats sowie Infos zu Geschichte, Herstellung, Anbaugebieten und Rezepten. **(Siehe Abbildung)**

Getränke/Spirituosen/Likör & Schnaps

Birkenhof Brennerei
versand@birkenhof-shop.de
☎(02662) 96 98 908

www.birkenhof-shop.de
Die Getreide- und Obstbrennerei bietet eine große Auswahl an Edelbränden und Likören an, darunter auch Spezialitäten aus dem Westerwald. Die Kernobstbrände, Steinobstbrände, Beerenbrände, Bierbrände sowie cremigen und fruchtigen Liköre sind auch in vielfältigen Probier- und Präsentpaketen erhältlich. **(Siehe Abbildung)**

schnaps24.de
info@schnaps24.de

www.schnaps24.de
Ausgewählte Schnäpse von Klein-Brennereien - viele Schnäpse haben Prämierungen erhalten.

wunschlikör
info@likoerfactory.de

www.wunschlikoer.de
Hier kann man Likör nach seinem eigenen Geschmack mischen, über 20 Aromen stehen zur Auswahl. Mit Etikett-Designer.

Grappanet   **www.grappanet.de**

Getränke/Spirituosen/Rum

Rum und Co
info@rumundco.de

www.rumundco.de
Über 900 Rumsorten und 19.000 andere Spriituosen wie Brandy, Whisky, Cognac, Wodka und Aquavit.

Getränke/Spirituosen/Sekt & Champagner

Champagne + Compagnie
info@champagne24.de

www.champagne24.de
Champagner-Versand direkt vom Winzer. Wählbar nach Brut, Brut Prestige, Rosé, Blanc de Blancs oder Extra-Brut.

Champagner & Genuss

www.champagner-genuss.de
Infos zu Champagner: Herstellung, Geschichte, Winzer, prickeln-de Events, Degustationen und ein Champagner-Club.

Getränke/Spirituosen/Whisky

Die Whiskybotschaft
info@diewhiskybotschaft.de

www.diewhiskybotschaft.de
Große Auswahl von ca. 700 Scotch Single Malts, Blended Whis-ky und vielen anderen Whiskys.

Schottischer Whisky
info@schottischerwhisky.com

www.schottischerwhisky.com
Ob Schottischer Whisky, Irischer Whisky oder Amerikanischer Bourbon, hier kommen Whisky-Liebhaber auf ihre Kosten.

The Whisky Store

www.whisky.de
Shop und Informationen über Schottland und den Whisky. Mit Le-xikon, Destillen-Datenbank und großem Whisky-Forum.

whiskyandmore.com
info@whiskyandmore.com

www.whiskyandmore.com
Whiskey verschiedener Marken aus aller Welt sowie Wein, Rum, Gin und kleine Geschenksets.

Birkenhof Brennerei   **www.birkenhof-shop.de**

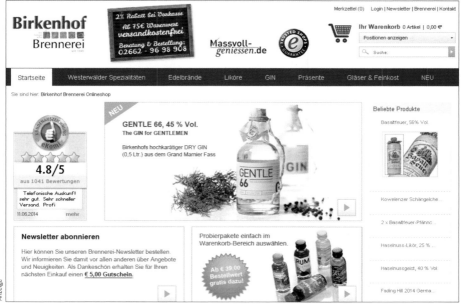

whiskymania.de
info@hbb-gmbh.de

www.whiskymania.de
Online-Magazin mit großem Forum, Chat, Terminen und Informationen rund ums Thema Whisky.

Getränke/Spirituosen/Weinbrand

Obstlernet
vertrieb@obstlernet.de
☎ (0201) 50 76 72 70

www.obstlernet.de
Das Portal der Edelobstbrände: Fragen rund um die Herstellung und die Geschichte. Im Shop können die Spitzenprodukte der Destillerien Pircher, Unterthurner, Walcher, Scheibel, Etter, Humbel, Ziegler, Gobetti, Pfau, Vallendar und Jacopo Poli bestellt werden. Lieferung innerhalb 48 Stunden. **(Siehe Abbildung)**

Getränke/Flaschen

Flaschenbauer
info@flaschenbauer.de

www.flaschenbauer.de
Online-Shop für leere Gläser, Flaschen und Konservendosen. Einmachgläser, Saft-, Milch-, Wein- und Spirituosenflaschen.

Flaschenland

www.flaschenland.de
Für Getränke und Marmeladen findet man hier zahlreiche, verschiedene Flaschenmodelle.

Getränke/Kaffee & Espresso

Coffeefair
info@coffeefair.de

www.coffeefair.de
Kaffeemaschinen, Zubehör, Kaffee- und Espressobohnen für Gewerbe- und Privatkunden.

Coffeethek
kontakt@coffeethek.de

www.coffeethek.de
Kaffeebohnen entweder sortenrein oder als Mischung und sogar ungerösteter Kaffee.

Obstlernet　　　　　　　　　　　　　　　　　**www.obstlernet.de**

Espressojoe.de
info@espressojoe.de

www.espressojoe.de
Espresso in ganzen Bohnen oder gemahlen auch entkoffeiniert.
Dazu auch Espressokocher, Gebäck und ein Espresso-Abo.

Kaffee Blog
info@kaffee-blog.net

www.kaffee-blog.net
Informative bis amüsante Artikel rund um die kleinen, gerösteten
Bohnen.

● Kaffee-Netz.de

www.kaffee-netz.de
Die Community rund ums Thema Kaffee: Großes Diskussionsforum zu den Themen Espresso- und Kaffeemaschinen, Bohnen
und Kaffee, Rohkaffee zum Selbströsten, Ersatzteile und Bedienungsanleitungen und viele Kaffee-Links. **(Siehe Abbildung)**

KaffeeShop 24
info@kaffeeshop24.de

www.kaffeeshop24.de
Spezialitätenversand mit einer Sortimentsvielfalt von über 100
handgerösteten Kaffees, Kaffeezubehör, Tee und Geschenken.

Mavey
info@mavey.de

www.mavey.de
Kaffee, Espresso, Kakao, Topping, Kaffeeweißer und Instantcap-
puccino. Zudem Kaffeevollautomaten.

Stoll Espresso
info@stoll-espresso.de

www.stoll-espresso.de
Online-Shop für Espresso- und Kaffeemaschinen aller namhaften
Hersteller, außerdem Zubehör, Kaffeemühlen und Bohnen.

Getränke/Kaffee & Espresso/Kaffeevollautomaten

Kaffeevollautomaten.org

www.kaffeevollautomaten.org
Tipps und Fragen, Empfehlungen und Erfahrungsberichte, Repara-
tur- und Wartungsinfos zu Kaffeevollautomaten.

Kaffee-Welt
admin@kaffee-welt.net

www.kaffee-welt.net
Forum, Anleitungssammlung und Lexikon für Kaffeevollautomaten
und Siebträgermaschinen.

Kaffee-Netz.de   **www.kaffee-netz.de**

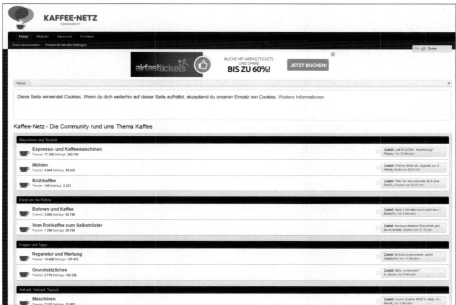

Getränke/Säfte

DEIN Saft GmbH
gesund@deinsaft.de

www.deinsaft.de
Verkauf von Fruchtsaftkonzentrat für die Herstellung eigener Fruchtsäfte.

mysaftbar
info@mysaftbar.de

www.mysaftbar.de
In dieser „Saftbar" kann man sich seinen eigenen Fruchtsaft zusammenstellen und nach Hause liefern lassen.

oh-saft.de
saftschubsen@oh-saft.de

www.oh-saft.de
Ausgesuchte Saftorangen für frisch gepressten Orangensaft.

Saftprofi
info@saftprofi.de

www.saftprofi.de
Entsafter, Saftpressen und Zitruspressen in verschiedenen Variationen.

Getränke/Tee

allmyTea
info@allmytea.de

www.allmytea.de
Teegenießer können sich hier ihre ganz individuelle Teemischung aus über 200 Zutaten und Aromen zusammenstellen.

Schrader
info@paul-schrader.de

www.paul-schrader.de
Ein Paradies für Genießer: Gourmet Lebensmittel, über 300 Teesorten, Kaffee, Honig sowie Geschenkideen.

Teeauslese
info@teeauslese.de

www.teeauslese.de
Eine breite Teeauswahl mit über 350 Sorten: Schwarzer Tee, Grüner Tee, Darjeeling-Tee, Flugtee, Weißer Tee und Oolong-Tee aus China, Indien, Taiwan oder Sri Lanka, davon über 60 Sorten Biotee. Auch viele Sorten Kräutertee, Früchtetee und Rooibusch-Tee. Außerdem nützliches Zubehör für die Teezubereitung.
(Siehe Abbildung)

Teeauslese　　　　　　　　　　　　　　　　　　**www.teeauslese.de**

TeeGschwendner
shop@teegschwendner.de
☎(02225) 92 14 0

Teekanne
info@teekanne.de

teeliebe.de
info@teeliebe.de

Tee-Online.Info
kontakt@tee-online.info

Tree of Tea

www.teegschwendner.de
Über 350 Premium-Tees ab 17,90 € versandkostenfrei (in D) bestellen: Beste Klassiker, spannende Exoten, Matcha, ein breites Bio(Kräuter)-Sortiment, Früchte- oder Ayurvedatees. Dazu erfrischende Eistees im TetraPak, MasterBags für's Büro sowie ausgewähltes Teezubehör – „Teeherz, was begehrst Du mehr?"
(Siehe Abbildung)

www.teekanne.de
Die vielfältige Produktpalette wird vorgestellt, dazu Rezepte. Außerdem kann man sich umfassend rund um den Tee informieren.

www.teeliebe.de
Von Grünem Tee, Schwarz- und Früchtetee bis hin zu Kräutertee kann man hier exklusive Teevariationen in Bioqualität bestellen.

www.tee-online.info
Infos über viele Teesorten und deren Wirkung sowie über Zubereitung, Genuss, Handel und Geschichte von und mit Tee.

www.treeoftea.de
Schwarztee, Grüner Tee, Kräuter-, Früchtetee und Teemischungen in Bio-Qualität zum Genießen und Verschenken.

Getränke/Wein/Allgemein

aromicon
kontakt@aromicon.com

dreizehn°
kontakt@13grad.com

www.aromicon.com
Tanzende Aromen zeigen den Geschmack der Weine, die Suche ist nach Rebsorten, Rezepten, Aromen und Anbaugebiet möglich.

www.13grad.com
In der Wein-Community dreizehn° kann man sich austauschen und bekommt Weine, Weingüter sowie Verkostungen empfohlen.

TeeGschwendner　　　　**www.teegschwendner.de**

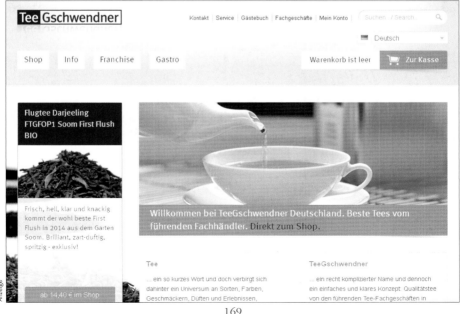

TVINO
info@tvino.de

www.tvino.de
Weinproben, Weinwissen und Wein-Gespräche mit prominenten Gästen per Online-Video.

wein.cc
office@wein.cc

www.wein.cc
Die große Wein-Suchmaschine macht Wein-Preisvergleiche einfach und empfiehlt gute Weine.

Wein-Plus.eu
info@wein-plus.eu

www.wein-plus.eu
Das Weinportal mit Weinglossar, Beschreibung und Bewertung von Weinen, Winzern und Weinregionen.

Getränke/Wein/Bio-Weine

mein-biowein.com
kundenservice@mein-biowein.com

www.mein-biowein.com
Rotwein, Weißwein, Rosé, Sekt, Champagner und Öl. Alles aus kontrolliert biologischem Anbau.

PRObioWEIN
service@probiowein.de

www.probiowein.de
Bio-Weine aus Deutschland, Europa und Übersee. Zudem Spirituosen wie Grappa und kleine Leckereien wie Antipasti.

Getränke/Wein/Europa

Avino
office@avino.at

www.avino.at
Das Online-Marktplatz-Prinzip für österreichische Weine. Den gewünschten Wein suchen und Angebote von Winzern erhalten.

Schneekloth Weindepot
info@schneekloth.de
☎(0431) 16 96 335

www.schneekloth.de
Schneekloth Weindepot, das sind 200 Jahre Erfahrung in Weinkellerei und -einkauf, Qualität, Innovation und Vielfalt. Ausgewählte nationale wie internationale Weine, Schneekloth Eigenfüllungen, Sekt, Champagner, Portwein, Spirituosen und Weinzubehör werden ab 12 Flaschen versandkostenfrei geliefert. **(Siehe Abbildung)**

Schneekloth Weindepot   **www.schneekloth.de**

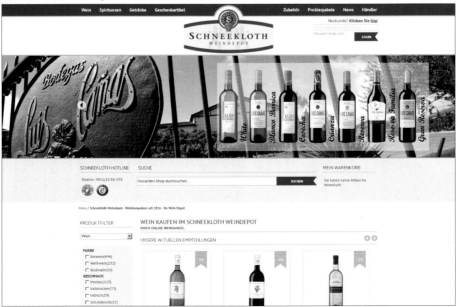

Galperino
info@galperino.de

www.galperino.de
Wein aus italienischen Regionen von A wie Abruzzen über L wie Lombardei bis V wie Venetien.

rotWEISSrot
info@rotweissrot.de

www.rotweissrot.de
Rot- und Weißwein aus Österreich. Von Weingütern etwa aus dem Burgenland, der Steiermark oder dem Weinviertel.

Superiore.de
kontakt@superiore.de

www.superiore.de
Über 500 Spitzenweine aus Italien und Weinzubehör. Das schöne Sortiment wird übersichtlich und umfassend präsentiert.

 Wein im FachWerk
info@weinfachwerk.net
☎ (05245) 9221842

www.proseccoundwein.com
Die Weinboutique bietet eine feine Auswahl an Weißwein, Rotwein, Rosé-Wein sowie Champagner, Sekt, Prosecco und Frizzante. Wer unschlüssig ist, kann mit einem Probierpaket das interessante Weinangebot kennenlernen, das auch den ein oder anderen Geheimtipp für Weinliebhaber bereithält. **(Siehe Abbildung)**

Wein wenn du kannst
info@wein-wenn-du-kannst.de

www.wein-wenn-du-kannst.de
Weine sortiert nach Emotionskategorien, wie Neugier, Lust, Leidenschaft, Gelassenheit und Begeisterung.

Getränke/Wein/Deutschland

Badischer Winzerkeller Breisach
info@badischer-winzerkeller.de

www.badischer-winzerkeller.de
Der Badische Winzerkeller in Breisach präsentiert Infos über das Haus der badischen Winzer und die Vielfalt der Weine.

Deutsches Weininstitut
info@deutscheweine.de

www.deutscheweine.de
Tagesaktuelle Informationen zu Weinen aus deutschen Anbaugebieten, zu Winzern, Kellereien und Genossenschaften.

Rheingauer Weinszene
info@rheingauer-weinszene.de

www.rheingauer-weinszene.de
Weine von den Weingütern im Rheingau. Trockene, halbtrockene und qualitativ hochwertige Weine.

Wein im FachWerk   **www.proseccoundwein.com**

ESSEN & TRINKEN

Vicampo.de
info@vicampo.de

www.vicampo.de
Marktplatz für deutschen Wein direkt vom Winzer ohne den Umweg über Zwischenhändler.

Weine.de
post@weine.de

www.weine.de
Deutsche Weine der Regionen Rheingau, Franken, Mosel und Rheinhessen. Mit Probierpaketen und Weingeschenken.

WirWinzer
info@wirwinzer.de

www.wirwinzer.de
Deutscher Wein direkt vom Winzer. Detailliert wählbar nach vielen Kriterien wie Wein- und Rebsorte, Preis oder Jahrgang.

Getränke/Wein/International

Bremer Weinkolleg
info@bremer-weinkolleg.de

www.bremer-weinkolleg.de
Auswahl an Rotwein, Weißwein, Roséwein, Champagner, Sherry, Port sowie exquisite Spirituosen und Geschenke.

Jacques' Wein-Depot
kontakt@jacques.de

www.jacques.de
Weine aus Frankreich, Italien, Spanien, Chile, Deutschland, Australien, Argentinien, Portugal und aller Welt.

Kocher Grosshandel, Gissibl GmbH
info@weinundbar.de

www.weinundbar.de
Auswahl von über 1.000 Weinen und Spirituosen. Von Rot- und Weißweinen bis hin zu Whisky und Grappa.

Brogsitter Weinversand
verkauf@brogsitter.de
☎(02225) 91 81 11

www.brogsitter.de
Der Weinversand zeichnet sich durch ein großes und breites Angebot an Weinen aus den wichtigsten Weinregionen der Welt aus. Darüber hinaus sind auch begehrte Weine aus dem eigenen Weingut sowie eine große Auswahl an Sekt, Champagner, Prosecco und Weinpräsenten erhältlich. **(Siehe Abbildung)**

Brogsitter Weinversand　　　　　　　　　　　**www.brogsitter.de**

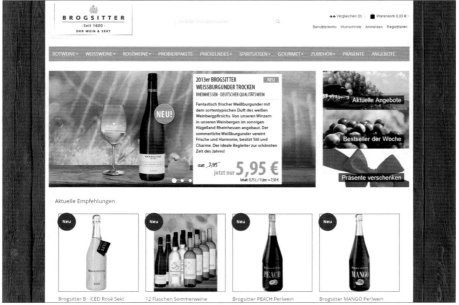

Anzeige

172

meevio.de
service@meevio.de

www.meevio.de
Weine einfach mit einem Geschmacksfilter finden. Ob knackig frisch oder samtig weich. Zudem Spirituosen und Sekt.

mydailywine.de
info@mydailywine.de

www.mydailywine.de
Den passenden Wein mit einem Wein-Finder entdecken. Sortierung nach Essen, Stimmung, Land und Anlass.

Red Simon
service@red-simon.com

www.red-simon.com
Online-Shop für Premiumwein aus Südafrika an Privatkunden aus Europa. Erfahrene Weinberater helfen bei der Weinauswahl.

Shiraz und Co

www.shiraz-und-co.de
Rot-, Weiß- und Roséweine aus aller Welt (Brasilien, Israel, USA, Südafrika, Neuseeland) sowie Sekt, Geschenkartikel und viel Weinzubehör.

Vinexus Wine Selection
info@vinexus.de

www.vinexus.de
Das Vinexus Angebot umfasst über 6.000 hochwertige Weine, Sekte und Champagner aus aller Welt. Große Marken, Eigenimporte und Geheimtipps direkt ab Großlager ohne Zwischenhandel.

Weinversand Vinello
info@vinello.de

www.vinello.de
Der Weinversand Vinello bietet eine große Auswahl an Wein und Spirituosen aus der ganzen Welt an. Außerdem Weinzubehör und Weinaccessoires.

 Hanseatisches Wein & Sekt Kontor
info@hawesko.de
☎(04122) 50 44 33

www.hawesko.de
Das Hanseatische Wein & Sekt Kontor bietet über 1.000 hochwertige Weine, Sekte, Champagner sowie attraktive Geschenkideen und Flaschen mit personalisiertem Etikett an. Die Lieferung erfolgt aus dem eigenen klimatisierten Lager, auch innerhalb von 24 Stunden. Zudem wird eine Rückgabegarantie gewährt.
(Siehe Abbildung)

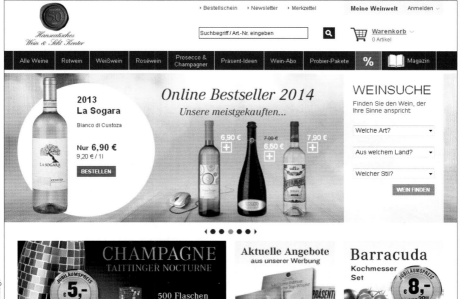

Essen & Trinken

Weinhandel wein-deko.de
service@wein-deko.de
☎(08192) 933 73 70

www.wein-deko.de
2002 gegründeter Spezialversand für Wein aus Südafrika und Portugal. Europaweiter Versand am selben Tag bei Bestellung bis 12 Uhr. Versandkosten 3,95 Euro, ab 18 Flaschen frei Haus innerhalb Deutschlands. Ein Treueprogramm, der individuelle Geschenkservice und viele Angebote runden das Einkaufserlebnis ab. **(Siehe Abbildung)**

Weinversand genuss7.de
info@genuss7.de
☎(07031) 4 63 86 42

www.genuss7.de
Großes internationales Sortiment an Weinen, Spirituosen, Kaffee und Feinkostartikeln. Werktags bis 16 Uhr bestellt, am selben Tag versendet. Versandkostenfrei ab 95 Euro Warenwert. Viele Produkte mit Online-Videos. Zu allen gelieferten Weinen liegen der Lieferung kostenlose Expertisen bei. **(Siehe Abbildung)**

Getränke/Wein/Weinblogs

Drunkenmonday Wein Blog
info@drunkenmonday.de

drunkenmonday.wordpress.com
Nicht nur montags Auskunft zu Wein, der Spaß und kein Kopfzerbrechen bereiten soll. Lesenswerte Interviews mit Weinexperten.

mein-wein-blog.de
info@mydailywine.de

www.mein-wein-blog.de
Das Blog berichtet über Wein und Essen, erklärt Fachbegriffe und liefert Anekdoten rund um die gegärten Trauben.

Nur ein paar Verkostungen …

toaster.wordpress.com
Das Blog konzentriert sich ganz auf den Kern des Themas: Wie schmeckt der Wein? Die Liste der verkosteten Weine ist lang.

originalverkorkt
info@originalverkorkt.de

www.originalverkorkt.de
Das originalverkorkt-Blog macht Wein mit Essays und Fotografien auch zu einem sprachlichen und visuellen Erlebnis.

Weinhandel wein-deko.de   **www.wein-deko.de**

174

Weindeuter

weindeuter.blogspot.com
Hier gibt es Weinverkostungen und Artikel rund um den Wein mit Humor und unter Verzicht auf hochtrabende Töne.

Weintipps von Michael Liebert

michael-liebert.de
Michael Liebert gibt Tipps zu Wein, beantwortet die Frage, welcher Wein wozu passt und hat einen Faible für Ranglisten.

weinverkostungen.de

weinverkostungen.de
Wöchentlich werden hier Weine vorgestellt. Aufgelockert durch Anekdoten zu Weinbau, -handel sowie Wein und Internet.

Kochen & Haushalt

derhobbykoch.de
info@derhobbykoch.de

www.derhobbykoch.de
Für den ambitionierten Hobbykoch gibt es hier Küchenhelfer, Messer, Küchengeräte, Töpfe und Pfannen.

Hagen Grote
service@hagengrote.de

www.hagengrote.de
Hochwertige Produkte für Küche und Haushalt sowie Lebensmittel-Spezialitäten. Außerdem Rezept- und Geschenkideen.

jumpingdinner
info@jumpingdinner.de

www.jumpingdinner.de
Beim jumpingdinner lernt man in drei Gängen sechs Kochpaare kennen, speist mit ihnen und besucht anschließend eine Party.

KochForm
info@kochform.de

www.kochform.de
Hochwertiges Kochwerkzeug: Von Pfannen und Brätern über Kochtöpfe, Messer und Bestecke bis hin zu Fondues oder Mörsern.

Küchentipps
info@kuechentipps.de

www.kuechentipps.de
Informative Fundgrube und Blog für Hobbyköche mit über 3.500 Tipps, Rezepten und Empfehlungen für das Kochen zu Hause.

Siehe auch Kapitel Essen & Trinken

Rezepte

Weinversand genuss7.de

www.genuss7.de

Anzeige

Kochkurse & Kochschulen

Kochschule.de
mail@kochschule.de

www.kochschule.de
Überblick zu Kochschulen und Kochkursen sowie Kochwissen und Neuigkeiten aus der Genusswelt.

Lebensmittel/Allgemein

Foodsharing.de

www.foodsharing.de
Plattform, um überschüssige Lebensmittel kostenlos auszutauschen oder sich zum gemeinsamen Kochen zu verabreden.

lebensmittelklarheit.de
info@vzbv.de

www.lebensmittelklarheit.de
Verbraucher können hier Produkte melden, durch deren Aufmachung oder Kennzeichnung sie sich getäuscht fühlen.

lebensmittelwarnung.de
poststelle@bvl.bund.de

www.lebensmittelwarnung.de
Das gemeinsame Verbraucherschutzportal der Bundesländer warnt vor verdorbenen und gefährlichen Lebensmitteln.

Lebensmittel/Ausland/Asien

asiafoodland
kundenservice@asiafoodland.de

www.asiafoodland.de
Asia-Shop mit Spezialitäten wie Reis, Nudeln, Sojaprodukte, Sojasoßen, Sushi oder Wasabi sowie Gewürzen und Soßen.

Lebensmittel/Ausland/Frankreich

Concept Gourmet
kontakt@concept-gourmet.com

www.concept-gourmet.com
Französische Feinkost geordnet nach Aperitif, Vorspeisen, Hauptgang und Desserts. Außerdem Saucen und Weine.

Lebensmittel/Ausland/Griechenland

NIK the Greek
shop@nikolaou.org
☎(0211) 95 60 38 18

www.nikthegreek.de
Der Spezialitäten-Shop für griechische Lebensmittel bietet eine vielfältige Auswahl landestypischer Produkte. Das Sortiment reicht von Olivenöl und Oliven über Thymian, Käse und Honig bis hin zu Wein aus Rhodos oder Ouzo aus Lesbos. Kühlprodukte werden per Expresslieferung zugestellt. **(Siehe Abbildung)**

proastio-shop.de
info@proastio.de

www.proastio-shop.de
Das Angebot umfasst griechische Feinkost wie Olivenöle, Weine, Retsina, Ouzo, Tsipouro, Feta, Oliven, Gewürze und Saucen.

Lebensmittel/Ausland/Italien

Godita
kontakt@godita.de

www.godita.de
Italienische Bio-Produkte wie z. B. Olivenöle, Nudeln, Gewürze und Wein.

Gustini
service@gustini.de

www.gustini.de
Spezialitäten aus Italien direkt vom Bauern auf den Tisch: Weine, Pasta, Olivenöle, Wurst- und Käsespezialitäten.

Italvino
office@italvino.de

www.italvino.de
600 Weine, Prosecco, Lambrusco, Grappa, Olivenöl, Balsamico, Kaffee, Pasta, Saucen und Feinkostartikel.

NIK the Greek

www.nikthegreek.de

Anzeige

177

Lebensmittel/Ausland/Spanien

Jamon.de
info@jamon.de
☎(05246) 50 90

www.jamon.de
Online-Shop für Spezialitäten aus Spanien. Hochwertige Delikatessen für Gourmets und Liebhaber der spanischen Küche: Serrano und Pata Negra Schinken, iberische Wurstwaren, Manchego Käse, Tapas, Paella, Oliven, Meeresfrüchte, Gebäck, Olivenöl und spanische Weine. Firmenpräsente und Geschenkservice. **(Siehe Abbildung)**

spanien-discount
info@spanien-discount.info

www.spanien-discount.info
Spanische Lebensmittel: Wein, Spirituosen und Bier. Schinken, Wurst, Pastete, Käse, Aioli, Olivenprodukte und Snacks.

Lebensmittel/Backwaren

hobbybaecker.de
info@hobbybaeckerversand.de

www.hobbybaecker.de
Wer gerne bäckt, ist hier richtig. Das Angebot umfasst nicht nur Backmischungen für Brote, Kuchen oder Torten, die im heimischen Herd perfekt gelingen. Man findet hier auch Backzutaten, Bäckermehle, Dekorartikel, Lebensmittelfarben und nützliche Werkzeuge, die sonst nur schwer zu bekommen sind. **(Siehe Abbildung)**

Plötzblog
lutz@ploetzblog.de

www.ploetzblog.de
Der Plötzblog weiht in die Geheimnisse des Brotbackens ein, präsentiert vielerlei Rezepte und erklärt Fachbegriffe.

Lebensmittel/Backwaren/Kuchen & Torten

DeineTorte
info@deinetorte.de

www.deinetorte.de
Individuelle Fototorten mit eigenem Bild und bedruckte Motivtorten für Geburtstage, Kinder- und Familienfeste.

Fototorte24
info@fototorte24.de

www.fototorte24.de
Auswahl verschiedener Fototorten und Zuckerbilder.

scake
info@scake.com

www.scake.com
Bei scake kann man Torten mit eigenem Fotomotiv oder Fotomotiven aus der vorgegebenen Auswahl bestellen.

TolleTorten.com
info@tolletorten.com

www.tolletorten.com
TolleTorten.com liefert alles rund um das Thema Motivtorten und Tortenaufleger.

TortenBoutique
info@torten-boutique.de

www.torten-boutique.de
Torten-Backzutaten, Fondants, essbare Dekorationen, Backformen, Cakepops, Backbücher und Kurse für Einsteiger sowie Fortgeschrittene.

Lebensmittel/Brotaufstrich/Marmelade

memarmelade
info@memarmelade.de

www.memarmelade.de
Aus über 60 Zutaten kann man seine persönliche Wunschmarmelade kreieren, welche mit Bio-Rohrohrzucker hergestellt wird.

Lebensmittel/Cerealien & Müsli

mymuesli.com
diejungs@mymuesli.com

www.mymuesli.com
Hier kann man sein persönliches Biomüsli selbst individuell aus 75 Zutaten zusammenstellen.

The Cereal Club
kontakt@cereal-club.de

www.cereal-club.de
Nase voll vom Supermarkt-Müsli? Dann hier das eigene Müsli mixen und direkt bestellen. Mit Rezepten und Infos zu Zutaten.

hobbybaecker.de   **www.hobbybaecker.de**

179

Essen & Trinken

Lebensmittel/Eier

KAT
info@kat.ec

www.was-steht-auf-dem-ei.de
Woher kommt das Frühstücksei? Hinweise zum Legebetrieb und weitere Infos rund ums Ei. Wer wird Sieger beim Pickmanspiel?

Lebensmittel/Bioprodukte & Naturkost

All-Bio
service@all-bio.de
☎(08370) 92 93 90

www.all-bio.de
Im All-Bio-Online-Shop sind hochwertige Bio-Lebensmittel aller Art erhältlich, von Tee und Kaffee über Milch- und Getreideprodukte bis zu Fleisch, Fisch und Meeresfrüchten. Zudem gibt es auch Produkte der italienischen, asiatischen und vegetarischen Küche sowie Nahrungsergänzungsmittel. **(Siehe Abbildung)**

Alnatura
info@alnatura.de

www.alnatura.de
Web-Seite für Lebensmittel aus 100% Bio-Zutaten mit Infos zu allen Produkten, Qualität, Rezepten sowie Biolandbau.

biodio.de
info@biodio.de

www.biodio.de
Die Rubriken von süß wie Schokolade über knusprig wie Müslis bis hin zu heiter wie leckere Weine laden zum Stöbern ein.

biovyana.com
info@biovyana.com

www.biovyana.com
Biolebensmittel, Naturkost und Spezialitäten rein biologischer Herkunft mit einer Allergie-Ampel.

e-Biomarkt
info@e-biomarkt.de

www.e-biomarkt.de
Im e-Biomarkt sind Biolebensmittel, vollwertige Naturkost sowie verträgliche Naturkosmetik erhältlich.

natur.com
info@natur.com

www.natur.com
Frisches Obst, Gemüse und zahlreiche Naturkost sowie Tee, Kaffee, Milchprodukte und Backwaren aus biologischem Anbau.

All-Bio　　　　　　　　　　　　　　**www.all-bio.de**

Anzeige

180

naturkost.de
info@bioverlag.de

www.naturkost.de
Adressen von Naturkostläden, Verbänden, Anbietern, Herstellern sowie aktuelle Nachrichten aus der Ökoszene und Rezepte.

Lebensmittel/Feinkost & Delikatessen

Delinero.de
service@delinero.de

www.delinero.de
Online-Versand für Premiumlebensmittel von Produzenten aus ganz Europa: Vielseitiges Lebensmittel- und Weinsortiment.

gourmondo.de
info@gourmondo.de

www.gourmondo.de
Große Auswahl an Spezialitäten, Feinkost und Weinen. Von A wie argentinischem Rindersteak bis Z wie Zitronenschokolade.

Gourvita.com
service@gourvita.com

www.gourvita.com
Das Sortiment umfasst rund 2.500 Produkte wie etwa Kaffee und Espresso, Tee, Schokolade, Gewürze sowie Geschenke.

Lebensmittel/Fisch

1aFisch.de
info@1afisch.de
☎(0800) 1234 724

www.1afisch.de
Bis zu 50 verschiedene Sorten Frischfisch aus Nordsee, Ostsee und anderen Weltmeeren. Von Aal über Kabeljau bis Zander ist für jeden Genießer etwas dabei. Handfiletiert in Cuxhaven. Ergänzt wird das Angebot mit Räucherfisch aus dem eigenen Ofen, Marinaden und Feinkost aus kleinen Manufakturen. **(Siehe Abbildung)**

send-a-fish.de
info@send-a-fish.de

www.send-a-fish.de
Online-Shop und Fischversand: Aale, Makrelen, Forellen, Krabben, Heringe, Shrimps und Präsente.

1aFisch.de
www.1afisch.de

Lebensmittel/Fleischwaren

1. Deutsches Bratwurstmuseum
info@bratwurstmuseum.de

www.bratwurstmuseum.de
Geschichte der Bratwurst, Rekorde, Sprüche und Gedichte sowie Infos zum 1. Deutschen Bratwurstmuseum in Thüringen.

Exotic-Kitchen
info@exotic-kitchen.de

www.exotic-kitchen.de
Exotisches Fleisch: Bison-, Kamel-, Python-, Krokodil-, Zebra-, Elch-, Fasanen- und das berühmte Kobefleisch.

fleischerei.de
pm@fleischerei.de

www.fleischerei.de
Auftritt der Fachzeitschrift „Die Fleischerei" – Aktuelles aus der Branche, Infos zu Hygiene und Zusatzsortimenten.

Gourmetfleisch.de
info@gourmetfleisch.de

www.gourmetfleisch.de
Zarte Steaks wie American Beef und Wagyu frisch online bestellen sowie Informationen und Tipps rund um Steaks.

Otto Gourmet
info@otto-gourmet.de

www.otto-gourmet.de
Fleisch und weitere Gourmetprodukte wie in der Spitzengastronomie für Privatkunden. Mit Rezepten und Zubereitungstipps.

Seefried
info@fleischlust.com

www.fleischlust.com
Fleisch vom Rind, Lamm, Schwein und Geflügel ohne Geschmacksverstärker und antibiotikafrei.

wildschmankerl
info@wildschmankerl.de

www.wildschmankerl.de
Wild aus dem niederbayrischen Wald. Von Reh und Hirsch bis zu Wildschwein und Wildgeflügel.

www.mycow.de
kontakt@mycow.de

www.mycow.de
Biofleisch von Rind, Schwein und Lamm aus Deutschland. Hierbei werden Informationen zu dem Herkunftshof geboten.

Lebensmittel/Gemüse/Spargel

Spargelseiten.de
info@spargelseiten.de

www.spargelseiten.de
Umfassende Informationen rund um das feine Stangengemüse Spargel: Rezepte, Hintergründe zum Spargelanbau und zur Ernte.

spargeltreff.de
info@faris.de

www.spargeltreff.de
Über 600 Spargelrezepte, Hintergründe zu 4.000 Jahren Spargelgeschichte und Außergewöhnliches wie das „Spargeltröpfchen".

Lebensmittel/Gewürze & Kräuter

justspices.de
info@justspices.de

www.justspices.de
Mit justspices.de individuelle Gewürzmischungen zusammenstellen oder Gewürze auf das Gramm genau ordern.

Pepperworld Hot Shop
info@pepperworldhotshop.de

www.pepperworldhotshop.de
Peperoni, Chili und Co.: Eingelegt, getrocknet, als Sauce oder zur Selbst-Aussaat gibt es die scharfen Schoten zum Bestellen.

Wunschcurry.de
info@wunschcurry.de

www.wunschcurry.de
Currypulver kann hier selbst gemixt werden. Die umfangreiche Zutatenliste reicht dabei von Anis bis Zitronenschale.

Lebensmittel/Grillen & Barbecue

Siehe Kapitel Haus & Garten

Garten/Grillen

Lebensmittel/Honig

heimathonig.de
info@heimathonig.de

www.heimathonig.de
Akazie, Blaubeere oder Götterbaum: Hier gibt es frischen Honig direkt vom Imker aus verschiedenen Regionen Deutschlands.

Lebensmittel/Inhaltsstoffe & E-Nummern

das ist drin.de
info@snoopmedia.com

das-ist-drin.de
Dieses Verbraucher-Portal informiert über Kalorien, Fett, Eiweißgehalt und Nährstoffe von Lebensmitteln.

Zusatzstoffe online
mail@verbraucher.org

www.zusatzstoffe-online.de
Alle Lebensmittelzusatzstoffe auf einen Blick sowie Informationen rund um Herstellung, Sicherheit und Kennzeichnung.

Lebensmittel/Lebensmittellieferservice & Lebensmittelversand

All you need
info@allyouneed.com

www.allyouneed.com
Online-Shop für Lebensmittel, Drogerie-, Haushalts- und Tierbedarf. Persönliche Einkaufslisten und Angebote zum Stöbern.

frischergehts.net
info@frischergehts.net

www.frischergehts.net
Deutschlandweites Lieferservice-Verzeichnis für Lebensmittel wie Pizza, Sushi oder Döner. Mit Öffnungszeiten und Bewertungen.

lebensmittel.de
info@ecola.de

www.lebensmittel.de
Bundesweiter Online-Lieferservice für Supermarktartikel inklusive Kühlware.

Lieferando
info@lieferando.de

www.lieferando.de
Bestellplattform für Essen, mit deutschlandweit über 5.900 Lieferdiensten in der Umgebung und direkter Bestellmöglichkeit.

lieferello
info@lieferello.de

www.lieferello.de
Große Auswahl an Süßwaren, Getränken, Spirituosen, internationalen Feinkostspezialitäten, Geschenken und Küchenhelfern.

Lieferheld.de

www.lieferheld.de
Verzeichnis von Restaurants mit Lieferdiensten. Egal ob Pizza, Sushi, Thai-Essen oder indische Küche.

myTime.de
info@mytime.de

www.mytime.de
Ein Supermarkt im Internet, von dem man von Obst bis Tiernahrung alles geliefert bekommt.

Rewe
presse@rewe.de

www.rewe.de
Die Lebensmittel der Rewe-Märkte kann man auch online bestellen und sich liefern lassen.

saymo.de
service@saymo.de

www.saymo.de
Online-Shop für Lebensmittel und Drogerieartikel, der sich an Privatpersonen und Geschäftskunden richtet.

Lebensmittel/Lebensmittellieferservice/Lebensmittelabos

Hello Fresh
kundenservice@hellofresh.de

www.hellofresh.de
Einmal in der Woche werden Lebensmittel und dazu passende Rezepte für drei oder fünf Mahlzeiten nach Hause geliefert.

Kochzauber
kontakt@kochzauber.de

www.kochzauber.de
Kochzauber liefert saisonale Rezepte und die passenden frischen Lebensmittel direkt nach Hause.

KommtEssen
kundenservice@kommtessen.de

www.kommtessen.de
Nie mehr Gedanken machen, was man kochen soll. KommtEssen liefert Rezepte mit allen Zutaten direkt nach Hause.

Unsere Schlemmertüte
info@schlemmertuete.de

www.schlemmertuete.de
Das Rundum-sorglos-Paket für alle die gerne kochen: Rezepte mit passgenauen Zutaten werden direkt nach Hause geliefert.

Lebensmittel/Lebensmittelmärkte & Discounter

Discounter-in-deutschland.de
info@discounter-in-deutschland.de

www.discounter-in-deutschland.de
Verzeichnis der Discounter in Deutschland mit Adressangaben und teilweise mit Öffnungszeiten.

supermarktblog.com

www.supermarktblog.com
Blog mit aktuellen News, Interessantem und Wissenswertem aus der Lebensmittel- und Supermarktbranche.

Lebensmittel/Milchprodukte/Käse

Hemmen Feiner Käse
info@feiner-kaese.de

www.feiner-kaese.de
Online-Shop für Hartkäse, Schnittkäse, Weichkäse, Frischkäse und Edelpilzkäse. Der Versand erfolgt in einer Aromaschutzfolie.

Ich-liebe-kaese.de
info@ich-liebe-kaese.de

www.ich-liebe-kaese.de
Leckere Käse-Rezepte, Produktinfos sowie interessante Tipps rund um das Thema Käse.

Käseweb
info@blmedien.de

www.kaeseweb.de
Infos zu den bekanntesten Käse-Marken, -Sorten und -Neuheiten. Außerdem Käserezepte.

Schweizer Käse
info@schweizerkaese.de

www.schweizerkaese.de
Infos zu Schweizer Käsesorten. Links zu Schaukäsereien, Events, Rezepte und Händlershop.

Lebensmittel/Nahrungsergänzung

vitalingo
support@vitalingo.com

www.vitalingo.com
Umgangreiches Angebot an Nahrungsergänzungsmitteln.

Lebensmittel/Nahrungsmittelintoleranz

Allergiefrei Essen
info@allergiefreiessen.de

www.allergiefreiessen.de
Nahrungsmittel für Allergiker und Personen mit Intoleranzen. Produkte ohne Gluten, Laktose, Fruktose und Zusatzstoffe.

FoodOase
info@foodoase.de

www.foodoase.de
Lebensmittel für besondere Ernährungsbedürfnisse: Glutenfrei, laktosefrei, sojafrei, eifrei, nussfrei und fructosearm.

Glutenfrei Geniessen
service@glutenfreigeniessen.de

www.glutenfreigeniessen.de
Große Auswahl an glutenfreien Lebensmitteln wie Brot, Gebäck, Backzutaten, Wurst, Brotaufstriche, Getränke oder Gewürze.

glutenfrei-supermarkt.de
info@glutenfrei-supermarkt.de

www.glutenfrei-supermarkt.de
Glutenfreie Lebensmittel mit umfassenden Allergie- und Nährwert-Informationen.

kochen-ohne.de
info@kochenohne.de

www.kochen-ohne.de
Rezepte zum Genießen und für eine ausgewogene Ernährung trotz Lebensmittelallergien und -intoleranzen.

Laktonaut
laktonaut@laktonaut.de

www.laktonaut.de
Suchmaschine für laktosefreie Lebensmittel. Man kann auch selbst neue Produkte eintragen.

nmi
infos@nahrungsmittel-intoleranz.com

www.nahrungsmittel-intoleranz.com
Portal zu Lebensmittelunverträglichkeiten wie Laktoseintoleranz, Fructoseintoleranz, Histaminintoleranz oder Zöliakie.

Querfood glutenfrei leben
info@querfood.de

www.querfood.de
Glutenfreie Lebensmittel. Im Produktfilter kann man auch andere Allergene angeben. Auch Rezepte und Infos zu Zöliakie.

Lebensmittel/Nudeln & Pasta

Pastashop24
info@pastashop24.de

www.pastashop24.de
Tagliatelle in sechs Farben, gestreifte Lasagneplatten, scharfe Penne, Deutschland-Farfalline oder ganz normale Nudeln.

Lebensmittel/Obst

Alte Obstsorten

www.alte-obstsorten.de
Obstmuseum mit ca. 725 verschiedenen Apfelsorten, die in kurzen bebilderten Porträts vorgestellt werden.

Fruitlife

www.fruitlife.de
Infos über einheimische und exotische Früchte sowie Nüsse. Mit Bildern, Tipps zum Einkauf, zur Lagerung und zum Verzehr.

Haus Lichtenhain
info@haus-lichtenhain.de

www.haus-lichtenhain.de
Produkte rund um den Apfel von Apfel-Gebäck über -Essig bis hin zu Seifen mit Apfelduft.

● **Mundraub.org**
info@mundraub.org

www.mundraub.org
Auf der Mundraubkarte findet man frei nutzbares Obst und Gemüse. Dieses kann man kostenlos ernten. **(Siehe Abbildung)**

Mundraub.org **www.mundraub.org**

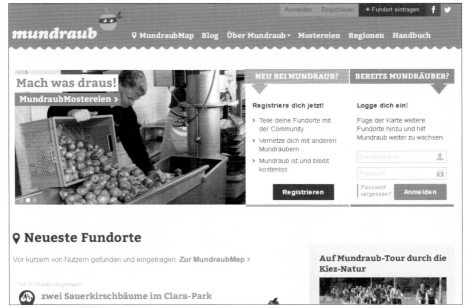

185

obst.de
kontakt@obst.de

www.obst.de
Hier können zehn verschiedene Obstboxen online bestellt werden.

Lebensmittel/Pizza

pizza.de
info@pizza.de

pizza.de
Über 5.000 Lieferdienste (Pizza, Pasta, Sushi, Döner etc.) mit aktuellen Besteller-Bewertungen. Direkt online bestellen.

Lebensmittel/Reis

Reishunger
kontakt@reishunger.de

www.reishunger.de
Reis: Basmatireis, Milchreis, Risottoreis, Jasminreis, Sushireis, schwarzer Reis, Klebreis oder roter Reis.

Lebensmittel/Soßen

Chili Food
info@chili-shop24.de

www.chili-shop24.de
Chili- und Barbecue-Saucen, Gewürze, Senf und Ketchup, Chilisamen und -zubehör sowie scharfe Spezialitäten.

Lebensmittel/Süßwaren

MeinRiegel
info@meinriegel.de

www.meinriegel.de
Müsliriegel mit Wunschzutaten selbst kreieren: Auch Ausgefallenes wie Bärlauch oder Zwiebeln kann man hinzufügen.

suesswaren.com
info@loeper-lieferts.de

suesswaren.com
Schokolade, Fruchtgummi, Kaugummi, Lakritze, Bonbons, Brause, Lollis, Schaumzucker, Gebäck und Snacks.

Sugafari
go@sugafari.com

www.sugafari.com
Auf der Sugafari entdeckt man, welche Süßigkeiten wo auf der Welt gegessen werden und kann diese gleich online bestellen.

Süsswaren-Paradies
info@suesswaren-paradies.de

www.suesswaren-paradies.de
Fruchtgummi, Lakritze, Marshmallows, Schokolade, Pralinen und erotische Leckereien.

World of Sweets
info@worldofsweets.de
☎(040) 609 2460-0

www.worldofsweets.de
Online-Shop mit über 7.000 Artikeln rund um deutsche und internationale Süßwaren, Snacks und Getränke. Durch das hauseigene Pick&Mix-System lassen sich zudem auf Wunsch individuelle Mischungen aus Fruchtgummi, Schaumzucker, Lakritz und Bonbons zusammenstellen. **(Siehe Abbildung)**

Lebensmittel/Süßwaren/Kekse

Das Keks-Backstübchen
info@das-keks-backstuebchen.de

www.das-keks-backstuebchen.de
Große Auswahl an handgemachten Keksen: Fruchtige Spezialitäten, knusprige Cantuccini oder kernige Vollkornkekse.

Kekstester

www.kekstester.de
Die Kekstesterin bloggt über die Kekse ihres Lebens, über Geschmack, Inhaltsstoffe und Rezepte.

knusperreich

www.knusperreich.de
Neben dem klassischen Schoko-Cookie gibt es hier auch extravagante Varianten wie einen Müsli-Cranberri-Cookie.

Lebensmittel/Süßwaren/Schokolade & Pralinen

chocolats-de-luxe.de
info@chocolats-de-luxe.de

www.chocolats-de-luxe.de
Große Auswahl an Tafelschokoladen, Trinkschokoladen, Pralinen und ein Genuss-Abo für monatliche Überraschungspakete.

Chocri

www.chocri.de
Hier kann man seine eigene Schokolade mit verschiedenen Zutaten kreieren.

lindt-shop.de

www.lindt-shop.de
Lindt-Produkte in allen Variationen. Hier kann man sogar selbst als Maître seine persönliche Schokolade kreieren.

RITTER SPORT Schokolade
info@ritter-sport.de

www.ritter-sport.de
Hier findet man alles rund um das Schokoladenquadrat und viel Interessantes aus der Welt der Schokolade.

Schokolade und Kakao
info@theobroma-cacao.de

www.theobroma-cacao.de
Geschichte, Anbau, Herstellung, Gesundheit, Rezepte über Schokolade. Mit Forum und umfangreichem Branchenbuch.

Schokonews
info@schokonews.de

www.schokonews.de
Aktuelle Artikel zum Thema Schokolade und eine Übersicht über die besten Schokoladen-Online-Shops.

Lebensmittel/Tiefkühlkost

bofrost*
service@bofrost.de

www.bofrost.de
bofrost* liefert Tiefkühl-Spezialitäten und Eis direkt ins Haus.

Frosta
info@frosta.de

www.frosta.de
Tiefkühlkost in den Bereichen Fertiggerichte, Fisch, Gemüse und Obst. Mit vielen Rezeptideen und Nährwertübersicht.

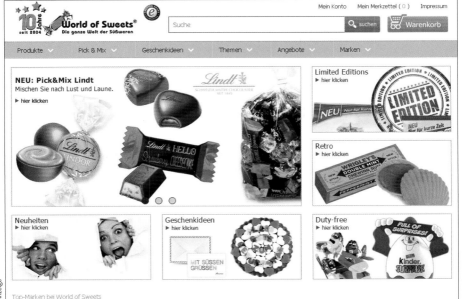

Lebensmittel/Trockenfrüchte & Nüsse

Bite Box
ruediger@bitebox.com

www.bitebox.com
Nüsse und Trockenfrüchte für die gesunde Zwischenmahlzeit werden wöchentlich in einer Überraschungsbox geliefert.

Kernenergie
team@kern-energie.com

www.kern-energie.com
Bei Kernenergie kann man Nüsse zu individuellen Lieblingsmischungen zusammenstellen und bestellen.

mycrackers
info@crackerscompany.de

www.crackerscompany.de
Nussmischungen, Reiscracker, Trockenobst- und Trockengemüsechips, Müsli und Schokolinsen.

Lebensmittel/Vegetarier & Veganer

alles-vegetarisch.de
info@alles-vegetarisch.de

www.alles-vegetarisch.de
Versandhandel für vegetarische Köstlichkeiten mit großem Sortiment, wertvollen Informationen und komfortablem Online-Shop.

Lebe Gesund!-Versand
info@lebegesund.de

www.lebegesund.de
Versand veganer Lebensmittel aus friedfertigem Landbau: Brot, Weizenfleisch, Pestos, Apfelchips, Obst und Gemüse.

Reformhaus Vegan
info@neuform.de

www.reformhaus-vegan-shop.de
Alles was das Herz von Veganern begehrt. Von Lebensmitteln über Kosmetik und Körperpflege bis hin zu Arzneimitteln.

VeggieFinder.de
info@veggiefinder.de

www.veggiefinder.de
Das Portal hilft bei der bundesweiten Suche nach vegetarischen, veganen und Bio-Angeboten. Dabei werden nicht nur entsprechende Läden und Märkte gelistet, sondern auch Restaurants, Cafés, Catering-Anbieter sowie Online-Shops. Zudem erhält man regelmäßig neue Rezeptideen für vegetarische Gerichte.
(Siehe Abbildung)

VeggieFinder.de **www.veggiefinder.de**

Rezeptefuchs.de
info@rezeptefuchs.de

www.rezeptefuchs.de
Über 650 ausgewählte Rezepte und eine große vegane Produktdatenbank sortiert nach Fairtraide, Bio und Vegansiegel.

VEBU
info@vebu.de

www.vebu.de
Verzeichnis von vegetarisch-veganen Restaurants und Cafés (VEBU-App) und Infos über den Veggie-Lifestyle.

Rezepte

Chefkoch
info@pixelhouse.de

www.chefkoch.de
User helfen Usern zum Thema Kochen in über 12 Millionen Beiträgen, 249.000 Rezepten und professionellen Anleitungsvideos.

DasKochrezept.de
redaktion@daskochrezept.de

www.daskochrezept.de
Rezepte und Drinks. Ein Lebensmittelschlüssel und eine Kalorientabelle helfen bei der gesunden Ernährung.

eatsmarter.de
info@eatsmarter.de

www.eatsmarter.de
Über 1.000 Rezepte dargestellt mit Bildern und detaillierten Step-by-step-Fotos.

essen-und-trinken.de
service@essen-und-trinken.de

www.essen-und-trinken.de
Viele Rezepte für Anfänger und Profis sowie Kochvideos und eine große Community mit Foren.

● **Kochplaner**
post@kochplaner.de

www.kochplaner.de
Kochplaner.de revolutioniert den Küchenalltag: Kostenloser Kochplan mit 7 Rezepten und der praktischen Einkaufsliste per Mausklick. Persönliche Kochvorlieben und saisonale Zutaten werden bevorzugt. Die tägliche Frage „was soll ich kochen" stellt sich nicht mehr und der Wocheneinkauf ist schnell erledigt.
(Siehe Abbildung)

Kochplaner **www.kochplaner.de**

Essen & Trinken

foodies
info@sonic-media.de

www.foodies-magazin.de
Große Auswahl an Rezepten für Genießer. Von Backen über Desserts bis hin zu Getränken. Zudem viele Infos zu Ernährung.

huettenhilfe.de
info@huettenhilfe.de

www.huettenhilfe.de
Rezepte, Backrezepte, Kochrezepte und Cocktails. Ein kulinarisches Lexikon und Bilder von Lebensmitteln.

kochbar
support@kochbar.de

www.kochbar.de
Tolle Rezepte zum Nachkochen, eine große Koch-Community und Videos mit Kochanleitungen.

kochmonster
info@kochmonster.de

www.kochmonster.de
Ein Kochportal für Männer mit Rezepten, Artikeln, Interviews und Kolumnen, Buchempfehlungen und einem Lexikon.

Kochrezepte.de
info@womenweb.de

www.kochrezepte.de
Über 57.000 Rezepte von Hobby- und Starköchen, Kochclub, erweiterte Suche, Kochbücher, Menüs, Umrechnung der Portionen.

koch-rezepte.me
monika@koch-rezepte.me

koch-rezepte.me
Leckere Back- und Kochrezepte zum Nachkochen.

küchengötter.de
info@kuechengoetter.de

www.kuechengoetter.de
Über 40.000 Rezepte von GU für jeden Anlass. Kochbegeisterte können eigene Rezepte veröffentlichen und in Kochbüchern sammeln.

Lecker.de
online@lecker.de

www.lecker.de
Rezepte für das Kochen, Backen und Getränke-Mixen bietet das Portal der Zeitschrift „Lecker".

man kann's essen!

www.mankannsessen.de
Unter dem Motto: „gehoben aber nicht abgehoben" bloggen hier anspruchsvolle Hobbyköche über ausgefallene Rezepte.

Marions Kochbuch
info@f-knieper.de

www.marions-kochbuch.de
Hier finden sich jede Menge Koch- und Backrezepte mit Fotos und Kalorienangaben, sortiert nach verschiedenen Rubriken.

Rezepte-Wiki
kontakt@rezeptewiki.org

www.rezeptewiki.org
Das Rezepte-Wiki ist eine Sammlung von Rezepten an der jeder mitschreiben kann.

starcookers.de
info@starcookers.com

www.starcookers.de
Kochrezepte der deutschen Sterneköche. Mit Porträts der deutschen Spitzenköche.

Valentinas Kochbuch
hoehnk@valentinas-kochbuch.de

www.valentinas-kochbuch.de
Katharina Höhnk stellt Kochbücher des deutschen und internationalen Buchmarktes mit ihren besten Rezepten vor.

Welt der Rezepte
beratung@koelln.de

www.welt-der-rezepte.de
Mit über 500 Rezeptvorschlägen findet man in diesem Online-Portal zahlreiche Back- und Kochideen für jede Gelegenheit.

FREIZEIT & HOBBY

Mamilade Ausflugstipps   **www.mamilade.de**

MAMILADE AUSFLUGSTIPPS
Die besten 14207 Ausflugsziele
für Kinder und Eltern

präsentiert von
Eltern.de

Wien, Berlin oder Stadt, Wandern ... ?

SUCHEN
Erweiterte Suche

| AUSFLUGSTIPPS | ESSEN | BÜCHER | TERMINE | GEWINNSPIELE | SPEZIAL |

WOCHENEMPFEHLUNG

FREIZEIT- UND FAMILIENBAD LANGEN -
FREIBAD DER STADT LANGEN

- Das Stadtmuseum Bückeburg
- Vogelpark Plankstadt
- Die Shows im Safaripark Stukenbrock
- Deutsches Fahrradmuseum Bad Brückenau
- Das Museum Zitadelle Jülich

Alle Wochentipps als Newsletter erhalten?

KINDERGEBURTSTAG

KINDERGEBURTSTAG MIT HUSKIES IN
FRANKENDORF

- Kindergeburtstag im Museum für Naturkunde in Berlin
- Kindergeburtstag im Pippolino Duisburg-Wedau
- Kindergeburtstag im "Tolliwood" Frankfurt/Bergen-Enkheim
- Kindergeburtstag im Springolino in Herford
- Kindergeburtstag am Flughafen Hamburg

Alle Ausflugsziele zum Thema Kindergeburtstag

NATUR & ABENTEUER

GRÜNES MEER IN LAUBACH

- Drachenhöhle Syrau
- CLIMB UP! - Kletterwald® in Strausberg
- Kinderbauernhof "Roter Hof" in Strausberg
- Der CLIMB UP! - Kletterwald® in Klaistow
- ErlebnisWald Trappenkamp

Alle Ausflugsziele zum Thema Natur & Abenteuer

MUSEUM

KUNST AN DER DEPONIE IN FLORSHEIM-
WICKER

- Kinderführungen - Bayerische Volkssternwarte München
- Paläontologisches Museum München
- Das Schokoladenmuseum Köln
- Sinn-Welt im Jordanbad in Biberach
- Das Kindermuseum KLICK Hamburg

Alle Ausflugsziele zum Thema Museum

FÜR DEINE REGION
WÄHLEN

KINDERBUCHVERKAUF

Bücher bei momox.de schnell und
einfach verkaufen

TOLLE TRENDS FÜR
KIDS

Das könnte den Kleinen dieses
Jahr besonders gefallen

NEWSLETTER

www.gutefrage.net

gutefrage.net

„Wie nennt man das Innere des Brotes?" „Wohin geht die Materie, die in ein schwarzes Loch gelangt?" Bei gutefrage.net, der großen Ratgeber-Community, können Sie jede nur erdenkliche Frage stellen. Bei den Fragen und Antworten wird dabei zwischen neuen, oft empfohlenen sowie offenen Fragen und Antworten differenziert. Auch eine themenbasierte Suche ist für alle Bereiche von Gesundheit bis Technik möglich. Tipps und Ratschläge können in schriftlicher Form gepostet oder auch als Videos online gestellt werden. Des Weiteren bieten sogar Experten Sprechstunden zu festgelegten Zeiten an. Schauen Sie vorbei und entdecken Sie die Antworten auf (fast) alle Ihre Fragen!

www.stylebook.de

Stylebook

Welche Farben und Schnitte trägt man in diesem Sommer und was sind die Lieblings-Outfits der Stars in Hollywood? In Sachen Mode und Beauty gibt das Stylebook den Ton an. Das Magazin verrät, welche Teile in den Kleiderschrank gehören und wie die Stars die neuesten Trends kombinieren. Natürlich werden die Promis dabei auch privat unter die Lupe genommen: Wer wurde beim Flirten in St. Tropez erwischt, und welcher Filmstar hat eine neue Liebschaft? Der Beauty-Blog enthüllt die Tricks und Geheimnisse der Stars für das perfekte Make-Up. Mit den Fashion-Accessoires aus dem Online-Shop sind Sie garantiert top gestylt!

www.bastelspass24.de

Bastelspass24.de

Dekorieren! Basteln! Schenken! Was darf es bitte sein? Eine perfekte Tischdeko für Hochzeit und Feste oder ein liebevoller, natürlicher Türschmuck für Ihre Eingangstür, oder vielleicht ein nettes Geschenk zum Muttertag, das Sie selber basteln möchten? Hier schlägt das Herz für alle Bastler höher. Tolle Bastelideen mit Filz, Rosen, Moos, Birke oder Glas und vielem mehr laden ein zum Basteln auch mit Kindern. Viele Bastelanleitungen und sogar Bastelvideos machen das Basteln leicht. Dieser Bastel-Shop bietet eine reiche Auswahl an Floristikartikeln für Frühjahr-, Herbst-, Advent- und Weihnachtsdekoration.

www.tiermedizinportal.de

Tiermedizinportal

Ist Schokolade wirklich giftig für Tiere? Wie gefährlich ist Katzenschnupfen und welche Ursachen kann eine Kolik bei Pferden haben? Tierliebhaber finden hier eine Antwort: Das Tiermedizinportal berichtet seriös und verständlich über die verschiedensten Tierkrankheiten, Diagnose- und Therapieverfahren wie Impfungen, Chemotherapie, Homöopathie oder Akupunktur. Dazu gibt es Informationen über giftige Pflanzen und Anweisungen, wie Sie bei Ihrem Haustier im Notfall erste Hilfe leisten können. Individuelle Fragen können in der Online-Sprechstunde gestellt werden. Die Fragen werden von der Tiermedizin-Redaktion oder anderen Tierhaltern beantwortet.

www.ratgeberzentrale.de

RatGeberZentrale

Wie schläft ein Baby besser ein? Was leisten Protein-Shakes wirklich? Und wie stechen Sie mit Ihrer Bewerbung beim Wunscharbeitgeber heraus? Antworten auf diese und zahlreiche andere Fragen liefert die Ratgeberzentrale. Auf dieser Web-Seite finden Sie in Rubriken wie Auto, Beruf und Bildung, Bauen, Familie, Essen und Trinken, Multimedia oder Urlaub und Reise hilfreiche Artikel, Checklisten und Downloads von Experten und Fachjournalisten. Am Ende eines Beitrages haben Sie zudem die Möglichkeit, Fragen zu stellen, die vom Redaktionsteam beantwortet werden. Zusätzlich gibt es Expertenrunden, bei denen Sie per Telefon, Chat oder Videokonferenz live dabei sein können.

www.promiflash.de

Promiflash

„Wusstest du, dass Angelina Jolies kleine Tochter neuerdings Extensions trägt?" Wer sich für den neusten Klatsch und Tratsch und die Skandale der Stars und Sternchen interessiert, ist auf Promiflash.de immer aktuell informiert. Ob Promis aus Deutschland oder Hollywood – hier erfahren Sie, welcher Star neuerdings mit wem anbändelt, wer seinen Trennungsschmerz mit einem Friseurbesuch zu überwinden versucht und wer sogar mit einem Auftritt im Dschungelcamp liebäugelt. Außerdem können Sie selbst über den besten Song des Jahres, das Traumpaar bei Bauer sucht Frau oder die schönsten Herbst-Looks der Stars abstimmen.

www.kostenlos-horoskop.de

kostenlos-Horoskop.de

Was verraten Ihre Sterne? Jeden Tag gibt's die Tagesform für zwölf Themen und alle Sternzeichen. Sie können sich aber auch im Monats- und im XXL-Jahreshoroskop über Ihre längerfristigen Aussichten informieren: Ob Liebe, Geld, Beruf oder Gesundheit, alle wichtigen Themen sind dabei. Das ausführliche Partnerhoroskop verrät, wer zu wem passt, 180(!) lustige Horoskope beleuchten alle Facetten des Lebens – und was verraten eigentlich die Vornamen? Das Chinesische Horoskop bietet darüber hinaus einen fernöstlichen Blick auf Ihr Leben und gibt wichtige Tipps für den Alltag. Das alles kostenlos und immer mit einem Augenzwinkern!

www.mamilade.de

Mamilade Ausflugstipps

Für Eltern, die gerne etwas richtig Tolles mit ihren Kindern unternehmen wollen, gibt es jetzt die Lösung: Besuchen Sie einfach Mamilade.de und im Nu erhalten Sie mehr als 14.500 Freizeittipps deutschlandweit. Wandern Sie durch Barfußpfade, erleben Sie den Geschwindigkeitsrausch auf Rodelbahnen, steigen Sie in Tropfsteinhöhlen, klettern Sie durch Wald-Hochseilgärten, tauchen Sie nach versunkenen Schätzen, machen Sie eine Dampferrundfahrt auf einem tollen Natursee, besuchen Sie Indianerdörfer oder lassen Sie sich auf einer Märchenburg verzaubern! Durch die vielen Freizeitideen bleibt kein Wochenende mehr langweilig.

Ahnenforschung & Genealogie

Ahnenforschung.net
info@genealogie-service.de

www.ahnenforschung.net
Hilfe bei der Ahnenforschung durch Links, Diskussionsforen, einen Genealogie-Shop, Anfängertipps und Wissensdatenbanken.

Ahnenforschungen
support@ahnenforschungen.de

www.ahnenforschungen.de
Der Link-Katalog für Ahnenforschung, Genealogie, Familienkunde, Geschichte, Wappen, Archive und Vereine.

ancestry.de
info@ancestry.de

www.ancestry.de
Online-Erstellung von Familienstammbäumen und Vernetzung zu Mitgliedern, die nach den gleichen Personen forschen.

iGENEA
info@igenea.com

www.igenea.com
Mit einem DNA-Genealogie-Test erfährt man die Herkunft der Vorfahren und findet Verwandte auf der ganzen Welt.

myheritage.de
support@myheritage.com

www.myheritage.de
Kostenlosen Online-Stammbaum erstellen und mit der Familie in Kontakt bleiben.

Verein für Computergenealogie e. V.

compgen.de
Datenbanken für Ahnenforscher, ein Lexikon für Familienforscher zum Mitmachen und Links zu genealogischen Web-Seiten.

Astrologie & Horoskope

● **kostenlos-Horoskop.de**
info@kostenlos-horoskop.de

www.kostenlos-horoskop.de
Das Lifestyle-Magazin kostenlos-Horoskop.de ist keine „normale" Horoskop-Seite, sondern Astrologie mit Humor: Mehr als 180 Horoskope; Tageshoroskop mit Tagesform und Tagesbarometer, XXL-Monats- und Jahreshoroskop, Psychotests – da bleibt keine Frage ungeklärt und kein Auge trocken – 100% kostenlos.
(Siehe Abbildung)

kostenlos-Horoskop.de   **www.kostenlos-horoskop.de**

Astrologie.de
info@astrologie.de

www.astrologie.de
Infos zu Astrologie, Esoterik und Horoskopen. Außerdem Bücher zum Thema und Geschenkideen in der Rubrik „Shopping".

Chinesisches-Horoskop.de
info@chinesisches-horoskop.de

www.chinesisches-horoskop.de
Das Chinesische Horoskop mit Tagesform, Tages-, Monats- und Jahreshoroskop. Welche Tierkreiszeichen passen gut zusammen?

goastro.de
info@vasmedia.ch

www.goastro.de
Kostenlose Tages-, Wochen- und Monatshoroskope. Mit Mondkalender, Traumdeutung und dem Chinesischen Horoskop.

horoskop.de

www.horoskop.de
Alles rund um Sternzeichen. Vom kostenlosen Tageshoroskop bis hin zu Orakelspielen und der Typologie von Sternzeichen.

questico
info@questico.de

www.questico.de
Spirituelle Beratung, Seminare zu Themen wie Astrologie und Spiritualität. Zudem Horoskope, ein Forum und Artikel.

● **Noé Astro**
noe@noeastro.de

www.noeastro.de
Die kostenlosen Tages-, Wochen-, Monats- und Jahreshoroskope von Noé Astro verraten, wie die Sterne in Bezug auf Persönlichkeit, Liebe, Partnerschaft oder Beruf stehen. Im Shop können persönliche Horoskope, Tarotlegungen sowie eine große Auswahl an esoterischen Produkten erworben werden. **(Siehe Abbildung)**

Astronomie

astroinfo
info@astronomie.info

www.astroinfo.org
Infoservice für Amateurastronomen: News über den Sternenhimmel, Finsternisse, Sternbilder, Planeteninfos und Astrolexikon.

Noé Astro **www.noeastro.de**

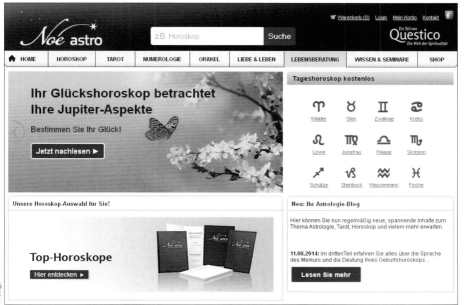

AstroLink.de
redaktion@cclive.net

www.astrolink.de
Link-Sammlung zum Thema Astronomie, mit Planetenkunde und Übersicht der Raumfahrtgeschichte von Apollo bis Voyager.

AstroNews
feedback@astronews.com

www.astronews.com
Der deutsche Online-Dienst für Astronomie, mit aktuellen Informationen aus Forschung und Raumfahrt.

Astronomie.de
webmaster@astronomie.com

www.astronomie.de
Infos zum Sonnensystem, Lexikon der Astronomie-Begriffe, Diskussionsforen, Bildergalerie, Termine und Hilfen für Einsteiger.

Google Mars

www.google.com/mars/
Man kann den Mars online betrachten. Man kann zwischen Profil-, Normal- und Infrarotsicht wählen.

Google Moon

www.google.com/moon
Eine Satellitenbild-Karte des Mondes. Auf dieser Seite kann man sich die Ziele der Apollo-Missionen ansehen.

Google Universum

sky.google.com
Zehntausende von Himmelsobjekten können betrachtet werden. Zu einigen Galaxien gibt es Zusatzinformationen.

Mars Society Deutschland e. V.

www.marssociety.de
Nachrichten, Infos und Links zum Thema Mars. Alles über die bemannte und unbemannte Erforschung dieses Planeten.

Raumfahrer.net
verein@raumfahrer.net

www.raumfahrer.net
Ausführliche Beschreibung aller Raumfahrtmissionen und aktuelle Meldungen zur Raumfahrt sowie der Astronomie.

Badeseen

Badesee-Temperaturen
service@donnerwetter.de

www.donnerwetter.de/badeseen
Anzeige der Wassertemperaturen deutscher Badeseen.

Bastelspass24.de   **www.bastelspass24.de**

Seen.de
info@seen.de

www.seen.de
Freizeit- und Informationsportal zum Thema Seen in Deutschland. Mit Texten, Karten, Bildern und Videos zu über 1.900 Seen.

Basteln & Handarbeiten

 Bastelspass24.de
service@bastelspass24.de
☎ (09099) 92 00 993

www.bastelspass24.de
Bastler, Hobbykünstler und Floristen sind hier genau richtig. Hier findet man eine große Auswahl an Bastlerbedarf und Dekorationsartikeln aus der Floristik von A bis Z. Trendige Kreativideen und themenbezogene Dekorationen lassen sich durch viele Bastelanleitungen leicht verwirklichen. **(Siehe Abbildung)**

bastelforum.de

www.bastelforum.de
Forum rund ums Basteln.

Bastelparadies, Das

www.basteln-gestalten.de
Anleitungen zum Basteln mit Papier oder Naturmaterialien und Anleitungen zum Geschenkeverpacken sowie Ausmalbilder.

creadoo
info@creadoo.com

www.creadoo.com
Das große Portal zum Thema Hobby, Basteln und Handarbeiten bietet ausführliche Anleitungen rund ums Basteln.

creawalz
info@creawalz.de

www.creawalz.de
Artikel zur Schmuckherstellung, Künstlerfarben, Keilrahmen, Bastelpapier, Mosaiksets und Material zur Textilgestaltung.

 buttinette – Basteln, Nähen und Handarbeiten
service@buttinette.de

www.buttinette.de
Ob Nähen oder Stricken, Basteln oder Malen, buttinette bietet mit über 13.000 Artikeln alles rund um das jeweilige Hobby. Hier kann man sich von den kostenlosen Anleitungen inspirieren lassen und tolle Bastelvorschläge entdecken. Der Kreativkatalog kann kostenlos angefordert werden. **(Siehe Abbildung)**

buttinette – Basteln, Nähen und Handarbeiten   **www.buttinette.de**

197

idee. Creativmarkt
service@idee-shop.de

www.idee-shop.de
Ein breites Spektrum von über 12.000 Produkten rund ums Basteln.

JaWolle
support@jawolle.com

www.jawolle.com
Die große Auswahl an Häkel- und Strickbedarf umfasst Wolle, Garn, Nadeln, Bücher, Hefte, Perlen, Knöpfe und Accessoires.

Junghans Wollversand
info@junghanswolle.de

www.junghanswolle.de
Tipps und Infos zum Stricken, Häkeln, Knüpfen, Sticken, Malen und Basteln sowie das nötige Zubehör.

megahobby
info@megahobby.de

www.megahobby.de
Ideen und Materialien für das Basteln mit Papier, Farbe, Kerzen, Perlen, Textilien, Holz und anderen Naturmaterialien.

myboshi
info@myboshi.net

www.selfmade-boshi.com
Häkel- und Strickanleitungen, Tipps wie Farbwechsel funktionieren und Anregungen um Taschen, Mützen oder Decken zu kreieren.

nadelspiel.com
elizzza@elizzza.net

www.nadelspiel.com
Wer gerne strickt und häkelt, findet auf nadelspiel.com zahlreiche Video-Anleitungen sowie Strick- und Häkelmuster.

neocreo
info@neocreo.com

www.neocreo.com
Handarbeits-Shop für hochwertiges Handarbeitszubehör mit vielen Anleitungen und Filmen.

Opitec Hobbyfix
info.de@opitec.com

www.opitec.de
Über 15.000 Artikel rund ums kreative Gestalten in Freizeit, Schule, Kindergarten und pädagogischen Einrichtungen.

Origami Club

de.origami-club.com
Faltanleitungen für das Basteln von Papierfliegern, Tieren, Gegenständen oder Pflanzen aus einem Blatt Papier.

Wawerko.de
info@wawerko.de

www.wawerko.de
Bastelanleitungen, Bauanleitungen und Reparaturanleitungen für Heimwerker, Kreative und Bastler.

Brieffreundschaften

Mailfriends.de
info@mailfriends.de

www.mailfriends.de
Hier suchen über 92.000 Mitglieder aus aller Welt Brief- und E-Mail-Freundschaften sowie Chat- und Freizeitkontakte.

Burgen, Festungen & Schlösser

Burgen und Schlösser
info@wielage.de

www.burgen-und-schloesser.net
Diese Seite bietet eine Entdeckungsreise durch deutsche Schlösser mit geschichtlichen und touristischen Informationen.

burgen.de
redaktion@burgen.de

www.burgen.de
Burgen aus Deutschland, England und Schottland: Mit einem Veranstaltungskalender und Infos zu Feiern, Tagen und Wohnen.

Burgenstraße, Die
info@burgenstrasse.de

www.burgenstrasse.de
Touristische Informationen über die Burgen, Schlösser und Orte an der Burgenstraße von Mannheim nach Prag.

Burgenwelt
info@burgenwelt.de

www.burgenwelt.de
Mit über 3.800 ausführlichen Beschreibungen eine der umfangreichsten deutschsprachigen Web-Seiten über Burgen und Festungen.

Schlösser & Gärten
info@schenck-verlag.de

www.schencksreisefuehrer.de
Porträts von über 900 Schlössern und Burgen, Herrenhäusern, Gärten, Klöstern und Denkmälern in Deutschland.

Feste/Halloween

Horrorklinik
info@horrorklinik.de

www.horrorklinik.de
Artikel für Halloween: Gruselige Kostüme, Perücken, Schminke, Masken und schaurige Accessoires.

Feste/Karneval & Fastnacht

Kamelle.de
kamelle@kamelle.de

www.kamelle.de
Die Karnevalsseite für Bonn und die Region: Termine, Bilder, Adressen von Vereinen, Liedertexte und Sprüche.

Kölle Alaaf
info@karneval.de

www.karneval.de
Geschichte des Kölner Karnevals, Links zu Vereinen, Karnevalsbegriffe und Karnevalstermine.

Mainzer Fastnacht
icon@info-mainz.de

www.mainzer-fastnacht.de
Termine und die Route des Rosenmontagsumzugs in Mainz. Links zu Vereinen und ein Lexikon mit närrischen Begriffen.

Feste/Karneval & Fastnacht/Kostüme & Masken

buttinette – Fasching & Karneval
service@buttinette.de

www.buttinette-fasching.de
Bei der Suche nach einem Kostüm für Fasching oder Karneval kann man bei buttinette aus einem riesigen Sortiment von über 5.500 Artikeln wählen. Exklusive Kostüme, die nur hier erhältlich sind, findet man ebenso wie alles für Halloween. Den Katalog kann man gratis bestellen und gleich ein Kostüm aussuchen.
(Siehe Abbildung)

buttinette – Fasching & Karneval   **www.buttinette-fasching.de**

Horror-Shop.com
info@horror-shop.com

www.horror-shop.com
Viele Kostüme, Perücken und Masken für Halloween, Fasching und Karneval.

Karneval Megastore
info@karneval-megastore.de

www.karneval-megastore.de
Große Auswahl an Kostümen aller Art, Perücken, Masken und Schminke sowie Partyzubehör und Scherzartikel.

kostuemzauber.de
info@kostuemzauber.de

www.kostuemzauber.de
Kostüme für Karneval, Halloween oder Mottopartys. Übersichtlich nach Themen wie Steinzeit oder Superhelden sortiert.

maskworld.com

www.maskworld.com
Alles für die professionelle Verkleidung: Kostüme, Echthaarbärte, Masken, Kontaktlinsen, Make-up und Special-Effects.

Feste/Ostern

Ostergottesdienste
redaktion@gottes-dienste.de

www.ostergottesdienste.de
Wer unterwegs ist zu guten Freunden, findet in der Datenbank Orte und Zeiten von Gottesdiensten an den Ostertagen.

Osterseiten.de
info@feiertagsseiten.de

www.osterseiten.de
Auf den Osterseiten findet sich alles zum Thema Ostern von A wie Abendmahl bis Z wie Zuntltragen.

Feste/Silvester

Silvestergruesse.de

www.silvestergruesse.de
Bedeutung und Brauchtum zu Silvester. Ursprung und Geschichte sowie Rezepte für das Silvestermenü.

silvesterparty.in
info@silvesterparty.in

www.silvesterparty.in
Überblick über die Silvesterparties und Silvesterkonzerte sowie Silvesterreisen.

Feste/Weihnachten

Weihnachtsgottesdienste
redaktion@gottes-dienste.de

www.weihnachtsgottesdienste.de
In der Datenbank findet man Orte und Zeiten von Gottesdiensten an Weihnachten, wenn man an den Festtagen unterwegs ist.

Weihnachtsmarkt.info
info@weihnachtsmarkt.info

www.weihnachtsmarkt.info
Verzeichnis von über 1.300 traditionellen Weihnachtsmärkten in ganz Deutschland.

Weihnachtsmarkt-Deutschland.de
redaktion@weihnachtsmarkt-deutschland.de

www.weihnachtsmarkt-deutschland.de
Portal zu schönen, traditionellen, romantischen, beliebten und außergewöhnlichen Weihnachtsmärkten in Deutschland.

Weihnachtsseiten.de

www.weihnachtsseiten.de
Infos rund um die Weihnachtszeit: Weihnachtsrezepte, Geschenkideen, Gedichte und Geschichten rund um die besinnliche Zeit.

Feuerwerk

pyroland
info@pyroland.de
☎(04266) 9555811

www.pyroland.de
Im Online-Shop kann man ganzjährig und zu Silvester Pyrotechnik, Feuerwerkskörper und Silvesterartikel aller Art erwerben. Auch Bengalfeuer und Bühnenpyrotechnik, Partyfeuerwerk, Wunderkerzen, Fackeln, Konfetti und Knicklichter sowie Fontänen, Feuer- und Raucheffekte sind hier erhältlich. **(Siehe Abbildung)**

pyroweb.de
info@pyroweb.de
☎(0371) 909 730

www.pyroweb.de
Paradies für alle Freunde des Feuerwerks und der Partyartikel. Angeboten wird Silvesterfeuerwerk, Bengalfeuer, Rauch- und Knallartikel sowie jede Menge Partyzubehör. Im Angebot findet sich ausschließlich sicherheitsgeprüftes Feuerwerk mit BAM-Nummer. Der Versand erfolgt ganzjährig an Privat und Gewerbe. **(Siehe Abbildung)**

pyroweb.de   **www.pyroweb.de**

Feuerwerk Kalender
feuerwerk@feuerwerk-kalender.de

www.feuerwerk-kalender.de
Hier findet man Termine von Festen und Veranstaltungen sowie Highlights in ganz Deutschland für Feuerwerk-Begeisterte.

Feuerwerk.net
info@feuerwerk.net

www.feuerwerk.net
Informationsportal für Pyrotechniker und Fans mit Feuerwerkforum, Wiki sowie Video-, Literatur- und Silvester-Shop.

Freizeitparks

Center Parcs
kundenservice@centerparcs.com

www.centerparcs.de
Center Parcs verfügt über insgesamt 14 schön gelegene Ferienparks in Deutschland, den Niederlanden, Belgien und Frankreich.

Parkscout.de
info@parkscout.de

www.parkscout.de
Freizeit-, Wasser- und Ferienparks in Deutschland, Europa und weltweit. Ausführliche Darstellung der Attraktionen.

Themenpark.de
info@themenpark.de

www.themenpark.de
Infos zu Freizeit- und Themenparks aus Deutschland, den Niederlanden und Belgien mit ausführlichem Online-Park-Guide.

Freizeittipps

● **Familienfreizeit- und Generationenportal**
kidsundco@email.de

www.kribbelbunt.de
Das Familienportal für die Regionen Sachsen, Thüringen, Brandenburg und Berlin hält viele spannende Informationen rund um die Themen Familie und Kinder sowie aktuelle Ausflugs- und Veranstaltungstipps für Unternehmungen mit Kindern wie etwa für Kindergeburtstage oder Familienausflüge bereit. **(Siehe Abbildung)**

FamilienkulTour
redaktion@familienkultour.de

www.familienkultour.de
Familienkultour.de stellt ausgewählte Freizeitziele für Familien in Deutschland und dem benachbarten Ausland vor.

familion
team@familion.de

www.familion.de
Über 1.500 Freizeitideen für die Bereiche Badespaß, Kindergeburtstage, Natur, Abenteuer und Sport.

freizeitstars.de

www.freizeitstars.de
Mehr als 2.000 Ausflugsziele mit Porträts und Fotos: Museen, Schlösser, Erlebnisbäder, Freizeitparks, Zoos und Tierparks.

Mamilade Ausflugstipps
redaktion@mamilade.net

www.mamilade.de
Das Freizeitportal für Familien bietet viele Ideen und Anregungen, was Eltern und Kinder gemeinsam unternehmen können.

Grußkarten

Edgar Medien
edcards@edgar.de

www.edgar.de
Zahlreiche flash-animierte E-Cards, unterteilt in 13 Rubriken. Außerdem ein Online-Gastro-Führer für deutsche Städte.

Humor/Skurrile Web-Seiten & Satire

Der Postillon
redaktion@der-postillon.com

www.der-postillon.com
Der Postillon ist ein Satireblatt, das das tägliche Geschehen auf die Schippe nimmt.

Grillratte.de

grillratte.de
Grillratte.de bietet täglich lustige und skurrile Bilder und Beiträge aus aller Welt.

heftig.co

heftig.co
Heftig veröffentlicht außergewöhnliche Geschichten und Videos aus dem Internet, die man über Facebook teilen kann.

Familienfreizeit- und Generationenportal   **www.kribbelbunt.de**

LangweileDich.net
Maik@LangweileDich.net

www.langweiledich.net
Hier findet man alles - nur keine Langeweile. Skurrile Fotos, Videos, Spiele, Trailer, News aus der Musik-Szene.

notes of berlin
notes@notesofberlin.com

www.notesofberlin.com
Hommage an die skurrilen und lustigen Skizzen, die Berlin tagtäglich hinterlässt.

Psychotest.de
info@psychotest.de

www.psychotest.de
Hier kann man testen, ob das eigene Herz eine Mördergrube ist. Aufschlussreiche Tests bringen das „wahre Ich" ans Tageslicht.

Qpress
sec@qpress.de

www.qpress.de
Satire-Nachrichten mit doppelt wahrem Wahrheitsgrad.

Schockwellenreiter, Der
der@schockwellenreiter.de

blog.schockwellenreiter.de
„Die tägliche Ration Wahnsinn". Witzige Artikel über Dinge, die die Welt bewegen.

Vollpfosten.de
info@vollpfosten.de

www.vollpfosten.de
Woran erkennt man Vollpfosten? Tests, lustige Sprüche und über 500 Alternativen – falls einmal die Schimpfnamen ausgehen.

Humor/Witze

lustich.de
info@lustich.de

www.lustich.de
Witziges in Form von Texten, Bildern, MP3s, Videos, Powerpoints oder Online-Games. Zusätzlich auch ein Fan-Shop.

Witzcharts.de
info@witzcharts.de

www.witzcharts.de
Gut sortierte Sammlung an Witzen mit Top-Charts, Zufallswitz, Stichwortsuche und der Möglichkeit, eigene Witze einzusenden.

Witze AG
info@witz-des-tages.de

www.witz-des-tages.de
Die Witze AG präsentiert fast 10.000 Witze in 46 Kategorien und bietet eine morgendliche Gratis-Witz-Mail per Newsletter.

Lotto24.de   **www.lotto24.de**

Anzeige

Lifestyle

Dressed Like Machines
drlima@web.de

www.drlima.net
Dressed Like Machines ist ein Lifestyle-Blog mit den Themenfeldern Musik, Video, Web, Mode, Kunst und Design.

Klonblog
mail@klonblog.com

www.klonblog.com
Street-Art, Fotos, Videos, stylische Produkte und Dinge, die den Autoren gut gefallen, werden hier präsentiert.

Liebesbotschaft
joanna.liebesbotschaft@yahoo.de

liebesbotschaft.blogspot.de
Liebesbotschaft an schöne Kleider und Schmuck und wo man sie herbekommt. Mit Styling-Tipps.

Nerdcore
rene.walter@gmail.com

www.crackajack.de
Blog zu den Themen Design, Games, Filme, Musik und Storys.

Whudat
mcwinkel@gmail.com

www.whudat.de
Außergewöhnliche Fotos, Collagen, Videos und Mixtapes.

Lotterien & Wetten

Lotto24.de
service@lotto24.de
☎(0800) 42 42 422

www.lotto24.de
Lotto24 ist der führende deutsche Vermittler von staatlich lizenzierten Lotterien im Internet, die sicher und bequem von zu Hause aus gespielt werden können. Auf Wunsch erfolgt im Erfolgsfall eine Gewinnbenachrichtigung per E-Mail oder SMS.
(Siehe Abbildung)

Lotto-Experte.net
ringo@lotto-experte.net

www.lotto-experte.net
Lotto-Experte.net stellt die deutschen Lottoanbieter auf den Prüfstand und warnt vor schwarzen Schafen in der Branche. Neben Erfahrungsberichten über Online-Lottoportale findet man eine Übersicht der je nach Bundesland unterschiedlichen Lottogebühren sowie interessante Tipps und Lottostrategien.
(Siehe Abbildung)

Lotto-Experte.net   **www.lotto-experte.net**

lottobay.de
service@lottobay.de

www.lottobay.de
Der lizenzierter Partner der staatlichen Lottogesellschaften bietet die komplette Angebotspalette von Lotto an.

Deutscher Lotto und Toto Block
info@lotto-niedersachsen.de

www.lotto.de
Informations-Web-Seite des Deutschen Lotto- und Totoblocks.

Die Lottozahlen
lottoymailer@dielottozahlenneu.net

www.dielottozahlende.net
Die Lottozahlen der Ziehung 6 aus 49 sowie die Ergebnisse der Klassenlotterien Spiel 77, Super 6 und Keno.

Lottohelden.de
service@lottohelden.de

www.lottohelden.de
Bei Lottohelden.de wird das deutsche staatliche Lotto mit transparenten Gebühren gespielt.

Mode & Modenschauen

fabeau
kontakt@fabeau.de

www.fabeau.de
Business-News aus der Welt der Mode. Alles über Umsätze, Strategien, Kooperationen und Marktentwicklungen.

Fashion Insider
info@fashion-insider.de

www.fashion-insider.de
Modemagazin aus Berlin zu Modetrends, Designern und Models.

fashionfreax.net
info@fashionfreax.net

www.fashionfreax.net
Forum und Blog zu Mode, Fashion und Styling.

FashionUnited

www.fashionunited.de
Business-Plattform für die Modeindustrie mit den aktuellsten Neuigkeiten aus der Modebranche.

Keylooks.tv
redaktion@keylooks.tv

www.keylooks.tv
Modestrecken, Label-Videos, Interviews und Streetstyle-Videos. Die Looks aus den Videos können sofort online bestellt werden.

Les Mads
info@lesmads.de

www.lesmads.de
Täglich aktuelle Neuigkeiten über Mode, Models, Lifestyle, Musik und Fotografie.

Modeopfer110
info@modeopfer110.de

www.modeopfer110.de
Dieses Modeportal präsentiert die aktuellen Trends und porträtiert die angesagtesten Modelabels.

Modepilot
info@modepilot.de

www.modepilot.de
Fashion-Blog mit Informationen über Mode-News, Fashion-Shows, Promi-Outfits und Beauty-Produkte.

Stylebook
info@stylebook.de

www.stylebook.de
Videos, Artikel und Blogs zu aktuellen Modetrends, Beauty-Tipps, Promi-Nachrichten sowie ein Online-Shop.

styleranking

www.styleranking.de
Die Community für modebewusste junge Menschen. Mitglieder können Fotos von Outfits hochladen und kommentieren.

stylr.de

www.stylr.de
Soziales Netzwerk für Stilfragen. Man kann seinen eigenen Kleidungsstil präsentieren und andere Stile kommentieren.

Vogue
feedback@vogue.de

www.vogue.de
Alle Themen rund um Mode, Modenschauen, Models und Modetrends von der Zeitschrift Vogue.

we are fashion

www.wearefashion.de
Die Seite berichtet über aktuelle Modetrends. Was trägt die Frau zu welcher Jahreszeit und womit kombiniert sie es.

Modellbau

drohnenbau.de
info@drohnenbau.de

drohnenbau.de
Informationsseite zu Multicoptern. Von Motoren und Sendern über den richtigen Akku bis hin zu Tipps fürs selber bauen.

Drohnen-Forum.de
info@scope-design.de

www.drohnen-forum.de
Forum über Multicopter. Hier kann z. B. über technische Details, Erfahrungen, Flüge und Luftaufnahmen diskutiert werden.

graupner.de
info@graupner.de

www.graupner.de
Große Auswahl an innovativen Flugzeug-, Helikopter-, Schiffs- und Automodellen.

mikrokopter.de
contact@hisystems.de

www.mikrokopter.de
Hier kann man sich über universelle Schwebeplattformen wie Fluggeräte zur Videoaufnahme informieren und diese erwerben.

moduni.de
info@moduni.de

www.moduni.de
Shop mit ca. 50.000 Artikeln aus allen Bereichen des Modellbaus.

RC Modellbau Forum RCSky

www.rcsky.de
Forum zu den Themen RC Modellbau.

RCforum.de

www.rcforum.de
In diesem Forum diskutieren Modellbauprofis über Modellautos, Flugmodelle, Helikoptermodelle und Schiffsmodelle.

 modellbau.härtle
modellbau@haertle.de
☎(08342) 98 395

www.haertle.de
Freunde des Modellbaus finden hier alles für ihr Hobby. Preisgünstiges Sortiment an Modelleisenbahnen, RC-Modellen, Miniaturen, Autorennbahnen bis hin zu Plastikmodellbausätzen. Jetzt Kennenlern-Gutschein in Höhe von 10,00 Euro nutzen: GS14Web – gültig ab einem Online-Einkaufswert von 75,00 Euro.
(Siehe Abbildung)

RCLine Modellbau Forum
webmaster@rcline.de

www.rclineforum.de
Freunde des ferngesteuerten Modellbaus finden hier ein riesiges Forum um sich auszutauschen und fachzusimpeln.

RCM-Modellbau
info@rcm-modellbau.de

www.rcm-modellbau.de
Fachhändler für RC-Modellsport: Elektro- und Verbrenner-Cars, Fernsteuerungen sowie Tuning- und Ersatzteile.

RC-Network.de

www.rc-network.de
Großes Modellsport-Portal mit Forum, Blogs, Wiki und einem Chat.

Nähen

Dittrich Nähmaschinen
info@dittrich-naehmaschinen.de

www.dittrich-naehmaschinen.de
Nähmaschinen, Stickmaschinen, Overlock und Zubehör von baby lock, Bernina, Brother, Husqvarna, Pfaff, Singer und Toyota.

farbenmix.de
info@farbenmix.de

www.farbenmix.de
Tipps und Tricks rund ums Nähen, viele Schnittmuster, kostenlose Anleitungen und eine große Auswahl bunter Webbänder.

Nähmaschinen Center
service@naehmaschinen-center.de

www.naehmaschinen-center.de
Nähmaschinen, Overlock, Bügler und Zubehör.

Nähmaschinen Diederich
diederich-sg@naehmaschinen.com

www.naehmaschinen.com
Nähmaschinen, Stickmaschinen, Quiltmaschinen, Filzmaschinen und Sticksoftware.

neocreo
info@neocreo.com

www.neocreo.com
Breites Angebot an Handarbeitszubehör: Nähnadeln, Garn, Nähkästen, Vliesstoffe, Reisverschlüsse, Hilfsmittel.

Pfadfinder

Pfadfinder-treffpunkt.de
webmaster@pfadfinder-treffpunkt.de

www.pfadfinder-treffpunkt.de
Der Treffpunkt für alle Bünde und Stämme: Links zu den einzelnen Verbänden und ein Forum zum Austausch unter Pfadfindern.

Scout-o-Wiki

www.scout-o-wiki.de
Das Scout-o-Wiki ist eine Informationssammlung zum Thema Pfadfinder, an der jeder mitwirken kann.

Pokale & Medaillen

Medaillen.de
info@em-pokale.de

www.medaillen.de
Fachhändler für Pokale und Medaillen, Auszeichnungstafeln und Schilder.

Pokale Brunk
info@pokale-brunk.de

www.pokale-brunk.de
Pokale, Urkunden, Medaillen, Siegerschleifen, Zinnartikel, Ehrentafeln sowie Schützenabzeichen und Orden.

pokal-fabrik.de
info@pokal-fabrik.de

www.pokal-fabrik.de
Pokale und Medaillen für viele Sportarten und andere Anlässe. Pokalzubehör, gravierte Geschenke und Scherzpokale.

Prominente, Stars & Biografien

Fan Lexikon
info@fan-lexikon.de

www.fan-lexikon.de
Das Portal bietet eine umfangreiche Auswahl an Biografien, Diskografien und Filmografien zu Stars und Sternchen aus dem Musik- und Showgeschäft, außerdem gibt es große Bildergalerien und Fanseitenverzeichnisse. Im Newsbereich findet man aktuelle Neuigkeiten aus der Welt der Stars und Promis. **(Siehe Abbildung)**

klatsch-tratsch.de info@klatsch-tratsch.de	**www.klatsch-tratsch.de** Was heute hier steht, steht morgen in der Zeitung. Klatsch und Tratsch über Stars aus der ganzen Welt.
Posh24.de	**www.posh24.de** Aktuelle Informationen und Artikel aus der Welt der Promis sowie der Mode.
promicabana.de kontakt@promicabana.de	**www.promicabana.de** Blog mit Promi-News, Bildern, Interviews und Diskussionsforum für die Leser.
Promiflash kontakt@promiflash.de	**www.promiflash.de** Klatsch und Tratsch um Stars und Sternchen aus Film und Fernsehen, Mode und Gesellschaft.
Smash247 info@smash247.com	**www.smash247.com** Videos, Bilder und News der großen Stars und Sternchen Hollywoods.
top.de info@top.de	**www.top.de** Klatsch und Tratsch über Prominente und Stars. Mit Bewertungsfunktion für seinen Lieblingsstar.
Viviano info@anovision.de	**www.viviano.de** Hier bekommt man News und Bilder von den Stars und Sternchen. Mit Community und Infos zum allgemeinen Lifestyle.
WHO'S WHO redaktion@whoswho.de	**www.whoswho.de** Das WHO'S WHO listet Biografien international bedeutender Persönlichkeiten aus Geschichte und Gegenwart auf.

Rankings

ZEHN.DE webmaster@zehn.de	**www.zehn.de** Aktuelle Top-10-Listen, geschrieben von Experten für Motor, Digital, Lebensart, Unterhaltung, Sport und Geld.

Fan Lexikon   **www.fan-lexikon.de**

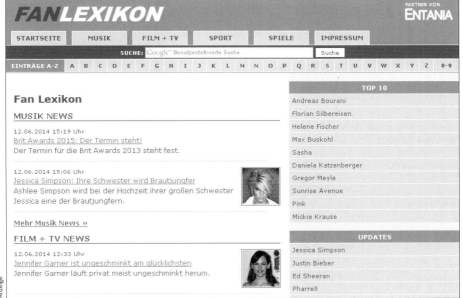

FREIZEIT & HOBBY

Ratgeber

gutefrage.net
info@gutefrage.net

www.gutefrage.net
Auf dieser Seite bekommt man auf jede (ernst gemeinte) Frage eine Antwort und lernt so vieles dazu.

MeinPlaner.com

www.meinplaner.com
MeinPlaner.com hilft bei der Planung von Umzügen, Urlaubsreisen und Geburten.

● **RatGeberZentrale**
kontakt@ratgeberzentrale.de

www.ratgeberzentrale.de
Die Ratgeberzentrale bietet fundierte Tipps von Experten und Fachjournalisten zu unterschiedlichsten Themen wie Bauen, Wohnen, Geld, Vorsorge, Gesundheit oder Reisetipps. Die Redaktion beantwortet Fragen der Nutzer und verweist zudem auf weiterführende Informationen. **(Siehe Abbildung)**

Sammlungen/Autogramme

Autogramminsel.de
info@autogramminsel.de

www.autogramminsel.de
Hier findet man alles, was der Autogrammsammler sucht. Autogramme aus allen Bereichen sowie ca. 25.000 Autogrammadressen.

Markus Brandes Autographs
brandes@autogramme.com

www.brandesautographs.com
Professioneller An- und Verkauf von originalen Autogrammen aus den Bereichen Sport, Musik, Geschichte, Film und Models.

Sammlungen/Briefmarken

MICHEL
info@michel.de

www.briefmarken.de
Briefmarken, Münzen und mehr: MICHEL-Kataloge (Print und Online), Software, MICHEL-Rundschau, Zubehör und Community.

Philaforum.com
kontakt@philaforum.com

www.philaforum.com
Briefmarken-Diskussionsforum mit Kleinanzeigen und Veranstaltungshinweisen.

philaSeiten.de
info@philaseiten.de

www.philaseiten.de
Börse für direkten Kauf, Verkauf und Tausch zwischen internationalen Sammlern von Briefmarken mit Forum.

Sammlungen/Mineralien & Fossilien

Fossilien.de
info@fossilien.de

www.fossilien.de
Online-Shop für Fossilien, Repliken und Rekonstruktionen, Bernstein und Ammoniten sowie Sammlungszubehör.

Mineralienatlas – Fossilienatlas
kontakt@mineralienatlas.de

www.mineralienatlas.de
Austauschplatz für Mineralien und Fossilien. Mit zahlreichen Fotos, nützlichen Tipps und umfangreicher User-Enzyklopädie.

Mineralium.com
info@mineralium.com

www.mineralium.com
Mineralien, Kristalle, Edelsteine und Fossilien aus aller Welt sowie Sammlerzubehör und Fachliteratur.

Steinkern.de

www.steinkern.de
Aktuelle Artikel zum Thema Fossilien, Exkursionsberichte sowie Tipps zur Bergung. Zudem ein Forum und Bilder.

Sammlungen/Münzen

Bayerisches Münzkontor
service@muenzkontor.de

www.muenzkontor.de
Gold- und Silbermünzen der Sammelgebiete Deutschland, Europa sowie internationale und historische Münzen.

MA-Shops.com
web@ma-shops.com

www.ma-shops.com
Die Shop-Plattform für Sammler von Münzen, Banknoten und Medaillen.

MDM Münzhandelsgesellschaft mbH & Co. KG Deutsche Münze
service@mdm.de

www.mdm.de
Umfangreiches Sortiment an Münzen und Gedenkprägungen aus der gesamten Welt mit aktuellen News zu vielen Sammelgebieten.

Muenzauktion.com
service@muenzauktion.com

www.muenzauktion.com
Hier kann man bei Münzauktionen mitbieten: Münzen, Banknoten und Medaillen aus aller Welt, vom Altertum bis heute.

Muenzen.net
service@muenzenfachhandel.de

www.emuenzen.de
Im Deutschen Münzenforum findet man alles über Münzen: Eine Literaturliste rund um Münzen und ein Forum für Sammler.

Numismatikforum.de

www.numismatikforum.de
Das Forum für Münzfreunde. Diskussionen über Münzen verschiedener Zeitepochen und Länder.

Talero.de

www.talero.de
Online Auktion für Gold, Silber, Münzen und Medaillen. Jeder kann Münzen kaufen und verkaufen.

Saunen & Thermen

SaunaSauna.de
m.frenzel@saunasauna.de

www.saunasauna.de
Vorgestellt werden über 3.000 Saunen im deutschsprachigen Raum. Die Seite bietet Infos rund ums gesunde Saunieren.

Schatzsuche

Abenteuer Schatzsuche
info@abenteuer-schatzsuche.de

www.abenteuer-schatzsuche.de
Von der Ausrüstung bis hin zu den zehn Geboten der Schatzsuche, hier werden Schatzsucher gründlich informiert.

RatGeberZentrale　　　　　　　　　　　　　　**www.ratgeberzentrale.de**

Goldsucher.de
info@andorf.de

www.goldsucher.de
Viele ausführliche Infos und Links für Gold- und Schatzsucher: Alles rund um die Ausrüstung, Gold und Schätze.

Schatzsucher.de
admin@schatzsucher.de

www.schatzsucher.de
Informationen rund um die Schatzsuche: Tipps zur Ausrüstung, Dokumentation und eine kleine „Höhlenethik".

Spiele/Allgemein

Ratgeberspiel
info@ratgeberspiel.de

www.ratgeberspiel.de
Informationen für Eltern und Erziehungsberechtigte zu Spielen aller Art sowie Spieletests und Anleitungen.

Spiel mit mir
michas-spielmitmir@gmx.de

www.michas-spielmitmir.de
Kritiken zu über 500 Gesellschaftsspielen und umfangreiche Übersicht für Brett- und Kartenspiele.

spielbox-online
info@nostheide.de

www.spielbox.de
News, Messeberichte, Neuheitenübersicht, Spieletipps, Veranstaltungskalender und Kleinanzeigen, Foren für Brettspieler.

SpieleWiki

www.spielewiki.org
Das Wiki widmet sich vor allem Gruppenspielen wie Ballspielen, Kennenlernspielen oder Geschicklichkeitsspielen.

Spielwiki
webmaster@spielwiki.de

www.spielwiki.de
Im Spielwiki findet man eine Enzyklopädie für Party-, Tanz- und Würfelspiele sowie Rätsel.

toys-for-all.de
services@toys-for-all.de

www.toys-for-all.de
Über 1.000 Geduldsspiele, Knobelspiele, Geschicklichkeitsspiele, Holzpuzzles, Würfel, Trickspiele und Brettspiele.

Spiele/Casinos & Spielbanken

ISA-GUIDE
info@isa-guide.de

www.isa-guide.de
Glücksspielnews, Glücksspielrecht, Infos zu Spielbanken und Casinos weltweit, Veranstaltungen, Spielregeln.

Spiele/Casinos & Spielbanken/Online-Casinos

OnlineCasino
kontakt@onlinecasino-deutschland.de

www.onlinecasino.de
Das erste deutsche Onlinecasino bietet eine Vielzahl an Casinogames und Automatenspielen in verschiedenen Varianten. Aufgrund der offiziellen Glücksspiel-Lizenz ist das Spielen um echte Einsätze hier völlig legal. Im Übungsmodus kann ohne Echtgeld nur zum Spaß gespielt werden. **(Siehe Abbildung)**

Spiele/Doppelkopf

Fuchstreff.de

www.fuchstreff.de
Der Fuchstreff ist eine gemütliche Doppelkopf-Community im Internet.

online-doppelkopf.com
webmaster@online-doppelkopf.com

www.online-doppelkopf.com
Lust auf das beliebte Kartenspiel? Hier kann man sich online mit anderen Spielern an einen Tisch setzen und messen.

Spiele/Gewinnspiele

familieundco.de-Gewinnspiele
infoletter@familymedia.de

www.familieundco.de/home/gewinnspiele
Immer donnerstags – der Infoletter jetzt auch mit Gewinnspielen. Ein serviceorientierter Ratgeber, der vom Expertenteam der großen Familienzeitschrift „familie&co" in Zusammenarbeit mit führenden Erziehungswissenschaftlern, extra für Eltern, entwickelt wurde. **(Siehe Abbildung)**

familieundco.de-Gewinnspiele   **www.familieundco.de/home/gewinnspiele**

Gewinnspiele.de
team@superwin.net

www.gewinnspiele.de
Hier gibt es viele Links zu den aktuellen Gewinnspielen im deutschsprachigen Internet.

gewinnspiele-markt.de
info@gewinnspiele-markt.de

www.gewinnspiele-markt.de
Kostenlose Online-Gewinnspiele ohne Gewinnspiele von Datenbrokern. Jede Woche werden bis zu 400 Gewinnspiele vorgestellt.

Spiele/Handyspiele

Siehe auch Kapitel Internet & Technik

Smartphones & Tablets/Apple iPhone, iPod & iPad

Spiele/PC & Video

videospiele.de

www.videospiele.de
Neuigkeiten aus der Gamerwelt, ein Forum zum austauschen sowie ein Videospiele Shop.

Spiele/Puzzles

Puzzle.de
info@puzzle.de

www.puzzle.de
Spezial-Shop mit über 6.000 Puzzles aller Top-Marken, 3D-Puzzles, Triptychon, Pyramiden, Micro, Holzpuzzles und Zubehör.

Puzzle-Offensive.de
service@puzzle-offensive.de

www.puzzle-offensive.de
Hier finden Puzzle- und Knobelfreunde aktuelle Puzzlespiele aller Art von den verschiedensten namhaften Herstellern.

Puzzle-Online
info@puzzle-online.de

www.puzzle-online.de
Große Auswahl an Puzzles aus aller Welt, die nach Hersteller, Motiv oder Anzahl der Puzzleteile kategorisiert sind.

Spiele/Quiz

Six Break
info@thomas-becker-verlag.de

www.sixbreak.de
Ein von Spielern eigenständig erweitertes Online-Quiz, bei dem alle Fragen von den Usern selbst gestellt werden.

testedich.de
info@testedich.de

www.testedich.de
Von Sprach- und Intelligenztests über Persönlichkeits- und Liebestests bis hin zu Einstellungstests kann man hier alles üben.

Spiele/Rätsel

kreuzwortraetsel.net

www.kreuzwortraetsel.net
Spiele-Portal mit Kreuzworträtseln, Online-Spielen, Galgenraten und humorvollen Inhalten.

Kreuzwortraetsellexikon.de

www.kreuzwortraetsellexikon.de
Lexikon mit Stichwortsuche für knifflige Kreuzworträtsel. Falls man die Lösung nicht findet, hilft der Chat weiter.

Rätsel + Denksport
post@raetselstunde.de

www.raetselstunde.de
Rätselseite mit über 3.000 Rätseln, wie z. B. Scherzfragen, Quiz, Denksportaufgaben, Streichholz- und Bilderrätseln.

Spiele/Rollenspiele

playMASSIVE
office@playmassive.de

www.playmassive.de
playMASSIVE berichtet über Online-Rollenspiele.

Spiele/Skat

skat-online.com
info@skat-online.com

www.skat-online.com
Mehr als 200.000 Mitglieder aus über 40 Ländern. Täglich mehr als 90.000 Skatspiele. Im Standardbereich kostenlos.

Spiele/Sudoku

Sudoku-knacker.de
info@volberg.de

www.sudoku-knacker.de
100.000 Sudoku-Rätsel kostenlos online spielen oder einfach ausdrucken. Es gibt fünf Schwierigkeitsstufen.

Spiritualität/Traumdeutung

Lexikon der Traumdeutung

www.lexikon-der-traumdeutung.de
Das Lexikon bietet Traumdeutungen von über 16.500 Traumsymbolen. Zudem Infos zur Geschichte und der aktuellen Forschung.

Traumdeutung
renategerdakoch@yahoo.de

www.deutung.com
Umfangreiches Lexikon zur Traumarbeit mit über 3.000 Traumsymbolen und Deutungen sowie ein Traumdeutungs-Assistent.

Traumentschluesselung.de
institut.fuer@traumentschluesselung.de

www.traumentschluesselung.de
Entschlüsselung von Traumsymbolen und Traumsituationen. Traumdeutungsseminare und telefonische Beratung.

Tattoo & Piercing

Tattoo-Bewertung.de

www.tattoo-bewertung.de
Über 25.000 echte Tattoo-Fotos von Community-Mitgliedern, die man auch bewerten kann.

Tattooscout.de
info@tattooscout.de

www.tattooscout.de
Die große Tattoo-Community: Ein Forum mit den Themen Motive, Tattoo-Pflege, Piercing und ein Verzeichnis mit Tattoo-Studios.

Tiere/Allgemein

dashaustierforum.de
webmaster@dashaustierforum.de

www.dashaustierforum.de
Forum für Haustierbesitzer. Hier kann man sich über Ernährung, Gesundheit, Rassen und Haltung von Haustieren austauschen.

DeineTierwelt.de
info@deine-tierwelt.de

www.deine-tierwelt.de
Großer Tiermarkt, Infos und Ratschläge für alle Haustiere: Ernährung, Pflege, Haltung, Medizin und Erziehung.

hallotiere.de
info@hallotiere.de

www.hallotiere.de
Auf hallotiere.de finden Tiere ein neues Zuhause. Neben der Tiervermittlung gibt es Angebote zu Tierfutter und -zubehör.

Haustier112
info@haustier112.de

www.haustier112.de
Für alle Tierhalter ein hilfreicher bundesweiter Service: bei Unfall, Krankheit und Unvorhergesehenem wird geholfen.

Haustiere.de
welcome@vipex.de

www.haustiere.de
Großes Forum für folgende Tierarten: Hunde, Katzen, Nagetiere, Vögel, Fische, Pferde, Reptilien und Amphibien.

Lindermanns Tierwelt

www.lindermanns-tierwelt.de
Ein Online-Magazin und Marktplatz mit täglich neuen Artikeln und Aktionen rund um Katzen, Hunde und Kleintiere.

mainzoo.de
info@mainzoo.de

www.mainzoo.de
Online-Shop für Haustierbedarf. Hochwertige Markenprodukte für Hunde, Katzen, Vögel, Reptilien, Aquaristik und Pferde.

Snautz.de
mail@snautz.de

www.snautz.de
Kostenlose Vermittlung von Hunden und Katzen, umfangreiches Rasseverzeichnis und Artikel von Pflege bis zu Erziehung.

Zooclub.de
service@zooplus.de

www.zooclub.de
Hier kann man seine Haustiere vorstellen und virtuelle Leckerlis verteilen.

Tiere/Aquaristik

 Aquaristic.net
info@aquaristic.net
☎(08333) 925 255

www.aquaristic.net
Im Online-Shop für Aquaristik, Terraristik und Gartenteich finden sowohl Anfänger als auch Profis in über 12.000 Artikeln alles, um ihr Hobby perfekt zu betreiben. Neben dem umfangreichen Standardsortiment gibt es auch viele exklusive Produkte. Mit dem attraktiven Bonusprogramm kann man zusätzlich sparen. **(Siehe Abbildung)**

Aquaristik Shop
info@aquaristikshop.com
☎(03771) 25 43 0

www.aquaristikshop.de
Versand von Aquarien, Aquarienkombinationen, Technik, Futter und Wasserpflanzen. Außerdem gibt es wechselnde Sonderangebote und Geschenkgutscheine. Umfassendes Sortiment mit mehr als 6.000 Artikeln namhafter Hersteller rund um die Aquaristik. Alles für das erfolgreiche Süß- oder Meerwasser-Aquarium. **(Siehe Abbildung)**

Aquaristik Shop
info@shop-aquaristik.com

www.shop-aquaristik.com
Eine große Produktvielfalt in den Bereichen Aquaristik und Terraristik. Auch Futter für Süßwasser- und Salzwasserfische.

Aquaristika Wirbellosen-Shop
service@aquaristika.de

www.aquaristika.de
Ein Shop rund um wirbellose Tiere: Urzeitkrebse, Garnelen, Krebse, Schnecken und Zubehör.

Aquaristic.net   **www.aquaristic.net**

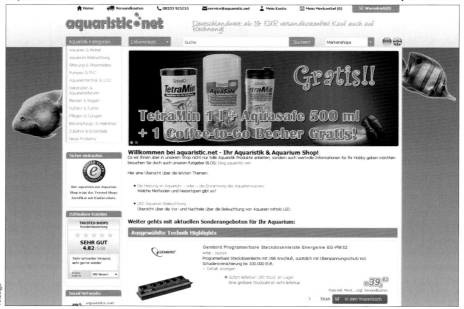

Aquaristik-Live.de

www.aquaristik-live.de
Großes Forum für Aquaristik-Fans. Außerdem ein Aquarium-Ratgeber und ein Zierfisch-Lexikon.

aquariumforum.de

www.aquariumforum.de
Forum, Neuigkeiten sowie ein Blog rund um das Thema Aquaristik.

mein-aquarium.com

www.mein-aquarium.com
Zierfischverzeichnis mit vielen Infos rund um die Haltung und Zucht dieser Fische.

riffaquaristikforum.de

www.riffaquaristikforum.de
Das Forum bietet Unterhaltungsstoff rund ums Thema Aquaristik sowie ein Magazin und einen Bodengrund-Rechner.

zoomoo-aquaristik.de
info@zoomoo-aquaristik.de

www.zoomoo-aquaristik.de
Vielfältiges Sortiment mit Produkte namhafter Hersteller rund um Aquaristik, Terrarist und den Gartenteich.

Tiere/Hunde

alsa-hundewelt
info@alsa-hundewelt.de

www.alsa-hundewelt.de
Umfangreiches Angebot an Produkten für den Hund: Futter, Pflegeartikel, Leinen, Spielzeug, Erziehungshilfen und Literatur.

Bellfidel
support@bellfidel.de

www.bellfidel.de
Eine große Auswahl an Produkten für den treuen Freund des Menschen. Pflegezubehör, Halsbänder, Näpfe oder Transportboxen.

DogForum.de
redaktion@dogforum.de

www.dogforum.de
Informative Seite rund um Vierbeiner. Im Forum geben Tierärzte, Hundeausbilder und Hundebesitzer kompetent Auskunft.

dog-living
info@dog-living.de

www.dog-living.de
Für den Liebling auf vier Pfoten gibt es hier eine Auswahl an Näpfen, Sofas, Decken, Halsbändern und Hundeleinen.

Aquaristik Shop   **www.aquaristikshop.de**

Anzeige

217

DOGS today

www.dogstoday.de
Trendige und kompetente Informationen für den modernen Hundehalter, der nicht für, sondern mit seinem Hund lebt.

dogSpot.de
mail@creativespot.de

www.dogspot.de
Für Hund und Herrchen: Eine Community mit großer Bildergalerie, Gesundheits- und Pflegetipps und jeder Menge Themenblogs.

Dog-Toy.de
info@dog-toy.de

www.dog-toy.de
Online-Shop für Artikel rund um den Hund: Hundefrisbee, intelligentes Spielzeug, Clicker, Futtertuben und Hundefutter.

Hund im Erfahrungsaustausch, Der
info@polar-chat.de

www.polar-chat.de
Wissenswerte Informationen über Hunde. Mit Wissensdatenbank, Hunde-News, Hundeforum, Hundefotos und Web-Katalog.

Hundeerziehung online
redaktion@hundeerziehung-online.com

www.hundeerziehung-online.com
Portal zur Hundeerziehung, in dem Experten Tipps und Tricks verraten.

hundeland.de
service@hundeland.de

www.hundeland.de
Hunde finden hier Trockenfutter, Nassfutter, Hundesnacks, Futterzusätze, Hundezubehör und Hundepflegeprodukte.

Hund-unterwegs.de
service@hund-unterwegs.de

www.hund-unterwegs.de
Hunde- und Outdoorshop mit ausgewählten und in der Praxis erprobten Artikeln für Hund und Halter.

Partner Hund

www.partner-hund.de
Magazin für Hundefreunde mit einem großen Service- und Praxisteil sowie Infos zu Gesundheit, Ernährung und Erziehung.

Tiere/Insekten

arthropods.de

www.arthropods.de
Geschichten aus dem Leben der Krabbeltiere wie Bienen, Fliegen, Käfer und Schmetterlinge, illustriert mit tollen Fotos.

Insektenbox.de
webmaster@insektenbox.de

www.insektenbox.de
Fotos und Angaben zur Lebensweise von über 1.000 Insektenarten, die in Mitteleuropa zu Hause sind.

Insektenforum.de
jp@insektenfotos.de

insektenfotos.de/forum
Im Forum kann man Insektenbilder einstellen, anhand der Fotos Insektenarten bestimmen und über sie diskutieren.

Mückenatlas
mueckenatlas@zalf.de

www.mueckenatlas.de
Projekt zur Erforschung des Stechmückenvorkommens in Deutschland, bei dem sich jeder als Sammler registrieren kann.

Tiere/Katzen

catSpot.de
mail@definemedia.de

www.catspot.de
Katzenfreunde und -besitzer können sich hier mit Gleichgesinnten austauschen. Mit Bildergalerie und Videos.

Geliebte Katze

www.geliebte-katze.de
Aktuelle Themen und Specials rund um die Katze: Informationen zur Tierhaltung sowie Porträts verschiedener Katzenrassen.

Katzen Forum
webmaster@katzen-forum.net

www.katzen-forum.net
Forum für Katzenbesitzer. Von der Anschaffung, über die Erziehung bis hin zu Expertentipps findet man hier Rat.

Katzenland
service@katzenland.de

www.katzenland.de
Online-Shop für Katzenfutter und -zubehör sowie Katzenpflege und eine Auswahl an Snacks für den Stubentiger.

Profeline
info@profeline.de

www.profeline-katzenshop.de
Dieser Online-Shop bietet Kratzbäume, Kratzmöbel, Spielzeug, Betten und Körbe für Katzen.

Tiere/Nagetiere

Meerschweinchen Ratgeber
info@schweinchenwelt.de

www.meerschweinchen-ratgeber.de
Der Meerschweinchen Ratgeber informiert über die verschiedenen Themenbereichen der Meerschweinchenhaltung.

Nager Info
info@nager-info.de

www.nager-info.de
Umfassende Informationen zur Haltung von Nagern und Kaninchen.

Tiere/Pferde

ehorses
support@ehorses.de

www.ehorses.de
Pferdemarkt mit über 18.000 Pferden. Die detaillierte Suche hilft, das passende Pferd zu finden.

HorseBase
info@horsebase.de

www.horsebase.de
Ein Marktplatz für Pferde, Pferdedeckung, Sättel, Bekleidung und Zubehör, Kutschen, Reitferien und Stallplätze.

Pferdeforum
info@ingelmannmedia.de

www.pferdeforum.com
Neben dem Forum gibt es auch einen Marktplatz für Reiterbedarf, einen Pferdemarkt und Reitbeteiligungen.

pferde-forum.org
info@imwt.de

www.pferde-forum.org
Forum zu den Themen: Reiten, Pferde-Gesundheit, Pflege, Haltung, Bodenarbeit, Ausrüstung und Rassen.

Pferdekauf.de

www.pferdekauf.de
Aktuelle Pferdeangebote, die nach Eignung, Rasse, Standort, Geschlecht oder Farbe des Pferdes durchsucht werden können.

Reitforum.de

www.reitforum.de
Reitforum mit den folgenden Themen: Haltung, Ausrüstung und Pflege von Pferden, Krankheiten, Fütterung und Pferderassen.

Siehe auch Kapitel Sport

Pferdesport

Tiere/Reptilien & Amphibien

Zierschildkröte.de
fragen@pseudemys.de

www.zierschildkroete.de
Informationen zur artgerechten Haltung von Wasserschildkröten: Unterbringung, Beleuchtung, Ernährung und Überwinterung.

Tiere/Tierärzte

Tierärzte-Verzeichnis
info@tierarzt.org

www.tierarzt.org
Suche nach Veterinären oder Spezialisten in bestimmten Fachdisziplinen der Tiermedizin.

Tiere/Tierbedarf & Tiernahrung

Fressnapf
info@fressnapf.de

www.fressnapf.de
Die große Fachmarktkette für Heimtierbedarf bietet Tiernahrung und –zubehör von Markenpartnern und Eigenmarken.

Gustoso Fleisch-Shop
mail@fleisch-shop.de

www.fleisch-shop.de
Frisches Bio-Fleisch und fleischige Knochen für Mensch und Tier vom Rind, Huhn, Lamm, Wild und Pferd. Auch Skeptiker-Pakete.

meinestrolche.de
service@meinestrolche.de

www.meinestrolche.de
Für Katzen und Hunde findet man hier: Futter, Spielzeug, Körbchen, Pflegeprodukte, Futternäpfe und Transportlösungen.

petobel.de
service@petobel.de

www.petobel.de
Über 10.000 Produkte zu Heimtierbedarf, Tierzubehör und Tiernahrung für Hunde, Katzen, Kleintiere und Fische.

Petshop
info@petshop.de

www.petshop.de
Mehr als 10.500 Produkte für Hunde, Katzen, Vögel und Kleintiere. Außerdem Terraristik und Aquaristik sowie Pferdeartikel.

zooplus
info@zooplus.de

www.zooplus.de
Der Haustier-Shop im Internet bietet unzählige Markenprodukte. Weitere Services: Tierarztadressen und Gesprächsforen.

ZooRoyal
info@zooroyal.de

www.zooroyal.de
Artikel für Hunde, Katzen, Aquaristik, Vögel, Kleintiere und Terraristik.

Tiere/Tierkrankheiten

tierarztblog
office@gratzl-it.com

www.tierarztblog.com
Tierkrankheiten von A bis Z. Online-Sprechstunde von Tierärzten und viele Berichte rund um Tiere.

Tiermedizinportal
info@vetproduction.de

www.tiermedizinportal.de
Tierhalter und -interessierte können sich über Tierkrankheiten sowie weitere Themen rund um die Tiermedizin informieren.

Tiere/Tiervermittlung

Tiervermittlung.de
webmaster@tiervermittlung.de

www.tiervermittlung.de
In der großen Datenbank können Tierheime, Pflegestellen und Privatpersonen Jungtiere, ausgesetzte Tiere oder Tiere in Not zur Vermittlung inserieren. Tierfreunde können hier die Anzeigen durchsuchen, Haustiere aller Arten finden und bei Interesse Kontakt aufnehmen. **(Siehe Abbildung)**

Tiervermittlung.de   **www.tiervermittlung.de**

Tierheim Helden
info@tierheimhelden.de

www.tierheimhelden.de
Hier findet man Hunde, Katzen und Kleintiere aus Tierheimen in der Nähe und kann die Tiere aufnehmen oder unterstützen.

Tiere/Tierversicherungen

Tierversicherungen-im-vergleich.de
info@tierversicherungen-im-vergleich.de

www.tierversicherungen-im-vergleich.de
Hier kann man aus 110 Tarifen den günstigsten Versicherungstarif für Hunde-, Pferde- und Katzenversicherungen ermitteln.

Tiere/Tierzeitschriften

Ein Herz für Tiere
redaktion@herz-fuer-tiere.de

www.herz-fuer-tiere.de
Das bekannte Tiermagazin bietet aktuelle Infos sowie Tipps und News für Tierfreunde und -besitzer. **(Siehe Abbildung)**

Tiere/Vögel

Sittichpower
info@sittiche.de

www.sittiche.de
Auf diesen Seiten erfährt man einiges über Pflege, Haltung, Nahrung und Tipps für den täglichen Umgang mit dem Wellensittich.

Vogelforen.de
info@vogelfreund.de

www.vogelforen.de
Forensystem zur Vogelhaltung, -zucht, -bestimmung und -beobachtung. Moderatoren sorgen für einen reibungslosen Ablauf.

Wildvogelhilfe
wildvogelhilfe@wildvogelhilfe.org

www.wildvogelhilfe.org
Altvögel richtig pflegen, Jungvögel aufziehen, Fütterung im Winter, Nistmöglichkeiten und Bilder einheimischer Vogelarten.

Ein Herz für Tiere　　　　　　　　　　**www.herz-fuer-tiere.de**

Tiere/Wale

Welt der Wale und Delfine, Die
mail@wale.info

www.wale.info
Web-Seite mit Beschreibungen aller Wal- und Delfinarten, allgemeinen Informationen, aktuellen Berichten und Forum.

Veranstaltungen/Disco & Partys

BinPartyGeil.de
info@binpartygeil.de

www.binpartygeil.de
Dieses Partyverzeichnis bietet einen Überblick über Veranstaltungen in ganz Deutschland, Österreich und der Schweiz. Events können selbst eingetragen und etwa nach PLZ, Stadt oder Ort, Umkreis und Verlosung von Freikarten sortiert werden. Nachberichte in Form von Fotos gibt es in der großen Bildergalerie. **(Siehe Abbildung)**

Stadtleben.de
kontakt@stadtleben.de

www.stadtleben.de
Freizeitportal mit einer bundesweiten Community, auf der man Infos, Termine und Tipps für seine jeweilige Stadt findet.

Virtual Nights
info@virtualnights.com

www.virtualnights.com
Hier erfährt man, was in der Partyszene bundesweit los ist, Bilder und Videos von Partys, Konzerten und Festivals.

Veranstaltungen/Flohmärkte

Markt Com
info@marktcom.de

www.marktcom.de
Floh-, Trödel- und Sammlermarkt-Termine in Deutschland. Direkter Kontakt zum Veranstalter und kostenloser Online-Marktplatz.

Troedelmaerkte.eu
info@troedelmaerkte.eu

www.troedelmaerkte.eu
Übersicht über Trödelmarkttermine in Deutschland und Europa.

BinPartyGeil.de   **www.binpartygeil.de**

Veranstaltungen/Veranstaltungstickets

Eventim.de
kundenservice@eventim.de

www.eventim.de
Tickets für jährlich über 140.000 Events: Konzerte, Comedy-, Kultur- und Sportveranstaltungen sowie Musicals.

fansale.de
kontakt@fansale.de

www.fansale.de
Das deutsche Internet-Portal speziell für den Weiterverkauf von Veranstaltungstickets aller Art.

HEKTICKET.de Tickets & Konzertkarten
customer-care@hekticket-service.de

www.hekticket.de
Bundesweite Suche nach Eintrittskarten für Konzerte, Rock, Pop, Musical, Festivals, Sport und Kabarett.

Konzertkasse
kontakt@konzertkasse.de

www.konzertkasse.de
Konzertkasse.de ist eine offizielle Vorverkaufskasse und bietet Tickets im bundesweiten Vorverkauf für Events aller Art.

ticcats.de
info@ticcats.de

www.ticcats.de
Ticketsuche und Preisvergleich für Musicals, Konzerte und Events in ganz Deutschland.

Ticketmaster
info@ticketmaster.de

www.ticketmaster.de
Tickets für Veranstaltungen von Musik über Sport bis hin zu Kunst und Theater.

TwoTickets.de

www.twotickets.de
Veranstaltungskalender und Freikartenclub für ganz Deutschland, der sowohl Tickets zum Kauf als auch Freitickets bietet.

● **Reservix**
info@reservix.de

www.reservix.de
Auf dem Ticketportal Reservix kann man Eintrittskarten zu Veranstaltungen in ganz Deutschland bestellen. Das Angebot reicht von Konzerten aus den Bereichen Pop, Rock, Jazz und Klassik über Theater-, Kabarett- und Comedy-Aufführungen bis hin zu Tickets für Sportveranstaltungen. **(Siehe Abbildung)**

Reservix   **www.reservix.de**

Vereine & Gemeinnützigkeit

meinverein
info@meinverein.de

www.meinverein.de
Deutschlands große Community für Vereine, Clubs und Interessengruppen.

Nonprofit.de
kundendienst@vnr.de

www.nonprofit.de
Praxishilfen und Tipps zum erfolgreichen Spendensammeln für Vereine und soziale Einrichtungen.

Vereinsknowhow

www.vereinsknowhow.de
Infos zu Themen wie Gemeinnützigkeit, Recht, Steuern und Buchhaltung. Außerdem eine Datenbank mit über 1.200 Urteilen.

Verloren & Gefunden

BringMeBack
info@bringmeback.com

bringmeback.com
BringMeBack garantiert eine schnelle Rückführung von verlorenen Gegenständen durch individuelle Registrierung.

FINWO

finwo.com
FINWO ist ein Online-Fundbüro, bei dem man seine verlorenen oder gestohlenen Gegenstände suchen und kostenfrei inserieren kann.

Verschwörungstheorien

Weltverschwoerung.de

www.weltverschwoerung.de
Diskussionsforum über Verschwörungstheorien.

Zauberei

Magicshop
info@magicshop.ch

www.zaubertrix.de
Online-Zauber-Shop mit Zauberartikeln, Scherzartikeln, Video-Clips, Auktionen und Gratistricks.

Stolina Magie
info@stolina.de

www.stolina.de
Online-Zaubereiladen: Von Zaubertrickutensilien wie gezinkten Karten über DVDs bis hin zu Materialien für eine Bühnenschau.

Zauberersuche
info@gr-webdesign.de

www.zauberersuche.de
Suchmaschine nach Zauberern für Veranstaltungen. Hierfür kann gezielt nach bestimmten Auftrittsarten gesucht werden.

Zoos & Tierparks

zoo-infos.de

www.zoo-infos.de
Kurzporträts von Zoos in Deutschland, Österreich, der Schweiz und Frankreich.

Zukunftsdeutung/Bleigießen

Bleigießen
info@bleigiessen.de

www.bleigiessen.de
Das Glücks-Orakel: Bleigießen macht Spaß und verrät, was die Zukunft bringt. Mehr als 1.000 Glücksfiguren richtig deuten.

Zukunftsdeutung/Kartenlegen, Hellsehen & Wahrsagen

Esoterikforum.de

www.esoterikforum.de
Diskussionsforum zu den Themen Kartenlegen, Hellsehen, Wahrsagen, Pendel, Wünschelruten und Wiedergeburt.

GELD & FINANZEN

Deutsches Anleger Fernsehen   **www.daf.fm**

BMW-Aktie: Credit Suisse sagt "Underperform"
Die Credit Suisse belässt die Aktie des bayerischen Autobauers BMW auf "Underperform".
Das Kursziel sehen die Analysten bei 85 Euro. Der Kurs notiert am Freitag bei 92,16 Euro -
ein Plus von 0,8 Prozent. [mehr...]

DAX	TecDAX	MDAX	SDAX

9.673,23 +14.10 (0.15%)   12:14

Tops / Flops DAX

Continental	167,75 €	▲	+1,77 %
Deutsche Telekom	12,15 €	▲	+0,83 %
Volkswagen Vz.	186,05 €	▲	+0,68 %
Commerzbank	10,93 €	▲	+0,59 %
BMW	92,25 €	▲	+0,56 %
Deutsche Lufthansa	14,63 €	▼	-0,68 %
Adidas	71,72 €	▼	-0,71 %
Henkel Vz.	85,14 €	▼	-0,75 %

Stand: 11.07.14 / 12:31

News zu DAX

10:09	VW fährt in China auf Rekordkurs
10:08	BMW-Aktie: Credit Suisse sagt "Underperfor...
10:07	Bilfinger, HeidelbergCement, Dialog Semicon...
10:06	Helaba – Marktkommentar Aktien: Rheinmet...
09:50	Der Laden brummt!: VW steigert seinen Abs...
09:47	Luc Frieden: Deutsche Bank stellt Luxembur...
09:45	VW-Konzern steigert Auslieferungen
09:45	DAX erholt sich von deutlichen Verlusten: A...

Börse: Xetra verzögert

Alle Videos des Tages in der Übersicht

BMW-Aktie	**Bilfinger, HeidelbergCement, Dialog Semiconductor und Blackberry im Check**	**Crash-Experte Hannich**	**Börse Aktuell (11.07)**	**Börse Aktuell am Mittag**	**DAX Check**
Credit Suisse sagt "Underperform"		"Eurokrise noch lange nicht vorbei - EZB-Maßnahmen taugen nichts"	Conti-Aktie der Gewinner im DAX / Rheinmetall an KMV-Übernahme interessiert	Börse Aktuell am Mittag	"Eine gewisse Gefahr droht - Sind noch nicht über dem Berg"

BÖRSEN+MÄRKTE   mehr Beiträge »

Heute 11:48 Uhr   USD: 1,36 | +0,00 %

**Crash-Experte Hannich: "Eurokrise noch lange nicht
vorbei - EZB-Maßnahmen taugen nichts"**

Ein Hauch von Finanzkrise war am Donnerstag wieder zu spüren. In
Portugal wurde aufgrund von Problemen mit einem Großaktionär die
Aktie der Banco Espirito Santo von der Börse ausgesetzt. Der gesamte
Finanzsektor geriet dadurch unter Druck. Crash-Experte Günter Hannich
von www.geldcrash.de erkennt dadurch, dass die Eurokrise noch lange
nicht vorbei ist und auch ein Crash durchaus möglich wäre. [mehr]

Meistgesehen 24 Std.   **Bestbewertet**

Amazon-Aktie: Neue Konkurrenz für Internethändler
...

Silberpreis: Kurs steigt mit Goldpreis an
...

Goldpreis: Anleger flüchten in sicheren Hafen
...

Citigroup-Aktie: Rote Vorzeichen
...

Oil Brent: Kurse fallen weiter
...

Heute 11:48 Uhr   Continental: 167,75 | +1,77 %

Börse Aktuell (11.07): Conti-Aktie der
Gewinner im DAX / Rheinmetall an

Heute 10:13 Uhr   DAX KURSINDEX: 4.976,15 | +0,14 %

Frankfurter Börse: DAX leicht in
Aufwartsbewegung

www.teleboerse.de

n-tv Telebörse

Übernahmegerüchte, Wachstumsprognosen und Megadeals: Wenn Sie sich für Wirtschaftsnachrichten, die neuesten Entwicklungen an der Börse und aktuelle Marktberichte aus der ganzen Welt interessieren, erhalten Sie auf Teleboerse.de alle relevanten Informationen: Hier werden Themen wie der Währungskrieg zwischen Dollar und Euro, Zukunftsszenarien über die Schuldenkrise oder Anlageempfehlungen und -vergleiche behandelt. Mit einem fiktiven Depot können Sie zudem neue Anlagestrategien testen oder gleich eine Watchlist anlegen, um die Börsenkurse und den Stand Ihrer Wertpapiere rund um die Uhr zu überwachen.

www.wsj.de

Wallstreetjournal Deutschland

Wie wirken sich die Aktivitäten der großen US-Banken auf die Staatsschulden-krise in Europa aus? Würde die Schaffung einer europäischen Ratingagentur die Bonität der Euroländer wirklich transparenter machen? Und welche Aktie erlebt momentan eine echte Renaissance? Die Nachrichten, Analysen und Artikel des amerikanischen „Wall Street Journal" werden seit diesem Jahr nun auch für eine deutsche Online-Ausgabe aufbereitet. Interessierte können sich hier durch die meistgelesenen und -kommentierten Artikel aus Politik, Wirtschaft und den Finanzmärkten klicken und sich mit dem täglichen Nach-richtenüberblick aus Deutschland und der Welt immer aktuell informieren.

www.daf.fm

Deutsches Anleger Fernsehen

Hier bekommen Sie das volle Börsenprogramm: Das Deutsche Anleger Fernsehen präsentiert Ihnen online rund um die Uhr, wie es um Dax, Dow Jones und Dollar steht. Zu jeder vollen Stunde berichtet DAF über die Entwicklungen an den internationalen Finanzmärkten, dazu gibt es Unternehmensanalysen, Aktientipps im Chart-Check sowie Interviews mit Marktexperten und Top-Managern deutscher Unternehmen zu Finanz- und Wirtschaftsthemen. Die Sendungen werden außerdem archiviert und sind jederzeit abrufbar – so können Sie auch nach der Ausstrahlung noch erfahren, warum die weltweite Schuldenkrise für Europa auch eine Chance sein kann.

www.finanzen100.de

Finanzen100.de

Das Finanzportal bietet eine aktuelle Marktübersicht über Deutschland, Europa und weltweit. Im Live-Ticker finden Sie alle Indizes von Dow Jones, Euro, Dax und Co. auf einen Blick und können mit der übergrei-fenden Suchfunktion nach weiteren Wertpapieren sowie Finanz- und Wirtschaftsinformationen suchen. Planen Sie eine Investition an der Börse? Dann verschaffen Sie sich hier einen Überblick über die 100 meistgehandel-ten und meistgesuchten Aktien und die erfolgreichsten Fonds und verfolgen Sie die Entwicklung interessanter Wertpapiere sowie passende News und Ad-hoc-Meldungen dazu in Ihrem eigenen Börsen-Portfolio.

www.goldseiten.de

GoldSeiten.de

Gold hat sich schon immer bewährt. Sei es nun, um in Krisenzeiten das eigene Geld zu sichern oder um seine Herzallerliebste für sich zu gewinnen – Gold funktioniert immer. Wer ernsthaft darüber nachdenkt, sein Vermögen in diesem oder in einem anderen Edelmetall anzulegen, wird hier übersichtlich und umfassend informiert. Was ist erträgreicher: Aktien oder Schmuck? Was hingegen ist sicherer? Welche Vor- und Nachteile hat es? Lohnt es sich überhaupt? Antworten auf diese und viele weitere Fragen gibt es auf dieser Web-Seite. Wer zudem noch etwas über die Geschichte, Verbreitung oder Förderung des Edelmetalls wissen möchte, ist hier goldrichtig.

www.zinsen-berechnen.de

Zinsen-berechnen.de

„Die größte Erfindung des menschlichen Denkens – der Zinseszins." Was Albert Einstein hier andächtig bestaunt, bereitet manchmal große Mühen. Damit man im Gewirr von Zinsen, Renditen und Gewinnen nicht den Überblick verliert, gibt es dieses Infoportal. Möchten Sie wissen, wie viel Zinsen Sie für den Kredit aufbringen müssen? Wie viele Steuern von Ihrem Gehalt zu zahlen sind? Oder welchen Wert Ihr Geld noch hat, wenn man die Inflationswerte mit einberechnet? Mit verschiedenen Online-Rechnern wie den Tagesgeld-, Renditen- oder Verzugszinsrechnern lassen sich ganz einfach Finanzpläne für den privaten Bedarf gestalten.

www.aktienboard.com

Aktienboard.com

Spekulieren mit Anleihen aus den Schwellenländern? Welche Aktien soll ich halten, welche lieber schnell verkaufen? Was passiert an der Wallstreet? Beiträge zum Börsen-Know-how, Diskussionen zu Aktienmärkten, Trading-Strategien sowie Besprechung des DAX-Markts, der europäischen und der US-Märkte im großen Forum können für (angehende) Spekulanten sehr interessant sein. Themen sind auch Zertifikate, Fonds oder Devisen. Außerdem finden Sie hier nicht nur News zu internationalen Märkten, Marktberichte, Ratings und Trackboxen, sondern auch hilfreiche Analysen zu nahezu allen auf dem Markt befindlichen Aktien, Renten und Indizes.

www.handelsblatt.com

Handelsblatt.com

Welche Auswirkungen hat die Wirtschaftskrise für die Unternehmen? Wie entwickelt sich der Ölpreis? Glauben Sie, dass die fallenden Eurokurse eine Gefahr für den Euroraum bedeuten? Die Online-Ausgabe des Handelsblattes behandelt diese und andere Fragen. Hier können Sie stets das Neueste aus der Welt der Wirtschaft, des Handels und der Finanzen sowie aus den Bereichen Immobilien, Zertifikate, Fonds und Rohstoffe lesen. Dazu werden Sie über die neuesten Kursentwicklungen an den Börsen auf dem Laufenden gehalten und erfahren Hintergründe zu den Entwicklungen in der Innen- und Außenpolitik sowie zur Konjunkturlage in den Industrienationen.

Aktiengesellschaften

moreir – IR Center
info@equitystory.com

www.more-ir.de
Investor-Relations-Plattform mit allen relevanten Informationen über Aktiengesellschaften und Branchennachrichten.

Banken

Banken.de
info@banken.de

www.banken.de
Linkverzeichnis mit Links zu über 2.000 Banken und viele Finanzlinks.

Banken/Bankleitzahlen, IBAN & BIC

bankkontoExperte.de

www.bankkontoexperte.de
Mit dem Bankkontoexperte Bankleitzahlen und BICs finden, Kontonummern kontrollieren, IBANS berechnen und UStID prüfen.

Iban-rechner.de
iban-mw.rainer@safersignup.com

www.iban-rechner.de
Berechnen oder Prüfen von IBAN-Nummer und BIC für mehrere Länder, BLZ- und BIC-Suche. Mit Korrektheitsgarantie.

Banken/Girokonto

girokonto-onlinevergleich.de
dirk@bildmitteilungen-net.de

www.girokonto-onlinevergleich.de
Informationen, News und Vergleiche zum kostenlosen Girokonto, Tagesgeld und zum Festgeld.

Testsieger-konto.de

www.testsieger-konto.de
Die Testsieger der Girokonten im Vergleich. Mit hilfreichem Leitfaden zur Girokonto-Eröffnung.

Baufi24.de
www.baufi24.de

Anzeige

Banken/Zentralbanken

Deutsche Bundesbank
presse-information@bundesbank.de

www.bundesbank.de
Umfangreiche wirtschafts- und währungspolitische Daten sowie Informationen zu Euro, Zahlungsverkehr und Bankenaufsicht.

Bausparen & Immobilienfinanzierung

Baufi24.de
anfragen@baufi24.de

www.baufi24.de
Bauherren erhalten hier umfassende Informationen rund um Baufinanzierungen und Darlehensarten sowie Ratgeber zum Thema Bauen und Kaufen. Ein Überblick über aktuelle Zinsen sowie Finanzierungsrechner stehen ebenso zur Verfügung wie ein kostenfreies Beratungsangebot. **(Siehe Abbildung)**

Bausparkasse Schwäbisch Hall
service@schwaebisch-hall.de

www.schwaebisch-hall.de
Hilfreiche Informationen zum Bauen, Kaufen, Modernisieren und Energiesparen sowie zu staatlichen Fördermitteln.

Debeka Bauwelt
bausparservice@debeka.de

www.debeka-bauwelt.de
Alles rund um die Immobilie: Bausparen, Finanzieren, Versichern und Immobilienbörse.

Deutsche Bausparkasse Badenia AG
service@badenia.de

www.badenia.de
Bausparen und Finanzierung, Geldanlageformen, Festgeldanlagen, Sparbriefe, Spareinlagen sowie Infos zur Sparförderung.

BHW Bausparkasse
info@bhw.de

www.bhw.de
Bausparen und Baufinanzieren mit der BHW Bausparkasse. Alle wichtigen Informationen, Rechentools, Formulare und Online-Abschlüsse zum Thema Bausparen und Baufinanzierung, zur staatlichen Förderung sowie passende Tarife für Kauf, Neubau oder Modernisierung findet man unter www.bhw.de. **(Siehe Abbildung)**

BHW Bausparkasse   **www.bhw.de**

Geld & Finanzen

Dr. Klein
info@drklein.de

www.drklein.de
Unabhängiger Vermittler für (Bau-)finanzierungen über das Internet. Online-Vergleiche und Beratung – auf Wunsch auch vor Ort.

Interhyp AG
info@interhyp.de

www.interhyp.de
Aus dem Angebot von zahlreichen Banken findet Interhyp das individuell passende Darlehen.

LBS – Bausparkasse der Sparkassen

www.lbs.de
Die LBS berät und begleitet ihre Kunden zu den Themen Bausparen und Finanzieren. Mit umfangreichem Immobilienangebot.

Wüstenrot
info@wuestenrot.de

www.wuestenrot.de
Bausparen, Baufinanzierung, Geldanlage, Altersvorsorge, Versicherungen, Immobilien, Online-Rechner, Online-Abschluss.

Börsen

Boersen-links.de

www.boersen-links.de
Links zu allen wichtigen Börsen der Welt, aktuelle Nachrichten und Index-Stände.

Börse Frankfurt
redaktion@deutsche-boerse.com

www.boerse-frankfurt.de
Anlegerportal der Deutschen Börse mit Informationen zu Börsenkursen, Unternehmensdaten, Indizes, Währungskursen und Futures.

Börsenlexikon

FAZ.NET Börsenlexikon
info@faz.net

www.boersenlexikon.de
Über 700 Begriffe aus der Sprache der Börsianer mit Querverweisen und Erklärungen.

Börsenspiele

Depotking.de
info@depotking.de

www.depotking.de
Bei diesem Online-Börsenspiel kann man mit Aktien und Hebelzertifikaten Preise gewinnen.

FAZ Börsenspiel
boersenspiel@faz.net

boersenspiel.faz.net
Über 200.000 Spieler kämpfen hier um einen Platz in den Top Ten. Die Anmeldung zur Teilnahme ist kostenlos.

Finanzbehörden

BaFin
poststelle@bafin.de

www.bafin.de
Die Bundesanstalt für Finanzdienstleistungsaufsicht bietet Auskünfte für Verbraucher, Anbieter und Anleger.

Bundesministerium der Finanzen
poststelle@bmf.bund.de

www.bundesfinanzministerium.de
Mit dem interaktiven Steuerrechner lässt sich die Lohnsteuer selbst berechnen. Ein Steuerlexikon und neue Steuergesetze.

Deutsche Finanzagentur

www.deutsche-finanzagentur.de
Kostenloses Depot und gebührenfreier Erwerb von Bundesschatzbriefen, Finanzierungsschätzen und Bundesobligationen.

Finanzinformationen & Finanzvergleiche

BankingCheck.de
kontakt@bankingcheck.de

www.bankingcheck.de
BankingCheck.de ist ein unabhängiges Bewertungs- und Vergleichsportal für Banken und Finanzprodukte mit Kundenbewertungen.

banktip

www.banktip.de
Das Finanzportal bietet Infos und Konditionsvergleiche für Ratenkredite, Girokonto, Depots, Tagesgeld und Kreditkarten.

Biallo.de
info@biallo.de

www.biallo.de
Immobilien, Kredite und Geldanlagen: Ratgeber zu allem, was die privaten Finanzen betrifft.

CaptainGeld
info@captaingeld.de

www.captaingeld.de
Begriffe aus der Finanzwelt einfach und anwendungsorientiert für Laien erklärt.

FinanceScout24
info@financescout24.de

www.financescout24.de
Unabhängiges Internet-Finanzportal mit persönlicher Finanzberatung vor Ort. Kostenloser Vergleich und Abschluss.

Finanzen100.de
info@finanzen100.de

www.finanzen100.de
Finanzen100.de bietet einen Überblick über Finanz- und Wirtschaftsthemen wie Kursinformationen, Wertpapiere oder Indizes.

Optimal-Banking
post@optimal-banking.de

www.optimal-banking.de
Viele Informationen zu Konten, Krediten und Kreditkarten, Anlagemöglichkeiten und Wertpapieren.

rating-index.com
info@schwarzenberg-verlag.de

www.rating-index.com
Das Marktverhalten der Investoren wird hier in einem Rating von Staaten und Unternehmen dargestellt.

Vergleich.de
team@vergleich.de

www.vergleich.de
Online-Tarifvergleiche für Baufinanzierung, Ratenkredite, Tages- und Termingeld, Girokonto sowie Versicherungen.

Finanzmagazine & Börsenmagazine

boersennews.de

www.boersennews.de
Aktien, Fonds, Derivate, Rohstoffe und ein Börsenratgeber.
(Siehe Abbildung)

Deutsche Wirtschafts Nachrichten
info@deutsche-wirtschaftsnachrichten.de

www.deutsche-wirtschafts-nachrichten.de
Aktuelle Wirtschafts- und Finanznachrichten für Deutschland und Europa mit kritischen Berichten.

boersennews.de   **www.boersennews.de**

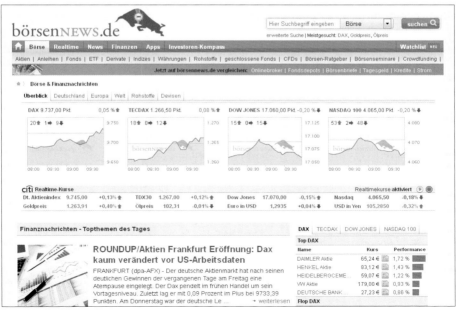

Deutsches Anleger Fernsehen
info@daf.fm

www.daf.fm
Tägliche Liveberichterstattung von den Börsen dieser Welt. Dazu Unternehmensanalysen, Tipps und Trends. Mit Livestream.

EMFIS

www.emfis.com
Anbieter für Börseninformationen zu den Emerging Markets im deutschsprachigen Internet mit Analysen, Kursen, Nachrichten.

Finanzen.net
info@finanzen.net

www.finanzen.net
Internet-Service für Kapitalanleger mit Börsendaten, Realtime-Kursen, aktuellen Wirtschaftsmeldungen und Depotverwaltung.

FinanzNachrichten.de

www.finanznachrichten.de
Finanznachrichtenportal, das täglich Nachrichten und Aktienkurse präsentiert.

finanztreff.de
ccc@finanztreff.de

www.finanztreff.de
Finanzportal mit umfassenden Informationen zu Wertpapieren, innovativen Suchen sowie kostenlosen Depotverwaltungs-Tools.

Focus Geld

finanzen.focus.de
Ausführliche und zahlreiche Informationen zu Börse, Geldanlage, Banken, Immobilien, Versicherungen und Steuern.

n-tv Telebörse

www.teleboerse.de
Das Anleger-Portal von n-tv informiert über alle Themen rund um Aktien, Aktienkurse, DAX, Fonds und Börse.

Stock-World
info@stock-world.de

www.stock-world.de
Aktuelle Börsennachrichten, Kurse und Charts, Empfehlungen, Marktberichte, Expertenkommentare und Börsenbriefe.

wallstreet:online AG
info@wallstreet-online.de

www.wallstreet-online.de
Große Börsenseite mit Nachrichten, Kursen und Chart-Tools sowie einem Diskussionsforum.

Wirtschaft.com
info@wirtschaft.com

www.wirtschaft.com
Aktuelle Wirtschaftsnachrichten für Europa, Deutschland, Österreich und die Schweiz. Infos zu Firmen und Finanzen.

Finanzzeitschriften & Finanzverlage

boersen-zeitung.de
redaktion@boersen-zeitung.de

www.boersen-zeitung.de
Kurse, Charts, Berichte, Analysen und Hintergründe zu Politik, Banken, Unternehmen, Branchen sowie zu Anlageprodukten.

Börse online
kontakt@boerse-online.de

www.boerse-online.de
Aktuelle Empfehlungen und Analysen, nützliche Tools, Expertenmeinungen und Hintergrundberichte zu Aktien und Finanzen.

Capital
online@capital.de

www.capital.de
Aktuelle Artikel und Finanz-Tools zu Geldanlagen, Börse, Steuern, Versicherungen und Immobilien.

Handelsblatt.com
handelsblatt@vhb.de

www.handelsblatt.com
Nachrichten, Kurse, Charts sowie Hintergrundartikel und Analysen aus den Bereichen Wirtschaft, Politik und Gesellschaft.

impulse online
online@impulse.de

www.impulse.de
Nutzwert für den innovativen Mittelstand und Unternehmer im Bereich Management, Gründung, Finanzen, Recht und Steuern.

Wallstreetjournal Deutschland
redaktion@wallstreetjournal.de

www.wsj.de
Artikel und Analysen zu Finanzen, Wirtschaft und Politik. Bei Unternehmensmeldungen ist der Aktienkurs direkt verlinkt.

wiwo.de
wiwo-online@vhb.de

www.wiwo.de
Kolumnen, Foren und Umfragen. Persönliches Wertpapierdepot und Analysen von Unternehmen, Technologien, Geld und Politik.

Forderungsmanagement, Mahnungen & Inkasso

Mahnerfolg.de

www.mahnerfolg.de
Mahnerfolg.de bietet Infos zu den Themen Inkasso, Finanzen und Recht, Urteilsbesprechungen und ein Anwaltsverzeichnis.

Supercheck
info@supercheck.de

www.supercheck-bonitaet.de
Bonitätsprüfungen und Wirtschaftsauskünfte sowie Adressermittlungen von Privatpersonen und Firmen.

Geld & Banknoten

Banknoten.de
info@banknoten.de

www.banknoten.de
Banknoten-Shop mit allen kursgültigen Banknoten dieser Welt und den meisten historischen Banknoten.

Moneypedia
info@moneypedia.de

www.moneypedia.de
Lexikon rund um das Thema Geld und Banknoten mit originalen Banknotenabbildungen.

Kredite

auxmoney
info@auxmoney.com

www.auxmoney.com
Die Plattform auxmoney vermittelt Privatkredite.

Creditplus Bank AG
info@creditplus.de

www.creditplus.de
Sofortkredit, Autokredit, Kreditablösung. Die Kreditanfrage kann schnell und unkompliziert online getätigt werden.

● **Creditolo**
mail@creditolo.de

www.creditolo.de
creditolo Kreditvermittlung: Schnelle Online-Kredite zu günstigen Zinsen für Auto, Urlaub, Umschuldung sowie Finanzierungen aller Art für Arbeitnehmer, Verbraucher, Rentner, Hausfrauen und Selbstständige. Kreditsummen von 1.000 bis 100.000 Euro mit 12 bis 120 Monaten Laufzeit, außerdem Kredite ohne Schufa.
(Siehe Abbildung)

Creditolo   **www.creditolo.de**

GELD & FINANZEN

kreditvergleich-gratis.de
info@kreditvergleich-gratis.de

www.kreditvergleich-gratis.de
Vergleich der aktuellen Konditionen für Kredite von verschiedenen Banken. Zudem Berechnung der Monatsraten und des Jahreszins.

Onlinekredit-sofort
info@buchhorn-gmbh.de

www.onlinekredit-sofort.de
Kredit individuell berechnen und Angebote von Direktbanken vergleichen. Kredite mit einer Laufzeit von 12 bis 120 Monaten.

smava
info@smava.de

www.smava.de
Privatpersonen können bei smava Geld leihen und verleihen. Smava bringt Kreditgeber und Kreditsuchende zusammen.

Kreditkarten

cardscout.de
info@cardscout.de

www.cardscout.de
Die ideale Kreditkarte aus vielen Angeboten mit dem Kreditkarten-Vergleich von cardscout herausfiltern. Mit Ratgeber.

Kreditkartenvergleich.net
info@kreditkartenvergleich.net

www.kreditkartenvergleich.net
Unabhängiges Informations- und Vergleichsportal zum Thema Kreditkarten und Prepaid-Kreditkarten.

Rente & Altersvorsorge

Deutsche Rentenversicherung Bund
drv@drv-bund.de

www.deutsche-rentenversicherung-bund.de
Portal der Deutschen Rentenversicherung Bund mit Infos zur gesetzlichen Rentenversicherung und Beratungsangeboten.

ihre-vorsorge.de
redaktion@ihre-vorsorge.de

www.ihre-vorsorge.de
Das Portal zur gesetzlichen, betrieblichen und privaten Altersvorsorge. Tagesaktuelle Meldungen, verbraucherorientierte Themen-Specials, Förderrechner, ausführlicher Rentenschätzer und weitere umfangreiche Finanz-Tools für individuelle Berechnungen. Expertenforum zu allen Fragen der Altersvorsorge.
(Siehe Abbildung)

Rohstoffe/Allgemein

Rohstoffwelt
info@rohstoff-welt.de

www.rohstoff-welt.de
Dieses Portal bietet Top-Meldungen zu den Rohstoffen dieser Welt, informiert über Aktien, Fonds und Basiswissen.

Rohstoffe/Gold & Silber

321goldundsilbershop.de
service@321goldundsilbershop.de

www.321goldundsilbershop.de
Verkauf von Gold und Silber in Form von Münzen oder Barren mit großem Angebot an Anlage- und Sammlermünzen.

Anlagegold24.de
info@anlagegold24.de

www.anlagegold24.de
Goldbarren und -münzen sowie Silbermünzen und -barren, Platin, Palladium und Aufbewahrungszubehör.

gold.de

www.gold.de
Vergleich von Händlerangeboten, die Gold in Form von Münzen oder Barren verkaufen. Mit Forum.

GoldPreis.de
info@gsp-systems.de

www.goldpreis.de
Handelsplattform im Bereich physisches Anlagegold- und Silber, die auch einen Preisvergleich anbietet.

GoldSeiten.de
info@goldseiten.de

www.goldseiten.de
Hier gibt es Wissenswertes über Gold, Goldminen weltweit, verschiedene Fonds, Börsenkurse, Bücher und ein Forum.

Goldsilbershop.de
info@goldsilbershop.de

www.goldsilbershop.de
Goldbarren, Silberbarren, Goldmünzen und Silbermünzen online kaufen. Ankauf und Verkauf von Edelmetallen.

Silber.de

www.silber.de
Fragen rund um das Edelmetall Silber als Wertanlage werden hier beantwortet. Mit aktuellen News, Preisrechner und Lexikon.

TG Gold-Super-Markt
gold@gold-super-markt.de

www.gold-super-markt.de
Edelmetalle-Shop mit Preisaktualisierung im Zehn-Minuten-Rhythmus. Aktuelle Edelmetall-Kurse und Einlagerungsservice.

Schulden & Zahlungsunfähigkeit

Forum Schuldnerberatung
verein@forum-schuldnerberatung.de

www.forum-schuldnerberatung.de
Großes Portal zum Thema Schulden und Schuldnerberatung. Diverse Foren, viele Informationen und nützliche Adressen.

meineSchufa.de
meineschufa@schufa.de

www.meineschufa.de
Serviceangebot der SCHUFA: Schulden-Kompass, Verbraucherinfos und Bestellung der persönlichen SCHUFA-Auskunft.

online-mahnantrag.de
office@justiz.bremen.de

www.online-mahnantrag.de
Hier kann man gegen Schuldner online einen Antrag auf Erlass eines Mahnbescheids ausfüllen.

Schuldenberatung

www.pacemark-finance.eu
Pacemark Finance leistet bundesweite Hilfe bei Überschuldung, Insolvenz und Zwangsversteigerung. Durch individuelle Beratung wird sowohl für private Schuldner als auch für finanziell angeschlagene Unternehmen gemeinsam die beste Lösung aus der Schuldensituation ermittelt.

Schuldenratgeber
info@bag-sb.de

www.meine-schulden.de
Tipps, um eine Überschuldung zu vermeiden, Telefonnummern von Schuldnerberatungsstellen und Musterbriefe.

ihre-vorsorge.de

www.ihre-vorsorge.de

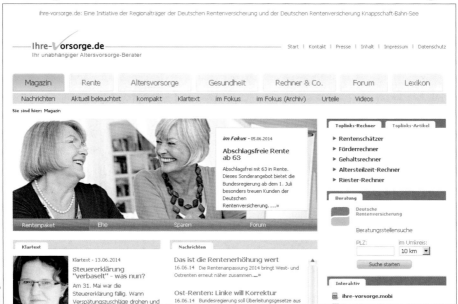

GELD & FINANZEN

Steuern/Allgemein

Bund der Steuerzahler
info@steuerzahler.de

www.steuerzahler.de
Hinweise zur Steuer- und Finanzpolitik, die Schuldenuhr, Steuertipps, Staatsverschuldung und Steuergeldverschwendung.

Steuern/Lohnsteuer & Einkommensteuer

Interaktiver Abgabenrechner
buergerreferat@bmf.bund.de

www.bmf-steuerrechner.de
Abgabenrechner zur Berechnung der Lohn- und Einkommensteuer. Mit wichtigen Infos.

Nettolohn.de
info2013@nettolohn.de

www.nettolohn.de
Berechnung des Nettolohns unter Berücksichtigung der Sozialabgaben.

● **SteuerFuchs**
service@steuerfuchs.de

www.steuerfuchs.de
Mit SteuerFuchs kann man bequem und einfach die Einkommensteuererklärung im Internet erstellen. Effizienter Steuerrat sowie die Erfassung und Optimierung der Steuerdaten sind anmeldungsfrei verfügbar. Bei Fragen hilft ein Online-Steuerratgeber mit Hintergrundinfos, Tipps und Umsetzungshinweisen. **(Siehe Abbildung)**

Steuern/Steuerberater

STB Web
info@stb-web.de

www.stb-web.de
Portal für Kanzleien im Internet, Artikel zahlreicher Fachautoren, Online-Steuerberatersuche und kostenloser Newsletter.

steuerberater.net
info@steuerberater.net

www.steuerberater.net
Steuerinformationsportal mit Steuerberaterverzeichnis im deutschsprachigen Raum.

SteuerFuchs   **www.steuerfuchs.de**

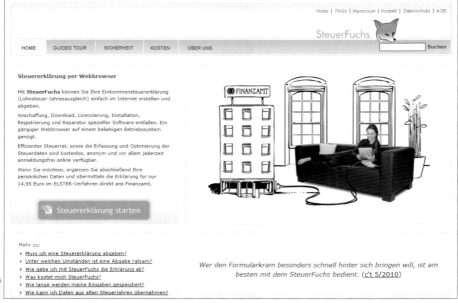

Steuerberater-suchservice.de
dstv.berlin@dstv.de

www.steuerberater-suchservice.de
Steuerberatersuche nach PLZ, Fachbereich, internationalem Steuerrecht, Branche sowie Fremdsprache.

Steuern/Steuertipps & Steuerformulare

Formular-Management-System
servicedesk@zivit.de

www.formulare-bfinv.de
Die Bundesfinanzverwaltung stellt hier Formulare für die Steuererklärung und Anträge auf Ermäßigungen zum Download bereit.

steuernetz.de
info@steuernetz.de

www.steuernetz.de
Infos zu Wirtschaft, Recht und Steuern, Online-Rechner, aktuelle Gesetzestexte, Urteilsdatenbank und viele Praxistipps.

steuerspar-urteile.de
kontakt@taxandmore-online.de

www.steuerspar-urteile.de
Steuern sparen: Kostenlose, verständliche Kommentierung aktueller Urteile. Suche nach Datum, Aktenzeichen und Wörtern.

Steuertipps.de
info@akademische.de

www.steuertipps.de
Die Seite bietet zahlreiche Informationen und Tipps in Steuerfragen, außerdem kostenpflichtige Downloads und einen Shop.

Steuern/Umsatzsteuer

Mehrwertsteuerrechner
mail@mehrwertsteuerrechner.de

www.mehrwertsteuerrechner.de
Berechnung von Mehrwertsteuer (7 % und 19 %) auf den Nettopreis und umgekehrt vom Bruttopreis zurück zum Nettopreis.

Versicherungen & Versicherungsvergleiche

Honoro Versicherungsvergleiche
honoro@email.de

www.honoro.de
Die Honoro UG bietet auf ihrer Homepage über 40 verschiedene Versicherungsvergleiche. Zahlreiche Testsieger aus Verbrauchermagazinen befinden sich im Angebot. Ob Autoversicherung, private Haftpflicht oder Rechtsschutzversicherung, hier lassen sich alle Versicherungen direkt vergleichen. **(Siehe Abbildung)**

Honoro Versicherungsvergleiche **www.honoro.de**

Anzeige

1A Verbraucherportal
info@1a.net

www.1a.net
Unabhängiger Vergleich mit aktuellen Informationen über Versicherungen und Vorsorge.

Dr. Klein
info@drklein.de

www.drklein.de
Unabhängiger Vermittler für Versicherungen, Online-Vergleiche und Beratung.

finanzcheck.com
kontakt@finanzcheck.com

www.finanzcheck.com
Online-Vergleich für Versicherungen, Finanzen, Vorsorge und Tagesgeld sowie zahlreiche Ratgeber rund um Finanzthemen.

● **R+V Versicherung**
ruv@ruv.de

www.ruv.de
Umfangreiches Versicherungs- und Serviceangebot mit Tarifrechnern, Schaden- und Änderungsservice. Besondere Highlights: Leicht verständliche Produktvideos, Ratgeber und SchadenABC mit Filmen, Podcasts und Animationen, Newsletter, Terminvereinbarungs-Service und Angebote in Twitter und Facebook. **(Siehe Abbildung)**

● **vit24**
info@vit24.de
☎(05139) 95 81 20

www.vit24.de
Unabhängige Versicherungsvergleiche für Bauherren genauso wie für Hunde- oder Pferdehalter und viele weitere Versicherungsfelder wie Privathaftpflicht oder Rechtsschutz. Der jeweilige Rechner führt den Nutzer mit wenigen Klicks und Angaben zum am besten geeigneten Versicherungspartner. **(Siehe Abbildung)**

● **vs vergleichen-und-sparen GmbH**
service@vergleichen-und-sparen.de
☎(02041) 77 447 44

www.vergleichen-und-sparen.de
Hier kostenlos die Tarife von 183 Versicherungen vergleichen und aus der Ergebnisansicht unkompliziert online abschließen. Man findet exklusive Maklerkonzepte mit Rabatten und Leistungserweiterungen gegenüber den Normaltarifen. Es wird eine Online-Beratung für Fragen und im Schadensfall geboten. **(Siehe Abbildung)**

R+V Versicherung   **www.ruv.de**

vs vergleichen-und-sparen GmbH   **www.vergleichen-und-sparen.de**

Tarifcheck24
info@tarifcheck24.de

www.tarifcheck24.de
Tarifcheck vergleicht und ist stets auf der Suche nach den interessantesten Versicherungs- und Finanzangeboten.

Versicherungstarife.info
service@versicherungstarife.info

www.versicherungstarife.info
Kostenloser Vergleich vieler Anbieter mit individueller Berechnung.

Versicherungen/Ankauf

LV-Doktor
info@lv-doktor.de

www.ankauf-versicherungen.de
LV-Doktor kauft Lebens- und Rentenversicherungen an. Es besteht die Chance auf einen hohen Rückkaufswert.

Zinsen/Tagesgeld & Festgeld

● **Sparkonto.org**
info@sparkonto.org

www.sparkonto.org
Private Anleger erhalten auf sparkonto.org aktuelle Vergleiche und Informationen zu Sparkonten in den Bereichen Tagesgeld- und Festgeld. In zahlreichen Beiträgen werden Vor- und Nachteile von Sparkonten und Spezialthemen wie der Vermögensaufbau für Kinder und junge Leute detailliert betrachtet. **(Siehe Abbildung)**

Tagesgeld News
kontakt@tagesgeld-news.de

www.tagesgeld-news.de
Anleger erhalten hier tägliche Meldungen zum Tagesgeld- und Festgeldkonto sowie Rechner und Apps zum Vergleichen.

Tagesgeld.info
info@tagesgeld.info

www.tagesgeld.info
Tagesaktuelle Vergleiche und Rechner für Tages- und Festgeldkonten. Mit einem Lexikon und einem Ratgeber.

Sparkonto.org   **www.sparkonto.org**

Suchbegriff eingeben...

sparkonto.org Infoportal zum Thema Sparkonten - das Sparkonto im Vergleich mit Tagesgeld und Festgeld.

gehört zu den 6.000 wichtigsten deutschen
Internetseiten. Quelle: Web-Adresswelt 2014, S. 302

HOME   TAGESGELD   FESTGELD   ERFAHRUNGEN   TEST   SPARKONTO KINDER   GIROKONTO   SPARBUCH   RATGEBER   NEWS

Sparkonto Vergleich – Online Sparkonten

von UWE WINKLER aktualisiert am: 12.06.2014

Für viele Verbraucher besteht Gewissheit, dass ihnen Investitionen in Aktien, Fonds und Zertifikaten zu riskant und unsicher sind. Der Hype bei der Anlage in Aktien wird nicht ewig anhalten. Ein Teil der Anleger bevorzugt das klassische **Sparkonto**. Aus gutem Grund, denn die verschiedenen Konten aus den Bereichen Tagesgeld- und Festgeld Sparen bieten immer noch interessante Optionen für Sparer, welche ihr Geld sicher und gewinnbringend anlegen wollen.

Die Sparzinsen bleiben auch 2014 niedrig. Ursache dafür ist die Geldpolitik der EZB, die über niedrige Leitzinsen versucht, die Konjunktur innerhalb der EU anzukurbeln. Die derzeit niedrigen Inflationsraten und hohen Arbeitslosenzahlen in den EU-Südländern sind ein Indiz für die immer noch schwache Wirtschaft innerhalb der EU.

Sicher trifft es den deutschen Sparer hart, doch Deutschland hat sich für diesen Weg entschieden und sollte dazu stehen. In unserem Finanzportal informieren wir zu aktuellen Anlagechancen und Sparformen in Deutschland aber auch in Österreich sowie über alternative Sparmöglichkeiten z.B. dem Baumsparvertrag von Forest Finance, einem renditestarken Holzinvestment.

Tagesgeld Sparkonten

TOP TAGESGELD SPARKONTEN
VOM 12.06.2014

1,40% VW Plus Konto
1,40% Audi Bank Tagesgeld
1,30% MoneYou Tagesgeld
1,30% Renault Bank Direkt
1,30% Rabobank Spar90
1,30% 1822direkt Tagesgeld
1,25% GEFA Sparkonto

kompletter Vergleich

oder Festgeld über 1 Jahr

AKTUELLE ANLAGE NEWS

Die klassische und nachhaltige Geldanlage

Banco Espirito Santo – Festgeldanlage über Weltsparen

Sparkonten bei der italienischen IWBank

Weltsparen – Festgeld bei der Fibank

Europäische Bankenunion – Auswirkungen für Sparer

Anzeige

Zinsen/Zinsrechner

Basiszinssatz.info
info@basiszinssatz.info

www.basiszinssatz.info
Aktuelle Mitteilungen zum Thema Basiszinssatz und ein Zinsrechner für Verzugszinsen.

Zinsen-berechnen.de
info@zinsen-berechnen.de

www.zinsen-berechnen.de
Unabhängige Finanzrechner, mit denen individuelle Berechnungen für Geldanlagen, Kredite und Steuern direkt online und kostenlos durchgeführt werden können. Hierbei lassen sich z. B. Zinsen und Renditen für Sparpläne, Tagesgeld oder Aktien, Tilgungspläne für Darlehen u. v. m. berechnen. **(Siehe Abbildung)**

Währungen/Währungsumrechner

Bankenverband Währungsrechner
bankenverband@bdb.de

www.bankenverband.de/waehrungsrechner
160 Währungen „zuverlässig" (FAZ) umrechnen. Währungstabellen zum Ausdrucken, Reisekassen-Tipps und Ratgeber-Podcast.

Umrechnung24.de
info@sun-sirius.de

www.umrechnung24.de
Hier kann man sich den Wechselkurs von mehr als 160 Währungen tagesaktuell anzeigen lassen.

Wertpapiere/Analysen & Tipps

Aktien Prognose
info@aktien-prognose.de

www.aktien-prognose.de
Mittels Schwarmintelligenz werden hier Aktienkurse prognostiziert, indem jeder eine Prognose abgeben kann.

Aktienboard.com
f.mueller@comventure.de

www.aktienboard.com
Diskussionen auf hohem Niveau: Foren zu den Themen Trading-Strategien, europäische und US-Börsen, Blue Chips und Fonds.

Zinsen-berechnen.de   **www.zinsen-berechnen.de**

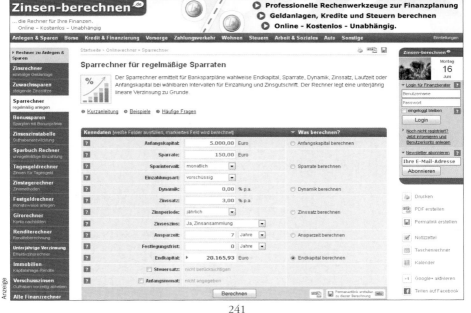

aktiencheck.de
info@aktiencheck.de

www.aktiencheck.de
Aktien, Analysen, Kurse, Charts und Aktien-News sowie ein Lexikon mit über 1.000 Börsenbegriffen.

boersenforum.de

www.boersenforum.de
Das Forum rund um das Thema Börse. Von Aktien über Wirtschaft bis hin zur Vermögensplanung wird hier alles diskutiert.

Bullenbrief.de
info@bullenbrief.de

www.bullenbrief.de
Kostenloser Börsenbrief mit Marktbericht zur Entwicklung der Aktien aus dem DAX sowie Börsenlexikon und Aktientipps.

DerivateCheck

www.derivatecheck.de
Hier gibt es Infos und den Überblick über die Finanzwelt. Termine, Analysen, Kurse, Newsletter, Seminare und ein Lexikon.

sharewise.com
info@sharewise.com

www.sharewise.com
Sharewise ist eine Aktien-Community für Personen, die aussagekräftige und fundierte Informationen über Aktien suchen.

Wertpapier-forum.de
mail@wertpapier-forum.de

www.wertpapier-forum.de
Diskussionsforum zu Inlands- und Auslandsaktien, Fonds und Vermögensplanung, Strategien, Anlagen und Analysen.

Wertpapiere/Börsenkurse, Indizes & Ad-hoc-Meldungen

ad-hoc-news
redaktion@ad-hoc-news.de

www.ad-hoc-news.de
Alle Infos zu Realtime-Aktienkursen, Börsenkursen, Devisen, ad-hoc-Meldungen, allen Märkten sowie Marktberichte und News.

boerse.de
service@boerse.de

www.boerse.de
Aktuelle Informationen zu allen in Deutschland gehandelten Wertpapieren inklusive Kursen, Charts und Nachrichten.

Gesellschaft für Ad-hoc-Publizität

www.dgap.de
Ad-hoc- und Corporate-News, WpÜG- und Directors-Dealings-Meldungen sowie Pressemeldungen.

goyax.de
service@goyax.de

www.goyax.de
Goyax bietet aktuelle Kurse, News, Analysen und Kennzahlen zu allen gängigen Wertpapieren und kostenlose Tools.

Wertpapiere/Broker

BrokerCheck24
info@brokercheck24.de

www.brokercheck24.de
Vergleichsportal der besten Aktien und Broker am Markt. Mithilfe der Ermittlung findet man den Broker, der zu einem passt.

Broker-test.de
info@ernsting.com

www.broker-test.de
Mit dem Transaktionskostenrechner lassen sich die Transaktionskosten fast aller deutschen Broker vergleichen.

Wertpapiere/Hauptversammlungen

Hauptversammlung
dsw@dsw-info.de

www.hauptversammlung.de
Hauptversammlungstermine deutscher Aktiengesellschaften, Tagesordnungen und kritische Berichterstattung der DSW-Sprecher.

HV-Info.de
service@hv-info.de

www.hv-info.de
HV-Termine, Tagesordnungen, HV-Beschlüsse, Gegenanträge, Geschäftsberichte, Ad-Hoc-Mitteilungen und weitere Infos.

Onmeda   **www.onmeda.de**

Onmeda.de
Für meine Gesundheit

Suche

Krankheiten & Symptome | Medikamente | Schwangerschaft & Familie | Gesund leben | Magazin & Specials | Service & Selbsttests | Foren

Bauchschmerzen und -krämpfe
So beruhigen Sie Ihren Bauch, wenn es rumort, zwickt und kneift!

Willkommen bei Onmeda.de!

Die 20 gesündesten Nahrungsmittel

Von Brokkoli bis Spinat – welche Lebensmittel enthalten besonders viele Nährstoffe?

Kamasutra: Von Patronen-Gurt bis G-Force

100 Stellungen: Lassen Sie sich inspirieren!

Sonnenschutz-Test

Unser Test verrät Ihnen, wie lange Sie die Sonne genießen dürfen!

Specials

Chronische Venenerkrankungen

Durchfall

Erektile Dysfunktion

Haarausfall bei Frauen

Hilfe bei Bauchschmerzen und -krämpfen

Kopfschmerzen & Migräne

Tipps für das Arzt-Gespräch

Merkzettel: So können sich Patienten auf ihren Termin vorbereiten.

Gute Nachbarschaft schützt das Herz

Wer sich gut integriert fühlt, hat ein geringeres Herzinfarkt -Risiko

Das hilft gegen Rotwerden

Abschalten geht nicht - Betroffene können lernen damit umzugehen.

Gehirntrainer

Fordern Sie Ihre grauen Zellen!

Beliebteste Foren

Forum Gynäkologie
Unser Experte hilft bei Unsicherheit und offenen Fragen.

www.zentrum-der-gesundheit.de

Zentrum der Gesundheit

Der Trend in Deutschland geht immer mehr hin zu einem bewussten Lebensstil. Gesunde Ernährung, Sport und Alternativen zur Schulmedizin gewinnnen weiter an Bedeutung. Hier werden u. a. alternative Ernährungsweisen wie vegane, vegetarische oder Paleo-Ernährung erläutert und dabei erörtert, an welchen Stoffen es Ihrem Körper hierbei mangeln könnte und wie Sie diese anderweitig aufnehmen können. Neben dem Schwerpunkt Ernährung stehen auch Infos zu Krankheiten sowie eine große Bandbreite an naturheilkundlichen Heilverfahren auf dem Programm. Eine Artikelserie mit aktuellen Meldungen rund um Gesundheit und naturkonforme Lebensweise sorgt dafür, dass Sie stets auf dem Laufenden sind!

www.igel-monitor.de

IGeL-Monitor

Ihr Hausarzt rät Ihnen jedes Jahr zu einer Lichttherapie gegen die graue Winterstimmung, und schon im Wartezimmer springen Ihnen die bunten Heftchen über die neuesten Vitaminkuren entgegen? Oftmals ist es schwierig, den tatsächlichen Nutzen einer Gesundheitsbehandlung einzuschätzen, die von den Krankenkassen nicht bezahlt wird. Vom Immunglobulin-Check über Migräne-Akupunkturtherapie bis zur professionellen Zahnreinigung liefert diese Web-Seite Einschätzungen zum tatsächlichen Nutzen dieser Leistungen und bietet damit eine wichtige Orientierungshilfe für Patienten. Informieren Sie sich und durchschauen Sie die Verkaufsstrategien der Ärzte!

www.jameda.de

jameda

Sie haben von Ihrem Hausarzt eine Überweisung zum Orthopäden, Augenarzt, Gynäkologen oder Neurologen bekommen und wissen nicht, welcher Facharzt in Ihrer Umgebung den besten Ruf hat? Das Ärzteportal von jameda.de hat mit Sicherheit eine gute Empfehlung für Sie – hier sind über 250.000 Ärzte aus ganz Deutschland gelistet und bereits von anderen Patienten bewertet worden. Aus Kategorien wie Behandlung, Aufklärung, Vertrauensverhältnis, genommene Zeit, Freundlichkeit und telefonischer Erreichbarkeit wird die Gesamtnote ermittelt, damit Sie sich ein vollständiges Bild von der Praxis und den behandelnden Ärzten machen können.

washabich.de

washabich.de

Wer kennt dieses Problem nicht: Nach einem Arztbesuch halten Sie einen medizinischen Befund in den Händen und fragen sich, was dieser eigentlich bedeutet? Egal ob Laborbefund, Ergebnis einer Röntgen-, CT- oder MRT-Untersuchung oder ein ganzer Arztbrief: Auf diesem Internet-Portal übersetzen Medizinstudenten Ihren Befund kostenlos vom typischen Mediziner-Latein in eine verständliche Sprache. Einfach die Diagnose per E-Mail oder Fax versenden – innerhalb von 24 Stunden erhalten Sie die „Übersetzung" Ihres medizinischen Dokuments und können so Ihren Befund und die sich daraus ergebenden Folgen besser beurteilen.

www.abnehmen.com

Abnehmen.com

„Morgen fange ich wirklich an, auf mein Gewicht zu achten" – wer abnehmen möchte, weiß mit Sicherheit aus eigener Erfahrung, wie schwer es ist, ganz ohne Unterstützung eine Diät oder Ernährungsumstellung durchzuhalten. Auf Abnehmen.com müssen Sie nicht alleine gegen den inneren Schweinehund ankämpfen – die Mitglieder in diesem großen Forum stehen Ihnen zur Seite. Hier können Sie Ihr persönliches Abnehm-Tagebuch führen, andere an Ihren Erfolgen teilhaben lassen, Tipps zu verschiedenen Diäten wie Low Carb, Weight Watchers oder Trennkost erhalten und sich mit anderen über leckere, kalorienarme Rezepte austauschen.

www.apotheken-umschau.de

Apotheken Umschau

Der Hals kratzt oder die Nase juckt und alle Apotheken haben schon geschlossen? Keine Panik, denn auf diesem Gesundheitsportal finden Sie nicht nur Tipps zu wirksamen Hausmittelchen, sondern auch alle Apothekennotdienste in Ihrer Stadt. Beim Medikamente-Check erfährt man, welche Tabletten die Symptome lindern, welche Therapiemöglichkeiten zur Auswahl stehen und was die verschlüsselten Diagnoseabkürzungen auf Überweisungsscheinen oder Arztbriefen bedeuten. Außerdem gibt es interaktive Gesundheitschecks, eine Krankheitsübersicht von A bis Z, die neuesten Forschungsmeldungen und Artikel.

www.lifeline.de

Lifeline.de

Was hilft gegen Hautprobleme? Was tun bei chronischen Kopfschmerzen? Wie entsteht ein Magengeschwür? Egal, ob alltägliche Leiden oder ernsthafte Krankheiten – von Akne über Herpes, Tennisarm bis Thrombose finden Sie auf dieser Seite Wissenswertes über Ursachen, Symptome, Vorbeugung und Therapie. Ist Schokolade eine Droge? Ist Lang- oder Rundkornreis gesünder? Wie viele Fette und Cholesterin braucht der Körper? Die Rubrik Ernährung bietet nützliche Infos zu Lebensmitteln, Diäten und Nahrungsergänzungen. Etliche weitere Themen-Specials bieten umfangreiche Hintergrundinfos z. B. zu Asthma, Erkältung, Impfen und Diabetes.

www.onmeda.de

Onmeda

Haben Sie Beschwerden und wissen nicht genau, welche Krankheit dahinter stecken könnte? Informieren Sie sich hier zu über 700 Krankheiten! Symptome, Ursachen, Therapiemöglichkeiten, Prognosen sowie Vorsorgemaßnahmen werden beschrieben und Fotos der erkrankten Körperteile vermitteln einen genauen Eindruck. In den Foren erhält man noch zusätzliche Informationen und kann Fragen stellen. In der Rubrik „Ratgeber" erfährt man, wie das Entstehen von Krankheiten am besten verhindert werden kann. Zum Thema Sexualität gibt es Wissenswertes über Verhütung, Familienplanung, Potenzstörungen, Schwangerschaft oder Liebeskummer.

Apotheken & Apothekennotdienste

ApoIndex
info@apoindex.de

www.apoindex.de
Apotheken- und Notdienstsuche, in der über 21.000 Apotheken in ganz Deutschland mit Anschrift gelistet sind.

aponet.de
redaktion@nai.de

www.aponet.de
Offizielles Gesundheitsportal der deutschen Apotheker/-innen mit Apotheken- und Apothekennotdienst-Suchmaschine.

apotheke.com
info@apotheke.com

www.apotheke.com
Apotheken- und Gesundheitsportal mit Apotheken- und Notdienstsuche, Arzneimittelvorbestellung und Gesundheitsinformationen.

apotheken.de
portal@apotheken.de

www.apotheken.de
Apothekenverzeichnis und ein deutschlandweiter und tagesaktueller Notdienstplan. Infos zu Gesundheit, Fitness und Forschung.

Ärzte

Arzt-Auskunft
info@stiftung-gesundheit.de

www.arzt-auskunft.de
Arztsuche mit über 1.000 Therapieschwerpunkten. Angezeigt werden auch Kriterien wie Patientenzufriedenheit, Patientenservices, medizinische Reputation. Die werbefreie Arzt-Auskunft umfasst alle niedergelassenen Ärzte, Zahnärzte, Psychotherapeuten, Chefärzte und Kliniken in Deutschland. **(Siehe Abbildung)**

docinsider.de
info@docinsider.de

www.docinsider.de
Auf diesem Bewertungsportal können Patienten ihre Ärzte bewerten und Kommentare schreiben.

DrEd.com

www.dred.com
Die Seite bietet eine Online-Sprechstunde. Mittels eines Fragebogens beschreibt man seine Symptome, Ärzte geben Feedback.

Arzt-Auskunft   **www.arzt-auskunft.de**

esando

www.esando.de
Hier können Ärzte und Heilpraktiker gefunden und bewertet werden und im Gesundheitsforum Erfahrungen geteilt werden.

FACHARZT24
kontakt@facharzt24.com

www.facharzt24.com
Patientenportal für die medizinische Expertensuche mit Ratgeber zu Krankheiten und Behandlungen sowie Gesundheitsthemen.

Frauenärzte im Netz
support@frauenaerzte-im-netz.de

www.frauenaerzte-im-netz.de
Das Infoportal für Frauengesundheit: Von der Frauenarztsuche über Stillen bis hin zu Verhütung und aktuellen Meldungen.

imedo.de

www.imedo.de
Über 100.000 Patienten haben hier ihren Arzt empfohlen und bewertet.

Internisten im Netz
info@internisten-im-netz.de

www.internisten-im-netz.de
Das Portal für Innere Medizin hilft bei der Arzt- und Kliniksuche und informiert über Organe und deren Erkrankungen.

● **jameda**
gesundheit@jameda.de

www.jameda.de
Arztbewertungsportal mit Adressen von Ärzten, Heilpraktikern, Therapeuten, Kliniken und Einrichtungen. **(Siehe Abbildung)**

medführer
info@dvfgi.de

www.medfuehrer.de
Ganzheitliches Gesundheitsportal mit speziell nach Fachbereichen geordneter Arzt- und Kliniksuche.

Medikompass.de
info@medikompass.de

www.medikompass.de
Kostenloser Preisvergleich von Ärzten, Zahnärzten, Physiotherapeuten und Osteopathen.

Ärzte/Arzttermine

Arzttermine.de
info@arzttermine.de

www.arzttermine.de
Termine online buchen bei Ärzten und Zahnärzten in Berlin, Frankfurt, Hamburg und München.

jameda   **www.jameda.de**

Ärzte/Behandlungsfehler

Patientenanwalt AG
info@ihranwalt24.de
☎(0800) 052 99 37

www.ihranwalt24.de
Opfer ärztlicher Behandlungsfehler erhalten bei der Patientenanwalt AG anwaltlichen Rat zu Arzthaftung, Schmerzensgeld und
Schadensersatz. Fachanwälte für Medizinrecht und Patienten-
recht helfen bei Problemen mit der Versicherung und der Durchsetzung von Patientenrechten. Die Erstberatung ist kostenlos.
(Siehe Abbildung)

Ärztezeitungen & Ärztezeitschriften

Ärzte Zeitung online
info@aerztezeitung.de

www.aerztezeitung.de
Tageszeitung für Ärzte mit aktuellen Beiträgen zu Themen aus Gesundheit, Medizin, Politik, Gesellschaft und Wirtschaft.

Deutsches Ärzteblatt
aerzteblatt@aerzteblatt.de

www.aerzteblatt.de
Ausgaben der Zeitschrift stehen online zur Verfügung und bieten
Wissenswertes aus Forschung, Wirtschaft und Politik.

Medikamente/Arzneimittel & Inhaltsstoffe

arzneimittel-datenbank.de
info@arzneimittel-datenbank.de

www.arzneimittel-datenbank.de
Umfangreiche Arzneimittel-Datenbank mit über 400.000 Medikamenten und Arzneimitteln.

Diagnosia
press@diagnosia.com

www.diagnosia.com
Diagnosia hilft bei der Medikamentensuche. Patienten und Ärzte
erhalten Gebrauchs- und Fachinformationen.

Gelbe Liste Pharmindex
gelbe-liste.info@mmi.de

www.gelbe-liste.de
Das Arzneimittel-Infosystem für Fachkreise. Medikamente recherchieren und identifizieren. Kostenfrei.

Medikamente/Online-Versand

ABC arznei
post@abc-arznei.de

www.abc-arznei.de
Mittel gegen Schmerzen, Allergien, Erkältung, Schlafstörung und
Magen-Darm-Erkrankungen.

apo-rot
info@apo-rot.de

www.apo-rot.de
Versandapotheke mit Arzneimitteln gegen Allergien, Erkältungen
und Schmerzen sowie Produkte zu Homöopathie und Kosmetik.

Deutsche Internet Apotheke
info@deutscheinternetapotheke.de

www.deutscheinternetapotheke.de
Die Deutsche Internet Apotheke bietet über 60.000 Arzneimittel,
Nahrungsergänzungsmittel, Körperpflege- und Hygieneprodukte.

DocMorris
service@docmorris.de

www.docmorris.de
Europas große Versandapotheke bietet ein breites Sortiment an
online bestellbaren Medikamenten.

mediherz.de
info@mediherz.de

www.mediherz-shop.de
Breites Angebot an homöopathischen und schulmedizinischen
Arzneimitteln für Mensch und Tier sowie Kosmetikartikel.

medpex.de Versandapotheke
service@medpex.de

www.medpex.de
Viele rezeptpflichtige und rezeptfreie Arzneimittel. Homöopathische Produkte, Nahrungsergänzung sowie Pflegeprodukte.

Sanicare
service@sanicare.de

www.sanicare.de
Versandapotheke mit großer Auswahl an Arzneimitteln aus Schulmedizin und Homöopathie sowie für die Pflege des Körpers.

versandApo.de
post@versandapo.de

www.versandapo.de
Versandapotheke für rezeptfreie und rezeptpflichtige Medikamente sowie Produkte zur Körperpflege.

Versandapotheke meinPharmaversand
service@meinpharmaversand.de

www.meinpharmaversand.de
meinPharmaversand.de ist der Online-Shop einer deutschen Versandapotheke mit ausgewiesener Medikamenteneignung.

Medikamente/Preisvergleiche

apomio
info@apomio.de

www.apomio.de
Produkt- und Preisvergleich für mehr als 300.000 Medikamente, Nahrungsergänzungsmittel und Pflegeprodukte.

Arzneisucher
kontakt@arzneisucher.de

www.arzneisucher.de
Kostenloser Preisvergleich für Medikamente, Apothekenprodukte und Arzneimittel inklusive eventueller Versandkosten.

medizinfuchs.de
info@medizinfuchs.de

www.medizinfuchs.de
Medikamente-Preisvergleich mit über 180 Versandapotheken. Außerdem Botendienst und Selbstabholung bei lokalen Apotheken.

Sparmedo
info@sparmedo.de

www.sparmedo.de
Preisvergleich für Medikamente, Nahrungsergänzungsmittel, homöopathische Mittel und Pflegeprodukte.

Beauty & Wellness/Allgemein

Cosmoty.de
info@cosmoty.de

www.cosmoty.de
Das Online-Magazin rund um Beauty und Wellness berichtet über neue Pflegeprodukte, Düfte und Make-Up.

Deutscher Wellness Verband e. V.
info@wellnessverband.de

www.wellnessverband.de
Qualität und Kompetenz rund um Wellness: Geprüfte Anbieter, aktuelle News und Tipps, Lexikon, Studien, Karriere-Infos.

Wellness.de
wab@wellness.de

www.wellness.de
Vielfältige Informationen rund um das Thema Wellness. Ein Wellnesslexikon, Wellnesstipps und aktuelle Stellenangebote.

Fasten & Heilfasten

Gesund Heilfasten
info@gesund-heilfasten.de

www.gesund-heilfasten.de
Umfangreiche Sammlung an Informationen zum Thema „Heilfasten". Verschiedene Fastenkuren werden beschrieben, wie man gesund fastet und welche Regeln es zu beachten gilt. Außerdem gibt es Informationen zu verwandten Themen und verschiedenen Beschwerden, wie etwa Cellulite, Übersäuerung oder Darmproblemen.
(Siehe Abbildung)

Massagen

MASSAGE-EXPERT
shop@massage-expert.de

www.massage-expert.de
Massagefachhandel für Hot Stones, Massageöl, Kräuterstempel, Durchwärmetücher und Massagezubehör.

massageprofis.de
info@massageprofis.de

www.massageprofis.de
Ratgeber mit wissenswerten Informationen und Tipps rund um die verschiedenen Massageformen.

Wellnesshotels

Siehe Kapitel Urlaub & Reise

Unterkünfte/Beauty- & Wellnesshotels

Gesundheitsinformationen/Allgemein

Beckers Abkürzungslexikon
arztinf@web.de

www.medizinische-abkuerzungen.de
Umfangreiche Nachschlagemöglichkeit für medizinische Fachbegriffe und Sonderzeichen mit derzeit über 150.000 Einträgen inklusive angloamerikanischer und französischer Abkürzungen. Außerdem gibt es auf der Seite zahlreiche Akronyme und Symbole sowie die Möglichkeit, neue Abkürzungen mitzuteilen.
(Siehe Abbildung)

Gesund Heilfasten   **www.gesund-heilfasten.de**

befunddolmetscher.de
kontakt@washabich.de

www.befunddolmetscher.de
Der Befunddolmetscher hilft unklare Begriffe aus medizinischen Befunden selbstständig in Alltagssprache zu übersetzen.

BZgA
poststelle@bzga.de

www.bzga.de
Aufklärungskampagnen zu Suchtvorbeugung, Sexualleben, Familienplanung, Nichtraucherschutz, AIDS und Organspende.

Deutsches Grünes Kreuz für Gesundheit
dgk@dgk.de

www.dgk.de
Gesundheits-Web des Deutschen Grünen Kreuz e. V.: Stets aktueller Gesundheitsratgeber für Journalisten, Laien und Fachleute.

Gesundheit Heute
info@gesundheit-heute.de

www.gesundheit-heute.de
Sachliche Infos zu Symptomen, Diagnose und Therapie der häufigsten Krankheiten.

IGeL-Monitor

www.igel-monitor.de
Der IGeL-Monitor überprüft, ob und wann individuelle Gesundheitsleistungen oder Selbstzahlerleistungen Sinn machen.

medien-doktor.de

www.medien-doktor.de
Rezensionen von Medienberichten zu Gesundheitsthemen. Artikel und Sendungen werden kommentiert und bewertet.

Medinfo
info@medinfo.de

www.medinfo.de
Redaktionell recherchierte Sammlung von Web-Adressen zu Themen wie Diabetes, Ernährung, Krebs oder alternative Medizin.

Medisuch.de

www.medisuch.de
Die Medizinsuchmaschine mit einfacher Bedienung und qualitativ hochwertigen Treffern aus verlässlichen Quellen.

Onmeda
kommunikation@onmeda.de

www.onmeda.de/krankheiten
Onmeda geht 700 Krankheitsbildern einschließlich Ursachen, Symptomen und Therapiemöglichkeiten auf den Grund.

Beckers Abkürzungslexikon **www.medizinische-abkuerzungen.de**

washabich.de
kontakt@washabich.de

washabich.de
Medizinstudenten übersetzen kostenlos medizinische Befunde in eine verständliche Sprache.

Augenheilkunde & Augenoptik

augen & mehr
info@augen-und-mehr.de

www.augen-und-mehr.de
Informationen und Neuigkeiten rund ums Auge: Brillen, Sonnenbrillen, Kontaktlinsen, Augenkrankheiten und -operationen.

Augenarztfinder.de
bva@augeninfo.de

www.augenarztfinder.de
Der Augenarztfinder im Internet. Suche nach Ort, Postleitzahl oder Name. Außerdem Infos für Patienten zum Thema Auge.

Portal der Augenmedizin

www.portal-der-augenmedizin.de
Verzeichnis von Augenärzten und viele Hintergrundartikel zur Augenheilkunde.

Sehen.de
info@sehen.de

www.sehen.de
Alles zu gutem (Aus)Sehen mit Brille und Kontaktlinsen in verschiedenen Lebensbereichen sowie Trends und Styling-Tipps.

sehhelfer.de
info@sehhelfer.de

www.sehhelfer.de
Umfassendes Angebot an Hilfsmitteln für Sehbehinderte und Blinde wie Seniorenhandys oder Produkte mit Sprachausgabe.

Siehe auch Kapitel Einkaufen

Augenoptik

Augenheilkunde & Augenoptik/Augen-Laser

Augenlaser-Ratgeber.net
info@augenlaser-ratgeber.net

www.augenlaser-ratgeber.net
Das unabhängige Portal informiert über verschiedene Lasik-Methoden und klärt über die Risiken einer Lasik-Operation auf.

FreeVis Lasik Zentren
mail@eyes.de

www.freevis.de
Alle FreeVis Lasik Zentren in Deutschland, Österreich und der Schweiz auf einen Blick mit Link zur entsprechenden Seite.

Operation Auge

www.operationauge.de
Hintergrundinformationen über die Augenlaser-Operationen mit einem großen Forum für Patienten.

Chirurgie

Berufsverband der Deutschen Chirurgen e. V.
mail@bdc.de

www.bdc.de
Informations- und Serviceseite des Berufsverbandes der Deutschen Chirurgen (BDC) für Chirurgen und Patienten.

Chirurgie Portal
info@miomedia.de

www.chirurgie-portal.de
Fachportal für Chirurgie mit über 500 Operationsbeschreibungen und einer Vielzahl interessanter Gesundheitsinformationen.

Chirurgie Suche
chirurgie-suche@bdc.de

www.chirurgie-suche.de
Suchmaschine für chirurgische Kliniken und Praxen mit Informationen zum jeweiligen fachlichen und operativen Spektrum.

ecme-Center
info@ecme-center.org

www.ecme-center.org
Online-Fortbildungsplattform für deutsche Chirurgen mit über 800 CME-Kursen, OP-Videos und Fachvorträgen.

Chirurgie/Plastische Chirurgie

Portal der Schönheit
info@portal-der-schoenheit.de

www.portal-der-schoenheit.de
Informationsportal für plastische und ästhetische Chirurgie. Besucher können bundesweit nach Fachärzten suchen.

● **Schoenheitschirurgen.de**

www.schoenheitschirurgen.de
Das Portal bietet Informationen über das Berufsbild des Schönheitschirurgen, die Behandlungsmöglichkeiten in der Schönheits-
chirurgie, zu ästhetischen und gesundheitlichen Aspekten sowie ein Adressverzeichnis von Schönheitschirurgen. Zudem erhält man auch einen Überblick über Kosten und Versicherungen.
(Siehe Abbildung)

Diät & Abnehmen

Abnehmen.com
helpdesk@forumhome.com

www.abnehmen.com
Das Forum zum Thema „Abnehmen". Hier erhält man Ernährungstipps, Diätinformationen und Rezepte von Gleichgesinnten.

Abnehmen.net
info@econa.com

www.abnehmen.net
Gesund und informiert abnehmen. Diäten-A-Z mit Meinungen und
Hintergründen, Community-, Rezept- und Wissensbereich.

Diaeko
infos@diaeko.de

www.diaeko.de
Infos über gesunde Ernährung sowie aktuelle Meldungen zu den
Themen Abnehmen, Ernährung und neue Produkte.

Diät Abnehmen
info@naschkatzen.com

www.diaet.abnehmen-forum.com
Großes Forum zum Thema Abnehmen und Diät: Beschreibung
von erfolgreichen Diäten, Infos zu den einzelnen Diäten.

Diät.com
email@diaet.com

www.diaet.com
Web-Seite für die Themen Diät und gesundes Abnehmen. Diätre-
zepte und Diätvergleiche helfen beim erfolgreichen Abnehmen.

Kilosweg.de
info@kilosweg.de

www.kilosweg.de
In diesem Abnehmforum treffen sich Gleichgesinnte, um mit Hilfe einer Ernährungsumstellung ihr Körpergewicht zu reduzieren.

Schoenheitschirurgen.de   **www.schoenheitschirurgen.de**

leichter abnehmen
grenzach.arzneimittel@roche.com

www.leichterabnehmen-haus.de
Informationsportal zum Thema Übergewicht mit einer Darstellung der möglichen Ursachen und verschiedenen Diätplänen.

Low Fett 30
info@lowfett.de

www.lowfett.de
Informationen zum Abnehmen und Genießen, bei maximal 30 % der Kalorien aus Fett. Mit BMI- und Fett-Rechner.

Victu
web@victu.net

www.victu.net
Gemeinsam abnehmen macht Spaß. So ist das Motto dieses großen Forums zum Thema Abnehmen und Ernährung.

www.fddb.info
tbohlmann@fddb.info

www.fddb.info
Abnehmen leicht gemacht: Kostenloses Ernährungstagebuch mit Kalorientabelle und Lebensmitteldatenbank.

xx-well.com
info@dialog.xx-well.com

www.xx-well.com
Coaching fürs Wohlbefinden. Programme zu den Themen Abnehmen, Training, Gehirntraining und Nikotinverzicht.

Gesundheits-Communitys

med.de
helpdesk@forumhome.com

www.med.de
Informationsportal zu Krankheiten, Gesundheit und Medikamenten. Zudem ein Forum und Neuigkeiten aus der Medizin.

med1
info@med1.de

www.med1.de
Über 50 spezialisierte Foren z. B. zu den Themen Ernährung, Bewegung, Infektionen, Krebs, Sexualität und Schwangerschaft.

sanego.de
support@sanego.de

www.sanego.de
Erfahrungsberichte für Medikamente, Krankheiten, Nebenwirkungen, Community, Arztsuche, Arztbewertung, Fragen und Antworten.

Gesundheit & Medizin.de   **www.gesundheitundmedizin.de**

Bücher und Ratgeber:

Bei der Suche nach Literatur zu medizinischen und gesundheitlichen Themen werden Sie hier fündig.
» weiter zu den Büchern ...

Krankheiten:

Hier finden Sie Informationen zu Krankheiten, körperlichen Beschwerden sowie zu Gesundheitsthemen von A bis Z.
» weiter zu den Krankheiten ...

Links zum Thema Gesundheit & Medizin:

jameda
jameda ist Deutschlands größte Arztempfehlung. Hier finden Patienten genau den richtigen Arzt für sich. Dabei helfen ihnen Bewertungen anderer Patienten

Patientenanwalt AG
Opfer ärztlicher Behandlungsfehler erhalten bei der Patientenanwalt AG anwaltlichen Rat zu Arzthaftung, Schmerzensgeld und Schadensersatz. Fachanwälte für

Gesundheitsdienstleister & Gesundheitsagenturen

pr@xisweb
info@web-kavi.de

www.praxisweb.de
Dienstleister für Ärzte und Zahnärzte im Bereich Praxismarketing in Online-Medien.

Gesundheitsportale

● **Gesundheit & Medizin.de**

www.gesundheitundmedizin.de
Das Gesundheitsportal bietet eine redaktionell gepflegte Auswahl hochwertiger Links zu unterschiedlichen Themen aus Gesundheit und Medizin. Dazu gibt es Informationen zu Krankheiten sowie Literaturtipps. **(Siehe Abbildung)**

● **Gesundheit aktuell**
info@gesundheit-aktuell.de

www.gesundheit-aktuell.de
Gesundheit-aktuell ist ein Online-Portal für Gesundheit, Medizin und Wellness. Aktuelle Gesundheitstipps und Information über Krankheiten und deren Heilung mit unterschiedlichen Therapieansätzen runden das Informationsangebot ab. **(Siehe Abbildung)**

gesundheit.de
info@gesundheit.de

www.gesundheit.de
Nachrichten und umfangreiche Infos, Ratgeber und Lexika. Themen: Gesundheit, Medizin, Ernährung, Fitness, Wellness.

Info-Gesundheit.de®
post@info-gesundheit.de

www.info-gesundheit.de
Gesundheitsportal mit Gesundheitsnews, Gesundheitsblog und 4.000 geprüften Links aus dem Bereich Gesundheit und Medizin.

Lifeline.de
info@bsmo.de

www.lifeline.de
Gesundheitsportal zu Krankheits- und Gesundheitsthemen. In den Expertenräten können kostenlos Fragen gestellt werden.

Gesundheit aktuell   **www.gesundheit-aktuell.de**

Apotheken Umschau

www.apotheken-umschau.de
Online-Service der „Apotheken-Umschau" mit Gesundheitslexika, aktuellen Nachrichten und Forschungsmeldungen.

Deutsches Medizin Forum
info@medizin-forum.de

www.medizin-forum.de
Portal für Medizin und Gesundheit: Ärzte- und Kliniksuche sowie ca. 60 Foren zu vielen medizinischen Fachgebieten.

DocJones.de
support@docjones.de

www.docjones.de
Informationsportal zu Heilpflanzen und pflanzlichen Medikamenten. Zudem Artikel über Studien sowie aktuelles zum Thema.

MedizInfo®
redaktion@medizinfo.com

www.medizinfo.de
Informationen rund um die Themen Gesundheit, menschlicher Körper und medizinische Behandlungen. Mit Klinikverzeichnis.

Med-Kolleg
info@med-kolleg.de

www.med-kolleg.de
Arzt-, Klinik- und Apothekensuche sowie informative Artikel aus den Bereichen Gesundheit, Medizin, Beauty und Wellness.

Meine Gesundheit
meine-gesundheit@mmi.de

www.meine-gesundheit.de
Gesundheitsratgeber von A bis Z mit Medikamentendatenbank, Gesundheits-Newsletter und Rehaklinikendatenbank.

NetDoktor.de
info@netdoktor.de

www.netdoktor.de
Infos zu Krankheiten, Symptomen und Medikamenten.

Onmeda

www.onmeda.de
Das Gesundheitsportal im Internet. Verständlich aufbereitete Informationen rund um das Thema Gesundheit.

vigo online
vigo@rh.aok.de

www.vigo.de
Infos rund um Ernährung, Sport, Wellness, Entspannung, Medizin und Behandlungsmöglichkeiten – mit vielen Videos.

vitanet.de
info@vitanet.de

www.vitanet.de
Gesundheitsportal mit umfassenden Gesundheitsinformationen, von namhaften Experten verständlich und informativ vermittelt.

Zentrum der Gesundheit
info@zentrum-der-gesundheit.de

www.zentrum-der-gesundheit.de
Gesundheitsthemen, Neuigkeiten rund um die Themen ganzheitliche Gesundheit und Ernährung sowie ein Online-Shop.

Gesundheitsprodukte

Aktivwelt
info@aktivwelt.de

www.aktivwelt.de
Hilfsmittel wie Anziehhilfen, Blutdruckmessgeräte, Pflegemittel, Gehstöcke, Badewannensitze, Haltegriffe oder Hörgeräte.

 Burbach + Goetz Deutsche Sanitätshaus GmbH
info@burbach-goetz.de
☎(0261) 133880

www.burbach-goetz.de
Der Online-Shop des Sanitätshauses Burbach + Goetz bietet medizinische Produkte verschiedenster Hersteller und Marken aus den Bereichen Mobilität, Reha-Technik, Medizintechnik, Pflegehilfsmittel und HomeCare. Das Angebot reicht von Bandagen über Inhalationsgeräte und Messgeräte bis hin zu Rollstühlen. **(Siehe Abbildung)**

health-manager.de®
info@health-manager.de

www.health-manager.de/shop/
Gesundheits- und Wellnessprodukte wie Sitzbälle, Keilkissen, Wärmekissen, Körnerkissen und Massageroller.

walzvital
info@walzvital.de

www.walzvital.de
Der Online-Shop bietet eine große Auswahl an Produkten für Gesundheit und Wohlbefinden.

Gesundheitszeitungen & Gesundheitszeitschriften

 Gesund & Vital Online
info@gesund-vital-online.de

www.gesund-vital-online.de
Gesund & Vital Online ist ein Portal rund um Gesundheit, Naturheilkunde, Fitness und Beauty, Reisen und Wellness, Ernährung und Rezepte, EDV und Buchtipps sowie attraktive Gewinnspiele. Das Online-Magazin ergänzt das zweimonatlich erscheinende Print-Magazin „Gesund & Vital". **(Siehe Abbildung)**

Gesund & Vital Online   www.gesund-vital-online.de

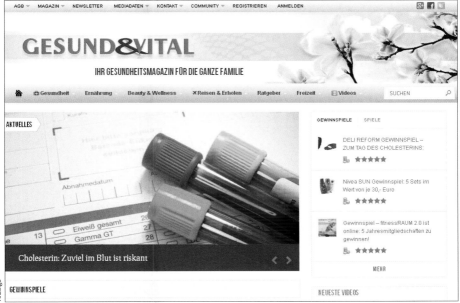

257

ARZT ASPEKTE
redaktion@arzt-aspekte.de

www.arzt-aspekte.de
Monatlich erscheinendes digitales Magazin zu Themen der Medizin mit Infos für Ärzte, Apotheker und fachlich Interessierte.

BIO Magazin
bioritter@aol.com

www.biomagazin.de
Internet-Portal von BIO, dem Magazin für die Gesundheit von Körper, Geist und Seele.

MEDIZIN ASPEKTE
redaktion@medizin-aspekte.de

www.medizin-aspekte.de
Digitales Magazin zu Themen der Medizin, Gesundheitsvorsorge und Gesundheitspflege mit praktischen Ratschlägen.

Gynäkologie

● **Gynaekologen.org**

www.gynaekologen.org
Ärzte, Klinikpersonal und Frauen erhalten hier Hilfestellung bei der Suche nach Gynäkologen und entsprechenden Einrichtungen. Das Gynäkologenportal bietet zudem eine Fülle von Informationen rund um das Thema Gynäkologie sowie Vorstellungen von Fachärzten für Gynäkologie und Frauenkliniken. **(Siehe Abbildung)**

PMS - Ratgeber
info@reblu.de

www.pms-ratgeber.info
Ein Ratgeber zum Prämenstruellen-Syndrom mit Tipps zu Ernährung, Therapie, Bewegung und Entspannung.

Haare

● **haar-ausfall.com**

www.haar-ausfall.com
Ausführliche Informationen zu Ursachen und Therapiemöglichkeiten bei Haarausfall und anderen Haarproblemen. Neben aktuellen Meldungen aus der Wissenschaft gibt es praktische Tipps zu Pflegeprodukten, Styling und Frisuren bei Haarproblemen sowie Broschüren und Buchempfehlungen. **(Siehe Abbildung)**

Gynaekologen.org   **www.gynaekologen.org**

Anzeige

Haarforum.de
helpdesk@forumhome.com

www.haarforum.de
Forum mit vielen praktischen Tipps zu Haarpflege und Styling sowie zum Friseurhandwerk.

Hairforlife.de
service@hairforlife.de

www.hairforlife.de
Beratungsstelle für Haartransplantation mit kostenloser Online-Beratung und vielen weiterführenden Informationen.

Haut

haut.de
redaktion@haut.de

www.haut.de
Das Portal haut.de vermittelt unabhängiges, fachlich fundiertes Wissen rund um die Themen Haut, Haar und Körperpflege.

hautstadt.de
info@almirall.de

www.hautstadt.de
Große Dermatologendatenbank mit über 4.000 Adressen und Informationen zu Haut und Allergie.

Hörgeräte, Hörhilfen & Gehörschutz

Gehörschutz Versand
info@gehoerschutz-versand.de

www.gehoerschutz-versand.de
Egal ob für die Arbeit, den Sport, für Musiker oder für die Nachtruhe, hier gibt es den passenden Hörschutz.

hoerhelfer.de
info@hoerhelfer.de

www.hoerhelfer.de
Online-Shop für Hörgeschädigte: Schwerhörigentelefone, Wecker, Hörgerätezubehör, Hörverstärker und Lichtsignalanlagen.

Kind
info@kind.com

www.kind.com
Einfach online einen Termin vor Ort vereinbaren. Vorab können hier ein Hörtest gemacht und Informationen eingeholt werden.

Sonicshop
customerservice@sonic-shop.com

www.sonicshop.de
Infos zum Thema Gehörschutz mit fachspezifischer Auswahl an Earplugs für Musiker, Sportschützen oder Lärmarbeiter.

haar-ausfall.com

www.haar-ausfall.com

Starkey
customerservice@starkey.de

www.starkey.de
Alles über das Hören und Hörgeräte: Online-Hörtest, Hörgeräte-Ratgeber und Hintergrundinfos über das menschliche Ohr.

Impfschutz

Gesundes Kind
gesundeskind.info@gsk.com

www.gesundes-kind.de
Alles zu Kinderkrankheiten, Impfungen und U-Untersuchungen. Mit Erinnerungsservice, damit man keinen Termin verpasst.

● **Impfen Aktuell**

www.impfenaktuell.de
Die Seite bietet umfassende Informationen zum Thema Impfungen und Infektionskrankheiten. Zahlreiche Services wie ein interaktiver Impfkalender, kostenlos bestellbare Broschüren und eine Mediathek ergänzen das Angebot. **(Siehe Abbildung)**

impfkontrolle.de

www.impfkontrolle.de
Infos zu Impfungen: Gegen was kann man sich impfen lassen? In welchem Alter ist es ratsam? Was muss ich bei Reisen beachten?

Kinderheilkunde

Kinder- & Jugendärzte im Netz
info@kinderaerzte-im-netz.de

www.kinderaerzte-im-netz.de
Viele Gesundheitsinformationen und -tipps für Säuglinge bis hin zu Teenagern. Mit Ärzte-, Klinik- und Notdienstverzeichnis.

Kliniken & Krankenhäuser/Verzeichnisse & Bewertungen

klinikbewertungen.de

www.klinikbewertungen.de
Erfahrungsberichte und Bewertungen von Patienten.

Krankenhaus.de
info@krankenhaus.de

www.krankenhaus.de
Ganz einfach ein Krankenhaus finden: Ein virtueller Körper (Bodykey) hilft Patienten bei der Suche.

medführer
info@medfuehrer.de

www.medfuehrer.de
Ganzheitliches Gesundheitsportal mit speziell nach Fachbereichen geordneter Kliniksuche.

Weisse Liste
info@weisse-liste.de

www.weisse-liste.de
Bewertungen von Krankenhäusern und Ärzten sowie Infos zu Pflegeheimen.

Krankentransporte

medical transport service
service@meditras.com

www.meditras.de
Auf dieser Seite lassen sich Krankentransporte aller Art finden.

Kuren

Kur-Atlas
kontakt@kur-atlas.de

www.kur-atlas.de
Kuren und Gesundheitsreisen in Deutschland, Polen und Tschechien.

Kuren
info@kuren.de

www.kuren.de
Web-Seiten für Kuren: Auflistung von Kurhotels, Kurangebote, Kur des Monats und ein Kurenforum.

Labore

Laborlexikon
hagemann@laborlexikon.de

www.laborlexikon.de
Im Lexikon der Labormedizin beschreibt der Facharzt Dr. Olav Hagemann ausführlich alle wichtigen Blutuntersuchungen.

Labtestsonline.de

www.labtestsonline.de
Labtestsonline.de ist ein Online-Recherchesystem für medizinische Labortests für Patienten.

Männerheilkunde & Erektionsstörungen

ImpoDoc-Shop
info@impodoc-shop.de

www.impodoc-shop.de
Im ImpoDoc-Shop finden Mann und Frau viele interessante Produkte, um das Liebesleben zu beleben oder zu bereichern.

mann-info.de
info@pfizer.de

www.mann-info.de
Informationen zu Männergesundheit und erfüllter Sexualität: Ursachen und Therapiemöglichkeiten von Erektionsstörungen.

Organspende

Deutsche Stiftung Organtransplantation
presse@dso.de

www.dso.de
Die Deutsche Stiftung Organtransplantation ist die bundesweite Koordinierungsstelle für die Organspende nach dem Tode.

Organspende schenkt Leben
poststelle@bzga.de

www.organspende-info.de
Informationen zur Organspende, Bestellservice für Broschüren, Organspendeausweis zum Ausdrucken und Links.

Impfen Aktuell   **www.impfenaktuell.de**

Pflege & Pflegedienst

Pflegedienst.eu

www.pflegedienst.eu
Interessierte und pflegende Angehörige werden hier mit wissenswerten Infos zum Thema häusliche Alten- und Krankenpflege versorgt. Es besteht die Möglichkeit, sich über Pflegedienste allgemein zu informieren und sich bei Bedarf direkt mit einem der vorgestellten Partner in Verbindung zu setzen. **(Siehe Abbildung)**

Pflegenetz
info@pflegenetz.net

www.pflegenetz.net
Großes Forum für Pflegeschüler, Altenpfleger und Krankenpfleger. Infos zur Pflege bei Wachkoma sowie zum Arbeitsrecht.

PflegeWiki
verein@pflegewiki.de

www.pflegewiki.de
Das PflegeWiki ist eine freie Wissensdatenbank für den Gesundheitsbereich Pflege, an der jeder mitarbeiten kann.

Pharmazie & Chemie/Hersteller

Bayer AG

www.bayer.de
Umfassende Infos über den Konzern und zu Gesundheit, Ernährung, hochwertigen Materialien, Forschung und Nachhaltigkeit.

GlaxoSmithKline
isc-service@gsk.com

www.glaxosmithkline.de
Aktuelle Berichte über Forschungs- und Therapiegebiete sowie Informationen über Arzneimittel und Gesundheitsprodukte.

HEXAL AG
service@hexal.com

www.hexal.de
Viele Gesundheitsseiten und Produktinformationen, Patientenratgeber zum Download und zur Bestellung.

Janssen-Cilag
jancil@jacde.jnj.com

www.janssen-deutschland.de
Übersicht über die Pharmaprodukte, deren Wirkstoffe und Anwendungsgebiete. Dazu Informationen für Fachkreise und Patienten.

Pflegedienst.eu   **www.pflegedienst.eu**

Anzeige

Klosterfrau Healthcare Group
dialog@klosterfrau-service.de

www.klosterfrau.de
Unternehmensinformationen sowie Marken- und Produktübersichten. Dazu Karriereinformationen, Presse- und Fachkreisbereich.

Lilly Pharma

www.lilly-pharma.de
Infos zu Diabetes, Osteoporose, Krebs, Erektionsstörungen, ADHS, Harninkontinenz und psychiatrischen Erkrankungen.

Merck KGaA
service@merck.de

www.merck.de
Wissenswertes über die Merck Gruppe: Infos für Ärzte, Apotheker, Patienten, Laboratorien, Aktionäre und Journalisten.

Merz Pharma GmbH & Co. KGaA
merzpr@merz.de

www.merz.de
Healthcare-Unternehmen mit den Kompetenzen zentrales Nervensystem, Stoffwechsel, Selbstmedikation und Dermatologie.

MSD
infocenter@msd.de

www.msd.de
Die deutsche MSD-Gruppe informiert im Internet über Asthma, Bluthochdruck, Cholesterin, Gelenkschmerz und Migräne.

Pfizer GmbH
info@pfizer.de

www.pfizer.de
Angaben zum Unternehmen und Themen wie Herz-Kreislauf, Rauchentwöhnung, Cholesterin, Diabetes, Rheuma und Krebs.

Ratiopharm GmbH
info@ratiopharm.de

www.ratiopharm.de
Umfangreiche Informationen zu den Präparaten von Ratiopharm mit Suchmöglichkeit nach Wirkstoff oder Anwendungsgebiet.

● **Roche Pharma AG**
grenzach.communications@roche.com

www.roche.de/pharma
Beschreibung der Krankheitsbilder (Patientenbereich) und Therapie (Arzt) mit Schwerpunkt Krebs, Rheumatologie, Nieren- und Infektionskrankheiten, Stoffwechsel, Organtransplantation, Gesundheitsnachrichten-Newsletter, Web-TV „Speakers´ Corner"; mehrfach prämierter Web-Auftritt. **(Siehe Abbildung)**

WALA Heilmittel GmbH
info@wala.de

www.wala.de
Infos zur WALA Heilmittel GmbH: Hersteller der WALA Arzneimittel, Dr. Hauschka Kosmetik und Dr. Hauschka Med.

Roche Pharma AG   www.roche.de/pharma

Physiotherapie

physiotherapie.de

www.physiotherapie.de
Alles rund ums Thema Physiotherapie. Tipps, Krankheitsbilder, Therapieformen sowie ein Forum. Zudem ein Magazin.

Physioweb.de
info@desimed.de

www.physioweb.de
Das Branchenportal für Physiotherapeuten mit News, Fachbüchern, Therapiemethoden, Facharbeitendatenbank und Foren.

Sport Tec
info@sport-tec.de

www.sport-tec.de
Über 10.000 Fitness- und Therapiegeräte wie Therapieliegen, Crosstrainer, Gymnastikartikel und Praxiseinrichtung.

Psychiatrie & Psychosomatik

Borderline-plattform.de
webmasterin@borderline-plattform.de

www.borderline-plattform.de
Plattform mit vielen Informationen und Tipps zu Borderline-Störungen. Übersicht über Fachkliniken und Ansprechpartner.

Psychotherapie

Psychotherapie Informationsdienst
pid@dpa-bdp.de

www.psychotherapiesuche.de
Suchmaschine für Psychotherapeuten, Informationen zur Psychotherapie, telefonische Beratung und Link-Sammlung.

● **therapie.de**
psyche@therapie.de

www.therapie.de
Pro Psychotherapie e. V. hilft mit Deutschlands größter Psychotherapeutensuche den richtigen Therapeuten zu finden. Der Verein informiert allgemein über Psychotherapie, Therapieformen und Diagnosen. Psychologische Selbsttests und ein Selbsthilfe-Bereich unterstützen die Suchenden dabei. **(Siehe Abbildung)**

therapie.de   **www.therapie.de**

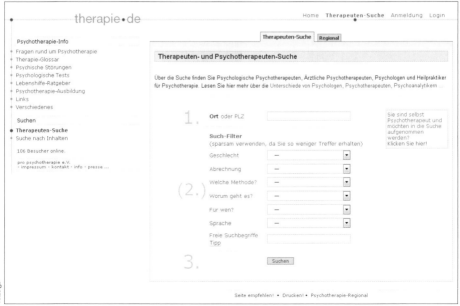

Urologie

Urologenportal.de
info@urologenportal.de

www.urologenportal.de
Urologensuche, Selbsthilfegruppen, Lexikon, Buchempfehlungen, Patientenratgeber, Vorstellung des BVDU und der DGU.

Verhütung

familienplanung.de
familienplanung@bzga.de

www.familienplanung.de
Informationen rund um die Themen Verhütung, Familienplanung, Schwangerschaft und die erste Zeit zu dritt.

Female Affairs
info@femaleaffairs.de

www.femaleaffairs.de
Informationen zur Verhütung, Sexualität, Partnerschaft und zum Thema „Frau-sein".

meine-verhuetung.de
jenapharm@jenapharm.de

www.meine-verhuetung.de
Das Portal bietet detaillierte Informationen zur Verhütung und listet die Vor- und Nachteile von Verhütungsmethoden auf.

Verhütung ohne Hormone
info@reblu.de

www.verhueten-ohne-hormone.de
Wissenswertes zu vielen Verhütungsmethoden und den Möglichkeiten der hormonfreien Verhütung.

Verhütungsmethoden
info@welche-verhuetungsmethode.de

www.welche-verhuetungsmethode.de
Infos zu verschiedenen Verhütungsmethoden. Von der Pille über Kondome und Spirale bis hin zu Zykluscomputern.

Natürliche Familienplanung
info@familienplanung-natuerlich.de

www.familienplanung-natuerlich.de
Natürliche Verhütung und Familienplanung ohne Hormone. Diese Web-Seite informiert über den Zyklus der Frau, die fruchtbaren Tage und den Eisprung. Im Online-Shop gibt es dazu Verhütungscomputer, Ovulations- und Schwangerschaftstests, Thermometer und Nahrungsergänzung. **(Siehe Abbildung)**

Natürliche Familienplanung **www.familienplanung-natuerlich.de**

Verhütung/Verhütungsmittel/Kondome

Condome.de
condomservice@mapa.de

www.condome.de
Infos über die Geschichte und Herstellung von Kondomen, Benutzertipps und Details zu BILLY BOY, Blausiegel und Fromms.

netCondom.de
support@netcondom.de

www.netcondom.de
Diskreter Kondom-Fachhandel mit umfangreichem Sortiment an Markenkondomen. Ritex, Durex, Condomi und London.

Vinico
team@vinico.com

www.vinico.com
Der virtuelle Kondomberater hilft, in Ruhe und anonym ein maßgeschneidertes Kondom zu finden.

Verhütung/Verhütungsmittel/Spirale

GyneFix
info@gynlameda.de

www.verhueten-gynefix.de
Die GyneFix-Kupferkette wird als Alternative zur Kupferspirale und anderen Verhütungsmethoden vorgestellt.

Zahnmedizin/Kieferorthopädie

Progenica
marco.behler@progenica.net

www.progenica.de
Progenica ist das Portal und Forum für alle Themen rund um die Kieferorthopädie und Kieferchirurgie. **(Siehe Abbildung)**

Zahnspangen-CC
admin@zahnspangen.cc

www.zahnspangen.cc
Antworten und Erklärungen über die diversen Zahnspangen sowie Diskussionsforum für das Kultobjekt der späten 90er.

Progenica   **www.progenica.de**

Zahnmedizin/Zahnärzte & Zahntechniker

Die-Zahnarztempfehlung.com

www.die-zahnarztempfehlung.com
Suche nach dem regionalen Zahnarzt mit den meisten Patienten-empfehlungen sowie Infos zu Zahnersatz und Zahnimplantaten.

zahnforum.org
saed@aon.at

www.zahnforum.org
Großes Zahnforum mit Infos zu Wurzelbehandlungen, Weisheits-zähnen, Füllungen und Kieferorthopädie.

Zahnmedizin/Zahnersatz

2te-zahnarztmeinung.de
info@2te-zahnarztmeinung.de

www.2te-zahnarztmeinung.de
Persönlichen Heil- und Kostenplan erstellen, passenden Zahnarzt auswählen und diesen nach der Behandlung bewerten.

implantate.com
info@implantate.com

www.implantate.com
Größte deutschsprachige Infoseite über Zahnimplantate und Zahn-ersatz. Über 4.000 Besucher täglich informieren sich hier unab-hängig über die Möglichkeiten von Zahnimplantaten und ihren Al-ternativen. Populär sind das lebendige Forum und die Suche nach Implantat-Spezialisten mit Gewährleistung und Preisbindung.
(Siehe Abbildung)

Zahnmedizin/Zahnersatz/Preisvergleiche

Test Zahnzusatzversicherung
info@test-zahnzusatzversicherung.de

www.test-zahnzusatzversicherung.de
Kostenloser Vergleich von Zahnzusatzversicherungen.

implantate.com   **www.implantate.com**

Anzeige

Zahnmedizin/Zahnpflege

● **Arbeitsgemeinschaft Zahngesundheit**
info@agz-rnk.de

www.zahnaerztliche-patientenberatung.de
Informationen rund um die Zahngesundheit, zu Therapien, Diagnostik und Technik sind hier ebenso einzusehen wie weiterführende Links und ein Zahnlexikon. Eine Zahnarztsuche rundet das Angebot ab. **(Siehe Abbildung)**

● **Saubere-zaehne.de**
info@saubere-zaehne.de

www.saubere-zaehne.de
saubere-zaehne.de ist Europas großer Online-Shop für Zahnpflege und Mundhygiene. Elektrische und Ultraschall-Zahnbürsten, Mundduschen, wirksame Zahncremes, Mittel gegen Mundgeruch und Produkte aus dem Bereichen Beauty – hier erhält man alles aus einer Hand. Mehr als 50.000 zufriedene Kunden. **(Siehe Abbildung)**

Krankenversicherungsvergleich

● **Gesetzliche Krankenkassen im Vergleich**
kontakt@gesetzlichekrankenkassen.de

www.gesetzlichekrankenkassen.de
Der unabhängige Infodienst rund um die gesetzlichen Krankenkassen mit umfassenden Beitrags- und Leistungsvergleichen sowie Hintergrundinformationen. Interaktive Kassensuche mit über 70 Leistungspunkten zur Auswahl, Online-Mitgliedsanträgen und kassenübergreifendem Geschäftsstellenfinder. **(Siehe Abbildung)**

Versicherungs-Vergleiche
info@acio.net

www.versicherung-vergleiche.de
Versicherungsvergleiche für die Private und Gesetzliche Krankenversicherung.

Arbeitsgemeinschaft Zahngesundheit　　　　**www.zahnaerztliche-patientenberatung.de**

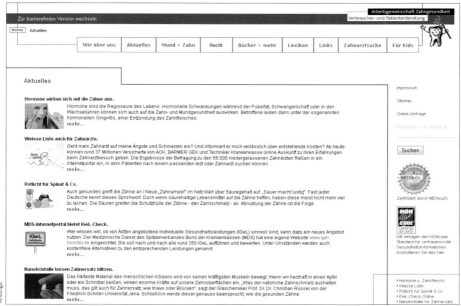

Saubere-zaehne.de   **www.saubere-zaehne.de**

Gesetzliche Krankenkassen im Vergleich   **www.gesetzlichekrankenkassen.de**

Krankenkassen & Krankenversicherung

AOK
info@bv.aok.de

www.aok.de
Ratgeberforen, Tests, News sowie Informationen für ein gesundes Leben – wissenschaftlich überprüft und immer aktuell.

Krankenkassen.de
ac@eu-info.de

www.krankenkassen.de
Unabhängiges Informationsportal über gesetzliche und private Krankenkassen.

krankenkassenforum.de
info@krankenkassennetz.de

www.krankenkassenforum.de
Forum, das Fragen zu gesetzlichen und privaten Krankenkassen klärt. Mit Wahltarif-Rechner und Leistungsübersicht.

krankenkassenRATGEBER
info@krankenkassenratgeber.de

www.krankenkassenratgeber.de
Tagesaktuelle News, ein Online-Vergleich der Kassenbeiträge, eine Geschäftsstellensuche und ein Leistungsvergleich.

Widge.de
info@widge.de

www.widge.de
Dienstleister für die Tarifoptimierung und Kostenreduzierung innerhalb der bestehenden privaten Krankenversicherung.

ADHS

ADHS-Chaoten
betreiber@adhs-chaoten.net

adhs-chaoten.net
Community mit Forum, Chat und Blog für Erwachsene mit ADHS.

AIDS

Deutsche AIDS-Hilfe
dah@aidshilfe.de

www.aidshilfe.de
Links zu allen regionalen AIDS-Hilfen im Internet, Suchmaschine für Fachbegriffe und viele Hintergrundinformationen.

Virawoche
info@boehringer-ingelheim.de

www.virawoche.de
Infoportal zum Thema HIV/AIDS: Krankheitsbild, Behandlungsmöglichkeiten, Ratgeber und Broschürenservice.

Allergie

Community zur Allergieprävention
redaktion@allergie.de

www.allergie.de
Geobasierte Community-Plattform für Allergiebetroffene und Allergologen mit Allergietagebuch und Pollenflugvorhersage.

Deutscher Allergie- und Asthmabund e. V.
info@daab.de

www.daab.de
Der DAAB ist eine wichtige Anlaufstelle für Millionen Allergiker, Asthmatiker und Neurodermitis-Erkrankte.

Polltec
info@neher.de

www.pollenschutz.de
Pollenallergiker finden hier Pollenschutzgitter zum Schutz der Wohnräume vor Pollen. Mit praktischem Pollenflugkalender.

Alzheimer & Demenz

AlzheimerForum
info@alzheimerforum.de

www.alzheimerforum.de
Umfassende Texte zu allen Aspekten der Alzheimer-Krankheit, Online-Beratung, Experten- und Internet-Selbsthilfegruppen.

Alzheimerinfo
contact@merz.de

www.alzheimerinfo.de
Infos in Bezug auf die Alzheimer-Erkankung wie zum Beispiel die Diagnose, die Therapie und Hilfen für die Angehörigen.

Atemwege/Asthma

Atemwegserkrankungen
infocenter@msd.de

www.atemwege.msd.de
Informationen für Betroffene und Angehörige, dazu ein Asthmatagebuch sowie ein Pollenflugkalender als Download.

Luft-zum-Leben
asthma.info@gsk.com

www.luft-zum-leben.de
Alltagstipps und nützliche Dienste, wie etwa aktuelle Luftdaten (Ozon, Pollen, UV) und ein Asthmakontrolltest.

Beine

RLS gut behandeln
customerservice@ucb.com

www.rls-gut-behandeln.de
Informationsportal über das Restless-Legs-Syndrom, kurz RLS: Fakten über die Krankheit, Symptome, Diagnostik und Therapie.

RLS-Haus.de
grenzach.arzneimittel@roche.com

www.rls-haus.de
Umfangreiche Infos rund um das Restless-Legs-Syndrom: Symptome, Selbsttest und Hilfsmöglichkeiten durch Medikamente.

Blase

Lifeline Special Harninkontinenz
info@lifeline.de

www.special-harninkontinenz.de
Informationen zum Thema Blasenschwäche bei Erwachsenen und Kindern. Mit Forum und Expertenrat für Betroffene und Eltern.

Cholesterin

DGFF e. V.

www.lipid-liga.de
Die Deutsche Gesellschaft zur Bekämpfung von Fettstoffwechselstörungen klärt über Risiken, Prävention und Therapien auf.

Depression

Depri.ch
info_verein@depri.ch

www.depri.ch
Hier haben Betroffene, Angehörige und Interessierte die Möglichkeit, ihre Geschichte zu erzählen und sich auszutauschen.

Diabetes

Diabetes
infocenter@msd.de

www.diabetes-behandeln.de
Informationen über die Erkrankung und Therapien bei Typ-2-Diabetes sowie Tipps, wie man Diabetes kontrollieren kann.

Diabetes-News
detlef.jantos@diabetes-news.de

www.diabetes-news.de
Aktuelles aus Forschung und Entwicklung im Bereich Diabetes, Infos von Selbsthilfegruppen sowie Fachärzte in Deutschland.

Diabetes-Portal DiabSite
info@diabsite.de

www.diabsite.de
Aktuelle Diabetes-Infos von Alltagstipps bis Forschungs-News für Diabetiker, Diabetes-Experten und alle Interessierten.

Diabetes-Ratgeber
diabetespro@wortundbildverlag.de

www.diabetes-ratgeber.net
Informationen für Zuckerkranke und deren Angehörige über gesunde Ernährung, Medikamente und Vorbeugemaßnahmen.

Diabetesstiftung DDS
info@diabetesstiftung.de

www.diabetesstiftung.org
Infos rund um Diabetes: Von Definition über Therapie mit Aktivität und Ernährung bis hin zu drohenden Folgeerkrankungen.

Endometriose

Endometriose-Vereinigung Deutschland e. V.
info@endometriose-vereinigung.de

www.endometriose-vereinigung.de
Infos zur Krankheit Endometriose, Übersicht zu den Beratungsmöglichkeiten, den Selbsthilfegruppen und aktuellen Terminen.

Europäische Endometriose Liga

www.endometriose-liga.eu
Informationen zur Krankheit sowie Angaben zu Diagnostik und Therapie für Betroffene. Mit Arztsuche und Expertenrat.

Epilepsie

Epilepsie-Netz

www.epilepsie-netz.de
Umfassende Informationen für Betroffene und Angehörige, die sich über Epilepsie informieren möchten. Mit großem Forum.

Erkältung, Husten & Grippe

Erkaeltung-Online.de
info@erkaeltung-online.de

www.erkaeltung-online.de
Neben Tipps zum Umgang mit einer Erkältung informiert das Complex-O-Meter über aktuelle Erkältungswellen in Deutschland.

Grippe-Info
isc-service@gsk.com

www.grippe-info.de
Wissenswertes zum Thema Grippe: Allgemeines über den Erreger, Ansteckungsgefahren, Verbreitung sowie Schutzimpfungen.

grippe-wissen.de
grenzach.allgemein@roche.com

www.grippe-wissen.de
Tagesaktuelle Informationen zum Thema Grippe. Ist es Grippe oder ein grippaler Infekt? Hier gibt es den Grippe-Check.

Schweinegrippe Beratung

www.schweinegrippe-beratung.de
Infos zur Schweinegrippe mit Hintergrundwissen zum Virus.

Essstörungen & Magersucht

Essstörungen
essstörung@bzga.de

www.bzga-essstoerungen.de
Infos über gestörtes Essverhalten, Essstörungen und ihre Ursachen, Adressenverzeichnis für Betroffene und Fachleute.

Hungrig-Online
info@hungrig-online.de

www.hungrig-online.de
Information und Hilfe bei Essstörungen: Diagnose, Behandlung und Online-Foren für Betroffene und Angehörige.

magersucht.de
kontakt@magersucht.de

www.magersucht.de
Informationsportal, Online-Beratung und Plattform zum Thema Magersucht für Betroffene, Angehörige, Ärzte und Pädagogen.

Hämorrhoiden

Lifeline Special Hämorrhoiden
info@haemorriden.net

www.haemorriden.net
Infos zu Hämorrhoiden: Ursachen, Symptome und Behandlungsmöglichkeiten, Tipps zum Leben mit Hämorrhoiden im Alltag.

Hepatitis

Deutsches Hepatitis C Forum e.V.
vorstand@dhcf.de

www.hepatitis-c.de
Was ist Hepatitis C? Welche Behandlungsmöglichkeiten gibt es? Hier gibt es Kontaktadressen, Hilfen und Unterstützung.

Hepatitis-Care
grenzach.allgemein@roche.com

www.hepatitis-care.de
Infos zu Diagnostik und Therapie der Hepatitis C. Infos über mögliche Übertragungswege und den Krankheitsverlauf.

Herz-Kreislauf

Bluthochdruck Informationen
info@takeda.de

www.bluthochdruck-patienten.de
Diagnose und Ursachen der Volkskrankheit Nr. 1, dem Bluthochdruck. Therapien und Medikamente zur Behandlung, Expertenforum.

Herz-Info
info@pfizer.de

www.herz-info.de
Gesundheitsportal zu Themen wie Herz-Kreislauf, Bluthochdruck, Risikofaktoren oder koronare Herzkrankheiten.

HNO-Erkrankungen

Deutsche Tinnitus-Liga e. V. (DTL)
dtl@tinnitus-liga.de

www.tinnitus-liga.de
Das Infoportal der Deutschen Tinnitus-Liga für Betroffene und Fachleute bietet Beratung rund ums Ohr und Infobroschüren.

Tinnitus.de
info@auric.de

www.tinnitus.de
Großes Forum zum Thema Tinnitus. Viele Erfahrungsberichte und Entstehungsgeschichten.

Impotenz & Erektionsstörungen

ImpoDoc.de
info@impodoc.de

www.impodoc.de
Erektile Dysfunktion (Impotenz) – Definition, Grundlagen, Diagnose und Therapie mit ärztlich moderiertem Chat und Forum.

Kopfschmerzen & Migräne

Kopfschmerz!de

www.kopfschmerzen.de
Informationen und Beschreibungen zu Kopfschmerzarten, deren Ursachen sowie Behandlungs- und Vorbeugungsmöglichkeiten.

Krebs

Deutsche Krebsgesellschaft e. V.
web@krebsgesellschaft.de

www.krebsgesellschaft.de
Umfangreiche Fakten zu allen Krebsformen, Behandlungs- und Therapiemöglichkeiten sowie zur Früherkennung und Diagnose.

Krebs-Kompass

www.krebskompass.de
Patienten-Forum für Krebserkrankte mit Bereichen für Krebsarten, Behandlung, Beratung, Angehörige und Forschung.

Roche Pharma Onkologie
grenzach.allgemein@roche.com

www.roche-onkologie.de
Beschreibung der verschiedenen Krebserkankungen sowie unterstützender Therapien. Mit Patienten- und Arztbereich.

Krebs/Brustkrebs

Herausforderung Brustkrebs
info@brustkrebszentrale.de

www.brustkrebszentrale.de
Die Brustkrebszentrale informiert über die Erkrankung sowie Therapiemöglichkeiten und hilft, mit der Diagnose umzugehen.

Krebs/Darmkrebs

Darmkrebs.de
kontakt@foundation.burda.com

www.darmkrebs.de
Hier finden Patienten und Angehörige wichtige medizinische Infos zu Früherkennung, Therapie und Nachsorge. Mit einem Forum.

Darmkrebszentrale

www.darmkrebszentrale.de
Informations- und Serviceplattform für Darmkrebspatienten und Angehörige mit Themenmagazinen und Erfahrungsberichten.

Krebs/Lungenkrebs

Der zweite Atem

www.der-zweite-atem.de
Umfangreiche Informationen über Ursachen und Symptome von Lungenkrebs, Diagnoseverfahren sowie Behandlungsmöglichkeiten.

Multiple Sklerose

e-med forum Mulitple Sklerose
mail@e-med-gmbh.de

www.emed-ms.de
Experten-Chat, Expertenrat, Selbsthilfe-Chat, Diskussionsforum, Newsletter, MS-Infos und MS-Behandlungseinrichtungen.

MS – Gateway
serviceteam@betaplus.net

www.ms-gateway.de
Nachrichten aus Forschung und Wissenschaft, Diskussionsforum, Chat-Räume und Experten-Chats zum Thema Multiple Sklerose.

Neurodermitis

Informationsseite zur Neurodermitis
info@project-design.de

www.neurodermitistherapie.info
Informationsseite über Neurodermitis. Hier wird auch eine neue Therapie mit dem Wirkstoff Pimecrolimus vorgestellt.

jucknix
info@jucknix.de

jucknix.de
Portal zu Neurodermitis, Allergien, Asthma, Schuppenflechte und Nesselsucht mit Infos zu Symptomen und Behandlungen.

Nieren

Niere-azidose.de

www.niere-azidose.de
Informationsportal rund um das Thema Azidose: Entstehung, Behandlung sowie Ernährungstipps.

Osteoporose

Aktiv gegen Osteoporose

www.osteoporose-spritze.de
Informationen, Ursachen und Fakten zur Krankheit Osteoporose und viele Tipps zur Vorsorge der Knochenerkrankung.

Osteoporose
infocenter@msd.de

www.osteoporose.msd.de
Interessierte und Betroffene erhalten hier allgemeine Informationen zur Osteoporose, auch bekannt als Knochenschwund.

Parkinson

Parkinson-Aktuell.de
customerservice@ucb.com

www.parkinson-aktuell.de
Gesundheitsportal mit Informationen über Symptome, Ursachen und Therapiemöglichkeiten der Parkinsonkrankheit.

Parkinson-Haus.de
grenzach.arzneimittel@roche.com

www.parkinson-haus.de
Zahlreiche Informationen sowie Tipps, wie Betroffene des Parkinson-Syndroms ihren Alltag besser meistern können.

Periode & Regelschmerzen

regelschmerzen.de
info@boehringer-ingelheim.com

www.regelschmerzen.de
Mädchen und junge Frauen erhalten hier viele Infos zur Periode und den damit zusammenhängenden Regelschmerzen.

Pilzinfektionen

Lifeline Special Nagelpilz
info@infoline-nagelpilz.de

www.infoline-nagelpilz.de
Ausführliche Informationen zum Thema Nagelpilz. Tipps zu Behandlungsmöglichkeiten mit kostenlosem Expertenrat.

Prostata

prostata.de
info@prostata.de

www.prostata.de
Aktuelles zur Diagnose und Behandlung von Prostatakrebs. Die unterschiedlichen Behandlungsmethoden werden umfassend erklärt.

Prostata-Info
prostata.info@gsk.com

www.prostata-info.de
Umfassende Informationen zur männlichen Problemzone für Patienten, Interessierte, Ärzte und Apotheker.

Rheuma

rheumahelden.de

www.rheumahelden.de
Tipps und Informationen zum Umgang mit der Erkrankung Rheuma.

rheuma-online
info@rheuma-online.de

www.rheuma-online.de
Tipps zu Therapien und Medikamenten für Rheuma-Patienten, außerdem Rheumalexikon und interaktive Krankheitstests.

Schilddrüse

schilddruese.net
medizinpartner@merck-pharma.de

www.schilddruese.net
Informationen für Ärzte und Patienten zu den unterschiedlichen Schilddrüsenerkrankungen sowie zu Behandlungsmöglichkeiten.

Schlafstörungen

Schlaf.de
info@schlaf.de

www.schlaf.de
Umfangreiche Informationen zum Thema Schlaf und Schlafstörungen für alle Betroffenen und Schlafinteressierten.

Schmerzen

Schmerz60plus

www.schmerz60plus.de
Erläuterungen neuer Erkenntnisse zur Schmerztherapie bei älteren Menschen mit ausführlichem Informationsangebot.

Stark gegen den Schmerz
infocenter@msd.de

www.stark-gegen-schmerz.de
Ausführliche Infos zu Bewegungs- und Gelenkschmerzen mit praktischen Tipps, Übungsvideos und Therapiemöglichkeiten.

Schmerzen/Rückenschmerzen

Bandscheibenvorfall.de
capelle@bandscheibenvorfall.de

www.bandscheibenvorfall.de
Funktionsweise und Störungen der Wirbelsäule und der Bandscheiben mit Fallbeispielen, Behandlungsmethoden und Fachwörterbuch.

Hexenschuss
info@hexenschuss.de

www.hexenschuss.de
Das Gesundheitsportal rund um das Thema Rückenschmerzen gibt Übungsanleitungen und Tipps für einen gesunden Rücken.

Lifeline Special Rückenschmerz
info@special-rueckenschmerz.de

www.special-rueckenschmerz.de
Informationen zum Thema Rückenschmerz, Tipps für den Alltag und zahlreiche Rückenübungen. Kostenloser Expertenrat.

Schnarchen

Schnarchportal.de
starre-endo@olympus.de

www.schnarchportal.de
Informationen rund um das Thema Schnarchen. Kleines HNO-Wörterbuch und Informationen zur Celon-Methode.

Silensor Schnarchschutz
info@smilestudio.de

www.silensor.info
Persönliche Beratung und individuelle Anpassung von Schnarchschienen. Mit Online-Live-Expertenberatung.

Arzneimittel & Hausmittel

Gesunde Hausmittel
kontakt@gesunde-hausmittel.de

www.gesunde-hausmittel.de
Informationen zu alten und bekannten Hausmitteln. Für verschiedene Bereiche wie Durchfall, Bluthochdruck oder Erkältungen.

WELEDA AG
dialog@weleda.de

www.weleda.de
Vorstellung der Weleda-Arzneimittel, Ratgeber für die Hausapotheke sowie Informationen zur antroposophischen Medizin.

Ayurveda

ayurdeva
service@ayurdeva.de
☎(08370) 92 93 30

www.ayurdeva.de
Eine breite Palette an ayurvedischen Qualitätsprodukten: Neben Lebensmitteln zur ayurvedischen Ernährung sind hier auch Massagezubehör wie Liegen, Matten oder Öle sowie Pflegemittel, Naturkosmetika, Nahrungsergänzungsmittel, Düfte und ätherische Öle sowie Bücher und Accessoires erhältlich. **(Siehe Abbildung)**

ayurveda-portal.de
info@ayurveda-portal.de

www.ayurveda-portal.de
Die große unabhängige Info- und Kommunikationsplattform zu Ayurveda beinhaltet ein weltweites Branchenbuch, aktuelle Facharti-kel, Orientierungshilfen, Interviews, Videos, Ayurveda Web-TV, Seminarkalender, Kleinanzeigen und ein Forum für den Austausch. Für Einsteiger, Kenner und Profis.

Europäische Akademie für Ayurveda
info@ayurveda-akademie.org

www.ayurveda-akademie.org
Ausbildungen und Seminare sowohl für Laien als auch für Mitglie-der der verschiedenen medizinischen Berufsgruppen.

**Rosenberg Ayurveda
Gesundheits- und Kurzentrum**
info@rosenberg-ayurveda.de

www.rosenberg-ayurveda.de
Das Gesundheitsportal bietet vielfältige Kurangebote, die von Pancakarma- und Regenerationskuren bis hin zur Burnout-Präven-tion reichen. Zudem findet man informative Artikel über Ayurveda und das Zusammenspiel von ayurvedischen Therapien mit schul-medizinischen Verfahren sowie Rezepte aus der Ayurveda-Küche. **(Siehe Abbildung)**

Bachblüten-Therapie

Bachblüten-Therapie
bach-blueten@gwx.de

www.bach-blueten-therapie.de
Interessantes rund um die Bachblüten-Therapie, Wirkungsweise der Bachblüten sowie ein Forum zum Erfahrungsaustausch.

Heilkräuter

Heilpflanzen-Welt
info@heilpflanzen-welt.de

www.heilpflanzen-welt.de
Portal rund um Naturheilkunde, Phytotherapie und Komplement-
ärmedizin für Laien und Fachkräfte in Gesundheitsberufen.

Welterbe Klostermedizin
info@klostermedizin.de

www.welterbe-klostermedizin.de
Umfangreiche Sammlung von Heilpflanzen mit Infos zu Geschichte, Anwendungsgebiet und -art und Wirksamkeit.

Heilpraktiker

Freie Heilpraktiker e. V.
info@freieheilpraktiker.com

www.freieheilpraktiker.com
Informationen zu den Themen Naturheilkunde, Heilpraktiker, Aus-
und Weiterbildung, Honorare und vieles mehr.

Union Deutscher Heilpraktiker e. V.
kontakt@udh-bundesverband.de

www.udh-bundesverband.de
Berufsverband für Heilpraktiker, Qualitätssicherung im Beruf der
Heilpraktiker, Aus- und Weiterbildung.

Heilpraktiker/Heilpraktikerschulen

Paracelsus Heilpraktikerschule
info@paracelsus.de

www.paracelsus.de
Heilpraktikerschule, Schule für Fachtherapeuten, Psychotherapie
und naturheilkundliches Seminarzentrum.

Homöopathie

Deutsche Homöopathie-Union
info@dhu.de

www.dhu.de
Infos zur Homöopathie: Von den Grundlagen über die Geschichte
bis hin zur Herstellung homöopathischer Arzneimittel.

Rosenberg Ayurveda Gesundheits- und Kurzentrum   www.rosenberg-ayurveda.de

Dt. Zentralverein homöopathischer Ärzte
sekretariat@dzvhae.de

www.dzvhae.de
Portal des Deutschen Zentralvereins homöopathischer Ärzte:
Arztsuche, Hintergrundberichte und Infos zur Kostenerstattung.

globuli.de
info@getnetfame.de

www.globuli.de
Infos über die Hintergründe der Homöopathie sowie zu Bachblüten und Schüssler Salzen. **(Siehe Abbildung)**

homoeopathie-heute.de
portal@homoeopathie-heute.de

www.homoeopathie-heute.de
Das Deutsche Netzwerk für Homöopathie informiert über homöopathische Mittel.

Hypnose

Hypnoseberatung.de
post@hypnoseberatung.de

www.hypnoseberatung.de
Zahlreiche Informationen zu den Themen Hypnose, Hypnotherapie, Selbsthypnose, Show-Hypnose, NLP und Mentaltraining.

Hypnoseland

www.hypnoseland.eu
Das Hypnoseland bietet ein großes Forum zu den Themen medizinische Hypnose, Selbsthypnose und Erfahrungen mit Hypnose.

Hypnoselernen.de
info@hypnoseakademie.de

www.hypnoselernen.de
Hypnoseforum mit Angaben zu Voraussetzungen, Gefahren und Arten der Hypnose, dazu Bilder und Seminarangebote.

Kinesiologie

Internationale Kinesiologie Akademie
info@kinesiologie-akademie.de

www.kinesiologie-akademie.de
Die IKA bietet Kurse in Kinesiologie, anerkannte kinesiologische Ausbildungen (Gesundheitsförderung, Lernförderung, Lebensberatung, Sport und Wellness), Studiengang Bachelor Komplementäre Methoden (Kinesiologie) in Kooperation mit der Steinbeis Hochschule sowie universitäre Zertifikatslehrgänge. **(Siehe Abbildung)**

Internationale Kinesiologie Akademie **www.kinesiologie-akademie.de**

Anzeige

globuli.de   **www.globuli.de**

Home   Anwendungsgebiete   Beschwerden   Globuli Liste   Potenzen   Servicethemen   Homöopathische Mittel   Blog

Alle Infos zum Thema

Globuli

Wir helfen Ihnen in allen Fragen rund um das Thema Globuli und Homöopathie.

Bachblüten

Besuchen Sie auch unsere Seite zum Thema Bachblüten, die Essenzen mit großer Wirkung für Ihre Gesundheit.

Globuli Blog

Besuchen Sie auch unseren Globuli Blog. Wir diskutieren mit Ihnen über Homöopathie und Globuli und freuen uns über einen regen Erfahrungsaustausch mit Ihnen.

Globuli bestellen

Globuli dürfen nur in Apotheken verkauft werden. Erfahren Sie hier, wo Sie Globuli bestellen können.

SUCHE AUF GLOBULI.DE

[   ]   Suche

:O) GLOBULI.DE AUF FACEBOOK (O:

 Gefällt mir

globuli.de

3.125 Personen gefällt globuli.de.

Soziales Plug-in von Facebook

FOLLOW UNS @ TWITTER

Homöopathie: Globuli und andere homöopathische Mittel

Globuli und homöopathische Tropfen haben sich zu einem verbreiteten und beliebten Mittel bei unterschiedlichen Erkrankungen entwickelt. Die meisten von uns wissen dabei nicht so ganz genau, wie Globuli hergestellt werden und auf welcher Lehre sie beruhen. Rein gefühlsmäßig ziehen sie diese sanftere Heilmethode der Schulmedizin vor. Homöopathie ist genauso umstritten wir beliebt und akzeptiert.

Diese Website will über die Hintergründe der Homöopathie informieren und weiteres Interesse an dieser vielschichtigen und komplexen Heilmethode wecken. Dabei richten wir uns in erster Linie an Laien.

Wenn Sie vor der Entscheidung stehen, ob Sie eine homöopathische Behandlung beginnen sollen oder nicht, wenn Sie sich ob der Wirkungsweisen und Ansichtsweisen der Homöopathie nicht sicher sind, hoffen wir Ihnen mit dieser Website weiterhelfen zu können. Auch wenn Sie hier eine Auflistung verschiedener Globuli und deren Wirkungsweise finden, sollte diese vor allem in ernsteren Fällen **nicht** als Anleitung zur Selbstmedikation missverstanden werden. Die Begleitung eines erfahrenen Homöopathen ist unersetzbar.

Globuli – reiner Placebo-Effekt oder sanfte Heilung?

Die Kluft zwischen Anhängern und Gegnern von Homöopathie und Globuli könnte größer nicht sein. Da sich Homöopathie als sanfte Heilmethode immer größerer Beliebtheit erfreut, greifen auch die Medien dieses Thema verstärkt auf. Vor einiger Zeit widmete der Spiegel in seiner Ausgabe 28/2010 diesem Thema einen Leitartikel, der die Wirkung von homöopathischen Mitteln wie Globuli in Frage stellt. Eine

Europäischer Verband für Kinesiologie e. V.
info@efvk.de

www.kinesiologieverband.de
Der Europäische Verband versteht sich als eine Interessenvertretung aller Anwender, die mit Kinesiologie arbeiten.

Naturheilkunde/Allgemein

Initiative für ganzheitliche Heilmethoden
info@thera-online.de

thera-online.de
Therapeuten und Heilpraktiker-Suche. Beschreibung der verschiedenen naturheilkundlichen Therapieformen.

NaturHeilt.com
info@naturheilt.com

www.naturheilt.com
Das Portal für Naturheilverfahren zeigt Wege, abseits der Schulmedizin, mit verschiedenen Erkrankungen umzugehen und wie man sie ohne chemische Medikamente heilen oder die Heilung unterstützen kann. Für 350 Krankheiten von A bis Z bietet die Seite Informationen, Empfehlungen und Therapiemethoden.

Pascoe Naturmedizin
webmaster@pascoe.de

www.pascoe.de
Patienten-Handbuch und Nachschlagewerk der Naturheilmittel. In den Rubriken werden aktuelle Thematiken behandelt.

PhytoDoc
info@phytodoc.de

www.phytodoc.de
Das alternative Gesundheitsportal informiert, wie Krankheiten mit Naturheilkunde ganzheitlich behandelt werden können.

Yamedo – Portal für Alternative Medizin
info@yamedo.de

www.yamedo.de
Das Portal für Alternative Medizin, Naturheilkunde und Wellness führt über 300 verschiedene Beschwerde- und Krankheitsbilder auf und beschreibt anschaulich dazu passende Alternativtherapien, Heilverfahren und Medikamente, deren Wirksamkeit durch medizinische Studien belegt wird.

Yoga

Yoga Vidya
info@yoga-vidya.de

www.yoga-vidya.de
Yoga, Ayurveda, Meditation und artverwandte Bereiche werden in Kursen, Seminaren sowie bei Reisen angeboten.

Yoga Welten
kontakt@yoga-welten.de

www.yoga-welten.de
Erklärungen der wichtigsten Yoga-Übungen, Artikel zur Geschichte von Yoga und ein Yoga-Forum.

yogapad.de
post@howtobegood.de

www.yogapad.de
Community für Yoga, Meditation und Ayurveda zum Austausch über ganzheitliche oder spirituelle Themen.

 yogishop.com
service@yogishop.com
☎(08370) 92 17 30

www.yogishop.com
Im yogishop finden Yogatreibende alles, was sie für die Ausübung benötigen: Yogamatten, Yogazubehör, Yogataschen, Bekleidung, Gurte, Kopfstandhocker, Nackenhörnchen, Meditationskissen, Decken und Schals. Auch Ernährungs- und Körperpflegeprodukte sowie Musik-CDs werden angeboten. **(Siehe Abbildung)**

 YOGISTAR.COM
service@yogistar.com
☎(08370) 92 94 90

www.yogistar.com
Die stilbewusste Yogamarke YOGISTAR.COM versorgt die Yoga-Community mit Yogamatten, Yogabekleidung und zahlreichen praktischen Yogazubehörartikeln. Die Produktpalette umfasst beispielsweise hochwertige extrem rutschfeste Yogamatten, modische Oberteile und Hosen sowie Yogastühle und Kopfstandhocker. **(Siehe Abbildung)**

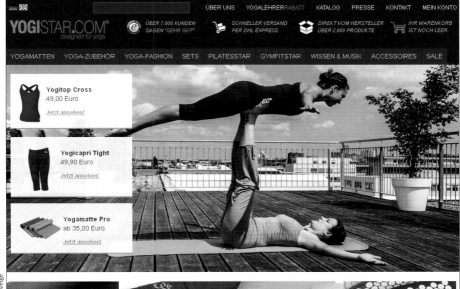

GESUNDHEIT

HAUS & GARTEN

www.gartenforum.de

Gartenforum

Ihr Garten soll im nächsten Frühjahr und Sommer neidische Blicke vom Nachbarn ernten? Dann besuchen Sie das Gartenforum und lassen sich von anderen Hobby-Gärtnern Tipps und Ratschläge geben – hier erfahren Sie, was der Unterschied zwischen den Tomatensorten „Goldene Königin" und „Bloody Butcher" ist, welche tropischen Gartenpflanzen besonders pflegeleicht sind, was Sie beachten müssen, wenn Sie sich einen Goldfischteich anlegen möchten und welche Standorte für Kresse, Minze oder Basilikum bestens geeignet sind. Dazu können Sie sich von den Gartenbildern anderer Mitglieder inspirieren lassen oder eigene Fotos vom selbstgebauten Vogelhäuschen präsentieren.

www.hurra-wir-bauen.de

hurra-wir-bauen

Möchten Sie Ihren alten Dachboden in eine schmucke Dachoase verwandeln oder im Garten einen japanischen Teich anlegen? Foto-Reportagen und Artikel von Sanierungen und Renovierungsaktionen auf hurra-wir-bauen.de helfen hier weiter. Im Online-Magazin finden Sie neben nützlichen Energiespartipps außerdem eine ausführliche Vorstellung verschiedener Bauweisen für die eigenen vier Wände: Ob Ausbauhaus, schlüsselfertiges Eigenheim, Massiv- oder Holzhaus, hier ist für jeden Geldbeutel das richtige dabei. Inspirationen gibt es vorab auf zahlreichen Musterhaus-Ausstellungen, eine interaktive Karte zeigt, wohin sich eine Fahrt lohnt.

www.schoener-wohnen.de

schoener-wohnen.de

Zeit für einen Tapetenwechsel! Wenn Sie mal wieder frischen Wind in Ihre vier Wände bringen möchten, sollten Sie sich auf schoener-wohnen.de aktuelle Einrichtungs- und Dekorationstipps von Experten einholen. Ob Leseecke im englischen Chic, ein Spielzimmer unterm Dach oder ein begehbarer Kleiderschrank mit elegantem Schiebetür-System, mithilfe verschiedener Selbsttests können Sie herausfinden, welcher Stil Ihrem Wohn-Typ entspricht. Mit dem 3D-Raumplaner können Sie dann gleich ein individuelles Wohnkonzept erstellen und sehen, in welche Ecke der neue Schreibtisch am besten passt und ob der Entwurf tatsächlich alltagstauglich ist.

www.zimmerschau.de

Zimmerschau

Möchten Sie Ihre Wohnung neu einrichten, aber es fehlt Ihnen die nötige Inspiration? Dann besuchen Sie dieses Portal und holen Sie sich Anregungen anhand der Fotos, die andere User von ihren eigenen vier Wänden hier online stellen. Mit Hilfe von Bildern und Beschreibungen erhalten Sie vielfältige Wohnideen und kreative Einrichtungstipps für Ihr Zuhause, sei es ein gemütliches Wohnzimmer, Ihr eigener "Coffee Room" oder ein Fußballzimmer für Ihr Kind. Für den Feinschliff, der eine Wohnung erst so richtig ausmacht, sorgen tolle Ideen für Wanddekorationen und individuelle Lampen oder zur Gestaltung von Balkonen und Terrassen.

www.selbst.de

selbst online

Wenn Sie Renovierungsarbeiten gerne persönlich in die Hand nehmen, finden Sie hier Videoanleitungen, in denen Schritt für Schritt erklärt wird, wie man einen begehbaren Kleiderschrank für das Schlafzimmer und einen Tischkicker für Fußballfans baut, seinen Balkon fliest oder den alten Teppich ausbessert. Profis bekommen zahlreiche kreative Anregungen, um ihr eigenes Traumhaus mitsamt Gartenanlage zu planen und zu gestalten. Für Deko-Fans gibt es nützliche Tipps über Farbwirkung und den richtigen Einsatz von Licht, um das Eigenheim in eine gemütliche Wohlfühloase zu verwandeln.

www.mein-schoener-garten.de

Mein schöner Garten

Damit Sie im Frühjahr gleich mit den ersten Sonnenstrahlen erfolgreich durchstarten können, gibt es hier Ideen und Tipps für die Gestaltung Ihres Gartens. Wie plane ich meinen Wassergarten? Welche Blumen kommen dieses Jahr in den Ziergarten? Wie pflege ich Hydrokulturen? Die Pflanzenporträts informieren auch über Blütezeit und den richtigen Standort und Boden für Gewächse jeder Art. Sollte es den zarten Pflänzchen doch mal schlecht gehen, wenden Sie sich an den Pflanzendoktor. Der steht Ihnen und Ihrer Blume mit einer Online-Diagnose und Heiltipps bei. Diskutieren Sie außerdem mit anderen Gartenfreunden im Forum über Balkone, Terrassen, Zier- und Nutzgärten!

www.haus.de

Das Haus

Wenn Sie es satt haben, in Ihren eigenen vier Wänden tagtäglich neben Omas morscher Eichenkommode aufzuwachen und Sie frischen Wind in Ihre Bude bringen wollen, dann lassen Sie sich hier von modernen Einrichtungstipps inspirieren. Man wird Sie um die japanischen Schiebefenster und die italienischen Palazzo-Wände beneiden! Mit dem Mietrechner haben Sie herausgefunden, dass sich ein Hausbau lohnen würde? Bevor Sie irgendwelche Luftschlösser bauen, lesen Sie hier, wie man das eigene Haus am besten finanziert und wann der Staat Sie fördert. Der Baukosten-Rechner hilft Ihnen beim Planen!

www.livingathome.de

livingathome.de

Tapetenwechsel gefällig? Ob Haus, Garten oder Gastlichkeit, die Online-Ausgabe der gleichnamigen Zeitschrift bietet seitenweise Tipps, Ideen, Ratschläge und Inspirationen für Wohnung, Haus und Garten in fünf übersichtlichen Themenbereichen. Von der Gestaltung Ihrer Wohn(t)räume über das Blumenbeet für Balkonien bis hin zum asiatischen Drei-Gänge-Menü, der mexikanischen Tischdekoration oder dem praktischen Fest-Einmaleins. Mit einfachen Tricks für drinnen und draußen bringen Sie schnell frischen Wind in die eigenen vier Wände. Lust aufs Aufmöbeln bekommen? Dann bummeln Sie über den Marktplatz und richten Sie es sich schön ein!

Allgemein

Bauen-Wohnen-Aktuell.de
service@arkm.de

www.bauen-wohnen-aktuell.de
Magazin mit aktuellen Meldungen rund um die Themen Hausbau und Wohnen.

Bauexpertenforum
info@bauexpertenforum.de

www.bauexpertenforum.de
Forum zu Themen rund ums Bauen.

casando
info@casando.de

www.casando.de
Zahlreiche Produkte rund um Bauen, Renovieren, Einrichten und Dekorieren im Haus und Garten.

Haus, Das
info@haus.de

www.haus.de
Die Zeitschrift „Das Haus" bietet umfassende Berichte zu den Themen Wohnen, Garten, Bauen, Kaufen, Mieten und Vermieten.

hausundmarkt.de

www.hausundmarkt.de
In den Rubriken Wohnen, Renovieren und Energie findet man nützliche Infos rund ums Eigenheim.

livingathome.de
info@livingathome.de

www.livingathome.de
Services, Ideen und Produkte rund um die Themenbereiche Essen und Trinken, Wohnen, Gastlichkeit und Garten.

● **mein EigenHeim**
redaktion@jfink-verlag.de

www.mein-eigenheim.de
Das Themenspektrum reicht von Bauen über Wohnen, Garten und Selber machen bis hin zu Recht und Steuern. Es gibt Bastel- und Heimwerker-Anleitungen zum Download und Leser können regelmäßig bei Aktionen gewinnen. In der Selbermachen-Rubrik findet man zudem praktische Videoanleitungen. **(Siehe Abbildung)**

Zuhause.de
kontakt@zuhause.de

www.zuhause.de
Alles rund ums eigene Zuhause. Gartenlexikon, Einrichtungstipps, Renovierungsanleitungen, Hausbauinfos und News.

zuhause3.de
redaktion@zuhause3.de

www.zuhause3.de
Zuhause3 ist ein Online-Portal mit dem Anspruch, Trendscout für alle Themen rund um Haus, Wohnen und Garten zu sein.

Bauen/Allgemein

bauemotion
kundenservice@bauemotion.de

www.bauemotion.de
Portal zu den Themen: Bauen, Renovieren, Einrichtung, Energiesparen, Garten, Baufinanzierung und Wohntrends.

bauen.com
info@bauen.com

www.bauen.com
Tipps und Beiträge für Bauherren und Modernisierer zu den Themen Hausbau, Ausbau, Haustechnik, Garten und Do It Yourself.

bauen.de
info@bauen.de

www.bauen.de
Informations- und Beratungsplattform für Baufamilien und private Bauinteressenten mit Finanzierungs- und Baulexikon.

Bauherr, Der

www.derbauherr.de
Das Magazin rund ums Thema Hausbau präsentiert sich online mit Hausdatenbank, Rechtsurteilen und Planungshilfen.

Baulinks.de
info@archmatic.de

www.baulinks.de
Umfangreiche Link-Sammlung zum Thema Bauen.

BauPraxis
redaktion@baupraxis.de

www.baupraxis.de
Portal für Bauherren und Bauprofis mit Tipps zu Baufinanzierung, Bauplanung, Hausbau und moderner Energietechnik.

mein EigenHeim   **www.mein-eigenheim.de**

27. Juni 2014   12:08 Uhr

Das Online-Portal   Startseite   Kontakt   Sitemap

Suchbegriff eingeben   SUCHEN

> Startseite   Anzeigen

THEMENPORTAL
Bauen und Häuser
Modernisieren
Energiesparen
Selber machen
Wohnen und Einrichten
Küche und Bad
Garten
Steuern und Recht
Alltag und Freizeit

GEWINNSPIELE
Leseraktion Sicherheit
Gewinnspiel Wohn-Design

AKTUELLE AUSGABE
Beiträge zu Heft 2/2014

Blick ins Heft »

VIDEO-MEDIATHEK
Bauen
Wohnen
Garten

	9		5	7		
8		4	2	3		
2			7	9		3

Sudoku

SERVICE
Abo und Gratisheft
Gewinner
Inserenten
Kontakt

Möbel und Accessoires fürs Jugendzimmer

Einrichtungsideen fürs Jugendzimmer

14 Quadratmeter Grundfläche hat ein durchschnittliches Jugendzimmer. Ganz schön wenig Platz für richtig viele Aktivitäten:... »

Clever – nicht nur für Schwaben
Der Tausch alter Heizungspumpen spart Geld
Wer seine alte Heizungspumpe in die Rente schickt, kann Energie und damit bares Geld sparen. Das wissen auch die TV-Lieblinge „Äffle und Pferdle". Sie sind das Motiv einer Kampagne des Baden-Württembergischen Umweltministeriums zum Thema Stromsparen. »

Mitmachen und gewinnen
Mein EigenHeim Leserbefragung 2014
Nehmen Sie an der Mein EigenHeim-Leserbefragung teil. Geben Sie dazu das Kennwort aus dem Heft unter nachfolgendem Link ein. Unter allen Teilnehmern verlosen wir fünf Elektro-Roller „Kumpan 1953" im Gesamtwert von über 17.800 Euro. Teilnahmeschluss ist am 19. Juli 2014. »

Das aktuelle Mein EigenHeim
Druckfrisch: Mein EigenHeim 2/2014
In unserer Online-Rubrik „Beiträge zu Heft 2/2014" stehen vertiefende Informationen zur neuen Ausgabe von Mein EigenHeim. »

» Bauanleitung Lounge-Möbel
» Solarstromanlagen für stabile Netze nachrüsten
» Natürliche Accessoires im Badezimmer
» Klassiker des Möbeldesigns
» Musterhaus-Ausstellungen auf einen Blick

AKTUELLE VIDEOS

Vinyl-Dielen verlegen »

Mit dem Fachmann unterwegs beim Heizungs-Check »

Video: Recycling-Geldbeutel aus Tetrapak »

Anzeige

nach oben

Bau-welt.de
info@bau-welt.de

www.bau-welt.de
Alles rund ums Eigenheim: Mit dem Haus-Konfigurator kann man sein persönliches Traumhaus finden. Zudem erhält man umfassende Informationen rund um die Themen Neubau und Renovierung, Fertighäuser, Innenausbau, Immobilienfinanzierung, Wohnen im Alter, Haustechnik und Garten. **(Siehe Abbildung)**

Deutsche BauZeitschrift

www.dbz.de
Nachrichten aus der Baubranche: Neues zu Architektur, Technik, Produkten, herausragenden Gebäuden und Rechtlichem.

hausbau24.de
info@hausbau24.de

www.hausbau24.de
Die Web-Seite bietet zum Thema Hausbau eine Herstellerliste mit Haustypen, Detailangaben und großen Fotos.

hurra-wir-bauen
info@hurra-wir-bauen.de

www.hurra-wir-bauen.de
Das Portal der Fachredaktion von FamilyHome bietet alles rund ums Bauen und Renovieren. Die Traumhaussuche findet aus über 1.000 Beispielen das passende Haus. Große Musterhausliste (D, A, CH). Hintergrundinformationen, viele Tipps und Tricks, Adressen sowie Links zu den Top-Firmen der Branche. **(Siehe Kapiteldeckblatt)**

Kleine Baulexikon, Das
info@baubegriffe.com

www.baubegriffe.com
Fachlexikon für die Bereiche Bau, Handwerk und Architektur.

Bauen/Architektur

Arcguide
info@arcguide.de

www.arcguide.de
Internet-Führer und Suchmaschine für Architekten. Die neue Architektursuche kombiniert Projekt-, Produkt- und Herstellerinformationen auf arcguide.de mit redaktionellen Beiträgen aus den Fachtiteln db deutsche bauzeitung, bba bau beratung architektur und Metamorphose.

archINFORM
archinf@archinform.de

www.archinform.net
Große Online-Datenbank für Architektur mit Infos über mehr als 55.000 Gebäude und Planungen bedeutender Architekten. Schwerpunkt bei der Projektauswahl ist die Architektur des 20. Jahrhunderts.

architekten24
info@architekten24.de

www.architekten24.de
Bauportal zu Architekturprojekten, Branchenverzeichnis mit Fachfirmen, Architekturfotografen, Architekturnews, Newsletter und Linksammlung.

Architektur und Wohnen

www.awmagazin.de
Online-Magazin zu Wohnen, Kunst, Architektur, Garten, Style und Design. Interviews und Homestorys mit Designern und Architekten.

bauten.de
info@nemetschek.de

www.bauten.de
Die Planersuchmaschine: Architekten und Ingenieure stellen sich und ihre Projekte vor.

Detail
mail@detail.de

www.detail.de
Detail berichtet über interessante Meldungen zu Architektur, Bauprojekten, Konstruktionen, Bauphysik und -recht sowie Veranstaltungen.

Emporis.de

www.emporis.de
Internationale Datenbank über Gebäude, Immobilien und Architektur.

Bau-welt.de   **www.bau-welt.de**

Bau-welt.de

| Haus-Konfigurator | Neubau | Renovierung | Innenausbau | Bauteile | Haustechnik | Garten | Bad-Ideen |

Sie befinden sich hier: Startseite

Haus-Konfigurator

In unserem Haus-Konfigurator können Sie sich ein Haus ganz nach Ihrem persönlichen Geschmack zusammenstellen. Sie erhalten Bilder von Musterhäusern, Grundrisse, technische Daten und mit ein paar Klicks weitere Informationsmaterialien direkt vom Hersteller.

Haas Fertighaus

Beim Hausbau bieten Fertighäuser eine unkomplizierte Lösung für Bauherren und punkten mit einem fixen Einzugstermin und einer Festpreisgarantie. Die Häuser von Fertighaus Haas bieten zudem Spielraum für individuelle Wünsche zur Raumaufteilung und erfüllen die Standards der KfW-Effizienzhäuser. So finden Sie Ihr persönliches Traumhaus.

Automatische Rollläden montieren

Automatische Rollläden, die sich ohne tägliches Ziehen und Zerren am Rollladengurt ganz von allein öffnen und schließen sind ohne großen Aufwand auch nachträglich nachrüstbar. Das System RolloTron von Rademacher vereint Antrieb und Steuerung in einem Gerät und ist sowohl für die Auf- als auch Unterputzmontage ausgelegt.

Energieplushaus

Energieplushäuser sind Gebäude hinter deren Energiebilanz ☞ am Jahresende ein Plus steht. Das heißt, das Haus erzeugt mehr Energie als es verbraucht. Das Geheimnis besteht aus einer luftdichten und hochdämmenden Außenhülle, kontrollierter Lüftung mit Wärmerückgewinnung und aktiver Solarenergienutzung.

Baugeschichten: Kubus am Hang

Ausgehend von ihren eigenen Vorstellungen haben Bauherren erste Skizzen von ihrem Eigenheim mit kubischem Baukörper und Flachdach angefertigt. Diese dienten dem Architekten später als Ausgangsbasis für die Entwurfsplanung des spektakulären Hauses am Hamburger Elbufer.

Mehr aus der Rubrik *Baugeschichten*:
Hausbau in der Solarsiedlung | Wohnen am Naturschutzgebiet | Traum-Bungalow

Grundrissplanung

Bei der Grundrissplanung sollten Pragmatismus und nüchternes Abwägen im Vordergrund stehen. Wer die zukünftige Wohnfläche optimal nutzen will, setzt auf flexible Räume und Mehrzwecknutzung. Moderne Grundrisse sind im Wohnbereich offen und hell, die reinen Verkehrsflächen werden auf das Nötigste begrenzt.

Sanierung von Feuchtigkeitsschäden

Feuchtigkeitsschäden treten nicht nur bei Bestandsbauten auf, auch Neubauten sind bei unsachgemäßer oder fehlerhafter Isolierung betroffen. Aber keine Panik – Nach einer genauen Ursachenanalyse können die fehlerhaften Bauteile auch nachträglich noch zuverlässig abgedichtet werden. Wir haben einem Spezialunternehmen bei der Arbeit über die Schulter geschaut.

Trockenbauwände

Beim Innenausbau setzen immer mehr Bauherren auf Trockenbauwände als Alternative zu gemauerten Innenwänden. Diese Wände sind dünner als normales Mauerwerk und bestehen aus einem Holz- oder Metallträgerwerk, einer Dämmung und einer Verkleidung. In vorgefertigten Trockenbauwänden sind teilweise bereits Leitungen verlegt.

Anzeige

BAUHAUS
service@bauhaus.info

www.bauhaus.info
Aktuelle Angebote, Ratgeber, Ideen und Tipps für alle Arbeiten rund um Werkstatt, Haus und Garten.

DEVO Baumarkt
info@devo-baumarkt.de
☎(09381) 847 59 40

www.devo-baumarkt.de
Neben dem Online-Shop hat der Devo Baumarkt 21 Filialen in Süddeutschland. Angeboten wird alles für Haus, Garten, Werkstatt und Freizeit. Das Team von Devo kennt seine Produkte und gibt wertvolle Tipps. Auf Kundenwunsch werden Maschinen und Geräte auch in speziellen Ausstattungen entwickelt und angeboten. **(Siehe Abbildung)**

hagebau
service@hagebau.de

www.hagebau.de
Internet-Portal mit umfangreichem Online-Shop sowie Tipps, Tricks und Anregungen für Bau- und Modernisierungsvorhaben.

Hornbach
info@hornbach.com

www.hornbach.de
Ob Gartenteich anlegen oder Renovierungsarbeiten durchführen, der Baumarkt weckt Ideen und unterstützt mit Tipps.

Norax
info@norax.de
☎(0491) 960 6770

www.norax.de
Der Online-Shop für ein „sicheres und sauberes Zuhause". Das vielseitige Sortiment umfasst neben Bauchemie der Marken MEM und Lugato Abdichtungsprodukte, Klebstoffe, professionelle Schädlingsbekämpfung, Spezialreiniger, Gartenpflege sowie Autoreiniger, Kaminanzünder und Prymos Feuerlöschersprays. **(Siehe Abbildung)**

Obi
info@obi.de

www.obi.de
Der Häuslebauer findet hier Angebote zu Heizung, Fassade, Licht, Küche, Bad, Möbeln sowie Tipps und Tricks beim Heimwerken.

toom BauMarkt
kontakt@toom-baumarkt.de

www.toom-baumarkt.de
Der toom BauMarkt bietet viele schlaue Tipps und Tricks zum Handwerken im eigenen Heim und Garten.

Bauen/Bausparen & Immobilienfinanzierung

Siehe Kapitel Geld & Finanzen

Bausparen & Immobilienfinanzierung

Bauen/Dachbau

dach.de
info@sturm-drang.com

www.dach.de
Wissenswertes zu Dachbau und -sanierung. Baustoffe, Bautagebuch, Förderungen, Experteninterviews und Dachlexikon.

Bauen/Denkmalschutz

Deutsche Stiftung Denkmalschutz
info@denkmalschutz.de

www.denkmalschutz.de
Informationen über den Denkmalschutz.

Bauen/Einbruchschutz

„Nicht bei mir!"

www.nicht-bei-mir.de
Infos und Tipps zum Einbruchschutz, unabhängige Sicherheitsberatung sowie über 900 Adressen von Sicherheitsexperten.

Bauen/Farbe, Anstrich & Maler

1A Malerwerkzeuge
kontakt@colorus.de

www.1a-malerwerkzeuge.com
Umfangreiches Angebot an Malerwerkzeugen, Malerbedarf und Malerzubehör wie Farbroller, Malerpinsel oder Malerwalzen.

Norax   **www.norax.de**

Brillux
info@brillux.de

www.brillux.de
Vorstellung der Produktpalette an Lacken und Farben sowie eine Farbgestaltung des Hauses am Bildschirm.

Malervergleich.de
info@malervergleich.de

www.malervergleich.de
Malervergleich.de vergleicht die Angebote der Malerbetriebe aus der Region und nennt den günstigsten Betrieb.

Bauen/Garagen & Carports

ZAPF Garagen GmbH
garagen@zapf-gmbh.de

www.garagen-welt.de
Fertiggaragen, Designergaragen, Carports, Garagensonderlösungen und Garagenausstattung sowie Zubehör.

Bauen/Häuser/Energiesparen

Dämmen und Sanieren
info@daa.net

www.daemmen-und-sanieren.de
Ratgeber zu Wärmedämmung, Fenster- und Dachdämmung, Sanierung, Trockenbau, Angebotsvergleich und Expertenverzeichnis.

Der Einspar Shop
kontakt@dereinsparshop.de

www.dereinsparshop.de
Mit Hilfe der angebotenen Geräte und dem Zubehör kann man Geld, Strom, Wasser und CO_2 sparen und Heizkosten senken.

Energie-Fachberater.de
info@energie-fachberater.de

www.energie-fachberater.de
Alles zu Energieeffizienz: Dämmung außen und innen, Haustechnik, Energiespartipps, Fördermittel-Check und Energierechner.

Energiesparen im Haushalt
kontakt@energiesparen-im-haushalt.de

www.energiesparen-im-haushalt.de
Infos zum Bau von Passivhäusern und zur Altbausanierung sowie Verbrauchertipps zum Energiesparen.

Grünspar

www.gruenspar.de
Energiesparprodukte aller Art. Nützliche Helfer zum Strom, Wasser und Heizkosten sparen.

Bauen/Häuser/Energiesparhäuser & Passivhäuser

Passivhaus Institut
mail@passiv.de

www.passiv.de
Die Passivhaus-Wissensdatenbank im Wiki-Format liefert umfassende Infos für Bauherren, die ein Passivhaus bauen möchten.

PassivHausGruppe24
info@passivhausgruppe24.de

www.passivhausgruppe24.de
Informationsportal rund um das Thema Passivhaus: Bauplatzsuche, Preise, Finanzierungsmöglichkeiten und Vergleichsrechner.

Bauen/Häuser/Fertighäuser

bautipps.de
info@bautipps.de

www.bautipps.de
Bauherren erhalten hier regelmäßig neue Meldungen aus der Baubranche. Dazu gibt es eine große Fertighaus-Datenbank mit über 1.500 Fertighäusern und Massivhäusern von 150 Fertighausherstellern. Mit Bildern, Grundrissen, Daten, Infos und Preisen. **(Siehe Abbildung)**

Fertighaus
info@fertighaus.de

www.fertighaus.de
Rund 100 Hersteller präsentieren Fertighäuser, Bausatzhäuser, Ausbauhäuser oder Holzhäuser. Großer Grundstücksservice.

Fertighaus.com
info@medienteam.net

www.fertighaus.com
Info-Pool für den Bau von Fertighäusern: Hausanbieter, Preise, Haustypen, Besichtigungen, Basiswissen zur Finanzierung.

bautipps.de **www.bautipps.de**

bautipps.de Das Fertighaus- und Massivhaus-Portal

Anzeige

fertighausscout.de
info@fachschriften.de

www.fertighausscout.de
In der Datenbank werden über 1.500 Fertig-, Massiv- oder Block-
häuser sowie Kompakt- und Luxusvillen von verschiedenen Bau-
herstellern mit Bildern und Grundrissen dargestellt. Dazu detaillierte Daten, Infos und Preise. Über die Suchmaske kann
die Auswahl nach Preisklasse oder Hersteller gefiltert werden.
(Siehe Abbildung)

Bauen/Heimwerken & Renovieren

Baumarkt.de
info@pw-internet.de

www.baumarkt.de
Das Baumarkt-Portal für Heimwerker und Bauherren. Umfangreiche Bauanleitungen und Tipps zur Renovierung.

DIY Academy
info@diy-academy.eu

www.diy-academy.eu
Tipps zum Heimwerken, Renovieren und Selbermachen mit umfangreichem Kursangebot sowie Projekten für Haus und Garten.

doit-tv.de
info@donmedien.com

www.doit-tv.de
Videos und Kurzfilme mit Anleitungen fürs Renovieren und Bauen
sowie Tipps zur Gartengestaltung.

Hammerkauf
support@hammerkauf.de

www.hammerkauf.de
Ein großes Sortiment rund um den Heimwerkerbedarf. Schlitten,
Laubsauger, Rollladen, Akkubohrer oder Elektrogeräte.

renovieren.de
info@renovieren.de

www.renovieren.de
Auf diesem Portal findet man alle Infos, die für eine gelungene Renovierung nötig sind. Die Themen Haus und Wohnung, Au-
ßenanlagen, Sanitär, Heizung, Energie und Klima werden hier
ausführlich besprochen. Die Rubrik „Renovieren mit Elmar"
präsentiert Baureportagen und Schritt-für-Schritt-Anleitungen.
(Siehe Abbildung)

fertighausscout.de   **www.fertighausscout.de**

renovieren.de   **www.renovieren.de**

Newsletter   Impressum   Kontakt

Weitere Websites des Fachschriften-Verlags »

Suche

renovieren.de Renovieren, Modernisieren, Sanieren

Home   Aktuell   Ratgeber   Haustechnik   Baupraxis   Infoservice   Print on Demand

Wasserkomfort dank neuer Gerätetechnik

Rauchmelder im Haus retten Leben

Gäste-WC

Gestaltungsideen für den Eingangsbereich

Treppen: Mit Stil verbinden

Gäste-WC

16.06.2014 Wir zeigen Ihnen anhand von einem Fallbeispiel, wie Sie das alte Gäste-WC in einen modernen und freundlichen Raum verwandeln können.

RENOVIEREN MIT ELMAR

Pack selbst mit an!
Die Online-Rubrik mit tollen Baureportagen und Schritt-für-Schritt-Anleitungen.

Wand: Holzständerwerk erstellen »»
Lässt sich schnell mit einfachen Werkzeugen aufbauen.

Trockenbau-Duschboden einbauen »»
Eine bodengleiche Dusche mit Linienablauf wird eingebaut.

Neuer Eingangsbereich »»
Maximal hell und minimalistisch gestylt.

Einbau einer Kochfeld-Abzug-Einheit »»
Dämpfe werden direkt am Kochfeld abgesaugt.

Küchenmodernisierung »»

Top-Themen:

Logoclic
Laminat, ein Boden der Freude macht.

Metylan
Mustertapeten auf Stoß kleben.

Mitsubishi Electric
Endlich clever heizen.

Schuf
Im Vo
Baufir

UNSERE EMPFEHLUNG:
DRUTEX
DIE BESTEN FENSTER

Energiespar-**Ratgeber**

PRINT on Demand

Firmen und Produkte

Print on Demand: Erstellen Sie jetzt Ihre persönliche Bauzeitschrift und wählen Sie Ihre Themengebiete aus über 6.000 Redaktionsseiten. In 4 Schritten zum kostenlosen PDF.
Mehr »»

Firmen und Produkte: Entdecken Sie interessante Firmen und Produkte in Branchen gegliedert. Nutzen Sie die Möglichkeit, sofort ausgewählte Firmen zu kontaktieren.
Mehr »»

Video: Rademacher RolloTron

Aktuelle Zeitschriften zum Thema Renovieren:

Kostenlos im App Store

● Die Zeitschriften des Fachschriften-Verlages auf Ihrem iPad
● Immer topaktuell
● Ältere Ausgaben gratis herunterladen

Jetzt App holen »

Bauen & Renovieren 7-8 '14
Mehr Infos »
ePaper lesen »

Treten Sie mit uns in Kontakt!

HAUS & GARTEN

selber machen
redaktion-online@selbermachen.de

heimwerkerlexikon.selbermachen.de
Vom Möbelbau über Werkzeugerklärungen bis hin zur Gartengestaltung finden sich die wichtigsten Heimwerkeranleitungen.

selbst online
selbst@selbst.de

www.selbst.de
Heimwerker-Magazin mit Infos zu Bauen, Garten und Renovieren. Großes Heimwerkerforum.

Werkzeug-news.de
losch@hallopress.de

www.werkzeug-news.de
Werkzeugportal für Heim- und Handwerker. Neue Hand- und Elektrowerkzeuge sowie Gartengeräte und ein aktives Werkzeug-Forum.

Bauen/Materialien/Holz

Holzhandel-Deutschland
info@holzhandel-deutschland.de

www.holzhandel-deutschland.de
Online-Shop für Holzprodukte in Haus und Garten.

Holzportal, Das
info@das-holzportal.de

www.das-holzportal.de
Forum der Holzbranche: Anzeigen- und Stellenmarkt, Maschinenbörse, Branchensuchmaschine, News und Termine.

Holzprofi24.de
info@holzprofi24.de

www.holzprofi24.de
Der Online-Shop für Parkett, Laminat, Holzdielen, Gartenhäuser und Saunen.

Holzwurm-page
techniker@holzwurm-page.de

www.holzwurm-page.de
Die Holzwurm-page ist ein Infoportal für Menschen, die sich mit Holz und Technik beschäftigen wollen. Mit Holzartenlexikon.

Bauen/Technik/Energietechnik/Solaranlagen

Siehe Umwelt

Energie/Solarenergie & Fotovoltaik

Tresore Deutschland   **www.tresore-deutschland.com**

296

graefe-fitzal.de

www.graefe-fitzal.de

Mechanische und elektronische Sicherheitsprodukte wie Schlösser für Türen und Fenster, Türspione, Panzerriegel, Alarmanlagen und Tresore.

Hartmann Tresore
info@hartmann-tresore.de

www.hartmann-tresore.de

Tresore und Sicherheitsschränke aller Art für den privaten und den gewerblichen Bereich.

Sicher4you.com
info@bkh-sicherheit.de

www.sicher4you.com

Tresore, Schlüsselschränke, Briefkästen, Alarmanlagen, Rauchmelder, Schlösser, Fenstersicherung, Schließzylinder und Funksteuerungen.

 Tresore Deutschland
info@tresore-deutschland.com
☎(089) 31 86 946 0

www.tresore-deutschland.com

Der Spezialist für Tresore bietet neben einem vielfältigen Sortiment an einbruchsicheren und feuersicheren Tresoren, Dokumentenschränken, Wertraumtüren oder Waffenschränken auch weiterführende Dienstleistungen wie den Einbau von Tresoren oder die beschädigungsfreie Öffnung bei Schlüsselverlust. **(Siehe Abbildung)**

● **Voltus.de**

☎(0451) 98 90 30

www.voltus.de

Große Auswahl an Innen- und Außenleuchten, Schaltermaterial, Türsprechanlagen, praktischen Steckvorrichtungen sowie moderner Sicherheits- und Gebäudetechnik (KNX/EIB), darunter hochwertige Rauch-, Gas- oder Bewegungsmelder, Videoüberwachungsanlagen, Dämmerungsschalter sowie Blitzschutzeinrichtungen. **(Siehe Abbildung)**

Voltus.de

www.voltus.de

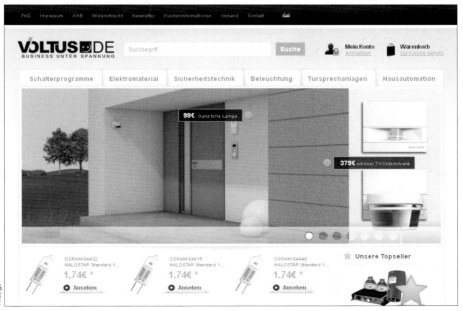

HAUS & GARTEN

Bauen/Treppen

Raumspartreppen.net
info@raumspartreppen.net
☎(036085) 45 703

www.raumspartreppen.net
Online-Shop für Raumspartreppen, Mittelholmtreppen, Bodentreppen, Einhängeleitern, Außentreppen und Dachbodentreppen verschiedener Hersteller. Herstellung und Versand individuell nach Kundenwunsch gefertigter Massivholztreppen vorwiegend aus Buche oder anderen Harthölzern. Weitere Infos online einsehbar. **(Siehe Abbildung)**

Siller Treppen

www.sillertreppen.com
Siller Treppen bietet moderne Designtreppen und Glastreppen nach Maß. Der Hersteller kreiert Treppen aller Art in unterschiedlichsten Materialien und Formen: Ganz gleich, ob aus Holz, Glas, Beton oder Stahl reicht das Angebot von Bogentreppen über Wendeltreppen bis hin zu Kragarmtreppen. **(Siehe Abbildung)**

Treppen

www.treppen.net
Hier findet man fast alles zum Thema Treppen. Mit einer Treppengalerie mit Fotos von Metall-, Holz- und Designtreppen.

Treppen Intercon

www.treppen-intercon.de
Umfangreiches Angebot an Treppen: Außentreppen, Wendeltreppen, Bodentreppen und Raumspartreppen.

Treppen.de
info@treppen.de

www.treppen.de
Hier findet man individuelle Anbieter für Treppen aller Art: Stein-, Holz- und Metalltreppen, Treppensanierung und -zubehör, deutschlandweit nach Postleitzahl sortiert. Firmen zum Thema Treppenbau können einen Eintrag schalten und sich mit ihrer Web-Seite entsprechend präsentieren. **(Siehe Abbildung)**

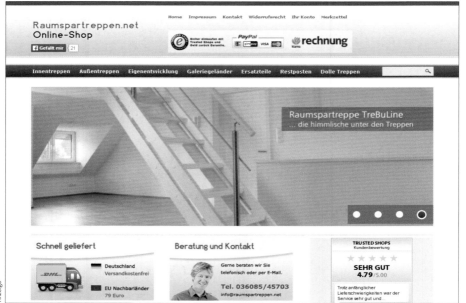
298

Siller Treppen

Treppen.de

Haus & Garten

Treppenmeister
info@treppenmeister.com

www.treppenmeister.com
Interessierte finden eine große Auswahl an Treppenmodellen mit vielen Bildern in der Bildergalerie. Auch wertvolle Informationen rund um das Thema Treppenrenovierung. Um ein Treppenstudio zum Probegehen in der Nähe zu finden, kann der Interessierte über den Partner vor Ort suchen. **(Siehe Abbildung)**

TreppenShop24
info@treppenshop24.com

www.treppenshop24.com
Shop für System- und Bausatztreppen mit einem umfangreichen Informationsangebot.

Bauen/Heizung & Heizungsmodernisierung

Heizen mit Öl und erneuerbaren Energien
kontakt@oelheizung.info

www.oelheizung.info
Herstellerunabhängige Informationen zum Heizen mit Öl und erneuerbaren Energien mit kostenlosem Energiesparcheck.

heizspiegel.de
info@heizspiegel.de

www.heizspiegel.de
Das Portal rund ums Heizen mit einem Heizungscheck für die eigene Heizung.

heizungsfinder.de
info@daa.net

www.heizungsfinder.de
Beschreibungen der verschiedenen Heizungsarten. Adressen von ca. 20.000 Heizungsbauern und ein Forum.

Initiative ERDGAS pro Umwelt
info@moderne-heizung.de

www.moderne-heizung.de
Die Initiative ERDGAS pro Umwelt informiert rund um das Thema effizient heizen mit Erdgas-Brennwert- und Solartechnik.

Vaillant GmbH
info@vaillant.de

www.vaillant.de
Maßgeschneiderte Lösungen für Wohnkomfort wie Wand- und Elektroheizgeräte, Gaswasserheizer, Solaranlagen und Wärmepumpen.

Bauen/Heizung/Erdwärme

erdwaermepumpe.de
info@erdwaermepumpe.de

www.erdwaermepumpe.de
Alles zum umweltfreundlichen Energiesystem: Beratungen, Empfehlungen sowie kostenlose persönliche Angebotserstellung.

Erdwärme Zeitung online
kontakt@erdwaerme-zeitung.de

www.erdwaerme-zeitung.de
Hier bekommt man Infos zu Erdwärme: Firmen, Wärmepumpen, Bauen, Geothermie, News und ein Lexikon.

Bauen/Heizung/Gas

erdgas.info
service@erdgas.info

www.erdgas.info
Das Portal rund um Erdgas und Bio-Erdgas informiert über modernes, effizientes Heizen und hilft bei der Modernisierung.

Gas-Infos.com
info@sun-sirius.de

www.gas-infos.com
Vergleich der aktuellen Gaspreise mit dem Gasrechner. Tipps zum Gassparen und Informationen zum Gas allgemein.

Progas
info@progas.de

www.progas.de
Gasanschlüsse fürs Eigenheim, Kraft-Wärme-Kopplung durch Blockheizkraftwerke, Autogas und Gas aus der Flasche.

Bauen/Heizung/Heizöl

esyoil
esyoil@esyoil.com

www.esyoil.com
Verbraucherportal mit Preisvergleich für Heizöl sowie Informationen über die aktuelle Preisentwicklung.

HeizOel24
info@heizoel24.de

www.heizoel24.de
Unabhängiger Marktplatz für Heizöl auf dem die Heizölpreise tagesaktuell verglichen werden können.

Regionaler Heizölpreisvergleich
info@heizoel-preisanfrage.de
☎(07720) 968 33 47

www.heizoel-preisanfrage.de
Regionale Heizölpreise vergleichen leicht gemacht. Mit nur einer Anfrage nach Heizöl erhält man gleich mehrere Angebote von Heizölhändlern aus der Region. Diese stehen für beste Heizölqualität und guten Service. Nach Angebotsvergleich kann dann ganz einfach beim besten Händler bestellt werden.

Bauen/Heizung/Pellets

HeizPellets24
info@heizpellets24.de

www.heizpellets24.de
Hier findet man zahlreiche Informationen und Händler für ökologisches Heizen mit Holzpellets.

Infoportal Pelletheizung
info@pelletheizung-solaranlage.de

www.pelletheizung-infos.de
Umfassende Infos zu Pellet-Heizungen: Pellet-Verbrauch ermitteln, Wartung, Förderung, Installation, Lexikon, Leitfaden.

pelletshome
info@pelletshome.com

www.pelletshome.com
Infos zu Holzpellets, Pelletöfen und -heizungen, Lieferantenverzeichnis sowie Infos zur Preisentwicklung.

Bauen/Materialien

bausep
info@bausep.de

www.bausep.de
Material für Keller, Rohbau, Fassade, Dach, Innenausbau, Rohinnenausbau, Ökobaustoffe und Fliesen.

fliesen-discount24.de
info@daex-online.de

www.fliesen-discount24.de
Fliesen und Fliesenzubehör zum Bauen, Renovieren und Modernisieren von Bädern und Küchen.

HAUS & GARTEN

Marmor Mosaik Bordüren
info@marmor-bordueren.de

www.marmor-bordueren.de
Große Auswahl an Marmorbordüren, Mosaikbildern, Dekoren mit Pflege- und Verlegeanleitungen.

Sto.de
infoservice@stoeu.com

www.sto.de
Dämmstoffe, Fassadendämmsysteme, Farben, Putze, dekorative Oberflächen für Fassaden und Innenräume.

Bauen/Türen & Fenster

Fensterhandel.de
info@fenster-handel.de
☎(09978) 525

www.fensterhandel.de
Hier kann man mit Hilfe eines praktischen Konfigurators das gewünschte Fenster nach individuellen Bedürfnissen zusammenstellen, direkt online berechnen und bestellen. Die Kunststofffenster werden komplett in Deutschland hergestellt. Zudem ist Fensterhandel.de auch Spezialist für Passivhausfenster. **(Siehe Abbildung)**

fensterversand.com
info@fensterversand.com
☎(0711) 860 600

www.fensterversand.com
Der informative Online-Shop der 1872 gegründeten Neuffer Fenster + Türen GmbH bietet einen Produkt-Konfigurator, mit dem man sich sein Wunschfenster zusammenstellen, einen kostenlosen Preis-Check durchführen oder direkt online bestellen kann. Alle Fenster aus Kunststoff und Holz sind qualitätsgeprüft. **(Siehe Abbildung)**

Türenheld
vertrieb@tuerenheld.de
☎(04206) 446 201 43

www.tuerenheld.de
Neben Haustüren aus Kunststoff und Aluminium liefert der Türenheld vor allem Zimmer- bzw. Innentüren und Zargen sowie Zubehör. Mit einem Ambiente-Konfigurator „Ambiator" erhält man eine praktische Vorschau, ob die gewählten Türen optisch zum Einrichtungsstil des jeweiligen Zimmers passen. **(Siehe Abbildung)**

deineTuer.de
info@deinetuer.de

www.deinetuer.de
Individuelle Türen und Zargen Für den Innen- und Außenbereich.

Fensterhandel.de **www.fensterhandel.de**

fensterversand.com **www.fensterversand.com**

Türenheld **www.tuerenheld.de**

fenster1.de
info@fenster1.de

www.fenster1.de
Informationsportal für Architekten und Bauherren zu den Themen Fenster, Türen, Sichtschutz und Wintergärten.

VELUX

www.velux.de
Produkte für den Dachausbau: Dachfenster, Tageslicht-Spots, Solarkollektoren, Sonnenschutz, Rollläden und Zubehör.

WERU AG
info@weru.de

www.weru.de
Fenster- und Haustürsysteme, Vordächer, Überdachungen, Carports. Web-Seite mit Fachhändlersuche und Fensterkonfigurator.

Bauen/Werkzeuge & Messer

beta-werkzeuge.de
kontakt@beta-werkzeuge.de

www.beta-werkzeuge.de
Qualitäts-Werkzeuge für den Profi-Handwerker.

handwerker-versand.de
shop@handwerker-versand.de

www.handwerker-versand.de
Hand- und Elektrowerkzeuge sowie Betriebsbedarf.

svh24.de
info@svh24.de

www.svh24.de
Hier kann man Werkzeuge für die Profianwendung und den Heimwerkerbereich günstig online bestellen.

werkstatt-king.de
info@werkstatt-king.de

www.werkstatt-king.de
Große Auswahl an Werkzeug, Zubehör wie Kabeltrommeln, Malerbedarf, Arbeitsschutz wie Knieschoner sowie Reinigungsmittel.

● **DICTUM | Mehr als Werkzeug**
info@dictum.com
☎(0991) 9109 901

www.dictum.com
Neben Hand- und Elektrowerkzeugen für das Holzhandwerk, Schärfzubehör und -dienst, Materialien verschiedenster Art sowie einer großen Auswahl an Messern und Gartenwerkzeugen findet man ein breites Sortiment japanischer Handwerkzeuge sowie eine Vielzahl an Workshops für traditionelle Handwerkstechniken.
(Siehe Abbildung)

DICTUM | Mehr als Werkzeug　　　　　　　　**www.dictum.com**

Bauen/Wintergärten

Nüchter Wintergarten GmbH
firma@nuechter-wintergaerten.de

www.nuechter-wintergaerten.de
Deutschlandweite Planung und Realisierung von Wintergärten, Überdachungen und Balkonen aus Holz, Alu oder Kunststoff.

Wintergarten-Ratgeber
info@wintergarten-ratgeber.de

www.wintergarten-ratgeber.de
Planung und Bauausführung von Wintergärten und Glashäusern. Infos zu Themen wie Beschattung, Belüftung, Konstruktion und Glas.

Bauen/Zäune

zaun24.de
info@zaun24.de

www.zaun24.de
Hier erhält man professionelle Zaunberatung, Materialien, Farben, verschiedene Ausführungen für den individuellen Zaun.

Zaun-Profi.de

www.zaun-profi.de
Fachhändler für Sichtschutzzäune und Vorgartenzäune.

Bauen/Zubehör

Profisockelleisten

www.profisockelleisten.de
Große Auswahl an Sockelleisten und Fußleisten in zahlreichen Farben und Größen.

 profistuck
info@profistuck.de
☎ (05467) 55 69 123

www.profistuck.de
Große Auswahl an Stuckleisten, Fußleisten, Metallleisten, Fassadenstuck, Tapeten sowie moderne Wand- und Deckenpaneele: Stuckleisten, Metallleisten, Tapeten, Fußleisten, Fassadenstuck, Lichtleisten, Rosetten, 3D-Wandpaneele, Deckenplatten und Lichtlösungen zu attraktiven Preisen für ein stilvolles Ambiente.
(Siehe Abbildung)

profistuck   **www.profistuck.de**

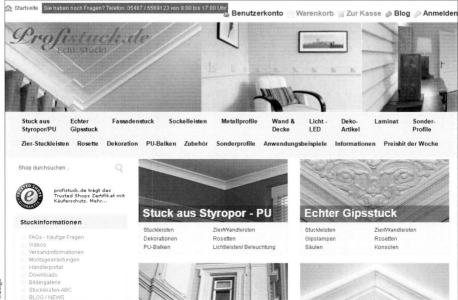

Anzeige

Profidekor

www.profidekor.de
Große Auswahl an Dekorationsartikeln, um die Wohnung individuell zu gestalten – von Stuckleisten bis hin zu Skulpturen.

Stuckleisten24

www.stuckleisten24.de
Stuckleisten aus Styropor, Rosetten und Dekoelemente aus Styropor sowie Fassadenstuck und viele weitere Stuckelemente.

Einrichtung/Accessoires & Designprodukte

● **ambiente und object**
store@ambienteundobject.de
☎(09185) 500 960

www.aoshop.de
Online-Shop mit großer Auswahl an Lifestyle-, Trend- und Designartikeln. Das Angebot reicht von trendigen Wohnaccessoires für den Innen- und Außenbereich über Möbel aller Art bis hin zu Küchenhelfern, Schreibtischaccessoires sowie hochwertige Büromöbel. Mit dem Rabattcode 4aqC5Jn gibt es 10% Nachlass. **(Siehe Abbildung)**

● **arshabitandi. DesignVersand**
post@arshabitandi.de
☎(09287) 800 55-0

www.arshabitandi.de
Wer ausgefallene Geschenke mit Niveau sucht, sollte bei arshabitandi.de, dem Katalog- und Online-Versandhaus für Design-Accessoires vorbeischauen. Ausgesuchte Artikel rund um Kochen, Genießen und Lifestyle laden zum Verweilen auf der neugestalteten, kundenfreundlichen Web-Seite ein. **(Siehe Abbildung)**

● **DEKOFABRIK.DE**
info@dekofabrik.de
☎(07427) 701 39

www.dekofabrik.de
Wohnräume lassen sich mit den hier angebotenen Einrichtungsgegenständen individuell gestalten und erhalten so eine persönliche Note. Neben Dekorationsartikeln und Kleinmöbeln sind darüber hinaus auch Geschenke für alle möglichen Anlässe zu finden. **(Siehe Abbildung)**

DEPOT
kundenservice@depot-online.com

www.depot-online.com
DEPOT bietet eine Fülle an Dekoartikeln und -ideen, um die eigenen Wohnräume individuell zu gestalten.

ambiente und object　　　　　　　　**www.aoshop.de**

Anzeige

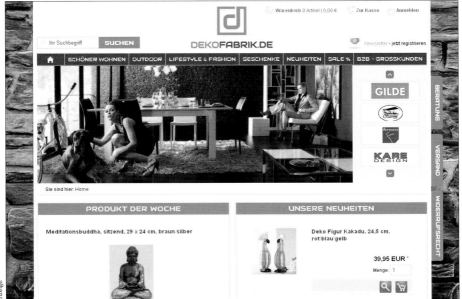

Bell & Head
info@bhdesign.de

www.bhdesign.de
Bell & Head bietet Designmöbel und ausgefallene Wohnaccessoires wie Barhocker, Stühle und Esstische.

Besaru24
info@besaru24.de

www.besaru24.de
Dekofiguren, Wohnaccessoires, Vasen, Windlichter, Fotorahmen und Geschenke.

Brigitte Hachenburg
kundenservice@brigitte-hachenburg.de

www.brigitte-hachenburg.de
Möbel für Bad, Küche, Schlafzimmer, Büro und Esszimmer, Mode, Uhren, Schmuck, Heimtextilien, Garten- und Haushaltsprodukte.

desiary.de
service@desiary.de

www.desiary.de
Exklusive Lifestyle- und Designprodukte aus den Bereichen Wohnen und Dekoration, Schmuck, Bekleidung und Kinder.

Design 3000
info@design-3000.de

www.design-3000.de
Schön designte Accessoires verschiedener Firmen wie koziol, xxd oder reisenthel für Küche, Bad, Büro und Freizeit.

design at home
info@designathome.de

www.designathome.de
Tische, Stühle, Sofas, Schränke, Regale, Wohnaccessoires und Leuchten für Wohnzimmer, Schlafzimmer, Bar und Outdoor.

Discovery
webmaster@discovery-24.de

www.discovery-24.de
Hier findet man Nützliches und Kurioses für Küche, Garten, Freizeit und Haushalt aus der ganzen Welt.

ella HOME
kontakt@ella-home.de

www.ella-home.de
Hochwertige Produkte rund um Wohnen, Lifestyle, Essen, Garten, Bad, Geschenke, Leuchten. Wohnaccessoires für Jung und Alt.

 designseller
info@designseller.de
☎(0911) 621 79 490

www.designseller.de
Wer sein Zuhause individuell und ansprechend verschönern möchte, findet hier zahlreiche innovative Produkte aus den Bereichen Wohnen, Lifestyle oder Essen und Trinken. Mit vielen originellen Geschenkideen kann man auch Freunde und Familie einfallsreich überraschen. **(Siehe Abbildung)**

designseller   **www.designseller.de**

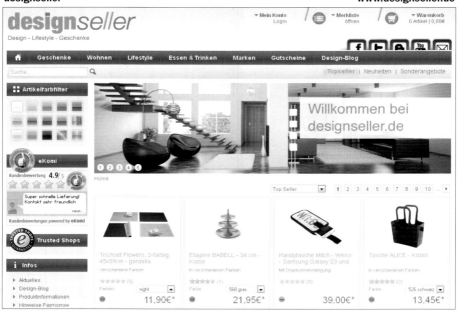

forhouse.de
info@forhouse.de

www.forhouse.de
Außen- und Innenleuchten, Briefkästen sowie Zubehör und Deko für Haushalt und Küche.

Freudenhaus-online.de
info@freudenhaus-online.de

www.freudenhaus-online.de
Ausgefallene Designstücke für Bad, Deko, Küche und Garten.

GINGAR
webmaster@gingar.de

www.gingar.de
Online-Shop, der sich je nach Anlass, Stimmung und Saison ständig verändert. Ausgefallene Geschenke und nützliche Dinge.

homeform
post@homeform.de

www.homeform.de
Exklusive Möbel und moderne Wohnaccessoires von renommierten Herstellern und Designern.

homeliving.de
info@trade4.de

www.homeliving.de
Accessoires vieler Designer sowie Markenhersteller für Küche, Wohnen, Bad und Garten.

IMPRESSIONEN Versand
webmaster@impressionen.de

www.impressionen.de
IMPRESSIONEN ist ein Lifestyle-Katalog mit trendiger Mode, Designerstücken, exklusiven Möbeln und Wohnaccessoires.

InteriorPark.
service@interiorpark.com

www.interiorpark.com
InteriorPark. ist der Online-Shop für innovative und nachhaltige Designmöbel und ausgefallene Accessoires.

kerzenprofi.de
info@kerzenprofi.de

www.kerzenprofi.de
Stumpenkerzen, Schwimmkerzen, Teelichter in vielen Größen und Farben, zu Hochzeit, Taufe, Geburtstagen oder Dekoration.

Living Quality
info@living-quality.de
☎ (040) 790 118 22

www.living-quality.de
Living Quality ist der schnelle Versand mit dem besonderen Service. Hier findet man zu allen Lebensbereichen, wie Kochen, Spielen oder Wohnen, Empfehlungen an Klassikern und deren moderne Nachfolger, die das Leben erleichtern, für ein Stück mehr „Lebensqualität" sorgen und täglich Freude bereiten.
(Siehe Abbildung)

Living Quality   **www.living-quality.de**

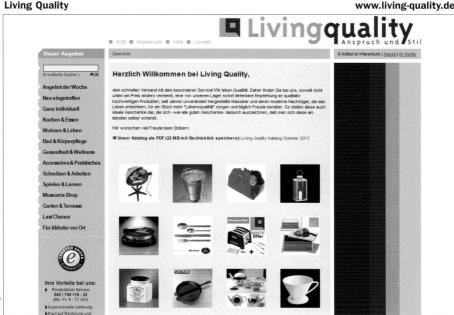

Haus & Garten

livingtools.de
info@livingtools.de

www.livingtools.de
Design-Einrichtungsgegenstände für alle Bereiche des täglichen Lebens.

meinwohndekor.com
office@meinwohndekor.com

www.meinwohndekor.com
Große Auswahl an exklusivem Wohndekor und Accessoires für stilvolles Wohnen, perfekte Dinner sowie Terrasse und Garten.

monofaktur
kontakt@monofaktur.de

www.monofaktur.de
Online-Shop für Wohn- und Einrichtungsideen, die individuell nach Kundenwunsch gefertigt werden.

Nostalgie im Kinderzimmer
kontakt@nostalgieimkinderzimmer.de

www.nostalgieimkinderzimmer.de
Wohnaccessoires sowie skandinavische Möbel und schönes Geschirr vieler verschiedener Marken und Hersteller.

PetitPont
info@medbus.de

www.petitpont.de
Skandinavisches Wohndesign von namhaften Herstellern.

Promondo
info@promondo.de

www.promondo.de
Lifestyle- und Geschenkartikel sowie hochwertige Accessoires rund um Wein, Küche und Gastlichkeit.

richtig schön leben
info@richtig-schoen-leben.de

www.richtig-schoen-leben.de
Designmöbel, Deko- und Wohnaccessoires sowie Küchenprodukte von exklusiven Herstellern und Designmarken.

selekkt.com

selekkt.com
Marktplatz für junges deutsches Produktdesign: Ausgefallene Einrichtungsgegenstände, Kleider, Accessoires und Gadgets.

Neoliving.de
info@neoliving.de
☎ (06849) 991 7600

www.neoliving.de
Hochwertige Wohnaccessoires und Design-Möbel wie Sofas, Tische, Stühle oder Garderoben bis zur kompletten Wohnzimmerwand. Neben ausgefallenen Dekorationen werden auch Kinderaccessoires und Kindermöbel, Büromöbel sowie Outdoor-Artikel namhafter Hersteller angeboten. **(Siehe Abbildung)**

Neoliving.de   **www.neoliving.de**

Shopping Point 24
vertrieb@shoppingpoint24.com

www.shoppingpoint24.com
Ca. 60.000 Artikel vieler bekannter Marken wie Sun Garden, Kettler, Blome, Kurz und Müsing für das Haus und den Garten.

Spuersinn24
info@spuersinn24.com

www.spuersinn24.com
Über 5.000 Designartikel, Möbel, Geschenke und Wohnaccessoires um das Wohnen schöner zu gestalten.

stilagenten.de
kundenservice@007.de

www.007.de
Stilvolle Einrichtungsgegenstände sortiert nach Kategorie, Hersteller und Neuheiten oder einfach nach Farbe suchen.

stilpunkt
info@stilpunkt.com

www.stilpunkt.com
Modernes Wohndesign, außergewöhnliche Wohnaccessoires und ausgesuchte Ethanol-Kamine.

Urbanara
kontakt@urbanara.de

www.urbanara.de
Heimtextilien, Heimaccessoires und Wohnideen unterschiedlichster Art.

Veilchenvilla
kuemmern@veilchenvilla.de

www.veilchenvilla.de
Artikel zur Verschönerung der Wohnung, Leckereien sowie Schmuck und Taschen.

Einrichtung/Bad

Badwelten24
info@badwelten24.de
☎(0208) 37 688 17

www.badwelten24.de
Badwelten24 bietet zahlreiche Qualitäts- und Markenprodukte rund um Bad und Küche. Das Sortiment umfasst Armaturen für Küche und Bad, Duschkabinen, Duschpaneele, Duschbecken, Duschzubehör, Badewannenfaltwände, Hebeanlagen sowie Einbauspülen aus Keramik, Granit und Edelstahl. **(Siehe Abbildung)**

Badwelten24   **www.badwelten24.de**

HAUS & GARTEN

Aus Liebe zum Bad
service@aus-liebe-zum-bad.de

www.aus-liebe-zum-bad.de
Großes Angebot an hochwertigen Badmöbeln, Waschtischen, Schränken und Accessoires ausgewählter Markenhersteller.

baederlux.de
support@baederlux.de

www.baederlux.de
Große Auswahl an Bade- und Duschwannen in verschiedenen Formen sowie an Waschbecken und Zubehör wie Regenbrausen.

Mach-Dein-Bad.de
info@mach-dein-bad.de

www.mach-dein-bad.de
Shop für Badewannen, Duschen, Waschbecken und WCs. Ein Style-Berater sowie ein Tool zur 3D-Badplanung erleichtert das Einrichten.

Profi-Badshop.de
info@badsanitaer.de

www.profi-badshop.de
Profi-Badshop mit allen wichtigen Produkten rund ums Bad, wie z. B. Badewannen, Duschkabinen oder Whirlpools.

Reuter Badshop
info@reuter-badshop.de

www.reuter.de
Online-Sanitärhandel mit einer großen Auswahl an Markenartikeln zur Badeinrichtung.

WC-Sitze-Shop.de
info@wc-sitze-shop.de

www.wc-sitze-shop.de
Bunte, einfarbige oder gemusterte WC-Sitze mit peppigen Motiven, auch für Kinder.

Einrichtung/Bad/Badaccessoires

Badlux
info@badlux.de

badlux.de
Fachhandel für Badtextilien sowie Badartikel und Bettwäsche.

handtuch24.de
info@handtuch24.de

www.handtuch24.de
Große Auswahl an Handtüchern, Badteppichen, Bademänteln und weiteren Accessoires für das Bad.

Lampenwelt.de – Leuchten & Lampen online   **www.lampenwelt.de**

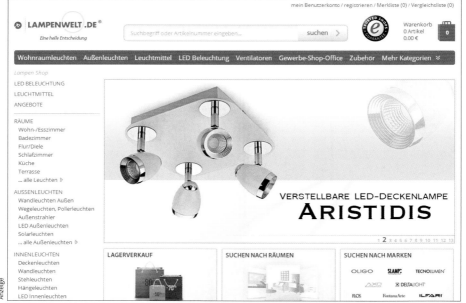

312

Einrichtung/Beleuchtung & Lampen

elektro1a
webmaster@elektro1a.de

www.elektro1a.de
Lampen für jeden Raum: Büro-, Laden-, Wohnraum- und Objektbeleuchtung, Decken-, Wand- und Bodeneinbau- sowie Außenleuchten.

lampenundleuchten.de
info@lampenundleuchten.de

www.lampenundleuchten.de
Verschiedenste Leuchten für den Außenbereich, Pendelleuchten, Deckenleuchten, Bogenleuchten und Badezimmerleuchten.

**Lampenwelt.de –
Leuchten & Lampen online**
info@lampenwelt.de
☎(06642) 40 69 90

www.lampenwelt.de
Riesige Auswahl stilvoller Lampen und Leuchten mit kundenfreundlicher Fachberatung. Im benutzerfreundlichen Leuchtenshop findet man: Innen- und Außenleuchten, wie Deckenleuchten, Wandleuchten, Stehleuchten, Tischleuchten und Designerleuchten. Weitere nützliche Informationen bieten Blog und Lexikon.
(Siehe Abbildung)

Lichtkaufhaus.de
info@lichtkaufhaus.de

www.lichtkaufhaus.de
Web-Seite mit ca. 17.500 Leuchten und Lampen für Wohnräume, Gärten, Büro- oder Geschäftsräume.

light11.de
info@light11.de

www.light11.de
Designleuchten von vielen verschiedenen Markenherstellern, Außenleuchten und Leuchtmittel. Ca. 20.000 Produkte.

**LightKontor.de –
Leuchten & Lampen Online-Shop**
info@lightkontor.de
☎(0461) 67 995 28

www.lightkontor.de
LightKontor bietet ein abwechslungsreiches Lampen und Leuchten Online-Sortiment, das von Einbauleuchten und Leuchtmitteln über Seilsysteme und Schienensysteme bis hin zu LED-Beleuchtung, LED-Stripes, Wandlampen sowie Tischleuchten, Spotlights, Deckenleuchten, Möbelleuchten und Außenleuchten reicht.
(Siehe Abbildung)

LightKontor.de – Leuchten & Lampen Online-Shop   **www.lightkontor.de**

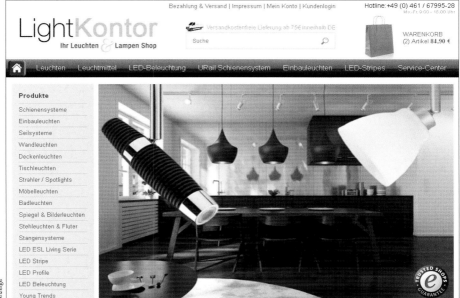

LightingDeluxe
info@lightingdeluxe.com

www.lightingdeluxe.de
Lampen und Leuchten für die Innen- und Außenbeleuchtung von namhaften Designern und Marken.

Lumitronix®

www.leds.de
Shop für LED-Produkte. Im LED-Forum erhält man wichtige Informationen über den Einsatz von LED-Leuchten.

Wohnlicht.com
service@wohnlicht.com

www.wohnlicht.com
Große Auswahl an Außen-, Kinder- und Wohnraumleuchten. Dazu Anregungen für die Beleuchtung des eigenen Zuhauses.

Einrichtung/Betten

Bett.de
service@bett.de

www.bett.de
Angeboten werden „besondere" Betten und viele passende Artikel, die zu einem angenehmen Schlaferlebnis gehören.

Betten.de
service@betten.de

www.betten.de
Der Online-Shop bietet eine große Auswahl an Schlafzimmermöbeln: Betten, Schlafsofas, Matratzen, Lattenroste, Bettwäsche, Bettdecken, und Kissen, aber auch Kleiderschränke und Kommoden sowie komplette Schlaf- und Kinderzimmer. Kompetente Produkt- und Einrichtungsberatung durch Spezialisten-Team.

 BettKonzept
info@bettkonzept.de
☎ (036926) 720 49 0

www.bettkonzept.de
Auf BettKonzept.de erhält man alles, was für die natürliche, gesunde Einrichtung des Schlafzimmers wichtig ist. Zur Auswahl stehen hochwertige Massivholzbetten, Lattenroste, Matratzen und Kissen. Weiterführende Infos und Tipps zum Thema gesunder Schlaf helfen bei der richtigen Gestaltung des Schlafraums. **(Siehe Abbildung)**

BettKonzept   **www.bettkonzept.de**

Betten Braun
info@betten-braun.de

www.betten-braun.de
Maßgerechte Betten aus eigener Fertigung sowie Frottierwaren und Nachtwäsche.

Schlafen Aktuell.de

www.schlafen-aktuell.de
Magazin rund um die Bettenbranche. Mit einem Forum für Fragen zum Bettenkauf und zur Bettenpflege.

Schlafkonzept
service@schlafkonzept.de

www.schlafkonzept.de
Große Auswahl an Schlafraummöbeln wie Kommoden, Betten und Schlafsofas sowie Matratzen, Lattenroste und Zubehör.

schlafwelt
service@otto.de

www.schlafwelt.de
Wahlweise ganze Betten oder Einzelteile wie Matratzen, Lattenroste, Decken und Bettwäsche.

Siehe auch

Einrichtung/Möbel

Siehe auch Kapitel Einkaufen

Versandhäuser & Kaufhäuser

Einrichtung/Betten/Bettwaren

Betten Rid
kundenservice@bettenrid.de

www.bettenrid.de
Spezialist für Bettwäsche, Bettdecken, Bademäntel, Handtücher und Kinderbettwäsche.

● **Bettwaren-shop.de**
info@bettwaren-shop.de
☎(0800) 5 23 88 11

www.bettwaren-shop.de
Online-Shop mit mehr als 10.000 Produkten für die exklusive Bettenausstattung: Bettwaren, Wasserbetten-Zubehör, Bettwäsche, Bettdecken, Matratzen, Bettlaken, Kopfkissen und Handtücher. Außerdem milbendichte Encasing-Schutzbezüge für Hausstauballergiker sowie Lattenroste und Bettgestelle. **(Siehe Abbildung)**

Bettwaren-shop.de   **www.bettwaren-shop.de**

Bettwäschekultur.de
info@bettwaeschekultur.de

www.bettwaeschekultur.de
Bettwäsche von Marken wie Joop, Estella und Curt Bauer aus Baumwolle, Seide und Leinen in vielen Farben und Mustern.

Daunen Manufaktur
info@bettenhaus-heintzen.de

www.daunenmanufaktur.de
Hochwertige Feder- und Daunenprodukte. Mit individuellem Bettdecken-Konfigurator, um die passende Decke zu finden.

Daunendecken-organic4.de
shop@daunendecken-organic4.de

www.daunendecken-organic4.de
Gesunder Schlaf in organic4® Bio-Daunendecken und Wolldecken mit GOTS Zertifikat (Global Organic Textile Standard). 100% Bio Baumwolle, Daunen und Federn.

daunen-federn.de
shop@daunen-federn.de

www.daunen-federn.de
Daunendecken, Kopfkissen, Bettwäsche und Matratzen für erholsamen Schlaf.

Erwin Müller
service@erwinmueller.de

www.erwinmueller.de
Spezialversender für Bettwäsche, Bettwaren, Haustextilien sowie Tag- und Nachtwäsche. Alles in hoher Qualität und großer Auswahl sowie mit umfassendem Service: Monogramm- und Namensstickservice, Sondergrößen, individuelle Bettgarnituren ohne Aufpreis und vieles mehr.

Heimtexprofi24
info@skytex24.de

www.heimtexprofi24.de
Betttücher, Bettwäsche, Bettwaren, Wohndecken, Handtücher, Bademäntel und Matratzen.

Design Bettwäsche
info@design-bettwaesche.de
☎(06721) 30 99 652

www.design-bettwaesche.com
Im Bettwäsche-Shop ist eine große Auswahl an hochwertiger Bettwäsche vieler namhafter Hersteller erhältlich. In verschiedenen Ausführungen wie Satin, Biber, Seide, Jersey, Flanell oder Damast ist hier für jeden Stil und Geschmack etwas dabei, ob frische moderne Designs oder edle klassische Motive. **(Siehe Abbildung)**

Design Bettwäsche   **www.design-bettwaesche.com**

Leinenmeister
info@leinenmeister.de

www.leinenmeister.de
Feine Satin- und Jersey-Bettwäsche, Handtücher, Badvorleger sowie Küchen- und Taschentücher.

Traum-Bettwaesche.de
shop@traum-bettwaesche.de

www.traum-bettwaesche.de
Der Online-Shop bietet ein großes Sortiment an hochwertiger
Bettwäsche bekannter Marken in verschiedenen Farben und in
unterschiedlichen Materialien wie Baumwolle, Mikrofaser, Satin,
Flanell oder Biber. Auch Spezialgrößen sind hier erhältlich, eben-
so wie Spannbetttücher und hochwertige Bademäntel.

Linumo.de
service@linumo.de

www.linumo.de
Große Auswahl an hochwertigen Textilien aus edlem Leinen direkt
von der schwäbischen Manufaktur. Leinenbettwäsche und Tisch-
wäsche in zahlreichen Dessins, maßgefertigte Vorhänge und Gardinen, luftige Nachtwäsche und Sommerbekleidung sowie Leinen-
frottee für Bad und Sauna.

matratzenshop24.de
info@matratzenshop24.de

www.matratzenshop24.de
Bettwaren wie Kissen, Decken, Oberbetten, Nackenstützkissen,
Matratzenschoner, Matratzenauflagen oder Doppelbettbrücken.

slewo.com
info@slewo.de

www.slewo.com
Große Auswahl an Matratzen, Lattenrosten und Möbeln für Wohn-,
Schlaf und Esszimmer. Frottierware von angesagten Marken wie
beispielsweise Esprit.

schoene-traeume.de
info@schoene-traeume.de
☎ (030) 6272 3612

www.schoene-traeume.de
schöne-träume.de ist der Online Shop für Lattenroste, Matratzen,
Bettdecken und Kissen, Schlafsofas, Betten und Boxspringbetten
in Berlin: Hier findet man ausschließlich Qualitätshersteller wie
z. B. Hasena, Tempur, Röwa, Billerbeck, Modular, Fey & Co, Innovation und viele mehr. **(Siehe Abbildung)**

allnatura

www.allnatura.de
Naturlatex-, Naturfaser-, Kaltschaum- und Allergikermatratzen, Natur-Bettwaren, Massivholzbetten und Kleiderschränke.

Betten Jumbo
service@bettenjumbo.de

www.bettenjumbo.de
Kaltschaummatratzen, Taschenfederkernmatratzen, Latexmatratzen, Lattenroste, Bettgestelle und Bettwaren.

Matratzendiscount
info@matratzendiscount.de
☎(030) 6272 3612

www.matratzendiscount.de
Matratzendiscount bietet hochwertige Hersteller-Matratzen, Lattenroste, Bettdecken, Kissen und Bettwäsche für den kleinen Geldbeutel. Erhältlich sind Matratzen aus Federkern, Viscoschaum, Kaltschaum, Taschenfederkern. Im Angebot sind auch Kindermatratzen, Kinderbettwäsche und Auflagen. **(Siehe Abbildung)**

matratzenshop24.de
info@matratzenshop24.de
☎(02161) 304 2390

www.matratzenshop24.de
Große Auswahl an qualitativ hochwertigen Matratzen, Lattenrosten und Bettwaren der führenden Markenhersteller. Ein praktischer Online-Matratzenberater hilft bei der Suche nach der richtigen Matratze je nach Größe, Gewicht und bevorzugter Schlafposition.
(Siehe Abbildung)

MFO Matratzen Factory Outlet AG
info@mfo-ag.de

www.mfo-matratzen.de
Matratzen aus eigener Herstellung mit Vorstellung der einzelnen Modelle sowie einem Filialfinder.

perfekt schlafen
support@perfekt-schlafen.de
☎(030) 200 97 00 33

www.perfekt-schlafen.de
Für einen erholsamen Schlaf findet man hier ein besonders vielseitiges Sortiment an ausgesuchten Top-Matratzen, Lattenrosten, Bettwaren, Bettwäsche, Betten und Schlafsofas vieler namhafter Hersteller. Lattenroste und Matratzen kann man Dank des 30-Tage Probeschlafens ganz ohne Risiko in Ruhe testen.
(Siehe Abbildung)

matratzenshop24.de

www.matratzenshop24.de

perfekt schlafen

www.perfekt-schlafen.de

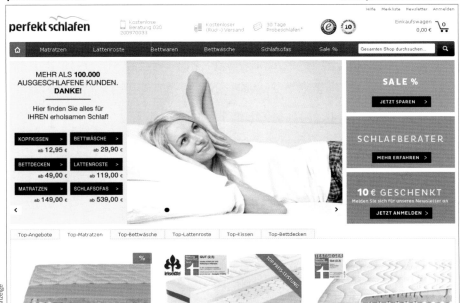

Haus & Garten

Dormando
info@dormando.de

www.dormando.de
Große Auswahl an Matratzen. Von Kaltschaum- bis Federnkernmatratzen. Zudem gibt es Lattenroste, Betten und Bettwaren.

Gut Gebettet
info@gut-gebettet.de

www.gut-gebettet.de
Matratzen, Kaltschaummatratzen, Viscomatratzen, Kindermatratzen, Babymatratzen, Lattenroste, Bettzubehör und Kissen.

Einrichtung/Bilder

Art Galerie Shop
info@art-galerie.net

www.art-galerie-shop.de
Großes Sortiment an Kunstdrucken, Leinwandbildern, gerahmten Bildern, Acrylglasbildern und Alu-Verbundbildern.

Artgeist.de
info@artgeist.de

www.artgeist.de
Mehr als 5.000 handgemalte Leinwandbilder von über 200 Künstlern aus ganz Europa.

artofolio.de
info@artofolio.de

www.artofolio.de
Mehr als 10.000 Kunstdrucke von 2.000 berühmten Künstlern. Die Künstlerdatenbank ist alphabetisch geordnet.

artyourface.com
info@artyourface.com

www.artyourface.com
Das eigene Foto als Karikatur, Comic oder Pop-Art auf Leinwand drucken und zum Grafik-Kunstwerk werden lassen.

Big Freddy
kundenservice@bigfreddy.com

www.bigfreddy.com
Eigene Fotos/Bilder hochladen oder aus dem Archiv wählen und auf Wunschmaterial in Wunschgröße drucken lassen.

bimago
service@bimago.de

www.bimago.de
Mehr als 4.000 Motive erhältlich als Leinwanddrucke, Drucke auf Plexiglas und handgemalte Wandbilder.

● **fineartprint.de**
info@fineartprint.de

www.fineartprint.de
Fotodruck als Kunstwerk auf Leinwand, Dibond, Tapete, Kalender, Grußkarte oder Poster. **(Siehe Abbildung)**

fineartprint.de **www.fineartprint.de**

Kunstgalaxie.de
info@kunstgalaxie.de

www.kunstgalaxie.de
Über 8.000 Motive im Poster- und Kunstdruck-Katalog mit Künstlerindex und Kategorienliste von abstrakt bis zeitgenössisch.

mootivoo.de
dialog@mootivoo.de

www.mootivoo.de
Leinwände, Fototapeten, Raumteiler, Möbel und geteilte Leinwände mit dem eigenen Foto oder Motiv bedrucken lassen.

ooge.com
info@ooge.com

www.ooge.com
Bestellmöglichkeit von Kunstdrucken vieler Künstler in frei wählbaren Größen und auf verschiedenen Materialien.

Photolini
mail@photolini.de

www.photolini.de
Fotowand mit Magnetsystem: Mit wenigen Klicks Fotowände, Foto-Mehrteiler und 3D-Collagen mit eigenen Motiven gestalten.

Pixel Talents
service@pixeltalents.com

www.pixeltalents.com
Fotos hochladen, Kunststil wählen und man bekommt ein Bild auf Leinwand oder Poster, etwa im Comicstil oder Kubismus.

Wandbilder XXL
mail@wandbilderxxl.de

www.wandbilderxxl.de
Große Auswahl an handgemalten Wandbildern und modernen Kunstdrucken verschiedenster Stilrichtungen.

WandBilder24.de
service@wandbilder24.de

www.wandbilder24.de
Die Wandbilder sind nach den Themen, Epochen, Farben oder Künstlern sortiert. Mehrteilige Bilder gibt es auch.

My-Art-Print.de
info@my-art-print.de
☎(0341) 265 202 70

www.my-art-print.de
Bildermanufaktur macht aus Fotos Kunstwerke. Professioneller Fotodruck auf Leinwand, Holz, OSB, Forex, Alu-Dibond oder Acrylglas – auch als Mehrteiler. Kostenloser Beratungsservice, individuelle Pop Art Bildbearbeitung, z. B. im Warhol- oder Lichtenstein-Stil. Ganz neu: individuell bedruckte Möbel. **(Siehe Abbildung)**

My-Art-Print.de   **www.my-art-print.de**

Einrichtung/Bilder/Bilderrahmen

AllesRahmen.de
info@allesrahmen.de

www.allesrahmen.de
Bilderrahmen aus Alu, Holz und Kunststoff, Barockrahmen, Fotorahmen, Passepartouts und Galerieschienen in allen Formaten.

Bilderrahmen Ars Momenti
info@arsmomenti.de

www.bilderrahmen-arsmomenti.de
Bilderrahmen aus italienischen Leisten, gefertigt in einer deutschen Manufaktur.

Bilderrahmen Versand
info@rahmenversand.com

www.rahmenversand.com
Rahmen aus Holz, Kunststoff, Aluminium sowie rahmenlose Bildhalter. Anfertigung von individuellen Rahmen und Passepartouts.

Bilderrahmen-kaufen.de
info@bilderrahmen-kaufen.de

www.bilderrahmen-kaufen.de
Bei Bilderrahmen-kaufen.de erhält man Bilderrahmen aus Holz, Kunststoff und Aluminium.

Rahmen-shop.de
info@rahmen-shop.de

www.rahmen-shop.de
Bilderrahmen aus Holz, Aluminium und Kunststoff, Passepartout-Zuschnitte, Bilderschienen und Kunstdrucke.

Einrichtung/Bilder/Poster

achtung-poster.de
info@achtung-poster.de

www.achtung-poster.de
Poster, Fototapete, Werbeplakat oder Leinwand online drucken.

AllPosters.de
bestellungen@allposters.com

www.allposters.de
Eine große Auswahl von Postern, nach Kategorien geordnet, mit einzelnen Angeboten und einer Suchfunktion.

● EuroPoster24
info@europoster24.de

www.europoster24.de
Auf EuroPoster24 kann man eigene Digitalfotos als Poster online bestellen. Hierfür stehen zahlreiche Größen und Formate zur Auswahl, darunter Panoramas, Posterdrucke und sogar Fotoleinwände. Mit dem Aktionscode „EURO24" erhält man bei der Bestellung 5% Rabatt (gültig bis 31.12.2015). **(Siehe Abbildung)**

EuroPoster24   **www.europoster24.de**

meinfoto.de
info@meinfoto.de

www.meinfoto.de
Seine Fotos auf Leinwände drucken lassen. Außerdem gibt es noch Druck auf Acryl- oder Aluminiumplatten und Fotobücher.

myposter

www.myposter.de
Innovativer Online-Shop für Fotoprodukte aller Art, vom Poster über Fotoleinwände bis hin zum Druck auf echtem Glas.

● **Posterlia**
feedback@posterlia.de
☎(02305) 920 746 0

www.posterlia.de
Bei Posterlia kann man seine Fotos schnell und einfach als XXL Poster drucken lassen. Die Fotomotive lassen sich in zahlreichen verschiedenen Formaten und Ausführungen verewigen, so etwa neben dem klassischen Poster auch auf Leinwand, Forexplatte, PVC-Plane, Fotoklebefolie, Acrylglas oder AluDiBond. **(Siehe Abbildung)**

Posterlounge.de
info@posterlounge.de

www.posterlounge.de
Illustrationen und Grafiken als Leinwand, Kunstdruck oder Poster. Aus den Bereichen: Beauty, Fantasy, 70's, Collage, Fashion.

Postermix.de
info@posterjack.com

www.postermix.de
Individuelles Fotoprodukt in nur drei einfachen Schritten, als Riesenposter, Leinwand oder Schreibunterlage.

posterXXL.de
info@posterxxl.de

www.posterxxl.de
Lieblingsbilder als große Poster drucken.

Einrichtung/Brunnen & Zimmerbrunnen

Bontana
service@marcedo.de

www.bontana-zimmerbrunnen.de
Über 300 Zimmerbrunnen, Wasserwände, Vernebler sowie mehr als 100 Klangspiele und Biokamine.

delphin-brunnen
info@delphin-brunnen.de

www.delphin-brunnen.de
Zimmerbrunnen, Gartenbrunnen und Wasserwände sowie Design-Springbrunnen aus Edelstahl, Glas, Keramik und Naturstein.

Posterlia   **www.posterlia.de**

HAUS & GARTEN

Zimmerbrunnen - aquaspirit GmbH
info@aquaspirit.de

www.zimmerbrunnen.de
Zimmerbrunnen als Standmodelle, Gartenbrunnen oder Wasserwände aus Schiefer und anderen hochwertigen Materialien.

Einrichtung/Einrichtungstipps

EinrichtungsForum
info@oxmo.de

www.einrichtungsforum.de
Das Forum präsentiert kreative Tipps und Ideen rund um das Thema schöner Wohnen.

homesolute.com
info@prcompany.de

www.homesolute.com
Großer Ratgeber für Einrichtungsideen, Hausplanung sowie
Wohn- und Gartengestaltung mit vielen Bildern.

kreatives-wohnforum.de
info@omcon24.de

www.kreatives-wohnforum.de
Wer auf der Suche nach pfiffigen Einrichtungstipps für die eigene
Wohnung ist, der findet hier im Forum Anregungen.

Planungwelten
info@planungswelten.de

www.planungswelten.de
Wohnideen, Trends und Planungs-Software rund ums Wohnen und
Einrichten.

roomido
info@roomido.com

www.roomido.com
Community für Wohnen und Einrichten. Das Portal bietet Inspiration durch Fotoalben, Experten-Beratung und Interaktion.

sanvie.de
info@sanvie.de

sanvie.de
Blog zum Thema Wohndesign mit vielen hübschen, kreativen und
individuellen Ideen fürs Zuhause.

schoener-wohnen.de
info@schoener-wohnen.de

www.schoener-wohnen.de
Online-Magazin der Zeitschrift Schöner Wohnen mit Deko- und
Einrichtungstipps sowie einem interaktivem 3D-Raumplaner.

SoLebIch.de
info@solebich.de

www.solebich.de
Präsentation von kreativen Wohnideen. Man kann auch selbst Fo-
tos von Wohnräumen hochladen und andere Bilder kommentieren.
(Siehe Abbildung)

wohnidee
leserdienst@wohnidee.de

www.wohnidee.de
Plattform mit kreativen Einrichtungsideen, Farbberatung, Vorher-
Nachher-Vergleichen und großer Bezugsquellen-Datenbank.

Zimmerschau
hausmeister@zimmerschau.de

www.zimmerschau.de
Die Wohnungen anderer betrachten und sich selbst präsentieren
oder Anregungen erhalten. Mit Forum für den Austausch.

Einrichtung/Fliesen & Natursteine

Fliesen Online Kaufen
info@fliesen24.com

www.fliesen24.com
Große Auswahl moderner und klassischer Wand- und Bodenflie-
sen, Bordüren und Zubehör.

Fliesenhandel
info@fliesenhandel.de

www.fliesenhandel.de
Das Portal führt zu dem Fliesenhändler in der Nähe und informiert über aktuelle Fliesentrends.

jonastone
info@jonastone.de

www.jonastone.de
Bodenbeläge aus Naturstein für den Innenbereich und die Terrasse.

Mexikanische Fliesen
info@mexiko-fliesen.de

www.mexikanische-fliesen.de
Welche Möglichkeiten man mit mexikanischen Fliesenspiegeln
beim Verlegen hat, zeigen die Verlegebeispiele dieser Seite.

Einrichtung/Gardinen & Vorhänge

gardinen-shop.org
info@bngardinen.de

www.gardinen-shop.org
Große Auswahl an Gardinen, Meterware, Gardinenzubehör und Dekostoffen. Mit Näh- und Waschservice.

Kavaliershaus.de
info@kavaliershaus.de

www.kavaliershaus.de
Der Einrichter für ein stilvolles Zuhause mit Fertigvorhängen aus Designerstoffen, Wohnaccessoires sowie Teppichen.

mein-gardinenshop.de
service@mein-gardinenshop.de

www.mein-gardinenshop.de
Online-Shop für fertigkonfektionierte Gardinen und Vorhänge sowie moderne Accessoires zum Wohlfühlen.

Einrichtung/Hängematten

Hängematten Shop
info@haengemattenshop.com

www.haengemattenshop.com
Über 100 unterschiedliche Hängematten und Hängesessel aus Südamerika sowie Gestelle und Babytragetücher.

Lamaca Hängematten
service@marcedo.de

www.lamaca-haengematten.de
Shop mit Stab- und Netzhängematten, Hängesesseln und Ständern für drinnen und draußen, Gartenmöbel und Liegekissen.

Einrichtung/Haushaltsgeräte

Allego
info@allego.de

www.allego.de
Haushaltstechnik wie Waschmaschinen, Kühlschränke, Backöfen und Kochgeschirr sowie Haushaltswaren.

Kuechenhaus-online.com
info@kuechenhaus-online.de

www.kuechenhaus-online.com
Marken-Hausgeräte wie Spüler, Herde, Kochfelder, Backöfen, Armaturen, Spülen und Abzugshauben für die moderne Küche.

SoLebIch.de   **www.solebich.de**

Wagner
info@elektroshopwagner.de

www.elektroshopwagner.de
Haushalts- und Küchengeräte wie Dunstabzugshauben, Geschirrspüler, Herde und Kochfelder, Waschmaschinen und Mikrowellen.

Siehe auch Kapitel Einkaufen

Elektronik/Allgemein

Siehe auch Kapitel Einkaufen

Versandhäuser & Kaufhäuser

Einrichtung/Haushaltswaren

hawato.de
info@hawato.de

www.hawato.de
Haushaltswaren, Porzellan, Küchengeräte und Dekorationsartikel.

Kaufmarkt24
info@kaufmarkt24.de

www.kaufmarkt24.de
Kaufmarkt24 – Das virtuelle Kaufhaus rund um Küche, Haus und
Garten bietet ein breites Sortiment verschiedenster Haushaltswa-
ren. Das Angebot umfasst Kochutensilien aller Art, Einrichtungsge-
genstände für Bad und Büro sowie Garten- und Heimwerkerbedarf.
(Siehe Abbildung)

Kochen Essen Wohnen
shop@kochen-essen-wohnen.de
☎(04832) 9795787

www.kochen-essen-wohnen.de
Online-Shop rund ums Kochen, Braten, Backen, Essen und schönes Wohnen. Hier werden hochwertige Pfannen, Töpfe, Messer,
Küchenhelfer, Porzellan und Deko gut beschrieben und zu günstigen Preisen angeboten. Sehr gute Trusted Shops Kundenbewertungen, Versand auch auf Rechnung. **(Siehe Abbildung)**

Kochstore24.de
info@kochstore24.de
☎(02324) 68 634 93

www.kochstore24.de
Hobbyköche wie auch Kochprofis finden im Kochstore24 eine gut
sortierte Auswahl an Kochgeschirr wie Pfannen oder Töpfe sowie
Küchenmesser, Messersets und Messerblöcke. Auch praktische
Küchenhelfer wie Scheren, Hobel, Reiben, Schälmesser oder
elektrische Küchengeräte sind hier auf Lager. **(Siehe Abbildung)**

Kaufmarkt24 **www.kaufmarkt24.de**

Kochen Essen Wohnen

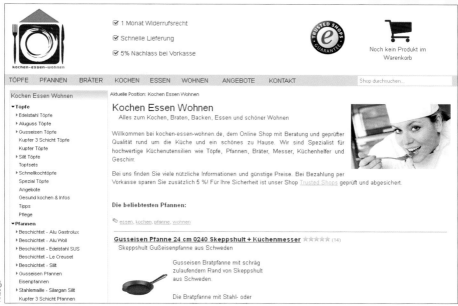

Kochstore24.de

Bleywaren
hallo@bleywaren.de

www.bleywaren.de
Haushaltswaren, Glas, Porzellan, Geschenkartikel, Heimtextilien, Elektrokleingeräte, Grills und Wohnmöbel.

cookplanet
service@cookplanet.com

www.cookplanet.de
Über 12.000 Produkte rund ums Essen, Trinken, Servieren von hochwertigen Marken wie Fissler, KitchenAid oder Wüsthof.

● **Die moderne Hausfrau Online-Shop**
info@moderne-hausfrau.de

www.moderne-hausfrau.de
Nützliche und dekorative Artikel für den Haushalt: Textilien, Küchenhelfer, Elektrogeräte oder Lampen. **(Siehe Abbildung)**

Endlichzuhause.de
info@endlichzuhause.de

www.endlichzuhause.de
Geschirr, Bestecke, Frühstücks-Sets und alles für die moderne Küche.

famila-nordwest24.de
info@famila-nordwest24.de

www.famila-nordwest24.de
Große Auswahl an Produkten aus den Bereichen Küche und Haushalt, Technik, Wohnen, Garten, Spielwaren und Genuss.

Home Styles
info@home-styles.de

www.home-styles.de
Alles rund um Küche, Wohnen und Garten. Porzellan, Geschirr, Wohntextilien, Besteck und Kunstpflanzen.

KuechenGenie.de
info@kuechengenie.de

www.kuechengenie.de
Ob Kochprofi oder Amateur: die richtigen Töpfe, Pfannen, Messer und andere Küchengeräte von Top-Herstellern.

lotharjohn.de
info@lotharjohn.de

www.lotharjohn.de
Fachhändler für Glas, Porzellan und Besteck.

neueTischkultur.de
service@neuetischkultur.de

www.neuetischkultur.de
Verschiedenes Markenporzellan, Keramik, Besteck, Wein- und Backzubehör sowie Glas.

Pfannen Harecker
pfannen@harecker.de

www.harecker.de
Online-Shop für Küchengeräte wie Töpfe, Pfannen und Backformen mit vielen Geschenk- und Dekoideen sowie Rezepten.

Die moderne Hausfrau Online-Shop   **www.moderne-hausfrau.de**

Porzellanhandel24
info@porzellanhandel24.de

www.porzellanhandel24.de
Geschirr, Besteck, Glas und Accessoires von Villeroy & Boch.

Porzellantreff.de
info@porzellantreff.de

www.porzellantreff.de
Dieser Shop offeriert Porzellan, Bestecke, Gläser und Geschenk-artikel. Außerdem kann man einen Hochzeitstisch anlegen.

richtig schön kochen
info@richtig-schoen-kochen.de

www.richtig-schoen-kochen.de
Hobbyköche und Kochprofis finden hier Geschirr und Besteck, Ka-raffen und Gläser, Kaffee und Tee sowie Wein und Zubehör.

starcooks24.de
info@starcooks24.de

www.starcooks24.de
Hochwertiges Küchenzubehör und Gastronomiebedarf.

Tischkulturshop.com
shop@tischkulturshop.com

www.tischkulturshop.com
Haushaltswaren wie Besteck und Messer aus Edelstahl, Silber oder versilbert, Glas und Porzellan.

tischwelt.de
service@tischwelt.de

www.tischwelt.de
Geschirr, Besteck, Gläser und Kochzubehör. Außerdem eine Aus-wahl an Küchentipps, Rezepten und Informationen.

WMF
service@shop.wmf.de

www.wmf.de
WMF präsentiert seine Produkte und eine Vielzahl an aktuellen Angeboten und Aktionen im eigenen Online-Shop.

Einrichtung/Heizstrahler

Solamagic Infrarot-Heizstrahler
info@solamagic-24.de
☎(0800) 67 381 67

www.solamagic-24.de
Sofortige Wärme wie von der Sonne: Im Solamagic 24 Fachhan-dels-Shop erhält man Infrarot Heizstrahler mit kurzwelliger Infra-rotstrahlung für eine sofortige Wärme ohne Vorheizen z. B. für Bad und WC oder Terrasse und Balkon. Solamagic Heizstrahler sind TÜV/GS geprüft und werden in Deutschland hergestellt.
(Siehe Abbildung)

Solamagic Infrarot-Heizstrahler　　　　　**www.solamagic-24.de**

Einrichtung/Jalousien & Markisen

Fotorollo24.de
service@fotorollo24.de

www.fotorollo24.de
Wunschmotive auf Rollos und Jalousien drucken.

Jalousiescout
service@jalousiescout.de

www.jalousiescout.de
Rollladenzubehör und passende Rollladenmotoren für Rollladen oder Vorbaurollladen, Jalousien und Markisen.

markilux
info@markilux.com

www.markilux.com
Hochwertige, stilvolle Balkon- und Terrassen-Markisen, Markisen für Wintergärten und Fenster sowie passende Markisentücher.

Plissee1fach.de
shop@plissee1fach.de

www.plissee1fach.de
Plissees, Faltstores, Rollos und Jalousien nach Maß. Mit Servicetelefon und Stoffmusterversand.

Wohn-Guide.de Online Shop
info@wohn-guide.de

www.wohn-guide.de
Riesige Auswahl an Rollos, Jalousien, Plissees und Vorhängen. Gardinenstangen und Fensterdekoration sowie Teppiche.

Einrichtung/Haushaltsroboter

myRobotcenter
office@myrobotcenter.de

www.myrobotcenter.de
Haushaltsroboter zum Saugen, Wischen oder Rasenmähen. Service- und Unterhaltungsroboter. Luftreiniger und Soundsysteme.

robosauger.com
office@robosauger.com

www.robosauger.com
Staubsauger- und Wisch-Roboter, die den täglichen Hausputz erleichtern. Die Roboter saugen automatisch und gründlich.

Feuerdepot.de

www.feuerdepot.de

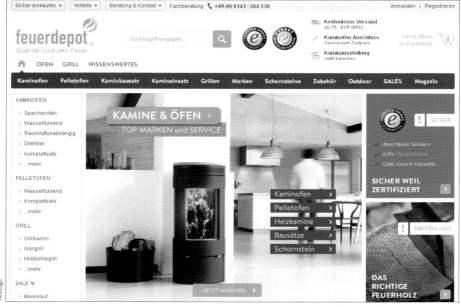

Einrichtung/Kachelöfen & Kamine

aa-shop24.de
info@aa-shop24.de

www.aa-shop24.de
Kamine und Kaminzubehör. Kaminöfen, Pelletöfen, Heizkamine, Edelstahlschornsteine und Zubehör.

Feuer-Anzünder.de
info@feuer-anzuender.de

www.feuer-anzuender.de
Der Online-Shop bietet eine vielfältige Auswahl an Anzündern und Zubehör für Kamine und Öfen.

● **Feuerdepot.de**
info@feuerdepot.de
☎(08143) 264 530

www.feuerdepot.de
Der Kaminofen, Kamin und Pelletofen Shop bietet eine große Auswahl an Markenkaminen und Öfen führender Hersteller wie Olsberg, Oranier, Brunner u.v.m. Ein bundesweiter Anschluss-Service zum Festpreis sowie der kostenlose Versand wird angeboten. Zudem findet man Finanzierungs- und Förderungsmöglichkeiten. **(Siehe Abbildung)**

KAGO
zentrale@kago.de

www.kago.de
Individueller Heizkamin- und Kachelofenbau. Pellet- und Kaminöfen. Wasserführende Kamine, Solar und Pelletheizungen.

Kaminkaufhaus
info@kaminkaufhaus.de

www.kaminkaufhaus.de
Große Auswahl an Kaminbausätzen, Öfen, Kaminöfen, Pelletöfen, Schwedenöfen und Gaskaminöfen.

● **Kaminofen-Shop24h.de**
info@kaminofen-shop24h.de
☎(035723) 92992

www.kaminofen-shop24h.de
Die Anlaufstelle für Kaminöfen, Küchenöfen, Pelletöfen, Kamineinsätze, Kaminbausätze, Kaminverkleidungen, Pufferspeicher und Edelstahlschornsteine im Internet bietet eine große Auswahl an Heizgeräten. Im Kaminlexikon werden Fachbegriffe wie Abbrand, Drosselklappe oder Versottung verständlich erklärt. **(Siehe Abbildung)**

Kaminofen-Shop24h.de **www.kaminofen-shop24h.de**

Ofen Mosmann
postmaster@ofenmosmann.de

www.ofenmosmann.de
Der Fachhändler bietet im Online-Shop Kaminöfen, Beistellherde, doppelwandige Schornsteinsysteme sowie Schornsteinsanierungssysteme an. Auch passende Zubehörartikel wie Ofenroste, Unterlegplatten, Ofenrohre, Schamottesteine, Aschekästen nach Maß und Kaminbestecke sind hier erhältlich. **(Siehe Abbildung)**

kaminofen-direkt.de
post@kaminofen-direkt.de

www.kaminofen-direkt.de
Kaminöfen und Holzherde in verschiedenen Ausführungen mit kostenloser Lieferung und Aufbauservice.

ofen.edingershops.de
service@edingershops.de

www.ofen.edingershops.de
Kamin- und Kachelöfen, Ofenzubehör und Kacheleinsätze.

ofenwelten
info@fachschriften.de

www.ofenwelten.de
Kamine, Kachelöfen, Pelletöfen, Specksteinöfen und Herde im klassischen, traditionellen oder modernen Design in verschiedenen Größen und Ausführungen. Dazu gibt es Infos zu Brennstoffen wie Holz, Pellets, Gas oder Strom sowie Einblicke in verschiedene Ofenbauarten wie Kachelherde oder Elektrokamine. **(Siehe Abbildung)**

Einrichtung/Küchen

Alno
mail@alno.de

www.alno.de
Die große Welt der Alno-Küchen. Mit individueller Küchenplanung, Unternehmensinfos und Händleradressen.

Dunstabzugshauben-Shop
info@wfk.biz

www.dunstabzugshauben.de
Wand- und Inselhauben, Flachlüfter, Zwischenbau- sowie Unterhauben, Lüfterbausteine, Eckhauben und Spezialdesigns.

dyk360
info@dyk360-kuechen.de

www.dyk360-kuechen.de
Küche online planen und bestellen bei Design Your Kitchen 360.

Ofen Mosmann   **www.ofenmosmann.de**

Gaggenau
info@gaggenau.com

www.gaggenau.com
Küchentechnik mit ausgefeiltem Design. Backöfen und Kochfelder, Kaffeevollautomaten, Geschirrspüler und Kühlgeräte.

Kiveda
info@kiveda.de

www.kiveda.de
Komplette Kücheneinrichtungen in verschiedenen Designs sowie Küchenzubehör, Tafelgeschirr und Dekoartikel.

Küche&Co
info@kueche-co.de

www.kueche-co.de
Hier erhält man Beratung und Informationen zum Sortiment, aktuellen Angeboten, Services und zum Küchenstudio in der Nähe.

Küchenforum
info@kuechen-forum.de

www.kuechen-forum.de
Informationsportal und Forum zu den Themen Einbauküche, Küchenplanung und Küchenkauf.

Küchen-QUELLE

www.kuechen-quelle.de
Angebote für Einbau-, Komfort-, Kompakt- und barrierefreie Küchen samt Geräten und Zubehör inklusive Online-Planer.

Küchenspezialisten.de
derkreis@derkreis.de

www.kuechenspezialisten.de
Informationen über die richtige Küchenplanung und eine Datenbank mit Küchenfachgeschäften.

Marquardt Küchen
info@marquardt-kuechen.de

www.marquardt-kuechen.de
Der Spezialist für Granitküchen. Produktion, Sonderbau, Granitarbeitsplatten, Massivholz. 3D-Web-Küchenplaner.

musterhaus küchen
info@musterhauskuechen.de

www.musterhauskuechen.de
Über 1.000 Küchen, Elektrogeräte und Zubehör. Als besonderes Highlight: Ein Internet-Küchenplaner und Händleradressen.

Nolte Küchen
info@nolte-kuechen.de

www.nolte-kuechen.de
Zahlreiche Küchenwelten. Außerdem werden alle Korpusse, Böden und Holzteile innen wie außen dekorgleich geliefert.

Poggenpohl
info@poggenpohl.com

www.poggenpohl.com
International renommierte Marke im Bereich Luxusküchen.

ofenwelten
                                                      www.ofenwelten.de

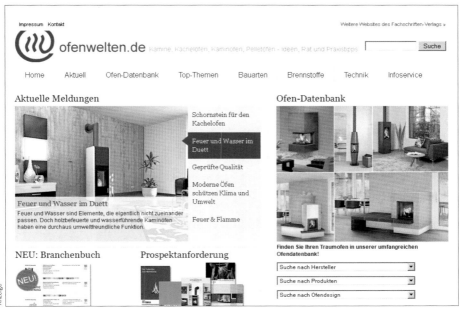

333

Haus & Garten

smart möbel
info@smartmoebel24.de

www.smartmoebel.de
Küchenzeilen, Küchenschränke, Spülen und Armaturen, Büromöbel und Einbaugeräte.

Einrichtung/Küchengeräte

Butch
post@butch.de

www.butch.de
Küchenshop mit Profi-Ausstattung fürs Kochen sortiert nach Einsatzbereich und Besonderheiten.

Einrichtung/Möbel

borono
anfrage@borono.de

www.borono.de
Ein vielfältiges Sortiment an hochwertiger Inneneinrichtung und Gartenartikeln sowie Lampen, Sofas oder Accessoires.

deinSchrank.de
kontakt@deinschrank.de

www.deinschrank.de
Individuelle Schränke erstellen und liefern lassen. Einfach Schranktyp auswählen, Maße eingeben und konfigurieren.

DeLife – Deluxe Lifestyle
info@delife.eu

www.delife.eu
Umfangreiches Sortiment an Designermöbeln und trendigen Lifestyle-Produkten.

Fab.com
service@fab.com

www.fab.com
Massivholzmöbel nach Maß.

● **For Living**
info@forliving.de
☎(030) 200 97 00 99

www.forliving.de
Forliving.de bietet u. a. stilvolle Designermöbel von Hasena, Innovation, Modular, Riva1920, Bonaldo und San Giacomo sowie eine große Auswahl an Betten, Boxspringbetten, Sideboards, Gartenmöbeln, Lampen, Stühlen und Tischen. Für Lattenroste und Matratzen gibt es die Möglichkeit des 30-Tage Probeschlafens.
(Siehe Abbildung)

For Living   **www.forliving.de**

hega-handel.com
info@hega-handel.com

www.hega-handel.com
Kindermöbel, Kinderzimmer, Babyzimmer und komplette Wohnungseinrichtung.

Home24
kundenservice@home24.de

www.home24.de
Online-Shop für Möbel, Lampen und Wohnaccessoires.

homelife24
info@homelife24.com

www.homelife24.de
homelife24 ist ein Möbel-Outlet-Shop, dessen Sortiment sich an Lebens- und Wohnstilen von deutschen TV-Serien orientiert.

IKEA Deutschland

www.ikea.de
IKEA zeigt viele Produkte, Heimeinrichtungsideen und Tipps, um das Leben zu Hause noch schöner zu machen.

Jenverso
info@jenverso.de

www.jenverso.de
Wohnwelten, Kindermöbel, Schlafzimmer, Büromöbel und Accessoires für Haus und Garten, sowie Designmöbel.

Main-moebel.de
info@main-moebel.de

www.main-moebel.de
Massivholzmöbel für Wohn-, Ess-, Schlaf- und Kinderzimmer sowie für das Bad.

meine möbelmanufaktur
info@meine-moebelmanufaktur.de

www.meine-moebelmanufaktur.de
Mit dem Möbelkonfigurator können individuelle Möbel online geplant werden.

mirabeau
service@mirabeau.de

www.mirabeau.de
Möbel für die ganze Wohnung im Landhausstil, dazu passende Heimtextilien und Accessoires.

● **massivum**
info@massivum.de
☎(0800) 6277 4886

www.massivum.de
massivum bietet eine umfangreiche Auswahl an stilvollen Möbeln für Wohn-, Schlaf-, Ess- und Badezimmer aus Massivholz, Rattan und weiteren hochwertigen Naturstoffen. Passende Accessoires und weitere Informationen rund um Möbel und Einrichtung, wie z. B. ein Holzlexikon, werden ebenfalls angeboten.
(Siehe Abbildung)

massivum　　　　　　　　　　　　　　　　　　**www.massivum.de**

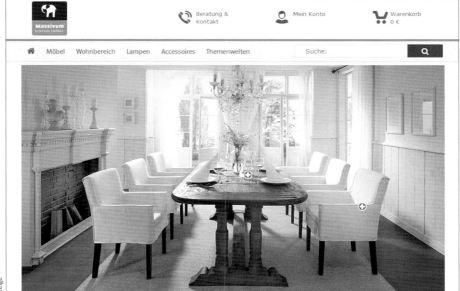

Möbel Mahler
info@moebel-mahler.de

www.moebel-mahler.de
Wohnwelten und Möbel-Shop mit 3D-Küchenplaner.

Möbel-Eins
info@moebel-eins.de

www.moebel-eins.de
Alles für die Wohnungseinrichtung, egal ob Wohnzimmer, Esszimmer, Büro, Schlafzimmer, Flur oder Jugendzimmer.

Möbel-Sensation
info@moebel-sensation.de

www.moebel-sensation.de
Ein großes Sortiment an stilvollen Möbeln für den Innen- und Außenbereich.

moebel.de
info@moebel.de

www.moebel.de
Über 500.000 Produkte aus den Bereichen Möbel, Einrichten und Wohnen. Bei über 150 Shop-Partnern online bestellen.

moebel-base.de
info@moebel-base.de

www.moebel-base.de
Wohnzimmer, Polstermöbel, Schlafzimmer, Esszimmer, Haushaltswaren und Kleingeräte.

momati24.de
info@momati24.de

www.momati24.de
Möbel für Wohnzimmer, Küche, Esszimmer und Arbeitszimmer aus Massivholz, in Hochglanz oder Echtholzfurnier.

owl-moebelhandel
info@owl-moebelhandel.de

www.owl-moebelhandel.de
Das Sortiment umfasst Baby- und Kinderzimmer, Polstermöbel, italienische Möbel, sowie Hochglanz- und Massivholzmöbel.

Pharao24.de
service@pharao24.de

www.pharao24.de
Möbel für das ganze Haus und den Garten. Zu finden nach Wohnbereichen, nach Produktgruppen oder Wohnideen und Themen.

 Möbel Jack
mail@moebel-jack.de
☎(06028) 991 280

www.moebel-jack.de
Möbel Jack ist ein Online-Shop für Möbel und Einrichtungsgegenstände. Risikofreies bestellen der Möbel auf Rechnung ist dort ebenso möglich, wie die Zahlung per Nachnahme oder Paypal. Alle Möbel sind ständig ab Lager verfügbar, weshalb kurze Lieferzeiten die Regel sind. Geliefert wird versandkostenfrei.
(Siehe Abbildung)

Möbel Jack   **www.moebel-jack.de**

POCO
info@poco.de

www.poco.de
Möbel-Discounter mit vielen Angeboten rund ums Einrichten und Wohnen.

porta

www.porta.de
Großes Möbelsortiment für die ganze Wohnung. Mit dem Online-Raumplaner lässt sich vor dem Kauf die Einrichtung planen.

schrankplaner.de
info@schrankplaner.de

www.schrankplaner.de
Individuelle Regale und Einbauschränke für alle Raumsituationen und sogar Dachschrägen können hier bestellt werden.

things we love
info@gooran.com

www.things-we-love.com
Stilvolle Möbel für Schlafzimmer, Wohnzimmer, Bad, Büro, Küche und Outdoor sowie Lampen und Leuchten, Spiegel und Accessoires.

trendmoebel24
kundendienst@trendmoebel24.de

www.trendmoebel24.de
Möbel aus Holz, Gartenmöbel, Kinderschreibtische und Wohnaccessoires.

Wohnen.de
kontakt@wohnen.de

www.wohnen.de
Das Angebot umfasst Möbel für jeden Wohnraum und den Garten. Außerdem ein Wohn- und Einrichtungsmagazin mit vielen Tipps.

woody möbel
info@woody-moebel.de

www.woody-moebel.de
Möbel für individuelles Wohnen in allen Wohnbereichen wie Wohnzimmer, Schlafzimmer, Esszimmer und Badezimmer.

moebel-shop.de
kontakt@moebel-shop.de
☎ (02302) 802022

www.moebel-shop.de
Dieser Möbel-Shop bietet gute Marken-Möbel, viel Auswahl und Ideen für alle, die sich so einrichten wollen, wie es ihrem eigenen Lebensstil entspricht. Und das alles einfach von zu Hause aus im 24 Stunden erreichbaren Online-Shop. Das Angebot reicht von Betten, über Beleuchtung bis hin zu kompletten Bädern.
(Siehe Abbildung)

moebel-shop.de

www.moebel-shop.de

Anzeige

Haus & Garten

Ostermann
kontakt@ostermann.de
☎(02302) 985 1531

www.ostermann.de
Online Einrichten von zu Hause aus. Einfach und sicher 24 Stunden am Tag. Mehr als 17.000 Artikel aus dem Wohn-, Schlaf- und Badmöbelbereich, zahlreiche Kleinmöbel und Fachsortimente sowie hilfreiche Serviceleistungen. Seit 1993 betreibt das Unternehmen erfolgreiche Möbel-Online-Shops. **(Siehe Abbildung)**

Trends
kontakt@trends.de
☎(02302) 985 1532

www.trends.de
Mit über 15.000 sofort verfügbaren Artikeln bietet TRENDS Möbel und Wohn-Accessoires für jeden Raum. Neben stylischen oder retro Einrichtungsideen für Küche, Schlaf-, Wohn-, Arbeits- und Kinderzimmer sowie Bad gibt es Wohntextilien, Leuchten und Dekorationen für junge Leute jeden Alters. **(Siehe Abbildung)**

Einrichtung/Möbel/Designmöbel

Das Wohnkonzept
info@daswohnkonzept.com

www.daswohnkonzept.com
Für Haus, Garten und Büro bietet dieser Shop Designermöbel in verschiedenen Stilen, von Hochglanz bis „Shabby Chic".

Design Meets Home
kontakt@designmeetshome.de

www.designmeetshome.de
Designermöbel zu reduzierten Preisen. Händler können ihre Ausstellungsstücke auf dem Portal anbieten.

Designbotschaft
info@designbotschaft.com

www.designbotschaft.com
Designermöbel wie Sitzmöbel, Tische, Regale oder Küchenschränke.

Designermöbel - Who's Perfect
webshop@whos-perfect.de

www.whos-perfect.de
Hochwertige italienische Designermöbel für Wohn-, Schlaf-, Arbeits- und Esszimmer.

designikonen.de
info@designikonen.de

www.designikonen.de
Stilvolle Möbel aus den Bereichen Wohnen, Büro, Kinder, Leuchten und weitere Accessoires.

Ostermann   **www.ostermann.de**

Die Möbel Freunde
info@rocket-commerce.de

www.die-moebelfreunde.de
Shop für exklusive Möbel und Accessoires. Große Auswahl, viele Markenhersteller.

einrichten-design
info@einrichten-design.de

www.einrichten-design.de
Designermöbel aus jedem Jahrzehnt seit 1900. Angeboten werden vor allem Sitzmöbel, Tische und Leuchten.

fashion4home
info@fashionforhome.de

www.fashionforhome.de
Der Möbel-Onlineshop fashion4home präsentiert neue Einrichtungstrends und exklusive Designermöbel.

ikarus
info@ikarus.de

www.ikarus.de
Eine umfangreiche Auswahl an stilvollen Möbeln für Wohn-, Schlaf-, Ess- und Badezimmer von verschiedenen Designern.

Kwik-designmoebel.de

www.kwik-designmoebel.de
Designermöbel made in Germany, mit großer Auswahl an Sitzmöbeln, Tischen, Betten sowie Anregungen für das heimische Wohndesign.

pro office
info@prooffice.de

www.prooffice.de/shop
Designermöbel und Leuchten sowie Accessoires für Wohnung und Büro sowie den Outdoorbereich.

Proformshop.com
info@proformshop.com

www.proformshop.com
Große Auswahl an Designmöbeln und Leuchten bekannter Designer.

Riess-ambiente.net
info@riess-ambiente.de

www.riess-ambiente.net
Designermöbel, Sofas, Sessel, Leuchten und Accessoires im unteren Preissegment für Ess- und Wohnzimmer, Büro oder Schlafzimmer.

SalesFever.de
service@salesfever.de

www.salesfever.de
Möbel aller Art, darunter topaktuelle Designerstücke und Dekorationselemente. Mit Farb- und Materialsuche.

Trends   www.trends.de

HAUS & GARTEN

traumambiente
info@traumambiente.de

www.traumambiente.de
Einrichtungsgegenstände von diversen namhaften Designern wie Artemide, Reisenthel, Stelton, Kartell, Kundalini.

wohn-design.com
info@wohn-design.com

www.wohn-design.com
Stühle, Barhocker, Sessel, Tische und weitere Designmöbel, auch gebraucht erhältlich.

 designandmiles
info@designandmiles.de
☎(089) 89 800 810

www.designandmiles.de
Hochwertige Designerleuchten, Designerstühle sowie exklusive Möbel und Wohnaccessoires von Topmarken wie Kartell, Artemide, Flos, Luceplan, Magis oder Mawa Design für eine kreative Wohnungseinrichtung. Im großen Angebot an Designerleuchten findet sich für jedes Wohnraumambiente das passende Objekt. **(Siehe Abbildung)**

● **ŝuisto**
info@suisto.de
☎(0441) 93 97 95 2

www.suisto.de
ŝuisto ist der Onlineshop für stilvolle Designermöbel und Accessoires für Heim und Büro. Bei den angebotenen Möbeln handelt es sich ausschließlich um lizenzierte Originale zahlreicher renommierter Designer für eine anspruchsvolle Büro- und Raumausstattung. **(Siehe Abbildung)**

Einrichtung/Möbel/Sofas & Sitzsäcke

Couchdecken.de
info@couchdecken.de

www.couchdecken.de
Couchdecken, Tagesdecken, Überwürfe und Plaids.

mysofabed.de

www.mysofabed.de
Schlafsofas, Bettsofas, Sessel, Sitzhocker und Liegen. Mit Schlafcouch-Designer zum selbst Zusammenstellen.

Sittingbull
info@design-3000.de

www.sittingbull-shop.de
Offizieller Online-Shop für die original Sittingbull-Sitzsäcke.

Sitzclub
info@sitzclub.de

www.sitzclub.de
Sitzgelegenheiten zum Relaxen: Sitzsäcke, Hängematten, Sitzwürfel und Sitzsäulen sowie Taschen und Sitzecken.

smoothy.de

www.smoothy.de
Sitzsäcke und Sitzkissen sowie Hundekörbe und Hundekissen in vielen verschiedenen Ausführungen.

sofa-direkt.de
info@sofa-direkt.de

www.sofa-direkt.de
Über 120 verschiedene Sofamodelle, kombinierbar mit 5.000 Stoffen und 220 Lederbezügen.

Einrichtung/Parkett & Laminat

die-parkett-welt.de
shop@die-parkett-welt.de

www.die-parkett-welt.de
Bodenbeläge wie Parkett, Laminat, Massivholzdielen, Furnierparkett, Kork, Linoleum und Vinylböden.

Doors & Floors
kontakt@hirsch-don.de

www.doors-and-floors.de
Fachmarkt rund um Parkett, Laminat, Kork, Vinyl, Sockelleisten, Terrassendielen, Sichtschutz, Fenster und Türen.

Holz Schröer
info@holz-schroeer.de

www.parkettwelten.de
Parkett, Laminat, Massivholzdielen, Korkböden, Vinylbodenbeläge und Zubehör.

Parkett-Store24
info@parkett-store24.de

www.parkett-store24.de
Parkett, Laminat, Massivholzdielen, Furnierparkett, Kork, Linoleum und Zubehör sowie Schnäppchen.

Profilaminat

www.profilaminat.de
Klick-Laminat in vielen verschiedenen Stärken und Oberflächen zum selbst Verlegen.

ŝuisto

www.suisto.de

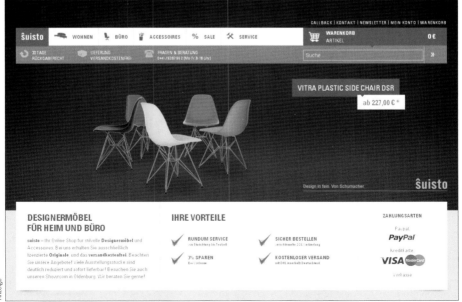

Einrichtung/Mückenschutz & Insektenschutz

Neher Systeme GmbH & Co. KG
info@neher.de

www.neher.de
Neuartige und innovative Lösungen für den optimalen Insekten-schutz in allen Wohnbereichen. Hier findet man fast unsicht-bare Rollos, Pendel- und Schiebetüren, Dreh- und Spannrah-men und Sonderlösungen für erstklassigen und lichtdurchläs-sigen Schutz vor Insekten und sogar Pollen oder Elektrosmog. **(Siehe Abbildung rechts)**

tropenshop.de

www.tropenshop.de
Versand für Mückenschutzprodukte, Moskitonetze und Mücken-abwehrmittel für den Urlaub oder Zuhause.

Einrichtung/Tapeten

gm-wohndesign
info@gm-wohndesign.de

www.gm-wohndesign.de
Große Auswahl an Tapeten wie Kindertapeten. Zudem Bodenbe-läge, Gardinen, Heimtextilien, Möbel und Lampen.

Livingwalls Cologne Tapeten
service@livingwalls-cologne.de

www.livingwalls-cologne.de
Über 5.000 exklusive Tapetendesigns, sowie maßgefertigte Foto-tapeten online und im eigenen Kölner Tapetenstore.

Royaltapeten
info@royaltapeten.de

www.royaltapeten.de
Hier gibt es Tapeten von klassisch über romantisch bis hin zu opulent. Außerdem Motivaufkleber für die Wände.

Decowunder Tapeten
info@protatec.de
☎(03523) 535 78 11

www.decowunder-tapeten.de
Der Online-Shop bietet eine große Palette an verschiedenen Tape-ten, die von klassischen Tapeten und Fototapeten über Naturtape-ten wie Gras- und Sandsteintapeten bis hin zu Landhaustapeten und extravaganten Designertapeten reicht. Zudem findet sich ein großes Angebot an Bordüren sowie Gardinen. **(Siehe Abbildung)**

Decowunder Tapeten   **www.decowunder-tapeten.de**

Haus & Garten

Tapeten Joe
info@karo-products.de

www.tapetenjoe.de
Umfangreiche Auswahl an Tapeten, Fototapeten, Schiebevorhängen, Wandtattoos, Ecosphere und Geschirrtattoos.

TapetenAgentur
info@tapetenagentur.de

www.tapetenagentur.de
Online-Shop für Tapeten mit einem Sortiment an außergewöhnlichen Designertapeten zahlreicher internationaler Marken.

TapetenMax®

www.tapetenmax.de
Hochwertige Papier- und Vliestapeten. Suche nach Farbe, der Art, dem Material und dem Hersteller möglich.

tapetenshop.de
service@tapetenshop.de

www.tapetenshop.de
tapetenshop.de bietet Tapeten und Bordüren direkt vom Hersteller. Eigene Bilder können als Fototapete bestellt werden.

Tapeto®
service@tapeto.de

www.tapeto.de
Spezialversand für Wandbekleidung: Farbenfrohe Tapeten, Bordüren und Wandtattoos sowie passende Tapezierwerkzeuge.

Einrichtung/Teppiche & Fußmatten

benuta
info@benuta.com

www.benuta.de
Große Auswahl klassischer und moderner Designerteppiche, sortiert nach Farbe, Material, Format, Kollektion oder Marke.

 Carpet Center
info@carpetcenter.de
☎ (02362) 965453

www.carpetcenter.de
Den eigenen Teppich nach Maß gestalten: Mit dem Konfigurator kann man aus Materialien wie Sisal, Wolle, Bambus, Seegras oder Outdoor-Qualitäten aus Polypropylen wählen und mit einer Bordüre aus Baumwolle, Microfaser, Leinen oder Leder kombinieren. Viskoseteppiche, Kokosläufer, Fußmatten, Stufenmatten.
(Siehe Abbildung)

Carpet Center   **www.carpetcenter.de**

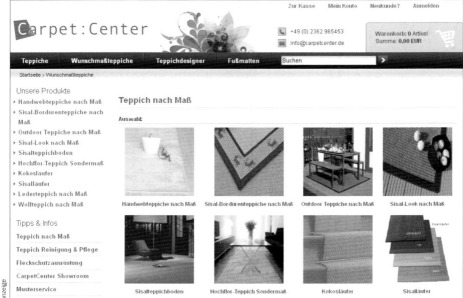

global-carpet.de
mail@global-carpet.de

www.global-carpet.de
Große Auswahl an Teppichen, ob Hochflor, Sisal oder der klassische Berber.

Tepgo
info@tepgo.de

www.tepgo.de
Mit dem Teppichfinder zum passenden Teppich kommen. Hochflor, modern, klassisch, luxuriös oder kindgerecht.

Teppich Stark
info@teppich-stark.de

www.teppich-stark.de
Teppichböden, Hartböden, Teppiche, Designböden sowie Gardinen.

Teppichoase
info@company.de

www.teppichoase.de
Das Angebot reicht von Afghan-, Berber-, Kaschmir- und Perserteppichen bis zu modernen Hochflor- und Flokatiteppichen.

teppichversand24
shop@teppichversand24.de

www.teppichversand24.de
Der Shop bietet Teppiche in verschiedenen Größen, Designs und Materialien: Von kuschelweich bis strapazierfähig.

Traumteppich.com
info@traumteppich.com

www.traumteppich.com
Traumteppich.com ist ein Online-Shop für qualitativ hochwertige und moderne Teppiche, Kinderteppiche und Orientteppiche.

youcarpet
info@youcarpet.com

de.youcarpet.com
Klassische Teppiche, feine und erlesene Teppiche, Seidenteppiche, alte und antike Teppiche oder moderne Teppiche.

Traummatten.de
info@traummatten.de
☎ (06721) 30 86 44

www.traummatten.de
Die farbenfrohen und originellen Fußmatten von Traummatten.de sorgen für einen einladenden Eingangsbereich. Ansprechende Design-Wohnmatten, die unifarben oder mit Bildern und Sprüchen gestaltet sind, sowie kreative Motivmatten aus Kokosfaser oder Gummi erzeugen drinnen wie draußen eine Wohlfühlatmosphäre.
(Siehe Abbildung)

Traummatten.de   **www.traummatten.de**

HAUS & GARTEN

Einrichtung/Tischdekorationen

serviette.de
info@serviette.de

www.serviette.de
Geschmackvolle Tischdekoration mit hochwertigen Papierservietten, Tischläufern und Tischdecken.

tischdecken-shop.de
info@tideko.de
☎(05939) 774

www.tischdecken-shop.de
Große Tischdecken, Tischsets, Mitteldecken, Tischläufer, Stoffservietten und Tischdeko für die festliche Tafel sowie praktische, abwaschbare Tischdecken und Platzsets. Neben edlen Unifarben wie Champagner oder blau gibt es auch gemusterte, gestreifte oder geblümte Designs und moderne Trendfarben. **(Siehe Abbildung)**

tischdeko-online.de
kontakt@tischdeko-online.de

www.tischdeko-online.de
Tischdekorationen, Gastgeschenke, Hochzeitsmandeln und Accessoires für die Hochzeit oder das ganz persönliche Fest.

Tischdeko-Shop.de
info@tischdeko-shop.de
☎(02297) 90 99 380

www.tischdeko-shop.de
Der Shop für die perfekte Tischdekoration zu allen Festen. Ob Hochzeit, Taufe, Kommunion, Konfirmation, Geburtstag oder Betriebsfeier, hier findet jeder die passende Tischdeko, entweder bei den vielen Mustertischen oder individuell zusammengestellt. Bei Fragen hilft der Telefonservice gerne weiter. **(Siehe Abbildung)**

WunschTischdecke.de
info@wunschtischdecke.de
☎(06721) 30 86 44

www.wunschtischdecke.de
Im vielfältigen Angebot des Online-Shops findet man schnell die passende Tischdecke, ganz gleich ob eckig, rund oder oval. Selbst maßgefertigte Tischdecken sind kein Problem und können hier ebenso bestellt werden wie Tischläufer, Tischsets, Servietten, Tischunterlagen, Kissen, Decken und Meterware. **(Siehe Abbildung)**

ZauberDeko
info@zauberdeko.de

www.zauberdeko.de
Anspuchsvolle und von Hand gefertige Tischdekorationen und Dekorationsartikel für Kommunion, Konfirmation und Hochzeiten.

tischdecken-shop.de   **www.tischdecken-shop.de**

Einrichtung/Wandtattoos

Beiwanda
info@beiwanda.de

www.beiwanda.de
Große Auswahl an Wandtattoos, Wandstickern für Kinder und Erwachsene. Motive wie Pflanzen, Städte, Sprüche und Tiere.

Happywall.de
info@happywall.de

www.happywall.de
Große Auswahl an Wandtattoos und Wandaufkleber zur Dekorierung und Gestaltung der Wohnung.

 K&L Wall Art
info@wall-art.de
☎(030) 762 399 20

www.wall-art.de
Beim Spezialisten für Wanddekoration findet man Wandtattoos, Fototapeten, Wandbilder, Dekobuchstaben sowie Fenster- und Türdeko für das Zuhause. Exklusive Marken für Kinder und aus der Bundesliga lassen die Herzen von großen und kleinen Fans höher schlagen. K&L Wall Art – so macht Dekorieren Spaß. **(Siehe Abbildung)**

Klebefieber

www.klebefieber.de
Vielzahl an Wanddesigns: Wandtattoos, Wandbilder, Foto- und Designtapeten, Leinwandbilder und Fensterdekoration.

Wandmotive.de
info@wandmotive.de

www.wandmotive.de
Wandtattoos mit vielen unterschiedlichen Motiven, aber auch mit Sprüchen und blumigen, sportlichen oder tierischen Motiven.

wandtattoo-home.de
kontakt@skinking.de

www.wandtattoo-home.de
Wandsticker, Wandaufkleber und Fototapeten für die individuelle Wohngestaltung von Innenräumen.

Wandworte
info@sinnsite.de

www.wandworte.de
Wandtattoos, Fototapeten, Türposter und weitere Wandekorationen selber gestalten.

your-design-shop.com
info@your-design-shop.com

www.your-design-shop.com
Wandtattoos sind originelle und trendige Kunstwerke, die dieser Shop selbst erstellt und produziert.

Energiespartipps & Energiesparprodukte

co2online
info@co2online.de

www.co2online.de
Die Online-Ratgeber unterstützen beim Energiesparen.

energiesparclub.de
info@energiesparclub.de

www.energiesparclub.de
Portalseite für Mieter und Hausbesitzer zu Energiekosten und Sparmaßnahmen.

Energiespar-Rechner
info@energiespar-rechner.de

www.energiespar-rechner.de
Der Rechner hilft, Energiesparmaßnahmen durchzurechnen. Es gibt Rechner für Photovoltaik, Solarthermie und Sparlampen.

Initiative Energie-Effizienz
info@dena.de

www.stromeffizienz.de
Informationen rund um rationale Energieerzeugung, Energieeffizienz in allen Verbrauchssektoren und erneuerbare Energien.

klima-wandel.com
kontakt@klima-wandel.com

www.klima-wandel.com
Neuigkeiten zum Thema Energiesparen, Klimawandel und Umweltschutz sowie nützliche Tipps für Auto, Verkehr und Haushalt.

Feuerschutz

Brand-Feuer.de
brandgefahren@gmail.com

www.brand-feuer.de
Brandursachen aus der Praxis, Präventions-Informationsseite zur Aufklärung und Erklärung, um Brände zu vermeiden.

Garten/Allgemein

derkleinegarten.de
info@derkleinegarten.de

www.derkleinegarten.de
Wissenswertes zu Materialien, Gartenstilen, Blumenwiesen und Rollrasen, zu Terrasse und Balkon sowie zur Grabgestaltung.

Gartenforum
support@forumfactory.de

www.gartenforum.de
Gartentipps zur Gartengestaltung oder zum Gemüsegarten sowie zu Gewächshäusern, Gartenteichen, Saatgut und Kompost.

Gartenfreunde.de
info@gartenfreunde.de

www.gartenfreunde.de
Wissenswertes zum Kleingartenwesen wie das Bundes-Kleingarten-Gesetz, Adressen von Gartenakademien und Tipps zum Gärtnern.

GartenTipps.com

www.gartentipps.com
Listen mit Tipps, Schritt-für-Schritt-Anleitungen und Basiswissen rund um Garten, Gärtnern und Pflanzen.

Gartenwelt.de
service@gartenwelt.de

www.gartenwelt.de
Ratgeber, Produkte und Tipps rund um das Thema Garten. Saisonale Informationen für alle Gartenfreunde.

Green-24.de
impressum@green-24.de

www.green-24.de
Das Portal mit Garten- und Pflanzenforum beantwortet Fragen zu Fauna und Flora sowie zu Schädlingen, Krankheiten, Pflege.

Hausgarten.net
info@hausgarten.net

www.hausgarten.net
Großes Forum mit Antworten auf alle Fragen, die Hobbygärtner, Hausbesitzer und Pflanzenfreunde beschäftigen.

kraut&rüben
dlv.muenchen@dlv.de

www.krautundrueben.de
Informationen zum gleichnamigen Magazin für biologisches Gärtnern und Wohnen mit einem Heftarchiv und einem Mondkalender.

Mein Gartenbuch

www.mein-gartenbuch.de
Ratgeber für Hobbygärtner mit Tipps rund um das Pflegen, Heranziehen und Gestalten von Nutz- und Zierpflanzen.

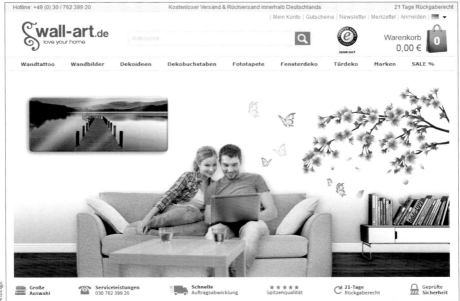

HAUS & GARTEN

Mein schöner Garten
garten@burda.com

www.mein-schoener-garten.de
Viele Anregungen und Tipps rund um die Gartengestaltung sowie praktische Anleitungen für Gartenarbeiten.

Wohnen und Garten

www.wohnen-und-garten.de
Hier findet man Infos rund um die Themen Garten, Wohnen, Deko und Einrichtung sowie Aktuelles aus dem Magazin.

Garten/Gartengeräte & Gartenbedarf

Dehner
info@dehner.de

www.dehner.de
Große Auswahl an Gartenbedarf: Gartengeräte und -werkzeuge für die Pflanzenaussaat sowie zur Gartenpflege.

edingershops
service@edinger-maerkte.de

www.edingershops.de
Alles rund um Kaminöfen, Kinderspielgeräte, Garten, Regenwassernutzung, Wellness, Gartenmöbel, Geräte- und Gartenhäuser.

Erdreich Versandhandel
info@erdreich.de

www.erdreich.de
Online-Shop für Produkte rund ums Gärtnern von A wie Astsäge bis Z wie Zimmergewächshaus.

Gartenbedarf-Versand
info@gartenbedarf-versand.de
☎(08392) 1646

www.gartenbedarf-versand.de
Versand für Gartenbedarf: Schneidegeräte wie Baum- und Blumenscheren, Staudensicheln oder Astsägen, Handspaten, Unkrautstecher und Rechen zur Bodenbearbeitung, Pflanzenanzuchtsets, Rasensprenkler und Gießkannen sowie professionelles Zubehör wie Stahlkanten, Unkrautvlies, Staudenhalter etc.
(Siehe Abbildung)

Gartencenter-Shop24.de

www.gartencenter-shop24.de
Gartenpflanzen aller Art und Form, für Terrasse und Balkon sowie Wassergarten mit Zubehör für Haus und Garten.

ingadi GmbH
info@ingadi.de

www.ingadi.de
Der Online-Shop bietet alles rund um das Thema Garten. Die Auswahl reicht von Pflanzenpflege bis zum Ersatzteilservice.

MaxStore
service@maxstore.de

www.maxstore.de
Angebote rund um Haus und Garten, Möbel und Wohnen.

meingartencenter24.de
info@meingartencenter24.de

www.meingartencenter24.de
Saatgut und Blumenzwiebeln, Erde und Dünger, Pflanzenschutz, Gartengeräte sowie zertifizierter Weber Onlinehändler.

robomow.de
robomowbe@gmail.com

www.robomow.de
Rasenmäher, die den Rasen vollautomatisch mähen.

Garten/Gartenhäuser & Gewächshäuser

Hoklartherm
info@hoklartherm.de

www.hoklartherm.de
Gewächshäuser, Wintergärten, Pavillons, Überdachungen, Windschutz, Biegetechnik, Blechbearbeitung.

holz-haus.de
info@holz-haus.de

www.holz-haus.de
Große Auswahl an hochwertigen Gartenhäusern, Pavillons, Carports, Holz-Swimmingpools, Gartenmöbeln und Saunen.

newgarden-shop.de

www.newgarden-shop.de
Moderne Garten- und Gerätehäuser in vielen Designs sowie Carports und Terrassenüberdachungen aus Leimholz und Aluminium.

shoppoint24
info@shoppoint24.de

www.shoppoint24.de
Gartenhäuser, Gewächshäuser und Pools für den Garten.

Gartenbedarf-Versand   **www.gartenbedarf-versand.de**

 WARD Gartenbedarf

MEIN KONTO | KONTAKT   WARENKORB/KASSE

SUCHE

PRODUKTGRUPPEN

- Schneiden
- Bodenbearbeiten
- Aufräumen und Kompostieren
- Anzucht
- Rasenkanten und Rasenpflege
- Bewässerung
- Rankhilfen und Staudenhalter
- Natur im Garten
- Spritzen und Düngen
- Sonstiges
- Fundgrube

Haben Sie Fragen?

 Sie erreichen uns unter **08392-1646** Montags bis Freitags 08:00 bis 18:00 Uhr

 Produkte nach Jahreszeit

Gartenarbeiten im

Oktober ▼ Anzeigen

 Produkte nach Einsatzbereich

 Produkte nach Alphabet

- Newsletter
- Schnellbestellung
- Katalog bestellen
- Mein Konto
- Kontakt
- Gutscheine
- Links
- Warenkorb (0)

DIREKT ZU DEN THEMEN:

Astsäge, Astschere, Baumschere, Biorott, Blumenschere, Dünger, Edelstahl-Geräte, Gartenschere, Grabegabel, Handspaten, Heckenschere, Jäter, Kokoserde, Laubrechen, Messer, Okatsune, Pflanzenetiketten, Rankgitter, Rankhilfen, Rasenkanten, Rosengabel, Schlauchkupplungen, Schnecken, Spaten, Staudenstützen, Winterschutz, Wiedehopf, Zwiebelpflanzer

Alles für den Gehölzschnitt

〉 mehr....

〉 GARTENVERSAND-KATALOG

Fordern Sie jetzt unseren Gratiskatalog an...

Edle Gartenwerkzeuge und praktisches Garten-Zubehör wie Gartenscheren, Jäter, Staudenhalter oder Rasenkanten in unserem neuesten Gartenkatalog.

〉 mehr

BESONDERS BEWÄHRT

 Stahlkanten
Saubere Rasenkanten ohne Pflege.

 SEIT 14 JAHREN IM SORTIMENT

〉 zum Artikel   **58,00 EUR***

 Sommerschere
Das meist benutzte Gerät in vielen Gärten im Sommer.

 SEIT 18 JAHREN IM SORTIMENT

〉 zum Artikel   **14,50 EUR***

 Die mit dem roten Siegel markierten Produkte verkaufen wir schon seit vielen Jahren.

Fast alle benutze ich regelmäßig im eigenen Garten.

Nur das, was sich wirklich bewährt bleibt im Sortiment.

Garantiert!

Ihr Richard Ward

Das sagen Kunden über unsere Produkte

 Mondstützen ★ ★ ★ ★ ★
Preis und Leistung stimmen, Lieferung und Service waren Optimal - danke.

 Handseife ★ ★ ★ ★ ★
gute Hilfe nach getaner Gartenarbeit (äh, -tätigkeit)...

Neu im Sortiment

 Clips
Die ganz schnelle Verbindung.

〉 zum Artikel   **8,50 EUR**

 Japanische Spritzpistole
Formschön und Zuverlässig.

〉 zum Artikel   **29,50 EUR**

 Dünger-Beutel
Biologischer Dünger im Teebeutel.

〉 zum Artikel   **12,50 EUR**

 Orchideen-Sprüher
...mit besonders feinem Nebel.

〉 zum Artikel   **12,50 EUR**

 ARS-Baumscheren
Japanische Spitzenqualität.

〉 zum Artikel   **55,00 EUR**

 Jute-Kletternetz
Kletterhilfe aus Naturfasern.

〉 zum Artikel   **6,50 EUR**

IMPRESSUM | DATENSCHUTZ | WIDERRUFSRECHT | ZAHLUNG | GARANTIE-BEDINGUNGEN | VERSANDKOSTEN | AGB | NEWSLETTER BESTELLEN

Gartenbedarf-Versand Richard Ward | Ottobeurer Str. 46A | D-87733 Markt Rettenbach | Tel. 08392-1646, Fax 08392-1205 | E-Mail: infos@gartenbedarf-versand.de

Anzeige

Haus & Garten

Garten/Gartenmöbel & Accessoires

Aniba
info@aniba-design.de

www.rattan24-shop.de
Exklusive Gartenmöbel aus Polyrattan und Aluminium, Badzubehör, Gartendeko, Gasgrills und Küchenzubehör.

casaplanta.de
info@casaplanta.de

www.casaplanta.de
Gartenmöbel, Bambussonnenschirme, Objektbrunnen, Feuersäulen und viele weitere Outdoordetails für die Freiluftsaison.

Gartenmöbel Thomas
info@gartenmoebel-thomas.de

www.gartenmoebel-thomas.de
Fachhandel für Gartenmöbel von hochwertigen Markenherstellern.

Gartenmöbel-Express
info@oneserv.de

www.gartenmoebel-express.de
Hier kann man Gartenmöbel bequem online bestellen – von Gartenzubehör und Sichtschutz bis hin zur Beleuchtung.

gartenmoebel.de
service@gartenmoebel.de

www.gartenmoebel.de
Gartenmöbel aus Polyrattan und Metall, Sonnen- und Wetterschutz, Dekorationen sowie Feuerstellen und Grills.

GartenXXL
service@gartenxxl.de

www.gartenxxl.de
Gartenmöbel, -geräte und -pflanzen. Mit Bauanleitungen und Tipps zur Gartenverschönerung und Pflanzenpflege.

polyrattan24.de
info@clp-trading.de

www.polyrattan24.de
Auswahl von 15.000 Polyrattan-Möbeln wie Sessel, Garnituren, Loungemöbel und Sonnenliegen.

● **garten-und-freizeit.de**
info@garten-und-freizeit.de
☎(09090) 57 490 0

www.garten-und-freizeit.de
Der Gartenmöbelspezialist wartet mit einem umfangreichen Angebot an Gartentischen, Gartenstühlen, Liegen, Sonnenschirmen und Grills auf. Weiterhin findet man im Online-Shop Bänke, Auflagen, Pavillons, Hollywoodschaukeln, Pflegemittel, Grillzubehör und diverse Accessoires. **(Siehe Abbildung)**

garten-und-freizeit.de　　　　　**www.garten-und-freizeit.de**

Talaso - Teak & More
info@talaso.de

www.talaso.de
Gartenmöbel wie Tische, Sessel, Stühle, Bänke, Liegen, Deck-chair, Loungemöbel, Strandkörbe und Accessoires.

Garten/Gartenteiche

Bellamondo
info@bellamondo.de

www.bellamondo.de
Online-Shop für den Bereich Quellsteine, Teichtechnik und Ambiente im Garten.

Koigarten Müller
info@koigarten-mueller.de

www.koigarten-mueller.de
Koiteiche und Schwimmteiche.

NaturaGart
info@naturagart.de

www.naturagart.de
Selbstbausysteme für große Teiche, Filtertechnik, Teichfolie, Stegkonstruktionen, Dachbegrünung und zahlreiche Pflanzen.

Re-natur GmbH
info@re-natur.de

www.re-natur.de
Fragen rund um Teiche, bewachsene Dächer und den biologischen Pflanzenschutz werden hier beantwortet. Mit einem Online-Shop.

Garten/Grillen

BBQ1
grillservice@barbequer.de

www.barbequer.de
Allumfassendes Sortiment fürs Grillen: Ob Holzkohle-, Gas- oder Elektrogrills, Bücher, Zubehör oder Gewürze.

COBBgrill.de
support@cobbgrill.de
☎ (0800) 5 580 580

www.cobbgrill.de
Der Premium-Fachhändler-Shop für Grills der Marke COBB bietet alles, was man zum Grillen braucht. Das Sortiment reicht von praktischen Grillsets für Einsteiger über Profigrills bis hin zum passenden Zubehör wie Bratenrost, Grillbesteck, Deckelhalterung, Tasche, Grillschürze oder Kochbuch. **(Siehe Abbildung)**

COBBgrill.de   **www.cobbgrill.de**

Anzeige

Der BBQ-Laden
der-laden@bbq-laden.de
☎ (04161) 754 25 43

www.bbq-laden.de
BBQ-Versandhandel mit einer großen Auswahl an BBQ-Grills und Smoker, Spezial-Grills und Zubehör, darunter auch viele Bücher zum Thema. Außerdem bietet der Online-Shop weit über 150 Sorten BBQ-Saucen und Gewürze in vielen Geschmacksrichtungen von rauchig und süß über scharf bis fruchtig. **(Siehe Abbildung)**

bbq-shop24.de
info@bbq-shop24.de

www.bbq-shop24.de
Geräte für den Garten wie Holzkohle-, Gas- oder Elektrogrills, Kohle, Grillsaucen und Zubehör.

Fire & Food
post@fire-food.com

www.fire-food.com
Das Barbecue-Magazin: Grillrezepte, Barbecue-Events und -Seminare sowie aktuelle Meldungen aus der Barbecue-Szene.

Grillfürst
info@grillfuerst.de

www.grillfuerst.de
Der Online-Shop bietet ein breites Angebot an Gas- und Kohlegrills.

myBBQ.net
mail@mybbq.net

www.forum.mybbq.net
Forum rund ums Grillen mit Themen wie direktes und indirektes Grillen, Grillwerkzeuge, Thermometer, Gewürze oder Marinaden.

mysaarbq.de

www.mysaarbq.de
Forum für Grill-Fans mit den Rubriken Grill-Eigenbauten, Gasgrillen, Kugelgrill, Rezepte und Kerntemperaturen.

Santos Grills
vertrieb@santosgrills.de

www.santosgrills.de
Grillfreunde und -profis finden hier hochwertige Gasgrills und Grills verschiedener Hersteller sowie entsprechendes Zubehör.

starbridge.de
info@oas-lifestyle.de

www.starbridge.de
Grills, Feuerstellen, Grillbesteck und anderes Zubehör, amerikanische BBQ-Zutaten und edle Küchengeräte.

Immobilien

Aktionsprogramm Mehrgenerationenhäuser
info@bmfsfjservice.bund.de

www.mehrgenerationenhaeuser.de
Das Bundesfamilienministerium informiert über Mehrgenerationenhäuser. Mit deutschlandweitem Verzeichnis der Häuser.

Bellevue
info@bellevue.de

www.bellevue.de
Das Immobilienmagazin bietet eine Datenbank mit Bildern und ausführlicher Objektbeschreibung sowie Artikeln zum Thema.

Immobilien Zeitung
info@immobilien-zeitung.de

www.immobilien-zeitung.de
News rund um die Immobilienwirtschaft. Daneben gibt es eine Datenbank für Versteigerungen und die Hypothekenzinsen.

immobilien.de
info@immobilien.de

www.immobilien.de
Immobilienportal mit großer Auswahl an Häusern und Wohnungen zum Kaufen und Mieten.

ImmobilienScout24
info@immobilienscout24.de

www.immobilienscout24.de
Großes Immobilienportal mit über 1,2 Mio. verschiedenen Immobilien (Wohn-, Gewerbe-, Auslandsimmobilien).

immobilo
info@immobilo.de

www.immobilo.de
Die Immobilien-Suchmaschine listet Miet- und Kaufangebote aus zahlreichen Immobilienportalen in einer Suche auf.

Immonet
info@immonet.de

www.immonet.de
Immobiliensuchende finden hier ein neues Zuhause sowie Unternehmen und Gewerbetreibende passende Räume und Büros.

immopionier.de
mail@immopionier.de

www.immopionier.de
Deutschlandweite Immobiliensuche, die wichtige Immobilienportale durchsucht und doppelte Objekte gleich zusammenfasst.

Immopool
info@immopool.de

www.immopool.de
Gewerbe- und Wohnimmobilien. Special: Burgen und Schlösser, Bauernhäuser sowie Luxusimmobilien.

immo-selektor.de

www.immo-selektor.de
Die benutzerfreundliche Immobiliensuche hilft bei der Auswahl des gewünschten Objekts in der jeweiligen Region.

Immowelt.de
info@immowelt.de

www.immowelt.de
Themen wie Lifestyle, Umzug und Bauen ergänzen die Immobiliensuchmaschine mit Objekten aus ganz Deutschland.

immozentral.com
info@immozentral.com

www.immozentral.com
Immobiliendienst für Häuser, Wohnungen, Stadtvillen, Auslandsobjekte, Ferienwohnungen oder Bauernhöfe.

myimmo.de

www.myimmo.de
Das Immobilienportal mit vielen Immobilien-Angeboten und Ratgeberthemen.

ohne-makler.net
info@ohne-makler.net

www.ohne-makler.net
Das Immobilienportal für Privatanbieter. Anzeigen werden automatisch auf Immoscout, Immonet, immobilien.de übertragen.

Immobilien/Mieter

Mietrecht-Hilfe.de
pp@mietrecht-hilfe.de

www.mietrecht-hilfe.de
Infos zu Miete, Mietvertrag, Nebenkosten und Kündigung, ein Mietrechtratgeber, Mietrechturteile sowie ein Forum.

Immobilien/Mitwohnzentralen

HomeCompany
info@homecompany.de

www.homecompany.de
Der Verband der Mitwohnzentralen vermittelt bundesweit möblierte Zimmer, Apartments und größere Wohnungen auf Zeit.

Der BBQ-Laden   **www.bbq-laden.de**

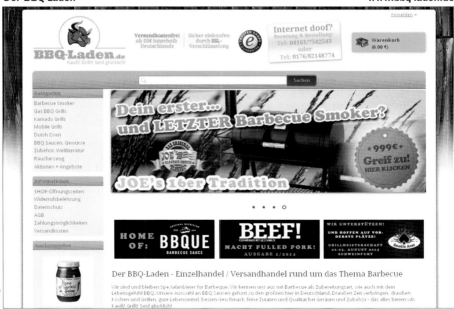

Immobilien/Raumvermittlung

Locationguide24
info@locationguide24.com

www.locationguide24.com
Locationguide24 ist ein großes, deutschsprachiges Portal für Veranstaltungsräume mit Anschriften von über 5.000 Locations.

Immobilien/Vermieter

Haus und Grund
zv@hausundgrund.de

www.hausundgrund.de
Das Online-Portal liefert nützliche Infos für Haus- und Wohnungsbesitzer, Vermieter und Kauf- oder Bauwillige.

vermieter-forum.com
info@omcon24.de

www.vermieter-forum.com
Das große Forum bietet eine Plattform für Vermieter. Hier können alle Fragen, Probleme und Hinweise diskutiert werden.

Immobilien/Zimmervermietung & WG

WG-gesucht.de
kontakt@wg-gesucht.de

www.wg-gesucht.de
Die Seite für Wohnraumsuchende und -bietende klärt zusätzlich Fragen zum Mietrecht und bietet Checklisten für den Umzug.

zwischenmiete.de
kontakt@studenten-wg.de

www.zwischenmiete.de
Sehr beliebter Wohnungsmarkt mit ausschließlich provisionsfreien WG-Zimmern und Wohnungen.

Immobilien/Zwangsversteigerungen

Zwangsversteigerung.de

www.zwangsversteigerung.de
Bundesweite Übersicht über aktuelle Zwangsversteigerungen von gewerblichen und privaten Immobilien.

Pflanzen/Allgemein

Ahrens+Sieberz –
Das große Pflanzen-Versandhaus
info@as-garten.de

www.as-garten.de
Die Online-Gärtnerei bietet seit über 55 Jahren eine große Auswahl an Pflanzen und Zubehör aller Art, die man bequem nach
Hause liefern lassen kann. Das Sortiment umfasst Balkonblu-
men, Beeren, Stauden, Obstbäume und vieles mehr. Hobbygärtner werden durch praktische Pflegetipps und Videos unterstützt. **(Siehe Abbildung)**

Baumschule Horstmann
info@baumschule-horstmann.de
☎(04892) 89 93 400

www.baumschule-horstmann.de
Die Baumschule bietet Pflanzenliebhabern viele Sträucher, Rosen, Heckenpflanzen und andere Laubgehölze an. Zur Auswahl
stehen neben Edelrosen auch Laubhecken, Rhododendronsträu-
cher, Bambus oder Mandelbäumchen. Mit vielen Infos zu Ei-
genschaften, Wachstum und Blütezeit sowie nützlichen Pflegetipps. **(Siehe Abbildung)**

Pflanzenbestimmung

www.pflanzenbestimmung.de
Auf dem Botanikportal können Pflanzen nach Merkmalen oder Abbildungen bestimmt werden. Mit einem Botanikforum.

pflanzmich.de
service@pflanzmich.de

www.pflanzmich.de
Pflanzenversand für Hecken- und Gartenpflanzen mit über 5.000
verschiedenen Sorten.

Terra - Pflanzenhandel
info@terra-pflanzenhandel.de

www.terra-pflanzenhandel.de
Baumschule für Garten- und Heckenpflanzen. Versand von Thuja,
Liguster, Kirschlorbeer, Rosen und Rhododendron.

Pflanzen/Bonsai

Bonsai art

www.bonsai-art.com
Die Zeitschrift für Bonsai-Fans: Viele Tipps sowie ein Bonsai-Fo-
rum und eine Linkliste mit Bonsai-Shops im Internet.

Baumschule Horstmann   www.baumschule-horstmann.de

Bonsai-fachforum.de

www.bonsai-fachforum.de
Portal mit großem Forum zum Bonsai und seiner Tradition. Tipps für Einsteiger und Profis zu Pflege, Zucht und Schnitt.

Pflanzen/Kräuter & Gewürze

Pepperworld
info@pepperworld.com

www.pepperworld.com
Wissenswertes zu Chilis, Paprika und Co.: Geschichte, Botanik, Anbautipps, Kulinarisches, Nutzen für Medizin und Gesundheit.

● **Rühlemann's Kräuter und Duftpflanzen**
info@ruehlemanns.de
☎(04288) 92 85 58

www.kraeuter-und-duftpflanzen.de
Deutschlands einzigartige Kräutergärtnerei mit Raritäten aus der ganzen Welt. Seit 20 Jahren Erfahrung im Versand von Pflanzen und Saatgut. Online-Shop, Blog und eigenes Forum. Exotische und heimische Würz- und Heilkräuter. Echte Raritäten z. B. aus Mexiko, Indien, Thailand und Australien. **(Siehe Abbildung)**

Pflanzen/Kunstpflanzen

artplants.de
info@artplants.de

www.artplants.de
Über 1.500 Kunstpflanzen, Kunstpalmen und Kunstbäume.

eurogreens.de
service@eurogreens.de

www.eurogreens.de
Künstliche Pflanzenarrangements, Bäume, Palmen und sogar Balkonpflanzen sowie Pflegemittel.

McPalms.de
info@mcpalms.de

www.mcpalms.de
Kunstpalmen, Kunstbäume und Rasenfliesen.

Pflanzen/Palmen

Der Palmenmann
info@palmenmann.de

www.palmenmann.de/shop/
Sehr große Auswahl an Palmen und exotischen Pflanzen: Agaven, Aloen, Bambus, Bananenpflanzen, Farne und Zitruspflanzen.

Palme per Paket
mail@palmeperpaket.de

www.palmeperpaket.de
Gärtnerei für winterharte und tropische Palmen, Palmfarne, Baumfarne, Bananen, Bambus, Agaven, Yuccas und Samen.

Palmenversand
info@palmenversand.de

www.palmenversand.de
Alles von Anzuchtzubehör über exotische Palmen bis hin zur berühmten Yucca-Palme kann man hier online ordern.

Pflanzen/Pflanzenschutz

Pflanzotheke.de
info@pflanzotheke.de

www.pflanzotheke.de
Die Versandapotheke für den Garten. Mittel gegen Unkraut, Pilze, Insekten, Milben, Schnecken, Mäuse und Algen.

schneckenprofi.de
info@schneckenprofi.de

www.schneckenprofi.de
Web-Shop für biologischen Pflanzenschutz, Schädlingsbekämpfung, Unkrautvernichtung und Gartenzubehör sowie Saatgut.

Pflanzen/Saatgut

Bakker
kundenservice@bakker-holland.de

www.bakker-holland.de
Versand von Blumenzwiebeln, Rosen, Stauden, Samen und Gartenprodukten.

baldur-garten.de
info@baldur-garten.de

www.baldur-garten.de
Alles was den Garten noch bunter macht: Bestellung von Blumen, Samen, Gartenzubehör, Obst und Gemüse.

Gärtner Pötschke
info@poetschke.de

www.poetschke.de
Die ganze Gartenwelt in einem Shop: Sämereien, Blumenzwiebeln, Stauden, Obst- und Ziergehölze sowie praktische Helfer.

rarepalmseeds.com
mail@rarepalmseeds.com

www.rarepalmseeds.com
Samen von über 1.500 Arten – Palmen, Palmfarne, Nadelgehölze, Bananen, Agaven, Yucca, Farne, Bromelien und Gräser.

Samenhaus.de
info@samenhaus.de

www.samenhaus.de
Saatgut und Samen für Gemüse, Kräuter und Blumen sowie Beerensamen, Bodenkuren und Futterpflanzen online bestellbar.

Reinigungs- & Putzmittel

Idealclean
info@idealclean.de

www.idealclean.de
Reinigungsmittel, Desinfektionsmittel und Hygienebedarf, Reinigungsmaschinen und Produkte der Müllbeseitigung.

mundizio
info@mundizio.de

www.mundizio.de
Professionelle Reinigungstechnik: Reinigungsmaschinen, Nass- und Trockensauger, Hochdruckreiniger sowie Kehrmaschinen.

Norax
info@norax.de

www.norax.de
Großes Angebot an Reinigungs- und Pflegemitteln von A wie Abflussreiniger bis Z wie Zeltimprägniermittel.

Putzkult.de
info@putzkult.de

www.putzkult.de
Bio-Reiniger, Öko-Putzmittel, Bio-Waschmittel und Putztipps.

Reinigon.de
info@reinigon.de

www.reinigon.de
Große Auswahl an Reinigungsartikeln für Oberflächen, Böden, Küche, Gastronomie, Fenster, Bad und Sanitärbedarf.

Reinigungsforum
reinigungsforum@email.de

www.clepo.de/reinigungsforum
Das Reinigungsforum ist die Anlaufstelle für alle Arbeiten rund um die Reinigung und die Gebäudereinigung.

Reinigungsladen
info@reinigungsladen.de

www.reinigungsladen.de
Produkte zu Reinigung und Pflege von Haus, Garten, Bad, Sanitär, Kfz, Fliesen, Stein und Küche.

Schwimmbäder, Saunen & Whirlpools

● **baederbau.de**
info@fachschriften.de

www.baederbau.de
Der Online-Auftritt der Fachzeitschrift BäderBau bietet neben Top-Themen aus der Bäderbranche auch ein Verzeichnis von Wellness-Hotels. Zudem kann man das komplette Magazin als E-Paper betrachten und auch durch ältere Ausgaben blättern.
(Siehe Abbildung)

HotSpring Whirlpools
info@hotspring.de

www.hotspring.de
Hier gibt es verschiedene Whirlpool-Varianten, Düsen und Zubehör. Außerdem Gesundheitstipps und Messetermine.

Klafs
info@klafs.de

www.klafs.com
Hier bekommt man alles rund um Wellness: Saunen, Infrarotkabinen, Dampfbäder, Whirlpools, Solarien und Saunazubehör.

● **naturpools.de**

www.naturpools.de
Auf naturpools.de finden Badefreunde alles rund um die Themen Naturbäder, Schwimmteiche und Naturpools. Neben interessanten News steht eine praktische Auflistung von Naturpool-Experten in der Nähe sowie ein Ratgeber zur Planung von Schwimmteichen sowie zur Pflege und Wasseraufbereitung zur Verfügung.
(Siehe Abbildung)

● **schwimmbad.de**
schwimmbad@fachschriften.de

www.schwimmbad.de
Der Info-Server bietet Marktübersichten zu Schwimmbädern, Whirlpools, Dampfbädern, Saunen und Zubehör wie Beckenreiniger oder Abdeckungen. Für die Planung privater Wellness-Oasen oder Hotelbäder findet man hier viele Adressen von Herstellern sowie Firmenporträts. Prospektmaterial kann bestellt werden.
(Siehe Abbildung)

Schwimmbad-zu-Hause.de
info@btverlag.de

www.schwimmbad-zu-hause.de
Schwimmbad-Beispiele, Infos zu Pool-Schutz, Schwimmbadtechnik, Schwimmbecken, Pool-Accessoires und Hotel-Pools.

baederbau.de   **www.baederbau.de**

Anzeige

naturpools.de

www.naturpools.de

schwimmbad.de

www.schwimmbad.de

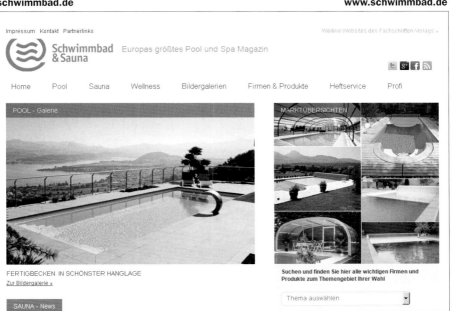

Poolpowershop
info@poolpowershop.de

www.poolpowershop.de
Swimmingpools, Saunen, Whirlpools für Garten und Terrasse, Solarien, Zubehörartikel und Verbrauchsmaterialien.

Sauna-zu-Hause.de

www.sauna-zu-hause.de
Behandelt werden die Themen: Sauna, Saunabau, Materialien, Planung und Zubehör, Dampfbäder und Infrarottechnik.

Whirlpool-zu-Hause.de
info@btverlag.de

www.whirlpool-zu-hause.de
Diese Whirlpool-Seite gibt Kaufempfehlungen und informiert über Themen wie Ausstattung, Standorte oder Energieverbrauch.

Schwimmbäder, Saunen & Whirlpools/Zubehör

Birke-Wellness
info@birke-wellness.de

www.birke-wellness.de
Viele Sauna- und Wellnessprodukte: Aufgüsse, Textilien, Hamam-Zubehör, Saunahonig, Waschlappen aus finnischer Birkenrinde.

Saunahaus.com
info@saunahaus.com

www.saunahaus.com
Saunatechnik für private und gewerbliche Saunen kann man hier online bestellen.

Schädlingsbekämpfung

Kammerjaeger.de

www.kammerjaeger.de
Ein Forum zu Fragen der Schädlingsbekämpfung. Außerdem Infos zu Hausmitteln gegen Ungeziefer und Bilder von Schädlingen.

Norax
info@norax.de

www.norax.de
Online-Shop mit professionellen Schädlingsbekämpfungsmitteln, Vertreibungsmitteln und Ultraschallgeräten.

Schimmelpilz

Infoforum Schimmelpilz
info@schimmelpilz.de

www.schimmelpilz.de
Was ist ein Schimmelpilz? Was kann man dagegen unternehmen? Hier gibt es Antworten und Adressen von Beratungsstellen.

schimmel-schimmelpilze.de
info@contrat-projekt.de

www.schimmel-schimmelpilze.de
Hier gibt es Infos, wie man die Schimmelpilze aufspürt und bekämpft.

Umzüge

meldebox.de
info@meldebox.de

www.meldebox.de
Hier findet man alle Infos für den stressfreien Umzug: Checklisten, Ratgeber, Tipps zur Ummeldung und Vergleichsrechner.

Ummelden.de
jm@ummelden.de

www.ummelden.de
Umzugsportal mit Hilfe zur Ummeldung des Telefons und Beauftragung des Nachsendeantrags.

umzuege.de
info@umzuege.de

www.umzuege.de
Umzugsangebote kostenlos anfragen, Tipps rund um den Umzug, Umzugs-Checklisten, Adressen von über 1.000 Möbelspediteuren.

Umzugsauktion.de
info@umzugsauktion.de

www.umzugsauktion.de
Interessenten können kostenlos und unverbindlich Angebote bei Umzugsunternehmen einholen und dadurch sparen.

Umzugsfirmen-Check.de
info@immobilienscout24.de

www.umzugsfirmen-check.de
Finden und Bewerten von Umzugsfirmen aus der Nähe. Mit Tipps zur Auswahl einer Umzugsfirma.

Umzugshelden.de

www.umzugshelden.de
Hier findet man schnell und einfach Helfer für Umzüge, Haushaltsauflösungen und Klaviertransporte.

INTERNET & TECHNIK

Heise-Foren: Einloggen | Registrieren    heise online   in heise online suchen

News

Newsticker   7-Tage-News   Archiv   Foren   Kontakt

Topthemen   Netzneutralität   NSA   TrueCrypt   Windows 8.1   Android   iPad   iPhone   Bitcoin   LTE

Raspberry-Modell B+

Verbessertes Raspberry-Pi-Modell verfügbar

Klammheimlich haben die Entwickler an einer neuen Revision des populären Mini-Computers gearbeitet und viele der bisherigen Kritikpunkte beseitigt. Am Preis (um 35 US-Dollar) hat sich nichts geändert. Mehr... 💬 103

Deutsche Nationalmannschaft

Fußballweltmeister mit Twitter-Rekord

Zum Schlusspfiff des Finales zwischen Argentinien und Deutschland wurden auf Twitter so viele Tweets pro Minute abgesetzt wie nie zuvor. Mehr... 💬 418

> Eins zu Sieben: #BRAvGER meistgetwitterte Sportveranstaltung

Augmented-Reality-Spiel

Googles Ingress jetzt auch für iOS 📷

Das erfolgreiche Augmented-Reality-Spiel Ingress ist ab sofort auch in Apples App Store erhältlich. Außerdem plant Google etliche Neuerungen wie von Spielern gestaltete Missionen und eine API. Mehr... 💬 79

Namen für Exowelten

Öffentlichkeit soll Dutzende Exoplaneten taufen 📷

Wegen des großen Interesses der Öffentlichkeit an Exoplaneten sollen nun Menschen aus aller Welt Dutzenden Exoplaneten Namen geben. Das Vorschlagsrecht soll aber bei bestimmten Organisationen liegen. Mehr... 💬 23

NSA-Ausschuss

Schreibmaschinen als Schutz vor Spionage

Weil Spionage gegen Einrichtungen der Bundesrepublik in den Fokus rückt, überlegt man im NSA-Untersuchungsausschuss, mechanische Schreibmaschinen zu reaktivieren. Mehr... 💬 114

---

c't

Jetzt am Kiosk

Sichere Cloud, besser fotografieren, Boards für Mini-PCs, leichte Profi-Notebooks, Motorsport-Zukunft, Googles Smartwatch, 200-Euro-Smartphones, günstige SSDs, Adobe Creative Cloud, Core-i-Übertakter.

heise open

Toolbox: Conky Manager

Conky platziert Systeminfos und anderes dekorativ auf dem Linux-Desktop. Der Conky Manager macht die Konfiguration zum Kinderspiel.

heise Security

Warum Google uns echte Verschlüsselung verweigert

Warum haben wir eigentlich immer noch keine einfach zu nutzende Ende-zu-Ende-Verschlüsselung? Die Standardantwort lautet: Viel zu kompliziert! Doch das ist Unsinn; Apple zeigt, wie einfach das sein kann.

iX 7/2014

Raider oder Twix

Zum einjährigen Jubiläum der NSA-Affäre überlegt iX-Chefredakteur Jürgen Seeger, wer daraus Konsequenzen gezogen hat.

c't Hacks

Schnaps und Roboter

Jubiläum für die Roboexotica: Seit 1999 stellen verrückte Bastler ihre Erfindungen in Sachen "Cocktail-Robotik" aus.

c't Digitale Fotografie 04/14

Workshop Bildbearbeitung: Schnell und präzise Fotos bearbeiten mit Lab statt RGB, Lightroom mit Plug-ins aufbohren, Tests: 5 Telezooms: von 70 bis 600 mm, Outdoor-Kameras, mobile Speicherlösungen, Apps für Fotografen, Portfolio Tierfotografin Wiebke Haas

heise Foto

Der Vollformat-Rivale

Ist Pentax neue 645Z-Mittelformat-DSLR die bessere Alternative zu Vollformat-Spiegelreflexkameras? heise Foto hat erste Testbilder.

heise Autos

Im Fluss

Konzepte und Studien aus acht Jahrzehnten: Designausstellung

www.usp-forum.de

USP-Forum.de

Smartphones sind aus dem alltäglichen Leben kaum noch wegzudenken, egal ob Galaxy S4, iPhone 5, Lumia, Nexus 5 oder LG G2. Tipps und Tricks zu den kleinen Technikwundern finden Sie im USP-Forum. Sie suchen gute Smartphones für wenig Geld oder mit toller Bildqualität? Sie wollen wissen, wie Ihr Smartphone am besten die kalte Jahreszeit übersteht, wie Sie Daten auf Android-Geräten verschlüsseln oder was Sie beachten müssen, wenn Ihnen Ihr Handy plötzlich abhanden kommt? Neben einem News-, Ratgeber- und Download-Portal bietet Ihnen eine große Plattform ausreichend Diskussionsstoff zu allen gängigen Smartphones unterschiedlicher Hersteller.

www.topsy.com

Topsy

Egal, ob Sie neue Modetrends aus Indien, Gerüchte über das neue iPhone, die beliebtesten Online-Spiele des Monats oder die lustigsten Tiervideos auf YouTube suchen – auf topsy finden Sie zu jedem Stichwort die meistgelesenen aktuellen Tweets, Links und Videos! Wenn Sie wissen wollen, was die Internet-Community zur Fußball-WM oder zu Protesten in der arabischen Welt sagt, brauchen Sie nur ein Stichwort einzugeben und topsy präsentiert Ihnen dazu die wichtigsten Beiträge auf Twitter. So sind Sie nicht nur über die großen Weltereignisse bestens informiert, sondern stöbern auch den neuesten Flashmob-Trend und die lustigsten Song-Covers auf!

www.verbraucher-sicher-online.de

Verbraucher sicher online

Wie kann ich mich beim Online-Banking vor Viren und Trojanern schützen? Wer garantiert mir, dass meine Kinder wirklich nur ausgewählte Web-Seiten anschauen? Verständlich und umfassend wird bei Verbraucher-sicher-online.de über den sicheren Umgang mit Computern sowie über die richtige Benutzung des Internets informiert. Die große Bandbreite erstreckt sich von Online-Banking und sozialen Netzwerken über Datensicherheit und Betriebssysteme bis hin zur Kindersicherung. Zudem helfen differenzierte Anleitungen, E-Mails zu verschlüsseln oder Cookies im Browser zu verwalten. Ein Blog informiert weiter über aktuelle Sicherheitslücken sowie über neue Browser-Updates.

startpage.com

startpage

Das Internet weiß alles! Und es merkt sich auch alles! Was einmal in eine Suchmaschine eingegeben wird, bleibt für immer im virtuellen Raum bestehen. Diese Informationen sind eine wahre Goldgrube für Marketingspezialisten, Hacker und Kriminelle. Nicht so mit Startpage, der Suchmaschine, die keine persönlichen Informationen sammelt oder teilt. Dadurch wird garantiert, dass die Details Ihrer Suchanfragen nie in falsche Hände geraten. Die Suchergebnisse werden von Google erzeugt, zusammen mit dem Schutz der Privatsphäre von Ixquick, der diskreten Suchmaschine. Das Resultat sind hervorragende Suchergebnisse – inklusive absolutem Schutz der Privatsphäre.

www.10000flies.de

10000 Flies

Was wird gerade im Internet heiß diskutiert? Welche Ereignisse bewegen die Menschen in Deutschland? Und wer hat die meisten Likes, Shares oder Tweets auf Facebook, Twitter und Co.? Das Internet-Portal 10000 Flies zeigt in einem täglichen Ranking, über welche Themen und Artikel deutschsprachiger Medien in den sozialen Netzwerken diskutiert wird. Das sind ab und an recht trashige, lustige oder abwegige Themen, oft aber auch anspruchsvolle Artikel oder Berichte, die bewegen, erfreuen, aufregen oder nachdenklich stimmen. Wenn Sie hier nach Ereignissen und Meldungen recherchieren, entgeht Ihnen künftig garantiert keine Nachricht mehr und Sie können bei allen Themen mitreden.

www.bloggerei.de

Bloggerei.de

Sie interessieren sich für die neuesten Modetrends, wollen gerne mehr über Tierfotografie lernen oder möchten wissen, was andere Eltern von Feriencamps für die Kids halten? Dann besuchen Sie doch das Blog-Verzeichnis Bloggerei.de! Hier finden Sie eine große Übersicht von redaktionell ausgewählten Blogs, deren Autoren über alles schreiben, was sie bewegt: Von Technik, Internet und Sport über Reisen, Kochen und Kunst bis zu Jura, Wirtschaft und Wissenschaft ist hier für jeden etwas dabei. Zudem ist hier eine große Auswahl an regionalen Blogs aufgeführt, in denen über das Geschehen vor Ihrer Haustür gebloggt und diskutiert wird.

www.trendsderzukunft.de

trendsderzukunft.de

Hätten Sie gedacht, dass man mit einem Spezialschlafsack, der die eigene Körperwärme speichert, das Handy aufladen kann? Was wie ferne Zukunftsmusik klingt, ist in Wahrheit schon bald real! Wer wissen will, wie die Zukunft aussieht, erfährt auf diesem Blog, wie wir schon bald mit Hilfe von 3D-Druckern echte Spielzeuge und Schokoriegel bequem zu Hause am Schreibtisch ausdrucken werden, und wie es möglich sein wird, ohne lästige Zusatzbrille ins 3D-Fernsehen einzutauchen. Lassen Sie sich mitreißen von den neuesten Produkten aus der Zukunftsfabrik und erfahren Sie schon heute, was die Trends von morgen sind!

www.neuerdings.com

neuerdings.com

Blinkende Botschaften und peppige LED-Bilder auf den Fahrradreifen, oder eine E-Gitarre im Miniformat, die in jeden Rucksack passt und Ihnen mit Hilfe von ein paar Apps selbst das Spielen beibringt? Wer solche Technik-Spielereien liebt, wird von dieser Web-Seite nicht genug bekommen! Entscheiden Sie einfach per Smartphone, wer Zutritt zu Ihrer Wohnungstür hat und löschen Sie ungebetene Gäste mit einem Knopfdruck von der Besucherliste. Vielleicht gibt es ja sogar bald ein echtes Laserschwert à la Star Wars? Hier erfahren Sie, welche Gadgets aus der Science-Fiction-Welt ihren Weg in unsere Wohnzimmer finden!

3D-Drucker

3d Dinge
info@3ddinge.de

www.3ddinge.de
Shop für Heim-3D-Drucker und die passende Software. Mit News über die neuesten 3D-Drucker auf dem Markt.

3Druck.com
office@dannes-solutions.com

www.3druck.com
Neue 3D-Drucker-Modelle, deren Hersteller und Software, Verzeichnis für 3D-Druck- und CAD-Service, Termine und FabLabs.

shapeking
info@shapeking.com

www.shapeking.com/de
Community für 3D-Modelle und 3D-Druck. Für den privaten Gebrauch können hier Dateien für 3D-Modelle heruntergeladen werden.

SketchUP

www.sketchup.com/de/
Kostenlose 3D-Software und eine Sammlung von 3D-Modellen, die ebenfalls kostenlos verwendet werden können.

Thingiverse.com

www.thingiverse.com
Auf der englischsprachigen Web-Seite können 3D-Druckvorlagen kostenlos heruntergeladen werden.

Wir bauen einen 3D Drucker

www.wir-bauen-einen-3d-drucker.de
Komplette 3D-Drucker-Bausätze zum Selbstbauen und ein Forum mit Erfahrungen zu Druckgeschwindigkeit und Einstellungen.

Blogs/Blog-Erstellung

blog.de
info@blog.de

www.blog.de
Blog-Community: Blogs erstellen, eigene Profile anlegen sowie Foto-, Video- und Audiomaterial veröffentlichen.

blogprofis
redaktion@blogprofis.de

www.blogprofis.de
Alles rund ums professionelle Bloggen: Blog-Design, Marketing, SEO, Contentaufbereitung und Corporate Blogging.

Instagram

www.instagram.com
Mit Instagram kann man Bilder durch Filter verändern, hochladen und mit anderen Nutzern teilen.

myblog.de
webmaster@myblog.de

www.myblog.de
Blog erstellen, Design anpassen, per Handy bloggen, Bilder hochladen und viele weitere Funktionen bietet diese Plattform.

perun.net
kontakt@perun.net

www.perun.net
perun.net präsentiert seit vielen Jahren Tipps für die Erstellung von Blogs in WordPress.

Pinterest

www.pinterest.com
Pinterest ist eine Community, in der Nutzer ihre Ideen, Bilder und Inspirationen mit anderen teilen.

Tumblr
hilfe@tumblr.com

www.tumblr.com
Schnell und einfach Inhalte teilen. Tumblr ist die Schnittstelle zwischen Foto-Blog, Smartphone und sozialen Netzwerken.

weheartit

weheartit.com
Hier kann man selbst einen Blog mit Lieblingsbildern erstellen und anderen Leuten und deren Sammlungen folgen.

WordPress
info@inpsyde.com

wpde.org
WordPress ist eine Software, die man für die eigene Web-Seite verwenden kann, um Blogs zu erstellen.

Blogs/Blog-Marketing

hallimash
info@hallimash.com

www.hallimash.com
Blog-Marketing für Unternehmen mit einem Netzwerk von Bloggern in den verschiedensten Themenbereichen.

rankseller
info@rankseller.de

www.rankseller.de
Web-Seite für Blog-Marketing und Blog-Vermarktung. Hier kann man seine Produkte und Dienstleistungen auf Blogs bewerben.

Blogs/Blog-Verzeichnisse

BloggerAmt
verwaltung@bloggeramt.de

www.bloggeramt.de
Umfangreiches Blog-Verzeichnis mit Themensuche und Top 100.

Bloggerei.de
support@bloggerei.de

www.bloggerei.de
Redaktionell ausgewählte Blogs von A bis Z. Der Blogspion zeigt die aktuellsten und beliebtesten Beiträge an.

bloglovin.com

www.bloglovin.com
Auf dieser englischsprachigen Web-Seite kann man nach verschiedenen Themen in Blogs suchen und diesen dann folgen.

blogtotal

www.blogtotal.de
Alles zum Thema Blogs. Charts, die neuesten Blogs sowie eine Blogsuchmaschine.

GermanBlogs
info@germanblogs.de

www.germanblogs.de
Blogger informieren zu aktuellen Themen aus verschiedenen Bereichen: Wirtschaft, Gesellschaft, Technik, Sport und Reise.

Google Blogger-Suche

search.blogger.com
Die Google-Suchmaschine für das Finden von Webblogs. Praktisch: Die Suche lässt sich zeitlich eingrenzen.

Paperblog
kontakt@paperblog.com

de.paperblog.com
Paperblog bietet eine täglich aktualisierte Auswahl der besten deutschsprachigen Blogbeiträge.

Technorati.com

www.technorati.com
Suche nach deutschen und weltweiten Blogs. Anzeige der populärsten Suchwörter und Tags.

Chats

Chatroulette

www.chatroulette.com
Chatroulette würfelt wahllos wildfremde Menschen aus der ganzen Welt zum Video-Chat zusammen. Teilnahme nur mit Webcam möglich.

Chatten ohne Risiko?
buero@jugendschutz.net

www.chatten-ohne-risiko.net
Tipps zum sicheren Verhalten beim Chatten und in Social Communities.

Chatverzeichnis
kontakt@worldweb.de

www.chatverzeichnis.de
Flirt- und Erotikchats, Webchats, Kinderchats, Finanzchats. Mit Links zu Chatiquette, Emoticons und Chatsoftware.

ICQ

www.icq.de
Hier gibt es das ICQ-Programm zum kostenlosen Download. Verbindung mit Millionen von Benutzern in wenigen Minuten.

Knuddels.de
community@knuddels.de

www.knuddels.de
Hier finden Jugendliche und Erwachsene 100 verschiedene Chat-Räume in sieben unterschiedlichen Kategorien.

Crowdfunding

100 Days
support@100-days.net

www.100-days.net/de
100 Days ist eine Schweizer Crowdfunding-Plattform, auf der Projekte bis zu 100 Tage gefördert werden können.

inkubato

www.inkubato.com
Hier werben die unterschiedlichsten Start-Up-Unternehmen für ihre Projekte rund um Kunst, Politik und Kultur.

Repekt.net
office@respekt.net

www.respekt.net
Unter dem Motto „Investieren in die Zivilgesellschaft" werden hier soziale und politische Projekte gefördert.

Seedmatch
info@seedmatch.de

www.seedmatch.de
Seedmatch ist eine Plattform zum Crowdfunding für Startups. Junge Firmen können sich präsentieren und so Geld sammeln.

Sell a Band

www.sellaband.de
Musiker und Bands werben hier für die Finanzierung von Musikaufnahmen, Veröffentlichungen, Tourneen und Konzerten.

startnext

www.startnext.de
Diese Crowdfunding-Plattform fördert besonders viele junge Talente aus den Bereichen Film, Musik und Journalismus.

visionbakery
mail@visionbakery.com

www.visionbakery.com
Von Design über Journalismus und Mode bis zu sozialen Projekten und Tanz, findet man hier viele spannende Projekte.

Crowdsourcing

Crowdsourcingblog.de
info@crowdsourcingblog.de

www.crowdsourcingblog.de
Crowdsourcing-Case-Studies, Crowdsourcing-Strategien, Projektverzeichnis, News und Links zu Crowdsourcing-Plattformen.

Datenschutz

Datenschutz Praxis

www.datenschutz-praxis.de
Artikel und aktuelle Neuigkeiten zum Datenschutz und zur Datensicherheit sowie ein Lexikon mit 20.000 Fachbegriffen.

Gpg4win

www.gpg4win.de
Mit Gpg4win können E-Mails, Dateien und Datei-Ordner einfach und kostenlos ver- und entschlüsselt werden.

klicksafe.de
info@klicksafe.de

www.klicksafe.de
Ratgeber, Dossiers und Infomaterialien zu Datensicherheit, Nutzung von sozialen Netzwerken und Cybermobbing.

prism-break.org

prism-break.org
Die englischsprachige Web-Seite listet PRISM-freie Alternativen zu Google, Microsoft, Apple und Facebook auf.

selbstauskunft.net
selbstauskunft@digineo.de

www.selbstauskunft.net
Hier kann man kostenlos alle Informationen anfordern, die Unternehmen über die eigene Person gespeichert haben.

Selbstdatenschutz

www.selbstdatenschutz.info
Kurze Anleitungen, Tipps, Tutorials und Hintergründe zu Datenschutz, Selbstdatenschutz und Verschlüsseln.

Verbraucher sicher online

www.verbraucher-sicher-online.de
Tipps zum sicheren Surfen, zur E-Mail-Verschlüsselung, zur Datensicherung und Datenlöschung.

E-Books

● **E-Book-News.de**
www.e-book-news.de
Online-Magazin zum Thema E-Books: Marktentwicklungen, Rezensionen, Reader-Vergleiche und Urheberrechtsfragen. **(Siehe Abbildung)**

Kostenlose E-Books
www.web-adressbuch.de/ebook
Liste mit Links zu kostenlosen E-Books, die legal heruntergeladen werden können.

lesen.net
www.lesen.net
Alles rund ums E-Book. Das neueste vom E-Book-Markt, E-Book und Tablet Reader im Vergleich sowie E-Book Tipps. Mit Forum.

lesen.net E-Reader Forum
www.e-reader-forum.de
Diskussionen rund ums elektronische Buch, die neuesten Reader, den Markt, Formate und Software.

Verlage der Zukunft
www.verlagederzukunft.de
Wohin entwickelt sich das Verlagswesen? Trends wie E-Books, Apps, und Social-Media werden unter die Lupe genommen.

XinXii
info@xinxii.com
www.xinxii.com
Eine der führenden Selfpublishing- und Distributionsplattformen für E-Books von Selbstverlegern und verlagsunabhängigen Autoren.

E-Books/E-Book-Shops

'txtr
info@txtr.com
txtr.com
'txtr bietet zu seinem E-Book-Shop gleich noch die passende App, um die Bücher auf dem Smartphone lesen zu können.

beam
support@beam-ebooks.de
www.beam-ebooks.de
E-Books aus verschiedensten Themenbereichen: Krimi, Science-Fiction, Lexika, Ratgeber, Reiseführer.

E-Book-News.de   **www.e-book-news.de**

ciando eBooks
info@ciando.com

www.ciando.com
Der E-Book-Shop hält über 1,5 Millionen E-Books zum Download und online Lesen bereit. Vom Roman bis zum Fachbuch.

eBook.de
service@ebook.de

www.ebook.de
Über sechs Millionen Titel aus den Bereichen E-Books, Bücher, Hörbücher und Hörbuch Downloads sowie E-Book-Reader.

libreka!
info@mvb-online.de

www.libreka.de
Über 1,5 Millionen E-Books und gedruckte Bücher zum Reinlesen, Bestellen beziehungsweise Herunterladen.

Paper C
support@paperc.com

www.paperc.com
Hier kann man Fachbücher kostenlos lesen, Texte kaufen, abspeichern, sammeln und mit Notizen und Markierungen versehen.

Skoobe
mail@skoobe.de

www.skoobe.de
Für eine monatliche Gebühr kann man sich E-Books auf sein iPhone oder iPad ausleihen.

Film/Filmdownloads & Stream

maxdome
info@maxdome.de

www.maxdome.de
Videoportal mit den neuesten Filmen zum Herunterladen mit 20.000 Titeln auf Abruf (Filme und TV-Serien).

videoload
support@videoload.de

www.videoload.de
Online-Videoportal der Deutschen Telekom, auf dem man aktuelle Top-Filme sowie Filmklassiker zu Hause anschauen kann.

vodster
webmaster@vodster.de

www.vodster.de
Preisvergleich für On-Demand-Filme zum Leihen oder Kaufen.
(Siehe Abbildung)

Watchever

www.watchever.de
Watchever bietet eine Flatrate für Serien und Filme.

Film/Online-TV-Recorder

onlinetvrecorder.com

www.onlinetvrecorder.com
Mit dem kostenlosen Online-TV-Recorder kann das Programm von 57 Fernsehsendern gleichzeitig aufgenommen werden.

save.tv
infonull@save.tv

www.save.tv
Damit man kein TV-Highlight mehr verpasst, kann man hier Sendungen online aufnehmen und jederzeit abrufen.

Filme/Kurzfilme & Videos

blinkx.com

www.blinkx.com
Metasuchmaschine für Kurzvideos im Internet.

Clipdealer
support@clipdealer.de

www.clipdealer.de
Umfangreiche Seite für lizenzfreie Videos, Fotos und Audiofiles zu (fast) jedem Themengebiet.

clipfish.de
feedback@clipfish.de

www.clipfish.de
Neben Kurzfilmen, die man selbst hochladen und mit Freunden teilen kann, findet man hier auch Video-Podcasts.

dailymotion

www.dailymotion.com
Kurzvideos nach Rubriken geordnet: Lustiges, Leben auf der Straße, Kunst, Sport, Wissenschaft, Partys und Reise.

dokumentarfilm24.de

www.dokumentarfilm24.de
Das kostenlose Online-Dokumentarfilm-Verzeichnis.

Google Video

video.google.de
Mit diesem Google-Dienst kann man nach Videos suchen.

Liveleak.com

www.liveleak.com
Englischsprachige Video-Plattform mit Videos zu vielen Themenbereichen: News, Unterhaltung, Seltenes und Skurriles.

MySpass.de

www.myspass.de
Videos, Clips und Serien von Comedians und jungen Talenten.
Kostenlos und in voller Länge.

myvideo.de
info@mail-myvideo.net

www.myvideo.de
Private Videos im Internet, nach Kategorien geordnet, die man bewerten kann. Eigene Videos können auch eingestellt werden.

Trailerseite.de
service@pirate-media.eu

www.trailerseite.de
Trailerseite im Netz mit Kino-Trailern und DVD-Starts sowie Film-
News, Bilder-Shows und Kurzfilmen.

vimeo.com

vimeo.com
Videoportal auf dem man seine selbstgedrehten Videos hochladen und die Videos anderer Nutzer betrachten kann.

YouTube

www.youtube.de
Auf dieser Seite können Millionen von Kurzvideos zu allen möglichen Themenbereichen angesehen werden.

Gadgets

China-Gadgets.de
info@china-gadgets.de

www.china-gadgets.de
Dieses Blog hat sich auf Kurioses aus China spezialisiert. Es
stellt die Produkte vor und zeigt, wo sie zu kaufen sind.

gadgetwelt
info@snipz.de

gadgetwelt.de
Neuigkeiten aus der Welt der Technik sowie Informationen. Von
Büro- und Küchen-Gadgets über Fotografie bis hin zu Schmuck.

getDigital.de
info@getdigital.de

www.getdigital.de
Hunderte technische Spielereien, originelles Spielzeug, besondere Geschenkideen und intelligente Geek-Shirts.

vodster   **www.vodster.de**

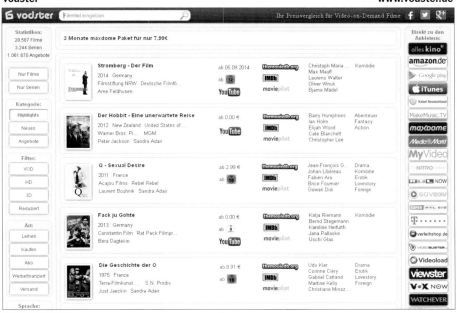

Gizmodo
redaktion@netmediaeurope.com

www.gizmodo.de
Artikel und Anekdoten über digitales Spielzeug und Gadgets. Was gibt es Neues, rund um Apple, Google und Co.?

MegaGadgets.de
kundenservice@megagadgets.de

www.megagadgets.de
Bei MegaGadgets findet man originelle Geschenke und Gadgets für viele Anlässe wie Geburtstag, Weihnachten oder Karneval.

neuerdings.com
tipps.neuerdings@blogwerk.com

www.neuerdings.com
Der Gadgetblog bespricht die neuesten Notebooks, Kameras, Smartphones, Navigationsgeräte und sonstiges Technikspielzeug. **(Siehe Abbildung)**

Planet Gadget
info@planetgadget.de

www.planetgadget.de
Der Online-Shop bietet notwendige Accessoires für Nerds und Geeks. Vom iPhone-Ventilator bis zur Pac-Man-Tasse.

radbag.de
mh@mhdirekt.com

www.radbag.de
Viele humorvolle Geschenkideen und Gadgets zu verschiedenen Anlässen mit praktischem Geschenkefinder.

TechGalerie
info@techgalerie.de

www.techgalerie.de
Die TechGalerie ist ein Spezialversand für innovative und außergewöhnliche Technik aus aller Welt.

Trendlupe
info@glanzstark.de

www.trendlupe.de
Trend-News und Testberichte zu neuen Gadgets in den Bereichen Auto, Mode, Lifestyle, Freizeit, Sport und Technik.

trendsderzukunft.de
info@trendsderzukunft.de

www.trendsderzukunft.de
Hier werden technische Spielereien, brandneue Technologien und Produkte für den Alltag der Zukunft präsentiert. **(Siehe Abbildung)**

WeltderGadgets.de
kontakt@weltdergadgets.de

www.weltdergadgets.de
Artikel über Gadgets aus der Welt der Fahrzeuge, Konsolen, Handys und Smartphones, mit Schwerpunkt auf Apple.

neuerdings.com   **www.neuerdings.com**

Homepage/All-in-One-Anbieter & Internet-Provider

1blu
info@1blu.de

www.1blu.de
Businesskunden und private Anwender erhalten bei 1blu günstige Homepage-Pakete, E-Shops, virtuelle und dedizierte Server.

1und1.de
info@1und1.de

www.1und1.de
Das Angebot reicht von Web-Hosting über schnelle DSL-Zugänge bis hin zum Personal-Information-Management via Internet.

domain*go
support@domaingo.de

www.domaingo.eu
Webhoster für die eigene Homepage mit verschiedenen Angebotspaketen inklusive Traffic, E-Mail-Accounts oder Subdomains.

domainFACTORY
support@df.eu

www.df.eu
Webhosting, Server, CloudServer, Reseller-Lösungen, Domains, Hosted Exchange und E-Mail.

Host Europe
info@hosteurope.de

www.hosteurope.de
Host Europe bietet Privat- und Geschäftskunden qualitative, innovative und preiswerte Web- und Server-Hosting-Lösungen.

Strato Medien AG

www.strato.de
Die Strato Medien AG ist ein Internet-Dienstleister mit den Schwerpunkten Web-Hosting und DSL.

Homepage/Anleitungen & Hilfen

Ayom

www.ayom.com
Der Treffpunkt für Internet-Geschäftsleute: Wissen austauschen, Kooperationen schließen und neue Kunden akquirieren.

Dr. Web Magazin
redaktion@drweb.de

www.drweb.de
Das Online-Magazin für Webmaster mit Tipps, Tricks und Know-how.

trendsderzukunft.de   **www.trendsderzukunft.de**

Homepage-Community
info@homepage-kosten.de

www.homepage-community.de
Das Forum gibt Antworten auf Fragen rund um HTML, Content Management Systeme, Suchmaschinenoptimierung und Webhosting.

homepage-forum.de
mailbox@karl-oltmanns.de

www.homepage-forum.de
Das Forum für Webmaster bietet umfangreiche Hilfen und Tipps für die Erstellung einer eigenen Homepage.

Jimdo
support@jimdo.com

www.jimdo.com
Homepage-Baukausten mit der Möglichkeit, Texte, Bilder, Videos und Blog-Einträge einfach per Klick zu integrieren. **(Siehe Abbildung)**

meine-erste-homepage.com
info@meine-erste-homepage.com

www.meine-erste-homepage.com
Alles für die erste eigene Internet-Seite: Basiswissen, Anleitungen, Tools, Software für Webmaster und Homepage-Forum.

superweb.de
kontakt@superweb.de

www.superweb.de
Die Homepage-Community: Eigene Web-Präsenz erstellen und andere Mitglieder kennenlernen. Suche nach Städten oder Hobbys.

traum-projekt.com
info@traum-projekt.com

www.traum-projekt.com
Professionelle Web-Design-Community für die Bereiche Dreamweaver, Fireworks, Photoshop, Flash sowie PHP.

web magazin
info@webmagazin.de

www.webmagazin.de
Nachrichten und Videos für Webmaster und Internet-Start-ups. Mit Tipps zu Design, Social Media, SEO und Mobile Apps.

Webmasterpark.net
kontakt@asnetworks.de

www.webmasterpark.net
Webmaster-Forum, in dem man Linkpartnerschaften oder Angebote zu Entwicklung, Design, Marketing und Technik finden kann.

Webmasterpro.de
ziegler@webmasterpro.de

www.webmasterpro.de
Web-Magazine für professionelle Designer, Web-Entwickler und Webmaster mit vielen Artikeln und aktuellen Meldungen.

Jimdo   **www.jimdo.com**

Webmasterwelt.net
kontakt@asnetworks.de

www.webmasterwelt.net
Forum rund um Webdesign, Programmierung und Internet-Marketing. Man kann auch Meinungen zur eigenen Web-Seite einholen.

Homepage/Bilder

aboutpixel.de
mail@aboutpixel.de

www.aboutpixel.de
Lizenzfreie Bilder aus allen Bereichen. Zudem eine Community, in der man sich über die Bilder austauschen kann.

picspack.de
info@digitalforward.de

www.picspack.de
Hochauflösendes Bildmaterial unter offener Lizenz. Man darf die Bilder legal downloaden und weiterverwenden.

● **piqs.de**

www.piqs.de
Portal mit lizenzfreien Bildern der Community-Mitglieder. Alle Fotos können kostenfrei verwendet werden. **(Siehe Abbildung)**

pixelio.de
support@pixelio.de

www.pixelio.de
In der teilweise kostenlosen Bilddatenbank für lizenzfreie Fotos findet man übersichtlich nach Kategorien geordnete Motive.

Homepage/Community

mixxt
info@mixxt.net

www.mixxt.de
Meta-Community, die einen Online-Baukasten für Social-Networks bietet. So kann man einfach eine eigene Community gründen.

Homepage/Domain/Allgemein

Domain-recht
info@domain-recht.de

www.domain-recht.de
Infos zu Domain-Registrierungen, Domain-Handel sowie Domain- und Markenrecht.

piqs.de   **www.piqs.de**

INTERNET & TECHNIK

Homepage/Domain-Abfragen

DENIC eG
info@denic.de

www.denic.de
Zentrale Registrierungsstelle für .de-Domains. Wissenswertes über Domains, Suchmöglichkeit und Registrierung.

Homepage/Domain-Anbieter

Deutsche Domainbank
support@direktdomains.de

www.direkt-domains.de
Hier kann man Internet-Domains kostenfrei suchen und günstig registrieren. Inklusive umfangreicher Domain-Verwaltung.

evanzo
info@evanzo.de

www.evanzo.de
Hier kann man .de-Domains registrieren oder mit der eigenen umziehen und E-Mail Konten einrichten.

united domains reselling
support@ud-reselling.com

www.ud-reselling.com
Zahlreiche Domain-Endungen können vollautomatisiert über das umfangreiche Webinterface oder API registriert werden.

united-domains
support@united-domains.de

www.united-domains.de
Schnelle und einfache Domain-Registrierung für über 270 Domain-Endungen.

Homepage/Domain-Börsen

Domain-Börse
helm@united-domains.de

www.domain-handel.de
Die Domain-Börse zum An- und Verkauf von Domains.

Sedo
kontakt@sedo.de

www.sedo.de
Domain-Handelsbörse mit einem Verkaufsangebot von über fünf Millionen Domains aller Endungen weltweit.

Homepage/Homepage-Vorlagen

homepage-baukasten.de
hilfe@homepage-baukasten.de

www.homepage-baukasten.de
In nur drei Minuten eine eigene Homepage erstellen. Mit Gästebuch, Besucherzähler, Umfragen-Funktion und vielen Vorlagen.

Homepage/Newsletter, Foren & Gästebücher

Forumprofi.de
support@forumprofi.de

www.forumprofi.de
Forumprofi.de ermöglicht es, ganz einfach ein eigenes, kostenloses Forum mit sehr vielen Funktionen zu erstellen.

Homepage/Partnerprogramme

affiliwelt.net
affiliwelt@active-response.de

www.affiliwelt.net
Viele Programme mit erfolgsabhängigem Vergütungsmodell, um mit der eigenen Homepage Geld zu verdienen.

belboon
info@belboon.de

www.belboon.de
Affiliate-Netzwerk mit über 1.200 Partnerprogrammen.

Homepage/SSL-Zertifikate

icertificate.eu
support@icertificate.eu

www.icertificate.eu
Hier können Shop- und Server-Betreiber SSL-Zertifikate namhafter Hersteller wie Symantec™ oder GeoTrust™ online bestellen.

Homepage/Suchmaschinenoptimierung

ABAKUS Internet Marketing

www.abakus-internet-marketing.de
Tipps zur Suchmaschinenoptimierung. Mit einem großen Forum zum Thema.

backlinktest.com

www.backlinktest.com
Mit dem Backlinkchecker kann man herausfinden, welche Web-Seiten im Internet auf die eigene Hompage verlinken.

content.de
info2015@content.de

www.content.de
content.de, die technische Plattform mit persönlicher und kompetenter Kundenbetreuung, liefert mit seinen mehr als 5.000 Autoren einzigartige, suchmaschinenoptimierte Texte (Unique Content) für Webmaster, Shopbetreiber, SEOs, Agenturen, Blogger sowie sämtliche Unternehmen mit Textbedarf. **(Siehe Abbildung)**

Contentmanager.de
hallo@adselect.de

www.contentmanager.de
Das Portal für Content Management bietet umfangreiche Infos und ein Branchenverzeichnis für CMS-Implementierung.

SEO-united
kontakt@seo-united.de

www.seo-united.de
Übersichtliches Tutorial zum Thema Suchmaschinenoptimierung. Mit Links zu vielen praktischen Tools.

Homepage/Webspace

Homepage-Kosten.de
kontakt@homepage-kosten.de

www.homepage-kosten.de
Unabhängiger Preisvergleich für Web-Hosting und Internet-Dienstleistungen. Mit Erfahrungsaustausch.

Webhostlist.de
info@netscouts.de

www.webhostlist.de
Übersicht der Anbieter im Bereich Web-Hosting und Server-Providing mit Tests, Reportagen und Vergleichen.

content.de   **www.content.de**

Homepage/Werbemaßnahmen

Digitale-Infoprodukte.de
support@digitale-infoprodukte.de

www.digitale-infoprodukte.de
Tipps für mehr Besucherzahlen und Aufmerksamkeit für Web-Seiten mit Online-Business.

Internet & Techniktrends

Anleiter
info@anleiter.de

www.anleiter.de
Schritt-für-Schritt-Anleitungen für Fragen rund um Computer, Facebook und Technik, aber auch für Alltagsfragen.

ComputerBase

www.computerbase.de
News zu aktuellen Computerfragen sowie Meldungen rund um Smartphones, Apps und Internet. Mit Forum und Download-Bereich.

crn.de
info@crn.de

www.crn.de
Neueste Nachrichten aus der IT-Branche.

Der Computer-Oiger

computer-oiger.de
Blog mit Reviews, Nachrichten und Anekdoten aus der Computerbranche sowie popkulturellen Artikeln.

engadget

de.engadget.com
Täglich aktuelle News zu den Themen Internet, Digitalkameras, Handys, Laptops und Spielkonsolen.

Futureclick.net
mail@futureclick.net

www.futureclick.net
Faszinierende Nachrichten und Trendstudien aus Technologie, Wissenschaft und Internet.

GIGA.de
info@giga.de

www.giga.de
Tipps und Nachrichten rund um Computerspiele, Apple und Android.

Golem.de   **www.golem.de**

Golem.de
redaktion@golem.de

www.golem.de
IT-News für Profis. Nachrichten aus der Welt der Computer, des Internets und der Telekommunikation. **(Siehe Abbildung)**

GoogleWatchBlog

www.googlewatchblog.de
Nachrichten zu den Produkten und Services von Google. Die Suchmaschine, Android, YouTube, Street View, Chrome und Google+.

gulli
kontakt@gulli.com

www.gulli.com
Informationen von der Szene für die Szene. Tipps und Tricks zu IT-Sicherheit und News zum Internet. Mit großem Forum.

heise online
post@heise.de

www.heise.de
Gemeinsames Angebot für Computer- und Internet-Interessierte von c't, iX, Technology Review und Telepolis.

informationsarchiv.net

www.informationsarchiv.net
Forum und Magazin mit Tipps und Tricks rund um PC, Hard- und Software, Internet, Telekommunikation und Unterhaltung.

Internet World Business
mail@internetworld.de

www.internetworld.de
News aus der Welt des Internets. **(Siehe Abbildung)**

ITespresso.de

www.itespresso.de
Meldungen zu den Themen IT-Sicherheit, Clouds, Internet, Software und mobile Anwendungen.

Mactechnews.de
news@mactechnews.de

www.mactechnews.de
Aktuelle Nachrichten zu den Bereichen Computer, Internet und Kommunikation mit Schwerpunkt auf den Apple-Produkten.

Netz-Trends.de
redaktion@netz-trends.de

www.netz-trends.de
Aktuelle Berichte darüber, was sich bei den großen Internet-Firmen, in der Netzpolitik und der Technik tut.

netzwertig.com
tipps.netzwertig@blogwerk.com

www.netzwertig.com
Blog über die Entwicklungen in der Internet-Wirtschaft.

Internet World Business   **www.internetworld.de**

stadt-bremerhaven.de

www.stadt-bremerhaven.de
Blog zu den Themen Internet, Software, Hardware, Technik und Computer.

t3n.de
support@yeebase.com

www.t3n.de
News aus den Bereichen E-Business, Social Media, Web 2.0 und Open Source.

● **Techfacts Computer Magazin**
redaktion@techfacts.de

www.techfacts.de
Dieser Blog hat die neuesten News rund um Downloads und Online-Spiele und berät zu den Themen Internet und Technik.
(Siehe Abbildung)

TechnikNeuheiten.com
info@technikneuheiten.com

www.technikneuheiten.com
Vorstellung von neuen Technik-Spielereien wie Haushaltsroboter, Freizeitgeräten, Kameras, Autos, PCs, Handys und Laptops.

weblogit
kay.hager@weblogit.net

www.weblogit.net
Technikneuheiten aus der Mobilfunkbranche, Anleitungen und Tutorials sowie aktuelle Deals der Anbieter. Mit Forum.

webregard.de
mailme@webregard.de

www.webregard.de
Dieses Blog beschäftigt sich mit interessanten Internet-Angeboten und vielen Tricks im Umgang mit dem PC und dem Web.

● **ZDNet Deutschland**
de.redaktion.feedback@zdnet.de

www.zdnet.de
Nachrichten aus dem IT- und Kommunikationsbereich, Produkttests, technische Hintergrundberichte und Download-Datenbank.
(Siehe Abbildung)

Internet-Browser

Internet Explorer

kunden@microsoft.com

windows.microsoft.com/de-de/internet-explorer/internet-explorer-help
Hilfe rund um den Internet Explorer. Infos zu Problembehebungen, Datenschutz und Sicherheit sowie zur Individualisierung.

Techfacts Computer Magazin   **www.techfacts.de**

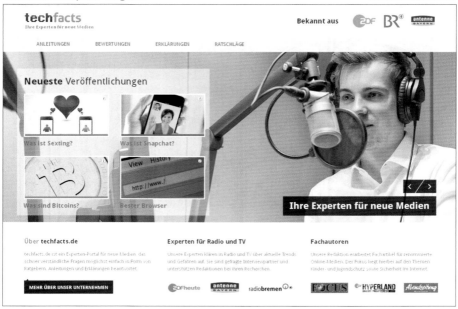

mozilla support

support.mozilla.org/de/
Hilfe zu Firefox, Thunderbird und Firefox OS. Jeder User kann hierbei Hilfestellung im Chat oder durch Artikel geben.

Internet-Cafés & WLAN-Hot-Spots

freie hotspots
info@mwsystem.de

www.freie-hotspots.de
Suchfunktion für Lokalitäten in Deutschland, in denen ein kostenloser W-LAN-Zugang angeboten wird.

Hotspot Locations
contact@hotspot-locations.com

www.hotspot-locations.de
Hotspots auf der ganzen Welt. Laufend werden die neuesten Hotspots sowie Betreiber und Communitys präsentiert.

Stiftung Digitale Chancen
info@digitale-chancen.de

www.digitale-chancen.de
Portal zur Internet-Nutzung: Verzeichnis von bundesweit 8.500 Einrichtungen für Medienkompetenz und Internet-Zugang.

Internet-Communitys

BringWasMit
info@boxinthebag.com

www.bringwasmit.de
Hier kann man Mitbringsel aus aller Welt bei Mitgliedern bestellen, die gerade auf Reisen sind.

Freizeitfreunde.de

www.freizeitfreunde.de
Online-Community für interaktive Freizeitunterhaltung in Form von Rätseln, Spielen und der Hilfestellung bei Alltagsfragen.

futurebiz
blog@berlinerbrandung.de

www.futurebiz.de
Das Blog berichtet über Marketing und E-Commerce in sozialen Netzwerken.

hi5.com

www.hi5.com
Weltweite Community, um Kontakte zu knüpfen und Interessen zu teilen. Über 100 Millionen Menschen beteiligen sich schon.

ZDNet Deutschland **www.zdnet.de**

Jappy

www.jappy.de
Für die Mitglieder gibt es viele kostenlose Werkzeuge zur Eigen-
präsentation, Kommunikation und Organisation.

KWICK!
info@kwick.de

www.kwick.de
Community, in der man schnell neue Leute kennenlernen kann.
Viel Gestaltungsfreiheit in Profil, Blog und Gästebuch.

lokalisten.de
kontakt@lokalisten.de

www.lokalisten.de
Social-Community für Freunde, Party, neue Leute. Spaß beim Flirten, Social-Gaming und Feiern.

meinVZ

www.meinvz.net
Das Netzwerk für Leute, die sich mit Freunden und Bekannten
aus Job und Freizeit vernetzen wollen.

Metropolis
info@metropolis.de

www.metropolis.de
Große virtuelle Gemeinschaft seit 1996 mit kostenlosen Chats,
Homepages, E-Mails, elektronischen Postkarten und Auktionen.

Pinterest

www.pinterest.com
Bei Pinterest können Nutzer Bilder auf virtuelle Pinnwände hochladen. Diese Bilder lassen sich dann teilen und kommentieren.

Platinnetz

www.platinnetz.de
Kostenloses Netzwerk für alle ab 40 Jahren zum Chatten, Flirten
oder Kennenlernen netter Menschen.

reddit

www.reddit.com
Plattform mit kontroversen, lustigen, informativen und unterhalt-
samen Beiträgen aus Internet-Communitys.

● **xpBulletin Board**

www.xpbulletin.de
Sehr große Community mit Diskussionsforen zu allen möglichen
Themenbereichen. **(Siehe Abbildung)**

xpBulletin Board   **www.xpbulletin.de**

Internet-Communitys/Facebook

Allfacebook.de
kontakt@allfacebook.de

allfacebook.de
Das alles ist Facebook. Hier ist man richtig, wenn man erfahren will, was das soziale Netz alles kann. **(Siehe Abbildung)**

Europe versus Facebook
info@europe-v-facebook.org

www.europe-v-facebook.org
Infos zum fragwürdigen Verhältnis von Facebook zum Datenschutz. Aktuelle Nachrichten und eine Übersicht laufender Klagen.

facebook

www.facebook.de
Eine der weltweit größten Communitys. Jeder kann hier ein Profil anlegen und mit anderen weltweit in Kontakt treten.

facebook App-Zentrum

www.facebook.com/appcenter
Spiele von Facebook: Action- und Strategiespiele, Familienspiele, Puzzle, Sportspiele, Quiz, Kartenspiele, Simulationen.

Gefällt-mir-button.de

www.gefällt-mir-button.de
In wenigen Schritten kann man hier den Facebook-Like-Button auf der eigenen Homepage einbinden.

Thomas Hutter
mail@thomashutter.com

www.thomashutter.com
Thomas Hutter bloggt darüber, welche Tricks und Fettnäpchen es bei Marketing und Vertrieb via Facebook zu beachten gibt.

Internet-Communitys/Foursquare

allesfoursquare
mail@allesfoursquare.de

allesfoursquare.de
Der Blog berichtet über Neuigkeiten und Tools von Foursquare.

Foursquare

foursquare.com
Mit Foursquare kann man seinen Freunden seinen aktuellen Standort mitteilen und Orte (z.B. Restaurants) bewerten.

Allfacebook.de   **allfacebook.de**

INTERNET & TECHNIK

Internet-Communitys/Google+

Google+

plus.google.com
Googles soziales Netz ist in Kreise aufgeteilt, sodass man nicht alles mit allen teilen muss, sondern mehr Privatsphäre hat.

gpluscharts.de
gplus@active-value.de

www.gpluscharts.de
Die Top-200 der deutschen Google+-Nutzer.

Pluseinsbutton.de

www.pluseinsbutton.de
Hier gibt es die Möglichkeit, in 30 Sekunden einen eigenen Google+1-Button zu erstellen und in die Web-Seite einzubinden.

Internet-Communitys/Meldungen & Neuigkeiten

10000 Flies
info@active-value.de

www.10000flies.de
Täglich neu veröffentlichte Charts der Top-Meldungen deutschsprachiger Medien auf den Social Media Plattformen.

Pluragraph.de

www.pluragraph.de
Auflistung der Aktivitäten von gemeinnützigen Organisationen in sozialen Netzwerken.

Social Secrets
info@social-secrets.com

www.social-secrets.com
News und Gerüchte über die großen sozialen Netzwerke. Tipps für Social Media Marketing und Events.

Internet-Gütesiegel

● **Gütesiegel Zertifizierte Web-Seite**

www.zertifizierte-web-seite.de
Das Gütesiegel „Zertifizierte Web-Seite" zertifiziert Internet-Seiten, die sich einer redaktionellen, rechtlichen und technischen Prüfung unterzogen haben. Es zeigt dem Internet-Nutzer, dass die zertifizierte Web-Seite den Datenschutz einhält, den Impressumspflichten nachkommt und benutzerfreundlich ist. **(Siehe Abbildung)**

Internet-Recht

e-Recht24.de

www.e-recht24.de
Online-Rechtsportal: Aktuelle Urteile und News zu Domain-Recht, Urheberrecht, Datenschutz und Strafrecht im Netz.

Internet-Tarife

Billiger surfen

www.billiger-surfen.de
Vergleich von Internet-Tarifen für DSL, Kabel, LTE oder Glasfaser sowie für das mobile Internet.

DSL.de
info@dsl.de

www.dsl.de
Detaillierter Vergleich von DSL-Anbietern in Deutschland, der auch versteckte Kosten aufdeckt.

DSL-Team.de
info@dslteam.de

www.dslteam.de
Informationen rund um das Thema DSL: Tarife, Anbieter, Einrichtung, DSL-Optimierung und Software zum Download.

internettarifvergleich.net
info@3gnetwork.de

www.internettarifvergleich.net
Internet-Vergleich für DSL, Kabel und mobile Internet-Tarife.

onlinekosten.de
info@onlinekosten.de

www.onlinekosten.de
DSL- und Breitband-Tarifrechner; aktuelle News zu den Themen DSL, Breitband, VoIP, Mobilfunk und Web-Hosting.

Gütesiegel Zertifizierte Web-Seite **www.zertifizierte-web-seite.de**

ZERTIFIZIERTE
WEB-SEITE

MEHR VERTRAUEN BEIM SURFEN IM INTERNET!

FÜR WEBMASTER

ÜBER UNS

FRAGEN

PRÜFKRITERIEN

VORTEST

INFORMATIONEN

PRESSE

Für den einzelnen Internet-Nutzer ist es sehr schwer, bei den Millionen deutschsprachiger Web-Seiten zu erkennen, welche Web-Seiten seriös sind. Das Gütesiegel „Zertifizierte Web-Seite" zertifiziert Internet-Seiten, die sich einer umfassenden Prüfung unterzogen haben. Es zeigt dem Internet-Nutzer, dass die zertifizierte Web-Seite den Datenschutz einhält, den Impressumspflichten nachkommt und keine unseriösen Abosysteme anbietet. Neben den rechtlichen Aspekten wird auch die Benutzerfreundlichkeit der Web-Seite getestet. So kann man darauf vertrauen, dass sich bei den zertifizierten Web-Seiten keine Flut von unerwünschten Pop-ups öffnet, die den Inhalt der Seite überlagern und erst mühsam der Reihe nach weggeklickt werden müssen.

Kostenloser Vortest[BETA] für Web-Seiten

Im Vortest können Sie kostenlos überprüfen, ob Ihre Seite für eine Auszeichnung mit dem Gütesiegel in Frage kommt.

Bitte geben Sie die zu prüfende URL ein:

http://   **Test starten**

Bitte haben Sie nach dem Start des Vortests etwas Geduld, da das Ermitteln der Testergebnisse bis zu einer Minute in Anspruch nehmen kann.

Informationen zu den einzelnen Prüfkriterien des Vortests finden Sie hier.

Pressestimme:

„Der m.w. Verlag hat das Gütesiegel "Zertifizierte Web-Seite" verliehen. Die damit ausgezeichneten Web-Seiten wurden umfangreich redaktionell sowie technisch und rechtlich durch eine Anwaltskanzlei geprüft. Durch solche Gütesiegel sollen die Nutzer sofort erkennen, ob eine Seite seriös und bedienungsfreundlich ist."
Saarbrücker Zeitung vom 08.10.2012

Neue zertifizierte Web-Seiten

www.future-x.de

Future-X.de ist auf den Vertrieb von Standard-, Business- und Education-Software sowie IT-Hardware-Produkten spezialisiert. Der Onlineshop bietet Hilfe bei Auswahl, Beschaffung und Unterhalt von Software-Lizenzen oder IT-Hardware-Umgebung und hat ein umfassendes Sortiment aller namhafter Hersteller.

» zum Zertifikat

www.moebel-shop.de

Dieser Möbel-Shop bietet gute Marken-Möbel, viel Auswahl und Ideen für alle, die sich so einrichten wollen, wie es ihrem eigenen Lebensstil entspricht. Und das alles einfach von zu Hause aus im 24 Stunden erreichbaren Online-Shop. Das Angebot reicht von Betten, über Beleuchtung bis hin zu kompletten Bädern.

» zum Zertifikat

www.kinderwunsch-cyclotest.de

Die Web-Seite bietet hilfreiche Informationen rund um die Themen Schwangerschafts- und Familienplanung. Detailliert wird über mögliche Ursachen und Gründe für das Ausbleiben einer Schwangerschaft aufgeklärt. Zudem sind verschiedene cyclotest produkte erhältlich, die beim Kinderwunsch unterstützend helfen.

Internet-Tarife/Mobiles Internet

laptopkarten.de

www.laptopkarten.de
Die Redaktion vergleicht Anbieter für mobiles Internet. Funktechniken wie UMTS, HSPA und LTE werden ausführlich erklärt.

LTE.info

www.lte.info
Verbraucherportal für LTE mit News und Informationen über Anbieter, Topangebote und Tipps zum Sparen.

LTE-Anbieter.info
kontakt@lte-anbieter.info

www.lte-anbieter.info
Informationen über LTE-Anbieter und -Tarife. Außerdem eine Übersicht über die LTE-Verfügbarkeit und ein Speed-Test.

LTE-Discounter
info@lte-discounter.de

www.lte-discounter.de
Ausführliche Einführung in die LTE-Technik, Nachrichten zu den LTE-Anbietern und Vergleiche der Tarife.

LTE-Tarife.com
ringod@web.de

www.lte-tarife.com
Unabhängiger Tarifvergleich aller LTE-Tarife. Mit einer Übersicht der Anbieter und Verfügbarkeit sowie einem Speedtest.

preis24.de
info@preis24.de

www.preis24.de
Tarifvergleiche für mobiles Internet, Festnetz und Prepaidkarten.

● **Surf-Stick.net**
ringo@surf-stick.net

www.surf-stick.net
Die Informationsseite bietet einen hilfreichen Überblick über das große Angebot an Surfsticks und den unterschiedlichen Tarifen. Neben einem Preisvergleich stehen zahlreiche Anleitungen, Erfahrungsberichte und Tipps sowie Links zu UMTS-Verfügbarkeitsprüfungen der Mobilfunkanbieter zur Verfügung. **(Siehe Abbildung)**

Internet-TV

fernsehsuche.de
info@drewes-scholz.de

www.fernsehsuche.de
Überblick über die aktuellen Sendungen in den Mediatheken der privaten und öffentlich-rechtlichen Fernsehsender.

glotzdirekt.de
info@tvtutti.com

www.glotzdirekt.de
Durch das Klicken auf die Abbildungen der einzelnen Sender kann man direkt über die Internet-Verbindung fernsehen.

iptv.de
info@iptv.de

www.iptv.de
Über 1.000 Links zu Internet-Fernsehsendern aus den Bereichen Comedy, Sport oder Bildung auf einen Blick.

IPTV-Anbieter.info
info@iptv-anbieter.info

www.iptv-anbieter.info
Angebotsübersicht der verschiedenen Internet-Fernsehpakete mit Leistungen, Preisen, Sendern und Infos zur Technik.

Magine TV
support-de@magine.com

www.magine.com
Cloudbasierter TV-Service, mit dem man nach Anmeldung live über 65 TV-Sender kostenlos anschauen kann.

sendungverpasst

www.sendungverpasst.de
Sendungverpasst.de ist eine Suchmaschine für Magazinbeiträge und Videos der deutschen TV-Sender.

supermediathek.de
info@tvtutti.com

www.supermediathek.de
Übersicht über die online angebotenen Sendungen von vielen Fernsehsendern, auch aus dem Ausland.

Zattoo

www.zattoo.com
Einmal anmelden reicht aus und man kann Sendungen, die gerade im TV laufen, über den Computer anschauen.

Leihen & Verleihen

frents
info@frents.com

www.frents.com
Leute aus der Umgebung zeigen in der Community, welche Sachen sie zum Teilen und Verleihen anbieten.

leihdirwas.de
info@leihdirwas.de

www.leihdirwas.de
Filme, Spielsachen, Gartengeräte, Kameras, Klamotten oder andere Dinge verleihen oder von anderen Mitgliedern ausleihen.

Newsletter

Newsletter-Verzeichnis.de
redaktion@newsletter-verzeichnis.de

www.newsletter-verzeichnis.de
Verzeichnis, das Links zu Newslettern enthält und in verschiedene Rubriken unterteilt ist.

Online-Datenspeicher & Clouds

cloudsider
service@cloudsider.com

www.cloudsider.com
Hier findet man den passenden Anbieter für private Cloud-Speicher, Back-ups sowie Business-Clouds und Collaboration.

Cloudvergleich
domains@n3po.com

www.cloudvergleich.net
Vergleich verschiedener Cloudanbieter: Speichervolumen, monatliche Kosten, verfügbare Clients und Besonderheiten.

onedrive

onedrive.live.com
onedrive von Microsoft bietet Online-Speicherplatz, der sich unter Windows als Netzlaufwerk einbinden lässt.

Online-Portale

freenet.de
redaktion@freenet-ag.de

www.freenet.de
General Interest Portal: Mobilfunk, mobiles Internet, DSL, Mail und Themen-Channels wie Auto, Sport und digitale Welt.

Surf-Stick.net   **www.surf-stick.net**

MSN Deutschland
kunden@microsoft.com

www.msn.de
Das Online-Portal bietet Premium-Inhalte und Services mit Schwerpunkt auf News, Entertainment, Lifestyle und Video.

t-online.de

www.t-online.de
Aktuelles und Wissenswertes aus Politik, Wirtschaft, Finanzwelt, Sport, Unterhaltung, Reisen und Shopping.

WEB.DE
info@web.de

www.web.de
Das deutsche Internet-Portal mit FreeMail, Suche, Nachrichten und weiteren Diensten wie Routenplaner oder Online-Office.

Podcasts & RSS-Feeds

freshfeeds.de
info@freshfeeds.de

www.freshfeeds.de
Sammlung von über 15.000 RSS-Feeds. Präsentation der 50 neuesten und der 50 beliebtesten Feeds.

podcast.de
info@podcast.de

www.podcast.de
Alles zum Thema Podcast: News, Sender, Charts, Community und ausführliche Anleitung zum Erstellen eigener Podcasts.

RSS-info.net
support@rss-info.net

www.rss-info.net
RSS-Channels zu allen Themengebieten von Auto über Job bis Sport. Top-Feeds liefern Anregungen zu einzelnen Themen.

rss-nachrichten.de

www.rss-nachrichten.de
Großes RSS-Verzeichnis mit über 63.300 RSS-Feeds in der Datenbank.

rss-verzeichnis.de
info@addleader.de

www.rss-verzeichnis.de
Das Portal rund um das Thema RSS und Atom mit einer großen redaktionellen Sammlung von Newsfeeds.

appdated   **www.appdated.de**

Smartphones & Tablets

all about Samsung
info@allaboutsamsung.de

www.allaboutsamsung.de
Neuigkeiten und Reviews aller Samsung-Produkte: Smartphones, Tablets, TV, Kameras, PCs und Notebooks, Haushaltsgeräte.

All4phones.de
pa-ro@email.de

www.all4phones.de
In diesem Forum gibt es Infos zu Downloads, Testberichten und Anleitungen für Handys und Smartphones.

● **appdated**
info@appdated.de

www.appdated.de
Dieser Blog berichtet über die neuesten Smartphone-Releases und Software-Updates der großen Hersteller. **(Siehe Abbildung)**

BestBoyZ
info@bestboyz.de

bestboyz.de
BestBoyZ stellt die neuesten Smartphone-Modelle vor.

BlackBerry

de.blackberry.com
Auf der offiziellen Web-Seite von BlackBerry finden sich Infos zu den Geräten, zu Apps und zur Software.

FAQ Mobiles
webmaster@faq4mobiles.de

www.faq4mobiles.de
Handy-Forum mit Einsteiger-Links und bebilderten Anleitungen für alle Smartphone-Modelle und -Betriebssysteme.

Handy-FAQ
handyfaq@googlemail.com

www.handy-faq.de
Foren zu jedem Smartphone- und Tablet-Hersteller, Modell und Netzbetreiber. Mit Handyberatung.

Handy-Support.com

www.handy-support.com
Support-Forum mit Anleitungen und Hilfestellungen für Handys von Apple, Samsung, HTC, LG, Sony Ericsson, Google Nexus.

● **inside-handy.de**
info@inside-handy.de

www.inside-handy.de
Mobilfunk-Wissensmagazin mit großer Handy- und Tarif-Datenbank, News, und Forum. **(Siehe Abbildung)**

inside-handy.de   **www.inside-handy.de**

Mediabugs.de
kontakt@mediabugs.de

www.mediabugs.de
Aktuelle Nachrichten aus der Welt der Technik über Marken, Neu-erscheinungen und Produkte.

mobiFlip.de
kontakt@mobiflip.de

www.mobiflip.de
Testberichte zu Smartphones, Apps und Handy-Spielen. Dabei werden die Handys auch schon mal in ihre Einzelteile zerlegt.

● Mobilegeeks.de
info@mobilegeeks.com

www.mobilegeeks.de
Blog mit vielen Berichten über die aktuellen Marktentwicklungen für Mobile Computing. **(Siehe Abbildung)**

Mobilfunk-Talk.de
scheckenbach@mobilfunk-talk.de

www.mobilfunk-talk.de
Antworten auf Handyprobleme zahlreicher Modelle, Tarifvergleich sowie Smartphone- und Tabletneuheiten.

Smartphone-Tipps.de
ringod@web.de

www.smartphone-tipps.de
Die neuesten Smartphones, News von den Herstellern und span-nende Apps.

Tablet Blog
tokarski.a@googlemail.com

www.tabletblog.de
Jeden Tag aktuelle Nachrichten über neue Tablet-Modelle. Mit Testberichten.

TabletCommunity
info@tabletcommunity.de

tabletcommunity.de
Testberichte, Forum, Schnäppchen, Anleitungen, Apps und Kom-mentare zu den neuesten Tablets.

Telefon-Treff.de
info@telefon-treff.de

www.telefon-treff.de
Sehr gut besuchtes Forum zu den Themen Festnetz, Tablets, Mo-bilfunk, SMS, MMS, Smartphones und Testberichte.

USP-Forum.de
info@omcon24.de

www.usp-forum.de
Großes Forum rund um die Smartphones der bekanntesten Her-steller. Außerdem viele herstellerübergreifende Downloads.

Mobilegeeks.de **www.mobilegeeks.de**

Smartphones & Tablets/Android

Android User
redaktion@android-user.de

www.android-user.de
Smartphone- und Tablettests, Tipps und Neuigkeiten zu Updates der Android-Handys, Tarifvergleich. **(Siehe Abbildung)**

Android-Developers
whitenexx@gmail.com

www.android-developers.de
Forum und Community für Android-Entwickler und -User. Mit Branchen-News, Programmier-Hilfen und einem Wiki.

Android-Hilfe.de
info@android-hilfe.de

www.android-hilfe.de
Großes Forum mit Themenbereichen für jedes Smartphone und Tablet, das mit Android läuft.

AndroidMag.de
androidmag@cda-verlag.com

www.androidmag.de
Einsteiger- und Profitipps für Android, Spieletipps, Smartphone- und Tabletvergleich, App-Empfehlungen und Ranglisten.

Androidnext.de
info@madskills.de

www.androidnext.de
Informationen und Tipps zu den neuesten Android-Produkten, Tests zu Handys, Apps und Games sowie Sonderangebote.

AndroidPIT
info@androidpit.de

www.androidpit.de
Testberichte über Android-Apps, Blog, News, Forum, Wiki, ein App-Shop und eine App-Entwickler-Suchmaschine.

GIGA Androidnews
support@giga.de

www.giga.de/androidnews/
Nachrichten zu Apps, Android-Smartphones und -Tablets, der Hardware, die dahinter steckt sowie Tipps und Tricks.

n-droid.de
info@n-droid.de

www.n-droid.de
Täglich aktuelle News zu Android, Android-Apps, Android-Handys und Android-Tablets.

Android User   **www.android-user.de**

Smartphones & Tablets/Apple iPhone, iPod & iPad

apfel-faq.de

www.apfel-faq.de
Apple, iPhone und iPad-Forum.

apfelnews
info@apfelnews.eu

www.apfelnews.de
Von Branchennews über Marktforschung bis hin zu Software- und Produkttests und -vergleichen alles über Apple.

Apfelpage.de

www.apfelpage.de
Der inofizielle Apple-News-Blog berichtet über aktuelle Entwicklungen bei den Apple-Produkten.

● **apfeltalk magazin**

www.apfeltalk.de
Aktuelle Infos zu „Apple-Software" und Ereignisse aus der Mac-Welt sowie Hilfestellungen bei Problemen. **(Siehe Abbildung)**

apfelticker.de
info@apfelticker.de

www.apfelticker.de
Neuigkeiten aus der Apple-Welt mit Artikeln und Fotos zu iPod, iPhone, iPad und anderen Produkten von Apple.

Apple

www.apple.com/de
Die deutschsprachige Seite mit Informationen zu Hard- und Software von Apple, iPod, Quicktime-Download und Support.

GIGA Macnews
support@giga.de

www.giga.de/macnews
Großes deutsches Macintosh-Portal mit News, Tests, Archiv, Specials, Bücherecke, Chat, Forum und Link-Liste.

ifun.de
info@aketo.de

www.ifun.de
Community mit aktuellen News und Diskussionen zu iPod, iPad, iPhone und iTunes.

iPhoneBlog.de
info@iphoneblog.de

www.iphoneblog.de
Nachrichten, Kommentare und Reviews über das iPhone und andere Produkte aus der Apple-Familie sowie deren Apps.

apfeltalk magazin   **www.apfeltalk.de**

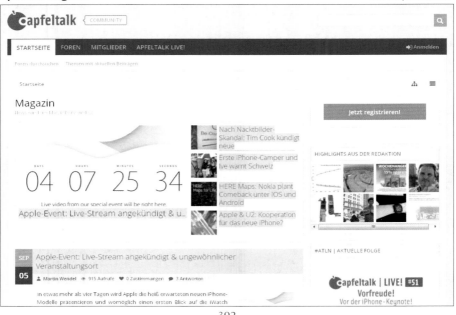

● **iphone-fan.de**
kunde@iphone-fan.de

www.iphone-fan.de
Skurriles, Witziges und Praktisches rund ums iPhone. Videobeiträge und -anleitungen, Blogs, News zu Apps und Zubehör. **(Siehe Abbildung)**

iphone-magazine.de

www.iphone-magazine.de
Online-Magazin für das iPhone mit vielen Infos, News, Preisvergleichen und einer App-Übersicht.

iPhone-Ticker
info@aketo.de

www.iphone-ticker.de
Das deutsche Online-Magazin zum iPhone. News zu Apps, App-Store Top 10 und Infos zu neuen Funktionen und Entwicklungen.

iPlayApps.de
kontakt@iplayapps.de

www.iplayapps.de
Spiele-Magazin für iPad, iPod und iPhone. Aktuelle Nachrichten, Testberichte, Tipps und Tricks und ein Forum.

iszene
news@iszene.com

www.iszene.com
Das Forum zu allen Themen rund um Apple und iPhone. Aktuelles, Podcasts, Anleitungen, Downloads und ein iWiki.

Macerkopf.de
macerkopf@googlemail.com

www.macerkopf.de
Neben Nachrichten und Rezensionen zu Apple-Produkten macht die Seite vor allem auf Schnäppchen aufmerksam.

MacGadget
info@macgadget.de

www.macgadget.de
News zu Apple, Mac, iPhone und iPad. Mit Support-Forum, Tests, Kleinanzeigen und Vorstellung kostenfreier Mac-Software.

Macnotes.de
mail@macnotes.de

www.macnotes.de
Macnotes ist das persönliche Online-Magazin rund um Mac und iDevicces.

Macuser.de
webmaster@macuser.de

www.macuser.de
Die MacUser-Community ist Treffpunkt und Austauschforum für MacUser und alle, die es werden wollen.

iphone-fan.de   **www.iphone-fan.de**

Smartphones & Tablets/Apps

Allemeineapps.de
scheibe@typemania.de

www.allemeineapps.de
Die Seite für alle iPhone- und iPad-Junkies. Hier werden täglich neue Apps und Gadgets besonders ausführlich besprochen.

AppDeals.de
info@appdeals.de

www.appdeals.de
App- und In-App-Angebote für iPhone, iPod, Android und Windows Phone. Charts, Neuheiten, Empfehlungen, Tipps und Tricks.

appgefahren.de
info@appgefahren.de

www.appgefahren.de
Neuerscheinungen, News, Reviews und Tests der Apps für das iPhone und das iPad.

appguide.de
support@appguide.de

www.appguide.de
Beschreibung interessanter iPhone-Apps.

App-kostenlos
info@app-kostenlos.de

www.app-kostenlos.de
Jeden Tag eine App gratis seit 2010. Die Seite stellt nur die besten kurzfristig oder immer kostenlosen Apps vor.

apps android
kontakt@meydot.de

www.apps-android.info
Android-Apps, Reviews und News zu Android-Smartphones und -Tablets. Mit Forum.

apps gratis
kontakt@meydot.de

www.apps-gratis.info
Praktische und lustige Gratis-Apps mit täglichen Neuvorstellungen in vielen Kategorien wie Navigation, Spiele oder Musik.

Appsnews
info@km-e-business.de

www.apps-news.de
Hier findet man Neuigkeiten über aktuelle iPhone-Apps, Kaufempfehlungen, Bestsellerlisten und einen iPhone-Ratgeber.

● **Beste-Apps.Chip**
info@chipxonio.com

beste-apps.chip.de
App des Tages, neu getestete Apps, beliebteste Apps und App-Sammlungen für iPhone, iPad und Android. **(Siehe Abbildung)**

Beste-Apps.Chip   **beste-apps.chip.de**

bestekinderapps.de
mail@bestekinderapps.de

bestekinderapps.de
Apps für Kinder mit App-Empfehlungen für jedes Alter und Schnäppchen für Kinder-Apps.

Gratis-App.com
team@gratis-app.com

www.gratis-app.com
Empfehlungen zu Gratis-Apps für Apple, Android und Windows Phone. Im Magazin gibt es Tipps und Neuigkeiten zu Apps.

Smartphones & Tablets/Online-Shops

7mobile.de
service@7mobile.de

www.7mobile.de
Shop für Smartphones und Tablets mit Infos über Handyverträge und aktuellen Entwicklungen auf dem Smartphone-Markt.

Arktis.de
info@arktis.de

www.arktis.de
Viele Artikel für Mac, iPod, iPad und iPhone außerdem lustige Gadgets rund um Apple.

MeinTrendyHandy.de
support@meintrendyhandy.de

www.meintrendyhandy.de
Umfangreiches Zubehör für Smartphones.

mStore - Apple Premium Reseller
info@mstore.de

www.mstore.de
Deutschlands großer Apple-Premium-Reseller.

smart2phone
info@smart2phone.de
☎(089) 450 812 33

www.smart2phone.de
Der Fachhändler smart2phone bietet gebrauchte iPhones und iPads mit 12 Monaten Gewährleistung und 6 Monaten Garantie. Die Geräte sind voll funktionstüchtig und stehen in verschiedenen Güteklassen zur Verfügung. Das Angebot umfasst die iPhone-Modelle 2G, 3G, 4, 4S und 5 sowie die iPads 1 bis 4. **(Siehe Abbildung)**

smart2phone   **www.smart2phone.de**

Smartphones & Tablets/Windows

Windows Smartphones
da@wintouch.de

www.wintouch.de
Infos zum Smartphone-Betriebsystem Windows Phone 7 und den Smartphones, die dafür auf dem Markt sind.

Spiele/Freeware & Online-Spiele

Bigpoint.com
support@bigpoint.de

www.bigpoint.com
Kostenlose Online-Games ohne Download sowie Community, Forum und Chat für einen regen Spieleraustausch.

Browser-Games.com
info@2bms.de

de.browser-games.com
Portal rund um Browsergames, Onlinespiele und MMORPG. Vorgestellt werden viele verschiedene Games, inklusive Bildern.

Browsergames.de
info@covus.de

www.browsergames.de
Die Redaktion stellt die neuesten Browserspiele mit detaillierten Beschreibungen vor und informiert über den Browsergame-Markt.

buffed.de

www.buffed.de
Das Portal für Online-Spiele. News, Foren und Downloads für „World of Warcraft" und „Herr der Ringe".

● **Fettspielen.de**

www.fettspielen.de
Über 7.000 kostenlose Flashspiele und Browsergames. **(Siehe Abbildung)**

GameDuell

www.gameduell.de
Hier kann man Online-Spiele wie Skat, Solitaire und Moorhuhn gegen reale Gegner und mit echtem Geldeinsatz spielen.

Gameforge
info@gameforge.de

www.gameforge.de
Portal für Online-Spiele, zum Download oder direkt im Browser zu spielen, ideal für Rollenspieler und Strategen.

Fettspielen.de   **www.fettspielen.de**

Jetztspielen.de
info@jetztspielen.de

www.jetztspielen.de
Online-Spiele in den Kategorien Sport, Aktion, Jump ‚n' Run, Tiere, Denken, Gewandtheit und Spaß.

jumpjupiter.com
webmaster@spotsonfire.com

www.jumpjupiter.com
Jump ‚n' Run Browser-Spiel mit über 100 Level, spielbar alleine oder im Team.

kostenlosspielen.net

www.kostenlosspielen.net
Kostenlose Online-Spiele: Flashgames, Browsergames und Downloadgames in allen Variationen und Genres.

PlayIt-Online
mail@net-lix.de

www.playit-online.de
Sammlung kostenloser Online-Spiele in den Kategorien Action, Adventure, Denkspiele, Jump ‚n' Run, Klassiker und Sport.

● **prosiebengames.de**

prosiebengames.de
Großes Online-Spiele-Portal mit zahlreichen Klassikern des Genres. Man kann auch gegen Prominente antreten. **(Siehe Abbildung)**

Spielaffe.de
info@spielaffe.de

www.spielaffe.de
Die gut besuchte Flash-Spieleseite bietet kostenlose Online-Spiele für die ganze Familie.

spielen.com
info@spilgames.com

www.spielen.com
Spiele aller Art: Geschicklichkeits- und Denkspiele, Abenteuerspiele sowie Action-, Renn- und Kartenspiele.

Spielen.de
info@mediatrust.de

www.spielen.de
Kostenlose Online-Spiele: Karten-Spiele, Denk- und Geschicklichkeitsspiele aber auch Action-Games.

Spielmit.com
info@spielmit.com

www.spielmit.com
Hier können die Spiele Solitaire, Bingo, Backgammon, Sketchmaster und Bob Game online gespielt werden.

prosiebengames.de   **prosiebengames.de**

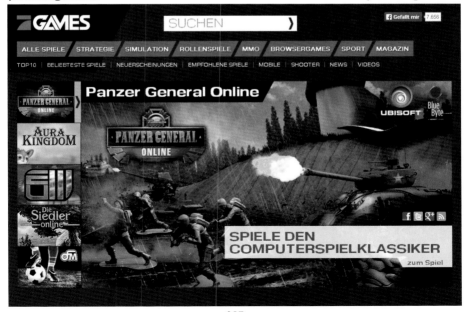

Spielzwerg.de
info@spielzwerg.de

www.spielzwerg.de
Auf dieser Flash-Spieleseite findet man kostenlose Online-Spiele für Kinder bis zu einem Alter von sieben Jahren.

Travian
admin@travian.de

www.travian.de
Ein Browserspiel, in dem man in einer virtuellen Welt mit vielen tausend Spielern als Häuptling ein kleines Dorf regiert.

zaga.de

www.zaga.de
Kostenlose Plattform mit Browsergames und Onlinegames für alle Gamer ab 12 Jahren.

Zylom

www.zylom.de
Spieleportal mit Puzzles, Wort-, Action- und Kartenspielen. Sehr schöne Grafiken und hoher Spielspaß.

Spiele/PC & Video

4players.de
info@4players.de

www.4players.de
Spieleportal mit News, Redaktionsbewertungen, Berichten und Downloads zu PC-, Playstation-, Xbox- und GameCube-Spielen.

Game One
mail@gameone.de

www.gameone.de
Neuvorstellungen, Nachrichten und Reportagen aus der Welt des genreübergreifenden Gamings.

gamerhill.net
webmaster@gamerhill.net

www.gamerhill.net
Gamer-Community und Forum mit Game-Datenbank, aktuellen Release-Daten und einer Rangliste.

GamesMarkt

www.gameshop.de
Aktuelle Neuigkeiten aus der Games-Szene, mit Hintergründen, Kritiken, Daten und Terminen.

GameStop
service@gamestop.de

www.gamestop.de
Die neuesten Konsolen und Videospiele für Wii, Wii U, 3 DS, PS Vita, PS 4, X Box One, PC sowie iPhone und iPad.

Gemando.at
info@gemando.at

www.gemando.at
Games-Shop für PC, PS3, Xbox 360, Wii und Nintendo DS.

GIGA Games
support@giga.de

www.giga.de/games/
News, Tests, Videos, Artikel, Cheats und ein Forum zu verschiedenen Games.

Konsolenkost
info@konsolenkost.de

www.konsolenkost.de
Vom Nintendo NES bis zur Playstation 3 bekommt man alle Konsolen und Spiele. Die Seite kauft auch Konsolen und Spiele an.

OnlineWelten

www.onlinewelten.com
Online-PC-Spielemagazin mit Tests, Vorschauen, Interviews, High-Speed-Downloads und Reportagen.

Looki
info@nextidea.de

www.looki.de
Deutschsprachiges Online-Entertainment-Portal mit den Themenbereichen PC- und Konsolenspiele, Handy, TV, Kino und Videos.

Play3.de
info@play3.de

www.play3.de
Reviews und Vorschauen neuer Spiele für die PlayStation. Mit Forum und Link zum Sony Entertainment-Network.

ps3-forum
info@ps3-forum.de

www.ps3-forum.de
Forum mit Kauftipps, Hilfestellungen und Spielefachsimpelei für die Play Station 3. Neue Releases und Spieleshop.

spieleprogrammierer.de
d.scherfgen@googlemail.com

www.spieleprogrammierer.de
Forum, Linksammlung, Wiki, Tutorials und Programmiercontests für Programmierer von PC-Spielen.

United Forum
kontakt@united-forum.de

www.united-forum.de
Community für die Spiele Starcraft - Tiberium Alliances, Starcraft II und Command & Conquer.

xboxdynasty
support@xboxdynasty.org

www.xboxdynasty.de
Täglich aktuelle News, Artikel, Videos und Reviews rund um die Microsoft Xbox-360-Konsole.

Spiele/PC & Video/Cheats

spieletipps.de
info@spieletipps.de

www.spieletipps.de
Cheats, Codes, Lösungen, Patches, Spieletests, Gewinnspiele, Downloads und Game-Charts.

Spiele/PC & Video/Zeitschriften

GamePro.de
post@gamepro.de

www.gamepro.de
Alles über Xbox 360, PS3, PSP, DS und Wii: Aktuelle News und Tests, Tipps und Videos.

GameStar
brief@gamestar.de

www.gamestar.de
Alles über PC-Spiele: Minütlich frische News, aktuelle Tests, Tipps, Videos, Demos, Patches und Mods.

PC Action.de
redaktion@pcaction.de

www.pcaction.de
Das monatliche Magazin für Action-Gamer berichtet über die Welt der PC-Spiele. Auch Demos und Videos zum Downloaden.

PC Games Hardware
info@computec.de

www.pcgameshardware.de
Die Seite des Computermagazins für PC-Spieler bietet Testberichte, Preisvergleiche, Downloads und eine Community.

PC Games online
redaktion@pcgames.de

www.pcgames.de
Das Neueste aus der Welt der PC-Spiele: Heftinhalt der aktuellen Ausgabe, Charts, Hersteller- und Spieledatenbank.

Suchmaschinen

bing

www.bing.de
Die Suchmaschine von Microsoft. Mit Suchfunktion für Bilder, Videos, Shopping, News und Karten.

blekko
support@blekko.com

www.blekko.com
Die auf englische Ergebnisse spezialisierte Suchmaschine bietet auch einen direkten Vergleich mit Google und Bing an.

DuckDuckGo

www.duckduckgo.com
Suchmaschine mit strenger Datenschutzrichtlinie, die das Netz und nicht den Suchenden analysiert.

erfolgreich-suchen.de
info@erfolgreich-suchen.de

www.erfolgreich-suchen.de
Die Suchergebnisse werden nicht nach einem automatisierten Algorithmus erzeugt, sondern sind das Ergebnis redaktioneller Arbeit.

Google

www.google.de
Google findet schnell und zuverlässig relevante Web-Seiten, Bilder und Nachrichten mit der preisgekrönten Stichwortsuche.

Qwant

www.qwant.com
Qwant durchsucht das Internet gleichzeitig nach aktuellen Nachrichten, Internet-Ergebnissen und Social-Media-Einträgen.

startpage

startpage.com
Suchmaschine, die keine persönlichen Informationen sammelt oder teilt. Die Suchergebnisse werden von Google erzeugt.

Yahoo! Deutschland

www.yahoo.de
Das große Internet-Portal ist ein zentraler Startpunkt für Suche, Information, Entertainment, Kommunikation und Community.

Suchmaschinen/Personensuche

yasni.de
info@yasni.de

www.yasni.de
yasni ist eine auf Namen und Personen spezialisierte Suchmaschine.

Suchmaschinen/Web-Kataloge

dmoz.org

www.dmoz.org
Nationales und internationales Web-Verzeichnis. Ausgesuchte Links von Editoren getestet.

Internet Archive
info@archive.org

www.archive.org
Die englischsprachige Seite führt in die Vergangenheit. Sie speichert alte Web-Seiten, sodass diese nicht verloren gehen.

webwiki.de
info@webwiki.de

www.webwiki.de
Bei diesem Web-Katalog kann man Web-Seiten bewerten und weiter empfehlen.

Surf-Tipps

Linkorama
info@linkorama.ch

www.linkorama.ch
Von praktisch über informativ bis zu skurril sind die Web-Seiten, die täglich auf Linkorama vorgestellt werden.

● **Surftipp des Tages des Web-Adressbuches**

www.web-adressbuch.de
Die Redaktion des Web-Adressbuches stellt jeden Tag eine interessante Web-Seite als Surftipp des Tages vor. **(Siehe Abbildung)**

Telekommunikation/E-Mail

Mailhilfe.de
webmaster@mailhilfe.de

www.mailhilfe.de
Hier findet man alles zum Thema elektronische Post: E-Mail-Anbieterübersicht und Hilfe zu fast jedem E-Mail-Programm.

Telekommunikation/E-Mail/E-Mail-Dienste

GMX
gmx@gmx.net

www.gmx.de
E-Mail- und Messaging-Kommunikationsdienste: Kostenlose und kostenpflichtige E-Mail-Accounts mit extragroßer Mailbox.

Google Mail

mail.google.com
Kostenlose E-Mail-Adresse bei Google einrichten, mit viel Speicherplatz.

WEB.DE FreeMail
info@web.de

www.web.de
Kostenlose E-Mail-Adresse mit Spam-Filter, Virenschutz, Online-Office, Video-Mail, SMS-, MMS- und Faxversand.

YAHOO! Mail

de.mail.yahoo.com
YAHOO! bietet 1 TB kostenlosen Speicherplatz für E-Mails.

Telekommunikation/Internet-Telefonie

ip-phone-forum.de
ippf@ip-phone-forum.de

www.ip-phone-forum.de
Im großen Voice-Over-IP-Forum kann man über verschiedene Anbieter diskutieren sowie Tipps und Tricks austauschen.

PeterZahlt
info@peterzahlt.de

www.peterzahlt.de
Kostenlos national telefonieren ohne Registrierung oder Installationen, bis zu 30 Minuten pro Gespräch.

Placetel.de
info@placetel.de

www.placetel.de
Anbieter von Web-Telekommunikation bzw. VoiP-Telekommunikation. Online-Shop für VoiP Endgeräte und Zubehör.

Skype

www.skype.com
Skype ermöglicht kostenlose Anrufe, Videoanrufe und den Versand von Sofortnachrichten über das Internet.

Skype Support

support.skype.com/de
FAQ, Leitfäden, Neuigkeiten und Community für Skype.

Telekommunikation/SMS

mufa
kundenbetreuung@mufa.de

www.mufa.de
SMS ohne Anmeldung kostenlos versenden.

SMS-Lotse
info@smslotse.de

www.sms-lotse.de
Der SMS-Lotse zeigt nur die besten Free-SMS-Anbieter ohne Anmeldung an, die gerade einen SMS-Versand ermöglichen.

Twitter

favstar

de.favstar.fm
Favstar präsentiert die besten Tweets aller Zeiten, des Tages und nach Anmeldung von jedem persönlich.

Topsy	**www.topsy.com** Mit der Echtzeit-Analyse lassen sich Trends aus Billionen von Links, Tweets, Fotos und Videos im Internet aufspüren.
tweetranking	**www.tweetranking.com** Verzeichnis der interessantesten Menschen auf Twitter. Die Ranglisten zeigen, wem es sich zu folgen lohnt.
twittagessen.de info@twittagessen.de	**www.twittagessen.de** Auf der Web-Seite Twittagessen kann man sich mit anderen Twitterern zum Mittagessen verabreden.
Twitter	**www.twitter.com** Auf Twitter kann man ein eigenes Blog mit Textnachrichten von maximal 140 Zeichen veröffentlichen.
Twitter Hashtags	**twitter.com/hashtags** Hashtag-Suchmaschine von Twitter.
Twitter Suchmaschine	**twitter.com/search-home** Die Suchmaschine für Einträge bei Twitter.
Twitter-Blog	**blog.de.twitter.com** Der offizielle Blog von Twitter in Deutschland.

Virtuelle Welten

Second Life	**www.secondlife.com** Second Life ist eine virtuelle 3D-Welt, die von den Nutzern geschaffen und weiterentwickelt wird.
Slinfo.de admin@slinfo.de	**www.slinfo.de** Allgemeine Diskussionen zu Second Life, News-Forum, Videoverzeichnis, Kalender, Projektgruppen und Chat.
smeet.de	**www.smeet.de** Die Online-3D-Welt zum Freundetreffen, Chatten, Telefonieren, Videoanschauen und Musikhören.

Web 2.0

go2web20.net	**www.go2web20.net** Verzeichnis von englischsprachigen Web-2.0-Seiten. Die Web-Seiten werden mit einem kurzen Text und mit Logos vorgestellt.
web2null.de web2null@active-value.de	**www.web2null.de** Sammelalbum an Anwendungen, Web-Diensten und Web-Services, die unter das Schlagwort Web 2.0 fallen.

Web-Seiten-Bewertungen & Web-Seiten-Analyse

NetIP.de content@netip.de	**www.netip.de** Mit Hilfe dieser Web-Seite kann der Standort des Servers oder der IP-Adresse lokalisiert werden.
seitwert	**www.seitwert.de** Unabhängige Bewertung deutscher Web-Seiten durch Kriterien wie die Gewichtung bei Google und Zugriffszahlen.

KUNST & KULTUR

nachtkritik.de

nacht kritik.de

Suchen...

übersicht   nachtkritiken   presseschau   porträt & debatte   international   buch & film   lexikon   archiv

Stiftung Niedersachsen

neueste kommentare

Bühnenverein zu Mindestlohn: verwandte Skandale

König Ubu, Jena: Einspruch

Bühnenverein zu Mindestlohn: Tunnelblick

Bühnenverein zum Mindestlohn: Nachfrage

Leserkritik: Empört Euch!, Landesbühnen Sachsen

Bühnenverein zum Mindestlohn: Was sagen die Intendanten?

Bühnenverein zum Mindestlohn: Scham

Bühnenverein zum Mindestlohn: handelt als Arbeitgeber-Verband

Bühnenverein zum Mindestlohn: Assistenten unter Mindestlohn?

Conversion_1, Heidelberg: Frage nach angemessener Erinnerung

alle Kommentare

@nachtkritik

Tweets   ✔ Folgen

nachtkritik.de 18m
@nachtkritik
Neues von =Hamlet: Ophelia ist die wahre Heldin bei Johanna Schall @Freilichtspiele Schwäbisch Hall nachtkritik.de/index.php?o

Andrew Haydon 14h
@Postcards_Gods
Now going to see a play called "Germany" performed by Argentinians...
↕ Retweetet von nachtkritik.de
Öffnen

Wolfgang Peters 18h
@OscarniWp

---

die nachtkritik

"Hamlet" © Jürgen Weller

🌙 Schwäbisch Hall, 18. Juli 2014

Generation im Wartestand

Hamlet hat's nicht leicht – als Dauergrübler der Wohlstandsgeneration, der sich zum Handeln nicht entschließen kann. Ophelia aber auch nicht, findet **Johanna Schall** – und wertet sie in ihrer Inszenierung des Shakespeare-Klassikers zur eigentlichen Philosophin mit musikalischem Todestrieb auf. Was sonst noch geschah auf der Freilicht-Treppe von Schwäbisch-Hall, berichtet Steffen Becker.

🌙 Stuttgart, 13. Juli 2014: Christiane Pohle inszeniert Dieter Roths **Hirnbonbon**

🌙 Berlin, 13. Juli 2014: Das Künstlerkollektiv Chto Delat fragt **What is monumental today?**

▸ Mehr Nachtkritiken

---

leipziger thesen

Wenn Inszenierung der Technik zur Katastrophe führt: Die Explosion des Reaktors in Fukushima im Jahr 2011 © Ingress Image

🌙 Leipzig, 16. Juli 2014

Technik der Inszenierung vs. Inszenierung der Technik

Der Leipziger **Theaterwissenschaft** droht die Schließung. Aber sie stemmt sich mit allen Kräften dagegen. In der Ringvorlesung **Aus Tradition Grenzen überschreiten** werden die Aufgabenfelder der Theaterwissenschaft in den Blick genommen. nachtkritik.de veröffentlicht die Thesen zu den Vorträgen. Heute legt Wolf-Dieter Ernst u.a. die Bedeutung der Theaterwissenschaft als Instrument zur Analyse von öffentlichen Inszenierungstechniken dar. Gerald Siegmund spricht über das Ästhetische als spezifische Leistung im Dispositiv der Gegenwart.

▸ Mehr Leipziger Thesen...

---

porträt & profil

"Kindertransporthilfe" – nicht vom Familienministerium, sondern dem Zentrum für Politische Schönheit © Ruben Neugebauer

🌙 15. Juli 2014

"Wir wollten Blut und bekamen Liebe"

Was ist eigentlich aus den 55.000 syrischen Flüchtlingskindern geworden? Die das Familienministerium seit Mai nach Deutschland holen will? Dass hinter der täuschend echt kommunizierten Aktion das **Zentrum für Politische Schönheit** steckt, ist seit den flächendeckenden Medienberichten bekannt. Aber welche größeren Ziele verfolgt die "Organisation"? Und wie viel Theater will man überhaupt machen? Sophie Diesselhorst porträtiert die Aktionskünstler.

▸ Mehr Reportagen, Essays, Porträts und Reden

---

meldungen

17. Juli 2014
Regisseur und BE-Exintendant Manfred Wekwerth gestorben

17. Juli 2014
Über 16.000 unterschreiben Petition für Erhalt der Theaterwissenschaft in Leipzig

16. Juli 2014
Sprinkleranlage ruiniert Bühne im Berliner Ensemble

15. Juli 2014
Vertragsverlängerung für Katharina Wagner in Bayreuth

14. Juli 2014
Studenten der Leipziger Theaterwissenschaft besetzen Uni-Rektorat

mehr meldungen ...

www.setlist.fm

setlist.fm

Sie haben Karten für das nächste Bon Jovi-Konzert ergattert und möchten sich vor dem Auftritt darüber informieren, welche Songs gespielt werden? Damit Sie auf jeden Fall mitsingen können, gibt es auf dieser Web-Seite jede Menge Setlists vergangener Konzerte von knapp 40.000 Künstlern und Bands oder kompletten Festivals sowie Tour-Statistiken mit den meistgespielten Liedern. Sie kennen einen Song nicht? Kein Problem, auf der Seite können Sie sich direkt das passende Video ansehen. Das Portal lebt von der Beteiligung der Mitglieder – wenn Sie also selbst bei einem Gig dabei waren, zögern Sie nicht und fügen Sie ebenfalls eine Setlist hinzu!

www.schlagr.de

Schlagr.de

Gibt es für Sie nichts Schöneres, als zu DJ Ötzi, Helene Fischer und Heino zu schunkeln? Oder haben Sie die „Feste der Volksmusik" mit Florian Silbereisen noch kein einziges Mal verpasst? Dann surfen Sie doch mal auf dieser Web-Seite vorbei! Hier erfahren Sie, wann Sie Ihre Stars das nächste Mal live erleben können, und was sich in deren Leben gerade tut! Wer ist ganz oben in den Charts, und wer plant ein Come-Back? Stöbern Sie in den Hitparaden der Schlager und Volksmusik nach Anregungen für den nächsten CD-Kauf und klicken Sie sich durch die Videogalerie mit brandneuen Musikvideos und Live-Mitschnitten!

www.laut.fm

laut.fm

Sie hören gerne Jazz, Reggae, Lounge, Elektro-Pop oder klassische Musik und kennen keinen Radiosender, der Ihren Geschmack genau trifft? Dann schauen Sie mal auf laut.fm vorbei! Bei diesem Internet-Radio wird die Musik nicht einfach per Zufallsprinzip abgespielt – hier stellen laut.fm-DJs die Musikprogramme selbst zusammen und sind jederzeit für Ihre Wünsche ansprechbar. Einfach das Genre auswählen und nach Herzenslust in die verschiedenen Blues-, Techno-, Rock- oder Oldies-Stationen reinhören. Kein passendes Programm gefunden? Dann bewerben Sie sich einfach selbst als DJ, stellen Ihre Lieblingsmusik und Beiträge zusammen und gehen mit dem eigenen Programm auf Sendung!

www.googleartproject.com

googleartproject.com

Die Meisterwerke von Monet oder van Gogh bewundern! Dieses virtuelle Kunstprojekt lädt Sie dazu ein, sich per Mausklick durch die Hallen von 17 internationalen Kunstmuseen zu navigieren. Der Neugier sind keine Grenzen gesetzt – nach einem Rundgang in New Yorks beliebtem „Museum of Modern Art" können Kunstliebhaber durch die Galerien der florentinischen Uffizien schlendern oder die Kunstwerke im französischen Schloss Versailles bestaunen. Insgesamt gibt es über 40.000 Kunstwerke aus 40 Ländern zu sehen, der Eintritt ist selbstverständlich kostenlos!

www.jamendo.com

jamendo

Keine Lust auf Mainstream-Musik aus dem Radio? Auf Jamendo können Sie freie Musikstreams von unbekannten Künstlern auf der ganzen Welt genießen. User haben hier nämlich die Möglichkeit, kostenlos und völlig legal Musik herunterzuladen und mit der Community auszutauschen. Musiker dagegen können selbst und unverbindlich entscheiden, ob und wie sie ihre Musik verbreiten, um sich selbst und ihre Werke zu promoten. Die beliebtesten und meistgehörten Songs haben die Chance, ins Jamradio zu kommen und können sogar als Hintergrundmusik für's Gewerbe oder Geschäft genutzt werden, und das ganz ohne GEMA-Gebühren! Auf Jamendo zählt eben nur die Musik.

www.nachtkritik.de

nachtkritik.de

Ein Muss für jeden Theaterliebhaber ist diese Online-Plattform! Nachtkritik. de versteht sich als unabhängiges Theaterfeuilleton, das Kritiken zu den neuesten Stücken im deutschsprachigen Theater verfasst. Schon am Morgen nach der Premiere kann man hier lesen, ob sich ein Besuch bei der italienischen Oper lohnt, wie vielversprechend die neueste Brecht-Aufführung ist, welcher Regisseur wieder einen Skandal verursacht hat und was die nächsten Sommerfestspiele an Überraschungen bieten. Im Forum diskutieren Theaterkritiker, Zuschauer, Schauspieler und Künstler angeregt über die aktuellen Inszenierungen und bringen frische Luft in die Theaterwelt.

www.digitalkamera.de

Digitalkamera.de

Mit Digitalfotografie kann jeder die schönsten Momente einfangen und in Szene setzen. Ganz gleich, ob Sie einen Sonnenuntergang oder die Blütenpracht im heimischen Garten festhalten wollen. Doch welches Kameramodell passt am besten zu Ihnen? Kompakt- oder Spiegelreflexkamera? Hier werden nicht nur die neuesten Modelle vorgestellt und in Testberichten erläutert, sondern es gibt auch viele Tipps rund um die digitale Fotografie. Profis finden Ratschläge für die richtige Einstellung bei der Unterwasser- und Sportfotografie sowie bei Porträt- oder Panoramaaufnahmen. In der großen Fotogalerie werden die schönsten Schnappschüsse präsentiert.

www.dslr-forum.de

DSLR-Forum

In diesem hoch frequentierten Forum kommen Foto-Experten und Hobbyfotografen voll auf ihre Kosten, kann man sich doch rund um das Thema „Digitale Spiegelreflexkamera" austauschen. Diskutieren Sie mit über die neuesten Modelle und Techniken sowie die wichtigste Zubehör, erfahren Sie Tipps und Tricks von anderen Mitgliedern und stellen Sie die schönsten Locations zum Fotografieren vor. Oder präsentieren Sie einfach Ihre eigenen Fotos und nehmen am forumsinternen Fotowettbewerb teil. Durchstöbern Sie den Marktplatz und bieten Sie Ihr altes Stativ zum Verkauf an. Gerade für Fotografie-Anfänger ist diese Seite ein echter Geheimtipp!

Kunst & Kultur

Allgemein

ARTE Creative
creative@arte.tv

creative.arte.tv/de
Ein redaktionell betreutes und interaktives Kulturnetzwerk für Kunst, Film, Popkultur, Design und Architektur.

Artring.de

www.artring.de
Vorstellung herausragender Künstler und deren Werke aus den Bereichen Malerei und Fotografie mit Links zu deren Homepages.

Deutsche Digitale Bibliothek
geschaeftsstelle@deutsche-digitale-bibliothek.de

www.deutsche-digitale-bibliothek.de
Öffentliche Online-Vernetzung der digitalen Angebote aller deutschen Kultur- und Wissenschaftseinrichtungen.

Deutsche Kultur International
info@deutsche-kultur-international.de

www.deutsche-kultur-international.de
Portal zu allen Fachbereichen und Institutionen der deutschen Auswärtigen Kulturpolitik.

kulturportal
redaktion@kulturserver.de

www.kulturserver.de
Bundesweite Kulturveranstaltungen von Theatern, Bühnen und Museen. Datenbank mit Künstlern.

Comic

Comic Report Online
info@comic-report.de

www.comic-report.de
Unabhängiges Comic-Magazin mit aktuellen Nachrichten, Analysen und Kommentaren aus der Welt der Comics.

comic.de
sackmann@comic.de

www.comic.de
Aktuelles aus der Welt der Comics: Bildberichte zu wichtigen Comic-Veranstaltungen, News und Börsentermine.

Comicforum
support@comicforum.de

www.comicforum.de
Großes Diskussionsforum für Comic- und Manga-Fans mit zahlreichen offiziellen Verlagsforen.

Deutsches Asterix Archiv

www.comedix.de
Der Asterix-Fan kommt hier auf seine Kosten: Alle Filme, Hefte und eine Suchmaschine für Namen, Daten und Fakten der Comics.

Mangaka.de
info@carlsen.de

www.mangaka.de
Alles für Manga-Fans und Manga-Zeichner: Zeichenkurs, Forum, Termine und ein Magazin mit Neuigkeiten.

mycomics.de
kontakt@mycomics.de

www.mycomics.de
Hier kann jeder eigene Comics hochladen und die Comics anderer bewerten.

Design

dasauge.de
service@dasauge.de

www.dasauge.de
Treffpunkt für „Kreative im Netz". Mit aktuellen Nachrichten, einem umfangreichen Stellenmarkt, Anbieterprofilen und Foren.

Design Tagebuch
mail@designtagebuch.de

www.designtagebuch.de
Design-Blog, der über die neuesten Logos, Kampagnen und Relaunches bekannter Unternehmen berichtet.

Designlexikon International
info@designlexikon.net

www.designlexikon.net
Das Online-Lexikon bietet Infos über Firmen, Designer, Museen und Verbände der Branche und erklärt Fachbegriffe.

designmadeingermany.de

www.designmadeingermany.de
Galerien von Grafik-, Corporate-, Schrift-, Web- und Screendesigns aus deutschen Werbeagenturen.

HilfDirSelbst.ch
info@gamper-media.ch

www.hilfdirselbst.ch
Großes Hilfsforum rund um Mediendesign: Von Web-Design über E-Books, Fotografie, Layout, Film und Sound bis zum Druck.

Foto

dforum.de
info@dforum.de

www.dforum.de
Treffpunkt im Internet für Canon DSLR-Fotografen. Infos zu Kameras, Workshops und ein großes Forum.

DSLR-Forum
support@dslr-forum.de

www.dslr-forum.de
Deutschsprachiger Treffpunkt für digitale Spiegelreflexfotografie. Fragen und Antworten zu Kameras, Objektiven und Zubehör.

Fotograf R
redaktion@fotografr.de

www.fotografr.de
Professioneller Blog zu allen Bereichen der Fotografie mit Buchrezensionen für Bildbände und Tipps zur Fotografie.

FOTOTALK - Fotografie Forum
kontakt@fototalk.de

www.fototalk.de
Das Fotografie Forum rund um die Themen der analogen und digitalen Fotografie.

fototv.de
info@fototv.de

www.fototv.de
Das Fotoportal zeigt im wöchentlich wachsendem Programm kostenpflichtige Fotokurse, Workshops und Fotografen-Interviews.

GIGA Foto
support@giga.de

www.giga.de/foto/
News aus der Fotografieszene, Tutorials, Praxistests und Kaufempfehlungen.

kwerfeldein
kwerfeldein@googlemail.com

www.kwerfeldein.de
Magazin, in dem Fotografen ihr Wissen teilen und Ausstellungen sowie Bücher über Fotografie rezensiert werden.

neunzehn72
paddy@neunzehn72.de

neunzehn72.de
Empfehlungen für Kameras und Equipment für die Fotografie mit zahlreichen Produkttests.

PHOTOGRAPHIE
info@untitled-verlag.de

www.photographie.de
Hier findet man die neuesten Fotoprodukte, aktuelle Tests, Workshops, hilfreiche Tipps und die Top-Trends der Fotoszene.

prophoto-online.de
info@prophoto-online.de

www.prophoto-online.de
Tipps aus der Fotopraxis mit einem digitalen Fotokurs, Bildergalerien und einer Foto-Community.

Foto/Bildarchive & Bildagenturen

fotolia

www.fotolia.de
Bei fotolia können lizenzfreie Bilder gekauft und verkauft werden.

Istockphoto.com

www.istockphoto.com
Auf dieser englischsprachigen Web-Seite findet man unzählige lizenzfreie Bilder zum kostenpflichtigen Herunterladen.

pixabay
info@pixabay.com

www.pixabay.com
Eine Sammlung an kostenlosen, gemeinfreien Bildern. Man kann auch die eigenen Bilder anderen zur Verfügung stellen.

seen.by
support@seenby.de

www.seenby.de
Topfotografen bieten hier ihre Bilder zum Kauf an. Auch eigene Bilder können auf Leinwand gedruckt werden.

Foto/Digitale Fotografie

Digitalfotonetz.de
mail@digitalfotonetz.de

www.digitalfotonetz.de
Viele Infos, Tipps und Tricks rund ums digitale Fotografieren. Dazu wird die Pentax-Digital-Produktreihe vorgestellt.

Digitalkamera.de
mail@medianord.de

www.digitalkamera.de
Umfangreiches Produktarchiv mit Bewertungen rund um das Thema Digitalkameras mit Workshops, Forum und Fotolexikon.

DigitalPhoto
redaktion@digitalphoto.de

www.digitalphoto.de
Das Fachmagazin für digitale Fotografie bietet alles zum Thema „Foto": News und Foren sowie Infos zur aktuellen Ausgabe.

dkamera.de
kontakt@dkamera.de

www.dkamera.de
Online-Magazin über die digitale Fotografie, umfangreiche Digitalkameratests aus dem eigenen Testlabor. Mit Forum.

fokussiert.com
tipps.fokussiert@blogwerk.com

www.fokussiert.com
Blog, der alles bietet, was das Fotografieherz begehrt: Bildkritiken, Techniken und viele Tipps für Hobbyfotografen.

Foto/Fotobücher, Fotogeschenke & Fotokalender

Foto Premio
info@foto-premio.de
☎(0800) 759 76 66

www.foto-premio.de
Mit dem Fotobuch-Assistenten der kostenlosen Gestaltungssoftware kann man schnell und einfach Qualitätsfotobücher aus echtem Fotopapier entwerfen und direkt bestellen. Auch hochwertige Wandbilder, Poster und Wandkalender sowie Fotos, Fotogrußkarten und Fotogeschenke sind hier erhältlich. **(Siehe Abbildung)**

Fotobuch
support@fotobuch.de

www.fotobuch.de
Die Software für die Gestaltung privater Fotobücher sowie eine große Auswahl von Umschlaggrafiken und Layouts.

fotofox
info@foto-fox.de

www.foto-fox.de
Eigene Fotos oder Vorlagen auf Leinwand oder Acryl-Glas drucken. Zudem Fotobücher und Kalender selbst gestalten.

fotopuzzle.de
service@fotopuzzle.de

www.fotopuzzle.de
Liebevolle, individuelle Fotogeschenke wie z. B. Fotopuzzles bestellen und beim Beschenkten für Staunen sorgen.

Mein CEWE FOTOBUCH
fotobuch@photoprintit.de

www.cewe-fotobuch.de
Infos zum CeWe Fotobuch, kostenloser Software-Download, ein Händlerverzeichnis sowie Preise und Formate.

myphotobook.de
kundenservice@myphotobook.de

www.myphotobook.de
Seine schönsten digitalen Bilder kann man hier in Buchform bringen. Farbe und Bindungsart können selbst gewählt werden.

myprinting
support@myprinting.de

www.myprinting.de
Ob ein einzelnes Foto als Poster oder Leinwand oder eine Fotocollage aus vielen Bildern, bei myprinting ist vieles möglich.

Personello.com
business@personello.com

de.personello.com
Fotogeschenke selbst gestalten mit eigenem Foto und individuellem Text: Taschen, Becher, Kalender, Poster oder Kissen.

Printeria
service-printeria@unitedshopservices.com

www.printeria.de
Fotobücher, Fotokalender, Wandbilder, Taschen, Karten, Fotogeschenke und Textilien.

Wandsachen
info@wandsachen.de

www.wandsachen.de
Einkaufsportal für individuelle Produkte zur Wandgestaltung wie Wandtattoos, Fotoleinwände, Fotokalender und Posterdruck.

Foto/Foto-Communitys

Chip Foto Video Galerie
cfv-galerie@chip.de

galerie.chip.de
Hier kann man Fotos präsentieren, bewerten, kommentieren und sogar zum Kauf anbieten.

flickr

www.flickr.com
Flickr präsentiert Millionen von Fotos zu allen Themenbereichen. Man kann hier eigene Fotos hochladen und verwalten.

fotocommunity
office@fotocommunity.net

www.fotocommunity.de
Die Fundgrube für alle Hobbyfotografen: Hier kann man seine Fotos veröffentlichen und zur Diskussion freigeben.

fotolog.com

www.fotolog.com
Bei fotolog.com kann man sich selbst präsentieren, neue Leute treffen sowie Bilder tauschen.

Foto/Fotoentwicklung

fotopost24 Fotoservice
info@fotopost24.de

www.fotopost24.de
Online-Fotoservice für digitale Fotoabzüge, Poster, Fotobücher, Fotokarten, Fotokalender, Glasbilder und Fotogeschenke.

photo-druck.de
info@photo-druck.de

www.photo-druck.de
Fotoabzüge von Digitalfotos sowie Poster, Postkarten, Glasbilder, Kalender und Geschenkartikel.

Pixum
office@pixum.com

www.pixum.de
Pixum Fotobuch, Fotoabzüge auf Premiumpapier, Poster, Leinwandbilder, Fotogeschenke und Online-Alben.

Foto/Fotoentwicklung/Preisvergleiche

Bilder-Dienste Preisvergleich
info@bilder-dienste.de

www.bilder-dienste.de
Der Preisrechner vergleicht die Leistungen verschiedener Anbieter im Bereich der Digitalfoto-Entwicklung.

Foto Premio   **www.foto-premio.de**

Billigefotos.de
solmecke@billige-fotos.de

www.billige-fotos.de
Preisvergleich von Fotolaboren im Internet. Hier findet man günstigste Preise für die Entwicklung von Digitalfotos.

Kulturdenkmäler

Monumente-online.de
online-redaktion@monumente.de

www.monumente-online.de
Deutschlands und Europas Kulturdenkmäler und -geschichte
kennenlernen. Online-Magazin der deutschen Stiftung Denkmalschutz.

Schätze der Welt
info@swr.de

www.schaetze-der-welt.de
Die Seite der SWR-Fernsehreihe „Schätze der Welt" erzählt in eindrucksvollen Bildern Geschichten vom Erbe der Menschheit.

Kunstdrucke, Bilder & Galerien

3w-versand.de
info@3w-versand.de

www.3w-versand.de
Ausgewählte Motive zeitgenössischer Künstler und berühmte
Klassiker als Kunstdruck, Leinwandbild oder Acrylglasbild.

ars mundi
info@arsmundi.de

www.arsmundi.de
Bilder, Skulpturen, Museumsreplikate, Schmuck, Accessoires und
Gartenobjekte.

artflakes
info@artflakes.com

www.artflakes.com
Hier können Künstler ihre Kunstwerke einstellen und verkaufen.
Größe, Papier und Rahmen der Kunstdrucke sind variabel.

Artfolio.de
office@artfolio.de

www.artfolio.de
Ein Kunstportal, auf dem in virtuellen Galerien und Vernissagen
Kunstwerke präsentiert werden.

fineartprint.de
info@fineartprint.de

www.fineartprint.de
Eigene Bilder oder Fotos als Kunstwerk auf Leinwand, Tapete, Papier, oder Poster drucken lassen.

Crabbel.de   **www.crabbel.de**

Anzeige

JUNIQE
service@JUNIQE.com

www.juniqe.com
Kreative Kunstdrucke auf Shirts, Bettwäsche, Smartphone-Hüllen und Armbanduhren. Zudem Drucke und Poster von Künstlern.

Kunsthaus ARTES
info@kunsthaus-artes.de

www.kunsthaus-artes.de
Mehr als 1.500 Werke internationaler Künstler, handsignierte Originale und exklusive Sammlerstücke.

kunstkauf24.de
info@kunstkauf24.de

www.kunstkauf24.de
Alles rund um Kunst: Gemälde, Grafiken, Skulpturen, Rahmen und ein Bereich für Geschenkideen zu speziellen Themen.

Lumas
info@lumas.de

www.lumas.de
Künstlerkatalog, der inspirierende Kunst und Fotografien im Original anbietet.

Siehe auch Kapitel Haus & Garten

Einrichtung/Bilder

Künstler & Künstlerverzeichnisse

● **Crabbel.de**
redaktion@crabbel.de

www.crabbel.de
Das Verzeichnis für den Show- und Eventbereich listet bundesweit über 17.000 Einträge zu Künstlern, Artisten, Musikern, Tänzern u. v. m. Die Einträge lassen sich übersichtlich nach Kategorien durchsuchen. Ein direkter Kontakt ist schnell und einfach möglich – auch mobil mit Such-App für Android und iPhone.
(Siehe Abbildung)

● **gedu**
info@gedu.com

www.gedu.com
Der Künstler-Katalog online ist eine Internet-Datenbank für die Show- und Eventbranche. Man findet professionelle Künstler und Dienstleister mit Kontaktadresse und vielen Videos, gegliedert nach Rubriken, wie Artistik, Bands, Comedy, Entertainment sowie Serviceanbietern für Shows, Messen und Events.
(Siehe Abbildung)

gedu   **www.gedu.com**

eventagentur.com
info@eventagentur.com

www.eventagentur.com
Bundesweites Verzeichnis von Eventagenturen und -dienstleistern. Umfassende Kontaktmöglichkeiten rund um die Eventbranche.

Kuenstler4u
info@kuenstler4u.de

www.kuenstler4u.de
Redaktionell geführtes Künstlerverzeichnis für Art und Kultur in Deutschland, Europa und der Welt.

Kunstclub
info@kunstclub.com

www.kunstclub.com
Der Kunstclub ist eine Community und Galerie für Kunst. Über 700 Künstler stellen rund 3.600 Kunstwerke aus.

ZAV-Künstlervermittlung
zav@arbeitsagentur.de

www.ba-kuenstlervermittlung.de
Vermittlungsservice der Bundesagentur für Arbeit für darstellende Künstler/innen und künstlerisch-technische Fachkräfte.

Kunst- & Kulturzeitschriften

art - Das Kunstmagazin
kunst@art-magazin.de

www.art-magazin.de
Aktuelle News und Hintergrundberichte zu Kunst, Architektur, Design, Kunstmarkt und Kunstszene. Mit kostenlosem Heftarchiv.

mare online
mare@mare.de

www.mare.de
Publikationen des mareverlags: mare – Die Zeitschrift der Meere, Bücher, Bildbände und Kalender. Archiv und Online-Shop.

Literatur/Allgemein

Leselupe
info@leselupe.de

www.leselupe.de
Große Literaturplattform mit Literatursuchmaschine. Veröffentlichung eigener Werke in den Foren sowie Texte anderer Autoren.

literaturcafe.de
redaktion@literaturcafe.de

www.literaturcafe.de
Umfangreiche Seiten zum Thema Literatur mit Prosa, Lyrik, Buchtipps, Berichten und literarischen Links.

liviato.de
mail@liviato.de

liviato.de
Hier kann jeder Zusammenfassungen von Büchern lesen oder selbst schreiben.

Literatur/Autoren & Publizieren

BookRix.de
support-de@bookrix.com

www.bookrix.de
BookRix ist ein Social Network für Autoren und Leser. Jeder kann kostenlos eigene E-Books erstellen und veröffentlichen.

Lulu.com
pr@lulu.com

www.lulu.com/de
Die Plattform für das Erstellen, Kaufen und Verkaufen von digitalen Inhalten on Demand.

Montségur Autorenforum

www.montsegur.de
Forum für Autoren mit den Themen Verlagssuche und Agenturen, Vertrag und Rechte und alles über das Handwerk schreiben.

neobooks
team@neobooks.com

www.neobooks.com
Plattform für Jungautoren. Leseproben veröffentlichen, an Wettbewerben teilnehmen und Feedback von der Community bekommen.

Suite101.de
redaktion@suite101.de

www.suite101.de
Das Netzwerk der Autoren bietet freien Autoren redaktionelle Freiheit und eine Umsatzbeteiligung.

wattpad

www.wattpad.com
Nach einer Anmeldung kann man auf Wattpad kostenlos Geschichten lesen, schreiben und teilen.

Literatur/Bücherdatenbanken

buchhandel.de
serviceline@mvb-online.de

www.buchhandel.de
Verzeichnis aller lieferbaren Bücher aus dem deutschsprachigen Raum. Bestellungen bei angeschlossenen Buchhandlungen.

Literatur/Gedichte, Reime, Zitate & Märchen

Aphorismen
p.schumacher@aphorismen.de

www.aphorismen.de
Sammlung von Aphorismen, über 100.000 Texte, Gedichte, Geschichten und Bauernweisheiten nach Themen geordnet.

Lyrikline.org
mail@lyrikline.org

www.lyrikline.org
Über 8.900 Gedichte von 980 Dichtern in 63 Sprachen und über 12.500 Übersetzungen.

Märchen im Internet
buero@internet-maerchen.de

www.internet-maerchen.de
Internet-Märchenbuch mit über 700 Märchen aus der ganzen Welt.

Projekt Gutenberg
info@abc.de

gutenberg.spiegel.de
Über 14.000 Gedichte, 1.600 Märchen, 1.200 Fabeln, 3.500 Sagen und 1.800 Romane, Erzählungen und Novellen.

Reimemaschine
mail@kaybischoff.de

www.reimemaschine.de
Findet auf jedes Wort den richtigen Reim. Außerdem stehen über 10.000 fertige Gedichte zu verschiedenen Themen bereit.

Reimlexikon
info@2sic.com

www.2rhyme.ch
Die Suchmaschine des deutschen Reimlexikons sucht Wörter mit gleichen Endungen. Fehlende Wörter können eingesendet werden.

sagen.at
wolfgang.morscher@sagen.at

www.sagen.at
Sagen und Märchen von der Antike bis zur Gegenwart aus ganz Europa. Hintergrundinformationen und Nachschlagewerke.

Wikiquote
info-de@wikimedia.org

www.wikiquote.de
Freie und mehrsprachige Zitatsammlung. Von Aristoteles bis Graf von Zeppelin ist so ziemlich alles vertreten.

zitate.net

www.zitate.net
Große Datenbank mit Aphorismen und Zitaten vieler bedeutender Persönlichkeiten zum Nachlesen.

zitate-online.de
info@zitate-online.de

www.zitate-online.de
Zitate für jede Lebenssituation. Auf der persönlichen Nutzerseite Lieblingszitate anlegen oder einfach eigene einreichen.

Zitate-Portal.com
info@zitate-portal.com

www.zitate-portal.com
Jeden Tag gibt es ein neues Zitat, das zum Nachdenken anregt oder einfach nur den Tag versüßt.

Literatur/Hörbücher

Hoerspielprojekt.de
kontakt@hoerspielprojekt.de

www.hoerspielprojekt.de
Die Community für Hörspiele bringt Sprecher, Autoren und Musiker zusammen. Hörspiele werden in der Gemeinschaft produziert.

sofortwelten.de
service@sofortwelten.de

www.sofortwelten.de
Auf dem Download-Portal für Hörbücher und Hörspiele ist eine große Auswahl an Literatur aller Genres erhältlich.

Vorleser.net
post@vorleser.net

www.vorleser.net
Über 650 Hörbücher zum kostenlosen Download: Vertreten sind klassische Autoren mit Märchen, Geschichten und Gedichten.

Literatur/Lektorat & Korrektorat

Dr. Werner
service@drwerner.de

www.drwerner.de
Profi-Textagentur für Lektorat, Korrekturlesen, Texterstellung, Übersetzungen und mehr. Unkompliziert online bestellen.

Lektorat.de
info@lektorat.de

www.lektorat.de
Verzeichnis von Dienstleistern aus dem Publishing-Bereich: Lektorate, Korrektorate, Übersetzer, Grafikdesigner und Texter.

Literatur/Rezensionen & Buchkritiken

buecher-blog.net
redaktion@globalscout.de

www.buecher-blog.net
buecher-blog.net ist eine Besprechungsseite für neue und lesenswerte Bücher, bei der jeder als Autor mitmachen kann.

buecher-magazin.de

www.buecher-magazin.de
Das unabhängige Literatur- und Hörbuchmagazin präsentiert viele Buchrezensionen und aktuelle Literatur-Nachrichten.

Gedankenspinner.de
michael.petrikowski@gedankenspinner.de

www.gedankenspinner.de
Aktuelle Buchtipps und Buchrezensionen.

Krimi-Couch
inf@literatur-couch.de

www.krimi-couch.de
Rezensionen von Kriminalromanen und Vorstellung der Autoren.

Literra
redaktion@literra.info

www.literra.info
Literaturportal, das sich bevorzugt dem Programm von Kleinverlagen widmet. Mit Focus auf Fantasy und Science-Fiction.

lovelybooks.de
info@lovelybooks.de

www.lovelybooks.de
Community für Leser und Autoren: Austausch von Lesetipps, Bücher bewerten, Rezensionen schreiben, Gleichgesinnte finden.

Perlentaucher.de
service@perlentaucher.de

www.perlentaucher.de
Kulturmagazin im Internet mit täglicher Auswertung der Buchrezensionen in deutschsprachigen Zeitungen. Mit Leseproben.

Phantastik-Couch.de
chefredaktion@phantastik-couch.de

www.phantastik-couch.de
Buchrezensionen aus den Bereichen Science Fiction, Fantasy, Horror und Mystery.

reller-rezensionen.de
gisela@reller-rezensionen.de

www.reller-rezensionen.de
Die Rezensionen stellen ins Deutsche übersetzte Bücher von Autoren der ehemaligen Sowjetunion vor.

Malen & Zeichnen

Kritzelmeister.de
anfrage@kritzelmeister.de

www.kritzelmeister.de
Malplattform mit Malforum, Tipps und Malvorlagen.

Wie-malt-man.de
redaktion@wie-malt-man.de

www.wie-malt-man.de
Schritt-für-Schritt Anleitungen aus den Bereichen Ölmalerei, Acrylmalerei, und Zeichnen. Mit Video-Malkursen.

zahlenmalerei.de
info@zahlenmalerei.de

www.zahlenmalerei.de
Große Motiv-Auswahl zum Thema „Malen nach Zahlen" für Kinder und Erwachsene. Kratzbilder, Mandala, 3D, Sand und Zubehör.

Models & Castings

casting partner
info@castingpartner.de

www.castingpartner.de
Casting-Netzwerk mit spezialisierter Datenbank in Kooperation mit Sendern und Produktionsfirmen, Infos zum (Video-)Casting.

CastingShow-News
info@castingshow-news.de

www.castingshow-news.de
Hier erfährt man alles über DSDS, Popstars, Das Supertalent, X Factor, Germanys next Topmodel und andere Castingshows.

Casting-Verzeichnis.de	**www.casting-verzeichnis.de**
	Das Portal ist ein kostenloser, redaktionell gepflegter Web-Katalog für die Casting-, Medien- und Showbranche.
Fame on Me mail@fameonme.de	**www.fameonme.de** Deutschlands große Casting-Community für Models, Schauspieler, Moderatoren, Sänger, Komparsen und TV-Kandidaten.

Museen & Galerien

Deutsche Museen info@deutsche-museen.de	**www.deutsche-museen.de** Verzeichnis von Museen in Deutschland. Schnell zu finden per Suchmaske. Termine für Museumsnächte und Veranstaltungen.
googleartproject.com	**www.googleartproject.com** Virtueller Rundgang durch 17 weltberühmte Museen.

Musik/Allgemein

Deutsches Musikinformationszentrum info@miz.org	**www.miz.org** Zentrales Informationsportal zum Musikleben in Deutschland: Institutionen, News, Fachbeiträge, Dokumente und Statistiken.
Musik4fun.com	**www.musik4fun.com** Diskussionen über die verschiedenen Musikrichtungen, Songtexte, Bands, Musiker und ein Lexikon.

Musik/Bands & Interpreten

setlist.fm	**www.setlist.fm** Musikwiki mit Setlists vergangener Konzerte von zahlreichen Sängern, Bands und Musikfestivals.

Musik/CD, Blu-ray, DVD- & Vinyl-Versand

deejay.de info@deejay.de	**www.deejay.de** Techno und House Vinylherstellung und Vertrieb. Weltweite Importe und Versand. Zudem Equipment wie Hüllen und Trollys.
Finest Vinyl mail@finestvinyl.de	**www.finestvinyl.de** Große Auswahl an Schallplatten. Von Rock und Metall bis hin zu Klassik. Zudem Zubehör und Infos über Neuerscheinungen.
jpc service@jpc.de	**www.jpc.de** Über 400.000 CDs und DVDs, ca. 1,9 Millionen Hörproben und 220.000 Cover-Abbildungen.
Klangheimat post@klangheimat.de	**www.klangheimat.de** Spezialist für Vinyl und analoge Audiosysteme mit Schallplatten aus den Genres Jazz, Funk, Klassik, Rock, Blues und Soul.
WOM World of Music service@wom.de	**www.wom.de** Umfangreiches Musikangebot an CDs und Platten sowie Filmen auf DVD und Blu-ray. Download-Shop sowie Link zum WOM-Magazin.
Siehe auch Kapitel Einkaufen	**Bücher**

Musik/Charts & Hits

deutsche dj charts mail@plattenmann.de	**www.ddjc.de** Hitlisten deutscher DJs und aktuelle Charts, aber auch Hitlisten der vergangenen Jahre.
Deutsche-DJ-Playlist (DDP) info@poolposition.com	**www.deutsche-dj-playlist.de** Die Deutsche-DJ-Playlist präsentiert in Zusammenarbeit mit 500 ausgewählten DJs die Hits aus Deutschlands Diskotheken.

mix1.de
info@mix1.de

www.mix1.de
Jede Menge Charts: Deutsche Discjockey-Charts, DJ-Party-Charts, Schlager-Charts, europäische und internationale Charts.

Musik/DJs

Dance-Charts.de

www.dance-charts.de
Portal für Dance-Charts und DJ-Promotion mit Neueinsteigern und aktuellen Compilations. DJs stellen ihren Sound vor.

deejayforum.de

www.deejayforum.de
Für DJs und Begeisterte. Großes Forum, Blog sowie Artikel zum Neuesten aus der DJ-Szene.

Musik/Festivals, Tourneen & Konzerte

Festivalfieber
redaktion@festivalfieber.de

www.festivalfieber.de
Festivals deutschlandweit und international. Festivalkalender mit Monatsansicht, News und Videos der Bands.

Festivalguide
festivalguide@intro.de

www.festivalguide.de
Termine, News, Berichte zu Festivals, Tourneen, Live-Events und Konzerten in Europa.

festivalhopper.de
info@festivalhopper.de

www.festivalhopper.de
Informationsplattform für Open-Air-Festivals und ähnliche Musik-veranstaltungen.

Festivalplaner.de
redaktion@festivalplaner.de

www.festivalplaner.de
Die große Datenbank im Bereich Festivals, Open-Airs und Konzer-te. Mit praktischen Infos zu Line-Up, Anfahrt und Camping.

livegigs.de
info@livegigs.de

www.livegigs.de
Veranstaltungen, Konzerte, Touren und Locations im deutschspra-chigen Raum.

Musik/Instrumente

gitarren-forum

www.gitarren-forum.de
Infos und Artikel zu verschiedenen Gitarren sowie ein Forum und ein Blog.

Music Store
info@musicstore.de

www.musicstore.de
Umfangreiches Versandlager für Musik-Equipment wie Gitarren, Bässe, Drums, Keyboards, DJ-Equipment und Synthesizer.

Musikhaus Thomann
info@thomann.de

www.thomann.de
Hier findet man alles, was das Musikerherz höher schlagen lässt: Instrumente, Studio-, Licht- und Beschallungstechnik.

Schallquelle
info@schall-quelle.de

www.schall-quelle.de
Musikinstrumente wie Gitarre, Trompete, Piano und Streichinstru-mente sowie Musiknoten und passendes Zubehör.

Musik/Liedertexte & Songtexte

Magistrix.de
info@quartermedia.de

www.magistrix.de
Diese Community sammelt Songtexte in einer Datenbank. Dazu gibt es Songtexte-Charts und Nachrichten aus der Musikwelt.

songtexte.com

www.songtexte.com
Songtexte (fast) aller bekannter Lieder, meist auch mit Musikvi-deos.

Songvista.net
admin@songvista.net

www.songvista.net
Die Infoquelle für Liedtexte aller Art. Einfach durchzustöbern nach Songtexten, Übersetzungen sowie Tabs und Chords.

Musik/MP3 & Musikdownloads

jamendo
contact@jamendo.com

www.jamendo.com
Online-Musikplattform und Community, weltweiter Anbieter für freie Musik, private und professionelle Nutzung.

kix.de

www.kix.de
Meta-Suchmaschine für kostenpflichtige Musikdownloads.

MEDIONmusic
service-medionmusic@medion.com

www.medionmusic.com
Mit mehr als 20 Millionen Songs bietet MEDIONmusic eine große Auswahl an Musik zum kleinen Preis.

Musicload
info@musicload.de

www.musicload.de
Bei Musicload können User unter Angabe der E-Mail-Adresse Musik, Musikclips und Hörbücher legal kaufen und herunterladen.

Napster.de
info@napster.de

www.napster.de
Musik-Service mit über acht Millionen Songs aller Genres. Einzelne Songs downloaden oder monatliche Musik-Flatrate nutzen.

Tonspion
info@tonspion.de

www.tonspion.de
Das MP3-Musikmagazin stellt neue Alben und Künstler über kostenlose MP3-Downloads in CD-Qualität vor.

Musik/Musicals

Musicalfreunde
mail@musicalfreunde.de

www.musicalfreunde.de
Musical-Community mit Tipps für Premieren, Storys der Musical-Stars, und Fanforum mit Musicalbewertungen und Fotos.
(Siehe Abbildung)

Musical-Magazin
kontakt@thatsmusical.de

www.thatsmusical.de
Musical-Magazin mit aktuellen Themen, Rezensionen, News und Datenbanken, einem Ticket-Shop, Spielplänen und Forum.

Musicalfreunde   **www.musicalfreunde.de**

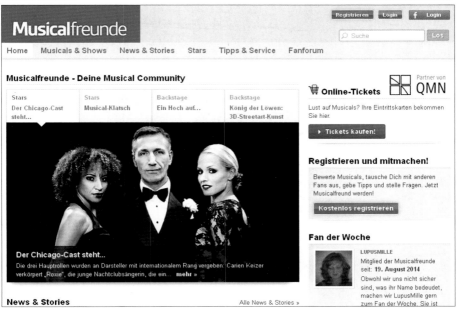

Kunst & Kultur

musical-total.de
info@musical-total.com

www.musical-total.com
Internet-Portal zum Thema Musical. News, Berichte, Termine und
Informationen über Musicals, Darsteller und Spielstätten.

Musik/Musikbücher & Musiknoten

 alle-noten.de
info@alle-noten.de
☎(08157) 997 950

www.alle-noten.de
In der großen Auswahl an lieferbaren Notenausgaben des Online-
Notenversands lassen sich Musiknoten sämtlicher Stilrichtungen
finden. Das Angebot reicht von Noten für Chor und Gesang über
Einzelinstrumente aller Art sowie Ensembles bis hin zu Literatur
über Musiktheorie und Musikerziehung. **(Siehe Abbildung)**

Jetelina
info@jetelina.de

www.jetelina.de
Der Spezialversand im Bereich der Musik bietet die Möglichkeit,
aus über 250.000 Musiknoten das gewünschte Werk zu finden.

Kinder wollen singen

www.kinder-wollen-singen.de
Kinderlieder, die frei von Urheberrechten sind. Ideal für Kindergärten und andere öffentliche Einrichtungen.

notenbuch.de
service@notenbuch.de

www.notenbuch.de
Hier findet man ein großes Angebot an Noten, Lieder- und Musik-
büchern sowie internationalen Songbooks.

● **Stretta Music**
info@stretta.de
☎(09306) 98 52 20

www.stretta-music.com
Versand für Musikbücher und Noten aller Art: Noten für Bläser,
Streicher, Zupf- und Tasteninstrumente, Schlagzeug, Sänger und
die Schulmusik mit Noten- und Klangbeispielen. Bücher für Theater, Künstler, Kinder und zur Musiktheorie, Notenpulte, Stimm-
geräte, Reinigungsmittel sowie Pultleuchten. **(Siehe Abbildung)**

alle-noten.de   **www.alle-noten.de**

Anzeige

418

Musik/Musikrichtungen/Alternative

Terrorverlag
karsten@terrorverlag.de

www.terrorverlag.de
Alles zu Alternative-Musik im Web. Mit vielen Interviews, Konzertberichten, CD-Rezensionen, Fotos und einem Forum.

Musik/Musikrichtungen/Black Music & Soul

JAM FM
mail@jamfm.de

www.jam.fm
Deutschlands großer Black-Music-Radiosender bietet Playlists, Programmübersichten sowie CD-, Event- und Szenetipps.

Musik/Musikrichtungen/Blasmusik

Blasmusik online
infos@blasmusik.de

www.blasmusik.de
Für Freunde der Blasmusik. Mit Infos zu Verbänden und Fachhandel, Veranstaltungstipps sowie einem Blasmusik-CD-Shop.

Musik/Musikrichtungen/Country & Western

Country Music News

www.countrymusicnews.de
Aktuelle News aus der Country-Szene, Künstlerbiografien, CD- und DVD-Tipps, Terminkalender, Charts und Forum für Fans.

Country.de
info@country.de

www.country.de
Das deutschsprachige Magazin liefert aktuelle News, Biografien, Specials, Porträts, Reviews, Reportagen sowie Kolumnen.

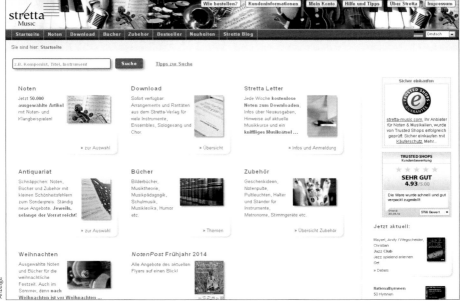

Musik/Musikrichtungen/Folk- & Weltmusik

Weltmusikradio.de
info@weltmusikradio.de

www.weltmusikradio.de
Die Seiten mit Tipps für Folk- und Weltmusik-Fans: aktuelle CDs, Radiosendungen, Konzerte. Viele Fotos, Videos und Links.

Musik/Musikrichtungen/Gospel

Gospelradio.de

www.gospelradio.de
Das Internet-Radio spielt rund um die Uhr ohne Werbung Gospelsongs. Außerdem Andachten und Interviews als Podcast.

Musik/Musikrichtungen/Hardrock & Metal

Metal.de

www.metal.de
Artikel und Infos zu neuesten, beliebtesten oder besten Bands, Clubs, Labels und Magazinen sowie CD-Reviews.

Powermetal.de
info@powermetal.de

www.powermetal.de
Magazin für Rock, Metal und Gothic. News, Reviews, Soundcheck, Interviews, Konzertberichte, Fotos und Community.

Rock Hard
megazine@rockhard.de

www.rockhard.de
Das Musikportal mit über 35.000 Reviews, Interviews, Tourdaten und die vermutlich verrockteste Community Deutschlands.

Musik/Musikrichtungen/Jazz

Jazz in Deutschland
jazz@jazzpages.com

www.jazzpages.com
Jazz in Deutschland: Jazzforum, Jazzfotografie, News, Musiker- und Clubseiten, Zitate, Reviews und Festivalübersicht.

Jazz thing
redaktion@jazzthing.de

www.jazzthing.de
Detailliertes Angebot an Jazznachrichten, Rezensionen, Konzerten und Festivals, Blogs, Podcasts und Jazz im TV und Radio.

JazzEcho
kontakt@jazzecho.de

www.jazzecho.de
Jazz von A bis Z: News und CD-Rezensionen, Videos, Hörbeispiele sowie aktuelle Jazz-Charts, Live-TV- und Radio-Termine.

Musik/Musikrichtungen/Klassik

classictic
info@classictic.de

www.classictic.com
Tickets für klassische Konzerte und Oper in Kulturstädten Europas und weltweit. Suche nach Datum, Spielort oder Komponist.

crescendo
crescendo@crescendo.de

www.crescendo.de
Aktuelle Rezensionen von Veranstaltungen, CD- und DVD-Kritiken, Interviews und Kommentare sowie ein Festspielguide.

KlassikAkzente
kontakt@klassikakzente.de

www.klassikakzente.de
Infos zu klassischer Musik: CD-Veröffentlichungen, Konzert-, TV- und Radiotermine, Hörbeispiele und Klassik-Charts.

listen-to-the-future.de
info@staatsphilharmonie.de

www.listen-to-the-future.de
Spielend Klassik erfahren: Die Staatsphilharmonie Rheinland-Pfalz zeigt kleinen Entdeckern die Welt der klassischen Musik.

Musik/Musikrichtungen/Rap & Hip-Hop

HipHop.de
info@hiphop.de

www.hiphop.de
Große Hip-Hop-Community. Foren, Musiktipps, MP3s, Bücher und CDs, aber auch Themen wie Graffiti und Sport.

Rap.de
info@rap.de

www.rap.de
Forum für Rap und Hip-Hop. Event- und Konzerttermine, Reviews, CDs und Charts. MP3-Files und Music-Store.

Musik/Musikrichtungen/Rock & Pop

1 Live Digital

www.einslive.de/sendungen/diggi
Hits aus Hip-Hop, R'n'B, Dance, Rock und Pop. Ohne Moderationen und ohne Werbung.

Rolling Stone online
redaktion@rollingstone.de

www.rollingstone.de
Umfassende Reportagen, Konzert-Reviews, Platten- und Buchkritiken, Interviews und Porträts sowie exklusive Berichte.

Musik/Musikrichtungen/Techno & House

djtunes.com
info@dance-all-day.com

www.djtunes.com
Neue Songs, Künstlervorstellungen und Playlists rund um Electro-, Minimal-, House-, Trance- und Technomusik.

HTD-Radio
info@htd-radio.de

www.htd-radio.de
Online-Auftritt des Internet-Radios im Bereich House, Trance, Dance und allen Richtungen des Techno.

Musik/Musikrichtungen/Volksmusik & Schlager

SchlagerPlanet
info@schlagerplanet.de

www.schlagerplanet.com
News von den Schlagerstars, Schlager-Charts, Konzerttickets, Video- und Bildergalerien, CD-Shop und MP3-Downloads.

schlagerportal.com

www.schlagerportal.com
Hier findet man alle Infos rund um die Schlager-Szene. Von Rezensionen über Tickets bis hin zu Star-Biografien.

Schlagr.de
info@schlagr.de

www.schlagr.de
Die neuesten Nachrichten von den Schlager-Stars und -Sternchen. Verschiedene Schlager-Charts, Konzert-Tipps und Videos.

Musik/Musikschulen & Musiklehrer

Musiklehrer.de
contact@musiklehrer.de

www.musiklehrer.de
Online recherchierbare Musiklehrer-Datenbank. Außerdem Infos rund um das Musizieren sowie zur Wahl des Musikinstruments.

Verband deutscher Musikschulen VdM
vdm@musikschulen.de

www.musikschulen.de
Der VdM informiert über die rund 920 öffentlichen Musikschulen und eigene Projekte wie den Medienpreis LEOPOLD.

Musik/Musikstreaming & Online-Musik

AMPYA.com
info@ampya.com

www.ampya.com
Musikstreamingdienst mit Zugang zu 20 Millionen Songs, über 50.000 Musikvideos und mehr als 100.000 Radios.

AUPEO!
support@aupeo.com

www.aupeo.com
Bei AUPEO! kann man sein persönliches Lieblingsmusikprogramm zusammenstellen und direkt anhören.

deezer.com

www.deezer.com
Über 30 Millionen Songs kostenpflichtig streamen und sogar offline und mobil hören.

jango
info@jango.com

www.jango.com
Dieses Portal erfüllt Musikwünsche. Jeder User hat eine eigene Station und findet Gleichgesinnte, die seinen Geschmack teilen.

justhearit

www.justhearit.com
Die Suchmaschine für Songs findet fast jeden Titel im Internet.
Es lassen sich auch eigene Playlists erstellen. Alles kostenlos.

Last.fm
office@last.fm

www.lastfm.de
Hier kann man das persönliche Radioprogramm zusammenstellen und neue Musik entdecken.

laut.fm
radio@laut.de

www.laut.fm
Handverlesene Musikprogramme, liebevoll von laut.fm-DJs zusammengestellt.

play.fm
office@play.fm

www.play.fm
Das On-Demand-Radio für Live-Mitschnitte und DJ-Sets.

Rdio
info@rdio.com

www.rdio.com
Online- und Offline-Musik im Abo. Zum Hören auf PC, Mac und
mobilen Geräten.

simfy.de
support@simfy.com

www.simfy.de
Bei simfy.de kann man ganz legal mit Freunden Musik tauschen
und die eigene Musiksammlung archivieren.

SoundCloud

www.soundcloud.com
Auf der englischsprachigen Seite kostenlos neue Musik finden,
Titellisten erstellen und Freunden sowie Künstlern folgen.

Spotify
kundendienst_de@spotify.com

www.spotify.com
Online-Musikarchiv, bei dem man die Titel gratis hören kann. Pre-
miumservice kostenpflichtig.

Musik/Musikvideos

myvideo.de

www.myvideo.de/musik
Verschiedene Top-Musik-Channels und Pop-Playlisten anderer
User.

putpat.tv
gimme@tvrl.net

www.putpat.tv
Putpat ist ein Internet-Musikfernsehsender, auf dem man seine
eigenen Musikwünsche zusammenstellen kann.

tape.tv
info@tape.tv

www.tape.tv
Aus über 12.000 Clips kann man sein eigenes Musikprogramm
zusammenstellen. Mit Chart-Stream.

youtube

www.youtube.com
Millionen von Musikvideos. Viele Live-Auftritte bekannter Sänger
und Bands.

Musik/Musikzeitschriften

Intro.de
verlag@intro.de

www.intro.de
Plattform des Musikmagazins Intro mit News, Reviews, Terminda-
tenbank, Videoclips und MP3s sowie einem Forum.

Musikexpress
redaktion@musikexpress.de

www.musikexpress.de
Online-Auftritt des Musikexpress. Neuigkeiten, Interviews, Hintergrundinfos, Konzerttipps, Newcomer und viele Hörproben.

VISIONS
info@visions.de

www.visions.de
Netzauftritt der Musikzeitschrift VISIONS mit News, Tourdaten,
Bandvorstellungen und Plattenkritiken.

Musik/Online-Musikmagazine

Bass-Music
info@bass-music.de

bass-music.de
Musikmagazin mit aktuellen News über Stars und Sternchen der
Musik-Szene.

CDstarts.de
leserbriefe@cdstarts.de

www.cdstarts.de
Übersicht über die CD-Neuerscheinungen. Außerdem Berichte, Tourdaten und Interviews. Mit Forum.

CountryMusicNews.de

www.countrymusicnews.de
Aktuelle Neuigkeiten aus der Country-Szene – von Reportagen und Interviews über Biografien, CD-, DVD- und Blu-ray-Tipps bis hin zu aktuellen Charts und wichtigen Terminen. Außerdem gibt es Tipps zu Filmen und Sendungen rund um das Thema „Country" sowie Diskussionsmöglichkeiten im Forum. **(Siehe Abbildung)**

Laut.de
redaktion@laut.de

www.laut.de
News und Storys aus dem deutschen und internationalen Musikgeschehen, CD-Reviews, Genre-Guide und Interpretendatenbank.

musicline.de
info@musicline.de

www.musicline.de
musicline.de ist die Musik-Suchmaschine im Internet mit mehr als 5 Millionen Hörproben von über 600.000 Tonträgern.

Plattentests.de
post@plattentests.de

www.plattentests.de
Große Sammlung von CD-Rezensionen aller wichtigen Erscheinungen der letzten Jahre aus den Bereichen Rock und Independent.

Recording.de

recording.de
Eine große Community zum Thema Musik und Computer: News, Forum, Downloads, Soft- und Hardware-Infos.

Musik/Ticketservice

Siehe Kapitel Freizeit & Hobby

Veranstaltungen & Tickets

CountryMusicNews.de

www.countrymusicnews.de

Anzeige

Theater & Tanz

Die Deutsche Bühne Online
info@die-deutsche-buehne.de

www.die-deutsche-buehne.de
Das Theatermagazin bietet Berichte, Reportagen, Essays und Interviews über das Theater auf, vor und hinter der Bühne.

getthedance.com
info@getthedance.com

www.getthedance.com
Online-Tanzkurse, Tanzpartner-Suche, Forum, Foto-Upload und Nachrichtenaustausch.

nachtkritik.de

www.nachtkritik.de
Unabhängiges Theaterportal für den deutschsprachigen Raum. Profikritiken, Presserundschauen, Debatten und Archiv.

tanznetz.de
info@tanznetz.de

www.tanznetz.de
Das Internet-Portal präsentiert Tanzkritiken, Veranstaltungstipps sowie Infos zu Ausbildung und Auditionen. Großes Forum.

MEDIEN

Registrieren | Login

Partner von

N nachrichten.de ^{BETA}

Suchbegriff eingeben

Nachrichten finden ▼

FOCUS

Live: 6.881.151 Meldungen aus 848 Quellen   26.06.2014 | 08:00 Uhr

| Home | Politik | Wirtschaft | Sport | Panorama | Wissen | Gesundheit | Kultur | Computer | Reise | Koalitionsverhandlung |

Top-Nachricht
Sortiert nach: **Standard** ▼

N Matt Damon und Ben Affleck fördern Nachwuchsregisseure
NACHRICHTEN.DE VOR 21 MINUTEN   ZUM ARTIKEL →

Los Angeles (dpa) - Die Oscar-Preisträger Matt Damon (43) und Ben
Affleck (41) wollen junge Filmtalente fördern. Die eng befreundeten
Schauspieler, die 1997 zusammen einen Drehbuch-Oscar für das Drama
«Good Will Hunting» holten, stehen als ... Foto: dpa

+ **Meldungen** (1), **Bilder** (1), **Kommentare** (0)

Politik

N Nato verlangt «unverzüglich» konkrete Zeichen von Russland
NACHRICHTEN.DE VOR 8 STUNDEN   ZUM ARTIKEL →

Brüssel (dpa) - Angesichts der brüchigen Waffenruhe
in der Ostukraine hat die Nato von Russland
«unverzüglich» eine konkrete Mitwirkung an einer
Friedenslösung gefordert. Foto: dpa

+ **Meldungen** (53), **Bilder** (2), **Kommentare** (0)

Angriff der Linkspartei: Oppermann vergleicht... VOR 10 STUNDEN
BND leitete Telefondaten an NSA weiter VOR 43 MINUTEN
Bundestag berät über Gabriel-Etat VOR 44 MINUTEN

Wirtschaft

FAZ.NET Was Sie heute erwartet: Fußball-Freud und Strompreis-Zank
FRANKFURTER ALLGEMEINE ZEITUNG VOR 21 MINUTEN   ZUM ARTIKEL →

Live-Ticker ▷

07:44 Südkoreas Ministerpräsident Chung
       bleibt im Amt
07:43 Todesfällen in der Ostsee: Taucher
       sichten "Geisternetze"
07:43 Zweitägiger Wettkampf: Wow! So fit sind
       unsere Polizisten
07:43 Opel-Fahrer bedroht: Pistolen-Angriff
       mitten in der City
07:42 Training: Bellinghausen hilft Giannis
       Gianniotas beim Ausziehen
07:42 Klinsmann: „Erst nach dem Spiel drücke

Themen

Los Angeles
Matt Damon und Ben Affleck fördern
Nachwuchsregisseure
Los Angeles (dpa) - Die Oscar-
Preisträger Matt Damon (43) und Ben Affleck (41)
wollen... mehr

Mehr als 15 000 Rosen für Michael Jackson
Los Angeles - Fans erinnern mit Rosen an Michael
Jackson: Fünf Jahre nach dem Tod des... mehr

Prozess für Chris Brown im September
Los Angeles - US-Sänger Chris Brown (25) wird ab
September wieder vor Gericht stehen. Wie... mehr

Drama
Los Angeles (dpa) - Die Oscar-
Preisträger Matt Damon (43) und Ben
Affleck (41) wollen... mehr

Russland
Die bisherigen Entspannungsschritte
Russlands in der Ukraine-Krise
reichen Nato und USA... mehr

Deutschland

Stuttgart

Oberkörper

Justin Bieber

Syrien

Social Bookmarks

www.serienjunkies.de

Serienjunkies.de

Können Sie es auch kaum erwarten, bis endlich die neue Staffel Ihrer Lieblings-serie beginnt? Dann sind Sie bei den Serienjunkies genau richtig, denn dort erfahren Sie das Aktuellste rund um TV-Serien. Neben umfangreichen Berich-ten und Ankündigungen von Serienstarts erwarten Sie hier Interviews mit Stars sowie Infos, wann und auf welchem Sender die nächste Folge „Ihrer" Serie ausgestrahlt wird. Zudem können Sie sich über die Handlung der belieb-testen Serien informieren und so eventuell auch für sich einen neuen Liebling entdecken. Dies ist bei über 1.400 aufgeführten Fernsehserien aus aller Herren Länder durchaus möglich. Auf dass Ihr Serien-Liebhaber-Herz höher schlage!

www.huffingtonpost.de

Huffington Post Deutschland

Wie entwickeln sich die Konflikte in Syrien und im Irak? Welche Urlaubsländer sind momentan am günstigsten? Wie kann ich mein Kind vor Mobbing in der Schule schützen? Was richtet Fast Food mit meiner Gesundheit an? Und welcher Promi hat sich am letzten Wochenende mal wieder gehörig daneben benommen? Die Huffington Post ist eine Plattform, auf der Leser, Experten und Journalisten miteinander diskutieren und wichtige Themen vorantreiben können. Im Mittelpunkt steht hier der Austausch mit den Lesern, die die Möglichkeit haben, selbst Teil von Debatten zu werden und Gedanken zum täglichen Weltgeschehen in eigenen Gastbeiträgen zu veröffentlichen.

www.local24.de

local24.de

Möchten Sie Ihre alte Comic-Sammlung verschenken, suchen Sie eine ganz bestimmte Briefmarke für Ihre Sammlung oder brauchen Sie noch einen Hundesitter für den Sommerurlaub? Auf local24.de ist garantiert das Richtige für Sie dabei: Die Web-Seite bündelt sämtliche Angebote und Schnäppchen aus den größten Kleinanzeigenmärkten in Deutschland und lis-tet diese übersichtlich in Kategorien wie Immobilien, Stellenangebote, Bauen und Renovieren, Dienstleistungen, Mode und Accessoires, Veranstaltungen oder Partnersuche. Über die Suchmaske können Sie angeben, was genau und wo Sie suchen und sich anschließend durch alle passenden Anzeigen klicken.

www.radio.de

Radio.de

Wozu Radiofrequenzen per Schieberegler durchforsten? Das Radio des 21. Jahrhunderts geht übers Internet und wird lediglich per Maus-Klick gesteuert. Auf Radio.de finden Sie alle erdenklichen Sender und können sich diese dank integrierter Livestreams sofort anhören. Einfach Lieblingsstation auswählen und los geht's! Egal, wo Sie sich befinden und welche Sender in Reichweite sind, ob traditionelle Folklore aus Europa, heiße Latin-Beats aus Südamerika oder gefühlvolle Balladen aus Asien, hier können sich Radioliebhaber austoben und aus über 10.000 Sendern weltweit nach Musik-, Themen- oder Sprachkriterien auswählen. Na, sind Sie schon ganz Ohr?

www.moviepilot.de

moviepilot

Wenn ein Kinobesuch ansteht oder wenn man einen Film für den Heimkinoabend besorgen soll, dann gestaltet sich die Auswahl mitunter schwierig. Eine gute Hilfe ist hier der Filmratgeber moviepilot.de, der anhand Ihrer bevorzugten Lieblingsstreifen ähnlich geartete Spielfilme anzeigt, die genau Ihren Geschmack treffen müssten. Außerdem erfahren Sie, welche Filme Sie sich besser nicht anschauen sollten. Zu den Filmtipps stehen jeweils Vorschau-Trailer, Bilder und Filmkommentare anderer User zur Verfügung. Darüber hinaus können Sie Gleichgesinnte treffen und mit diesen über die neuesten Filme diskutieren oder im Filmquiz gegeneinander antreten.

www.fernsehserien.de

Fernsehserien.de

Auch Seifenopern können süchtig machen. Der wahre Soap-Fan bekommt ganz blasse Gesichtshaut, schwitzige Hände und nervöse Zuckungen, sobald er fatalerweise eine Folge seiner Lieblingsserie verpasst hat und somit nicht weiß, ob Paul Petra verführt, Simon Tina betrügt oder Detlef sich geoutet hat. Um sich dieses Leid zu ersparen, sollte der Serienabhängige diese Seite ansurfen: Zu jeder erdenklichen Fernsehserie gibt es die aktuellen Sendetermine, Zuschauerkommentare und tolle Links, beispielsweise zu passenden Fanclubs. Auch kommende Serienstarts werden angekündigt und im TV-Rückblick kann man noch einmal in Erinnerungen schwelgen.

www.tvtv.de

tvtv

„Schaa-haatz..! Was läuft in der Glotze?!" Wenn Sie Ihren Partner wirklich gern haben, sollten Sie bei dieser Frage um eine lückenlose Antwort bemüht sein. Daher brav das übersichtliche Fernsehprogramm von tvtv ansurfen, welches neben den Hauptsendern und Bezahl-Kanälen auch regionale sowie ausländische Sender aufführt. Spielfilme und Serien sind nach typischen Genres wie Action, Horror oder Drama sortiert. Und weil Sie Ihren Schatz lieben, können Sie ihm mit dieser Seite einen ganz besonderen Dienst erweisen, indem Sie seine Lieblingsprogramme über den PC verwalten und aufnehmen – einfacher geht's nicht!

www.kino.de

kino.de

Sie wissen nicht, was Sie heute Abend machen sollen? Wie wär's mal wieder mit Kino? Hier steht Ihnen das bundesweite Kinoprogramm mit Kommentaren und Kritiken von Kinobesuchern zur Verfügung. Sie können sich informieren, was derzeit läuft, die „Top Ten" abfragen, nach einem bestimmten Film suchen oder in der Rubrik „Vorschau" nachsehen, welche Filme demnächst anlaufen. Damit man auch immer auf dem Laufenden bleibt, kann man interessante Hintergrundinfos zu den Filmen in den Rubriken „Stars" oder „News" herausfinden. In der Community können Sie über die Filme und die Schauspieler diskutieren.

Allgemein

IOFF
kontakt@ioff.de

www.ioff.de
Großes Fernseh- und Medienforum. Themen: TV-Serien, Doku- und Reality-Soaps sowie Kino, Video, Spiele und andere Medien.

Kress.de
post@kress.de

www.kress.de
Branchendienst für Medien und Kommunikation mit Nachrichten aus Print, TV, Radio, Werbung und Internet.

mediabiz
emv@e-media.de

www.mediabiz.de
Großes Informationsportal für die professionelle Entertainment- und Medienbranche mit News, Stellenmarkt und Shop.

Anzeigenblätter/Baden-Württemberg

Stuttgarter Wochenblatt
webmaster@stw.zgs.de

www.stuttgarter-wochenblatt.de
Neben Nachrichten gibt es einen Anzeigenmarkt für Kfz und Immobilien sowie einen gut sortierten Veranstaltungskalender.

Wochenblatt online
wochenblatt.gesamt@wbrv.de

www.wochenblatt-online.de
Kleinanzeigen können online gelesen und aufgegeben werden. Veranstaltungshinweise zwischen Alb und Bodensee abrufbar.

● **Zypresse**
kleinanzeigen@zypresse.com

www.zypresse.com
Die Zypresse ist die Anzeigenzeitung für den südbadischen Raum (Region Freiburg, Lörrach, Offenburg). Auf der Web-Seite findet man alle Anzeigen, die im Print erscheinen, und kann sie direkt aufgeben. Zusätzlich enthält die Web-Seite einen Veranstaltungskalender, ein Kinoprogramm, einen Mittagstisch u. v. m.
(Siehe Abbildung)

Zypresse

www.zypresse.com

Anzeigenblätter/Bayern

Allgäuer Anzeigeblatt
info@allgaeuer-anzeigeblatt.de

www.allgaeuer-anzeigeblatt.de
Anzeigen für das Oberallgäu und Kleinwalsertal mit umfangreichem Veranstaltungskalender, Regionalwetter und Skiliftdaten.

Blizz
info@blizz-regensburg.de

www.blizz-regensburg.de
Aktuelle Nachrichten über lokale und regionale Ereignisse in Regensburg und Umgebung. Mit Hintergrundberichten über Themen wie Gesundheit, Reisen, Auto, Sport oder Haus. **(Siehe Abbildung)**

lokalnet
orga@lokalnet.de

www.lokalnet.de
Nachrichten, Veranstaltungstipps und Angebote vor Ort aus dem Landkreis Schwandorf, Regensburg und Amberg.

Online Wochenblatt
verlag@wochenblatt.de

www.wochenblatt.de
Wochenblatt für 16 Regionalausgaben. Jobbörse, Ticketservice mit Detailinformationen und Sitzplan.

StadtZeitung online

www.stadtzeitung.de
Nachrichten aus Augsburg und Aichach-Friedberg.

Anzeigenblätter/Berlin

Berliner Woche
redaktion@berliner-woche.de

www.berliner-woche.de
33 Lokalausgaben mit Informationen aus den Bezirken sowie Tipps für Einkauf, Freizeit und Lebensqualität. Online lesbar.

Anzeigenblätter/Bremen

Bremer Anzeiger
info@bremer-anzeiger.de

www.bremer-anzeiger.de
Zweimal wöchentlich erscheinendes und kostenlos verteiltes Anzeigenblatt. Mit Kleinanzeigen und aktuellen Nachrichten.

Blizz　　　　　　　　　　　　　　　**www.blizz-regensburg.de**

Das BLIZZ-Team im Verlagshaus

START　　TEAM　　MEDIADATEN　　KONTAKT

Die aktuelle Ausgabe als ePaper lesen:

Anzeige

MEDIEN

Anzeigenblätter/Hamburg

Lokal-Anzeiger Hamburg
hb@lokalanzeiger.info

www.lokal-anzeiger-hamburg.de
Aktuelle Lokalnachrichten, Autoinfos, Reise-, Buch-, Musik-, Computer-, DVD- und Videotipps.

Anzeigenblätter/Hessen

Extra Tip Mediengruppe
info@ks.extratip.de

www.etmedien.de
Belegungsservice für Anzeigen- und Prospektwerbung in Nord-Osthessen. Hier präsentieren sich über 25 lokale Titel.

Extra Tipp
info@extratipp.com

www.extratipp.com
Lokale Auto-, Immobilien- und Stellenanzeigen, Nachrichten aus der Rhein-Main-Region und aktuelle Wetterdaten.

Frankfurter Stadtkurier
info@frankfurterstadtkurier.de

www.frankfurterstadtkurier.de
Neben regionalen Themen findet man hier auch News aus Politik, Wirtschaft, Wissenschaft und Multimedia.

Mittelhessische Anzeigen-Zeitung
info@maz-verlag.de

www.maz-verlag.de
Anzeigenzeitung für Mittel- und Oberhessen mit Karten-Shop für Veranstaltungen aus allen Bereichen. Private Kleinanzeigen direkt online aufgeben, kostenloses Branchenbuch mit direkter Verlinkung zur Firmenhomepage, MAZ-ONLINE mit Zeitungsarchiv sowie interessante Redaktionsseiten. **(Siehe Abbildung)**

Anzeigenblätter/Mecklenburg-Vorpommern

Blitz
blitz@blitzverlag.de

www.blitzverlag.de
Der Mecklenburger Blitz erscheint wöchentlich flächendeckend mit 19 Ausgaben in sieben Verlagen. Mit Kleinanzeigen online.

Anzeigenblätter/Niedersachsen

Hannoversche Wochenblätter
gesamtredaktion@wochenblaetter.de

www.wochenblaetter.de
Wochenblätter für Hannover und Region, unter anderem mit den Themengebieten Regionales, Politik, Sport und Kultur.

Marktspiegel
anzeigen@marktspiegel-verlag.de

www.marktspiegel-verlag.de
Anzeigen in den Rubriken Stellenmarkt, Automarkt, Immobilien und Bekanntschaften können angesehen und aufgegeben werden.

Anzeigenblätter/Nordrhein-Westfalen

Kölner Wochenspiegel
info@koelner-wochenspiegel.de

www.koelner-wochenspiegel.de
Wochenzeitung mit Infos aus der Region und einem Kleinanzeigenmarkt. Links zu 14 weiteren Regionalausgaben.

Lokal Kompass
www@www-anzeigenblaetter.de

www.lokalkompass.de
Lokal Kompass ist die gemeinsame Plattform der WVW/ORA-Anzeigenblätter. Jeder kann zum Reporter werden und lokal berichten.

Panorama online
kontakt@panorama-online.de

www.panorama-online.de
Hauptseite mehrerer Anzeigenblätter im Raum Niederrhein.

Schaufenster Bonn
info@schaufenster-bonn.de

www.schaufenster-bonn.de
Wochenblatt mit aktuellen Meldungen aus der Region und einem Kleinanzeigenmarkt für Bonn und den Rhein-Sieg-Kreis.

Anzeigenblätter/Rheinland-Pfalz

Wochenspiegellive.de

www.wochenspiegellive.de
Aktuelle Nachrichten für die Regionen um Eifel, Hunsrück/Nahe, Mosel, Ahr und Trier, mit großem Gesundheits-Special.

Anzeigenblätter/Sachsen

LAV-Online
leitung@leipziger-anzeigenblatt-verlag.de

www.sachsen-sonntag.de
Seite der Leipziger Rundschau mit nationalen und internationalen Meldungen sowie aktuellen Lokalnachrichten.

Wochenspiegel Sachsen
info@wochenspiegel-sachsen.de

www.wochenspiegel-sachsen.de
Lokale Nachrichten aus Sachsen, viele Ratgeber-Artikel und Gewinnspiele.

Anzeigenblätter/Sachsen-Anhalt

Super Sonntag
verlagsleitung@wochenspiegel-halle.de

www.supersonntag-web.de
15 Lokalausgaben bieten ihre Berichterstattung (Topstory, Aktuelles, aus der Region und Kleinanzeigen) an.

Archive

Bundesarchiv
koblenz@barch.bund.de

www.bundesarchiv.de
Gesichert werden Unterlagen des Deutschen Bundes, des Deutschen Reiches, der DDR und der Bundesrepublik Deutschland.

Fernsehen/Allgemein

Quotenmeter.de
info@quotenmeter.de

www.quotenmeter.de
Fernsehportal mit aktuellen News und Quoten. Außerdem gibt es ein Serienlexikon, ein Oscar-Special und ein Forum.

tvforen.de

www.tvforen.de
Großes Fanforum: Fragen, Antworten und Meinungen zum aktuellen Fernsehprogramm und eine Nostalgieecke.

Mittelhessische Anzeigen-Zeitung   www.maz-verlag.de

Anzeige

MEDIEN

Fernsehen/Digitales Fernsehen

Digitalfernsehen.de
online@auerbach-verlag.de

www.digitalfernsehen.de
Umfassende Informationen über das Digitalfernsehen, von der Technik bis hin zu den Programmen. Mit einem großen Forum.

DVB-T Portal
info@technisat.de

www.dvb-t-portal.de
Wichtige Infos zum digitalen Antennenfernsehen, unter anderem zu Empfangsgebieten, Programmangeboten und Empfangsgeräten.

INFOSAT
service@infosat.de

www.infosat.de
Der Multimedia-Ratgeber berichtet über aktuelle Neuigkeiten aus den Bereichen Technik, Fernsehen, Radio und Internet.

Inside-digital.de

www.inside-digital.de
Unabhängiges Digital-TV-Wissensmagazin: Große Fernseher- und Receiver-Datenbank sowie News zum Thema Digital-TV.

Fernsehen/Fernsehprogramm

Klack
kontakt@klack.de

www.klack.de
TV-Programm, Programm-Finder, Spielfilmvorschau, Serien oder Sport sowie ausführliche Beschreibungen der Sendungen.

toptv.de
info@capitas.de

www.toptv.de
Auf dem TV-Ranking-Portal kann man auf einen Blick sehen, welche Filme und Serien wirklich sehenswert sind.

tv DIGITAL
leserservice@tvdigital.de

www.tvdigital.de
Aktuelles Fernsehprogramm und eine Übersicht über alle Digital-TV-Sender nach Kategorien geordnet.

tvtv

www.tvtv.de
Übersichtliche Darstellung des Fernsehprogramms, einschließlich einer Suchmaschine und einem Katalog für Spielfilme.

Siehe auch

Zeitschriften/Fernsehprogramm

Fernsehen/Fernsehserien

Fernsehserien.de
webmaster@fernsehserien.de

www.fernsehserien.de
Fernsehserien-Datenbank. Mit Sendeterminen, Episodenführern und Zuschauerkommentaren. Übersicht aktueller Serienstarts.

myFanbase
mail@myfanbase.de

www.myfanbase.de
Neuigkeiten und Hintergrundinformationen zu vielen US-amerikanischen Fernsehserien und Schauspielern.

retro-tv.de

www.retro-tv.de
Auf Retro-TV findet man viele Beiträge zu alten Fernsehserien, Filmen und Fernsehzeitschriften.

Serienjunkies.de
kontakt@serienjunkies.de

www.serienjunkies.de
Episodenguides und Fakten zu allen Lieblingsserien im Fernsehen mit Schwerpunkt auf US-Serien.

wunschliste.de
schoenfeldt@wunschliste.de

www.wunschliste.de
Wunschliste mit Fernsehserien, die nie im deutschen Fernsehen liefen oder zur Zeit nicht laufen. Mitmachen kann jeder.

Zeichentrickserien.de
duckfilm@web.de

www.zeichentrickserien.de
Episodenführer zu Zeichentrickserien. Die Folgen sind alphabetisch aufgelistet und mit Hintergrundinfos aufgearbeitet.

Fernsehen/Sender/Bundesweit

3sat
info@3sat.de

www.3sat.de
Inhalt, Vorschau, Zusatzinfos zu den Sendungen auf „3sat". Umfangreiche Infos zu „Kulturzeit", „Nano", „Scobel" und „makro".

ARTE
multimedia@arte-tv.com

www.arte.tv
Deutsch-französisches Angebot des europäischen Kultursenders mit Hintergrundinfos zu den Sendungen und Reportagen.

DasErste.de
info@daserste.de

www.daserste.de
Portal des Ersten Deutschen Fernsehens mit Infos, Nachrichten und Serviceangeboten zu den Sendungen von A bis Z.

kabel eins
kontakt@prosiebensat1digital.de

www.kabeleins.de
Großes Film- und Serienlexikon, ausführliches TV-Programm, dazu jede Menge Autoinfos, Online-Games und Gewinnspiele.

MTV
info@mtv.de

www.mtv.de
Nachrichten aus der Musikszene, Events, Charts und Programminformationen.

ProSieben.de
userservice@prosieben.de

www.prosieben.de
Kino, Musik, Games und Lifestyle: Das Portal verspricht spannendes Entertainment im Internet.

RTL II
zuschauerredaktion@rtl2.de

www.rtl2.de
Infos zum Programm von RTL II. Außerdem ein Musikarchiv, die aktuellen Kinoneustarts, Gewinnspiele und Infotainment.

RTL.de

www.rtl.de
Entertainment, Informationen und Services rund um das RTL-Programm, interaktive Spiele sowie aktuelle News.

SAT.1
info@sat1.de

www.sat1.de
Multimediale Unterhaltung zu Magazinen und Sport, Flirt, Spiele und Gewinne, Comedy und Fun, Quiz, Shows und Nachrichten.

SUPER RTL
kontakt@superrtl.de

www.superrtl.de
Die Seite bietet eine Mischung aus TV-Programm, programmbezogenen Gewinnspielen sowie Infos für Eltern und Pädagogen.

viva.tv

www.viva.tv
Alle Neuigkeiten über Musik, Lifestyle und Stars sowie Wissenswertes über das Programm, Web-Videos, MP3s und Spiele.

VOX
mail@vox.de

www.vox.de
Programminfos, Specials zu Themen wie Reise, Auto und Serien. Praktisch: Die Rezeptsuche der „Promi-Kocharena".

ZDFkultur
info@zdfkultur.de

www.zdfkultur.de
Internet-Auftritt des digitalen Kulturkanals ZDFkultur, mit den Programmfarben Popkultur, Musik und Spiel.

ZDFonline
info@zdf.de

www.zdf.de
Aktuelle Nachrichten, politische Hintergrundberichte, buntes Unterhaltungsangebot, Servicethemen, aktuelle Programminfos.

Fernsehen/Sender/Nachrichtensender

N24.de
info@n24.de

www.n24.de
Aktuelle Nachrichten und Meldungen zu Politik, Wirtschaft und Unternehmen, Börse, Wissenschaft, Gesundheit, Reise und Wetter.

n-tv

www.n-tv.de
n-tv ist Deutschlands erster Nachrichtensender mit den Kernkompetenzen Nachrichten, Wirtschaft, Börse und Talk.

Fernsehen/Sender/Regional

Bayerischer Rundfunk
info@br.de

www.br.de
Online-Begleitung zu den Sendungen des Bayerischen Fernsehens. Die Inhalte sind nach Sendungen und Themen gegliedert.

hr
info@hr-online.de

www.hr-online.de
Der Sender für ganz Hessen: Nachrichten, Sport, Ratgeber und Freizeit. Infos zu allen hr-Wellen sowie Mitschnittservice.

MDR
neue-medien@mdr.de

www.mdr.de
Eine Vielfalt an Nachrichten und Themen fasst das programmbegleitende Internet-Angebot des MDR unter www.mdr.de zusammen.

NDR
info@ndr.de

www.ndr.de
Neben Infos zu Sendungen und Moderatoren des NDR findet man hier Nachrichten aus Wirtschaft, Sport, Kultur und Unterhaltung.

Rundfunk Berlin Brandenburg
internet@rbb-online.de

www.rbb-online.de
Hier findet man alles zu den Sendungen – Radio und Fernsehen – sowie Veranstaltungstipps für Berlin und Brandenburg.

SWR
info@swr.de

www.swr.de
SWR-Portal mit Nachrichten aus BW und RP, Sport, Kultur und Ratgeberinfos sowie Audios und Videos on demand.

WDR Fernsehen
redaktion@wdr.de

www.wdr.de
Die Homepage von WDR Fernsehen mit tagesaktuellen Programmhinweisen und Informationen zu allen Sendungen.

Fernsehen/Sender/Spartenkanäle/Kinder

BoomerangTV
zuschauerinfo@turner.com

www.boomerangtv.de
Zahlreiche Games mit Bugs Bunny, Tom und Jerry, der Familie Feuerstein sowie vielen weiteren berühmten Cartoonhelden.

KI.KA
kika@kika.de

www.kika.de
kika.de richtet sich an alle von 3 bis 13 Jahren. Inhalte und Spiele sind kostenlos und werbefrei. Mit Community mein!KI.KA.

Nick.de

www.nick.de
Online-Auftritt des Kindersenders NICK mit Programm für die ganze Familie und einer Spiel- und Gewinnzone.

nickjr.de

www.nickjr.de
Der Fernsehsender für die Kleinsten: Hier gibt es die aktuelle Programmvorschau, Spiele und Basteltipps für Vorschulkinder.

Toggo.de
zuschauerinfo@superrtl.de

www.toggo.de
Kostenlose Kommunikationsplattform für Kinder, viele Spiele, kindgerechte Inhalte, aktuelle Themen, Super RTL-TV-Programm.

ZDF tivi
info@zdf.de

www.tivi.de
Das Kinderangebot des ZDF bietet Videos, Spiele und Infos zu Löwenzahn, logo!, 1, 2 oder 3 und vielen anderen.

Film/Allgemein

Cinefacts
news@cinefacts.de

www.cinefacts.de
Das Infoportal rund um den Film mit Startterminen, Film-Charts, Trailern und einem sehr großen Forum.

cinefreaks.com
mail@cinefreaks.com

www.cinefreaks.com
Cinefreaks ist ein Kino- und Filmportal mit Blog, Web-TV, Film- und Schauspielerdatenbank und vielem mehr.

crew united
info@crew-united.com

www.crew-united.com
Netzwerk der Film- und Fernsehbranche: Umfassende Informationen zu Filmen, Schauspielern, Filmschaffenden und Firmen.

Filmforen.de

www.filmforen.de
Diskussionsforum für Filmfans: Infos zu aktuellen Fimstarts, TV-Tipps und zur Filmwissenschaft.

Filmjunkies.de
kontakt@serienjunkies.de

www.filmjunkies.de
Filmtrailer, Filmkritiken und Interviews zu den aktuellen Filmen. **(Siehe Abbildung)**

filmportal.de
redaktion@filmportal.de

www.filmportal.de
Zentrale Informationsplattform zum deutschen Kino: Filme, Filmschaffende, Historie, News und Multimedia.

IMDb

www.imdb.de
Umfangreiche Hintergrundinfos zu allen wichtigen Filmen: Filmkritiken, Darsteller, Produzenten, Starttermine und Fotos.

Movieworlds.com
webmaster@movieworlds.com

www.movieworlds.com
Filmkritiken und das aktuelle Kinoprogramm. Dazu Videos, Serien, eine Filmdatenbank sowie Neuheiten auf DVD und Blu-ray.

Programmkino.de
redaktion@programmkino.de

www.programmkino.de
Filmportal mit Filmkritiken, Filmankündigungen und Nachrichten zu aktuellen film- und branchenspezifischen Themen.

Film/DVD & Blu-ray Informationsportale

Bluray-Disc.de
info@bluray-disc.de

www.bluray-disc.de
Aktuelle Berichte rund um das Thema Blu-ray Disc mit Filmdatenbank, Magazin, Testberichten und News.

DigitalVD
info@digitalvd.de

www.digitalvd.de
Alles zum Thema Home Entertainment. Infos und Tipps zu DVD-Playern, -Typen, Ländercodes, Ton- und Bildformaten, Technik.

Filmjunkies.de **www.filmjunkies.de**

dvdboard.de
info@internet-office-center.de

www.dvdboard.de
Großes Forum mit Beiträgen zu den Themen DVD-Player, Heimkino-Komponenten, DVD- und Festplatten-Rekorder.

DVD-Palace Home Entertainment
redaktion@dvd-palace.de

www.dvd-palace.de
Das Online-Magazin mit Mediendatenbank, News, Reviews und Preisvergleich für DVD und Blu-ray.

video.de
kino@e-media.de

www.video.de
Überblick über aktuelle und demnächst erscheinende Videos, DVDs und Blu-rays, mit Kauf-Charts, Bewertungen und Trailern.

Film/DVD & Blu-ray Verkauf

Amazon.de

www.amazon.de
DVDs können hier nach den Suchkriterien Genre, TV-Serien, Schauspieler und Regisseure gefunden werden.

Filmundo: Filme, DVDs & Blu-rays kaufen
xmail@filmundo.de

www.filmundo.de
Filmundo – die Film- und Erotikauktion. Hier kann jeder Filme, Blu-rays und DVDs kaufen oder selbst Videos anbieten und verkaufen. Alle Genres sind vertreten, von Actionfilmen über Erotik und Horror bis Zombies. Weitere Angebote wie Videospiele, Filmplakate und ein Filmforum runden das Angebot ab. **(Siehe Abbildung)**

Film/DVD & Blu-ray Verleih

dvd-verleih.info
info@aardon.de

www.dvd-verleih.info
Seite, die darüber informiert, was man alles beachten muss, wenn man DVDs übers Internet ausleiht.

Verleihshop.de
verleihshop@jakob.de

www.verleihshop.de
Hier gibt es DVDs, CD-Roms und Konsolenspiele zum Ausleihen. Zudem Bücher und Brettspiele.

videobuster.de
support@videobuster.de

www.videobuster.de
DVDs online ausleihen und per Post nach Hause bekommen. Tausende Topfilme, Musik-DVDs und Serien zur Auswahl.

Film/Filmarchive

filmarchives-online
info@deutsches-filminstitut.de

www.filmarchives-online.eu
Zugang zu Bestandsinformationen von Filmarchiven aus ganz Europa.

Film/Filmkritiken & Filmrezensionen

Filmstarts.de
redaktion@filmstarts.de

www.filmstarts.de
Ausführliche Beschreibungen neuer Filme, mit Bewertungen, Trailern und einer Community.

filmszene.de
filmszene@filmszene.de

www.filmszene.de
Filmrezensionen aktueller Filme und ein großes Filmarchiv.

MovieGod.de

www.moviegod.de
Das Portal für Filmkritiken, -vorstellungen, Trailer, News und Berichte. Mit Bildergalerien und Kommentarfunktion.

moviepilot
info@moviepilot.de

www.moviepilot.de
Die Community für Filmfans und Kritiker. Mit Filmtipps, die sich am eigenen Geschmack orientieren: Für Kino, DVD und TV.

Film/Heimkino, HDTV & Video

heimkinomarkt.de
info@heimkinomarkt.de

www.heimkinomarkt.de
Neben Zeitschriften, Testberichten und Fachartikeln finden Heim-kinofans große Bildergalerien zu Heimkino-Installationen.

Hifi-forum.de
kontakt@kk-gmbh.net

www.hifi-forum.de
Das Forum für HiFi-Fans mit Rubriken wie Stereo, Surround und Heimkino, Tuning, Zubehör und Voodoo sowie Do-it-yourself.

Slash Cam
slashcam@slashcam.de

www.slashcam.de
Hier werden Grundlagen zum digitalen Video vermittelt. Man er-fährt alles über Soft- und Hardware sowie die Filmpraxis.

TVfacts.de
mail@tvfacts.de

www.tvfacts.de
Produktvorstellungen und Bewertungen von Fernsehern, Bea-mern, Heimkinos und Digital-TV.

Film/Kinoprogramm & Kinofilmrezensionen

Cinema
cinema@milchstrasse.de

www.cinema.de
Bundesweite Auskunft über das Kinoprogramm jeder Stadt. Au-ßerdem: Filmtipps der Woche und Interviews mit Schauspielern.

critic.de
redaktion@critic.de

www.critic.de
Filmmagazin mit ausführlichen Kritiken aktueller Kinofilme und DVDs, Interviews, Festivalberichten und Specials.

Filmreporter.de
leserbrief@filmreporter.de

www.filmreporter.de
Übersicht über die Kinostarts in Deutschland, Österreich und der Schweiz. Infos über Stars und DVDs.

GIGA Film
support@giga.de

www.giga.de/film/
Viele Artikel, Trailer, Kritiken und das aktuelle Kinoprogramm zu Filmen aus allen Genres.

Filmundo: Filme, DVDs & Blu-rays kaufen   www.filmundo.de

kino.de
kino@e-media.de

www.kino.de
Das bundesweite Kinoprogramm, Infos über aktuelle und demnächst anlaufende Kinofilme sowie die Kino-Charts.

Kinonews
redaktion@kinonews.de

www.kinonews.de
Alle Kinofilme, Kinoprogramm, Biografien, DVDs, Trailer, Charts,
Musik, Games und Gewinnspiele.

MovieMaze.de
info@moviemaze.de

www.moviemaze.de
Aktuelle Film-Charts aus Deutschland und den USA, kommende
Neustarts, Trailer, Kino-News und Filmbesprechungen.

Jahrestage & Gedenktage

Feltas
redaktion@feltas.com

www.feltas.de
Der Feltas Kalender informiert täglich über Jubiläen, Jahres- und
Aktionstage sowie Nationalfeiertage und Gedenktage.

Kalenderblatt
kontakt@kalenderblatt.de

www.kalenderblatt.de
Historische Ereignisse des Tages, Geburtstage berühmter Personen, Zitat des Tages und Gedenktage.

Journalismus & Presseinformationsdienste

DWDL.de

www.dwdl.de
Das Online-Medienmagazin beinhaltet aktuelle Nachrichten zur
Medienbranche sowie Infos über Reichweiten und Quoten.

● **Journalismus.com**
redaktion@journalismus.com

www.journalismus.com
Die Journalisten-Community bietet Medienprofis seit vielen Jahren umfangreiche Infos: Mehrere Tausend Recherche-Links, E-
Books zur Themenplanung, 1.500 Presserabatte, Jobsuchmaschine, Foren mit über 50.000 Beiträgen, Stellen- und Prakti-
kumsbörse, ein Fachbuch-Onlineshop, Honorarspiegel, Ausbil-
dungsinfos. **(Siehe Abbildung)**

Journalist
info@rommerskirchen.com

www.journalist.de
Das Branchenmagazin des Deutschen Journalisten-Verbandes.

Jugendpresse Deutschland
buero@jugendpresse.de

www.jugendpresse.de
Der Bundesverband junger Medienmacher bietet Informationen
zu Ausbildung, Presserecht und Veranstaltungen der Medienbranche.

mediummagazin.de
redaktion@mediummagazin.de

www.mediummagazin.de
Das Magazin für Journalisten präsentiert im Internet den gesamten Inhalt früherer Ausgaben.

MEEDIA

www.meedia.de
Großes Medienportal mit aktuellen Meldungen zum Internet und
Fernsehen, zu Musik, Werbung und Print.

press1
info@press1.de

www.press1.de
Pressedienst für den Versand von Presseinformationen zu interaktiven Medien, Entertainment und Health Relations.

Pressekonditionen.de
brinkmann@pressekonditionen.de

www.pressekonditionen.de
Die Web-Seite informiert kostenfrei über mehr als 1.300 Journa-
listenrabatte. Ein Newsletter informiert über neue Rabatte.

Presseportal
info@newsaktuell.de

www.presseportal.de
Die Datenbank für Presseinformationen in Deutschland enthält
Pressemitteilungen, Bilder, Grafiken und Videos.

Pressetreff

www.pressetreff.de
Servicethemen von Journalisten für Journalisten.

Kleinanzeigen

anonza

www.anonza.de
Hier findet man Kleinanzeigen sehr vieler Kleinanzeigenblätter zusammengefasst auf einer Web-Seite.

dhd24.com
zentrale@dhd.de

www.dhd24.com
Zu allen Rubriken von Antiquitäten bis Tiermarkt findet man hier Kleinanzeigen in der eigenen Region.

kalaydo.de
info@kalaydo.de

www.kalaydo.de
kalaydo.de ist das gemeinsame Anzeigen-Online-Portal der regionalen Tageszeitungen im Rheinland.

Kleinanzeigen bei ebay
service@ebay-kleinanzeigen.de

kleinanzeigen.ebay.de
Kleinanzeigen in den Rubriken Auto, Haustiere, Immobilien, Musik, Unterricht und Eintrittskarten.

local24.de
info@local24.de

www.local24.de
Deutschlandweite Suche für Kleinanzeigen sowie kostenloses Aufgeben von Kleinanzeigen.

Locanto
support@locanto.de

www.locanto.de
Ein bundesweiter Kleinanzeigenmarkt mit vielen Anzeigen in verschiedenen Rubriken.

markt.de
service@markt.de

www.markt.de
markt.de ist ein Anzeigenportal mit ca. zwei Millionen Kleinanzeigen. Jeder kann schnell und kostenlos inserieren.

Quoka
info@quoka.com

www.quoka.de
Suche und Kauf neuer und gebrauchter Produkte von Händlern und privaten Anbietern. Auch Wohnungs- und Kfz-Anzeigen.

Suchebiete.com
info@suchebiete.com

www.suchebiete.com
Kleinanzeigenmarkt mit über 645.000 Anzeigen. Alle Funktionen sind kostenlos.

Journalismus.com   **www.journalismus.com**

MEDIEN

Nachrichtenticker & Nachrichtenportale

Google News

news.google.de
Hier kann man in über 700 aktuellen nationalen und internationalen Nachrichtenquellen recherchieren.

Huffington Post Deutschland

www.huffingtonpost.de
Neuigkeiten aus den verschiedensten Nachrichtenquellen verbunden mit eigener Berichterstattung.

Krautreporter
kontakt@krautreporter.de

www.krautreporter.de
Krautreporter ist ein tägliches Magazin für die Geschichten hinter den Nachrichten.

Nachrichten.de
kontakt@nachrichten.de

www.nachrichten.de
Aktuelle Nachrichten deutscher Medien aus den Bereichen Politik, Wirtschaft, Sport, Gesundheit, Kultur, Computer und Reisen.

neopresse

www.neopresse.com
Unabhängige und kritische Nachrichten zu Politik, Wirtschaft, Finanzsystemen, Internet und Gesellschaft.

ShortNews
info@shortnews.de

www.shortnews.de
Hier kann der User selbst Nachrichten schreiben und dafür Prämien kassieren, lesen, diskutieren und Freunde treffen.

Wikinews.de

www.wikinews.de
Aktuelle Meldungen, von Internet-Nutzern zusammengetragen.

PR, Pressemitteilungen & Pressemeldungen

newsmax.de
fragen@newsmax.de

www.newsmax.de
Auf diesem Presseportal können Pressemeldungen, Ankündigungen und Web-News veröffentlicht werden.

Offenes-Presseportal.de
info@affective.de

www.offenes-presseportal.de
Kostenloses Presseportal für Unternehmen zur Platzierung und Verbreitung von Pressemitteilungen.

openpr.de
redaktion@openpr.de

www.openpr.de
Reichweitenstarkes Presseportal. Kostenloses Einstellen von Pressemeldungen, PR-Services, täglicher Medien-Newsletter.

prcenter.de
info@prcenter.de

www.prcenter.de
Auf prcenter.de gibt es aktuelle Pressemitteilungen. Man kann auch eigene Pressemitteilung kostenlos veröffentlichen.

PresseAnzeiger.de
service@presseanzeiger.de

www.presseanzeiger.de
Freies Presseportal, auf dem Unternehmen, Organisationen und Vereine kostenlos Pressemitteilungen veröffentlichen können.

pr-journal.de
redaktion@pr-journal.de

www.pr-journal.de
Portal für Kommunikationsprofis. Aktuelle Nachrichten aus der Welt der Agenturen, Werbung, Medien und Social Media.

themenportal

www.themenportal.de
Veröffentlichung von Pressemitteilungen, Social Media Releases, Videos, Bildern, Infografiken, Dokumenten und Pressemappen.

Rundfunk/Allgemein & Internet-Radios

ByteFM
radio@byte.fm

www.byte.fm
ByteFM ist Musikradio im Internet: moderiertes Programm mit journalistischem Anspruch und handverlesener Musikauswahl.

detektor.fm
kontakt@detektor.fm

www.detektor.fm
Internet-Radio mit Journalismus und alternativer Popmusik.

freie-radios.net

www.freie-radios.net
Über 30.000 Audio-Beiträge von freien Radios.

phonostar.de
mail@phonostar.de

www.phonostar.de
Über 6.000 Sender und ihre Sendungen finden, hören, aufnehmen: bei phonostar, dem großen Internet-Radio-Portal.

Radio Favoriten

www.radio-favoriten.de
Die besten Internet-Radios auf einen Blick: Ob aktuelle Hits oder Klassik, Kultur oder Nachrichten.

● **Radio.de**
kontakt@radio.de

www.radio.de
radio.de ermöglicht den einfachen und direkten Zugriff auf das hörbare Internet. **(Siehe Abbildung)**

Radioforen.de

www.radioforen.de
Die Diskussionsplattform der Radioszene. Studio- und Sendertechnik, Sendemitschnitte, Internet-Radios und Radio-Links.

radio-today.de
fux@radio-today.de

www.radio-today.de
Ausführliches Radioprogramm plus Live-Streams, Web-Radio, Musik, Konzerte, Hörspiele, Features, Lesungen und Senderwahl.

radioWOCHE
redaktion@radioWOCHE.de

www.radiowoche.de
Täglich aktualisierte Nachrichten aus der Radiobranche für Deutschland, Österreich, die Schweiz und Tschechien.

RauteMusik.FM
kontakt2014@rautemusik.fm

www.rautemusik.fm
15 verschiedene Webradiosender.

Surfmusik
webmaster@surfmusik.de

www.surfmusik.de
Über 3.000 Radiosender aus der ganzen Welt. Mit dem Radiograbber kann man Musik von Internet-Radios mitschneiden.

tunein

tunein.com
Lokale und internationale Radiosender live und kostenlos hören.

Radio.de   **www.radio.de**

bigFM
info@big-fm.de

www.bigfm.de
Aktuelle Musik-News, Events und einige Gewinnspiele sind hier zu finden. Außerdem ist bigFM auch im Web zu empfangen.

Die Neue 107.7
info@dieneue1077.de

www.dieneue1077.de
Infos des Lokalsenders in der Region Stuttgart zu Programm, Gewinnspielen und Wissenswertem zu Events.

Die neue Welle
info@meine-neue-welle.de

www.meine-neue-welle.de
Aktuelle Nachrichten aus der Region, Deutschland und der Welt, dazu Wetter- und Verkehrsservice.

Donau 3 FM
info@donau3fm.de

www.donau3fm.de
Neben einem umfangreichen Eventkalender sind das Programm von Donau 3 FM sowie Infos über das Team abrufbar.

Hit-Radio Antenne 1
info@antenne1.de

www.antenne1.de
Unterhaltungsorientiertes Musikradio mit aktuellen regionalen, nationalen und internationalen News.

● **HITRADIO OHR**
info@hitradio-ohr.de

www.hitradio-ohr.de
Der Ortenauer Lokalsender aus Offenburg informiert online über das Programm, neueste Nachrichten und Sport aus der Region sowie Mitarbeiter und Events. Webcam, Live-Stream und Podcast. Eine Fotogalerie präsentiert Bilder der Events. Musikwünsche und Grüße gibt's unter „Programm". **(Siehe Abbildung)**

Radio 7
hoererservice@radio7.de

www.radio7.de
Porträt des Senders, der regionale Informationen für Ulm, Ravensburg, Tuttlingen, Göppingen und Aalen liefert.

Radio Regenbogen
info@regenbogen.de

www.regenbogen.de
Das „Radio von hier mit Musik der 80er und dem Besten von heute": Morningshow, Infos, Verkehrs-, Blitzer- und Stauservice.

HITRADIO OHR   www.hitradio-ohr.de

Radio Ton

www.radioton.de
Radio Ton ist Baden-Württembergs größtes Regionalsender-Network. Live Stream und alle Infos gibt es im Internet.

● **Schwarzwaldradio.com**
info@schwarzwaldradio.com

www.schwarzwaldradio.com
Das offizielle Ferienradio für den Schwarzwald. Hier erfährt man – begleitet von den besten „Classic Hits und Super Oldies" – alles zu Themen rund um Urlaub, Freizeit, Hotellerie, Gastronomie, Kultur und Veranstaltungen im Schwarzwald. Dazu Weltnachrichten und Verkehrsmeldungen aus ganz Baden-Württemberg.
(Siehe Abbildung)

Rundfunk/Bayern

ANTENNE BAYERN
redaktion@antenne.de

www.antenne.de
Breit gefächertes Angebot: Infos über den Sender, Musik, Nachrichten, Service sowie Web-Radio und Podcasts.

Bayerischer Rundfunk
info@br.de

www.br.de
Aktuelle Nachrichten, Verkehrsservice, Wetterdienst, Programmhinweise, Manuskripte, Audios, Videos und Podcasts.

ego FM
info@egoFM.de

www.egofm.de
Junges Radio für Bayern mit einem ausführlichen Veranstaltungskalender für den Freistaat und vielen Infos zur Musik.

Hit Radio RT.1
hitradio@rt1.de

www.rt1.de
Playlist, Augsburg-Cam, Live-Stream, Bildergalerie, Eventkalender, Radarreport und viele Gewinnspiele.

Radio Arabella
info@radioarabella.de

www.radioarabella.de
Der Oldie- und Hitsender für München und Region bietet den „besten Mix aus Oldies und Hits".

Schwarzwaldradio.com   **www.schwarzwaldradio.com**

Radio Charivari 95.5
radio@charivari.de

www.charivari.de
Programmübersicht, Videoportal, Titelanzeige, Live-Stream, Titel-Download, Podcast, Social Media, mobil.charivari.de.

Radio Charivari Regensburg
charivari@charivari.com

www.charivari.com
Ostbayerns Radio im Internet mit tagesaktuellen News, Veranstaltungen, Bildergalerien, Chat und kostenloser Clubkarte.

Radio Charivari Würzburg
info@charivari.fm

www.charivari.fm
Regionalnachrichten, Weltnachrichten, Veranstaltungstipps, Mainfranken-Wetter, Schneehöhen, Kinotipps und Charivari-Reisen.

Radio Galaxy
feedback@radio-galaxy.de

www.radio-galaxy.de
Bildergalerien, Insider-Partytipps, Web-Charts, flippige E-Cards, Galaxy-Chat und Infos rund um Bayerns jungen Radiosender.

Radio Gong 96,3
info@radiogong.de

www.radiogong.de
Der Münchner Sender gibt Hinweise zu Programm und Events und bietet ein Kauf- und Tauschforum.

Radio gong fm
gongfm@gongfm.de

www.gongfm.de
„Spielwiese" mit Link-Room, Chat „Baggergrube", Web-Charts, Bitman-Foren und Online-Games.

radioWissen
radiowissen@br-online.de

www.bayern2.de/radiowissen
Die weite Welt des Wissens: Spannend und gut, nützlich für die Schule und bereichernd für alle Bildungsinteressierten.

TOP FM 106.4
redaktion@top-fm.de

www.top-fm.de
Frequenzen, Programm, Standorte von Blitzanlagen mit passendem Bußgeldrechner, Regionalnachrichten und Gastro-Guide.

Rundfunk/Berlin

104.6 RTL Berlins Hit-Radio
zentrale@104.6rtl.com

www.104.6rtl.com
104.6 RTL Berlins Hit-Radio Online mit großem Comedy-Archiv, Musik-Streams, News, Fotos, Videos und Games.

105'5 Spreeradio
kontakt@spreeradio.de

www.spreeradio.de
Die Lieblingssongs aus fünf Jahrzehnten mit umfassenden Informationen, Service und intelligenter Unterhaltung.

Berliner Rundfunk
info@berliner-rundfunk.de

www.berliner-rundfunk.de
Berlin- und Freizeittipps, Job- und Lehrstellenangebote, Servicethemen und Link-Tipps sowie Live-Stream mit Titelanzeige.

Kiss FM
kissfm@kissfm.de

www.kissfm.de
Infos zu Kiss FM, Tickets für Konzerte und Partys sowie Fotos von allen Kiss-Events.

rs2
rs2@rs2.de

www.rs2.de
Programminformationen, Live-Stream mit Titelsuche, Ticket-Shop, Wetter, Verkehr und rs2-Club.

Rundfunk/Brandenburg

BB Radio
info@bbradio.de

www.bbradio.de
Moderatoren und Programme werden präsentiert, zudem gibt es Staumeldungen, eine Jobbörse und einen Eventkalender.

Hitradio SKW
info@sender-kw.de

www.sender-kw.de
Die Seite des Brandenburgischen Regionalsenders bietet Programminfos, Veranstaltungstipps, Sport- und Kinonews.

rbb Radio
internet@rbb-online.de

www.rbb-online.de/radio/
Infos zu den Radioprogrammen des RBB. Programmübersicht, Podcasts und Web-Radio.

Rundfunk/Bremen

Radio Bremen
online@radiobremen.de

www.radiobremen.de
Infos zu den Radiostationen Bremen Eins, Bremen Vier, Nordwest-radio und dem Funkhaus Europa.

Rundfunk/Bundesweit

Deutschlandradio
hoererservice@dradio.de

www.deutschlandradio.de
Begleitend zu den Radiosendungen gibt es Artikel aus den Rubri-ken Politik, Wissenschaft, Bildung und Literatur.

DW-World.de
fo@dw.de

www.dw-world.de
Das informative und abwechslungsreiche Web-Angebot des deut-schen Auslandrundfunks Deutsche Welle in über 30 Sprachen.

JAM FM
mail@jamfm.de

www.jam.fm
Deutschlands großer Black-Music-Radiosender: Momentane Pro-grammübersicht, Playlisten sowie aktuelle CD-Tipps.

Klassik Radio
info@klassikradio.de

www.klassikradio.de
Programminformationen, Frequenzsuche, Veranstaltungstipps, Service- und Lifestyle-Themen sowie Livestreams.

Radio Energy
webmaster@energy.de

www.energy.de
Web-Portal aller Radio-Energy-Sender in Deutschland mit Enter-tainment-News und elf Web-Radio-Kanälen plus Livestreaming.

● **sunshine live**
radio@sunshine-live.de

www.sunshine-live.de
„Radio sunshine live" – electronic music radio. Empfang: In Ba-den-Württemberg auf UKW 102,1, 104,9, 106,1 und 107,7, bun-desweit im Kabel und über DAB+, europaweit über Satellit, welt-weit im Internet inklusive diverser Substreams und als Mobile-App. Alles rund um Dance, House, elektronische Musik, Partys.
(Siehe Abbildung)

sunshine live   **www.sunshine-live.de**

MEDIEN

Rundfunk/Hamburg

Norddeutscher Rundfunk
info@ndr.de

www.ndr.de
Fernsehen und Radio im Norden, Programmtipps. Infos aus Politik, Wirtschaft, Sport, Kultur und Unterhaltung sowie Service.

Radio Hamburg
service@radio-hamburg.de

www.radiohamburg.de
Musiktitel recherchieren, Stauplan samt Blitzern in Hamburg und eine steuerbare Webcam, die die Stadt von oben zeigt.

Rundfunk/Hessen

Hessischer Rundfunk
webmaster@hr-online.de

www.hr-online.de
Informationen aus Hessen zu Nachrichten, Sport, Kultur, Ratgeber und Freizeit sowie zu hr-Radiowellen und dem hr-Fernsehen.

Planet Radio
info@planetradio.de

www.planetradio.de
Infos zum Programm, Flirt und Chat, Trend-Scout-Partytipps, Webcam, Blitzer-Warnung und Ticketkontrollen.

RADIO BOB!
anfrage@radiobob.de

www.radiobob.de
Hessens Radiosender für junge Erwachsene informiert online u. a. über das Programm, Aktionen und Frequenzen.

Rundfunk/Mecklenburg-Vorpommern

Antenne MV
info@antennemv.de

www.antennemv.de
Nachrichten, Verkehr, Jobs und Konzerte in Mecklenburg-Vorpommern. Web-Radio, Programm und Senderinfos.

Ostseewelle HIT-RADIO
info@ostseewelle.de

www.ostseewelle.de
Wetter, Verkehrsinformationen, Ticket-Shop, Jobbörse, Gewinnspiele, Programminfos und Veranstaltungen in MV.

Rundfunk/Niedersachsen

Hit-Radio Antenne Niedersachsen
marketing@antenne.com

www.antenne.com
Nachrichten aus Niedersachsen und der Welt. Programminfos, Veranstaltungen und Aktionen, Playlist und Web-Radio.

radio ffn
radio@ffn.de

www.ffn.de
www.ffn.de bietet Aktuelles aus Niedersachsen, Bildergalerien, Comedy, Web-Radio-Streams, Events und Gewinnspiele.

Rundfunk/Nordrhein-Westfalen

Radio NRW
info@radionrw.de

www.radionrw.de
Rahmenprogramm für den Lokalfunk in Nordrhein-Westfalen. Hier sind Links zu den einzelnen Lokalstationen aufgeführt.

Westdeutscher Rundfunk
radio@wdr.de

www.wdr.de/radio
Informationen zu den WDR-Hörfunkprogrammen, Nachrichten, Verbraucherservice und Verkehrsinformationen.

Rundfunk/Rheinland-Pfalz

rpr1.de
info@rpr1.de

www.rpr1.de
Regionale News aus Rheinland-Pfalz, Staus, Blitzer, Wetter, Events, Shopping, Streams und Porträts der Moderatoren.

Rundfunk/Saarland

Radio Salue
hotline@salue.de

www.salue.de
Der saarländische Privatsender mit Porträts der Mitarbeiter und Sendungen sowie Nachrichten, Charts und Konzertterminen.

Saarländischer Rundfunk
info@sr-online.de

www.sr-online.de
Zahlreiche Programme. Hörfunk: SR1 Europawelle, SR2 KulturRadio, SR3 Saarlandwelle, UnserDing/Jugendradio, Südwest Fernsehen.

Rundfunk/Sachsen

Hitradio RTL Sachsen
mail@hitradio-rtl.de

www.hitradio-rtl.de
Nachrichten, Charts, Jobs und Stauinfos für Sachsen. Ein Web-Radio sowie Programminfos.

Mitteldeutscher Rundfunk
neue-medien@mdr.de

www.mdr.de
Infos zu mehr als 70 Fernsehsendungen und acht Radioprogrammen. Regionales für Sachsen, Sachsen-Anhalt und Thüringen.

Radio Leipzig
mail@radioleipzig.net

www.radioleipzig.net
Charts sowie Musiktipps, News und Aktuelles sind auf den Web-Seiten von Radio Leipzig zu finden.

Radio PSR
info@radiopsr.de

www.radiopsr.de
Radio PSR – der „Supermix" für Sachsen präsentiert Programminfos, News, Musik und Sachsen.

Rundfunk/Sachsen-Anhalt

89.0 RTL
redaktion@funkhaus-halle.de

www.89.0rtl.de
Infos zum Sender, Events und Musik sowie Web-Radio.

radio SAW
info@radiosaw.de

www.radiosaw.de
Musik-News, Gewinnspiele, Comedys, kostenlose Kleinanzeigen, Veranstaltungstipps, Tickets und verschiedene Live-Streams.

Rundfunk/Schleswig-Holstein

delta radio
delta@deltaradio.de

www.deltaradio.de
Programminfos, Konzerttickets, Interviews, Podcasts und umfassende Berichterstattung aus der alternativen Musikszene.

Radio Schleswig-Holstein
redaktion@rsh.de

www.rsh.de
Aktuelle Nachrichten über Musik, Sport und Verkehr sowie Gewinnspiele, Eventtipps und Online-Club.

Rundfunk/Thüringen

Antenne Thüringen
kontakt@antennethueringen.de

www.antennethueringen.de
Nachrichten und Infos rund um Thüringen, Aktionen, Gewinnspiele, Wetter und Reise-Center sowie Live-Stream und Webcam.

LandesWelle
kontakt@landeswelle.de

www.landeswelle.de
Studio-Webcam, Live-Stream, Blitz- und Verkehrsmeldungen sowie Veranstaltungen aus Thüringen.

Rundfunk/Verschiedenes

Bundesverband Freier Radios
bfr@freie-radios.de

www.freie-radios.de
Übersicht über alle Freien Radios in Deutschland mit Querverweisen, Adressen und Frequenzen.

Jingle-Service.de
vertrieb@jingle-service.de

www.jingle-service.de
Sprachansagen, Jingles für Radios, Trailer, Werbespots, Ansagen für Anrufbeantworter und Audio-Spots aller Art.

Radiopannen.de
info@radiopannen.de

www.radiopannen.de
Versprecher, Chaos im Studio und andere Peinlichkeiten: Die schönsten Pannen deutscher Radiosender als MP3-Clips.

Stadtmagazine

Blitz Stadtmagazin
info@blitz-world.de

www.blitz-world.de
Terminkalender, Kleinanzeigen und Veranstaltungtipps für Leipzig, Dresden, Chemnitz, Halle, Erfurt und Weimar.

piste.de
hamburg@piste.de

www.piste.de
Städtemagazin für Norddeutschland: Hamburg, Hannover, Lübeck, Neubrandenburg, Rostock und Schwerin.

port01.com
zentrale@port01.com

www.port01.com
Deutschlands großes Szene- und Lifestyle-Magazin erscheint mit 25 Regionalausgaben.

Prinz
redaktion@prinz.de

www.prinz.de
Veranstaltungskalender für alle größeren deutschen Städte wie Berlin, Hamburg, Bremen, Hannover, Köln und Frankfurt.

Sub Culture
info@subculture.de

subculture.de
Sub Culture liefert Veranstaltungsinfos für Rhein-Neckar, Ulm, Stuttgart, Koblenz, Köln, Basel, Bielefeld und Freiburg.

Stadtmagazine/Baden-Württemberg

chilli
info@chilli-online.de

www.chilli-online.de
Das Freiburger Stadtmagazin chilli präsentiert aktuelle Partys und Kulturveranstaltungen in Freiburg und Umgebung.

ka-news.de
info@ka-news.de

www.ka-news.de
Karlsruher Stadtmagazin, das viele Infos zum Stadtgeschehen (Kinotipps und Veranstaltungshinweise) bietet.

Lift
info@lift-online.de

www.lift-online.de
Magazin mit Datenbank für Termine zu Konzerten, Partys, Theater, Kino und Kleinkunst für Stuttgart und Region.

meier-online
info@meier-online.de

www.meier-online.de
Hier kann man in einem Veranstaltungskalender und im Kleinanzeigenmarkt ebenso stöbern wie im Kultur- und Gastro-Planer.

Stadtmagazine/Bayern

Doppelpunkt
info@doppelpunkt.de

www.doppelpunkt.de
Führer für Gastronomie und Freizeitgestaltung. Szenebereich mit Nachrichten, Partys und einer Clubübersicht.

Plärrer
info@plaerrer.de

www.plaerrer.de
Veranstaltungstermine und Tipps zu Freizeit und Kultur des Plärrer Stadtmagazins für Erlangen, Nürnberg und Fürth.

regensburg-digital
info@regensburg-digital.de

www.regensburg-digital.de
Das Magazin informiert über die Geschehnisse aus Regensburg.

Stadtmagazine/Berlin

berlin030.de
info@berlin030.de

www.berlin030.de
Szene-Guide, Nightlife-Tipps, Galerien, Filmschau und viele Links für Berlin.

TIP BerlinMagazin
online@tip-berlin.de

www.tip-berlin.de
Berlin im Griff mit dem TIP: Alle Filme, alle Partys, alle Termine dank Suchfunktion schnell parat. Großstadtleben pur.

Zitty
magazinredaktion@zitty.de

www.zitty.de
Eine „Findemaschine", Programmhinweise und ein großer Registerteil mit Bühnen-, DJ-, Musik-, Film- und Kunst-ABC.

Stadtmagazine/Bremen

Bremer
info@bremer.de

www.bremer.de
Stadtillustrierte für Bremen und den Norden mit Veranstaltungskalender, Party-Tipps und Nachrichten aus der Kulturszene.

Stadtmagazine/Hamburg

Hamburg Pur
hamburg-pur@hamburg-pur.de

www.szene-hamburg.de
Programmkalender für die Hansestadt: Events, Filmtipps, Kritiker-
spiegel, Musikveranstaltungen, Gastro-News und Ticket-Shop.

OXMOX online
info@oxmoxhh.de

www.oxmoxhh.de
Norddeutschlands meistgelesenes Stadtmagazin erscheint monatlich im Kulturgroßraum Hamburg und bietet ein umfangreiches Serviceangebot mit vielen Freizeitanregungen, täglichem
Veranstaltungskalender, Kleinanzeigen, Konzert-, Theater-, Kino-
und CD-Tipps sowie Nachrichten aus Kunst, Kultur und Umwelt.
(Siehe Abbildung)

Stadtmagazine/Hessen

Journal Frankfurt
journal@mmg.de

www.journal-frankfurt.de
Shopping-, Ausflugs- und Veranstaltungstipps.

mein Journal
info@mein-journal.de

www.meinjournal.de
Lokale Infos für den Main-Kinzig-Kreis und den Wetteraukreis sowie für Offenbach und Aschaffenburg.

Stadtmagazine/Niedersachsen

BS-Live!
redaktion@bs-live.de

www.bs-live.de
Das Stadtmagazin für Braunschweig und Umgebung mit aktuellen
Informationen, Terminen und Fotogalerien, täglich aktuell.

OXMOX online   **www.oxmoxhh.de**

SUBWAY

www.subway.de
Das Braunschweiger Stadtmagazin mit Veranstaltungen der Region. Außerdem: Konzerttipps sowie Klein- und Kontaktanzeigen.

Stadtmagazine/Nordrhein-Westfalen

Bonnaparte.de
redaktion@bonnaparte.de

www.bonnaparte.de
Das Online-Magazin für Bonn mit Tipps zu Veranstaltungen, Konzerten, Bars, Restaurants, Kneipen und kulturellen Events.

CityNews Köln
info@citynews-koeln.de

www.citynews-koeln.de
Das Kölner Stadtmagazin informiert über Themen wie Mode, Ausgehen oder Essen sowie lokale aktuelle News und Events.

coolibri

www.coolibri.de
Der Freizeitführer für die Region West mit zahlreichen Veranstaltungen und Kinoprogramm.

Klenkes
redaktion@klenkes.de

www.klenkes.de
Das Stadtmagazin für Aachen und die Euregio gibt Auskunft über Termine, Kultur, Events und Serviceangebote.

Kölner Illustrierte
online@koelner.de

www.koelner.de
Zahlreiche Artikel, ein Gastronomieführer, ein Veranstaltungskalender mit Tagestipp, Kleinanzeigen und Gewinnspielen.

Stadt-Revue
verwaltung@stadtrevue.de

www.stadtrevue.de
Ein Kinokalender, eine Veranstaltungsdatenbank mit verschiedenen Kategorien, Köln-Links und ein Kleinanzeigenmarkt.

Stadtmagazine/Sachsen

Kreuzer – Das Leipzig Magazin
info@kreuzer-leipzig.de

www.kreuzer-leipzig.de
Kreuzer – Das Leipziger Stadtmagazin präsentiert Nachrichten und Veranstaltungshinweise sowie Kleinanzeigen.

Stadtmagazine/Thüringen

t.akt Magazin
info@takt-magazin.de

www.takt-magazin.de
Das Kultur- und Freizeitmagazin für Thüringen mit dem Monatsprogramm der Region, Kleinanzeigen, Fotos und Gewinnen.

Urheberrecht

iRights.info
redaktion@irights.info

www.irights.info
Zuverlässige Informationen zum Urheberrecht in der digitalen Welt bezüglich Musik, Bildern, Filmen, Texten und Software.

Werbung & Marketing

HORIZONT.NET
info@horizont.net

www.horizont.net
Online-Fachmedium für Entscheider in Marketing, Werbung und Medien, die das Internet zur beruflichen Information nutzen.

Slogans.de
info@slogans.de

www.slogans.de
Die Datenbank der Marken und Werbeslogans. Rechercheportal für Werbung, Marketing und Kommunikation.

Werben und Verkaufen
online@wuv.de

www.wuv.de
Die Branchenplattform für Marketing, Kommunikation und Werbung: News, Specials, Studien und Tools.

Zeitschriften/Allgemein

Fachzeitung
verlag@fachzeitung.de

www.fachzeitungen.de
Zeitschriften, Magazine und Fachzeitschriften verlagsunabhängig in Fachbereiche sortiert mit Verlags- und Aboinfos.

Pressekatalog
infoservice@pressekatalog.de

www.pressekatalog.de
Infos und Bestellung von 100.000 Fach-, Publikums- und internationalen Zeitschriften, E-Paper, zwei Millionen Artikel-Downloads.

PressePorträts
pponline@presse-fachverlag.de

www.presse-portraets.de
Informationen über die Zeitschriften Deutschlands mit Angaben über Verlag, Preis, Leserschaft und Verbreitungsgebiet.

Zeitschriftendatenbank (ZDB)

www.zeitschriftendatenbank.de
Verzeichnis von Zeitschriften, Zeitungen und Datenbanken in deutschen und österreichischen Bibliotheken.

Zeitschriften/Allgemein/Zeitschriftenabonnements

Abo-bar.de
kontakt@abo-bar.de

www.abo-bar.de
Prämienabos mit hohen Barprämien. Günstige und gratis Zeitschriften und Zeitungen. Unabhängiger Schnäppchen-Suchservice.

Abopool
info@abopool.de

www.abopool.de
Über 300 verschiedene Zeitschriftenabos, über 1.000 hochwertige Prämien und viele tolle Geschenke.

leserkreis.de
info@leserkreis.de

www.leserkreis.de
Aktuelle Zeitschriften günstig vom Leserkreis mieten – in ganz Deutschland – weit unter Kioskpreis.

mc-abo.de
suma@analog.de

www.mc-abo.de
Zeitschriften im Abo mit Prämien – Zeitschriftenabonnements mit Preisvorteil.

Zeitschriften/Autozeitschriften

Siehe Kapitel Verkehr

Auto/Autozeitschriften

Zeitschriften/Elternzeitschriften

Siehe Kapitel Soziales

Eltern/Allgemein

Zeitschriften/Fernsehprogramm

GONG

www.gong.de
Das Fernsehmagazin für die ganze Familie: Mit dem aktuellen TV-Programm, Infos zu den einzelnen Filmen und Abo-Service.

Hörzu
online@hoerzu.de

www.hoerzu.de
Das aktuelle Fernsehprogramm mit TV-Tipps.

Prisma
info@prisma-redaktion.de

www.prisma.de
Prisma, das wöchentliche Supplement zu 62 Tageszeitungen, steht für Fernsehen, Kultur, Wellness, Sport und Reisen.

rtv
info@rtv.de

www.rtv.de
TV-Programm- und Entertainment-Guide: Über 150 Sender, TV-Tipps als Video, Movisto-Filmbewertung, Web-Clips und Sudokus.

tv Hören und Sehen
service@tv-hoeren-und-sehen.de

www.tvhus.de
Programm durchsuchbar nach Kategorien wie Sport, Natur, Kinder und Comedy. Archiv, Radiofrequenzen und Senderanschriften.

TV Movie online
userservice@tvmovie.de

www.tvmovie.de
TV-Service mit ausführlichen Infos zum deutschen und europäischen Fernsehprogramm, Infos zu Kino, Musik und Multimedia.

TV Spielfilm
tvspielfilm@milchstrasse.de

www.tvspielfilm.de
TV-Highlights werden nach Sparten wie Spielfilm, Sport und Reportage sortiert vorgestellt und stündlich aktualisiert.

MEDIEN

TVdirekt.de
redaktion@tvdirekt.de

www.tvdirekt.de
Mit der Online-Senderübersicht von TVdirekt findet man schnell zum gewünschten Fernsehprogramm.

TV-Today
service@tvtoday.de

www.tvtoday.de
Das aktuelle Fernsehprogramm mit Programmwähler, Tagestipps sowie News und kurzen Reportagen.

Zeitschriften/Frauen

Amica
amica@tomorrow-focus.de

www.amica.de
Reportagen zu Themen, die Frauen interessieren: Mode, Medien, Fitness, Reisen, Shopping und Sex.

BILD der FRAU
service@bildderfrau.de

www.bildderfrau.de
BILD der FRAU – Informieren. Rat finden. Mitmachen. Immer neue Rezepte. Immer neue Videos. Immer neue Tipps.

Brigitte online
service@brigitte.de

www.brigitte.de
Frauentreffpunkt mit Jobbörse, Rezepten, Reise-, Geld-, Berufs- und Gesundheitsinfos, Psychotests und Kennenlerndatenbank.

Brigitte Young Miss
mail@bym.de

www.bym.de
Infos für Mädchen und junge Frauen, Jobtipps, City- und Reisetipps, Lifestyle-Foren, Wettbewerbe und Chat.

burdastyle.de
service@burdastyle.de

www.burdastyle.de
burdastyle.de zeigt die neuesten Looks und stellt die passenden Schnittformen zum kostenpflichtigen Download bereit.

Celebrity
redaktion@celebrity.de

www.celebrity.de
Celebrity ist das People-Magazin mit Berichten über Leben und Lifestyle der Stars.

Cosmopolitan.de
info@cosmopolitan.de

www.cosmopolitan.de
Alles über Stars und Szene, Lieben und Leben, Beauty und Wellness, Mode, Job und Lifestyle.

ELLE
elle@elle.de

www.elle.de
News aus Mode, Beauty, Lifestyle und Kultur. Experten-Chat und moderierte Foren. Im Shop: Fashion- und Lifestyle-Produkte.

Emma
info@emma.de

www.emma.de
Das politische Magazin von Frauen für Frauen. Herausgegeben von der bekannten Frauenrechtlerin Alice Schwarzer.

Freundin
freundin@freundin.de

www.freundin.de
Themen rund um Fashion, Beauty, Jobs, Food und Travel.

fuersie.de
redaktion-online.fuer-sie@fuer-sie.de

www.fuersie.de
Neben der aktuellen Ausgabe Tipps zu Gesundheit, Schönheit und Mode. Infos zum Club, Horoskop und Rezept des Tages.

Gala
redaktion@gala.de

www.gala.de
Gala.de bietet täglich die wichtigsten News aus der Welt der Stars sowie exklusive Videos und Fashiontrends aus Hollywood.

Glamour
feedback@glamour.de

www.glamour.de
Infos über die neuesten Modetrends. In der Dating-Area und in den Foren kann man sich treffen und austauschen.

Jolie.de
info@vision-media.de

www.jolie.de
Das Lifestyle-Magazin zeigt jungen Frauen aktuelle Beauty-, Frisuren- und Modetrends. Dazu Psychotests und Horoskope.

Joy.de
online@joy-mag.de

www.joy.de
Das Trendmagazin für Frauen mit Highlights zu Fashion und Beauty sowie exklusiven Storys aus der Welt der Stars.

Madame info@madame.de	**www.madame.de** Ausgewählte Themen der aktuellen Ausgabe können direkt online gelesen werden. Zudem Abo-Angebote und Madame-Shop.
MySelf.de	**www.myself.de** Das Magazin für Frauen, die sich für ein Leben mit Karriere, Kindern, Genuss, Shoppen und Reisen entschieden haben.
Petra	**www.petra.de** Lifestyle und Trends im Bereich Mode, Entertainment und Beauty. Kostenlose Community mit vielen Gewinnspielen und Vorteilen.
Shape.de online@shape.de	**www.shape.de** Web-Seite für Frauen, die sich in Form klicken wollen. Mit aktuellem Expertenrat zu Fitness, Beauty und Gesundheit.

Zeitschriften/Kunst & Kultur

Siehe Kapitel Kunst & Kultur	**Kunst- & Kulturzeitschriften**

Zeitschriften/Männer

GQ feedback@gq.de	**www.gq-magazin.de** Hier finden Männer alles rund um Lifestyle, Mode und Technik. „Girls Gallery" mit erotischen Bildern von Topmodels.
Men's Health usermail@menshealth.de	**www.menshealth.de** Männermagazin mit News und Infos aus den Rubriken Fitness, Gesundheit, Ernährung, Sex, Technik, Mode, Beruf und Surf-Tipps.
Playboy team@playboy.de	**www.playboy.de** Das Männermagazin mit allem, was Männern Spaß macht. Schöne Frauen, spannende Reportagen und interessante Interviews.

Zeitschriften/Musik

Siehe Kapitel Kunst & Kultur	**Musik/Musikzeitschriften**

Zeitschriften/Nachrichtenmagazine

FOCUS Online webmaster@focus.de	**www.focus.de** „News to use" rund um Politik, Finanzen, Immobilien, Auto, Reisen, Sport, Digital, Gesundheit, Job, Kultur und Wissen.
manager-magazin.de redaktion_mm_online@manager-magazin.de	**www.manager-magazin.de** Liefert täglich die wichtigsten Wirtschaftsnachrichten aus Unternehmen, Finanzen, Politik, Karriere und Lifestyle.
SPIEGEL ONLINE spiegel_online@spiegel.de	**www.spiegel.de** Deutschlands bekannte Nachrichtenseite. Alles aus Politik, Wirtschaft, Sport, Kultur und Wissenschaft – 24 Stunden am Tag.
stern.de	**www.stern.de** Der Online-Auftritt des „stern" präsentiert neben den Themen des Tages stets neueste Meldungen aus Politik und Wirtschaft.

Zeitschriften/Satire

Satiremagazin Eulenspiegel verlag@eulenspiegel-zeitschrift.de	**www.eulenspiegel-zeitschrift.de** Offizielle Seite des bekannten Monatsmagazins für Satire, Humor und Nonsens mit Cartoons und allerlei skurrilen Artikeln.
Titanic verlag@titanic-magazin.de	**www.titanic-magazin.de** Das Titanic-Magazin bietet satirische Meldungen, Themen der aktuellen und älteren Ausgaben sowie satirische E-Cards.

Zeitschriften/Spiritualität

Visionen
info@visionen.com

www.visionen.com
Das Magazin für ganzheitliches Leben „VISIONEN" hält Beiträge zu den Themen Spiritualität, Weisheit, Gesundheit und Wellness, Astrologie, Kultur und Wissen sowie Rubriken zu bewusst Reisen und Ernährung bereit. Neben ausgewählten Artikeln wird aktuell über interessante Termine, Bücher und Links informiert. **(Siehe Anzeige)**

Zeitschriften/Sport

Siehe Kapitel Sport

Sportzeitschriften

Zeitschriften/Umwelt

Siehe Kapitel Umwelt

Umweltzeitschriften

Zeitschriften/Unterhaltung

Bunte online
bunte@burda.com

www.bunte.de
Mittwochs erscheint die aktuelle Ausgabe der Zeitschrift im Internet. Entertainment, Chat, Interviews und Promi-News.

Max
echo@milchstrasse.de

www.max.de
Die Fotos in Max beweisen, dass Max das Forum für die neuen innovativen Stars der internationalen Fotoszene ist.

Reader's Digest Deutschland
verlag@readersdigest.de

www.readersdigest.de
Porträt der Zeitschrift Reader's Digest mit einem Shop, in dem auch Bücher, Hörbücher, CDs und DVDs verkauft werden.

SuperIllu
post@super-illu.de

www.superillu.de
Das Web-Angebot der Illustrierten mit dem Schwerpunkt „neue Bundesländer". Aktuelle Interviews und Reportagen.

Zeitschriften/Verbraucher

Guter Rat
kontakt@guter-rat.de

www.guter-rat.de
Themenschwerpunkte des modernen Ratgebermagazins sind Geld, Recht, Gesundheit, Autos sowie Bauen und Wohnen.

Zeitschriften/Wirtschaft

Siehe Kapitel Geld & Finanzen

Finanzzeitschriften & Finanzverlage

Zeitschriften/Wissenschaft

GEO.de
webmaster@geo.de

www.geo.de
GEO – „Das neue Bild der Erde" ist ein aktuelles Magazin zu internationaler Wissenschaft, Gesellschaft, Kultur und Medizin.

National Geographic Deutschland
leserbriefe@nationalgeographic.de

www.nationalgeographic.de
Die Web-Seite stellt die Highlights des aktuellen Magazins vor und berichtet über Neuigkeiten aus der Geografie.

P.M. online
kontakt@pm-magazin.de

www.pm-magazin.de
U. a. „P.M. Magazin", „P.M. HISTORY", „P.M. Perspektive", „P.M. Fragen & Antworten" sowie Logik- und Intelligenz-Trainer.

Zeitungen

Bild.de

www.bild.de
News, Sport, Promis, Videos, Tipps und Trends – stets aktuelle Themen aus Deutschland und der Welt.

FAZ.NET
info@faz.net

www.faz.net
Aktuelle Nachrichten, Hintergründe, Kommentare und Analysen zu allen Themen des Tages mit passenden Serviceangeboten.

Frankfurter Rundschau
redaktion@fr-online.de

www.fr-online.de
Nachrichten aus dem In- und Ausland, Sport, Medien, Anzeigenmarkt, Dossier, Wirtschafts- und Kulturspiegel.

Neues Deutschland
redaktion@nd-online.de

www.neues-deutschland.de
Die sozialistisch orientierte Tageszeitung berichtet über politische, wirtschaftliche und kulturelle Themen.

sueddeutsche.de
wir@sueddeutsche.de

www.sueddeutsche.de
sueddeutsche.de berichtet hintergründig und schnell aus klassischen Ressorts wie Politik, Wirtschaft, Kultur oder Sport.

taz.de
berlin@taz.de

www.taz.de
Komplette Ausgabe der Tageszeitung (taz) inklusive Archiv sowie die deutsche Ausgabe der „Le Monde diplomatique".

Welt online
redaktion@welt.de

www.welt.de
Ausführliche Berichte zu aktuellen Themen, Zeitungsartikel-Archiv, Börse, viele weitere Informationen und Services.

Zeitungen/Allgemein

PressePorträts
pponline@presse-fachverlag.de

www.presse-portraets.de
Informationen über die Zeitungen Deutschlands mit Angaben über Verlag, Preis, Leserschaft und Verbreitungsgebiet.

tageszeitung-24.de

www.tageszeitung-24.de
Großes Online-Verzeichnis für regionale Tageszeitungen im deutschsprachigen Raum.

Zeitungen/Ausland

Press-guide.com
info@press-guide.com

www.press-guide.com
Auflistung von Adressen, E-Mails und Links deutschsprachiger Zeitungen im Ausland, nach Ländern geordnet.

Zeitungen/Baden-Württemberg

Badische Zeitung
online-werbung@badische-zeitung.de

www.badische-zeitung.de
Tageszeitung online mit Nachrichten, Lokalem, Wetter, Anzeigenmarkt und Ticketservice.

Badisches Tagblatt
info@badisches-tagblatt.de

www.badisches-tagblatt.de
Neben täglichen, lokalen News gibt es Tipps und Termine aus der Region sowie einen Kleinanzeigenmarkt.

Eßlinger Zeitung
online.redaktion@ez-online.de

www.esslinger-zeitung.de
Berichterstattung aus der Region Esslingen/Stuttgart, Nachrichten aus Deutschland und der Welt, Veranstaltungskalender.

Fränkische Nachrichten
fn.info@fraenkische-nachrichten.de

www.fnweb.de
Nachrichten aus Tauberbischofsheim, Wertheim, Bad Mergentheim und Buchen/Walldürn. Mit Kino- und Kulturprogramm.

Gmünder Tagespost
redaktion@gmuender-tagespost.de

www.gmuender-tagespost.de
Suchmaschine für Veranstaltungen aus der gewünschten Region. Nachrichten sowie Hinweise zum Kino- und TV-Programm.

Heidenheimer Zeitung
online-dienste@swp.de

www.swp.de/heidenheim
Aktuelle Heidenheimer Stadt-News. Regionale und überregionale Sportnachrichten, Kino- und TV-Programm sowie Kulturinfos.

Heilbronner Stimme
info@stimme.net

www.stimme.de
Das regionale, interaktive Nachrichtenportal des Medienunternehmens Heilbronner Stimme mit stündlich aktuellen Infos.

Mannheimer Morgen
info@morgenweb.de

www.morgenweb.de
Berichterstattung aus der Rhein-Neckar-Region, ein Veranstaltungskalender sowie ein Stellen-, Immobilien- und Automarkt.

Nürtinger Zeitung
support@ntz.de

www.ntz.de
Nachrichten aus Nürtingen, Wendlingen und Umland. Mit Sportinfos, Veranstaltungstipps, Business- und Serviceadressen.

Oberbadische, Die
info@verlagshaus-jaumann.de

www.die-oberbadische.de
Infos aus aller Welt zu Wirtschaft und Web, Boulevard oder Sport, umfangreiche Lokalnachrichten, Freizeittipps.

Pforzheimer Zeitung
webmaster@pz-news.de

www.pz-news.de
Zahlreiche Veranstaltungshinweise und Inseratanzeigen der Region sind online abrufbar.

Reutlinger General-Anzeiger
gea@gea.de

www.gea.de
Die übersichtlichen Seiten bieten aktuelle News, einen Veranstaltungskalender und Tipps zu Web und Wissen.

Rhein-Neckar-Zeitung
rnz-kontakt@rnz.de

www.rnz.de
Nachrichten aus Politik, Wirtschaft, Kultur und Sport. Lokale Neuigkeiten und ein Anzeigenmarkt ergänzen das Angebot.

Schwäbische Post
redaktion@schwaebische-post.de

www.schwaebische-post.de
Regionale sowie überregionale Nachrichten. Suchmaschinen für Kino, TV und Veranstaltungen.

Schwäbische Zeitung Online
info@schwaebische.de

www.schwaebische.de
Das Portal mit neuesten Meldungen aus der Welt und der Heimat. Jede Menge Unterhaltung wie Gewinnspiele und Flirtspaß.

Schwäbisches Tagblatt
online@tagblatt.de

www.tagblatt.de
Aktuelle Lokalnachrichten, Videos, Bildergalerien, Wochenrückblick, Kleinanzeigen, Veranstaltungen, Sport und Kultur.

Schwarzwälder Bote
service@schwarzwaelder-bote.de

www.schwarzwaelder-bote.de
Welt-News und Regionales auf einen Blick. Das Serviceangebot umfasst u. a. den Veranstaltungskalender und Kleinanzeigen.

Stuttgarter Nachrichten
leserpost@stn.zgs.de

www.stuttgarter-nachrichten.de
Tageszeitung mit Beiträgen aus Stuttgart und der Region, umfangreicher Veranstaltungskalender, Theater- und Musikmagazine.

Stuttgarter Zeitung
webmaster@stz.zgs.de

www.stuttgarter-zeitung.de
Themen des Tages, Sport aktuell, Musikmagazin sowie Neues aus der Kinobranche, Veranstaltungen und Wettervorhersage.

suedkurier.de
kontakt@suedkurier.de

www.suedkurier.de
Aktuelle Nachrichten, Videos, Veranstaltungen und über 10.000 Fotogalerien vom Bodensee, Schwarzwald und Hochrhein.

Teckbote online, Der
info@teckbote.de

www.teckbote.de
Lokalnachrichten für Kirchheim und Umgebung, aktuelle Lokalsporttabellen, Kulturinfos und nützliches Nachrichtenarchiv.

Zeitungen/Bayern

all-in.de
info@all-in.de

www.all-in.de
Aktuelle Nachrichten der Allgäuer Zeitung aus der Region und aus aller Welt. Mit Veranstaltungs- und Kinodatenbank.

Augsburger Allgemeine
info@augsburger-allgemeine.de

www.augsburger-allgemeine.de
(Über-)regionale News, Sporttabellen, Veranstaltungen, Ratgeberthemen, Branchenbuch, Archiv und Kleinanzeigen.

Bayerische Staatszeitung
redaktion@bayerische-staatszeitung.de

www.bayerische-staatszeitung.de
Bayerischer Blick auf Politik, Wirtschaft, Kommunales und Kultur. Mit Stellenmarkt und Archiv.

Bayernkurier
redaktion@bayernkurier.de

www.bayernkurier.de
Wochenzeitung für Politik, Wirtschaft und Kultur mit Artikeln der jüngsten Ausgabe und der zurückliegenden Wochen.

Berchtesgadener Anzeiger
redaktion@berchtesgadener-anzeiger.de

www.berchtesgadener-anzeiger.de
Aktuelle Berichterstattung aus dem Berchtesgadener Land mit zahlreichen Serviceangeboten und einem Online-Archiv.

Donaukurier
online-redaktion@donaukurier.de

www.donaukurier.de
Neben lokalen News gibt es einen täglich aktualisierten Anzeigenmarkt und einen umfangreichen Entertainment-Bereich.

Frankenpost
verlag@frankenpost.de

www.frankenpost.de
Lokales und Internationales, Ticket-Shop, Veranstaltungskalender, Jugendredaktion und ein ausführlicher Serviceteil.

heimatzeitung.de

www.heimatzeitung.de
Lokalnachrichten für Altötting, Traunstein und das Berchtesgadener Land mit Kino- und Veranstaltungshinweisen.

inFranken.de

www.infranken.de
Das Gemeinschaftsportal der Zeitungen Fränkischer Tag, Bayerische Rundschau und Coburger Tageblatt mit News aus Franken.

Main-Netz
info@main-netz.de

www.main-netz.de
Lokalnachrichten für die Region Aschaffenburg und Miltenberg, Sport, Kultur, Anzeigenteil und Internet-Neuigkeiten.

Mainpost
red.online@mainpost.de

www.mainpost.de
Weltweite Nachrichten und Sport mit Ticker, lokale Nachrichten aus Würzburg und ein Anzeigenmarkt.

Mittelbayerische Zeitung
donau@donau.de

www.mittelbayerische.de
Der Online-Dienst der „Mittelbayerischen Zeitung" mit News, Sport, Firmen-ABC, Gewinnspielen, E-Cards und SMS-Manager.

Münchner Abendzeitung
info@abendzeitung.de

www.abendzeitung.de
Münchner und überregionale Nachrichten aus den Bereichen Politik, Kultur, Boulevard und Wissenschaft. Mit Anzeigenmarkt.

Münchner Merkur
info@merkur-online.de

www.merkur-online.de
Ein News-Ticker ergänzt das Angebot an Nachrichten und Reportagen. Außerdem: Kfz-Markt, Kleinanzeigen und Jugendseiten.

Neue Presse
verlag@np-coburg.de

www.np-coburg.de
Nachrichten für Coburg, Kronach, Lichtenfels und Haßberge. Haushaltstipps und ein Online-Knigge, der Stilfragen klärt.

Nordbayerischer Kurier

www.nordbayerischer-kurier.de
Nachrichten aus der Region und der Welt, Infos über den Verlag
oder direkt ein Abo bestellen oder eine Anzeige inserieren.

Nordbayern Infonet
info@nordbayern.de

www.nordbayern.de
Portal der Nürnberger Nachrichten und Nürnberger Zeitung. Computer, Freizeit- und Eventseiten zu regionalen Veranstaltungen.

Oberpfalz Netz
info@zeitung.org

www.oberpfalznetz.de
Aktuelle Nachrichten, regionale News, Kinotipps, Zeitungsarchiv
und Beschreibung sämtlicher Freizeitparks in Bayern.

ovb online
info@ovb.net

www.ovb-online.de
Aktuelle Ausgaben mit lokalen, nationalen und internationalen
Nachrichten, Kinodatenbank, Party-Guide und Gewinnspielen.

tz online
info@tz-online.de

www.tz-online.de
Berichte aus München und Bayern, Leserfotos, Kleinanzeigen,
Eventkalender und einige Themenportale.

Zeitungen/Berlin

B.Z.
redaktion@bz-berlin.de

www.bz-berlin.de
Boulevardnachrichten aus Berlin und der Welt. Infos aus der Mu-
sik-, Kino- und Kulturszene, ein Archiv und E-Cards.

Berliner Abendblatt

www.abendblatt-berlin.de
Aktuelle Lokalnachrichten mit Infos aus einzelnen Bezirken. Überblick über Apotheken-Notdienste, interaktiver Stadtplan.

Berliner Kurier
berliner-kurier@berlinonline.de

www.berliner-kurier.de
Tagesnachrichten, Auto- und Reisereportagen, Musik-Charts und
CD-Kritiken, Tipps zu Beruf, Computer, Freizeit und Fitness.

Berliner Morgenpost

www.morgenpost.de
Die Berliner Morgenpost stellt Artikel vollständig ins Internet und
bietet besonders aufgearbeitete Themenschwerpunkte.

⬤ **Berliner Zeitung**
leserbriefe@berliner-zeitung.de

www.berliner-zeitung.de
Nachrichten aus Berlin und aller Welt: Lokales, Politik, Wirtschaft,
Sport, Kultur. Mit Textarchiv, Fotos, Blogs. **(Siehe Abbildung)**

Tagesspiegel, Der
redaktion@tagesspiegel.de

www.tagesspiegel.de
Neben Regionalem auch Weltgeschehen. Außerdem gibt es die
Community „Mein Berlin" und spezielle Online-Reportagen.

Zeitungen/Brandenburg

Lausitzer Rundschau
support-online@lr-online.de

www.lr-online.de
Online-Angebot der Lausitzer Rundschau. Aktuelle Nachrichten
der Region aus verschiedenen Themenbereichen.

Märkische Allgemeine
kontakt@mazonline.de

www.maerkischeallgemeine.de
Brandenburgportal für die Hauptstadtregion mit aktuellen lokalen
Informationen, Anzeigen, Wetter und Terminkalender.

Märkische Oderzeitung
info@moz.de

www.moz.de
Ausführliche regionale und überregionale Berichterstattung für
Brandenburg.

Potsdamer Neueste Nachrichten
pnn@potsdam.de

www.pnn.de
Online-Präsenz der Tageszeitung Potsdamer Neueste Nachrichten
mit allem, was auch die Printausgabe zu bieten hat.

Zeitungen/Hamburg

Hamburger Abendblatt
online@abendblatt.de

www.abendblatt.de
Der umfangreiche Serviceteil umfasst Horoskope, ein Branchenverzeichnis, Reisemarktplatz und Nachrichtenarchiv.

Hamburger Morgenpost
verlag@mopo.de

www.mopo.de
Online Ausgabe der MOPO und MOPO am Sonntag. Täglich News, Veranstaltungen aus und für Hamburg, Deutschland und die Welt.

Zeitungen/Hessen

Echo Online
kontakt@echo-online.de

www.echo-online.de
Nachrichten aus Darmstadt und Südhessen, Tipps und Termine zu Kultur und Freizeit, Anzeigenmarkt für die Rhein-Main-Region.

Fuldaer Zeitung
internet@fuldaerzeitung.de

www.fuldaerzeitung.de
Wissen, was in der Heimat läuft: Aktuelle Nachrichten aus Fulda und Region auf fuldaerzeitung.de.

Gießener Allgemeine
redaktion@giessener-allgemeine.de

www.giessener-allgemeine.de
Aktuelle Infos und Nachrichten aus Gießen, dem Landkreis, aus Mittelhessen und der ganzen Welt.

Hessisch Niedersaechsische Allgemeine
info@hna.de

www.hna.de
Lokale, regionale und internationale Nachrichten, umfangreiches Anzeigenportal, Veranstaltungstipps und regionale Sportinfos.

Oberhessische Presse
info@op-marburg.de

www.op-marburg.de
Die große Tageszeitung für den Landkreis Marburg-Biedenkopf präsentiert sich als vielfältiges Nachrichtenportal.

Offenbach-Post
service@op-online.de

www.op-online.de
Aktuelle Nachrichten aus Politik, Wirtschaft und Sport. Lokales Kinoprogramm und Freizeittipps.

Wetterauer Zeitung
redaktion@wetterauer-zeitung.de

www.wetterauer-zeitung.de
Lokale Nachrichten aus dem Wetteraukreis, aus Politik, Wirtschaft, Sport, Kultur sowie Veranstaltungstipps.

Wiesbadener Kurier
impressum@vrm.de

www.wiesbadener-kurier.de
Lokal-, Regional- und Weltnachrichten aus Politik, Wirtschaft und Sport, Anzeigenmarkt für Immobilien, Kfz und Reisen.

Berliner Zeitung   www.berliner-zeitung.de

Wiesbadener Tagblatt
wt-stadtzeitung@vrm.de

www.wiesbadener-tagblatt.de
Die Tageszeitung online bietet regionale, lokale sowie weltweite Nachrichten, Kleinanzeigenmärkte und vielerlei Ratgeber.

Zeitungsgruppe Lahn-Dill
internet@mittelhessen.de

www.mittelhessen.de
Nachrichten, Archive, Kleinanzeigen, Gastro-Führer und zahlreiche Shopping-Tipps der Zeitungsgruppe aus Mittelhessen.

Zeitungen/Mecklenburg-Vorpommern

Norddeutsche Neueste Nachrichten
info@svz.de

www.nnn.de
Nachrichten aus Rostock, Online-Diskussionen, Ratgeber zu verschiedenen Themen sowie Telefon- und Internet-Tarife.

Ostsee-Zeitung
online@ostsee-zeitung.de

www.ostsee-zeitung.de
Aktuelles aus Politik, Wirtschaft, Kultur und Medien, Sport und Wetter. Kleinanzeigen und ein Veranstaltungskalender.

Schweriner Volkszeitung
info@svz.de

www.svz.de
Nachrichten aus Mecklenburg-Vorpommern, Veranstaltungskalender, Specials zu Ratgeberthemen und Kleinanzeigendatenbank.

Zeitungen/Niedersachsen

Braunschweiger Zeitung

www.braunschweiger-zeitung.de
Lokale Nachrichten, Sport-News, Anzeigenmarkt, Events, Fotogalerien und Ratgeber.

Cellesche Zeitung
verlag@cellesche-zeitung.de

www.cellesche-zeitung.de
Lokale Nachrichten aus der Region Celle. Events, Leser-Service, Unterhaltung. Alles, was man über Celle wissen muss.

Cuxhavener Nachrichten
info@cuxonline.de

www.cuxonline.de
Außer den neuesten Nachrichten bietet diese Web-Seite auch Informationen über das Kinoprogramm oder Veranstaltungstipps.

Goslarsche Zeitung
info@goslarsche-zeitung.de

www.goslarsche.de
Regionales und Überregionales mit News-Ticker, Szene-News, Kleinanzeigen und vielen Serviceangeboten rund um den Harz.

● **Hannoversche Allgemeine**
haz@madsack.de

www.haz.de
Die Zeitung für Hannover mit Lokalnachrichten und Lokalsport sowie einem Veranstaltungskalender und dem Regionalwetter.
(Siehe Abbildung)

Landeszeitung für die Lüneburger Heide
redaktion@landeszeitung.de

www.landeszeitung.de
Lokale und weltweite Nachrichten, virtueller Stadtrundgang durch Lüneburg, Veranstaltungskalender, Forum und Webcams.

Mediengruppe Kreiszeitung
info@kreiszeitung.de

www.kreiszeitung.de
Nachrichten mit lokalen Hintergründen und Berichte über regionalen Sport. Dazu Kleinanzeigen, Leserreisen sowie Gewinnspiele.

Münsterländische Tageszeitung
redaktion@mt-friesoythe.de

www.mt-news.de
Lokalnachrichten und -sport, Veranstaltungskalender und Neuigkeiten aus dem Münsterland.

Neue Osnabrücker Zeitung online
hilfe@noz.de

www.neue-oz.de
Regionale und überregionale Nachrichten aus Politik, Sport, Wissenschaft und Kultur mit kostenlosem Online-Archiv.

Neue Presse
np@madsack.de

www.neuepresse.de
Neuigkeiten aus Hannover und der Welt: Politik, Sport, Serviceteil mit Fahrplanauskunft, Stadtplan und Horoskop.

Niederelbe-Zeitung

www.nez.de
Die Online-Ausgabe der Zeitung aus Cuxhaven berichtet fokussiert über das Tagesgeschehen entlang der Niederelbe.

Nordsee-Zeitung Bremerhaven
nzonline.admin@nordsee-zeitung.de

www.nordsee-zeitung.de
Neueste Nachrichten aus der Wissenschaft sind neben allgemeinen Meldungen ebenfalls Inhalte der Zeitung aus Bremerhaven.

Nordwest-Zeitung
online@nordwest-zeitung.de

www.nwzonline.de
Politik und Weltgeschehen, Wirtschaft, Sport sowie Regional- und Lokalnachrichten aus Nordwest-Niedersachsen.

Oldenburgische Volkszeitung
info@ov-online.de

www.ov-online.de
Die Tageszeitung im Oldenburger Münsterland liefert täglich Neuigkeiten und Termine aus Vechta und der Region.

Salzgitter Zeitung

www.salzgitter-zeitung.de
Lokale, regionale und überregionale Nachrichten und Hintergrundberichte zu vielen Themenbereichen.

Walsroder Zeitung
walsroderzeitung@wz-net.de

www.wz-net.de
Lokalnachrichten, Veranstaltungskalender, Anzeigenmarkt und regionales Branchenverzeichnis.

Weser Kurier
redaktion@weser-kurier.de

www.weser-kurier.de
Berichterstattung aus der Region, ein breitgefächertes Themenmagazin, Anzeigenaufgabe und das Regionalwetter.

Wilhelmshavener Zeitung
info@wzonline.de

www.wzonline.de
Aktuelle Nachrichten von der Küste, auch mit Hinweisen zu Ebbe und Flut.

Wolfsburger Allgemeine Zeitung
waz@madsack.de

www.waz-online.de
Zeitung für Wolfsburg und Umgebung mit Schwerpunkt Lokalnachrichten und Lokalsport.

Zeitungen/Nordrhein-Westfalen

Aachener Nachrichten
info@an-online.de

www.an-online.de
Lokale Berichterstattung mit Sportteil, regionaler Kulturszene und Terminen, Weltnachrichten und Wirtschaft.

Hannoversche Allgemeine   www.haz.de

Aachener Zeitung
redaktion@aachener-zeitung.de

www.az-web.de
Umfangreiches Sortiment an Nachrichten aller Art: Lokales, Sport, Branchen- und Gastro-Guide sowie Hochschulnachrichten.

derwesten
kontakt@derwesten.de

www.derwesten.de
Das Portal der WAZ-Mediengruppe: Westdeutsche Allgemeine Zeitung, Westfalenpost und Neue Rhein Zeitung.

Express.de
post@express.de

www.express.de
Umfangreiches Angebot des Boulevardblattes, das von Sport über Lokales, Computer und Autos bis hin zu Reisen reicht.

General-Anzeiger
online@ga-bonn.de

www.general-anzeiger-bonn.de
News, Sport, Wirtschaft, Annoncen, Freizeit, Wetter, Stadtpläne, Webcams und Archiv.

Glocke, Die
postmaster@die-glocke.de

www.die-glocke.de
Lokalnews und Anzeigen aus den Kreisen Gütersloh und Warendorf. Sporttabellen, Ratgeberseiten, Bildgalerie, Fußballtipp.

Kölner Stadt-Anzeiger
info@ksta.de

www.ksta.de
Magazinseiten über Computer, Verkehr, Reisen und Anzeigen (Immobilien, Kfz, Bekanntschaften).

Kölnische Rundschau
info@rundschau-online.de

www.rundschau-online.de
Politik, Sport, Lokales, Kultur, Aus aller Welt, Computer, Verkehr, Reisen, Wohnen und Anzeigen.

Lippische Landes-Zeitung
online@lz-online.de

www.lz-online.de
Nachrichten aus Politik, Wirtschaft, Sport und der Region sowie Veranstaltungshinweise und Kleinanzeigen.

Mindener Tageblatt
mt@mt-online.de

www.mt-online.de
Aktuelle Ausgabe mit lokalen und überregionalen Nachrichten, Anzeigenmarkt und zahlreichen Serviceangeboten.

Neuß-Grevenbroicher Zeitung
redaktion@ngz-online.de

www.ngz-online.de
Online-Auftritt mit Journalcharakter: Informationen über alles Wissenswerte aus der Region und Tipps für den Alltag.

OWL-Online
info@team.owl-online.de

www.owl-online.de
Hier gibt es Nachrichten aus Ostwestfalen (Bielefeld, Gütersloh, Herford, Höxter, Lippe, Minden und Paderborn).

RP ONLINE

www.rp-online.de
Rund um die Uhr Nachrichten, Fotos und Hintergründe aus Düsseldorf und der Region sowie aus Deutschland und der Welt.

ruhrnachrichten.de

www.ruhrnachrichten.de
Online-Portal der Tageszeitung „Ruhr Nachrichten" mit aktuellen Nachrichten aus dem Ruhrgebiet.

Siegener Zeitung
info@siegener-zeitung.de

www.siegener-zeitung.de
Weltnachrichten und Lokales aus den Kreisen Siegen, Olpe, Wittgenstein und Altenkirchen.

Westdeutsche Zeitung
online.redaktion@wz-newsline.de

www.wz-newsline.de
Täglich aktualisierte Nachrichten aus Wuppertal, Krefeld, Düsseldorf und Mönchengladbach sowie Weltnachrichten.

Westfalen Blatt
wb@westfalen-blatt.de

www.westfalen-blatt.de
Hier kann man unter anderem Kleinanzeigen aufgeben oder Veranstaltungskarten für Konzerte und Theater bestellen.

Westfälische Nachrichten
info.digital@aschendorff.de

www.wn.de
Die Westfälischen Nachrichten berichten über aktuelle Nachrichten aus Politik, Wirtschaft und Kultur.

Westfälischer Anzeiger
webmaster@wa-online.de

www.wa.de
Ausführliche Informationen über Politik, Wirtschaft und Sport, unter besonderer Berücksichtigung der lokalen Ereignisse.

westline
redaktion@westline.de

www.westline.de
Die zehn Zeitungsverlage bieten Berichte (Lokales, Wirtschaft, Sport) über das Münsterland und das nördliche Ruhrgebiet an.

Zeitungsverlag Neue Westfälische
redaktion@nw-news.de

www.nw-news.de
Lokale News zu verschiedenen Regionen sowie zahlreiche Infos zum regionalen und überregionalen Sport sind abrufbar.

Zeitungen/Rheinland-Pfalz

Pfälzischer Merkur
merkur@pm-zw.de

www.pfaelzischer-merkur.de
Tageszeitung für die Saarpfalz. Lokalnachrichten, Regionalsport, Weltnachrichten, Bäckersuche, Partybilder, Karriereportal.

Rhein Main Presse
info@main-rheiner.de

www.rhein-main-presse.de
Seiten des „Wiesbadener Kurier", der „Allgemeinen Zeitung", des „Wiesbadener Tagblatt" und der „Wormser Zeitung".

Rheinpfalz, Die
info@rheinpfalz.de

www.rheinpfalz.de
Weltnachrichten, Pfalzsport (Ergebnisse und Tabellen), Lokalnachrichten aus der Pfalz, Immobilien- und Kfz-Markt.

Rhein-Zeitung
onlinered@rhein-zeitung.de

www.rhein-zeitung.de
Aktuelle Nachrichten, Magazin, News-Ticker und Archiv für das nördliche Rheinland-Pfalz, Mainz, Wiesbaden und Umgebung.

Trierischer Volksfreund
kontakt@volksfreund.de

www.volksfreund.de
Das Online-Portal des Trierischen Volksfreundes: Regionale und überregionale Nachrichten. Mit interaktiver Wanderkarte.

Zeitungen/Saarland

SOL.DE
redaktion@sol.de

www.sol.de
Online-Magazin der Saarbrücker Zeitung mit den neuesten Ereignissen aus dem Saarland und dem Rest der Welt.

Zeitungen/Sachsen

Dresdner Neueste Nachrichten
info@dnn-online.de

www.dnn-online.de
Lokale Berichterstattung, Veranstaltungskalender, Anzeigenmarkt, Kinoprogramm und ein Stadtplan von Dresden.

freiepresse.de
info@freiepresse.de

www.freiepresse.de
Nachrichten, Freizeittipps, e-Commerce, Tickets, Ratgeber, Chat, Marktplatz und Anzeigen.

Leipziger Volkszeitung
buero.emendoerfer@lvz.de

www.lvz-online.de
Regionale und lokale News, Terminkalender, Rubrikenmärkte, Stadtpläne, Forum, Tickets, Fotoservice und Gewinnspiele.

Sächsische Zeitung
postmaster@sz-online.de

www.sz-online.de
Aktuelle Nachrichten aus Politik, Wirtschaft, Kultur, Sport sowie ausführliche Meldungen aus Sachsen.

Zeitungen/Sachsen-Anhalt

Mitteldeutsche Zeitung
service@mz-web.de

www.mz-web.de
Aktuelle Berichterstattung für Halle und Umgebung, Ausgehtipps, virtueller Marktplatz und umfangreiche Ratgeberseiten.

Volksstimme
online-redaktion@volksstimme.de

www.volksstimme.de
Informationsportal der regionalen Tageszeitung Volksstimme. Sachsen-Anhalt, Magdeburg, Nachrichten und Anzeigenmarkt.

MEDIEN

Zeitungen/Schleswig-Holstein

Dithmarscher Landeszeitung
redaktion@boyens-medien.de

www.boyens-medien.de
Ausgabe der Dithmarschen Landeszeitung und Infos über die Region Nordseeküste sowie Ferienwohnungen.

Kieler Nachrichten
m.gothsch@kieler-nachrichten.de

www.kn-online.de
Nachrichten aus aller Welt sowie aus Kiel und Schleswig-Holstein mit einer Fülle an regionalen Kleinanzeigen.

Lübecker Nachrichten
redaktion@ln-luebeck.de

www.ln-online.de
News aus Lübeck und Umgebung, Deutschland und der Welt, Archiv, Veranstaltungshinweise, Stadtplan und ein Anzeigenmarkt.

Schleswig-Holsteinischer Zeitungsverlag
info@shz.de

www.shz.de
Alle 16 Publikationen des Verlages für Schleswig-Holstein zusammengefasst auf der Homepage.

Zeitungen/Thüringen

Allgemeiner Anzeiger
service@allgemeiner-anzeiger.de

www.allgemeiner-anzeiger.de
Nachrichten, aktuelle Features, Hintergründe, Tageshoroskop und Gewinnspiel. Anzeigen online suchen und aufgeben.

inSüdthüringen.de
fwonline@freies-wort.de

www.insuedthueringen.de
Die Zeitungen Südthüringens informieren über lokale und überregionale Neuigkeiten aus Politik und Wirtschaft.

Ostthüringer Zeitung
redaktion@otz.de

www.otz.de
Nachrichten aus Thüringen und der Welt, Sport und Sporttabellen, Ratgeber, Spiele sowie umfangreiche Online-Rubrikenmärkte.

Thüringer Allgemeine
redaktion@thueringer-allgemeine.de

www.thueringer-allgemeine.de
Aktuelle Nachrichten aus Thüringen und der Welt, Sonntagsteil, Ratgeber, Sport und umfangreiche Online-Rubrikenmärkte.

Thüringische Landeszeitung
redaktion@tlz.de

www.tlz.de
Nachrichten, Ratgeber, Tarif- und Finanzvergleiche, Sporttabellen, Quiz, Spiele und umfangreiche Online-Rubrikenmärkte.

Zeitungen/Wochenzeitungen

Freitag
verlag@freitag.de

www.freitag.de
Die Ost-West-Wochenzeitung mit Artikeln zu Politik, Kultur und Literatur sowie einem umfangreichen Online-Archiv.

Jungle World
redaktion@jungle-world.com

www.jungle-world.com
Linke Zeitung für Politik, Wirtschaft, Kultur und Sport mit Volltext der Printausgabe sowie mit Online-Shop und Anzeigen.

Zeit, Die
zeitiminternet@zeit.de

www.zeit.de
Aktuelle Artikel der Wochenzeitung, online-exklusive Kommentare, Weblogs, Fotogalerie und Premiumbereich für Abonnenten.

POLITIK & BEHÖRDEN

abgeordnetenwatch.de

www.abgeordnetenwatch.de

www.monde-diplomatique.de

le Monde diplomatique

Mit authentischen und sehr aufwühlenden Berichten beleuchten die Journalisten der Zeitung für internationale Politik „Le Monde Diplomatique" die Folgen und Zusammenhänge der Globalisierung, zeigen ökonomische und soziale Verteilungskonflikte auf und machen anhand von Karten anschaulich, welche Interessen im Spiel sind. Es geht dabei um dramatische Ereignisse im Nahen Osten, verzweifelte Flüchtlinge aus Bürgerkriegsgebieten, korrupte Politiker oder brutale Verbrechen gegen die Menschlichkeit. Zusätzlich können Sie sich im Archiv durch die Texte und Karten der vergangenen Ausgaben blättern und weitere interessante Geschichten entdecken.

www.openpetition.de

openPetition

Sie haben das Bedürfnis, etwas zu verändern und möchten mit Ihrem Anliegen an die Öffentlichkeit? Dann sind Sie bei openPetition.de richtig! Hier können Sie Ihre eigene Bürgerinitiative, Kampagne oder Petition starten sowie andere dabei unterstützen, ihrem Anliegen Gehör zu verschaffen. Dabei ist es egal, ob es um die dauerhafte Einführung der Sommerzeit oder um die Erhaltung des Sportplatzes in Ihrer Nähe geht. Hier bietet sich Ihnen die Möglichkeit, Veränderungen auf lokaler, regionaler und nationaler Ebene herbeizuführen. Zudem gibt es einen Blog, der über den aktuellen Stand der Petitionen berichtet. Seien Sie Teil gelebter Demokratie!

www.wahl.de

wahl.de

Die nächste Landtagswahl steht an und Sie möchten nicht nur Parteiprogramme durchblättern, sondern auch wissen, welcher Politiker derzeit am aktivsten seine Interessen vertritt? Auf wahl.de erfahren Sie neben Informationen über einzelne Spitzenpolitiker oder Wahlkreiskandidaten auch, wer seine Kontakte aktuell besonders erhöht hat und wer in den letzten Tagen aktiv auf Online-Kanälen wie Twitter oder Facebook war. So können Sie nicht nur einen bestimmten Politiker, sondern auch die momentane Entwicklung der fünf größten Parteien einsehen und dazu Kommentare anderer Bürger lesen.

www.abgeordnetenwatch.de

abgeordnetenwatch.de

„Die da oben machen doch eh, was sie wollen." Solche und ähnliche Sprüche müssen sich unsere Abgeordneten im Deutschen Bundestag sicherlich oft anhören. Nun kann sich jeder Bürger in gewisser Weise am politischen Geschehen beteiligen – indem er sich mit kritischen Fragen direkt an die Mitglieder des Bundestages wendet. Interessant wird das Ganze dadurch, dass alle Fragen und Antworten für jeden sichtbar sind. So erkennt man, wer kniffligen Fragen aus dem Weg geht und wer zumindest um Rechtfertigung bemüht ist. Darüber hinaus erfährt man, wer in welchem Ausschuss aktiv ist und wie die letzten Abstimmungen im Bundestag gelaufen sind.

www.gesetze-im-internet.de

Gesetze im Internet

Keinen Überblick mehr über die Gesetze und Rechtsverordnungen? Das Bundesministerium der Justiz hilft! Auf dieser Seite steht Ihnen das gesamte Bundesrecht kostenlos zur Verfügung und wird fortlaufend aktualisiert. Möchten Sie die Verordnung Ihrer Berufsausbildung nachlesen oder sich über die Gebührenordnung im Straßenverkehr informieren? Mit der einfachen Benutzerführung findet man die gesuchten Informationen entweder durch die alphabetische Sortierung, die Titel- oder die Volltextsuche. Der Aktualitätendienst hilft, nicht den Überblick zu verlieren: Hier gibt es aktuelle Mitteilungen über neue Gesetzesänderungen, Staatsverträge und Verordnungen.

www.bundestag.de

Deutscher Bundestag

Auf www.bundestag.de erfährt man, wie der Arbeitsalltag des Deutschen Bundestages abseits der öffentlichen Debatte aussieht. Was im Bundestag aktuell beraten oder verabschiedet wird, kann man hier in den Tagesordnungen und Terminen oder wortwörtlich in den Plenarprotokollen nachlesen. Das Parlamentsfernsehen überträgt Sitzungen des Bundestages live als Web-TV. Auch die Tagesordnungen und öffentlichen Anhörungen der Ausschüsse sind hier abrufbar. Neben Biografien zu allen Abgeordneten kann man auf die Datenbanken des Deutschen Bundestages zugreifen. Für Jugendliche und Kinder gibt es Links zu altersgerechten Workshops zu Themen rund ums Parlament.

www.bpb.de

Bundeszentrale für politische Bildung

Ein großes Angebot an Materialien über Politik und Gesellschaft lädt dazu ein, sich mit politischen Themen zu befassen. Neben zahlreichen interessanten Beiträgen zu deutscher und internationaler Politik, Geschichte, Gesellschaft, Kultur, Wirtschaft und Medien, die online zur Verfügung stehen, können viele Publikationen für eine geringe Gebühr bestellt werden. Sehr viele Broschüren und Texte liegen aber auch als PDF zum Ausdrucken bereit. Der Veranstaltungskalender zeigt Termine für Seminare, Kongresse, Ausstellungen und Studienreisen zur politischen Bildung an. In der Rubrik „Nachschlagen" kann man in Lexika und Gesetzestexten schmökern.

www.bund.de

bund.de

Die informative Seite des Bundesinnenministeriums hilft, sich im großen Netz von Behörden und Verwaltungen zu orientieren. Politische Zusammenhänge und Informationen zu Bund und Ländern werden hier sachlich, aber sehr verständlich erklärt. Wer auf der Suche nach einer Behörde ist, findet genauso leicht den passenden Link wie zu 400 Dienstleistungen, Fachinformationen und Kontaktadressen der Bundesverwaltung. Das Portal mit reichhaltigem Angebot von Verfassungsorganen, Verwaltungen und anderen Institutionen veröffentlicht auch aktuelle Stellenangebote im Öffentlichen Dienst und Ausschreibungen.

Allgemein

● Bundeszentrale für politische Bildung
info@bpb.de

www.bpb.de
Enzyklopädie politischen Wissens mit aktuellen Themen, Buchladen, Veranstaltungen und Lehrmaterialien. **(Siehe Abbildung)**

Deutschland-Portal, Das

www.deutschland.de
Deutschlands Visitenkarte im Internet stellt kommentierte Links zu vielen Rubriken in sechs Sprachen bereit.

dol2day.com
team@dol2day.com

www.dol2day.com
Die große Politik-Community: Hier kann man sich mit anderen Politikinteressierten treffen und über Politik diskutieren.

Politische Bildung Online

www.politische-bildung.de
Das Portal der Politischen Bildung mit zahlreichen interessanten Beiträgen und Links zu allen Bereichen der Politik.

Behörden

bund.de
redaktion-buergeranfragen@bva.bund.de

www.bund.de
Informationen und Services der öffentlichen Verwaltung. Hier sind alle Bundesbehörden mit Adresse und URL gelistet.

Botschaften & Konsulate

Auswärtiges Amt
poststelle@auswaertiges-amt.de

www.auswaertiges-amt.de
Adressen und Telefonnummern aller Deutschen Botschaften im Ausland und aller ausländischen Botschaften in Deutschland.

Bundesländer

Bayerische Staatsregierung
poststelle@stk.bayern.de

www.bayern.de
Fakten zur Politik in Bayern, Infos zum Wirtschaftsstandort, zu Tourismus, Kultur und Ausbildung.

Bundeszentrale für politische Bildung   **www.bpb.de**

● **Berlin**
info@berlin.de

www.berlin.de
Offizielles Portal der Hauptstadt Berlin mit Infos aus dem Senat, Hauptstadtporträt sowie Empfehlungen für Touristen. **(Siehe Abbildung)**

Brandenburg
presseamt@stk.brandenburg.de

www.brandenburg.de
Berichte zur Landesregierung und den Ministerien, touristische Themen, Infos zu Wirtschaft sowie Aus- und Fortbildung.

Bremen
info@bremen.de

www.bremen.de
Portal der Städte Bremen und Bremerhaven. Mit Aktuellem aus Politik, Wirtschaft, Bildung, Sozialem, Kultur und Tourismus.

Hamburg
vertrieb-office@hamburg.de

www.hamburg.de
Großstadtführer durch die Gebiete Politik, Arbeit, Bildung, Kultur, Veranstaltungen, Wirtschaft und Wohnen.

Hessen
info@stk.hessen.de

www.hessen.de
Hessen auf einen Blick: Aktuelle landespolitische Nachrichten und Infos zu Staat, Wirtschaft, Bildung, Umwelt und Kultur.

Landesportal Baden-Württemberg
info@baden-wuerttemberg.de

www.baden-wuerttemberg.de
Vielfältige Informationen rund um Baden-Württemberg und zur Arbeit der Landesregierung sowie zahlreiche Bilder und Links.

Mecklenburg-Vorpommern
landesportal-mv@m-v.de

www.mecklenburg-vorpommern.de
Service-Angebote und Meldungen für Bürger und Touristen, die Infos zu Sehenswürdigkeiten, Unterkünften und Stränden suchen.

Niedersachsen
pressestelle@stk.niedersachsen.de

www.niedersachsen.de
Infos und Wissenswertes über Land und Leute, die Landespolitik, daneben Kultur- und Freizeitangebote der Region.

Nordrhein-Westfalen
info@callnrw.de

www.nrw.de
NRW-Portal mit Berichten über Land und Regierung, Links zu den Ministerien und Bürgerservice mit vielen Formularen.

Berlin   **www.berlin.de**

Politik & Behörden

Rheinland-Pfalz
poststelle@stk.rlp.de

www.rlp.de
Das Land informiert über Tourismus, Justiz, Bildung und Wissenschaft mit aktuellen Meldungen sowie einer Bildergalerie.

Saarland
presse@staatskanzlei.saarland.de

www.saarland.de
Saarland auf einen Blick: Alle Themen- und Verwaltungsportale
sind in einem System vernetzt und übersichtlich geordnet.

Sachsen.de
info@sk.sachsen.de

www.sachsen.de
Infos zu Bürgern und Freistaat, Land und Leuten, Wirtschaft und
Umwelt, Bildung und Wissen sowie Kultur und Freizeit.

Sachsen-Anhalt
onlineredaktion@stk.sachsen-anhalt.de

www.sachsen-anhalt.de
Informationen über Wirtschaft, Bildung, Forschung, Tourismus,
Kultur, Umwelt, Behörden und Formulare.

Schleswig-Holstein
landesregierung@schleswig-holstein.de

www.schleswig-holstein.de
Schleswig-Holstein auf einen Blick: Land, Leute, Kultur, Wirtschaft, Tourismus sowie Ministerien und Landesbehörden.

Thüringen

www.thueringen.de
Informationsangebote des Freistaats Thüringen im wirtschaftlichen, politischen und kulturellen Bereich mit zahlreichen Links.

Bundestag & Bundesrat

Bundesrat, Der
bundesrat@bundesrat.de

www.bundesrat.de
Das föderative Verfassungsorgan der Bundesrepublik berichtet
über seine Arbeit, seine Strukturen und seine Aufgaben.

Deutscher Bundestag
mail@bundestag.de

www.bundestag.de
Ausführliches Informationsangebot über Aufgaben, Mitglieder und
Strukturen des Bundestages. Mit Live-Übertragung der Debatten.
(Siehe Abbildung)

Deutscher Bundestag   **www.bundestag.de**

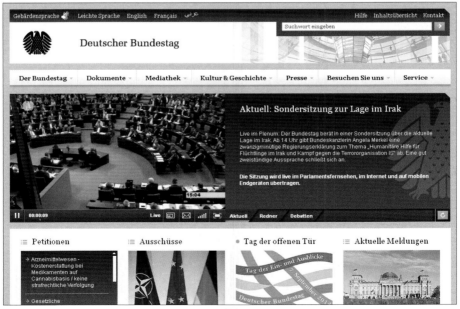

Bundeswehr & Militär

Bundeswehr
presse.bmvg@bundeswehr.de

www.bundeswehr.de
Daten, Fakten und Hintergründe rund um das Thema Bundeswehr: Freiwilliger Wehrdienst, Karrierechancen, Termine und Adressen.

Deutscher Bundeswehr-Verband e. V.
info@dbwv.de

www.dbwv.de
Aufgabe des Verbandes ist es, die allgemeinen, ideellen, sozialen und beruflichen Interessen der Soldaten wahrzunehmen.

Meine-Bundeswehr.de
generalstab@meine-bundeswehr.de

www.meine-bundeswehr.de
Treffpunkt für Bundeswehrangehörige und Ehemalige mit Erlebnisberichten sowie Infos über Ehemaligentreffen.

Bürgerbeteiligung & Petitionen

avaaz.org

www.avaaz.org
Avaaz ist ein weltweites Kampagnen-Netzwerk, das mit Bürgerstimmen politische Entscheidungen beeinflusst.

● **change.org**

www.change.org
Auf dieser Plattform können Petitionen auf lokaler, nationaler und globaler Ebene gestartet werden. **(Siehe Abbildung)**

Frag den Staat
info@fragdenstaat.de

www.fragdenstaat.de
Das Informationsfreiheitsportal für Bürger, Initiativen und Vereine, über das Behördendokumente angefragt werden können.

openPetition
info@openpetition.de

www.openpetition.de
Auf dieser Plattform kann man für seine Bürgerinitiative, Petition oder Kampagne werben und Mitstreiter gewinnen.

change.org   www.change.org

Entwicklungshilfe

Siehe Kapitel Soziales

Entwicklungshilfe/Organisationen

Entwicklungspolitik

Entwicklungspolitik Online
redaktion@epo.de

www.epo.de
Ausgangspunkt für entwicklungspolitische Recherchen mit Specials, News und Links zu verschiedenen Entwicklungsländern.

Europa

EurActiv.de

www.euractiv.de
Online-Informationsdienst zur Europapolitik: Täglich aktuelle Nachrichten aus der EU zu allen europarelevanten Themen.

EUR-Lex

eur-lex.europa.eu/de/index.htm
Amtsblatt der Europäischen Union, alle Verträge, Rechtsetzungsakte und die Rechtsprechung.

Europäische Union

europa.eu
Informationen über die EU und ihre Institutionen, dazu Nachrichten und Pressemitteilungen der einzelnen EU-Organe.

Europa/Europäische Organisationen & Institutionen

EU-Parlament – Deutsches Infobüro
epberlin@europarl.europa.eu

www.europarl.de
Das Informationsbüro stellt die deutschen Europaabgeordneten vor und berichtet über die Arbeit des Parlaments.

Europäisches Parlament

www.europarl.europa.eu
Kurzdarstellung des EU-Parlaments sowie Links zu den Informationsbüros der Mitgliedsländer und zu anderen EU-Institutionen.

Europa-Online
eu-de-kommission@ec.europa.eu

www.eu-kommission.de
Die Vertretung der Europäischen Kommission in Deutschland. Serviceleistungen und Infos über die Europäische Union.

Europarat Portal

www.coe.int/de
Infos zum Europarat, der sich um Menschenrechte, Demokratie und Rechtsstaatlichkeit in 47 europäischen Ländern kümmert.

Feuerwehr

Feuerwehr

www.feuerwehr.de
Großes, gut besuchtes Feuerwehrforum. Aktuelle Einsatzberichte und ein Feuerwehrmarkt.

Feuerwehr-Magazin
redaktion@feuerwehrmagazin.de

www.feuerwehrmagazin.de
Weltweite Feuerwehr-Links und Ausbildungsunterlagen.

Geheimdienste & Nachrichtendienste

Bundesamt für Verfassungsschutz

www.verfassungsschutz.de
Information über den gesetzlichen Auftrag, Befugnisse und Kontrolle des Verfassungsschutzes.

Bundesnachrichtendienst
zentrale@bundesnachrichtendienst.de

www.bundesnachrichtendienst.de
Der Auslandsnachrichtendienst informiert über seine Aufgaben, Ziele, Geschichte und Strukturen, auch als PDF-Downloads.

Informationen über Nachrichtendienste
redaktion@geheimdienste.org

www.geheimdienste.org
Überblick über die Nachrichtendienste in Deutschland und aller Welt, umfangreiche Link-Listen und Literaturempfehlungen.

Gerichte

Gerichtssuche.org

www.gerichtssuche.org
Verzeichnis aller deutschen Gerichte mit Adresse, Postanschrift, Karte, Bildern und Links zur Homepage.

Justizadressen.de

www.justizadressen.de
Datenbank, in der nach den örtlich zuständigen Gerichten und Staatsanwaltschaften gesucht werden kann.

Gesetze & Entscheidungen

Bundesanzeiger Verlag
service@bundesanzeiger.de

www.bgbl.de
Das komplette Bundesgesetzblatt (BGBL) Teil I (seit 1998) und Teil II (seit 2002) kann hier kostenlos eingesehen werden.

dejure.org
kontakt@dejure.org

www.dejure.org
Juristischer Informationsdienst und Suchmaschine für aktuelle Gesetzesänderungen zu zahlreichen Rechtsgebieten.

Gesetze im Internet
poststelle@bmj.bund.de

www.gesetze-im-internet.de
Nahezu alle Gesetze und Rechtsverordnungen des Bundesrechts können hier nachgelesen werden. Ständige Aktualisierung.

kostenlose-urteile.de

www.kostenlose-urteile.de
Gerichtsurteile und -entscheidungen können in dieser Datenbank anhand von Aktenzeichen und Schlagwörtern gefunden werden.

openJur

www.openjur.de
Gerichtsentscheidungen, Gesetze und Verordnungen sowie aktuelle Artikel und Meldungen rund um das Rechtswesen.

Lobbyismus

Lobbypedia
lobbypedia@lobbycontrol.de

lobbypedia.de
Daten, Fakten und Zusammenhänge über die Einflussnahme von Lobbys auf Politik und Öffentlichkeit.

Ministerien

Auswärtiges Amt
poststelle@auswaertiges-amt.de

www.auswaertiges-amt.de
Außenpolitische Themen, Länder- und Reiseinformationen, konsularischer Service und Links zu wichtigen Institutionen.

BM der Justiz und für Verbraucherschutz
poststelle@bmj.bund.de

www.bmjv.de
Pressemitteilungen, Reden und Vorträge, Gesetzgebungsvorhaben sowie Neuigkeiten der tagesaktuellen Rechtspolitik.

BM für Familie, Senioren, Frauen und Jugend
poststelle@bmfsfj.bund.de

www.bmfsfj.de
Gesetze, Aktionen, Publikationen und Presseinfos zur Politik für Familien, Kinder, Jugendliche sowie für Frauen und Senioren.

BM für Umwelt, Naturschutz, Bau und Reaktorsicherheit
service@bmu.bund.de

www.bmu.de
Aktuelle Umweltthemen von A bis Z, Presseservice, Bildarchiv, Gästebuch und interaktive Link-Liste. Extra: BMU-Kids-Seite.

BM für Verkehr, Bau und Stadtentwicklung
buergerinfo@bmvbs.bund.de

www.bmvbs.de
Publikationen, Hintergrundartikel und Presseinformationen zu Verkehr, Bau und Stadtentwicklung.

BM für wirschaftliche Zusammenarbeit und Entwicklung
poststelle@bmz.bund.de

www.bmz.de
Informationen zu den Aufgaben, Schwerpunkten und Zielen deutscher Entwicklungspolitik.

Bundesministerium der Finanzen
poststelle@bmf.bund.de

www.bundesfinanzministerium.de
Pressemitteilungen und Finanznachrichten, Infos zu Postwertzeichen, Euro, Gedenkmünzen und Steuerreform.

Bundesministerium der Verteidigung
poststelle@bmvg.bund.de

www.bmvg.de
Informationen zum Verteidigungsressort, seiner Organisation und Geschichte sowie zur deutschen Sicherheitspolitik.

Bundesministerium des Innern
poststelle@bmi.bund.de

www.bmi.bund.de
Umfassende Informationen, Nachrichten und Pressemitteilungen zu allen Themenbereichen der Innenpolitik.

Bundesministerium für Arbeit und Soziales
info@bmas.bund.de

www.bmas.de
Informationen zu Arbeitsmarkt, Arbeitsrecht, Arbeitsschutz, Rente und sozialer Sicherung.

Bundesministerium für Bildung und Forschung
information@bmbf.bund.de

www.bmbf.de
Infos zur Forschungsförderung, zur Bildungs- und Hochschulpolitik und zum System der Berufsausbildung in Deutschland.

Bundesministerium für Ernährung und Landwirtschaft

www.bmel.de
Infos zu Landwirtschaft, Ernährung, Verbraucherschutz in Deutschland, der EU sowie zur internationalen Arbeit des BMELV.

Bundesministerium für Gesundheit

www.bmg.bund.de
Infos über Kranken- und Pflegeversicherung, Gesundheitspolitik, soziale Sicherung, Rente und behinderte Menschen.

Bundesministerium für Wirtschaft und Energie
info@bmwi.bund.de

www.bmwi.de
Informationen zur Wirtschaftspolitik, zu neuen Technologien und Innovationen, Ausbildung sowie Förderprogramme.

Politiker & Abgeordnete

abgeordnetenwatch.de
info@abgeordnetenwatch.de

www.abgeordnetenwatch.de
Übersicht über Stimmverhalten der Bundestagsabgeordneten sowie deren Antworten auf hier öffentlich gestellte Fragen.

abgeordneter.de

www.abgeordneter.de
Verzeichnis mit sämtlichen Mitgliedern des Bundestages, der Landtage, sowie des Europaparlaments aus Deutschland.

Mitglieder des Deutschen Bundestages

www.bundestag.de/mdb/
Biografien der Abgeordneten des Deutschen Bundestages, auch vorangegangener Wahlperioden.

Politiker.de

www.politiker.de
Parteiunabhängiges Politik-Portal mit Meinungsaustausch zu Politikern und Parteien in Foren und Umfragen.

Power of politics

www.powerofpolitics.com
Bei dem Online-Spiel „Power of Politics" kann jeder selbst Politiker werden und um den Einzug ins Kanzleramt kämpfen.

wahl.de
office@compuccino.com

www.wahl.de
Die Plattform analysiert und präsentiert wie deutsche Politiker im Internet präsent sind.

Politikzeitungen & Politikzeitschriften

Blätter
redaktion@blaetter.de

www.blaetter.de
Die „Blätter" verstehen sich als Forum für aktuelle wissenschaftliche und politische Diskussionen.

Cicero
verlag@cicero.de

www.cicero.de
Ein gedruckter Salon, mit pointierten Autorenbeiträgen aus Politik, Wirtschaft und Kultur. Heftbeiträge online.

● **Das Parlament**
redaktion.das-parlament@bundestag.de

www.das-parlament.de
Der Online-Auftritt der Parlamentszeitung des Deutschen Bundestags bietet viele Artikel und Hintergrundberichte zur deutschen und internationalen Politik. Das Spektrum reicht dabei von außen- und innenpolitischen Themen über wirtschafts- und finanzpolitische Aspekte bis hin zu Kultur und Zeitgeschichte. **(Siehe Abbildung)**

le Monde diplomatique
diplo@monde-diplomatique.de

www.monde-diplomatique.de
Die Web-Seite der internationalen Monatszeitung mit Analysen und Kommentaren zur weltweiten Politik und Kultur.

theeuropean.de
info@theeuropean.de

www.theeuropean.de
Online-Magazin mit Beiträgen, Kolumnen und Debatten zu den Themen Wirtschaft, Politik, Medien, Gesellschaft und Kultur.

Polizei

BPOL Forum

www.bpol-forum.de
Unabhängiges Forum zum Beruf des Bundespolizisten.

CopZone

www.copzone.de
Infos zum Beruf des Polizei-, Zoll-, oder Justizvollzugs-Beamten und ein großes Forum zum Austausch unter Kollegen.

Polizei
info@bka.de

www.polizei.de
Links zu den Polizeien der Länder, zur Bundespolizei, zum Bundeskriminalamt und zu weiteren polizeilichen Einrichtungen.

Polizei-beratung.de
info@polizei-beratung.de

www.polizei-beratung.de
Tipps der Polizei zum Schutz vor Kriminalitätsgefahren.

Das Parlament   **www.das-parlament.de**

Das**Parlament**

Mit der Beilage **Aus Politik und Zeitgeschichte**

Homepage des Bundestages | Startseite | Volltextsuche | Ausgabenarchiv | Abonnement | Übersicht | Links | Impressum

Sie befinden sich hier: Jahrgang 2014 >> Ausgabe 24-26 2014

Volltextsuche
Suchbegriff   >> suchen

Das Parlament
Nr. 24-26 / 10.6.2014

Titelseite

Menschen und Meinungen

Thema der Woche

Innenpolitik

Kultur und Medien

Im Blickpunkt

Europa und die Welt

Das Parlament
NR. 24-26 / 10.6.2014

Claudia Heine
▶ **Zuckerbrot und Peitsche**
MINDESTLOHN
Im Grundsatz begrüßen alle Fraktionen eine Lohnuntergrenze. Differenzen gibt es im Detail
Brigitte Pothmer hat es einmal nachgerechnet. Seit ihrem Einzug in den Bundestag 2005 hat die Arbeitsmarktexpertin der Grünen 22 Reden zum Thema Mindestlohn im Plenarsaal gehalten (Interview Seite 2) - so auch am vergangenen Donnerstag. Der Mindestlohn ist ein thematischer Dauerbrenner im Bundestag, ... ▶▶

▶ **Es bleibt spannend**
VON JÖRG BIALLAS

Politik & Behörden

Polizeipresse
polizeiservice@newsaktuell.de

www.presseportal.de/polizeipresse
Die Datenbank für Presseberichte von deutschen Polizei-Pressestellen.

Staatsorgane

Bundeskanzlerin
posteingang@bpa.bund.de

www.bundeskanzlerin.de
Informationen zum Kanzleramt, zum Ablauf der Kanzlerwahl und zu den verfassungsmäßigen Aufgaben der Kanzlerin.

Bundespräsident
poststelle@bpra.bund.de

www.bundespraesident.de
Infos zum Amt des Bundespräsidenten, seinen Terminen und Reden, zu den Amtssitzen und den Altbundespräsidenten.

Bundesregierung
internetpost@bundesregierung.de

www.bundesregierung.de
Tagesaktuelle Nachrichten, politische Schwerpunkte sowie verfassungsrechtliche Grundlagen der Arbeit der Bundesregierung.

Direkt zur Kanzlerin
info@direktzu.de

www.direktzurkanzlerin.de
Bürger stellen Fragen, die Kanzlerin antwortet – jede Woche werden die besten Fragen an die Kanzlerin beantwortet.

Städte & Kommunen

meinestadt.de
info@meinestadt.de

www.meinestadt.de
meinestadt.de ist das Portal für alle 11.255 Städte Deutschlands mit Jobs, Lehrstellen, Events und Stadtplänen.

Wegweiser-Kommune

www.wegweiser-kommune.de
Daten und Fakten zu den Auswirkungen des demografischen Wandels für über 3.000 Gemeinden in Deutschland.

Stiftungen

Bundesverband Deutscher Stiftungen e. V.
bundesverband@stiftungen.org

www.stiftungen.org
Der Bundesverband nimmt die Interessen der Stiftungen in Deutschland wahr. Umfangreiche Infos zum Stiftungswesen.

Index Deutscher Stiftungen
webmaster@stiftungsindex.de

www.stiftungsindex.de
Stiftungssuche des Bundesverbandes Deutscher Stiftungen mit Links zu über 10.000 Stiftungen und Recherchefunktion.

Vereinte Nationen

Deutsche UNESCO-Kommission
info-bibliothek@unesco.de

www.unesco.de
Koordination und Erarbeitung deutscher Beiträge zu den UNESCO-Programmen: Bildung, Wissenschaft, Kultur und Kommunikation.

UNO

www.uno.de
Regionales Informationszentrum der Vereinten Nationen: Mitglieder und Aufbau, UNO-Charta, Infos zum Völkerrecht.

Wahlen

Wahlen in Deutschland
feedback@election.de

www.election.de
Aktuelle Nachrichten, Ergebnisse und Archiv zu Wahlen in Deutschland und Europa.

Wahl-O-Mat
info@wahl-o-mat.de

www.wahlomat.de
Bei Wahlen kann man hier ermitteln, welche Partei mit den eigenen Ansichten am meisten übereinstimmt.

Wahlrecht.de
info@wahlrecht.de

www.wahlrecht.de
Alles rund um Wahlen, Wahlrecht und Wahlsysteme, mit Links zum Thema.

familie.de

GEWINNSPIELE   HOROSKOPE   GAMES   SHOP   ABO   f   y   p   g+

Google Benutzerdefinierte Suche   A–Z   LOGIN   KOSTENLOS ANMELDEN

KINDERWUNSCH | SCHWANGERSCHAFT | KIND | GESUNDHEIT | SCHULE | ELTERN | DIY | COMMUNITY | FORUM

Nicht die Mama!

Fremdeln beim Baby ist ein völlig normales Verhalten.
Es ist sogar ein Zeichen von Reife. Erfahren Sie, wie Sie
auf das Misstrauen Ihres Kindes entspannt reagieren.

VOM BABY ZUM KLEINKIND
Rasante Entwicklung in den ersten Jahren

WICHTIGE SCHRITTE

Tragetücher fürs Baby

Richtig gebunden ist das Tragetuch die
beste Art, das Baby zu transportieren.
Alle Infos und Binde-Anleitungen
gibt's hier.

Bin ich gestresst?

Ruhen Sie in sich selbst,oder sind Sie
der Typ, der immerzu etwas tun muss
und nie zur Ruhe kommt? Der Test
verrät es ...

Kinder im Vorschulalter richtig
erziehen

Bei Kindern im Kindergartenalter
ändert sich langsam die Weltsicht.
Was das für die Erziehung bedeutet,
lesen Sie hier.

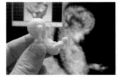

Das Baby aus dem Drucker

Mit einem 3D-Drucker können sich
Eltern jetzt eine Plastik ihres
Ungeborenen anfertigen lassen. Was
zunächst so absurd klingt, kann für
manche ein kleines Wunder sein.

PROMOTION
Milch von glücklichen Kühen

Eine Umfrage im Auftrag von
Kerrygold zeigt, dass die Deutschen
Milchprodukte lieben und immer mehr
auf Qualität, Herstellung und
Herkunft der Milch achten.

Spiel des Jahres 2014

Das "Kinderspiel des Jahres 2014"
steht fest. Lesen Sie hier, wer
gewonnen hat.

KINDERWUNSCH

Anzeige

www.betterplace.org

betterplace

Sie wollen ein Hilfsprojekt unterstützen und sicher sein, dass Ihr Geld auch wirklich dort ankommt, wo es benötigt wird? Dann besuchen Sie betterplace.de, Deutschlands große Online-Spendenplattform, und helfen Sie mit, die Welt ein bisschen besser zu machen. Denn hier können große und kleine Projekte ganz gezielt unterstützt werden – egal, ob es sich dabei um ein Projekt für sauberes Trinkwasser in Uganda, Solarlampen in Haiti oder ein Familienzentrum in Berlin handelt. Oder wie wäre es mit einer Projektpatenschaft? Außerdem haben Sie die Möglichkeit, Ihr eigenes Projekt vorzustellen und selbst Spenden zu sammeln. Also, worauf warten Sie noch?

www.beichthaus.com

beichthaus.com

Auf der letzten Weihnachtsfeier Ihrer Firma haben Sie mit einer netten Kollegin rumgeknutscht, obwohl Sie verheiratet sind? Oder Sie haben etwas getan, das Sie unbedingt aller Welt mitteilen möchten? Sie wollen aber anonym bleiben, um andere nicht zu verletzen oder sich selbst nicht zu schaden? Diese Web-Seite bietet Ihnen die Möglichkeit, Ihre großen und kleinen Sünden endlich loszuwerden und auf Absolution zu hoffen. Und nicht nur das: In verschiedenen Rubriken, wie z. B. Arbeit, Familie oder Freunde, können Sie Peinlichkeiten und Racheaktionen anderer User lesen, bewerten und kommentieren. Auf dass Ihnen all Ihre Sünden vergeben werden!

www.familien-wegweiser.de

Familien Wegweiser.de

„Eltern werden ist nicht schwer, Eltern sein dagegen sehr". Um die Herausforderung „Familie" erfolgreich zu meistern, bietet Familien-Wegweiser.de Erklärungen und weiterführende Links zu den verschiedenen staatlichen Leistungen wie Elterngeld, Kindergeld, Mutterschaftsgeld oder Kinderzuschlag. Erwarten Sie ein Kind und möchten sich nach der Geburt eine Auszeit nehmen? Hier erfahren Sie durch den Elterngeldrechner individuell die Ihnen zustehenden Leistungen. Brauchen Sie Orientierungshilfe in dem Wust von steuerlichen Ermäßigungen? Egal, ob Ehegatten-Splitting oder steuerliche Freibeträge – hier wird Ihnen in allen Angelegenheiten rund um das Thema „Familie" weitergeholfen.

www.hilferuf.de

hilferuf.de

Sie haben Probleme in der Partnerschaft, Streit mit der Arbeitskollegin, Stress mit den Kindern oder Fragen zu Krankheiten? Hier können Sie Ihre Sorgen ganz anonym mitteilen. Die Mitglieder der Community hilferuf.de stehen Ihnen mit Rat, Tat und tröstenden Worten zur Seite. In verschiedenen Tests können Sie außerdem prüfen, ob Sie unter ernsthaften Depressionen leiden, wie groß Ihr Selbstvertrauen oder wie stabil Ihre Beziehung ist. Finden Sie in den zahlreichen Foren keine Antwort? Für Hilfesuchende gibt es außerdem Telefonnummern für Soforthilfe und eine Orientierung, um den richtigen Therapeuten zu finden.

www.meet-teens.de

meet-teens.de

Du hast Deinen ersten Liebeskummer und schuld daran ist auch noch die beste Freundin oder der beste Freund? Keine Sorge, hier im Forum für Teenager werden alle großen und kleinen Nöte und Sorgen besprochen. Schnell anmelden und los geht's! In den verschiedenen Themenbereichen spricht man über Lustiges, Trauriges, Liebe, Ärger, Schule, Freunde und Familie. Was schenkt man den Eltern zum Geburtstag? Wie erobert man seinen Schwarm? Oder wie lernt man am besten für den Schulabschluss? Hier gibt es auf fast alle Fragen eine Antwort und Trost für Teenies mit Kummer. Schau einfach vorbei und triff neue Leute in Deinem Alter!

www.fragfinn.de

fragFINN.de

Längst haben auch die Kleinsten das Internet für sich entdeckt. Aber es birgt auch Gefahren und Inhalte, die nicht für Kinder bestimmt sind. Wie kann ich meine Kleinen schützen, ohne ihnen den Zugang zu einem der wichtigsten Medien zu verbieten? Ganz einfach! Mit einem kindgerechten Internet. Auf dieser Kindersuchmaschine gelangt man nur auf Seiten, die für Kinder gemacht wurden, und die durch den Verein für „Freiwillige Selbstkontrolle Multimediadienstanbieter e. V." geprüft werden. Das Angebot umfasst Quiz- und Wissensseiten, Nachrichten und Kulturseiten. So findet Ihr Kind viel Interessantes und lernt, spielend mit dem Internet umzugehen.

www.gofeminin.de

gofeminin.de

Tipps für einen flachen Bauch, die neuesten Trends in puncto Mode, Make-Up oder Frisur, was Männer schwach macht, ob Kamasutra etwas für Sie ist, was wie viele Kalorien hat und ob Sie bereit sind für ein Kind – hier finden Frauen alles, was sie interessiert! Was trug Nicole Kidman bei der letzten Oscar-Verleihung, und was ist diesen Sommer in der Haute Couture angesagt? Welches Accessoire darf dieses Jahr bei Abendveranstaltungen bloß nicht fehlen? Zahlreiche Modenschauen zeigen den neuesten Look der Stars und Designer. Außerdem Horoskope, Wissenswertes zu den Themen Liebe, Schwangerschaft, Fitness und Beauty sowie tolle Kochrezepte.

www.singleboersen-vergleich.de

Der Singlebörsen-Vergleich

Sie sind auf Partnersuche und wollen das Internet dazu nutzen? Bei dem unüberschaubaren Angebot von Kontaktanzeigen-Seiten, Partnervermittlungen, Seitensprung-Agenturen, Blind-Date-Anbietern und Single-Treffs fragt man sich: Was unterscheidet sie und welche davon sind seriös? Schließlich wollen Sie nicht Ihr Geld verschwenden und unnötig enttäuscht werden. Hier erfahren Sie, was Anbieter zu welchen Preisen und Konditionen leisten und welcher am besten Ihren Wünschen entspricht. Zudem gibt es hilfreiche Tipps für den Weg zum Liebesglück, wie beispielsweise zur Gestaltung einer Suchanzeige, damit Ihre Erfolgsquote steigt!

Soziales

Allgemein

Info Sozial
kontakt@info-sozial.de

www.info-sozial.de
Umfangreiche Datenbank zum Sozialwesen mit Adressen, aktuellen News, Archiv und einem sozialen Netzwerk.

Analphabetismus

Bundesverband Alphabetisierung und Grundbildung e. V.
bundesverband@alphabetisierung.de

www.alphabetisierung.de
Beratung und Infos über Lese- und Schreibkurse für Erwachsene, Unterrichts- und Kampagnenmaterialien sowie Fachliteratur.

Anthroposophie

AnthroWiki

www.anthrowiki.at
Enzyklopädie zum Thema Anthroposophie mit Infos zu ihrer Beziehung zu anderen Wissenschaften und praktischen Anwendung.

Asyl

Bundesamt für Migration und Flüchtlinge
info@bamf.de

www.bamf.de
Portal der zentralen Migrationsbehörde mit umfassendem Informationsangebot zu den Themen Migration, Integration und Asyl.

Informationsverbund Asyl
kontakt@asyl.net

www.asyl.net
Infos zum Thema Asyl und den Herkunftsländern von Flüchtlingen. Adressen und Asylmagazin mit Hintergrundberichten.

Pro Asyl
proasyl@proasyl.de

www.proasyl.de
Infomaterialien zum Bestellen, Liste national und international wichtiger Adressen, Informationen über aktuelle Asylpolitik.

Ausländerrecht & Einbürgerung

Ausländerrecht-Portal
i4a-team@info4alien.de

www.info4alien.de
Infos zum Ausländer- und Einbürgerungsrecht mit Gesetzen und Verordnungen. Forum zur Diskussion von Problemfällen.

Einbuergerung.de
as@bk.bund.de

www.einbuergerung.de
Wie werde ich Deutsche(r)? Wissenswertes zur Einbürgerung mit Lexikon, Gesetzen und Infobroschüren zum Download.

Behinderung/Allgemein

einfach teilhaben
info@bmas.bund.de

www.einfach-teilhaben.de
Das Web-Portal für Menschen mit Behinderungen informiert über Vorsorge, Förderschulen, Ausbildung und Pflege.

Behinderung/Hörgeschädigte

Deutscher Gehörlosen-Bund e. V.
info@gehoerlosen-bund.de

www.gehoerlosen-bund.de
Interessenvertretung der Gehörlosen. Beratung für Betroffene und Informationen über Gehörlose und die Gebärdensprache.

Taubenschlag
webteam@taubenschlag.de

www.taubenschlag.de
Web-Seite für Taube und Schwerhörige. Viele Infos zu Themen wie Bildung, Kultur und Sport. Außerdem Kontaktanzeigen.

Behinderung/Körperbehinderung

Wheelmap.org
info@sozialhelden.de

www.wheelmap.org
Kartenbasiertes Verzeichnis für rollstuhlgerechte Orte. Jeder Nutzer kann Orte eintragen, verändern und finden.

Behinderung/Logopädie & Stottern

Stop-stottern.de
info@stotterer-training.de

www.stop-stottern.de
Menschen, die stottern, finden hier Informationen über den ganzheitlichen Ansatz des Stotterer-Trainings. Mit Forum.

Stotterer-Selbsthilfe e. V.

www.bvss.de
Informationen und Beratung für Stotternde, Eltern, Therapeuten und alle, die mit Stottern zu tun haben, inklusive Forum.

Behinderung/Organisationen

Aktion Mensch Portal
info@aktion-mensch.de

www.aktion-mensch.de
Das Portal der Aktion Mensch informiert umfassend über die Organisation, aktuelle Projekte, Initiativen und Kampagnen.

Bundesvereinigung Lebenshilfe
bundesvereinigung@lebenshilfe.de

www.lebenshilfe.de
Bundesvereinigung Lebenshilfe für Menschen mit geistiger Behinderung, wichtige Adressen sowie Fort- und Weiterbildungen.

Sozialverband VdK Deutschland
kontakt@vdk.de

www.vdk.de
Interessenvertretung für ältere, behinderte und chronisch kranke Menschen, Links zu Landesverbänden und Diskussionsforum.

Beratungsstellen & Seelsorge

beichthaus.com

www.beichthaus.com
Online beichten und die Sünden anderer lesen und kommentieren.

Das Kummer- und Sorgenforum
webmaster@kummer-sorgen-forum.de

www.kummer-sorgen-forum.de
Forum für Menschen die Hilfe zu den Themen Liebeskummer, Kummer, Partnerschafts- und Eheprobleme benötigen.

das-beratungsnetz.de
info@das-beratungsnetz.de

www.das-beratungsnetz.de
Psychosoziales Beratungsportal im Internet mit unterschiedlichen Beratungsarten und zahlreichen Kontaktadressen zu Experten.

hilferuf.de
info@hilferuf.de

www.hilferuf.de
Foren, in denen persönliche Probleme bei Beruf, Familie, Finanzen, Gesundheit oder Partnerschaft besprochen werden können.

Telefonseelsorge
telefonseelsorge@diakonie.de

www.telefonseelsorge.de
Ein Beratungs- und Seelsorgeangebot der Evangelischen und Katholischen Kirche.

Bürgerengagement

betterplace
change@betterplace.org

www.betterplace.org
Gemeinsam die Welt verbessern. Menschen, die Unterstützung brauchen, treffen hier auf Menschen, die gerne helfen wollen.

GuteTat.de
info@gute-tat.de

www.gute-tat.de
Ehrenamtliches Arbeiten in Senioren- oder Kinderheimen, Obdachlosen- oder Behinderteneinrichtungen.

Wegweiser Bürgergesellschaft
info@wegweiser-buergergesellschaft.de

www.buergergesellschaft.de
Der Wegweiser informiert über Möglichkeiten des Engagements und fördert den Erfahrungsaustausch zwischen sozialen Netzwerken.

Drogen/Alkohol

Alkohol? Kenn dein Limit.
limit-de@bzga.de

www.kenn-dein-limit.de
Kampagne „Alkohol? Kenn dein Limit." der BZgA (Zielgruppe: Erwachsene). Tests und Infos zum Thema Alkohol und Sucht.

SOZIALES

Anonyme Alkoholiker
aa-kontakt@anonyme-alkoholiker.de

www.anonyme-alkoholiker.de
Geschichte und Präsentation der Anonymen Alkoholiker. Es gibt Kontaktstellen, Literatur, Fragebögen und einen Terminkalender.

forum-alkoholiker.de
kontakt@forum-alkoholiker.de

www.forum-alkoholiker.de
Das Forum für Alkoholiker und deren Angehörige bietet Hilfe durch Selbsthilfe.

selbsthilfe-alkoholiker-forum.de
forum@selbsthilfe-alkoholiker-forum.de

www.selbsthilfe-alkoholiker-forum.de
Forum zu allen Themen rund um Alkohol und Sucht.

Drogen/Allgemein

drugcom
drugcom@bzga.de

www.drugcom.de
Infos zu den unterschiedlichsten Drogen und deren Wirkungsweise sowie ein Drogenlexikon und Drogenselbsttests.

drug-infopool.de
info@drug-infopool.de

www.drug-infopool.de
Beschreibung aller Rauschmittel mit der Wirkung, den Risiken und den Langzeitfolgen. Zudem das Betäubungsmittelgesetz.

Suchtmittel.de
leserbrief@suchtmittel.de

www.suchtmittel.de
Informationen rund um Sucht und Suchtmittel. Mit aktuellen Nachrichten, Lexikon, Adressdatenbank und Forum.

Drogen/Beratungsstellen

jugend hilft jugend Server
verein@jugend-hilft-jugend.de

www.jugend-hilft-jugend.de
Infos zu Suchtmittelkonsum, Therapie- und Beratungsangeboten, Suchtforum, Online-Beratung, E-Mail-Beratung und Adressen.

Drogen/Rauchen

Nichtraucher.de
info@covus.de

www.nichtraucher.de
Internet-Portal für werdende und bleibende Nichtraucher. Kostenloser Rauchtest und Aktuelles zum Thema Rauchen.

familie&co.de

www.familieundco.de

Eltern/Adoption

Adoption & Co
info@adoptierte.de

www.adoptierte.de
Hilfeseite für Adoptierte. Mit kostenloser Suchdatenbank nach Angehörigen.

adoption-forum

adoption-forum.phpbb8.de
Persönliche Erfahrungen und Meinungen von Betroffenen zum Thema Adoption.

Eltern/Allgemein

alleinerziehend.net
alleinerziehend@ldk-online.de

www.alleinerziehend.net
Diskussionsforen, Infos zum Sorge- und Umgangsrecht, Kinder- und Erziehungsgeld, Arbeitslosengeld-II-Rechner.

Eltern.de
redaktion@eltern.de

www.eltern.de
Eltern.de informiert über die Themen Schwangerschaft, Geburt, Erziehung, Familienleben, Beruf und Geld.

● **familie&co.de**
infoletter@familymedia.de

www.familieundco.de
Immer donnerstags - dieser wöchentliche Infoletter landet ganz unkompliziert direkt in der eigenen Mailbox. Ein serviceorientierter Ratgeber, der vom Expertenteam der großen Familienzeitschrift „familie&co" in Zusammenarbeit mit führenden Erziehungswissenschaftlern, extra für Eltern, entwickelt wurde. **(Siehe Abbildung)**

● **familie.de**
online@familymedia.de

www.familie.de
Das Portal für Eltern und solche, die es werden möchten: familie.de bietet Informationen und Tipps rund um Kinderwunsch, Schwangerschaft, Erziehung, Baby, Kind und Familie – vom Eisprungkalender über eine Vornamen-Datenbank bis hin zu Basteltipps, Ideen für den Kindergeburtstag und großem Forum. **(Siehe Abbildung)**

familie.de   **www.familie.de**

Eltern Flohmarkt
admine@eltern-flohmarkt.de

www.eltern-flohmarkt.de
In diesem Forum wird über die Themen Familienplanung, Geburt, Kinderkrankheiten und Kindererziehung diskutiert.

Familien Wegweiser.de

www.familien-wegweiser.de
Das Informationsportal für Familien und Alleinerziehende gibt viele Tipps für Eltern und Kinder.

Familienleben-aktuell.de
kontakt@mw-verlag.de

www.familienleben-aktuell.de
Ausführliche Artikel und nützliche Infos zu Familienleben, Erziehung, Schule, Ernährung, Gesundheit und Familienreisen. Ob es nun um das richtige Zeitmanagement in der Familie geht oder um „55 Tipps rund ums Grillen". Hier findet man Rat um den Familienalltag zu bewältigen.

Informationsportal für Alleinerziehende
info@allein-erziehend.net

www.allein-erziehend.net
Informationsportal für alleinerziehende Mütter und Väter mit Forum, Chat und umfangreichen Ratgeberseiten.

Kinderzeit
kinderzeit@familymedia.de

www.kinderzeit.de
Die Web-Seite des Fachmagazins Kinderzeit informiert über Themen rund ums Kind.

mamilounge.de
kontakt@mamilounge.de

www.mamilounge.de
Portal für Mütter mit den Themen: Kinderwunsch, Schwangerschaft, Babys, Kleinkinder und Familie.

● **mutter-kind-magazin.de**
info@pharma-medien.de

mutter-kind-magazin.de
Das Magazin für moderne Eltern informiert Mütter und Väter umfassend über die Bedürfnisse ihrer Kinder. Dabei werden die verschiedensten Themen und Lebensbereiche abgedeckt, die von der Schwangerschaft über Fragen zur Baby- und Kleinkindphase bis hin zu schulischen Dingen oder Gesundheitsthemen reichen.
(Siehe Abbildung)

Schnullerfamilie
schnullerfamilie@ideenwerk.de

www.schnullerfamilie.de
Forum, in dem sich Eltern über alle Themen austauschen können, mit denen Erziehende konfrontiert werden.

Väterzeit
info@vaeterzeit.de

www.vaeter-zeit.de
Auf Väterzeit erhalten Männer alle wichtigen Infos rund um die Themen Vaterwerden und -sein sowie Partnerschaft und Familie.

Eltern/Babysitter

babysitter.de
kontakt@babysitter.de

www.babysitter.de
Kostenloser Familienservice zum Suchen und Finden von Babysittern, Tagesmüttern oder Au-pair-Stellen.

Betreut.de
info@betreut.de

www.betreut.de
Verzeichnis für Babysitter und Tagesmütter.

HalloBabysitter.de
info@hallobabysitter.de

www.hallobabysitter.de
Großer Web-Service für Kinderbetreuung. Familien finden aktuelle Profile von Babysittern und Tagesmüttern in ihrer Nähe.

kinderfee.de
info@kinderfee.de

www.kinderfee.de
Lokale Suchmaschine für Kinderbetreuer. Die Bezahlung der Babysitter oder Tagesmütter läuft direkt über die Plattform.

Eltern/Beratung

bke-elternberatung
bke@bke.de

www.bke-elternberatung.de
Die Online-Beratung der bke richtet sich an Eltern, die Unterstützung in Fragen der Erziehung ihrer Kinder suchen.

Online-Familienhandbuch, Das
mail@familienhandbuch.de

www.familienhandbuch.de
Infos für Mütter und Väter zu allen Fragen rund um Kindererziehung und Familienleben, praktische und rechtliche Tipps.

urbia.de
info@urbia.com

www.urbia.de
Deutschlands großes Familienportal mit allen Infos zu Kinderwunsch, Geburt, Baby, Schwangerschaft, Erziehung und mehr.

Eltern/Familienplanung

BabyZauber
info@babyzauber.com

www.babyzauber.com
Informationen zu Babywunsch, Fruchtbarkeit und Schwanger-
schaftsvorbereitung mit eigener Community.

kinderwunsch-cyclotest.de
info@reblu.de

www.kinderwunsch-cyclotest.de
Hilfreiche Informationen rund um Schwangerschafts- und Familienplanung mit Kinderwunsch-Lexikon.

Siehe auch Kapitel Gesundheit

Verhütung

Eltern/Geburt/Elterngeld

Elterngeld.com
tbeese@gmail.com

www.elterngeld.com
Infos über Antragsstellung, Bezugszeitraum und Berechnung des
Elterngeldes. Mit einem Forum für Fragen.

Elterngeld.net
service@elterngeld.net

www.elterngeld.net
Infos zum Elterngeld und anderen Familienleistungen des Staa-
tes. Mit Online-Rechner, großem Forum und Antragsservice.

Eltern/Geburt/Samenspende

Erlanger Samenbank
info@erlanger-samenbank.de

www.erlanger-samenbank.de
Die Erlanger Samenbank wird von Ärzten geleitet, die die Eltern
und Spender umfangreich beraten und betreuen.

Spenderkinder.de

www.spenderkinder.de
Ein Verein von durch Samenspende gezeugten Erwachsenen.

spendesperma.com

www.spendesperma.com
Forum für Samenspender und Samenspendersuchende.

SpermaSpender.de
info@spermaspender.de

www.spermaspender.de
Spendensuchende können hier eine Anzeige aufgeben und die Datenbank nach einem Samenspender durchsuchen.

Eltern/Geburt/Schwangerschaft & Hebammen

Baby und Familie
gesundheitpro@wortundbildverlag.de

www.baby-und-familie.de
Infos zu Kinderwunsch, Schwangerschaft, Vorsorge für Schwangere, Geburt, Stillen, Babyernährung und Kinderkrankheiten.

Baby Voten
info@mkl-service.com

www.babyvoten.de
Community für Eltern und werdende Eltern. Hier kann man sich austauschen und Antworten auf Fragen erhalten.

babycenter

www.babycenter.de
Artikel und Neuigkeiten rund um die Themen Kinderwunsch, Schwangerschaft, Familie sowie um das Kindesalter null bis sechs.

Babyclub.de
info@babyclub.de

www.babyclub.de
Infos zu Schwangerschaft und Geburt, Fruchtbarkeits- und Schwangerschaftskalender sowie eine Hebammensuchmaschine.

Babyforum.de

www.babyforum.de
Ein Forum rund ums Baby und die Schwangerschaft. Tipps zu Verhütung, Kinderwunsch, Kochrezepten und Kinderentwicklung.

Hebamme 4U
marliesgrein@hebamme4u.net

www.hebamme4u.net
Eine Hebamme gibt hier wichtige Infos rund um Schwangerschaft und Geburt.

Hebammensuche
info@hebammensuche.de

www.hebammensuche.de
Redaktionell gepflegtes Verzeichnis mit fast 10.000 Adressen von Hebammen und Geburtshäusern.

kidsgo Internetportal
fragen@kidsgo.de

www.kidsgo.de
Informationen und Tipps für junge Familien zu den Themen Schwangerschaft, Geburt, Kleinkind und Familie.

Kinderstube.de

www.kinderstube.de
Kinderstube ist eine Plattform rund um Familienplanung, Schwangerschaft, Babys und Erziehung. Mit hilfreichen Tipps.

liliput-lounge
info@liliput-lounge.de

www.liliput-lounge.de
Infos zu Kinderwunsch, Schwangerschaft und Baby. Mit Forum.

Mama Community.de
info@mamacommunity.de

www.mamacommunity.de
Viele Infos, Berichte und Diskussionen über die Schwangerschaft, Geburtsprobleme und den Kinderwunsch.

mamily
kontakt@mamily.de

www.mamily.de
Die Seite für Mütter und solche, die es bald werden. Mit großem Forum, Marktplatz und Wissensbereich.

Mamiweb

www.mamiweb.de
Bei Mamiweb können sich Schwangere und Mütter austauschen und sich über Schwangerschafts- und Kinderthemen informieren.

netmoms.de
kontakt@netmoms.de

www.netmoms.de
Das Portal für Mütter mit Informations- und Austauschmöglichkeiten rund um die Themen Frau, Familie und Kind.

Rund-ums-Baby.de
redaktion@rund-ums-baby.de

www.rund-ums-baby.de
Online-Magazin für alle (werdenden) Mamas und Papas: mit Stillberatung, Ernährungstipps und Schwangerschaftsforum.

Schwangerschaft.de
info@urbia.com

www.schwangerschaft.de
Hilfreiche Informationen rund um Schwangerschaft und Geburt.

Eltern/Geburt/Stillen

La Leche Liga Deutschland e. V.
info@lalecheliga.de

www.lalecheliga.de
Infos rund um die Themen Stillen und Muttersein mit Kontaktadressen zu Stillberaterinnen und regionalen Stilltreffen.

Stillen-und-Tragen
kontakt@stillen-und-tragen.de

www.stillen-und-tragen.de
Großes Forum rund um die Themen Stillen, Tragen und alle weiteren Fragen zu Baby und Schwangerschaft.

Stillgruppen
webmaster@stillgruppen.de

www.stillgruppen.de
Stillgruppen.de bietet Ratschläge und Hilfen zu den Themen Stillvorbereitung, Probleme beim Stillen und Abstillen.

Eltern/Geburt/Vornamen

Baby-Vornamen.de

www.baby-vornamen.de
Hilfe bei der Namenssuche. Herkunft und Statistik zu den beliebtesten Vornamen. Zudem ein Ratgeber sowie eine Community.

beliebte-Vornamen.de

www.beliebte-vornamen.de
Die beliebtesten Vornamen von 1890 bis heute, dazu eine spezielle Übersicht über sehr seltene Vornamen.

Firstname.de
service@firstname.de

www.firstname.de
Über 86.000 Vornamen mit Bedeutung, viele kostenlose Suchmöglichkeiten, Forum, Namenstage, Top Ten und Namensrecht.

vorname.com
verwaltung@adeos.de

www.vorname.com
Alles rund um Vornamen: Großes Verzeichnis sortiert nach Jungen, Mädchen, traditionellen und internationalen Vornamen.

Eltern/Scheidung

iScheidung
mail@ischeidung.de

www.ischeidung.de
Anwaltsportal zum Scheidungsrecht. Bundesweite Vertretung vor dem Familiengericht durch Online-Scheidung.

ISUV
info@isuv.de

www.isuv-online.de
Getrennt lebende oder Geschiedene finden hier Rat und Unterstützung zu Fragen des Unterhalts und Familienrechts.

Scheidung.de
kontakt@scheidung.de

www.scheidung.de
Das Online-Portal zum Thema Trennung, Scheidung, Unterhalt und Kinder bietet umfangreiche Hilfestellungen und Tipps.

Vater sein
webmaster@vatersein.de

www.vatersein.de
Hilfe für Eltern bei Scheidung und Trennung. Kostenfreie Nutzung von Foren, Urteilen und weiteren Familienrechtsthemen.

Entwicklungshilfe/Organisationen

Brot für die Welt
kontakt@brot-fuer-die-welt.de

www.brot-fuer-die-welt.de
Infos über Projekte und Kampagnen von „Brot für die Welt". Projekte zur Selbsthilfe in Afrika, Asien und Lateinamerika.

Deutsche Stiftung Weltbevölkerung
info@dsw-hannover.de

www.weltbevoelkerung.de
Die DSW hilft Jugendlichen in Entwicklungsländern, sich vor ungewollten Schwangerschaften und AIDS zu schützen.

Diakonie Katastrophenhilfe
kontakt@diakonie-katastrophenhilfe.de

www.diakonie-katastrophenhilfe.de
Aktuelle Informationen über die humanitären Hilfsmaßnahmen der Organisation in den weltweiten Katastrophen- und Krisengebieten.

SOZIALES

EIRENE
eirene-int@eirene.org

www.eirene.org
Wissenswertes zu Projekten in Afrika und Lateinamerika sowie Freiwilligendienste mit sozialen Randgruppen.

GIZ

www.giz.de
Die GIZ ist ein weltweit tätiges Unternehmen der internationalen Zusammenarbeit für nachhaltige Entwicklung.

Misereor
info@misereor.de

www.misereor.de
Katholisches Hilfswerk für Entwicklungszusammenarbeit mit Afrika, Asien und Lateinamerika. Infos zu Aktionen und Kampagnen.

Erbschaft & Testament

erbrecht-heute.de
info@erbrecht-heute.de

www.erbrecht-heute.de
Umfangreiche Informationen rund um das Erbrecht sowie Muster und Vorlagen.

Erbrecht-ratgeber.de

www.erbrecht-ratgeber.de
Erben, Pflichtteilsberechtigte und Vermächtnisnehmer finden hier Infos, die man zur Abwicklung einer Erbschaft benötigt.

Zentrales Testamentsregister
info@testamentsregister.de

www.testamentsregister.de
Hier werden alle Testamente, die von Notaren oder Gerichten verwahrt werden, aufgelistet. Die Abfrage ist beschränkt.

Frauen

1001Geschichte.de
redaktion1001@1001geschichte.de

www.1001geschichte.de
12 Jahre Bezness-Prävention mit großem Forum. Hunderte wahrer Geschichten betrügerischer, bi-nationaler Beziehungen.

Erdbeerlounge
kontakt@erdbeerlounge.de

www.erdbeerlounge.de
Infos zu Stars, Liebe, Trends, Mode, Jobs und Beauty. Mit Forum, Filmquiz und Gewinnspielen.

fem.com
redaktion@fem.com

www.fem.com
Tipps und Trends aus den Bereichen Gesundheit, Wellness, Schönheit, Kosmetik, Lifestyle, Rezepte, Partnerschaft und Liebe.

femlife.de
info@femlife.de

www.femlife.de
Styleguide, Fashiontrends, Beautytipps, Lifestyle und das Neueste aus der Welt der Stars.

ForHer.de
info@forher.de

www.forher.de
Lifestyle und Mode für Frauen. Mit Community, Fotogalerie, Gewinnspiel, Forum und vielen Infos zu Stars und Sternchen.

Frauenzimmer
support@frauenzimmer.de

www.frauenzimmer.de
Das Portal für Frauen informiert über Mode, Trends, Lifestyle, Liebe, Gesundheit und Familie.

Glam
germany@glam.com

www.glam.de
Das Frauenmagazin präsentiert alle Themen, die Frauen interessieren: Mode, Beauty, Entertainment und Einrichtungstrends.

gofeminin.de
anzeigen@gofeminin.de

www.gofeminin.de
gofeminin.de bietet den Leserinnen täglich Neues zu Themen wie Mode, Beauty, Stars, Familie und Partnerschaft.

TERRE DES FEMMES
info@frauenrechte.de

www.frauenrechte.de
Menschenrechtsorganisation, die sich durch Öffentlichkeitsarbeit und Einzelfallhilfe für bedrohte Frauen einsetzt.

WomenWeb
info@womenweb.ag

www.womenweb.de
Umfangreiche Seite für Frauenthemen wie Lifestyle, Beauty und Wellness, Food und Drink, Esoterik, Sex und Working Woman.

Wunderweib
online@wunderweib.de

www.wunderweib.de
Mode und Beauty, Fitness und Gesundheit, Familie und Ratgeber, Stars und Freizeit, Liebe und Horoskop.

Freiwilligendienste

Der Bundesfreiwilligendienst
poststelle@bmfsfj.bund.de

www.bundesfreiwilligendienst.de
Infos für alle, die sich gemeinnützig engagieren möchten. Platzbörse für soziale, ökologische oder kulturelle Stellen.

ijgd
ijgd@ijgd.de

www.ijgd.de
Der Verein ijgd organisiert und vermittelt Freiwilligendienste und Workcamps im In- und Ausland.

Gefängnis & Strafvollzug

Knast.Net

www.knast.net
Knast.Net bietet einen Einblick in das Leben hinter Gittern und bietet ein Forum für Angehörige sowie einen „Hotelführer".

Hilfsorganisationen

Aktion Sühnezeichen Friedensdienste
asf@asf-ev.de

www.asf-ev.de
ASF bietet langfristige Friedensdienste und Work-Camps in 13 Ländern mit kritischer Auseinandersetzung mit der NS-Geschichte.

Arbeiter-Samariter-Bund

www.asb.de
Der Arbeiter-Samariter-Bund engagiert sich in der Alten- und Behindertenhilfe sowie der Kinder- und Jugendbetreuung.

Arbeiterwohlfahrt
info@awo.org

www.awo.de
Spitzenverband der Freien Wohlfahrtspflege, mit Adressen sozialer Einrichtungen der AWO.

Ärzte ohne Grenzen
office@berlin.msf.org

www.aerzte-ohne-grenzen.de
Infos zu den Hilfsprojekten der internationalen medizinischen humanitären Organisation, zu Spenden und zur Mitarbeit.

BONO-Direkthilfe e. V.
info@bono-direkthilfe.org

www.bono-direkthilfe.org
Schwerpunkt der Organisation ist der Kampf gegen Verschleppung und Zwangsprostitution von Kindern in Nepal und Indien.

Deutsches Rotes Kreuz e. V.
drk@drk.de

www.drk.de
Portal zur Katastrophen- und Auslandshilfe, zur Ersten Hilfe und zu den sozialen Dienstleistungen des DRK.

Diakonisches Werk der EKD e. V.
diakonie@diakonie.de

www.diakonie.de
Aktuelle Infos aus der Arbeit der Diakonie, Jobbörse, Diskussionsforum und Hintergrundberichte.

HelpDirect.org

www.helpdirect.org
HelpDirect.org stellt umfassend Hilfsprojekte aus 130 Ländern von über 700 Hilfsorganisationen vor.

Helpedia.de
info@helpedia.de

www.helpedia.de
Verzeichnis von Organisationen für Helfende: Ehrenamt, Spenden, Veranstaltungen, Praktika und Hilfskoordination.

Hilfsorganisationen.de
kontakt@x-promotion.de

www.hilfsorganisationen.de
Sämtliche Hilfs- und humanitären Organisationen sind auf dieser Seite gelistet und verlinkt. Aufnahmeantrag ist möglich.

Malteser in Deutschland
malteser@maltanet.de

www.malteser.de
Wissenswertes über die Malteser in Deutschland, aktuelle Projekte, Aus- und Weiterbildungsmöglichkeiten und Jobbörse.

SOZIALES

RESET - For a better World
info@reset.to

www.reset.to
Reset verbindet engagierte Menschen, die etwas gegen die Probleme dieser Welt unternehmen wollen, und stellt Projekte vor.

Weißer Ring e. V.
info@weisser-ring.de

www.weisser-ring.de
Der Weiße Ring ist die größte bundesweite Hilfsorganisation für Opfer von Kriminalität und Gewalt sowie deren Angehörige.

Hochzeiten & Heiraten

1001hochzeiten.de
info@1001hochzeiten.de

www.1001hochzeiten.de
Hochzeitsplaner mit Themen wie Fashion, Feier, Trauung, Etikette und Hochzeitstisch. Mit Branchenbuch.

braut.de

www.braut.de
Seite zur Hochzeitsvorbereitung mit detaillierten Planungstipps, besonders das große Forum lässt keine Frage offen.

Die Hochzeits-Community
info@diggis-hochzeitsforum.de

www.diggis-hochzeitsforum.de
Diskussionsforum für Personen, die sich in der Hochzeitsplanung befinden. **(Siehe Abbildung)**

hochzeit.de

www.hochzeit.de
Alles zu Brautkleidern und Mode, Frisuren, Eheringen und Schmuck, Locations, Hochzeitsreisen, Geschenken und Messen.

Hochzeitsforum.de

www.hochzeitsforum.de
Das Forum für den großen Tag im Leben: Ideen und Tipps zu allem, was zum Heiraten dazu gehört.

HochzeitsPlaza.de
info@hochzeitsplaza.de

www.hochzeitsplaza.de
Die kostenlose Serviceplattform für Brautpaare. Hier findet man Locations, Dienstleister und viel Inspiration.

Hochzeits-Tipps.com

www.hochzeits-tipps.com
Alles rund um Hochzeit und Heiraten – von Adressen über Basiswissen, Geheimtipps und allem, was die Formalitäten betrifft.

miss-solution.com
kontakt@miss-solution.com

www.miss-solution.com
Das Hochzeitsportal mit Braut-Fashion, Ratgeber, Forum, Flitterwochen und einer Hochzeitsgalerie.

Traumhochzeit.com
info@traumhochzeit.com

www.traumhochzeit.com
Magazin, Hochzeitsplaner, Branchenbuch, Hochzeitsmode, Ideensammlung und Community.

Unser Tag
mail@unsertag.de

www.unsertag.de
UnserTag.de bietet Hochzeitspaaren und Hochzeitsgästen eine Menge Tipps und Infos rund um das Thema Hochzeit und Heirat.

weddix.de
kontakt@weddix.de

www.weddix.de
Umfassendes Hochzeitsportal mit Hochzeits-Shop, Trends zu Brautmode und Schmuck, Branchenbuch, Forum und Flitterwochenzielen.

Homosexualität

Gaypeople.de
redaktion@gaypeople.de

www.gaypeople.de
Schwul-lesbisches Magazin mit Beiträgen zu Musik, Filmen, Games, Multimedia, Büchern, Gesundheit, Erotik und Events.

Homosexualität/Lesben

Lesarion.de
mail@lesarion.de

www.lesarion.de
Die Begegnungsstätte für Lesben, Bi-, Inter- und Transsexuelle bietet Veranstaltungstipps, Bücher und einen City-Guide.

Homosexualität/Schwule

dbna.de
email@dbna.de

www.dbna.de
„Du bist nicht allein" ist ein Online-Magazin für schwule Jugendliche. Man kann Kontaktanzeigen aufgeben oder mit Usern chatten.

Gay.de

gay.de
Kostenloser Chat und Kontakte für schwule Männer.

gayromeo.com

www.gayromeo.com
Große Schwulen-Community mit verschiedenen Bereichen wie Sport, Kultur und Fetisch. Zudem Infos zu Coming-out und HIV.

Queer
info@queercom.net

www.queer.de
Deutschlands großes News- und Entertainment-Portal für schwule Männer.

Internet-Communitys

Siehe Kapitel Internet & Technik

Internet-Communitys

Jugend/Jugendberatung

bke
bke@bke.de

www.bke-beratung.de
Kostenfreie und anonyme Online-Beratung der bke in der Einzelberatung, im Gruppen-Chat oder im Themenforum.

watchyourweb.de

www.watchyourweb.de
watchyourweb ist die Plattform für sicheres Surfen im Web. Sie klärt Jugendliche über die Gefahren im Internet auf.

Youth-Life-Line

www.youth-life-line.de
Youth-Life-Line ist ein Beratungsportal von Jugendlichen für Jugendliche in Krisen und bei Suizidgedanken.

Die Hochzeits-Community · www.diggis-hochzeitsforum.de

SOZIALES

Jugend/Jugendportale

Bravo.de
redaktion@bravo.de

www.bravo.de
Die Jugendzeitschrift mit den Themenwelten: Musik, Stars, Lifestyle, Dr. Sommer, Games, Handy und Community.

fluter
info@bpb.de

www.fluter.de
fluter ist das Jugendmagazin der Bundeszentrale für politische Bildung für Gesellschaft, Film, Literatur und Events.

jetzt.de
redaktion@jetzt.de

www.jetzt.de
Artikel zu den Themen Politik, Sex, Kultur, Reise, Umwelt und allem, was sonst im Leben junger Menschen wichtig ist.

Jugendzeitschrift Spiesser
info@spiesser.de

www.spiesser.de
Das Portal der Jugendzeitschrift Spiesser.

loveline.de

www.loveline.de
Anlaufstelle für Jugendliche mit nützlichen Informationen zum Thema Liebe und Sexualität.

meet-teens.de

www.meet-teens.de
In der Jugend-Community kann man im Forum über alle Themen diskutieren, die Jugendliche interessieren und Freunde finden.

StarFlash.de
info@starflash.de

www.starflash.de
Das Jugend-Magazin bietet aktuelle Star-News, Interviews, Videos sowie viele interaktive Trend-Votings und eine Community.

Zeitjung.de
info@zeitjung.de

www.zeitjung.de
Die junge News-Community für Jugendliche. Die Leser können Nachrichten kommentieren.

Jugend/Mädchen

Girls-Time
team@girls-time.com

www.girls-time.com
Bei Girls-Time finden junge Mädchen eine moderne Community mit Spielen, Tipps und Diskussions-Foren.

Mädchen
info@maedchen.de

www.maedchen.de
Das Online-Magazin bietet Mädchen Tipps und Rat in allen Lebenslagen, ob zu Liebeskummer, Schule, Jungs oder Styling.

Stardoll.de

www.stardoll.de
Eine Community speziell für Mädchen. Hier können Mädchen eine eigene Anziehpuppe oder die des Lieblingsstars gestalten.

TOPModel
info@top-model.biz

www.top-model.biz
Online-Spiele, virtueller Designertisch, Bewertung der eigenen Entwürfe, Kleiderschrank, Gewinnspiele und Chat.

Wendy
kontakt@wendy.de

www.wendy.de
Seite des Wendy-Magazins mit interaktiver Erlebniswelt rund um Wendy, Pferde, Tiere und Freundschaft.

Kinder/Allgemein

● **Tommi – Deutscher Kindersoftwarepreis**
post@feibel.de

www.kindersoftwarepreis.de
Der deutsche Kindersoftwarepreis, der gemeinsam vom Family Media Verlag und dem Büro für Kindermedien FEIBEL.DE herausgegeben wird, prämiert jährlich innovative und hochwertige Kindersoftware. Eltern erhalten dadurch eine Hilfestellung bei der Auswahl von Programmen, Apps und Spielen für Ihre Kinder. **(Siehe Abbildung)**

Web-Seiten für Kinder

www.websitesfuerkinder.de
Suchmaschine, die geeignete Web-Seiten für Kinder zu fast allen Themenbereichen findet.

Tommi – Deutscher Kindersoftwarepreis   www.kindersoftwarepreis.de

Deutscher Kindersoftwarepreis

TOMMI, der deutsche Kindersoftwarepreis widmet sich der Bewertung und Anerkennung von innovativen und herausragenden Kindersoftware-Titeln, die in Deutschland, Österreich und der Schweiz auf den Markt kommen.

Gut zu wissen: Die Ziele des TOMMI:
- Der TOMMI macht gute Computer- und Konsolenspiele einem größeren Publikum bekannt und verschafft den Eltern einen Überblick im Spiele-Dschungel.
- Der TOMMI setzt sich positiv mit dem Thema Computer- und Konsolenspiele auseinander.
- Der TOMMI bindet mehr als 3000 Kinder in die Jurytätigkeit ein, erzieht so zum kritischen Umgang mit Computer- und Konsolenspielen und fördert nachhaltig die Medienkompetenz.
- Der TOMMI präsentiert qualitativ hochwertige Spiele und schützt vor Spielinhalten, die für Kinder nicht geeignet sind.
- Der TOMMI hilft Eltern, ihre Kinder im Medienzeitalter zu fördern und zu begleiten.

Herausgeber und Partner
Herausgeber ist der Family Media Verlag und das Büro für Kindermedien FEIBEL.DE in Berlin. Unterstützt wird die Auszeichnung 2014 von ZDF tivi, der Frankfurter Buchmesse und dem Deutschen Bibliotheksverband e.V. (dbv).

Prämiert werden insgesamt je drei Produkte.
Der Preis wird seit 2002 jährlich auf der Frankfurter Buchmesse verliehen.

Sonderpreis Kindergarten und Vorschule
Seit 2006 gibt es einen TOMMI Sonderpreis für Kindergarten und Vorschule. Zusammen mit der "Stiftung Lesen" ermitteln Kinder in Kindergärten und Kindertagesstätten den Gewinner des Sonderpreises.

Preisvergabe
Die Preise werden am 10. Oktober 2014 auf der Frankfurter Buchmesse überreicht.

Preisverleihung 2013

Preisverleihung 2012

Deutscher Kindersoftwarepreis

Teilnahmebedingungen
- Aufruf TOMMI 2014
- Aufruf für die Kinderjury
- Appeal
- Die Kinderjury
- Teilnehmende Bibliotheken
- Alle Unterlagen zum Herunterladen

Bildergalerie 2013
Gewinner & Nominierte
Fachjury
Bibliotheken
Initiatoren und Partner
Presse & Downloads

 Anmeldung bis 08. August 2014 – Jetzt herunterladen!

Finde uns auf Facebook
 Tommi Kindersoftwarepreis
227 Personen gefällt Tommi Kindersoftwarepreis.

Weiterempfehlen

Blinde Kuh
redaktion@blinde-kuh.de

www.blinde-kuh.de
Die Suchmaschine für Kinder. Guter Ausgangspunkt für die Suche nach Web-Seiten, die für Kinder interessant sind.

fragFINN.de
info@fragfinn.de

www.fragfinn.de
Die Suchmaschine für Kinder bis zwölf Jahre findet nur kindgeeignete und von Medienpädagogen überprüfte Internet-Seiten.

Kinder/Hilfsorganisationen

Deutscher Kinderschutzbund e. V.
info@dksb.de

www.dksb.de
Der Kinderschutzbund setzt sich für die Umsetzung der UN-Konvention über die Rechte des Kindes ein.

Plan International Deutschland e. V.
info@plan-deutschland.de

www.plan-deutschland.de
Plan International arbeitet als eines der ältesten Kinderhilfswerke in 48 Ländern Asiens, Afrikas und Lateinamerikas.

SOS-Kinderdorf Deutschland e. V.
info@sos-kinderdorf.de

www.sos-kinderdorf.de
Informationen über alle SOS-Einrichtungen sowie SOS-Angebote mit der Möglichkeit zum sicheren Online-Spenden.

terre des hommes Deutschland e. V.

www.tdh.de
Infos zu Projekten: Einsatz gegen Kinderarbeit und -prostitution, Hilfe für Straßenkinder und Schutz vor Krieg und Gewalt.

Unicef
mail@unicef.de

www.unicef.de
Die Entwicklungsorganisation der Vereinten Nationen, die sich weltweit für das Wohl von Kindern und Frauen einsetzt.

● World Vision Deutschland e. V.
info@worldvision.de

www.worldvision.de
World Vision ist ein christliches Hilfswerk mit den Arbeitsschwerpunkten nachhaltige Entwicklungszusammenarbeit, Katastrophenhilfe und entwicklungspolitische Anwaltschaftsarbeit. Im Mittelpunkt der Arbeit steht die Unterstützung von Kindern und Familien durch Kinderpatenschaften. **(Siehe Abbildung)**

Kinder/Kindergarten

KiTa.de
info@kita.de

www.kita.de
Kitas, Träger und Erzieher präsentieren ihre Einrichtungen. Eltern finden Kitas und tauschen sich mit anderen Eltern aus.

Sprachen lernen mit der MoMouse
contact@lingo4u.de

www.momouse.de
Kindgerechte Materialien wie Spiele und Lieder für den ersten Kontakt mit Fremdsprachen in Kita, Vorschule und Grundschule.

Kinder/Kinderportale

BR-Kinderinsel
kinderinsel@br-online.de

www.br-kinderinsel.de
Gemeinsames Internet-Angebot von Kinderfunk und -fernsehen des Bayerischen Rundfunks. Spiele, Geschichten und Links.

Diddl.de
depesche@diddl.de

www.diddl.de
Auf dem großen Portal für Kinder und Jugendliche finden Kids eine große Community mit einem moderierten Chat.

GEOlino
geolino@ems.guj.de

www.geolino.de
Ein Erlebnisheft für Kinder im Alter von 8 bis 14 Jahren: Spannende Themen aus Natur und Technik, Experimente und Rätsel.

Hanisauland.de
info@hanisauland.de

www.hanisauland.de
Infoseite, auf der Kinder die Politik spielerisch entdecken können. Auch Tipps und Material für Pädagogen.

Helles-Koepfchen.de

www.helles-koepfchen.de
Aktuelle Nachrichten und redaktionelle Artikel für Kinder und Jugendliche, Spielebereich und Freizeittipps.

Internet-ABC
internet-abc@lfm-nrw.de

www.internet-abc.de
Hier finden Kinder, Eltern und Pädagogen Tipps für den sicheren Umgang mit dem Internet.

Kids and Science
andreas.tillmann@kids-and-science.de

www.kids-and-science.de
Anhand von Videos und Experimenten werden hier Fragen rund um Natur, Technik, Physik, Biologie und Astronomie erklärt.

Kidsville
kontakt@kidsville.de

www.kidsville.de
Die Mitmachstadt für Kinder: Hier können eigene Möbel entworfen oder Rezepte ausprobiert werden, mit vielen Spielen.

news 4 kids

www.nachrichtenfuerkinder.de
Portal mit Nachrichten für Kinder, verständlich und anschaulich erklärt.

Notenmax.de
info@notenmax.de

www.notenmax.de
Notenmax führt spielerisch durch die Welt der Musik: Singen, Basteln, Instrumente kennenlernen und vieles mehr.

Panfu

www.panfu.de
In dieser virtuellen Welt können Kinder Online-Spiele spielen, chatten, Freunde finden und spielend Englisch lernen.

Radijojo
redaktion@radijojo.de

www.radijojo.de
Radijojo ist ein Radioprogramm speziell für Kinder. Die Seite bietet einen Live-Stream, Podcasts und Infos über Projekte.

Sendung mit der Maus, Die
maus@wdr.de

www.die-maus.de
Infos rund um die Maus, den Elefanten und die Ente, Käpt'n Blaubär, Shaun das Schaf, Lach- und Sachgeschichten sowie Spiele.

SWR Kindernetz
kindernetz@swr.de

www.kindernetz.de
Hier können Kinder ihre eigene Homepage erstellen: Mit Chat, Spielen und kindgerechten Nachrichten aus aller Welt.

World Vision Deutschland e. V. **www.worldvision.de**

Soziales

WAS IST WAS
info@wasistwas.de

www.wasistwas.de
Wissensportal für Kinder und Jugendliche mit altersgerechten Informationen zu allen Wissensgebieten, die Kids interessieren.

wortwuselwelt
poesie@wortwusel.net

www.wortwusel.net
Die Seite spielt mit Poesie. Besucher können sich eigene Klang- und Bildwelten gestalten. Das Wortwusel ist Gastgeber.

Kinder/Kindesmissbrauch

Gegen Missbrauch
info@gegen-missbrauch.de

www.gegen-missbrauch.de
Infos zum Thema Kindesmissbrauch und Kinderpornografie. Datenbanken mit Anlauf- und Beratungsstellen für Betroffene.

M.E.L.I.N.A e. V.
melina.ev@t-online.de

www.melinaev.de
Informationen des Vereins, der sich für Inzestopfer und die Rechte ihrer daraus geborenen Inzestkinder engagiert.

Liebe & Partnerschaft

Liebe-Horoskop.de
info@liebe-horoskop.de

www.liebe-horoskop.de
Unter astrologischen Gesichtspunkten erfährt man hier, welche Sternzeichenpaare gut und weniger gut zusammen passen.

Lovetalk.de
ticket2011@lovetalk.de

www.lovetalk.de
Seinen Herzschmerz teilen, Flirttipps einholen oder Gedichte schreiben: Hier wird alles rund ums Thema Liebe besprochen.

Männer

DADDYlicious
info@daddylicious.de

www.daddylicious.de
Das Online-Magazin für werdende, junge und alte Väter.

DerBerater.de

www.derberater.de
Flirt-, Fashion- und Styleguide für Männer mit den Themen Motor, Technik, Lebensart, Sport und Fitness.

frag-mutti.de
kontakt@frag-mutti.de

www.frag-mutti.de
Nachschlagewerk für Junggesellen: Tipps zum Waschen, Putzen und Kochen für alle, die das Hotel Mama verlassen mussten.

mf maennerformat.de
redaktion2013@maennerformat.de

www.maennerformat.de
Mode- und Lifestyle-Magazin für Männer, das sich auch um Kulinarisches, Unterhaltung, Technik, Urlaub und Wohnen dreht.

pickupforum.de
webmaster@pickupforum.de

www.pickupforum.de
Diskussionsforum zu Flirttaktiken und Verführungskunst.

Menschenrechtsorganisationen

Amnesty International Deutschland
info@amnesty.de

www.amnesty.de
Web-Seite der deutschen Sektion von Amnesty International mit Informationen zu Menschenrechtsverletzungen weltweit.

Gesellschaft für bedrohte Völker
info@gfbv.de

www.gfbv.de
Die GfbV setzt sich für verfolgte und bedrohte ethnische oder religiöse Minderheiten ein. Infos zu Aktionen und Kampagnen.

medico international e. V.
info@medico.de

www.medico.de
Entwicklungshilfe in den Bereichen Gesundheit, Menschenrechte und kritische Nothilfe in über 20 Ländern.

reporter-ohne-grenzen.de
kontakt@reporter-ohne-grenzen.de

www.reporter-ohne-grenzen.de
Die internationale Menschenrechtsorganisation stellt sich vor und bietet umfassende Hintergrundinfos zur Pressefreiheit.

Migration

Migazin
redaktion@migazin.de

www.migazin.de
Online-Nachrichtenmagazin mit einem Themenspektrum rund um Integration und Migration in Deutschland.

Religion/Allgemein

Forum Nahrung für Seele und Geist
saed@aon.at

www.geistigenahrung.org
Diskussionsforum mit den Themen Religionen, Träume und Traumdeutung sowie Gebet und Meditation.

Religion/Atheismus

Internationaler Bund der Konfessions-losen und Atheisten
info@ibka.org

www.ibka.org
Der Austritt aus der Kirche wird erklärt und Statistiken, Links sowie Literatur stehen zur Verfügung.

Religion/Buddhismus

● **buddhismus.de**
info@buddhismus.de

www.buddhismus.de
Einführung in die buddhistische Lehre mit Link-Übersicht der Meditationszentren in Deutschland. Die Seite informiert über die verschiedenen buddhistischen Glaubensrichtungen wie Mahayana, Theravada oder Vajrayana mit Querverweisen zu entsprechenden Zentren und stellt empfehlenswerte Literatur vor. **(Siehe Abbildung)**

Deutsche Buddhistische Union e. V.
dbu@dharma.de

www.buddhismus-deutschland.de
Dachverband der buddhistischen Gemeinschaften in Deutschland: Infos zu Buddhismus, Gruppen, Zentren und Veranstaltungen.

buddhismus.de   **www.buddhismus.de**

Religion/Christentum

● **Erf**
info@erf.de

www.erf.de
Plattform für Christen mit Berichten und Nachrichten, zudem christliche Radio- und Fernsehbeiträge. **(Siehe Abbildung)**

Jesus.de
info@jesus.de

www.jesus.de
Große christliche Online-Gemeinschaft. Foren, Chats und christliche Nachrichten. Jobbörse christlicher Organisationen.

Religion/Christentum/Bibel

Bibel-Online.de

www.bibel-online.de
Lizenzfreie Elberfelder-, Luther- und Schlachter-Übersetzungen mit schneller Volltextsuche.

bibleserver.com
info.de@bibleserver.com

www.bibleserver.com
Mehrere Übersetzungen der Bibel können hier online verglichen werden.

Die-Bibel.de
info@die-bibel.de

www.die-bibel.de
Umfangreiches Portal rund um die Bibel zum schnellen Nachschlagen von 100 Bibelversionen in über 50 Sprachen.

Religion/Christentum/Katholizismus

Heilige Stuhl, Der

www.vatican.va
Viele Dokumente, Informationen und Schriften des Vatikans. Nicht alle auf Deutsch.

Kath.net

www.kath.net
Aktuelle Nachrichten für Katholiken. Mit einem Forum zur Diskussion von Glaubensfragen.

Erf   **www.erf.de**

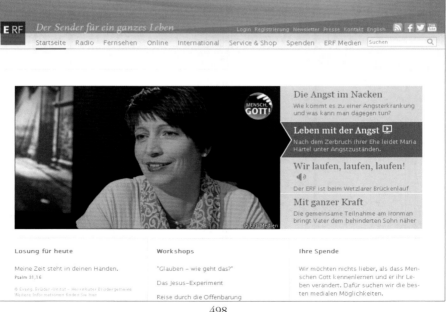

katholisch.de
info@katholisch.de

www.katholisch.de
Offizielles Portal, das katholische Internet-Angebote bündelt. Nachrichten, spirituelle Angebote und 500 Filme.

Katholisches Deutschland
redaktion@kath.de

www.kath.de
Die Leitseite von 50 katholischen Institutionen bietet: Bistümer, Akademien, Verlage und katholische Medien.

Religion/Christentum/Protestantismus

chrismon
redaktion@chrismon.de

www.chrismon.de
Evangelisches Magazin. Monatliche Beilage in verschiedenen Tages- und Wochenzeitungen. Mit Medientipps und Kirchenlexikon.

evangelisch.de
info@evangelisch.de

www.evangelisch.de
Das Nachrichtenportal der evangelischen Kirche mit einem evangelischen Blick auf aktuelle Themen.

Evangelische Kirche in Deutschland (EKD)
internet@ekd.de

www.ekd.de
Das Portal für evangelische Christen: News, Jobbörse, Spiele, Predigten, Hintergrundberichte und „Kirche für Einsteiger".

Religion/Islam

● **Qantara.de –**
Dialog mit der islamischen Welt
kontakt@qantara.de

de.qantara.de
Das Web-Projekt Qantara.de der Deutschen Welle, dessen Name „qantara" im Arabischen Brücke bedeutet, möchte zum Dialog mit der islamischen Welt beitragen und bietet dazu den Besuchern eine Vielzahl an Hintergrundberichten, Dossiers, Porträts und Interviews über Politik, Gesellschaft und Kultur.
(Siehe Abbildung)

Qantara.de – Dialog mit der islamischen Welt　　　　　　**de.qantara.de**

islam.de
service@islammail.de

www.islam.de
Rundum-Service in Sachen Islam und Muslime in Deutschland. Moscheen, Veranstaltungen, Download des Koran und Gebetszeiten.

Moscheesuche

www.moscheesuche.de
Die Suchmaschine für Moscheen in Deutschland. Mit Infos zu den Gebetszeiten und den Dachverbänden der Moscheevereine.

Religion/Judentum

haGalil.com
redaktion@hagalil.com

www.hagalil.com
Einführende und weiterführende Informationen zu Israel, dem Judentum und dem jüdischen Leben in Mitteleuropa.

Senioren

50plus-Treff
info@50plus-treff.de

www.50plus-treff.de
Deutschlands Portal für Partnersuche und Freundschaft für die Generation 50plus. Regionalgruppen, Forum und Chat.

Senioren Ratgeber

www.senioren-ratgeber.de
Infos für Senioren über aktives Alter, Gesundheitsvorsorge, häusliche Pflege und Pflegedienste.

senporta
info@senporta.de

www.senporta.de
Infos über altersgerechtes Wohnen, Hilfsmittel und Finanzen, Gesundheit, Freizeit und ehrenamtliches Engagement.

serviceseiten50plus
redaktion@serviceseiten50plus.de

www.serviceseiten50plus.de
Portal für die Generation 50plus mit vielen nützlichen Informationen und Freizeittipps sowie dem Forum Club50plus. **(Siehe Abbildung)**

Senioren/Senioreneinrichtungen & Altenpflege

Aus kritischen Ereignissen lernen
info@kda.de

www.kritische-ereignisse.de
Online-Berichts- und Lernsystem für die Altenpflege, in dem man anonym über eigene Erfahrungen und Ereignisse berichten kann.

betreut.de

www.betreut.de
Hilfe bei der Suche nach der passenden Pflegeeinrichtung in der Rubrik Erwachsene und Senioren.

Deutscher Pflegering
info@pflegering.de

www.pflegering.de
Bundesweites Verzeichnis mit vielen Anbietern für stationäre Pflege wie Pflege- oder Altenheime.

Heimverzeichnis
info@biva.de

www.heimverzeichnis.de
Datenbank mit Betreuungsangeboten für ältere Menschen in Deutschland mit Infos zu Wohn- und Betreuungsbereichen.

pflege.de
info@pflege.de

www.pflege.de
Service-Portal zu stationärer und ambulanter Alten- und Krankenpflege und Wohnen im Alter.

seniorfirst.de
info@seniorfirst.de

www.seniorfirst.de
seniorfirst.de kann man nutzen, um Altenheime, Senioren-Residenzen, Essen auf Rädern und Krankentransporte zu finden.

seniorplace
info@seniorplace.de

www.seniorplace.de
Bundesweite Pflegewohnberatung, mit der man Alten- oder Pflegeheime sowie Pflegeeinrichtungen in seinem Umkreis findet.

Wohnen-im-Alter.de
info@wohnen-im-alter.de

www.wohnen-im-alter.de
Die Beratungsseiten über Pflege und Betreuung im Alter. Mit bundesweiter Datenbank der Altenhilfeeinrichtungen.

Singles/Communitys

gotinder.com

www.gotinder.com
Andere Singles anhand von Fotos bewerten. Bei gegenseitiger Übereinstimmung kommt der Kontakt zustande.

KissNoFrog
support@kissnofrog.com

www.kissnofrog.com
Internet-Portal, welches das Prinzip des Speed-Datings mit den Vorteilen einer Internet-Community verknüpft.

LOOVOO
support@lovoo.com

www.lovoo.com
Flirt-Community, in der man neue Leute aus seiner Stadt kennen lernt.

Single.de
info@single.de

www.single.de
Kommunikationsplattform, die Singles für Singles gestalten. Man kann Gleichgesinnte treffen und über Themen diskutieren.

Singles/Singlebörsen & Dating-Portale

Datingjungle.de
info@ynnor.de

www.datingjungle.de
Kostenlose Anbietervergleiche von Singlebörsen, Partnervermittlungen oder Blinddates.

kostenlose-singleboersen.com
service@kostenlose-singleboersen.com

www.kostenlose-singleboersen.com
Beschreibung und Vergleich von Singlebörsen, Partnervermittlungen, Dating-Apps, Social-Communities oder Seitensprung-Agenturen.

Singlebörsen-Vergleich, Der
redaktion@singleboersen-vergleich.de

www.singleboersen-vergleich.de
Die Seite gibt einen Überblick zu den zahlreichen Singlebörsen und liefert eine ausführliche Bewertung ihrer Brauchbarkeit.

serviceseiten50plus   **www.serviceseiten50plus.de**

Sozialleistungen & Arbeitslosenunterstützung

Sozialhilfe-Portal
info@sozialhilfe24.de

www.sozialhilfe24.de
Informationsportal für Arbeitslose, Sozialhilfeempfänger, BAföG-Empfänger und andere sozialbedürftige Gruppen.

sozialleistungen.info
mail@sozialleistungen.info

www.sozialleistungen.info
Ratgeber zu Sozialleistungen wie Hartz IV oder BAföG: Neueste Nachrichten lesen oder Antworten im Forum finden.

Trauer, Tod & Sterben

doolia
service@doolia.de

www.doolia.de
Im Netz seine Trauer zum Ausdruck bringen: mit Anzeigen, Kondolenzbuch, Kartenversand, Ratgeber und Branchenverzeichnis.

Ruhe in Frieden.de
info@ruheinfrieden.de

www.ruheinfrieden.de
Kostenlose Traueranzeigen online stellen. Zu jeder Traueranzeige kann man Beileidsbekundungen veröffentlichen.

semno
info@semno.de

www.semno.de
Unterstützung beim Regeln des digitalen Nachlasses. Untersuchung des Computers und der Internetnutzung der verstorbenen Person.

strassederbesten.de
info@strassederbesten.de

www.strassederbesten.de
Auf dem Online-Friedhof kann man Verstorbenen ein Denkmal setzen oder anderen sein Beileid aussprechen.

trauer.de
info@trauer.de

www.trauer.de
Plattform für Trauernde: Man kann hier für Verstorbene einen Kondolenzbereich eröffnen und eine Traueranzeige aufgeben.

verwitwet.de
service@verwitwet.de

www.verwitwet.de
Online-Treffpunkt für verwitwete Mütter und Väter. Neben Foren und Chat, Hintergrundinfos und Erfahrungsberichte.

Trauer, Tod & Sterben/Bestattungen

Bestatter-Preisvergleich.de
info@bestatter-preisvergleich.de

www.bestatter-preisvergleich.de
Unterschiedliche Angebote verschiedener Bestatter können per E-Mail oder Telefon angefordert werden.

Bestattungen.de
info@bestattungen.de

www.bestattungen.de
Bestattervergleich, der einem unverbindliche Angebote verschiedener Beerdigungsunternehmer unterbreitet.

FriedWald
info@friedwald.de

www.friedwald.de
Ein Friedhof im Wald: Im FriedWald ruht die Asche Verstorbener in biologisch abbaubaren Urnen an den Wurzeln eines Baumes.

SPORT

Motorsport-Magazin.com   **www.motorsport-magazin.de**

Freitag, 27. Juni 2014   Seite empfehlen | als Favorit | Premium-Club | Abo | ePaper | Mobil | Newsletter | RSS

MOTORSPORT
MAGAZIN.COM

Mein Motorsport-Magazin.com
Registrieren Login

Motorsport gratis auch am Handy! ▸ alle Infos   Suchbegriff(e)   Suchen

Formel 1   Motorrad   Sportwagen   DTM   Rallye   Mehr Motorsport   ADAC Motorsport   Auto   Games   Videos   Community   Abo   TV-Guide

Top-Themen: Michael Schumacher   MotoGP: Assen   F1: Österreich GP   F1: Mercedes-Duell   Red Bull   Gewinnspiele   F1-Newsticker   weitere Themen

Motorrad   Formel 1   DTM   Rallye   Mehr Motorsport   Sportwagen

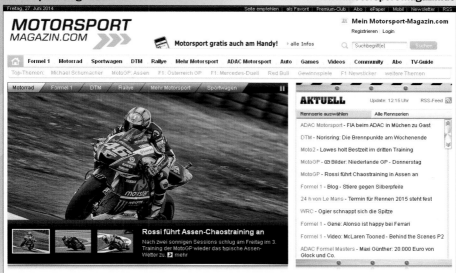

Rossi führt Assen-Chaostraining an

Nach zwei sonnigen Sessions schlug am Freitag im 3.
Training der MotoGP wieder das typische Assen-
Wetter zu. ▸ mehr

AKTUELL
Update: 12:15 Uhr   RSS-Feed

Rennserie auswählen   Alle Rennserien

ADAC Motorsport - FIA beim ADAC in Müchen zu Gast

DTM - Norisring: Die Brennpunkte am Wochenende

Moto2 - Lowes holt Bestzeit im dritten Training

MotoGP - Bilder: Niederlande GP - Donnerstag

MotoGP - Rossi führt Chaostraining in Assen an

Formel 1 - Blog - Stiere gegen Silberpfeile

24 h von Le Mans - Termin für Rennen 2015 steht fest

WRC - Ogier schnappt sich die Spitze

Formel 1 - Gene: Alonso ist happy bei Ferrari

Formel 1 - Video: McLaren Tooned - Behind the Scenes P2

ADAC Formel Masters - Maxi Günther: 20.000 Euro von
Glock und Co.

IM FOKUS

Exklusiv

▶ Jenson Button: Schlechtes Jahr, gute Zukunft
▶ Nico Rosberg: Geburtstagskind auf Titelkurs
▶ Williams: Gründe für die Auferstehung
▶ Blog - Alarm! Es kracht in der Formel 1
▶ Für & Wider: Kommt der Red-Bull-Motor?
▶ Stehende Starts nach Safety Car: Paddock
uneinig

TOP-THEMA

Niederlande GP (MotoGP)

▶ Zeitplan für den Niederlande GP
▶ Aleix Espargaro strahlt über beide Ohren
▶ Marquez und Pedrosa in Lauerstellung
▶ Lorenzo: Müssen noch mehr machen
▶ Crutchlow versteht vieles nicht
▶ Aegerter und Folger nah an der Spitze

FORMULA 1
GROSSER PREIS SANTANDER
VON DEUTSCHLAND
HOCKENHEIMRING
18-19-20 JULI 2014

WWW.HOCKENHEIMRING.DE

Motorsport-Magazin.com
Gefällt mir 384.594

JETZT NEU
AUSGABE 37

FORMEL 1   Newsticker   Michael Schumacher   Österreich GP   Mercedes-Duell   Sebastian Vettel   zum Channel

Formel 1
**Blog - Stiere gegen
Silberpfeile**
Was sich liebt, das neckt sich? Die
Liebe zwischen Red Bull und Mercedes
dürfte also grenzenlos sein... ▸ mehr

Formel 1
**Gene: Alonso ist happy bei
Ferrari**
Trotz gegenteiliger Gerüchte behauptet
Ferrari-Testfahrer Marc Gene, dass
Fernando Alonso bei Ferrari glücklich

Formel 1
Caterham: F1-Ausstieg droht
Droht der Ausstieg von Caterham aus
der Formel 1? Eine Twitter-Nachricht
von Tony Fernandes lässt die
Gerüchteküche brodeln. ▸ mehr

Formel 1
**Live-Stream: Goodwood
Festival of Speed**
Von Kimi Räikkönen und Lewis
Hamilton bis Sebastien Loeb und
Giacomo Agostini. Goodwood lockt alle

Anzeige

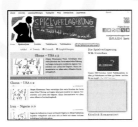

spielverlagerung.de

Spielverlagerung

Dass Fußball nicht nur etwas mit gestählten Körpern zu tun hat, sondern auch Köpfchen bedarf, wird bei Spielverlagerung.de anschaulich unter Beweis gestellt. Hier geht es um Formationen, einstudierte Spielzüge und taktische Feinheiten. Woche für Woche finden sich hier aktuelle Taktikanalysen der Bundesliga und anderer Topligen. Zusätzlich kann in Trainer- und Spielerporträts sowie in einem umfangreichen Taktiklexikon geschmökert werden. Das Lexikon klärt z. B. über verschiedene Spielstile und taktische Mittel auf. So erfährt man nicht nur etwas über die Abseitsfalle sondern auch, was Begriffe wie „Nadelspieler" und „Rochieren" bedeuten.

www.formel1.de

Formel1.de

Fans der Formel 1 – schnallen Sie sich an: von McLaren über Ferrari, Mercedes und Williams bis hin zu Renault finden Sie hier Informationen über alle Teams, Rennergebnisse, einen Eventkalender, den aktuellen WM-Stand und einen Live-Ticker. Dazu gibt es jede Menge Steckbriefe der einzelnen Fahrer mit Fotos und Insider-Infos, Streckendetails und Statistiken, aktuelle Rennberichte und einen Ticket-Shop. Im Forum können Sie zusätzlich über den nächsten Grand Prix, oder die neuesten Modelle diskutieren. Wer sich erst einmal über das Reglement, die Startprozedur oder die Bedeutung der einzelnen Flaggen informieren möchte, findet hier auch die passende Auskunft.

www.ran.de

ran

Von der Champions League über die Bundesliga bis hin zur Nationalmannschaft finden Fans hier alles, was das Fußballherz höher schlagen lässt. Zu allen Ligen gibt es hier aktuelle Nachrichten, Ergebnisse und Tabellen, Tipp-Spiele und Bildergalerien. Ein Ticker zeigt zudem den Countdown bis zur nächsten Partie. Dank des kostenlosen Live-Streams verpasst man ab sofort kein Match mehr. Wer doch mal eine Halbzeit oder ein Tor verpasst haben sollte, kann in der Video-Arena nach der passenden Szene oder dem ganzen Spiel suchen. Außerdem Infos zur Formel 1, zu Tennis und zum Boxsport.

www.runnersworld.de

runnersworld.de

Laufen macht gesund, klug und schlank! Das sollte Ansporn genug sein, aber wie startet man richtig durch? Hier werden Interessierte, Laien und Profis umfassend über das Thema Laufen informiert. Auf der Seite gibt es eine Liste mit allen Laufevents, Informatives zum Sport des Marathons, News aus der Läuferszene sowie Tipps zum richtigen Training – von Kraft über Ausdauer bis hin zur Wettkampfvorbereitung. Für alle Einsteiger werden wertvolle Hilfen zum richtigen Trainingsaufbau, verschiedenen Lauftechniken und zur Gewichtsreduzierung mittels Lauftraining erklärt. In der Community findet man Laufpartner, denn gemeinsam läuft es sich doch am schönsten.

www.bundesliga.de

Bundesliga

Die erste Anlaufstelle für wahre Fußballfans – wer spielt diese Saison in der ersten Liga, wo bekomme ich Tickets für das Auftaktspiel her und wo finde ich schnell die aktuelle Tabelle? Die Fußball Bundesliga bündelt alle Informationen und Termine auf ihrer offiziellen Web-Seite. Im Bundesliga-TV gibt es jede Menge Videos über packende Duelle, die Spielplan- Pressekonferenz oder den Spielball für die neue Saison. Außerdem kann man die Statistiken verschiedener Vereine miteinander vergleichen, im Stadion-Guide stöbern und nachsehen, wer in der Torschützenliste auf Platz eins steht. In der Sommerpause kann man sich so die Zeit vertreiben, bis der Ball wieder rollt!

www.eurosport.de

Eurosport

Sie denken „Sport ist Mord"? Dann lernen Sie jetzt die unterhaltsame Seite der Leibesertüchtigung kennen und werfen Sie einen Blick auf Eurosport! Ob Boxenluder, Tennis-Beautys, Fußball-Profis oder Formel-1-Rennen, diese Seite hat sich ganz dem Sport verschrieben und bringt selbst Sportmuffel auf Trab. News, Interviews und die aktuellsten Spielergebnisse lassen jedes Herz höher schlagen. Zudem besteht die Möglichkeit, Videos im Eurosport Player anzuschauen oder Beiträge zu bloggen. So ist man vom ersten Augenblick an hautnah dabei, wenn zur nächsten WM angepfiffen wird, Klitschko in den Ring steigt oder Federer wieder aufschlägt.

www.sport1.de

SPORT1.de

Die ganze Welt des Sports auf einer Web-Seite! Auf dem Portal von Sport1 kommt jeder Fan auf seine Kosten: Egal, ob Sie sich für Fußball, Handball, Tennis, Formel 1, Eishockey oder den Sport in den USA interessieren. Schauen Sie im Sportkalender nach den aktuellen Events des Tages, informieren Sie sich in umfangreichen Statistiken über Trends, Ergebnisse und Tore oder fiebern Sie bei laufenden Ereignissen im Live-Ticker mit. Die besten Highlights kann man in einer der zahlreichen Dia-Shows noch einmal genießen. Zweimal täglich werden außerdem die aktuellsten News in einer Video-Sendung präsentiert. So bleiben Sie immer am Ball!

www.sport.de

sport.de

Neben den Dauerbrennern Fußball und Formel 1 gibt es hier auch zu Radsport, Boxen, Fun-Sport, Basketball, Eishockey und Wintersport die aktuellsten Nachrichten und Wettkampfergebnisse. Wer also wissen will, wer der momentane Anwärter für den DFB-Pokal ist, wer mit seinen Inline-Skates einen Weltrekord aufgestellt hat oder wer beim Skispringen triumphiert, wird hier umfassend informiert. Ein Terminkalender weist auf kommende Sportevents hin und wer meint, alle Ergebnisse schon zu kennen, kann sein Wissen überprüfen und im Archiv nachschauen, ob er sich auf sein Gedächtnis verlassen kann.

SPORT

Allgemein

citysports
info@citysports.de

www.citysports.de
Für viele Städte deutschlandweit findet die Seite, nach Sportarten sortiert, Vereine, Fitnessstudios und Sportanlagen.

Eurosport
info@eurosport.com

www.eurosport.de
Großes Sportportal für nahezu alle Sportarten. Aktuelle Events und ein TV-Sport-Guide sowie spannende Games.

netzathleten.de
info@netzathleten.de

www.netzathleten.de
Das Sportnetzwerk für alle Freizeit- und Leistungssportler aller Sportarten.

ran
kontakt@prosiebensat1.com

www.ran.de
Die wichtigsten Infos über die europäischen Fußball-Wettbewerbe, zur Formel 1, zum US-Sport, zu Tennis und Boxen.

sport.de
info@sport.de

www.sport.de
Aktuelle Sportnachrichten mit Hintergrundinformationen, Analysen und Live-Ticker zu den wichtigsten Sportevents.

SPORT1.de
info@sport1.de

www.sport1.de
SPORT1.de bietet seinen Usern täglich topaktuelle, hintergründig recherchierte und multimedial aufbereitete Sportinhalte.

sportal.de
info@sportal.de

www.sportal.de
Alle Sportevents im Live-Ticker mit ausführlichem Kommentar. Dazu alle aktuellen News und viele Hintergrundberichte.

● **Sport-Bild online**

www.sportbild.de
Aktuelle Fußball-News mit einer großen Fußballdatenbank und Infos zu Handball, Radsport, Eishockey und der Formel 1.
(Siehe Abbildung)

Sportforen.de
webmaster@sportforen.de

www.sportforen.de
Diskussionsforum für die Sportarten Fußball, Basketball, Eishockey, Boxen, Tennis, Radsport und Motorsport.

sportforum.de

www.sportforum.de
Sportforen zun allen möglichen Sportarten: von Fußball und Tennis bis hin zu Kampfsport und Radsport.

spox.com
info@spox.com

www.spox.com
Aktuelles zu Formel 1, Fuß- und Handball, Golf, US-Sport, Eishockey und Boxen.

trainingslagercheck.de
info@trainingslagercheck.de

www.trainingslagercheck.de
Portal mit Suchfunktion für Trainingslager, Sportcamps und Mannschaftsfahrten in diversen Sportarten.

American Football

AFVD
office@afvd.de

www.afvd.de
Informationen über American Football in Deutschland: Spielpläne der verschiedenen Ligen mit Ergebnislisten und Meldungen.

American Football in Deutschland
olaf.nordwich@amfid.de

www.amfid.de
Das deutschsprachige American Football-Forum mit aktuellen Meldungen, Ligen-Übersicht und Tippspiel.

Football aktuell

www.football-aktuell.de
Portal in deutscher Sprache über American Football. News und Hintergründe aus den amerikanischen und europäischen Ligen.

Ladiesfootball

ladiesbowl.de
Infos zum Damen-Football, mit Infos zur Geschichte, den Teams, dem Verband und News.

Angeln

angeln.de
info@angeln.de

www.angeln.de
Praxistipps vom Angler für den Angler. Erlebnisberichte und Erfahrungsaustausch, Angel-Wiki und eine Community.

Angelplatz.de
info@angelplatz.de

www.angelplatz.de
Angelruten, -rollen und -schnüre, Posen, Bleie, Sbirolinos und Knicklichter, Haken, Vorfächer, Kunstköder und Zubehör.

Fisch-Hitparade
info@fishpipe.com

www.fisch-hitparade.de
Eines der größten Gewässerverzeichnisse und eine der umfangreichsten Fangdatenbanken Europas. Kartenausgabestellen, Rekordfische.

Badminton

badminton.de
martin.knupp@t-online.de

www.badminton.de
Offizielle Seite des Deutschen Badminton-Verbandes. Infos aus dem Badminton-Geschehen, Fotos, Turnierdokumentation.

Badzine
redaktion.badzine@badmintondeutschland.de

www.badzine.de
Nachrichten aus der Welt des Badmintonsports. Mit Ergebnissen, Interviews und Kolumnen.

Speedminton
info@speedminton.com

www.speedminton.de
Speedminton, die neue Dimension im Racket-Sport. Mit Spielregeln, Equipment-Erläuterungen, Spieltipps, Events und Terminen.

Baseball & Softball

Deutscher Baseball & Softball Verband e. V.

www.baseball-softball.de
Infos zum Verband, zu Ligen und Landesverbänden mit Regelkunde, Schiedsrichterecke, Forum, Adressenverzeichnis und Shop.

Sport-Bild online   **www.sportbild.de**

SPORT

Basketball

Basket.de
info@delius-klasing.de

www.basket.de
Homepage der Zeitschrift „Basket" mit allen wichtigen Hintergrundinfos zum Thema Basketball.

Basketball Bundesliga
info@beko-bbl.de

www.beko-bbl.de
Informationen zu Teams und Spielern, Ergebnistabellen, Spielberichte sowie TV-Tipps.

COURT-VISION
redaktion@court-vision.de

www.court-vision.de
Aktuelle Berichterstattung rund um den fränkischen Profi-Basketball, Basketball Bundesliga und Deutschen Basketball Bund.

Schoenen-Dunk
verein@schoenen-dunk.de

www.schoenen-dunk.de
Basketball-Community mit Infos und News zu deutschen Ligen, der NBA und Europa, Tippspiel, Statistiken und TV-Terminen.

Behindertensport

Faszination Handbike
info@handbike.de

www.handbike.de
Ergebnisse, Berichte, Termine und News zum Ausdauersport Handbike, dem Rad für Behinderte. Mit Händlerliste, Basar und Forum.

Bergsteigen & Klettern

Alpin.de
info@alpin.de

www.alpin.de
Aktuelles rund um die Berge, Infos zu Alpenwetter, Tourentipps, Produkttests, Online-Kurse sowie Fotogalerien.

Bergleben
info@bergleben.de

www.bergleben.de
Infos zu Bergregionen in Deutschland, Österreich, Schweiz und Italien. Events und Termine zum Biken, Klettern, Wandern.

Bergsteiger.de
info@bruckmann.de

www.bergsteiger.de
Der Klick in die Berge: Wetter, Touren, kostenlose Kleinanzeigen, TV-Tipps und viele weitere Infos zum Bergsteigen.

Climbing.de
webmaster@climbing.de

www.climbing.de
Die Seiten für Sportkletterer mit Informationen zu Wettkämpfen, Kletterhallen, Ausrüstung und Klettergebieten.

Deutscher Alpenverein
info@alpenverein.de

www.alpenverein.de
Infos zum Bergsteigen, Wandern und Klettern mit Verzeichnissen von Hütten, Kletteranlagen, Versicherungen und Verbänden.

Hoehenrausch.de
info@hoehenrausch.de

www.hoehenrausch.de
Infos über Berge, Touren und Bergsteigen in den Alpen.

Klettern Magazin
redaktion@klettern-magazin.de

www.klettern.de
Das Portal für Kletterfreunde. Infos zu Klettergebieten in ganz Europa mit Testberichten zu Ausrüstung und Zubehör.

Biathlon

Biathlon-Online.de
info@biathlon-online.de

www.biathlon-online.de
News, Termine, Ergebnisse, Fotogalerie, Fan-Ecke, Bücher und Spiele zum Thema Biathlon.

biathlonworld
peer.lange@ibu.at

www.biathlonworld.com
Informationen über die Geschichte des Biathlons und aktuelle Infos zum Biathlon. Mit Live-Kommentar zu aktuellen Läufen.

Billard

BillardArea
shop@billardarea.de

www.billardarea.de
Billardtische, Billardzubehör, Queues, Lampen sowie Taschen und Köcher.

Billard-lissy.de
info@billard-lissy.de

www.billard-lissy.de
Billardtische speziell für den Heimbedarf.

Bob- & Schlittenfahren

Bob- und Schlittenverband für Deutschland
info@bsd-portal.de

www.bsd-portal.de
Neuigkeiten zum Thema Bob, Rennrodeln, Naturbahn und Wettkämpfen bis zu Olympia, außerdem zu Athleten und Bahnen.

Body-Building

Ironsport.de
iron@ironsport.de

www.ironsport.de
Die informationsreiche Fundgrube sowie ein Forum zu allen Bereichen des Body-Building, Kraftsport, Fitness und Ernährung.

muskelfreaks.de
admin@muskelfreaks.de

www.muskelfreaks.de
Großes Body-Building-Forum mit über 7.000 Mitgliedern.

Bogenschießen

bogensportinfo.de

www.bogensportinfo.de
Infos und Links zum Thema Bogensport. Vorstellung von Lehrgängen und Turnieren sowie Trainingsprotokolle zum Download.

Boule

Planetboule

www.planetboule.de
Hier gibt es Infos zum Sport, zu Turnieren und Veranstaltungen, ein Forum und einen Newsbereich.

Bumerang

Deutscher Bumerang Club e. V.
mail@bumerangclub.de

www.bumerangclub.de
Der Club informiert über Sport, Turniertermine und Treffpunkte, Geschichte, Technik, Hintergründe und stellt Baupläne bereit.

Darts

dartn.de
mail@dartn.de

www.dartn.de
Informationen zu Spielvarianten, Rekorden, Turnieren, zur Wurftechnik und zur Geschichte sowie zu Spielorten.

Dartworld - Der Dartshop
info@dartworld.de

www.dartworld.de
Dart-Shop mit großer Auswahl an Darts, Dartboards und Dartzubehör.

Das Dart-Portal
info@darts1.de

www.darts1.de
Infos rund um den Dartsport. In erster Linie geht es um den Trainingsbereich.

Eiskunstlauf & Eisschnelllauf

Deutsche Eisschnelllauf Gemeinschaft e. V.
info@desg.de

www.desg.de
Aktuelle Ergebnisse, Nachrichten, Termine, Statistiken und Auszüge aus der Verbandszeitschrift „Kufenflitzer".

Fechten

Deutscher Fechter-Bund
info@fechten.org

www.fechten.org
Informationen zu Terminen, Ergebnissen, Organisationen und Jugendarbeit, außerdem Kampfrichter- und Ausbildungsservice.

Fitness

AC Fitness
info@ac-fitness.de

www.ac-fitness.de
Fitnessgeräte wie Crosstrainer, Indoor Cycle und Ergometer. Funktionales Training und Fitnesszubehör wie Pulsuhren.

Ergobasis
info@ergobasis.de

www.ergobasis.de
Fitnessprodukte wie Handtrainer, Yogamatten, Hanteln, Schlingen und Massagebälle. Zudem ergonomische Sitzmöbel.

fidolino.com
info@fidolino.com

www.fidolino.com
Artikel wie Trampoline, Pulsuhren und Schrittzähler. Zudem Nahrungsergänzungsmittel, Bücher und Küchenzubehör wie Mixer.

Fitness-foren.de
info@omcon24.de

www.fitness-foren.de
Alles rund um die Themen Fitness und Body-Building – Trainingspläne, Ernährungsinfos, Nährwertdatenbank, große Community.

● **bellicon**
info@bellicon.de
☎(02203) 20 22 20

www.bellicon.com
Mit dem gummiseilgefederten, hochelastischen bellicon-Trampolin kommt Bewegung und Freude ins Leben. Neben der Rücken- und Nackenmuskulatur werden auch Gelenke, Herz und Immunsystem schonend und effektiv trainiert. Das baut Körper und Seele auf, beugt Schmerzen vor, hält fit und hilft beim Abnehmen.
(Siehe Abbildung)

TOMAHAWK® Shop
order@indoorcycling.com
☎(0911) 54 44 50

www.indoorcycling-shop.com
Die ICG® als Hersteller hochwertiger TOMAHAWK® Indoor Bikes
ist Spezialist im Bereich Indoor Cycling. Hier findet man alles zum
Thema Indoor Cycling, wie z. B. TOMAHAWK® Bikes, Radbeklei-
dung, Ersatzteile, Trainingscomputer, diverse Motivations-Musik
CDs oder DVDs für ein abwechslungsreiches Workout zu Hause.
(Siehe Abbildung)

Fußball/Allgemein

11Freunde.de
info@11freunde.de

www.11freunde.de
Online-Pendant des Magazins für Fußballkultur. Aktuelle Fußball-
meldungen, Heftartikel, dazu Fankurve mit großem Forum.

Bundesliga

www.bundesliga.de
Spiele der Bundesliga im Live-Ticker und im Liga-Radio. Statistiken, Interviews, Porträts und Hintergrundberichte.

Deutscher Fußball-Bund
info@dfb.de

www.dfb.de
Übersicht aller deutschen Teams, Ligen und Turniere mit Ticket-
dienst, aktuellen Meldungen und DFB-TV.

ergebnisselive.com

www.ergebnisselive.com
Internationale Fußball-Live-Ergebnisse, Quotenvergleiche und
Fußballstatistiken.

Fussball 24.de
info@fussball24.de

www.fussball24.de
Aktuelle Ergebnisse und Neuigkeiten aus der Welt des Fußballs.
Mit Spielberichten der Ersten und Zweiten Bundesliga.

Fussball.de
presse@sport1.de

www.fussball.de
Das Fußballportal im Internet: Aktuelle News, umfassende Informationen, mit großem Fußball-Ergebnisdienst.

Fussballdaten
kontakt@fussballdaten.de

www.fussballdaten.de
Fußballdaten zu allen europäischen Fußballligen, Länderspielen, Europapokal und Frauen-Fußball. Mit Kalender und Galerie.

Fussballoutlet24
info@fussballoutlet24.de

www.fussballoutlet24.de
Eine große Produktauswahl zum Thema Indoor- und Outdoor-Fußball.

kicker online
info@kicker.de

www.kicker.de
Berichte aus allen deutschen und internationalen Fußball-Ligen und -Pokalen. Zahlreiche Sportarten, Services und Spiele.

Spielverlagerung
info@spielverlagerung.de

spielverlagerung.de
Taktikinteressierte kommen hier auf ihre Kosten. Die Seite analysiert die Taktik in ausgewählten Fußballpartien.

SPORT1.fm

www.sport1.fm
Das Sportradio überträgt alle Spiele der ersten und zweiten Fußball-Bundesliga live und kostenlos im Internet.

Stadionwelt
info@stadionwelt.de

www.stadionwelt.de
Bei Stadionwelt finden Sportfans eine riesige Auflistung aller Stadien und Sportarenen weltweit.

Transfermarkt

www.transfermarkt.de
Alles über den Transfermarkt der deutschen Bundesliga mit Spieler-, Trainer- und Vereinsdatenbank, Umfragen und Foren.

Weltfussball.de
redaktion@weltfussball.de

www.weltfussball.de
Umfangreiche Übersicht über Vereine, Spieler, Verbände, Ergebnisse, Ranglisten und anstehende Meisterschaften.

Fußball/Amateurfußball

amateurfussball-forum.de

www.amateurfussball-forum.de
Forum rund um den Amateurfußball: Die 3. Liga, die Regionalligen sowie die Oberligen, Landesligen und Verbandsligen.

Hartplatzhelden.de
oliver.fritsch@hartplatzhelden.de

www.hartplatzhelden.de
Community für Amateurfußballer und deren Fans mit unzähligen lustigen Videoclips.

Fußball/Frauenfußball

ff-forum.net
info@ff-forum.net

www.ff-forum.net
Frauenfußball-Forum zu deutschen und internationalen Wettbewerben. Infos zu Bundes- und Regionalliga sowie Mädchenfußball.

Fußball/Fußball-Diskussionsforen

Bundesligaforen.de
helpdesk@forumhome.com

www.bundesligaforen.de
Fußballforen zu Bundesliga, Zweiter Liga und Amateurfußball. Beiträge auch zu Sportarten wie Motorrad- und Ballsport.

Fanlager.de
webmaster@fanlager.de

www.fanlager.de
Fußball- und Sport-Diskussionsforum zum internationalen Fußball, zur Bundesliga, Amateuren und einzelnen Vereinen.

Fußball Forum
kontakt@fussball-forum.de

www.fussball-forum.de
Hier können sich alle Fußballfans beteiligen: Forum mit vielen Kategorien für den nationalen und internationalen Fußball.

Fußball-Foren
info@fussball-foren.net

www.fussball-foren.net
Fussball-Community mit Foren zu Bundesliga, Champions League, nationalen Vereinen und internationalen Ligen.

Fußballstammtisch.de	**www.fussballstammtisch.de** Stammtisch zum deutschen und internationalen Fußball. Zudem Team-Profile und Tabellen sowie Beiträge zu anderen Sportarten.
Wahre Tabelle.de info@transfermarkt.de	**www.wahretabelle.de** An jedem Spieltag werden die Fehlentscheidungen der Bundesliga analysiert. Diese fließen in eine „wahre Tabelle" ein.

Gewichtheben

Bundesverband Deutscher Gewichtheber e. V. geschaeftsstelle@bvdg-online.de	**www.bvdg-online.de** Bilder zu den verschiedenen Techniken des Gewichthebens, Bundesliga-Ergebnisse, Infos zum Regelwerk, Spielerporträts.

Golf

Golf Post info@golfpost.de	**www.golfpost.de** Informatives Online-Magazin für den Golfsport mit aktuellen News, Turnierergebnissen, Trainingstipps und Golfplatzliste.
GOLF TIME info@golftime.de	**www.golftime.de** Aktuelle News, umfangreiche Serviceangebote und interessante Informationen rund um den Golfsport.
Golf.de info@golf.de	**www.golf.de** Ranglisten, Turniertermine, Statistiken, Regularien und Clubs des Deutschen Golf Verbands. Sonderinfos für Einsteiger.
Golfmagazin.de redaktion@golfmagazin.de	**www.golfmagazin.de** Alles zum Thema Golf. Viele Infos beispielweise zur Weltrangliste, Expertenrat, Golfreisen und vielem mehr.
golfplus.de info@golfplus.de	**www.golfplus.de** News rund um Golf, Tourergebnisse, Club-Vorstellungen, Golfreiseziele, Regeln, Golfschule, Anfängertipps, Produktinfos.
Golfpunk redaktion@golfpunkonline.de	**www.golfpunkonline.de** Web-Seite der Golf-Zeitschrift „Golfpunk" mit News und Infos.
golf-vergleich.de	**www.golf-vergleich.de** Unabhängiger Test und Vergleich von Golfmitgliedschaft, Golfplätzen, Greenfee-Karten, Golfreisen und Tipps zum Golfen.

Gymnastik & Turnen

Deutscher Turner-Bund hotline@dtb-online.de	**www.dtb-online.de** Vorstellung der verschiedenen Sportarten im Turnbereich, Eventübersicht mit Berichten, News, Shop und Gesundheitsecke.
GYMmedia INTERNATIONAL office@gymmedia.de	**www.gymmedia.de** Tagesaktueller europäischer Online-Service für alle Turn-/Gymnastik-Disziplinen: Resultate, Ranglisten, Wettkampfkalender.

Handball

Deutscher Handballbund kontakt@dhb.de	**www.dhb.de** Infos über National- und Bundesliga-Teams, Ausbildung und Regeln, mit Fotogalerie, Jugend- und Schiedsrichterecke.
Handball Bundesliga, Die info@dkb-handball-bundesliga.de	**www.dkb-handball-bundesliga.de** Alles rund um Handball: Historie, Statistiken, Spielpläne und -berichte, Hintergrundwissen zu Meisterschaften und TV-Tipps.
Handballwoche	**www.handballwoche.de** Infos zu den Bundesligen der Herren und der Damen. News und Informationen zur Champions League.

Hockey/Eishockey

Eishockey Info
info@eishockey.info

www.eishockey.info
Alle Spiele, Ergebnisse und Tabellen der Bundes- und Oberligen. Mit Ergebnisdienst und Regelbuch zum Download.

Eishockey-Portal, Das
webmaster@eishockey.net

www.eishockey.net
News und Informationen aus dem Bereich des deutschen Eishockeys. Aktuelle und unabhängige Berichte.

Hockey/Feldhockey

Hockey.de
info@deutscher-hockey-bund.de

www.hockey.de
Aktuelle Berichterstattungen rund um den Hockeysport. Mit DHB-TV, Ergebnisdienst, Spielordnungen und Clubadressen.

Jagen

Jagderleben.de
jagderleben.de@dlv.de

www.jagderleben.de
Viele bebilderte Artikel zum Thema Jagd aus ganz Deutschland. Mit Jagd-Videos, Praxis- und Veranstaltungstipps.

SuperJagd
redaktion@superjagd.com

www.superjagd.com
Online-Portal rund ums Thema Jagd. Mit Community, Forum, interessanten Artikeln, Tipps, Fotoalben und einem Online-Shop.

Kampfsport

dasjudoforum.de
webmaster@dasjudoforum.de

www.dasjudoforum.de
Umfangreiche Infos und Diskussionen zum Thema Judo: Geschichte, Techniken, Training, Wettkampfregeln, SV und Vereine.

Deutscher Judo-Bund e. V.
djb@judobund.de

www.judobund.de
Vorstand, Satzung, Aus- und Fortbildungsmöglichkeiten, Jugendarbeit und Veranstaltungen des Deutschen Judo-Bundes.

Kampfsport/Online-Shops

Budoten Kampfsport-Versand
info@budoten.com

www.budoten.com
Alles für den Kampfsport: Bekleidung, Bücher, Videos und Trainingsgeräte sowie Schwerter und Rüstungen.

Kampfsport-24.com
info@kampfsport-24.com

www.kampfsport-24.com
Sport- und Wettkampfbekleidung sowie Schutz- und Trainingsausrüstung für viele Kampfsportarten, auch für Kinder.

Kanu

Kanumagazin
info@atlas-verlag.de

www.kanumagazin.de
Das Infoportal für Paddler mit vielen Tipps zur Ausrüstung und den schönsten Touren und Revieren in ganz Europa.

Soulboater.com

www.soulboater.com
Szenemagazin für Kayaking mit vielen Infos, Boots- und Flussdatenbank, Berichten, Bildergalerie sowie einem Pegeldienst.

Laufen & Joggen

Jogging Point
info@tennis-point.de

www.jogging-point.de
Laufschuhe für verschiedene Ansprüche und sogar für Kinder, Laufbekleidung und Zubehör.

jogmap
jogmaster@jogmap.de

www.jogmap.de
Lauf-Community mit der Möglichkeit, eigene Lauf-Blogs zu erstellen, Strecken anzulegen und Laufgruppen zu organisieren.

Laufen in Deutschland
helge2005@lauftreff.de

www.lauftreff.de
Termine und Berichte mit Laufkalender und Volkslauf-Suche, Produktvorstellungen, Kontaktforen sowie Gesundheitstipps.

LAUFEN.DE
dlp@leichtathletik.de

www.laufen.de
Läufer-Community: Lauffreunde finden, Experten-Beratung, Termine, Ergebnisse, Videos, Trainingsplanung/-dokumentation. **(Siehe Abbildung)**

Lauftipps
info@lauftipps.de

www.lauftipps.de
Tipps zu Ernährung und Training, Trainingspläne, Laufnachrichten, -lexikon, -berichte und Lauf-Community mit Foren.

Marathon.de

www.marathon.de
Informationen für Marathonläufer. Liste aller bundesweiten Marathonläufe, Meldetermine, Ergebnisse, Reportagen und News.

runmap.net

www.runmap.net
Tipps für über 100.000 Laufrouten. GPS-Export möglich.

runnersworld.de
leserservice@runnersworld.de

www.runnersworld.de
Bietet als großes deutschsprachiges Laufportal Trainings- und Ernährungstipps, Laufstrecken und Berichte von Laufevents.

Leichtathletik

leichtathletik.de
info@leichtathletik.de

www.leichtathletik.de
Terminkalender der Meisterschaften, Ergebnislisten, Athletendatenbank, außerdem Fitness- und Trainingstipps.

Luftsport

Luftmonster
info@fallschirmspringen.info

www.fallschirmspringen.info
Fallschirmspringen an unterschiedlichen Sprungplätzen in Deutschland buchen. Auch Tandemsprünge und Ballonsprünge.

LAUFEN.DE **www.laufen.de**

Motorsport

autobild-motorsport.de
redaktion@autobildmotorsport.de

www.autobild-motorsport.de
Informationen, Berichte und aktuelle Ergebnisse zur Formel 1, zur DTM, zur Ralley-WM und zur MotoGP-Serie.

Motorsport2000.de
mail@ks-design.de

www.motorsport2000.de
Motorsport-News von den Formelserien über Tourenwagen, Rallye, Motorradsport bis hin zu US-Rennserien.

Motorsport-Magazin.com
info@motorsport-magazin.com

www.motorsport-magazin.com
Motorsport-Magazin.com präsentiert aktuelle News, Ergebnisse, Bilder und Videos aus der Welt des Motorsports. Dabei wird umfassend über die Formel 1, MotoGP, DTM, WRC sowie alle wichtigen internationalen Rennserien berichtet. In der Fan-Community treffen sich tausende von Motorsport-Fans aus der ganzen Welt. **(Siehe Abbildung)**

Motorsport-Total.com
info@motorsport-total.com

www.motorsport-total.com
Infos und Berichte zur Formel 1, DTM-, Rallye- und Motorradrennen. Live-Berichterstattung, Ergebnisdienst, Umfrage.

Motorsport/Formel 1

Formel1.de
info@formel1.de

www.formel1.de
Aktuelle News, Fahrer-, Renn- und Streckenarchive sowie alle weiteren Informationen rund um die Königsklasse.

Rennsportnews.de
email@rennsportnews.de

www.rennsportnews.de
Neuigkeiten, Strecken, Technik, Regeln, Teams und Fahrer der Formel 1 und DTM. Mit Kalender, Rückblick und Ergebnisübersicht.

Motorsport-Magazin.com　　　　　　　**www.motorsport-magazin.com**

Motorsport/Motorrad

Internationale Dt. Motorradmeisterschaft
info@superbike-idm.de

www.superbike-idm.de
Termine, Fahrer, Rennergebnisse und Statistiken. Außerdem Archiv mit Rennberichten, Ticketinfos und Reglement-Downloads.

motoX
info@motoxmag.de

www.motoxmag.de
Online-Magazin für Motocross. Mit Hintergrundberichten, Videos, Gewinnspielen und Forum. **(Siehe Abbildung)**

Siehe auch Kapitel Verkehr

Motorrad

Motorsport/Rallye

rallye-magazin.de
info@rallye-magazin.de

www.rallye-magazin.de
Rallye-Lexikon, Kleinanzeigenmarkt, Informationen zur DM, EM und WM sowie ein Link-Verzeichnis für Rallye-Seiten.

Olympia

Deutscher Olympischer Sportbund
office@dosb.de

www.dosb.de
News und Infos zu den Olympischen Spielen mit Sportkalender und Paralympic-Infos.

motoX   **www.motoxmag.de**

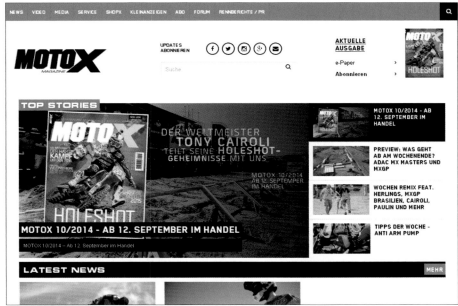

Outdoor

alpinismo
info@alpinismo.de

www.alpinismo.de
Wanderschuhe, Trekkingstiefel, Multifunktionsschuhe und Wanderrucksäcke für Damen, Herren und Kinder.

Bergfreunde.de
info@bergfreunde.de

www.bergfreunde.de
Ausrüstung für Klettern, Outdoor, Wandern und Trekking: Rucksäcke, Schlafsäcke und Zelte.

Bergzeit.de
kontakt@bergzeit.de

www.bergzeit.de
Bekleidung, Schuhe und Ausrüstung für Bergsport, Outdoor und Trekking mit über 40.000 Artikeln von über 500 Marken.

Globetrotter Ausrüstung
info@globetrotter.de

www.globetrotter.de
Großer Outdoor-Ausstatter: Von der Bekleidung über Schuhe und Outdoor-Ausrüstung bis hin zu Freizeitkarten und Büchern.

naturzeit
info@naturzeit.com

www.naturzeit.com
Große Auswahl an Bekleidung, Ausrüstung und Zubehör für verschiedene Sportarten wie Wandern, Tauchen und Bergsteigen.

outdoor
info@outdoor-magazin.com

www.outdoor-magazin.com
Ausrüstungstests, Tourentipps und jede Menge Know-how rund um Wandern, Trekking, Outdoorsport und Abenteuerreisen.

Outstore
info@outstore.de

www.outstore.de
Marktplatz für Outdoor, Sport und Abenteuer. Alles für Draußen mit über 30.000 Produkten.

 OutdoorTrends
info@outdoortrends.de
☎(08342) 896400

www.outdoortrends.de
OutdoorTrends führt ein großes Markenartikel-Sortiment für Outdoor-Aktivitäten wie Trekking, Wandern, Bergsport, Klettern, Reisen und Camping. Man findet u. a. Produkte aus den Bereichen Bekleidung, Ausrüstung, Rucksäcke, Schlafsäcke und Zelte, aber auch umfangreiche Kochsets für die Outdoor-Küche.
(Siehe Abbildung)

OutdoorTrends   **www.outdoortrends.de**

Unterwegs Outdoor Shop
shop@unterwegs.biz

www.unterwegs.biz
Der Online-Shop bietet Trekking- und Outdoor-Bekleidung, alles rund ums Campen, Kletterzubehör, Boote und Outdoor-Tools.

Pferdesport

Deutsche Reiterliche Vereinigung
fn@fn-dokr.de

www.pferd-aktuell.de
Service rund um Pferdesport und -zucht: Turnierkalender, Ergebnisse, Tipps zu Pferdehaltung, Ausbildung und Jugendarbeit.

Equiaktuell
redaktion@equiaktuell.de

www.equiaktuell.de
Reitsportnachrichten, Turnierergebnisse, Zeiteinteilungen und Fachwissen aus dem Reit- und Pferdesport täglich aktuell.

Horze
customerservice@horze.com

www.horze.de
Große Auswahl an Reitsportartikeln für Pferd und Reiter wie Reithose, Reitstiefel, Schabracke, Trense oder Reithelm.

Pferde.de
support@pferde.de

www.pferde.de
Großer Pferdemarkt mit über 27.000 Pferdeanzeigen, Marktplatz für Reitartikel, Kleinanzeigenmarkt, Web-Verzeichnis.

Pferdesporthaus Loesdau
reiten@loesdau.de

www.loesdau.de
Produkte für den Pferdesport: Fliegenschutzdecken, Halfter, Bürsten, Kämme und alles Weitere für die Pferdepflege.

Reiter Revue International
redaktion@reiterrevue.de

www.reiterrevue.de
Pferdeausbildung wird genauso thematisiert, wie Pferdegesundheit und Reitpraxis. Porträts von Trainern und ein Forum.

Calevo
reitsport@calevo.de
☎(05903) 940 314

www.calevo.com
Der Calevo Online-Shop bietet eine große Auswahl an Reiter- und Pferdeausrüstungen. Neben Reit- und Turnierbekleidung, Helmen und Reitstiefeln findet man Produkte für das Pferd wie Sättel, Schabracken und edle Trensen. Das Sortiment wird von Profireitern für die anspruchsvollen Calevo-Kunden zusammengestellt.
(Siehe Abbildung)

Sport

Reitsportforum.de
info@reitsportforum.de

www.reitsportforum.de
Pferdefreunde diskutieren alle Themen rund um den Reitsport, tauschen Erfahrungen und informieren über aktuelle Termine.

rimondo
info@rimondo.com

www.rimondo.com
Interaktive Plattform für Reitsportler, Züchter, Pferdebesitzer, Reitvereine oder Reitvereinsmitglieder.

Radsport

4theBike.de
info@4thebike.de

www.4thebike.de
Crossräder, Mountainbikes, Rennräder, Trekking- und Triathlonräder, Fahrradkomponenten, Zubehör und Bekleidung.

aktiv Radfahren
info@aktiv-radfahren.de

www.aktiv-radfahren.de
Infos zu Fitness, gesunder Ernährung, zum Reisen mit dem Rad sowie Testberichte zu Fahrrädern und Fahrradzubehör.

bike online
bikemag@bike-magazin.de

www.bike-magazin.de
Umfangreiche Berichte zu Technik, Touren mit dem Bike sowie Renntermine, Fotogalerie, Fitness- und Ernährungstipps.

bike sport news
info@bikesportnews.de

www.bike-sport-news.de
Online-Portal der Zeitschrift „bike sport news" mit aktuelle Meldungen zu BMX, Marathon, Cross, Trial und Cross-Country.

ElektroRad
info@elektrorad-magazin.de

www.elektrorad-magazin.de
Magazin für Elektroradfahrer mit News, Testberichten zu verschiedenen Modellen, Reisetipps und Reportagen.

IBC - Internet Bike Community

www.mtb-news.de
Großes Forum für Mountainbiker mit den Themen BMX, Trial, Cross-Country Racing, Touren, Events sowie Herstellerforen.

liquid-life.de
info@liquid-life.de

www.liquid-life.de
Shop für Mountainbikes, E-Bikes, Fahrradbekleidung und Fahrradzubehör.

Mountainbike
leserservice@mountainbike-magazin.de

www.mountainbike-magazin.de
Die Homepage des Magazins MountainBike bietet aktuelle Nachrichten und Tests zu Bikes, Equipment und Bekleidung.

Mountainbike Magazin X4BIKER
info@x4biker.com

www.x4biker.com
Das Mountainbike-Magazin „X4BIKER.com" berichtet täglich und aktuell über die Bike-Themengebiete News, Touren & Reisen, Test & Technik, Termine & Events, Fitness, Race, Media und über vieles mehr aus der MTB-Szene.

Profirad GmbH
info@profirad.de

www.profirad.de
In zahlreiche Rubriken gegliederter Online-Shop mit großer Auswahl an Artikeln rund um den Fahrradsport.

Radforum.de
helpdesk@forumhome.com

www.radforum.de
Informationen rund ums Rad. Die Seite bietet ein großes Forum, einen Blog, Infos zu Sport-Events sowie einen Fahrrad-Shop.

rad-net
team@rad-net.de

www.rad-net.de
Alles zum Radsport mit deutschen Radterminen, Ergebnisdatenbank, Nachrichten, Hersteller- und Händlerverzeichnis.

Radsport-news.com
werbung@radsport-aktiv.de

www.radsport-news.com
Meldungen, Ergebnisse und ein Forum zum internationalen Profi-Radsport. Mit einer Fahrerdatenbank und Auflistung der Teams.

RoadBIKE
leserservice@roadbike.de

www.roadbike.de
News und Infos rund ums Rennrad. Mit Testberichten, Tourentipps und Know-how zu Training, Fahrtechnik und Pflege.

Radsport/Markt

Siehe Kapitel Verkehr | Fahrrad/Fahrradmarkt

Rudern

Deutscher Ruderverband e. V.

www.rudern.de
Aktuelle Regatta-Termine, Ruderwettkampf-Regeln, umfangreiche Olympia-News, Vereinsübersicht und wichtige Adressen.

Schach

Deutscher Schachbund
info@schachbund.de

www.schachbund.de
Termine, Adressen, Archiv, Spielerdatenbank sowie Infos zu Bundesligen, Satzung, Ranking, Jugend- und Senioren-Schach.

schachfeld.de

www.schachfeld.de
Forum über Schach. Von Strategietipps und Schachturnieren über Rätsel und Regeln bis hin zur Schach-Bundesliga.

Schwimmen

Schwimmbrillen-Shop.com

www.schwimmbrillen-shop.com
Passende Schwimmbrillen für Freizeit, Wettkampf oder Wassersport sowie Badekappen und Trainingsequipment.

Swimtalk.net

www.swimtalk.net
Das große Schwimmerforum: Wettkämpfe, Schwimmfotos und -videos, Training, Technik, Ernährung und Ausrüstung.

Segeln

Seglermagazin.de
kontakt@seglermagazin.de

www.seglermagazin.de
Täglich aktuelle Berichte über die bedeutendsten Ereignisse des Segelsports, neue Yachten und Produkte.

Yacht online
mail@yacht.de

www.yacht.de
Berichte und Tests zu Technik, Revieren und Regatten. Mit Bootsmarkt, Wetterdienst, Küstenklatsch, Foren und TV-Tipps.

Skifahren & Skigebiete

planetSNOW
fschmidt@planetsnow.de

www.planetsnow.de
Freunde des Wintersports erhalten hier Infos zu Ski-Gebieten, Schneehöhe, Materialpflege, Fahrtechnik und Sicherheit.

Schneehoehen.de
info@schneemenschen.de

www.schneehoehen.de
Aktuelle Pistenberichte in den europäischen und nordamerikanischen Skigebieten sowie ein Skiatlas mit Pistenplänen.

skigebiete-test.de
info@skigebiete-test.de

www.skigebiete-test.de
Übersicht über die Skigebiete in Deutschland, Österreich, Frankreich, Italien, den USA, Australien und der Schweiz.

Skiinfo

www.skiinfo.de
Interviews, Termine und Reisetipps für Alpin, Carving, Free- und Speedskiing. Mit Gebietsverzeichnis und Videos.

skinet.de

www.skinet.de
Infos zu allen Skigebieten in Europa, USA, Kanada. Pistenkarten, Lifte, Wetter, Live-Cams, Ortsinfos, Tipps und Events.

Snow-online.de
info@snow-online.de

www.snow-online.de
Informationen rund um den Wintersport: Skigebiete, Schneehöhen, Unterkünfte, Reisen, Ski- und Snowboard-Shop.

SPORT

Sportartikel

eckball.de
info@eckball.de

www.eckball.de
Sportliche Angebote für alle Ballsportler: Nostalgische und aktuelle Trikots, Hosen, Schuhe, Bälle, T-Shirts und Fanartikel.

mysport.de
info@mysport.de

www.mysport.de
mySPORT.de ist das Shopping-Portal für den Bereich Sport und Ausrüstung. Alle Sportarten auf einen Klick.

mysportworld
service@mysportworld.de

www.mysportworld.de
Über 40.000 Sportartikel: Running-, Outdoor-, Lifestyle-, Fitness-Produkte der Top-Marken.

Sport Scheck
service@sportscheck.com

www.sportscheck.com
Online-Shop für Sportausrüstung und -bekleidung aller namhaften Hersteller. Zusätzlich Eventübersicht und Katalogversand.

sportbedarf.de
info@sportbedarf.de

www.sportbedarf.de
Online-Sportversand mit umfangreichem Sportartikelsortiment für Ballsport, Fitness, Kampfsport und Sportmedizin.

Teamsport.net
service@teamsport.net

www.teamsport.net
Sportbekleidung und Zubehör für die Sportarten Fußball, Handball, Volleyball, Basketball und Laufen.

Sportartikel/Sportbekleidung

Zalando Sports
service@zalando.de
☎(0800) 240 10 20

www.zalando.de/sports/
Zalando Sport bietet Schuhe, Bekleidung und Ausrüstung für Profi- und Hobbysportler. Dabei deckt das breite und tiefe Marken-Sortiment die verschiedensten Sportarten ab. Besonders vielfältig ist die Auswahl in den Bereichen Training, Running und Outdoor sowie Fußball, Golf und Wassersport. **(Siehe Abbildung)**

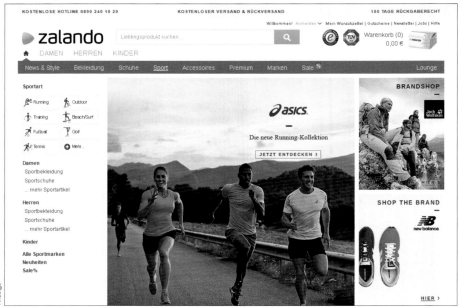
522

11teamsports
kundenservice@eleven-teamsports.de

www.11teamsports.de
Online-Shop für Fußballschuhe, -bekleidung und -equipment.

craft-sports.de
info@craft-sports.de

www.craft-sports.de
Sportbekleidung, Funktionswäsche und Accessoires aus hochwertigen Materialien für Damen, Herren und Kinder.

Decathlon
service@decathlon.de

www.decathlon.de
Für Sportarten wie Golf, Radsport, Laufen, Reiten, Angeln und Schwimmen gibt es hier Ausrüstung, Bekleidung und Schuhe.

SC24.com
info@sc24.com

www.sc24.com
Shop für Sportartikel mit vielen Markenprodukten aus den Bereichen Fußball, Freizeit, Outdoor, Running und Teamsport.

SportXshop
info@sportxshop.com

www.sportxshop.de
Sportbekleidung und Sportausrüstung für Fußball, Handball, Volleyball, Basketball und Laufen - auch Vereinsausstattungen.

Teamsport Philipp
service@teamsport-philipp.de

www.teamsport-philipp.de
Bekleidung, Schuhe und Ausrüstung für Fußball, Handball, Basketball und Volleyball sowie Tennis, Laufsport und Fitness.

Trikot.com
info@trikot.com

www.trikot.com
Trikot.com bietet Sportlern die Möglichkeit, Sportbekleidung zu kaufen und individuell zu beflocken oder bedrucken.

Sportverbände

Deutsche Sportjugend
info@dsj.de

www.dsj.de
Aktuelle Informationen über die Arbeit der Deutschen Sportjugend in den Handlungsfeldern: Junges Engagement, Bildung/Bildungsnetzwerke, Soziale Integration, Prävention/Intervention, Internationale Jugendarbeit, Europäisierung, Olympische Projekte und Qualitätsentwicklung in der Jugendarbeit im Sport.
(Siehe Abbildung)

Deutsche Sportjugend   **www.dsj.de**

Deutscher Olympischer Sportbund
office@dosb.de

www.dosb.de
Tagesaktuelle Nachrichten und Hintergrundberichte zum Leistungs- und Breitensport und zu Olympischen Spielen.

Sportergebnisse

ergebnisselive.de

www.ergebnisselive.de
Live-Ticker für Sportergebnisse im Fußball, Eishockey, Handball, Basketball, Tennis und andere internationale Ergebnisse.

livescore.com

www.livescore.com
Internationale und aktuelle Sportergebnisse für Fußball, Hockey, Basketball, Tennis und Cricket.

Skilanglauf

xc-ski.de
info@xc-ski.de

www.xc-ski.de
Aktuelle Meldungen, Ergebnisse, Interviews zum Thema Langlauf, Infos zu Langlaufgebieten, Ausrüstung und Training.

Skispringen

RTL-Skispringen.de
userservices@rtlnewmedia.de

www.skispringen.de
Zahlreiche Berichte, Interviews, Videos, Fotos, Weltcup-Datenbank, Blitz-News, Starporträts, Sportwetten und Fanecke.

Snowboarden, Skateboarden & Surfen

Blue Tomato Shop
info@blue-tomato.com

www.blue-tomato.com
Online-Shop für die Bereiche Snowboard, Freeski, Skate, Surfen und Streetwear mit großer Auswahl.

funsporting
info@funsporting.de

www.funsporting.de
Großes Online-Magazin für Fun- und Extremsportarten mit aktuellen News, Videos und Interviews.

massive-rides
info@massive-rides.de

www.massive-rides.de
Das Fun-Magazin für echte Rider: Snowboarden, Wakeboarden, Skateboarden und BMX. Artikel, Bilder und Videos.

Snowboarden.de
redaktion@snowboarden.de

www.snowboarden.de
Eventübersicht, Snowboard-Lexikon, Forum, Reisetipps, Video- und Ticket-Shop, Bildergalerie und Schneehöhendienst.

Sportwetten

Wettforum.info
webmaster@wettforum.info

www.wettforum.info
Diskussionsplattform rund um Sportwetten. Hier tauschen Wettprofis und Anfänger ihre Erfahrungen und Wetttipps aus.

Sportzeitschriften

Fit for Fun
webmaster@online.fitforfun.de

www.fitforfun.de
Zahlreiche Berichte und Infos zu Sport und Fitness, Ernährung, Gesundheit, Sexualität und Reisen. Mit Flirttipps und Shop.

sportbild.de
kontakt@sportbild.de

www.sportbild.de
Aktuelle und informative Sportberichterstattung durch News, spannende Interviews und exklusive Hintergrundberichte.

Squash

squashnet.de
schmidl@squashnet.de

www.squashnet.de
Großes deutschsprachiges Squash-Portal mit News, Regeln, Einsteiger-Infos und Spieltipps.

Surfen

Daily Dose
info@dailydose.de

www.dailydose.de
Rundum-Service in Sachen Windsurfen: Eventkalender, Porträts, Reiseberichte, Videoclips und Shopping-Center.

oase.com - surfers world
2009@oase.com

www.oase.com
Zentrale Anlaufstelle zum Thema Surf-Sport: Forum, Kleinanzeigen, Link-Verzeichnis, Surf-Wetter, Spots und Infos.

Surfersmag.de
info@surfersmag.de

www.surfersmag.de
Neuigkeiten, Berichte, Reisetipps, Interviews, Bildergalerie und interaktive Surf-Tipps für Surfer.

Windfinder
info@windfinder.com

www.windfinder.com
Weltweite Windvorhersagen für Surfer und Segler. Mit Windstatistiken, Messwerten, Webcams und einem Surfverzeichnis.

Tischtennis

Deutscher Tischtennis-Bund
dttb@tischtennis.de

www.tischtennis.de
Aktuelle Meldungen und Ergebnisse von Turnieren, Bundesliga, Spielerporträts, Breitensport und Regeln.

Tischtennis-pur
info@ttpur.de

www.ttpur.de
Hintergrundinfos, Turnierkalender, Techniktheorie, Ergebnisdienst, Ranglisten, Kleinanzeigen und Herstellerübersicht.

Tischtennis.biz
info@tischtennis.biz
☎(0551) 53 11 828

www.tischtennis.biz
Hier gibt es eine große Auswahl an Tischtennisartikeln aller bekannten Marken von der wetterfesten Tischtennisplatte bis zum Wettkampf-Tischtennisbelag. Sucht man nach Zubehör wie Taschen oder Bällen, der richtigen Bekleidung, dem passenden Schläger oder Geschenkideen, wird man natürlich ebenso fündig.
(Siehe Abbildung)

Tischtennis.biz   **www.tischtennis.biz**

Tauchen

aqua-nautic
info@aquanautic-tauchsport.de

www.aquanautic-onlineshop.de
Viele Produkte rund ums Tauchen, Schnorcheln und Schwimmen. Tauchausrüstungen, Atemregler und Schwimmanzüge.

taucher.net
redaktion@taucher.net

www.taucher.net
Berichte von Tauchern zu Ausrüstung und Plätzen, Kleinanzeigen, Partnersuche, Lexikon und Tipps für Einsteiger.

unterwasser.de
redaktion@unterwasser.de

www.unterwasser.de
Tauchmagazin mit Reportagen und Tipps zum Tauchsport. Dive-Guide mit Tauchgebieten und Material-Check-Listen.

Tennis

Deutscher Tennis Bund e. V.
dtb@dtb-tennis.de

www.dtb-tennis.de
Alle Infos zum deutschen Tennissport: Stars, Ranglisten, Mannschaftswettbewerbe, Turniere und eine Bundesligaplattform.

mybigpoint
mybigpoint@tennis.de

mybigpoint.tennis.de
Soziales Netzwerk für Tennisspieler. Zudem Spieler- und Turniersuche sowie Aktuelles aus dem Tennissport.

Tennis
tds@tennis.de

www.tennis.de
Alles rund um den Tennissport. Videos, Livestream, Infos und Kalender zu einzelnen Tunieren sowie die aktuelle Rangliste.

Tennis Warehouse Europe
information.de@tenniswarehouse-europe.com

www.tenniswarehouse-europe.com
Online-Shop, der alles rund um den Tennissport abdeckt. Zudem Beratung bei der Suche nach dem richtigen Schläger.

Tweener

www.tweener.de
Infos zu allen Tennisturnieren, ein Talentschuppen, in dem sich junge Spieler bewerben können, sowie Trainingstipps.

Triathlon

Deutsche Triathlon Union
mail@dtu-info.de

www.dtu-info.de
Szeneinfos, Terminplan, Tipps für Triathleten und solche, die es werden wollen.

tri2b.com
info@tri2b.com

www.tri2b.com
tri2b.com ist Treffpunkt für alle Triathleten im Web – News, Infos, Rennberichte, Themenspecials, Porträts und Events.

triathlon-szene.de
info@triathlon-szene.de

www.triathlon-szene.de
Training, Trainingspläne, Trainings-Camps, Ausrüstung, Filme, Wettkampfbeschreibungen sowie Ernährungsratschläge.

Volleyball

beach-volleyball.de
info@beach-volleyball.de

www.beach-volleyball.de
Turnierberichte, Übersicht der deutschen Courts, Spielerdatenbank, News-Archiv, Ranglisten und Kleinanzeigen.

Deutsche Volleyball-Liga
info@volleyball-bundesliga.de

www.volleyball-bundesliga.de
Alles zum Thema Volleyball: Aktuelle Ergebnisse, Live-Ticker, Statistiken, Vereins-News, Volleyball-Shop und TV-Tipps.

Deutscher Volleyball-Verband
info@volleyball-verband.de

www.volleyball-verband.de
News und Infos zu den Nationalteams in Beach- und Hallen-Volleyball. Ranglisten, Turnierübersicht, Jugend- und Breitensport.

Volleyballer
timo@volleyballer.de

www.volleyballer.de
Viele Meldungen zu Hallenvolleyball und Beachvolleyball. Turnierkalender, Regeln, Volleyballvereine und ein Shop.

Umwelt

Daily Green   **www.dailygreen.de**

DailyGreen durchsuchen..   **SUCHEN**

| DailyGreen | Green Links | Öko-Ratgeber | Top Themen | Redaktion |

DailyGreen.de – Tägliche News für eine bessere Umwelt

Kategorien

- Auto und Transport
- Business und Politik
- Ernährung und Gesundheit
- Erneuerbare Energien
- Forschung und Technik
- Green at home
- Green Gadgets
- Mode und Beauty
- Photovoltaik
- Umwelt

Öko News

- Luftdruck-Auto "Airpod" wird in Serie produziert
- Ökostrom-Produktion in Deutschland auf Rekordhoch
- Namhafte Baby-Feuchttücher fallen bei Öko-Test durch
- Öko-Test: Hohe Schadstoffbelastung in Planschbecken
- Retro-Leichtgewicht mit Elektroantrieb: Carice Mk1
- Produktion von Tesla Model X soll 2015 beginnen

CO2 sparen

Jetzt aktiv CO2 sparen mit dem neuen CO2 Ratgeber von DailyGreen. Wertvolle Tipps zum CO2-sparen im Alltag.

Solar-Ratgeber

Infos und Tipps zur Planung und zum Betrieb einer Solar-Anlage gibt es in unserem Photovoltaik Ratgeber.

Klimaschutz

Auto & Transport

Auto & Transport

Luftdruck-Auto "Airpod" wird in Serie produziert

Was aussieht wie ein rollendes Ei, ist eine echte Umwelt-Innovation: Das Citycar "Airpod" von "Airmobility Srl" braucht kein Benzin und stößt keine Emissionen aus – ...

Forschung & Technik

Forschung & Technik

Starpath: Selbstleuchtender Straßenbelag könnte Straßenlaternen ersetzen

Forscher aus England haben einen neuen Straßenbelag entwickelt, der die nächtliche Straßenbeleuchtung mit Laternen praktisch überflüssig machen und somit viel kostbare Energie einsparen könnte. Zunächst muss... *weiterlesen ...*

Erneuerbare Energien

Erneuerbare Energien

EEG-Umlage für selbst erzeugten Ökostrom?

Wie aus dem Bundestag zu hören ist, soll die Ökostromreform dafür sorgen, dass der selbst erzeugte Strom – egal aus welchen Quellen er stammt – gleich zu behandeln ist. Dazu gehört offenbar auch... *weiterlesen ...*

Green at home

Green at home

Stromsparen: EU-Pläne zur Regulierung von Kaffeemaschinen

Die EU will offenbar weiterhin rigoros gegen stromfressende Küchengeräte vorgehen. Nach dem Verbot von Glühbirnen und den Leistungsbeschränkungen für Staubsauger gibt es nun Pläne für Kaffeemaschinen, die... *weiterlesen ...*

Photovoltaik - Solarenergie

Ernährung & Gesundheit

Ernährung & Gesundheit

Namhafte Baby-Feuchttücher fallen bei Öko-Test durch

Das Verbrauchermagazin Öko-Test hat sich in einem aktuellen Test den Feuchttüchern von Babys gewidmet und 32 verschiedene Marken bzw. Sorten an Feuchttüchern unter die Lupe genommen. Das Ergebnis...

Green Gadgets

„Upp": Smartphone unterwegs mit Brennstoffzelle aufladen

Das britische Unternehmen Intelligent Energy hat auf der CES in Las Vegas eine marktreife Brennstoffzelle...

Weitere Artikel:

- Shama Shades: Solar-...
- Screw You Vase: PET-...
- iBean und iTagua: MP...
- Sprout Pencil: Aus B...
- Transparente Solar-F...
- Schlafsack nutzt Kö...
- Voltmaker lädt Smar...

Business & Politik

Umweltminister will Erhöhung der Ökostrom-Umlage verschieben

Bundesumweltminister Peter Altmaier (CDU) reagiert auf die Kritik, seine Versprechen zum Strompreis nicht...

Weitere Artikel:

- Nach der Glühbirne:...
- Retourkutsche: NRW f...
- Unionspolitiker plä...
- Stromsparplan: Im Ju...
- Öko-Bilanz: Puma be...
- Nordrhein-Westfalen ...
- Green Goal 2011: Kli...

Mode & Beauty

www.dailygreen.de

Daily Green

Wie färbt man Ostereier ohne giftige Mittel und haben die Dienstwagen der Politiker tatsächlich den größten CO2-Ausstoß? Solche Fragen werden im Umweltmagazin Dailygreen täglich beantwortet. In Kategorien wie Politik, Ernährung, Forschung, Mode und Transport erklären zahlreiche Artikel, Berichte und Studien, warum Strom aus Wind und Wasser heute schon billiger ist als Atom- oder Kohlestrom, wie Forscher ein Bio-Auto aus Ananas und Bananen herstellen und welche Turnschuhe biologisch abbaubar sind. Daneben finden Sie zusätzlich wertvolle Tipps, die Ihnen helfen, mit ein paar einfachen Handgriffen die Umwelt zu schonen und Strom zu sparen.

www.klimaretter.info

Klimaretter.info

In diesem Online-Magazin finden Sie zahlreiche Nachrichten, Hintergrundanalysen, Debatten, Reportagen und Meinungen zur aktuellen Klima- und Energiewende. Ob neue Forschungsergebnisse zu Treibhausgasen, Entwicklungen beim Abschmelzen des Polareises oder neue Klimagesetze – das Magazin deckt Themen aus Umwelt, Politik, Wirtschaft und Forschung ab. Wenn Sie den Stromanbieter schon gewechselt haben und bereits fleißig Papier sparen, finden Sie hier weitere nützliche Tipps für den Alltag. Die Rubrik „Aktiv werden" gibt dazu einen umfangreichen Überblick darüber, welche Maßnahmen man treffen kann, um sich für den Klimaschutz stark zu machen.

www.agrarheute.com

agrarheute.com

Erfahren Sie als Erster, wenn die Milchbauern die Produktion wieder einstellen oder vergammeltes Fleisch den Weg in die Supermärkte findet. Auf Agrarheute erhalten Sie alle relevanten News zur Umwelt, zum Landleben, zur Agrarwirtschaft und zur Viehzucht und können dazu umfangreiche Hintergrundberichte nachlesen. Doch nicht nur das, Sie können ebenso gut Preise für Fleisch, Obst oder Milch auf den verschiedenen Märkten Deutschlands vergleichen oder im Agrar-Branchenbuch nach Unternehmen gegen Schädlingsbekämpfung oder Tierhygiene suchen. Ein Forum für die Community fehlt natürlich auch nicht und lädt zu Diskussionen rund um die Agrarpolitik ein.

www.greenaction.de

GreenAction

Kein Tag vergeht, an dem wir nicht mit Bildern der drohenden Klimakatastrophe konfrontiert werden. Mensch und Tier leiden zunehmend unter den Folgen von Waldbränden, Erdrutschen und Überschwemmungen. Wer es leid ist, untätig daneben zu sitzen, der kann sich bei Greenaction registrieren lassen und aktiv zum Umweltschutz beitragen. Vernetzen Sie sich und andere und setzen Sie sich für den Erhalt des Regenwaldes oder für die Abschaffung von Atomkraftwerken ein, oder starten Sie Ihre eigene Kampagne für die Rettung gefährdeter einheimischer Froscharten. Hier kann jeder Einzelne aktiv werden, der sich für die Umwelt einsetzen will.

www.solarserver.de

Solarserver.de

Das Portal für Sonnenenergie enthält neben dem Solarmagazin mit Nachrichten, Fachartikeln und Reportagen zum Thema ein bundesweites Solarbranchenbuch, Jobangebote und Stellengesuche, Tipps und Fragen rund um die Solarenergie sowie ein umfangreiches Lexikon, in dem alle Fachbegriffe verständlich erklärt werden. Berechnen Sie Ihre Solar- oder Fotovoltaikanlage direkt online und informieren Sie sich über die verschiedenen Förderprogramme. Im Solar-Shop gibt es ein großes Angebot an nützlichen Produkten, mit denen Sie die Sonnenenergie nutzen können, von der Taschenlampe über Gartenleuchten bis hin zur kompletten Solaranlage.

www.natur-lexikon.com

Natur-Lexikon

Hätten Sie gewusst, dass der „Russische Bär" kein Braunbär aus Russland, sondern ein Schmetterling ist? Oder dass das „Rote Waldvögelein" ebenso wie der „Frauenschuh" zur Familie der Orchideengewächse gehört? Im Natur-Lexikon können Sie das und noch vieles mehr nachlesen. Denn hier gibt es zahlreiche Artikel zu Tieren, Pflanzen, Mineralien und Pilzen, allesamt reich bebildert sowie übersichtlich nach Arten sortiert. Zudem gibt es faszinierende Großaufnahmen von Insekten und anderen Kleintieren. Für die gezielte Suche kann der alphabetische Index oder die Suchmaske verwendet werden. So werden Sie schnell zum Naturexperten!

www.baumkunde.de

Baumkunde.de

Was für seltsame Bäume mit gelb-braunen Früchten in meinem Garten stehen! Wussten Sie, dass der „abienus fetuschristus" unser Weihnachtsbaum ist? Nein? Tja, hätten Sie besser mal die Baumschule besucht! Hier können Sie mit der Baumbestimmung Pflanzen nach Merkmalen wie Blätter- und Blütenformen oder Früchten und Rinden einordnen. Laub- und Nadelhölzer, Sträucher und Exoten können mit Hilfe großer Fotos von den Blättern und Stämmen der über 500 Baumarten eindeutig bestimmt werden. Zu vielen Arten finden Sie einen Steckbrief sowie eine kurze Beschreibung. In den „Baumlisten" finden Sie Infos zu den Arten von A bis Z.

www.wetter.com

Wetter.com

Hat Ihr Wetterfrosch sich mal wieder geirrt und etwas von Hagel anstatt Sonnenschein gequakt? Und auf den Wetterhahn ist auch kein Verlass? Ein Klick auf diese Seite und Sie finden zuverlässige Wetterprognosen für Deutschland und den Rest der Welt! Neben Wetterkarten und Satelliten- sowie Radarbildern können Sie nach dem Ort mit Ihrem Wunschwetter suchen oder erfahren, wo gerade ideales Grill-, Strand-, Angler- oder Segelwetter herrscht! In der Klimadatenbank finden Sie Klimatabellen zu jedem Ort auf den fünf Kontinenten und mit Hilfe der weltweiten Wetter-Cams können Sie sich live von Sonne und Regen vor Ort überzeugen.

Umwelt

Allgemein

Daily Green
info@pixelcut-newmedia.com

www.dailygreen.de
Nachrichten über die Auto- und Energieindustrie, Umweltpolitik, Öko-Markt, Ernährung, Gesundheit, Forschung und Technik.

ECO-World
info@eco-world.de

www.eco-world.de
Die Plattform für Ökologie, Gesundheit und modernes Leben liefert Informationen rund um Bioprodukte aller Art.

GreenAction
greenaction@greenpeace.de

www.greenaction.de
GreenAction ist eine von Greenpeace initiierte Kampagnen-Community für Umweltthemen.

Umweltjournal
info@sepeur-media.de

www.umweltjournal.de
Aktuelle Nachrichten zu den Themen Umwelt, Wissenschaft, Natur, Wirtschaft, Landwirtschaft und Finanzen.

Elektrosmog

Elektrosmog.com
igef-office@elektrosmog.com

www.elektrosmog.com
Seite der Internationalen Gesellschaft für Elektrosmog-Forschung: Zertifizierung, Forschung, Produkte und Fachberater.

ohne-elektrosmog-wohnen.de
info@neher.de

www.ohne-elektrosmog-wohnen.de
Hier erhält man fundierte Informationen zum Thema Elektrosmog und Hilfe zur Vermeidung oder Minimierung der Belastung.

Energie/Allgemein

AG Energiebilanzen e.V.

www.ag-energiebilanzen.de
Präsentation von Statistiken aus allen Gebieten der Energiewirtschaft.

energie.de

www.energie.de
Das Informationsportal fördert mit News und Hintergrundwissen zu vielen Energiethemen die Transparenz auf dem Energiemarkt.

Energie/Erneuerbare Energie

BOXER-Infodienst: Regenerative Energie
info@boxer99.de

www.boxer99.de
Grundlagenwissen und Fachartikel zu den Themen Biogas, Wind- und Solarenergie, Erdwärme, Wärmepumpen und Energieeinsparung.

Deutsche Energie-Agentur GmbH (dena)
info@dena.de

www.dena.de
Die Deutsche Energie-Agentur, das Kompetenzzentrum für Energieeffizienz und regenerative Energien, stellt sich vor.

energieportal24
info@energieportal24.de

www.energieportal24.de
Interaktives Informationsportal mit den Themen Wasserstofftechnik, Brennstoffzellen und erneuerbare Energien.

Erneuerbare Energien

www.erneuerbare-energien.de
Infoportal des Bundesumweltministeriums über erneuerbare Energien: Fördermöglichkeiten, gesetzliche Regelungen und Links.

Sonnenseite
info@sonnenseite.com

www.sonnenseite.com
Umweltpolitische Informationen: aktuell, unabhängig und werbefrei. Die Sonnenseite täglich mit aktuellen, kommentierten Nachrichten rund um die Solarenergie, Umweltschutz, Energiewende, Klimaschutz, Wirtschaft, aktueller Weltpolitik, Umwelt. Jeden Sonntag gibt es einen kostenlosen Newsletter.

unendlich-viel-energie.de
kontakt@unendlich-viel-energie.de

www.unendlich-viel-energie.de
Das Portal für erneuerbare Energien informiert über Wind- und Wasserkraft, Solar- und Bioenergie.

Energie/Heizöl

IWO
info@iwo.de

www.iwo.de
Das Institut für Wärme und Oeltechnik (IWO) bietet herstellerunabhängige Informationen zum Heizen mit Öl.

Energie/Kohle

Braunkohle-Forum
debriv@braunkohle.de

www.braunkohle-forum.de
Im Braunkohle-Forum bieten Experten mit ihren Diskussionsbeiträgen Argumente und Fakten zu Energie, Umwelt und Klima.

Bundesverband Braunkohle
debriv@braunkohle.de

www.braunkohle.de
Der Bundesverband Braunkohle informiert über Braunkohlengewinnung und -nutzung in Deutschland. Es können u. a. aktuelle Infos zu Emissionshandel, Klimavorsorge, Energieverbrauch, Stromerzeugung und den Vorräten des wichtigsten heimischen Bodenschatzes nachgelesen werden. **(Siehe Abbildung)**

Energie/Solarenergie & Fotovoltaik

Photovoltaikforum
support@photovoltaikforum.com

www.photovoltaikforum.com
Forum mit vielen hilfreichen Beiträgen zu allgemeinen Themen der Photovoltaik und Informationen zu Solarenergieherstellern.

photovoltaik-guide.de
info@photovoltaik-guide.de

www.photovoltaik-guide.de
Nachrichten aus der Solar- und Photovoltaikbranche.

Photovoltaik-Web.de

www.photovoltaik-web.de
Große Wissensdatenbank und ein Branchenverzeichnis rund um die Fotovoltaik-Anlage.

Solaranlagen-Portal
info@daa.net

www.solaranlagen-portal.com
Wissenswertes über Solaranlagen, Informationen, Vergleiche und unverbindliche Angebote von Firmen aus der Nähe.

Bundesverband Braunkohle **www.braunkohle.de**

Solarbag Shop
info@solarbag-shop.de

www.solarbag-shop.de
Mobile Solargeräte für Smartphones, Kameras und Notebooks sowie Solaranlagen und Module für Haus und Garten.

Solarserver.de
info@solarserver.de

www.solarserver.de
Anerkanntes Solar-Portal mit Informationen zur Solarthermie und Photovoltaik sowie zum solaren Bauen.

Top50-Solar
info@top50-solar.de

www.top50-solar.de
Das Portal zum Thema „erneuerbare Energien": Ausführliches Firmenverzeichnis, Expertenplattform, Preisvergleich und News.

Energie/Wind

wind-energy-market.com

www.wind-energy-market.com
Daten zu über 50 auf dem Weltmarkt verfügbaren Windenergieanlagen sowie Kleinwindanlagen und Windenergieexperten.

Windmesse.de
info@windmesse.de

www.windmesse.de
Virtuelle Fachmesse nur für Windenergie. Umfangreiches Branchenverzeichnis: 2.900 Einträge in 72 Kategorien.

Entsorgung & Recycling

AbfallScout.de
info@abfallscout.de

www.abfallscout.de
Überregionaler Entsorger mit Bestellportal für die fachgerechte Abfallentsorgung bei Gewerbe, Industrie und Privat.

abfallshop.de
info@abfallshop.de

www.abfallshop.de
Passenden Entsorger für Abfall oder für Dienstleistungen wie Kanalreinigung suchen und online Angebote anfordern.

Recyclingportal
info@recyclingportal.eu

www.recyclingportal.eu
Infoportal für Abfall, Entsorgung, Recycling, Kreislaufwirtschaft und Märkte – aktuelle Nachrichten der Recyclingbranche.

Gentechnik & Biotechnologie

Bionity.com
info@chemie.de

www.bionity.com
Infodienst für die Biotech- und Pharmabranche mit Einkaufsführer, Veranstaltungskalender sowie Branchen-News.

TransGen
info@transgen.de

www.transgen.de
Die Datenbank gibt Auskunft über Produkte, Pflanzen, Zutaten und Unternehmen. Dazu aktuelle Meldungen und ein Lexikon.

Kinder & Jugendliche

Greenpeace für Kids
mail@greenpeace.de

kids.greenpeace.de
Themen wie Atomenergie, Klimaschutz, Tier- sowie Naturschutz und Berichte von Projekten sowie Aktionen.

WWF Jugend
jugend@wwf.de

www.wwf-jugend.de
Hier gibt es Aktionen zum Mitmachen, Videos, Praktikumsstellen und interaktive Infografiken über unseren Planeten.

WWF Young Panda
young.panda@wwf.de

www.young-panda.de
Die Kinderseite des WWF informiert spielerisch über bedrohte Tiere und Pflanzen.

Klimaschutz & Treibhauseffekt

Klimaretter.info
post@klimaretter.info

www.klimaretter.info
Magazin zur Klima- und Energiewende mit Nachrichten, Klimalexikon, mehreren Blogs und „Klima-Lügendetektor".

Landwirtschaft

agrarheute.com	**www.agrarheute.com** Aktuelle Nachrichten aus dem Bereich der Landwirtschaft mit Infos zu Pflanzen, Tieren und Landleben. Mit Jobportal.
Landlive.de	**www.landlive.de** Foren, Blogs, Videos und Bilder zu verschiedenen Themen wie Landwirtschaft, Imkerei, Garten und Pferde.
Landtreff.de	**www.landtreff.de** Forum für Landwirtschaft, Landtechnik, Forstwirtschaft und Verbraucher.

Landwirtschaft/Ökologische Landwirtschaft

Demeter info@demeter.de	**www.demeter.de** Der Verband für biologisch-dynamische Wirtschaftsweise.
Informationsportal Ökolandbau info@oekolandbau.de	**www.oekolandbau.de** Hilfreiche Informationen zum Ökolandbau für Hersteller, Verarbeiter, Händler und Verbraucher.
Naturland naturland@naturland.de	**www.naturland.de** Naturland präsentiert aktuelle Informationen zum Ökolandbau, zu ökologischer Aquakultur und Wildfisch weltweit.

Lärm

Das Fluglärm Portal feedback@fluglärm-portal.de	**www.fluglärm-portal.de** Das Portal informiert über das Thema Fluglärm. Von der Fluglärm-Debatte über Lärmvermeidung bis hin zu Gesetzen.

Natur

Natur-Lexikon mail@natur-lexikon.com	**www.natur-lexikon.com** Ein reich bebildertes Lexikon rund um die Natur. Es umfasst mehr als tausend Tiere, Pflanzen und Pilze.

Naturkatastrophen & Zivilschutz

Bundesamt für Bevölkerungsschutz und Katastrophenhilfe internet-redaktion@bbk.bund.de	**www.bbk.bund.de** Tipps des Bundesamtes für Bevölkerungsschutz und Katastrophenhilfe (BBK) zur Vorsorge und zum Verhalten im Notfall.
deNIS denis@bbk.bund.de	**www.denis.bund.de** Das BBK bietet aktuelle Informationen und eine Linksammlung zum Thema Bevölkerungsschutz.

Naturparks & Biosphärenreservate

Europarc Deutschland e. V. info@europarc-deutschland.de	**www.europarc-deutschland.de** Dachverband der deutschen Nationalparks, Naturparks und Biosphärenreservate, den „Nationalen Naturlandschaften".
naturparke.de info@naturparke.de	**www.naturparke.de** Informationen über alle 104 Naturparke Deutschlands und deren Angebote für Naturerleben, Erholung, Urlaub.

Schadstoffe

Kinder-Umwelt-Zentrum info@reblu.de	**www.kinder-umwelt.de** Umweltanalysen, um mögliche Giftstoffe im Wasser, in der Luft und im Boden zu identifizieren.

Professionelle Bodenuntersuchung
info@bodenanalyse-zentrum.de

www.bodenanalyse-zentrum.de
Bodenanalyse und Bodenuntersuchung. Infos zu Belastungen, Bodenqualität, Gesundheitsrisiken und zum Boden allgemein.

Raumluftgifte
info@raumluft-analyse.de

www.raumluft-analyse.de
Raumluftanalysen und Infos über Luft, Luftgifte, gesundheitliche Folgen und spezielle Belastungen nach Räumen.

Thru.de
info@umweltbundesamt.de

www.thru.de
Auf Thru.de erhält man Infos über die Schadstoffe des Industriebetriebes in der Nachbarschaft.

Strahlenschutz

Bundesamt für Strahlenschutz
epost@bfs.de

www.bfs.de
Liste der SAR-Werte von Handys, Infos zu UV-Strahlung, elektromagnetischen Feldern, Kerntechnik und Endlagerung.

Tierschutz

Datenbank Tierversuche
info@aerzte-gegen-tierversuche.de

www.datenbank-tierversuche.de
Analyse und Dokumentation der aktuellen Praxis bei Tierversuchen: Datenbankabfrage, Lexikon und ein Forum.

Deutscher Tierschutzbund e. V.

www.tierschutzbund.de
Der Deutsche Tierschutzbund bietet Infos zu Themen wie Schutz von Nutz- und Haustieren und Forschung ohne Tierversuche.

Pro Wildlife
mail@prowildlife.de

www.prowildlife.de
Pro Wildlife kämpft für den Schutz von Wildtieren und ihrer Lebensräume weltweit – vor Ort und auf politischer Ebene.

Umweltbehörden

Bundesamt für Naturschutz
info@bfn.de

www.bfn.de
Das Bundesamt für Naturschutz (BfN) berät, forscht, fördert und informiert in Sachen Natur- und Artenschutz in Deutschland.

Umweltverbände

Bund für Umwelt und Naturschutz
bund@bund.net

www.bund.net
Buntes Angebot an News und Aktionen: BUND-Publikationen, Pressemitteilungen, Ökotipps von A bis Z mit interner Suchmaschine.

Deutsche Bundesstiftung Umwelt
info@dbu.de

www.dbu.de
Innovative und beispielhafte Projekte zum Umweltschutz mit Projektdatenbank der einzelnen Umweltprojekte.

Greenpeace Deutschland
mail@greenpeace.de

www.greenpeace.de
Interessierte finden hier Infos zu Themen wie Atomenergie, Gentechnik, Klimaschutz und ökologische Landwirtschaft.

NABU
nabu@nabu.de

www.nabu.de
Infos zu Projekten und Aktionen, Arten-, Natur- und Umweltschutz, Termine, Jobs, Adressen und ein Ratgeber von A bis Z.

Robin Wood e. V.
info@robinwood.de

www.robinwood.de
Infos zu den Kampagnenschwerpunkten Wald, Tropenwald, Energie und Verkehr. Neues zu Aktionen und ein Magazinarchiv.

WWF Deutschland
info@wwf.de

www.wwf.de
Der WWF konzentriert sich auf den Schutz der Wälder, Meere und Küsten sowie Süßwasser-Feuchtgebiete.

Umweltzeitschriften

Greenpeace-Magazin
gpm@greenpeace-magazin.de

www.greenpeace-magazin.de
Magazin der Umweltschutzorganisation Greenpeace.

natur
redaktion-natur@konradin.de

www.natur.de
Natur, Umweltschutz und Nachhaltigkeit: News lesen, Hintergründe erfahren, Naturfotos präsentieren, Meinung äußern.

UmweltMagazin
info@springer-vdi-verlag.de

www.umweltmagazin.de
Das Entscheider-Magazin für Technik und Management: Aktuelle Meldungen, Veranstaltungshinweise und Firmendatenbank.

Wald

Baumkunde.de
webmaster@baumkunde.de

www.baumkunde.de
Umfangreiche Darstellung von über 500 Baumarten mit großen Fotos der Blätter und der Stämme. **(Siehe Abbildung)**

Wald.de
info@wald.de

www.wald.de
Wald.de bietet umfassende Informationen zum Thema Wald und Forstwirtschaft, gibt Rat sowie Tipps für den Verbraucher.

Waldportal

www.waldportal.org
Internet-Portal zu den Wäldern der Erde: Aktuelles, Links, TV-Tipps und News-Service. Taiga, Tropen und heimischer Wald.

Waldwissen.net
info@waldwissen.net

www.waldwissen.net
Wissenschaftlich fundierte Informationen zu Wald und Forstwirtschaft für die Forstpraxis.

Baumkunde.de   **www.baumkunde.de**

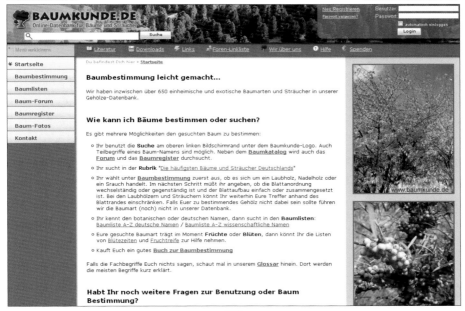

Wasser

Forum Trinkwasser e. V.	**www.forum-trinkwasser.de**
	Studien, Daten, Fakten und Infos zu Verwendung, Qualität und Bedeutung von Trinkwasser als Lebensmittel in Deutschland.
Legionellen Experte info@salucor.de	**www.legionellen-wasser.de** Legionellen-Schnelltests online bestellbar. Außerdem Infos rund um diesen Krankheitserreger.
luh-buerger.de info@luh-buerger.de	**www.luh-buerger.de** Wasseranalysen für das Trinkwasser, Brunnenwasser, Badewasser, Teichwasser oder für den Nachweis von Legionellen.
● **test-wasser.de** info@test-wasser.de	**www.test-wasser.de** Der Spezialist für Wasseranalysen führt Tests von Trink- und Brunnenwasser durch. Wer eine Wasserprobe einschickt, erhält eine Prüfung der Probe u. a. auf Schwermetalle, Wasserhärte, Bakterien, Keime, Legionellen und Uran. Das Ergebnis zeigt die Wasserqualität und mögliche Gesundheitsrisiken auf. **(Siehe Abbildung)**

Wetter & Klima

Deutscher Wetterdienst info@dwd.de	**www.dwd.de** Wetter- und Klimainfos aus einer Hand. Landkreisbezogene Warnungen, aktuelle Wetterdaten, Klimadaten sowie Umweltinfos.
Naturgewalten wetter@saevert.de	**www.naturgewalten.de** Umfangreiche Seite über Naturgewalten mit vielen Erklärungen, Fotos und mehr als 10.000 Links zu den einzelnen Themen.
Unwetterzentrale Deutschland uwz@meteomedia.de	**www.unwetterzentrale.de** Präzise, postleitzahlengenaue Unwetterwarnungen für Deutschland.

Wettervorhersage

● DWD-WetterShop
dwd-shop@dwd.de

www.dwd-shop.de
Im DWD-WetterShop steht ein vielfältiges, nach Themen sortiertes Angebot an aktuellen Wetterkarten und -daten zum Download bereit, darunter auch spezielle Produkte wie Agrar-, See-, Flug- und Straßenwetter. Weiterhin werden vielfältige Informationen zum vergangenen Wetter angeboten. **(Siehe Abbildung)**

Wetter
wetterpost@rtlnewmedia.de

www.wetter.de
Vorhersagen, Schneehöhen, Biowetter, Klimatabellen, Badewetter, Grillwetter, Pollenflug, Satellitenfilme, Wetterlexikon und Bauernregeln.

Wetter.com
info@wetter.com

www.wetter.com
Wettervorhersage weltweit, Agrarwetter, UV-Werte, Ozonbelastung, Pollenflug sowie Sport- und Freizeitwetter. Wetternachrichten und Unwetterwarnungen.

Wetter.net
info@qmet.de

www.wetter.net
Wetterinfos und -vorhersagen für Deutschland und die ganze Welt. Städtewetter, Biowetter, Wetterwarnungen, Wetter-News und ein Niederschlagsradar für Deutschland.

Wetter24
germany@meteogroup.com

www.wetter24.de
Wetter für Deutschland und die Welt. Mit aktuellen Radar- und Satellitenbildern und täglichen Wetterberichten. Täglich aktualisierte Angaben zu Schneehöhen und sogar Warnungen vor tropischen Wirbelstürmen.

wetteronline.de
support@wetteronline.de

www.wetteronline.de
Wettervorhersagen und Messwerte weltweit, Radarbilder, Wetterkarten, Blitzkarten, Klimadaten, Satellitenbilder.

DWD-WetterShop   **www.dwd-shop.de**

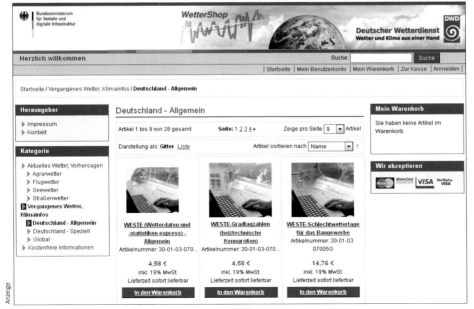

URLAUB & REISE

erfolgreich-reisen.de

www.erfolgreich-reisen.de

Länderinfos | Landkarten | Reiseartikel
Reiseberichte | Reiseführer | Surf-Tipps | Reiselinks
Reisevideos | Reisebuchung | Kreuzfahrten | Familienurlaub

Buchtipp zum Thema Urlaub & Reise:

Die besten Web-Seiten zu Urlaub & Reise!

Entdecken Sie die besten Web-Seiten für Ihre Urlaubsplanung!

Aus den Tiefen des Internets wurden viele Surf-Tipps für den Kurz-, Aktiv- und Fernurlaub sowie Reise-Communities, Länderinformationen und Reiseportale herausgefischt. Darunter viele Geheimtipps, die mit den Suchmaschinen im Internet nur schwer zu finden sind!

» Hier können Sie das Buch versandkostenfrei bestellen !

» Weitere Infos...

Reiseartikel:

Eine Auswahl an redaktionellen Artikeln zu vielen sehenswerten Reisezielen finden Sie hier.
» weiter zu den Reiseartikeln ...

Länderinfos:

Hier erhalten Sie Informationen zu den wichtigsten Reiseländern auf allen Kontinenten.

Reiseberichte:

Hier können Sie private Reiseberichte zu interessanten Urlaubszielen durchstöbern.
» weiter zu den Reiseberichten ...

Reiseführer:

Bei der Suche nach Reiseführern und Reiseliteratur zu Ihrem Reiseziel werden Sie hier fündig.

Aktuelle Meldungen & Artikel:

Kopernikus Code – unbekanntes Włocławek

Włocławek, Leslau an der Weichsel, lateinisch Vladislavia oder englisch Wloclawek ist die Hauptstadt von Kujawy im Zentrum Polens. Hier leben 120.000 Menschen. Es gibt hier eine interessante Route zu Kirchen und anderen Sehenswürdigkeiten (Backsteingotik), u.a. mit dem bekannten Dom und den Kirchen. Dazu gibt es noch ein breites Angebot von Museen und Galerien...

» zu den aktuellen Meldungen & Artikeln...

NEU! Großes Update:

Unsere Redaktion hat zahlreiche aktuelle Reiseartikel zu interessanten Urlaubsgebieten und Regionen für Sie recherchiert.

» Hier können Sie nach neuen Reiseartikeln stöbern...

Links zum Thema Urlaub & Reise:

Safari in Uganda
Das Uganda-Portal bietet Informationen zu Hotels, Unterkünften, Reisebüros, Safari-Veranstaltern und Autovermietern vor Ort. Damit lassen sich Safaris individuell planen oder Dienstleister für Uganda finden. Zudem gibt es viele Informationen zu Land, Leuten, Sehenswürdigkeiten und den Nationalparks.
www.safari-in-uganda.de

ferienhuetten.de
Ferienhausvermittler seit 20 Jahren: Urlaub im Ferienhaus, der Alm- oder Berghütte zum Alleinbewohnen und Selbstversorgen für Gruppen von zwei bis 150 Personen. Die Regionen, in denen sich die Ferienhäuser befinden, umfassen Oberbayern, den Bayerischen Wald, Schwarzwald, Österreich, Schweiz und Tschechien.
www.ferienhuetten.de

www.airline-direct.de

airline-direct

Flugsuchmaschinen gibt es wie Sand am Meer. Airline-direct ist jedoch eine Perle unter ihnen! Hier können Sie z. B. Ihren Flug ganz einfach durch einen Gabelflug splitten. Sie wollten schon immer von Hanoi nach Saigon mit dem Rucksack wandern? Dies ist nun bequem möglich. Fliegen Sie nach Hanoi und beginnen Sie die Wanderung gen Süden. Erleben Sie die wilde Natur, das exotische Essen sowie die zuvorkommende Gastfreundlichkeit der Vietnamesen. Ganz im Süden, in Saigon angekommen, wartet schon Ihr Rückflug Richtung Heimat auf Sie. Zudem finden Sie selbst vergriffene Flüge und zum Teil günstigere Angebote als bei der Direktbuchung bei den Airlines.

www.fernbusse.de

Fernbusse.de

Endlich freie Fahrt für Fernbusse! Seit 2013 dürfen in Deutschland offiziell Reisebusse auf Fernlinien eingesetzt werden. Und das zu deutlich geringeren Preisen, als bei der Deutschen Bahn: In der Regel sind die Tickets bis zu 50 Prozent günstiger. Auf dieser Web-Seite können Sie sich über die Fernbuslinien informieren und das Liniennetz, die Fahrpläne sowie den Standort der Haltestellen einsehen. Beim direkten Preisvergleich kann man einfach die gewünschte Route und das Datum eingeben und die günstigsten Anbieter werden übersichtlich aufgelistet. Die Anzeige kann nach Preis, Fahrtdauer und Abfahrtszeit sortiert werden.

www.tripadvisor.de

tripadvisor.de

Packt Sie auch von Zeit zu Zeit das Fernweh? Einfach mal raus, etwas anderes sehen, neue Kulturen kennen lernen? Dann sind Sie bei tripadvisor.de, einer der größten Reise-Communitys der Welt, genau richtig! Lassen Sie sich von anderen Nutzern deren liebste Orte, Hotels, Restaurants und Sehenswürdigkeiten empfehlen. Tauchen Sie ein in das Nachtleben von Paris oder entdecken Sie die besten Einkaufsmöglichkeiten in Dubai! Mit den Insidertipps der Community finden Sie interessante Locations auch abseits der gewöhnlichen Touristentipps in Reiseführern! Oder werden Sie doch selbst zum Tester und teilen Sie Ihre Erfahrungen mit Millionen anderen Menschen.

www.getyourguide.de

GetYourGuide

Sie haben bereits den nächsten Sommerurlaub gebucht und sind jetzt auf der Suche nach spannenden Ausflügen, historischen Sightseeing-Touren oder ausgefallenen Museumsführungen? Bei getyourguide.de wird jeder fündig: Was halten Sie zum Beispiel von einer nächtlichen Fahrradtour durch Paris, einer Bootsfahrt auf den antiken Kanälen der Azteken in Mexiko oder Haifischtauchen in Kapstadt? Wer eher auf der Suche nach einem kulinarischen Abenteuer ist, kann auf zahlreichen geführten Gastronomietouren die lokale Küche ausprobieren oder lernen, wie man einheimische Spezialitäten wie Kokosnusscreme ganz einfach selbst herstellen kann.

www.9flats.com

9flats.com

Entscheiden Sie selbst, wo und wie Sie bei Ihrem nächsten Kurztrip nach Paris oder dem Strandurlaub in Barcelona wohnen! Auf 9flats.com bieten Privatleute weltweit ihr Haus, ihre Wohnung oder einen Schlafplatz in ihrem Wohnzimmer in allen Preiskategorien an: Ob Luxuswohnung, Metropolen-Loft, Ferienwohnung oder WG-Zimmer – das Angebot auf diesem Reiseportal ist oft nicht nur günstiger, sondern auch viel spannender als eine Übernachtung in einem anonymen Hotelzimmer. Und wer die eigene Urlaubskasse noch etwas füllen möchte, kann hier seine Wohnung sogar gebührenfrei an andere Reisende vermieten.

flug.idealo.de

flug.idealo.de

Sie haben für Ihren Urlaub ein Hotel gebucht und halten nun Ausschau nach einer preiswerten Flugverbindung? Jetzt brauchen Sie nicht mehr die Angebote verschiedener Reisebüros vor Ort vergleichen – einfach den Abflughafen, das Reiseziel und das gewünschte Abflugdatum eingeben und die Datenbank erledigt den Rest für Sie! Die Suchmaschine findet aus hunderten von Fluggesellschaften die günstigsten Flugangebote für Sie: Ob Billig-, Linien- oder sogar Gabelflug, das passende Ergebnis lässt sich durch wenige Klicks direkt auswählen und buchen. Die Web-Seite unterstützt Sie sogar bei der Planung von Gruppenreisen oder Klassenfahrten.

www.planetoutdoor.de

Planet Outdoor

Ob Wanderwege, Radtouren, Mountainbike-Trails, Klettersteige oder Skitouren – wer sich gerne an der frischen Luft bewegt, sollte auf dieser Web-Seite vorbeischauen. Auf dem großen Outdoor-Portal finden Sie Panoramawege, Aussichtspunkte, leichte und anspruchsvolle Gipfelziele oder mehrtägige Wandertouren durch alle Höhenlagen. Die einzelnen Regionen aus Deutschland, Österreich, der Schweiz und Italien können Sie durch virtuelle Touren vorab besichtigen, sich durch die Hotspots und wichtigsten Sehenswürdigkeiten klicken, GPS-Tracks zu den Touren downloaden und sogar gleich Unterkünfte für den nächsten Trip buchen.

www.swoodoo.com

swoodoo

Bei der Vielzahl an Flugangeboten kann man leicht den Überblick verlieren. Hier hilft die Flugsuchmaschine swoodoo weiter, die für Sie gleichzeitig über 100 Flug-Web-Seiten durchsucht und Ihnen einen schnellen und umfassenden Überblick verschafft. Vergleichen Sie Endpreise von 700 Airlines und buchen Sie direkt beim günstigsten Anbieter! Möchten Sie ein spontanes Sightseeing-Wochenende in London, Paris oder Madrid verbringen? Dann durchforsten Sie mal die „Wochenendreisen" nach dem Topangebot für Ihre Städtereise! Praktisch ist auch die Suchfunktion mit freier Termin- und Ortswahl, bei der Sie die preiswerteste Reisezeit für eine bestimmte Region ermitteln können.

Botschaften & Konsulate

erfolgreich-reisen.de
info@erfolgreich-reisen.de

www.erfolgreich-reisen.de
Links zu den Adressen der Botschaften und Konsulate fast aller
Länder mit Öffnungszeiten und Adressen. Rubrik: Länderinfos/
Land/Wichtige Adressen. Außerdem bietet diese Web-Seite Län-
derinfos und Reiseführer für fast jedes Land.

Camping

Campen.de
helpdesk@forumhome.com

www.campen.de
Forum mit News und Infos zum Camping, Campingplatz-Bewertun-
gen für Europa, Stellplätze und Marktplatz mit Kleinanzeigen.

Campers-world.de
admin@campers-world.de

www.campers-world.de
Das Reise-Camping- und Wohnmobilforum mit vielen Reiseberichten, großer Community, Marktplatz, Tipps und Tricks.

Camping.de
info@camping.de

www.camping.de
Campingführer mit ca. 50.000 Campingplätzen weltweit. Viele
Links zu den Seiten von Plätzen und Caravananbietern.

camping.info
office@camping.info

www.camping.info
Online-Campingführer mit Bewertungen, Fotos und Beschreibungen von über 24.000 europäischen Campingplätzen.

Caravaning
Redaktio@promobil.de

www.caravaning.de
Ausführliche Wohnwagen- und Zubehörtests, Touren- und Techniktipps sowie News rund ums Camping.

eurocampings.de

www.eurocampings.de
Hier werden über 9.800 geprüfte Campingplätze in ganz Europa
vorgestellt.

selectcamp
info@vacanceselect.de

www.selectcamp.de
Ob Luxus-Zelt oder Mobilheim, auf den Campingplätzen Europas
stellt selectcamp die Unterkünfte schon bereit.

wocamp.de

www.wocamp.de
Ein Forum, das von Campern für Camper betrieben wird und viele hilfreiche Tipps rund um das Thema Camping liefert.

Camping/Camping- & Reisebedarf

CAMPZ
mail@campz.de

www.campz.de
Die passende Ausrüstung und Bekleidung für Camping und Outdoor.

Fritz Berger
info@fritz-berger.de

www.fritz-berger.de
Spezialversandhaus für Camping, Caravaning und Freizeit mit einem reichhaltigen Angebot an Camping- und Caravanzubehör.

kuhnshop.de
info@kuhnshop.de

www.kuhnshop.de
Freizeit- und Campingzubehör für den Camping- oder Outdoor-Ur-
laub.

Outdoor Renner
info@outdoor-renner.de

www.outdoor-renner.de
Camping-, Trekking- und Outdoor-Ausrüstung. Schuhe, Regenja-
cken, Outdoorhosen und Zelte.

Sport Fischmann
info@sport-fischmann.de

www.sport-fischmann.de
Riesen Auswahl an Outdoor- und Camping-Zubehör, Freizeit- und
Sportartikel. Mit praktischer Maßtabelle.

Camping/Wohnwagen & Reisemobile

Adria-mobil.com
adria@reimo.com

www.adria-mobil.com
Ausführliche Informationen, Preise, Bilder, Grundrisse und Panoramaansichten zu Adria-Wohnwagen, Vans und Reisemobilen.

Campanda
info@campanda.com

www.campanda.de
Wohnmobile, Wohnwagen und Campervans zur Miete von mehreren gewerblichen Anbietern.

camperdays.de
service@camperdays.de

www.camperdays.de
Reiselustige können hier das passende Wohnmobil für ihren Urlaub mieten. Zudem Infos zu den schönsten Urlaubszielen.

Caravaning Info
info@civd.de

www.caravaning-info.de
Tipps und aktuelle Informationen rund um das Thema Urlaub mit Caravan und Reisemobil sowie regelmäßig neue Reiseberichte.

Deine-womowelt.de

www.deine-womowelt.de
Kaufen und verkaufen von neuen und gebrauchten Wohnmobilen und Wohnwagen.

DRM
info@drm.de

www.drm.de
Deutschlandweit über 300 Reisemobile in acht Kategorien zum Mieten und online Reservieren.

promobil
redaktion@promobil.de

www.promobil.de
Wohnmobil- und Zubehörtests, Techniktipps, Datenbank mit Wohnmobilstellplätzen, Camping-News, Reisemobilforum.

● **Reimo.com**
verkauf@reimo.com
☎(06103) 4005-28

www.reimo.com
REIMO bietet neben seinen bewährten Campingbussen und Wohnmobil-Ausbauten (VW T5, MB Sprinter u. a.) eine große Auswahl an Campingzubehör, Wohnmobilzubehör und Wohnwagenzubehör. Reimo ist Importeur für Adria Wohnmobile, Wohnwagen und Vans. Die Homepage bietet Tipps und Tricks zum Wohnmobilausbau. **(Siehe Abbildung)**

Reimo.com

www.reimo.com

Wohnmobil und Wohnwagen Forum
info@peuschel.de

www.wohnmobilforum.de
Forum für Wohnmobil- und Wohnwagen-Reisen. Infos zu Technik und Zubehör sowie attraktiven Stellplätzen.

Wohnwagen-Forum.de
info@wohnwagen-forum.de

www.wohnwagen-forum.de
Forum mit den Themen: Wohnwagen allgemein, Routenplanung, Campingplätzen, Reiseberichte, Messen und Technik.

FKK

fkk-freun.de
fkk@fkk-freun.de

www.fkk-freun.de
Das deutsche FKK-Forum: Beschreibung der besten FKK-Bäder, Seen und Saunen sowie Reiseberichte vom FKK-Urlaub.

Nacktbaden
webmaster@nacktbaden.de

www.nacktbaden.de
Großes Register von FKK-Stränden, Bademöglichkeiten, Saunen, FKK-Campingplätzen und -Hotels in Deutschland und weltweit.

Flughäfen/Flughafenparken

Parken am Flughafen

www.parkplatzboerse.de
Ein Portal zum Vergleich der Preise und Verfügbarkeit für das Parken am Flughafen.

Flughäfen/Flugplanauskunft

Flugplandaten.de

www.flugplandaten.de
Infos zu Ankunft und Abflug an jedem größeren Flughafen weltweit für alle, die abfliegen, ankommen oder abholen.

Gesundheitsauskunft

CRM Centrum für Reisemedizin
info@crm.de

www.crm.de
Informationen zur Gesundheitsvorsorge für Reisen. Fortbildungen für Ärzte, Apotheker und Assistenz.

fit-for-travel
redaktion@fit-for-travel.de

www.fit-for-travel.de
Infos zu Gesundheitsrisiken in über 300 Urlaubsländern mit umfangreichen Impfempfehlungen und tagesaktuellem Newsticker.

Reise ohne Durchfall
ucb-info@ucb-group.com

www.reise-ohne-durchfall.de
Reisemedizinische Tipps finden sich auf der Durchfallrisikokarte.

Reisevorsorge.de
info@inst4med.de

www.reisevorsorge.de
Aktuelle Informationen für jedes Reiseland mit Impfempfehlungen, Gesundheits-Checklisten und Adressen findet man hier.

GPS-Touren

Alpintouren.com
office@ids-online.at

www.alpintouren.com
Große Tourenplattform für Outdoorsportarten in Europa. Kletter-, Mountainbike-, Nordic Walking-, Ski- und Wandertouren.

gpsies.com
info@gpsies.com

www.gpsies.com
Plattform zum Austausch für weltweite GPS-Touren. Hier kann man beliebte Touren finden und selbst eigene Strecken eintragen.

gps-tour.info
kontakt@gps-tour.info

www.gps-tour.info
Hier gibt es eine Auswahl an verschiedenen GPS-Touren mit dem Mountainbike, Rennrad, Motorrad oder zu Fuß.

gps-tracks.com
info@gps-tracks.com

www.gps-tracks.com
Infos über Alpin-, Ski-, Mountainbike- oder Fahrradtouren mit Karten, Zustandsberichten und GPS-Routen.

Kalender & Ferienkalender

Kalender-365.de

www.kalender-365.de
Informationen über den Mondkalender, Feiertage, Schulferien, Namenstage, Schaltjahre und Wetter. Mit Weltzeituhr.

Kalenderpedia.de

www.kalenderpedia.de
Kalender, Kalendervorlagen, Ferientermine und Feiertage.

Schulferien.org
info@schulferien.org

www.schulferien.org
Ferientermine für Deutschland von 1959 bis 2015. Nach Bundesländern, Jahren oder Ferien anzeigbar.

Siehe auch Kapitel Medien

Jahrestage & Gedenktage

Länder

erfolgreich-reisen.de
info@erfolgreich-reisen.de

www.erfolgreich-reisen.de
Reiseinfos zu fast jedem Land der Welt: Reiseführer, Einreisebestimmungen, Gesundheitsinfos, Adressen, Klima und Wetter.

Tourismus.de
info@triplemind.com

www.tourismus.de
Weltweites Tourismusportal mit Informationen, Fotos und Buchungsmöglichkeiten zu Ländern, Regionen und Städten.

Landkarten

Deutsche Google Earth Community©

www.globezoom.info
Das große deutsche Internet-Portal für die digitale Erderkundung mit Satellitenfotos aus Google Earth und anderen Quellen.

Google Maps

maps.google.de
Weltweit Adressen finden und auf der Karte oder als Luftbild anzeigen lassen. Außerdem Branchensuche und Routenplaner.

OpenStreetMap

www.openstreetmap.de
Hier entsteht eine Weltkarte, die von Freiwilligen erstellt wird und die man lizenzkostenfrei nutzen kann.

Reiseberichte

erfolgreich-reisen.de

www.erfolgreich-reisen.de
Interessante und spannende Reiseberichte zu fast allen Urlaubsländern mit vielen Geheimtipps und Insiderinformationen.

Globalscout
redaktion@globalscout.de

www.globalscout.de
Hier berichten reiselustige Hobby-Autoren in farbenprächtigen Reportagen über Reise, Freizeit, Völkerkunde und Kultur.

Rastlos.com
reisemeister@gmail.com

www.rastlos.com
Über 2.000 Reiseberichte, vorwiegend von Backpackern.

Reiseberichte
reiseberichte@globetrotter.de

www.reiseberichte.com
Hier finden sich eine Vielzahl von Links zu Reiseberichten aus aller Welt.

Reiseberichte im Netz
feedback@derreisetipp.de

www.derreisetipp.de
Links zu persönlichen Reiseberichten mit zum Teil beeindruckenden Bildern sowie vielen Geheimtipps und Hinweisen.

reiseberichte-blog.com
info@reiseberichte-blog.com

www.reiseberichte-blog.com
Reiseinformationen und Urlaubsberichte über die schönsten Urlaubsziele, Reiseziele und Sehenswürdigkeiten weltweit.

Umdiewelt.de
info@umdiewelt.de

www.umdiewelt.de
Hier findet man über 1.000 Reiseberichte von erfahrenen Reisenden aus über 150 Ländern, sehr viele davon live von unterwegs.

WeltReisender.Net
info@weltreisender.net

www.weltreisender.net
Reportagen, Berichte und Videos zu zahlreichen Reisezielen auf der ganzen Welt, sortiert nach Themen und Orten.

Reise-Communitys

Cosmotourist
info-de@cosmotourist.net

www.cosmotourist.de
Reisende veröffentlichen hier Reisetipps, Reisetagebücher und empfehlen Sehenswürdigkeiten sowie Clubs.

GEO-Reisecommunity.de

www.geo-reisecommunity.de
In der Community kann man Reiseberichte lesen und verfassen sowie den eigenen Merkzettel für die Reiseplanung schreiben.

Globalzoo
info@globalzoo.de

www.globalzoo.de
Die moderne Community mit tausenden von Blogs und Fotos von „Work and Travel" in Australien bis zum Praktikum in den USA.

tripadvisor.de

www.tripadvisor.de
Erfahrungsberichte von Reisenden und Online-Urlaubsplanung.
(Siehe Abbildung)

Tripsbytips
info@tripsbytips.com

www.tripsbytips.de
Die Mitglieder veröffentlichen Reisetipps, Hotelbewertungen, Restaurantkritiken, Reisetagebücher und Reisebilder.

tripwolf
info@tripwolf.com

www.tripwolf.de
tripwolf ist der mobile Reiseführer für den Individualtouristen. Hier veröffentlichen Reisende ihre Reiseerfahrungen.

Reiseforen & Reisetipps

Der Reiseknigge
mail@reiseknigge.eu

www.reiseknigge.eu
Wie verhält man sich in fremden Kulturen und Ländern? Dieser Reiseknigge verhindert, dass man ständig in Fettnäpfchen tritt.

erfolgreich-reisen.de
info@erfolgreich-reisen.de

www.erfolgreich-reisen.de
Umfangreiche Reiseinfos: Reisereportagen von Reisejournalisten, Reiseberichte von Travellern, Buchtipps, Reiseführer, kommentierte Reise-Links, Gesundheitsinformationen, Urlaubsfotos, Landkarten mit Fotos und Beschreibungen von Sehenswürdigkeiten sowie viele Reisetipps.

Fernwehforum.de

www.fernwehforum.de
Reiseforum zu den Themen Asien, Nordamerika, Südamerika, Australien, Afrika, Europa, Reisepartner und Fluglinien.

Panoramio

www.panoramio.com
Fotos von Sehenswürdigkeiten und Gebäuden aus (fast) jeder Stadt der Welt und Stadtansichten als Satellitenfotos.

strandbewertung.de
info@strandbewertung.de

www.strandbewertung.de
Strände werden von Urlaubern in verschiedenen Rubriken bewertet. Die Beiträge sind redaktionell geprüft.

Travelamigos.de
info@travelamigos.de

www.travelamigos.de
Forum für alles rund um Urlaub: Infos, Urlaubsbilder, Reiseerfahrungen, Reisetipps, Restauranttipps und Reiseberichte.

Tsunami-Alarmsystem

www.tsunami-alarm-system.com
Das Tsunami Alarmsystem wertet Erdbebendaten aus und informiert per SMS über drohende Tsunami-Gefahren, weltweit.

Weltreiseforum.de

www.weltreiseforum.de
Weltreiseforum mit Infos und Diskussionen zu Reiseplanung, Reiseländern, Gesundheit im Ausland und Reisepartnersuche.

wikitravel.org

www.wikitravel.org
Der weltweite Reiseführer für die beliebtesten Urlaubsländer und Städte. Mit einem Sprachführer.

wikivoyage.org

www.wikivoyage.org
In diesem Reise-Wiki erfährt man Wissenswertes über Städte, Länder und Regionen und bekommt nützliche Reisetipps.

Reiseführer

erfolgreich-reisen.de
info@erfolgreich-reisen.de

www.erfolgreich-reisen.de
Reiseführer für jedes Urlaubsland kann man hier direkt online bestellen.

Lonelyplanet.de
onlineredaktion@lonelyplanet.de

www.lonelyplanet.de
Redaktionelle Infos und Bilder für Individualreisende zu Zielen weltweit sowie Tipps von Reisenden im Forum.

Marcopolo.de
onlineredaktion@marcopolo.de

www.marcopolo.de
Online-Reiseführer zu Zielen weltweit mit Insider-Tipps, interaktiven Karten sowie Bildern, Videos und Tipps der Community.

Michael Müller Verlag
info@michael-mueller-verlag.de

www.michael-mueller-verlag.de
Mehr als 230 individuelle Reise-, City- und Wanderführer sowie 50 Reise-Apps für Smartphones and Tablets.

Reise Know-How Verlag
info@reise-know-how.de

www.reise-know-how.de
Großes Angebot an Reiseliteratur wie etwa Reise-, Stadt- und Sprachführer, Landkarten oder Wanderführer.

Stefan Loose Travel
info@stefan-loose.de

www.stefan-loose.de
Aktuelle Neuerscheinungen und alle lieferbaren Titel im Zentralkatalog. Reisetipps für Südostasien. Globetrotter-Forum.

Reisegeld

ReiseBank AG

www.reisebank.de
Infos rund um die Themen Reisegeld und Bargeldtransfer mit Online-Bestellung von Reisegeld und Reiseschecks.

tripadvisor.de   **www.tripadvisor.de**

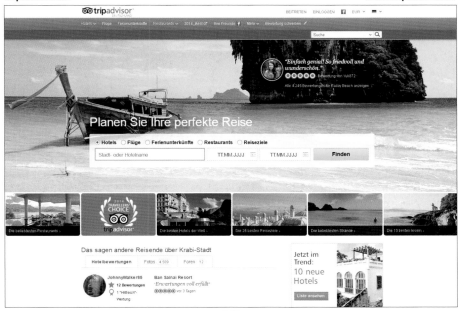

Reisepartner

joinmytrip.de
seitenmeister@joinmytrip.de

www.joinmytrip.de
Community von reisebegeisterten Menschen, die offen sind für Neues aus aller Welt. Reisepartnersuche und ein Reiseforum.

Reisepartner-gesucht.de
info@reisepartner-gesucht.de

www.reisepartner-gesucht.de
Wer verreist schon gerne alleine? Hier können passende Reisepartner gesucht werden. Außerdem Reiseinfos in der Travel-Zone.

Urlaubspartner.net
info@urlaubspartner.net

www.urlaubspartner.net
Eine Kontaktbörse für Reisende, die auf der Suche nach einem Reisepartner sind. Mit Reiseforum.

Reisezeitschriften

abenteuer und reisen
kontakt@abenteuer-reisen.de

www.abenteuer-reisen.de
Animativ und übersichtlich bietet abenteuer und reisen ausführliche Reiseberichte und Reiseführer zu über 400 Reisezielen weltweit sowie Tipps und Tricks rund ums Reisen. Spezielle Features: über 300 Reisevideos, Reise-Community, tagesaktueller News-Ticker, Wetterservice, Gewinnspiele und Reisebuchungen. **(Siehe Abbildung)**

Clever reisen!
info@clever-reisen-magazin.de

www.clever-reisen-magazin.de
Ansichtsexemplare, Leseproben und Services, viele Tests zu Zielen, Veranstaltern und Airlines. NEU: großer Reise-DVD-Shop.

fliegen-sparen.de
info-fs@fliegen-sparen.de

www.fliegen-sparen.de
Das ausgezeichnete Reiseportal präsentiert täglich News. Dazu Tests, Tipps und Spartricks. Viele Preisvergleiche: Airlines, Pauschalreisen, Last-Minute, Hotels und Mietwagen. Mit nutzwertigen Tipps zu: Reiserecht, Reiseimpfung und Tourtipps. Community und Gewinnspiele. **(Siehe Abbildung)**

fliegen-sparen.de　　　　　　　　　　　　　　**www.fliegen-sparen.de**

abenteuer und reisen

www.abenteuer-reisen.de

Aktuelle Reisereportagen

Menorca

Urlaub auf Menorca – ein mediterranes Inselporträt

Eine kleine Insel mit großer Vergangenheit: Menorca. Ihre ältesten Monumente haben immerhin schon 3.500 Jahre auf dem Buckel. Unser Reisebericht zeigt die schönsten Seiten der ... Artikel lesen ›

Gefällt mir 1

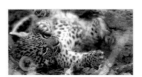

Botswana

Botswana-Safari nostalgisch

Bei unseren „Adventurer Explorations" trotten Elefanten, Flusspferde und Raubtiere zwischen den Zweimannzelten herum. Nah dran an Afrikas Tieren entdeckt man so den Luxus der ... Artikel lesen ›

Gefällt mir 0

Jamaika

Jamaika? Ja!

Traumstrände, sagenhafte Hotels, Reggae, Rum und Rastas sind nur einige Argumente für das Eiland in der Karibik. Deshalb sollte man sein Resort unbedingt auch mal verlassen, um ... Artikel lesen ›

Gefällt mir 0

Queensland

Entspannung und Action

Lettland

Lettland für Sparfüchse

Goa

Go easy, go Goa!

Merian
info@merian.de

www.merian.de
Auf klar strukturierten, leicht navigierbaren Seiten finden sich über 5.000 Reiseziele mit vielen interessanten Artikeln.

● **REISE-PREISE.de**
verlag@reise-preise.de

www.reise-preise.de
Reiseportal der Zeitschrift REISE & PREISE (seit 1987). Dank persönlicher Empfehlungen von Reisejournalisten erhält man ein verlässliches Bild von weltweiten Reisezielen. Kostenlose Preisvergleiche für Billigflüge, Mietwagen, Hotels, Last-Minute und Pauschalreisen mit BEST-PRICE-GARANTIE. **(Siehe Abbildung)**

Routenplaner

Siehe Kapitel Verkehr

Routenplaner

Sehenswürdigkeiten & Ausflüge

GetYourGuide
info@getyourguide.com

www.getyourguide.de
Buchungsplattform für Touren, Ausflüge und Reiseaktivitäten. Von Sightseeing bis hin zu Haifischtauchen.

Imposante Bauwerke
kontakt@imposante-bauwerke.de

www.imposante-bauwerke.de
Die beeindruckendsten Bauwerke dieser Welt werden hier redaktionell beschrieben, zum Teil auch mit Bildern und Videos.

Panoramio

www.panoramio.com
Fotos von Sehenswürdigkeiten und Gebäuden aus nahezu jeder Stadt der Welt sowie Stadtansichten als Satellitenfotos.

rent-a-guide
info@rent-a-guide.de

www.rent-a-guide.de
Über 15.000 ausgewählte Sightseeing-Touren weltweit in 110 Ländern mit deutschsprachigen Reiseführern.

Schätze der Welt
schaetze-der-welt@swr.de

www.schaetze-der-welt.de
Porträts der Natur- und Kulturdenkmäler, die von der UNESCO geschützt werden und immer eine Reise wert sind.

Trampen

Das Tramperwiki

hitchwiki.org
Der freie Ratgeber für das Trampen.

Hitchbase

www.hitchbase.com
Ortsdatenbank für Tramper.

Wanderwege, Bergtouren & Mountainbiketouren

Alpen-Guide.de
fo@schneemenschen.de

www.alpen-guide.de
Der Reiseführer für die Alpen bietet umfassende Reiseinformationen für die Urlaubsgebiete in den Alpenländern.

fernwege.de
info@fernwege.de

www.fernwege.de
Fernwanderwege für Deutschland, Frankreich, Italien, Österreich, Spanien, die Schweiz und Großbritannien.

outdooractive
info@alpstein.com

www.outdooractive.com
Plattform zur Tourensuche und Routenplanung. Vom Saarland bis Neuseeland. Erlebnisberichte, Angebote sowie eine Community.

Planet Outdoor
supportplanetoutdoor.de

www.planetoutdoor.de
Das Tourenportal mit über 3.000 Touren aus den Bereichen Wandern, Kanu, Rad, Langlauf und Klettersteige.

Wanderbares Deutschland
info@wanderverband.de

www.wanderbares-deutschland.de
Wanderwege und -regionen aus ganz Deutschland. Zusätzlich Tourentipps, Wandergastgeber und weitere Wanderinformationen.

Wanderkompass.de info@masepo.de	**www.wanderkompass.de** Attraktive Wanderziele und Wanderwege mit Wegbeschreibungen, Höhenprofilen und kostenlosen GPS-Tracks.
wandermap.net	**www.wandermap.net** Fast 48.000 Tipps für Wanderrouten. GPS-Export möglich.
WanderTipp.de info@wandertipp.de	**www.wandertipp.de** Überregionales Portal für Wanderer und Bergsteiger mit individueller Tourenplanung, Wandertipps, Wanderregionen, Hütten.

Webcams

Webcams.travel	**www.webcams.travel** Übersicht über die Webcams weltweit.

Weltzeituhr & Zeitverschiebung

zeitzonen.de zeitzonen@calamedia.de	**www.zeitzonen.de** Informationen über die Zeitzonen in verschiedenen Ländern, die Zeitumstellung sowie ein Einheiten- und Währungsumrechner.

Aktivurlaub/Fahrradreisen & Fahrradtouren

bikemap.net büro@toursprung.com	**www.bikemap.net** Viele Radroutentipps für Training, Urlaub und Ausflugsplanung. Aktuell gibt es über 1.200.000 Radrouten auf der Web-Seite.
radreisen24 info@radreisen24.net	**www.radreisen24.net** Radreisen, MTB Touren, Familientouren, Rennradtouren und geführte Touren. Ausgearbeitet, geplant und organisiert.
Radreisen-Datenbank, Die info@fahrradreisen.de	**www.fahrradreisen.de** Die große Suchmaschine für Radreisen liefert über 100.000 Reisetermine, Beschreibungen und Informationen zu 800 Radwegen.

REISE-PREISE.de   **www.reise-preise.de**

Anzeige

Radtouren.de
info@radtouren.de

www.radtouren.de
Das Portal für Radreisende. Wissenswertes, Bücher und etliche Links rund um das Radreisen.

Busreisen

„Eurolines – Dein Fernbus für ganz Europa"
service@eurolines.de
☎(06196) 2078 501

www.eurolines.de
Jährlich reisen 10 Millionen Fahrgäste mit den komfortablen Reisebussen von Eurolines. Die längste Route führt von Moskau nach Lissabon. Damit verbinden die Fernbusse von Eurolines, die ihren Namen in der Tat verdienen, ganz Europa. Neben Linienfahrten sind auch Gruppenreisen und Klassenfahrten möglich. **(Siehe Abbildung)**

Busreisen24
info@busreisen24.de

www.busreisen24.com
Busreisen ab Deutschland europaweit – Städtereisen, Musik und Musicals, Rundreisen, Kuren und Wellnessreisen.

Reisebus24.de
info@reisebus24.de

www.reisebus24.de
Das Internet-Portal rund um die Bustouristik: Busreisen, bundesweite Busanmietung für Gruppen, Suchfunktion für Buslinien.

Busreisen/Busreisenvergleich

bus.idealo.de

bus.idealo.de
Fernbus-Preisvergleich, der aus einer großen Anzahl von Busunternehmen die günstigsten Angebote heraussucht.

busliniensuche
kontakt@busliniensuche.de

www.busliniensuche.de
Suchmaschine für Fernbusreisen in Deutschland, die aus allen Angeboten den günstigsten Preis für eine Strecke ermittelt.

„Eurolines – Dein Fernbus für ganz Europa" **www.eurolines.de**

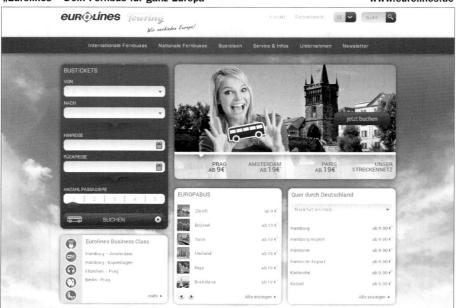

Buswelt.de
info@buswelt.de

www.buswelt.de
Städtereisen, Rundreisen und Badereisen von mehr als hundert Reiseveranstaltern online vergleichen, buchen und bewerten.

Fahrtenfuchs.de

www.fahrtenfuchs.de
Vergleichsportal für Fernlinienbusse durch Deutschland und ganz Europa.

Fernbusse.de
info.de@fernbusse.de

www.fernbusse.de
Fernbus-Verbindungen für mehr als 100 Städte einsehen, Preise der Anbieter vergleichen und Fahrtkarten direkt online buchen.

Cluburlaub

Aldiana
servicecenter@aldiana.de

www.aldiana.de
Exklusiver Cluburlaub inklusive ausgiebiger Wellnessprogramme.

Cluburlaub.de
info@cluburlaub.de

www.cluburlaub.de
Angebote für Clubreisen: Robinson-Club, Club Med, Club-Aldiana, RIU-Clubhotels und Grecotel. Mit Top-Ten-Liste.

Fähren

AFerry.de
mail@aferry.de

www.aferry.de
Fähren nach Italien, Griechenland, Korsika, Sardinien, England, Irland, Spanien und Skandinavien.

Ferrylines.com
info@ferrylines.com

www.ferrylines.com
Das große europäische Fährenportal bietet seit zehn Jahren umfassende und aktuelle Informationen zu 1.800 Routen in alle 44 Küstenländer Europas. Diese können mit Hilfe interaktiver Karten bequem ausgewählt werden. Die meisten Routen können direkt ohne Aufpreis online gebucht werden. Jetzt auch mobil.
(Siehe Abbildung)

Ferrylines.com   **www.ferrylines.com**

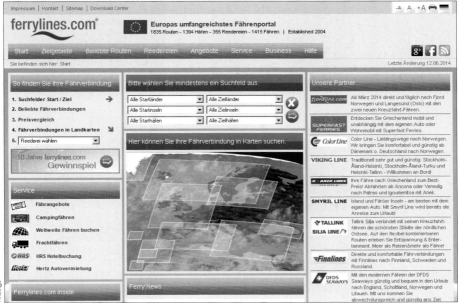

ocean24.com
ocean24@dertour.de

www.ocean24.com
Bei Ocean24 erhält man Online-Fährtickets aller namhaften Reedereien innerhalb Europas und Nordafrikas.

Flüge & Unterkünfte

ab-in-den-urlaub.de

www.ab-in-den-urlaub.de
Pauschalreisen, Hotels, Flüge, Kreuzfahrten, Städtereisen und Last-Minute-Reisen.

airline-direct
info@airline-direct.de

www.airline-direct.de
Preisvergleichportal für Flüge von über 750 Airlines. Außerdem Pauschalreisen, Lastminute-Angebote und Unterkünfte.

Berge & Meer
info@berge-meer.de

www.berge-meer.de
Berge & Meer bietet zahlreiche Reisen, Specials und aktuelle Urlaubsangebote, die direkt online gebucht werden können.

billiger-reisen.de
presse@billiger-reisen.de

www.billiger-reisen.de
Nutzer können hier nach dem billigsten Flug, dem günstigsten Mietwagen und einer preiswerten Hotelübernachtung suchen.

Billigflieger Vergleich

www.billig-flieger-vergleich.de
Angebote von rund 1.000 Fluggesellschaften und Reiseanbietern im direkten Vergleich.

Cheapflug.de

www.cheapflug.de
Vergleich von Billig- und Linienflügen. Mit einem Reiseführer für die beliebtesten Urlaubsziele.

First Class & More
info@first-class-and-more.de

www.first-class-and-more.de
Insiderportal des „Clever reisen!"-Kolumnisten Alexander Koenig mit den besten Spartricks für luxuriöses Reisen: Business oder First Class Flüge zum Economy Preis, exklusive 5 Sterne Resorts zum 3 Sterne Preis, 7er BMW und S-Klasse zum Golf-Preis sowie schneller Statuserwerb bei Lufthansa, Hilton & Co.
(Siehe Abbildung)

First Class & More   **www.first-class-and-more.de**

DER
service@der.com

www.der.com
Der Urlaubsspezialist für individuelle Reisen bietet Pauschalreisen, Kreuzfahrten, Luxusreisen und Schiffsfahrten an.

Ebookers.de
anfrage@ebookers.com

www.ebookers.de
Discount-Flüge rund um den Globus, ständig aktualisierte Pauschalangebote, Last-Minute, und Hotelsonderpreise.

Expedia.de
service@expedia.de

www.expedia.de
Online-Reisebüro für Flüge, Last-Minute- und Pauschalurlaub, Hotels, Städtereisen, Mietwagen und Reiseschutz.

Flug.de
service@flug.de

www.flug.de
Flüge, Hotels und Mietwagen weltweit sowie verschiedene Airpässe.

flug.idealo.de

flug.idealo.de
Ob Billigflug oder Linienflug – flug.idealo.de durchsucht die Angebote verschiedener Fluglinien, Billigflieger und Reisebüros.

Flüge mit Skyscanner
max@skyscanner.de

www.skyscanner.de
Flugsuchmaschine, die Preise von über 1.000 Airlines vergleicht und auch Hotels und Mietwagen vermittelt.

fly.de
fly@fly.de

www.fly.de
Die clevere Flugsuche Best Mixx kombiniert alle Billig-, Charter- und Linienflüge und zeigt immer den günstigsten Preis.

Fly-east.de
service@fly-east.de

www.fly-east.de
Datenbank für weltweite Linienflüge. Mit Flughafenübersicht und umfangreicher Link-Liste für die Urlaubsvorbereitung.

⬤ **Flywest.de**
info@flywest.de
☎ (06321) 35 49 90

www.flywest.de
Auf der Seite von flywest.de können Linienflüge, Wohnmobile, Mietwagen und Hotels weltweit gesucht und sofort online gebucht werden. Eine Flughafen-Übersicht, die alle Airports dieser Welt nach Ländern listet, hilft, den Zielflughafen zu finden.
(Siehe Abbildung)

FTI Touristik
info@fti.de

www.fti.de
Per Online-Buchung können hier Flüge, Hotels, Last-Minute- sowie Pauschalreisen reserviert werden.

Kayak

www.kayak.de
Kayak - die anbieterunabhängige Reisesuchmaschine - vergleicht Flüge, Hotels, Mietwagen und Urlaubsangebote weltweit.

momondo
info@momondo.com

www.momondo.de
Eine Suchmaschine für Flüge, Hotels und Mietwagen. Zudem gibt es Reiseberichte, allerdings größtenteils auf Englisch.

Neckermann UrlaubsWelt
urlaubswelt@neckermann.de

www.neckermann-urlaubswelt.de
Ob Pauschalreisen, Last-Minute-Reisen, Wellnessreisen, Flüge, Hotels oder Mietwagen. Hier wird man garantiert fündig.

Opodo
mail@opodo.de

www.opodo.de
Angebote von über 500 Fluggesellschaften und 65.000 Hotels sowie Mietwagen an 7.000 Standorten weltweit.

OTTO Reisen
info@otto-reisen.de

www.otto-reisen.de
Last-Minute-Angebote, Pauschalreisen, Flüge, Hotels und Ferienhäuser.

skycheck
support@skycheck.com

www.skycheck.de
Vergleich von Flugpreisen diverser Reise-Web-Seiten und kostenlose Preisalarm-Funktion, vertreten in 14 Ländern Europas.

swoodoo
info@swoodoo.com

www.swoodoo.com
Die Flugsuchmaschine hilft dem User, den günstigsten Flug zu finden. Dazu durchsucht swoodoo mehr als 100 Web-Seiten wie Expedia, Lastminute.de oder Airberlin nach Flügen von über 700 Airlines. swoodoo ist Testsieger im Flugpreisvergleich bei Focus Money, Bild am Sonntag, Computer Bild und GEO Saison. **(Siehe Abbildung)**

swoodoo   **www.swoodoo.com**

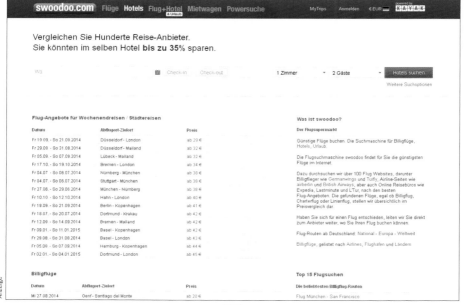

sonnenklar.tv
information@sonnenklar.tv

www.sonnenklar.tv
Die Seite des TV-Senders bietet Reiseangebote aus allen Sparten und „erweckt Reisekataloge zum Leben".

start.de
service@start.de

www.start.de
Das Reiseportal erfüllt Reisewünsche von Individual- und Pauschalreisenden, die sofort online gebucht werden können.

Thomas Cook Online-Reisebüro
online-redaktion@thomascook.de

www.thomascook.de
Pauschal-, Last-Minute- und Individualreisen weltweit sowie attraktive Städtereisen, Flüge und Mietwagen.

Travel Overland
tickets@travel-overland.de

www.travel-overland.de
Angebote für Flüge, Airpässe und Individualreisen sowie Hotels, Städtereisen, Kreuzfahrten und Last-Minute.

Travelchannel.de
info@travelchannel.de

www.travelchannel.de
Last-Minute-Reisen, Pauschalreisen, Städtereisen, Flüge, Hotels, Mietwagen, Ferienhäuser und Kreuzfahrten.

TravelScout24
info@travelscout24.de

www.travelscout24.de
Über 70 Reiseveranstalter im unabhängigen Preisvergleich. Hotelbewertungen, Service und Beratung mit kostenlosem Rückruf.

tripsta
service@tripsta.de

www.tripsta.de
Preisvergleich von Flügen im In- und Ausland bis zu sechs Monate im Voraus.

TUI.de

www.tui.com
TUI.de bietet Pauschal- und Last-Minute-Reisen sowie Flüge, Hotels und Mietwagen, die clever kombiniert werden können.

TUIfly.com

www.tuifly.com
Auf TUIfly.com findet man neben den touristischen TUIfly-Zielen auch zahlreiche Städte- und Fernreiseziele anderer Airlines.

Urlaub.de
info@urlaub.de

www.urlaub.de
Umfangeiche Reiseangebote und über 76.000 Reisetipps.

Vielfliegerforum.de
info@vielfliegerforum.de

www.vielfliegerforum.de
Forum mit Tipps und Tricks (nicht nur) für Vielflieger, mit Diskussionen über die einzelnen Fluggesellschaften.

Vielfliegertreff
info@vielfliegertreff.de

www.vielfliegertreff.de
Forum für Vielflieger und Reiseinteressierte zum Thema Meilensammeln, Vielfliegerprogramme, Bonusprogramme und Fliegen.

weg.de
info@weg.de

www.weg.de
Last-Minute-Angebote, Pauschalreisen, Hotels, Flüge, Mietwagen, Wellnessurlaub, Städtereisen und Ferienhäuser.

Weltweit-Urlaub.de
anfrage@weltweit-urlaub.de

www.weltweit-urlaub.de
Reiseportal mit zahlreichen Urlaubsangeboten verschiedener Reiseveranstalter und Reiseanbieter.

Flüge & Unterkünfte/Last-Minute

Bucher Last Minute
reisecenter1@bucher-reisen.de

www.bucher-reisen.de
Bis zu vier Millionen Angebote zu Nah- und Fernzielen rund um den Erdball sind hier täglich online verfügbar.

lastminute.de
servicecenter@lastminute.de

www.lastminute.de
Angebote für Reisen, Flüge, Hotels oder Wellness. Mit „Flug+Hotel" kann man seine Reisen selbst flexibel kombinieren.

Lastminute4u.de
buchung@lastminute4u.de

www.lastminute4u.de
Online-Preisvergleich für Lastminute- und Pauschalreisen, Charterflüge, Mietwagen und Kreuzfahrten mit BestPrice-Garantie.

L'TUR
impressum@ltur.de

www.ltur.de
Über eine Million aktuelle Last-Minute-Angebote, über 5.000 Hotels und mehr als 100 Airlines sowie Angebot der Stunde.

airlinetest.com

www.airlinetest.com

Fluggastrechte

Euclaim
info@euclaim.de

www.euclaim.de
Diese Plattform ist auf die Durchsetzung von Ausgleichszahlungen gegenüber Fluggesellschaften spezialisiert.

Fairplane
office@fairplane.net

www.fairplane.net
Wenn der Flug verspätet, überbucht oder annulliert ist, hilft Fairplane Schadensersatzansprüche durchzusetzen.

flightright
info@flightright.de

www.flightright.de
Die Betreiber dieser Seite helfen, Entschädigungen bei unvollständig oder nicht erbrachten Flugleistungen durchzusetzen.

Fluggesellschaften/Allgemein

● **airlinetest.com**
info-at@airlinetest.com

www.airlinetest.com
airlinetest.com ist das größte deutschsprachige Bewertungsportal für Flugpassagiere. Über 250.000 Airline-Bewertungen. Daten und Links von über 1.000 Airlines. Dazu Airports, Komfortbewertung, Sitzpläne, Flugsicherheit. Plus: aktuelle News aus der Welt des Fliegens. Neu: Flugpreisvergleich. **(Siehe Abbildung)**

Fluggesellschaften/Billigflieger

Billigflieger.de
support@billigflieger.de

www.billigflieger.de
Kostenloser Preisvergleich von Billig- und Linienflügen sowie von Hotels, Pauschalreisen und Mietwagen.

● **discountflieger.de**
df-info@discountflieger.de

www.discountflieger.de
Blitzschneller gratis Preisvergleich von 700 Airlines, direkte Links zur Flugbuchung. Aktuelle Billigflieger-News und Newsletter. discountflieger.de wurde mehrfach von namhaften Medien ausgezeichnet. **(Siehe Abbildung)**

discountflieger.de   **www.discountflieger.de**

Qfly

www.qfly.de
Suchmaschine für Angebote verschiedener europäischer Billigflieger. Alle versteckten Kosten werden bei dem Vergleich gezeigt.

Kreuzfahrten

1000Kreuzfahrten
service@1000kreuzfahrten.de

www.1000kreuzfahrten.de
Buchungsportal für Kreuzfahrten mit Infos zu Schiffen, Reedereien, Reisezielen und aktuellen Trends der Kreuzfahrtbranche.

dreamlines
info@dreamlines.de

www.dreamlines.de
Suchmaschine für Hochsee- und Flusskreuzfahrten.

e-hoi.de – click and cruise
reisen@e-hoi.de

www.e-hoi.de
Reedereiunabhängiges Kreuzfahrtportal mit Angeboten für Kurzreisen, Kreuzfahrten in der Karibik und Flusskreuzfahrten.

Kreuzfahrten.de
info@kreuzfahrten.de

www.kreuzfahrten.de
Online-Reisebüro für Kreuzfahrten. Fluss-, Luxus- und Themenkreuzfahrten, Expeditionen und Frachtschiffreisen.

Kreuzfahrten24.com
info@kreuzfahrten24.com

www.kreuzfahrten24.com
Zahlreiche Kreuzfahrten und Seereisen mit Tief-Preis-Garantie online finden und buchen.

Kreuzfahrtguide
info@kreuzfahrtguide.com

www.kreuzfahrtguide.com
Porträts von über 200 Kreuzfahrtschiffen, Reportagen und News zu See- und Flussreisen, Routen-Finder und Hafeninfos.

● postschiffreise.de
info@postschiffreise.de

www.postschiffreise.de
Der Spezialist für Kreuzfahrten mit den Postschiffen der Hurtigruten hält eine Vielzahl an verschiedenen Schiffsreisen entlang der norwegischen Küste bereit. Auch Expeditionsseereisen ins nördliche oder südliche Polarmeer mit den Hurtigruten können hier gebucht werden. **(Siehe Abbildung)**

postschiffreise.de   **www.postschiffreise.de**

Kreuzfahrten/Frachtschiffreisen

Frachtschiffreisen
frachtschiff@hamburgsued-reiseagentur.de

www.hamburgsued-frachtschiffreisen.de
Von der einwöchigen Kurzreise bis zur mehrmonatigen Weltreise. Auch einfache Überfahrten sind buchbar.

Kreuzfahrten/Schiffsbewertungen

kreuzfahrer.de
info@kreuzfahrer.de

www.kreuzfahrer.de
Portal mit zahlreichen Schiffsbewertungen von Kreuzfahrern mit detaillierten Angaben zu Kabinen, Gastronomie und Service.

Kreuzfahrten-Treff.de
info@sonnendeck-seereisen.de

www.kreuzfahrten-treff.de
Auf dem Forum für Kreuzfahrten wird über die Kreuzfahrtschiffe und deren Ziele diskutiert.

Mietwagen

autoeurope
reservierung@autoeurope.de

www.autoeurope.de
Vermittelt werden Mietwagen aller Kategorien von renommierten Vermietpartnern an vielen Stationen rund um den Globus.

autovermietung.de
info@autovermietung.de

www.autovermietung.de
Weltweit findet man bei autovermietung.de günstige Mietwagen-angebote für den Urlaub oder die Geschäftsreise.

billiger-mietwagen.de
info@billiger-mietwagen.de
☎(0800) 334 334 334

www.billiger-mietwagen.de
Reiselustige finden hier Mietwagen, die bis zu 50% günstiger sind als am Reiseziel vor Ort. Der Produktvergleich umfasst Mietwagen an 40.000 Stationen in 170 Ländern weltweit. Das angeschlossene Reisebüro bietet eine kostenlose Hotline. Stornierungen sind bis 24 Stunden vor Anmietung kostenfrei. **(Siehe Abbildung)**

billiger-mietwagen.de

www.billiger-mietwagen.de

CarDelMar
kontakt@cardelmar.com

www.cardelmar.de
CarDelMar vermittelt weltweit Mietwagen in über 60 Ländern und an über 6.000 Anmietstationen.

Mietwagen Check.de

www.mietwagen-check.de
Ein Mietwagenpreisvergleich, der weltweit sowohl Mietwagen-Broker als auch Autovermietungen vergleicht.

Mitfahrzentralen

BlaBlaCar.de
info@blablacar.de

www.blablacar.de
Die kostenlose Mitfahrzentrale vermittelt Fahrer mit freien Autoplätzen mit Personen, die Mitfahrgelegenheiten suchen.

fahrgemeinschaft.de
info@fahrgemeinschaft.de

www.fahrgemeinschaft.de
Hier findet man Fahrgemeinschaften und Mitfahrgelegenheiten in ganz Europa. Die Vermittlung ist kostenlos.

mitfahrgelegenheit.de
drive@mitfahrgelegenheit.de

www.mitfahrgelegenheit.de
Hier können gegen Gebühr eigene Mitfahrangebote aufgegeben oder Mitfahrgelegenheiten gesucht werden.

Mitfahrzentrale.de
info@mitfahrzentrale.de

www.mitfahrzentrale.de
Gebührenpflichtige Vermittlungsseite für Fahrzeugreisen und Mitfahrgelegenheiten in Europa.

● **mitfahren.de**
info@drive2day.de

www.mitfahren.de
Wer günstig von A nach B möchte, findet auf der Mitfahrzentrale mitfahren.de über 4 Millionen Auto-, Fernbus- und Bahnfahrten im Angebot. Die Vermittlung von Mitfahrgelegenheiten, Fernbus- und Bahnfahrten ist 100% kostenlos. Wer mitfahren.de nutzt, spart Geld, schont die Umwelt und lernt nette Leute kennen.
(Siehe Abbildung)

mitfahren.de

www.mitfahren.de

Reiseportale

erfolgreich-reisen.de
info@erfolgreich-reisen.de

www.erfolgreich-reisen.de
Umfangreiche Reiseinfos: Reisereportagen von Reisejournalisten, Reiseberichte von Travellern, Buchtipps, Reiseführer, kommentierte Reise-Links, Gesundheitsinformationen, Urlaubsfotos,
Landkarten mit Fotos und Beschreibungen von Sehenswürdigkeiten sowie viele Reisetipps.

Insiderei
feedback@insiderei.com

www.insiderei.com
Insider geben Reisetipps zu Hotels, Restaurants und Bars, Spas
und Einkaufsmöglichkeiten in vielen Ländern der Welt.

living-fine
info@klocke-verlag.de

www.living-fine.de
Das Lifestyle-Portal widmet sich ganz dem Genuss und der gehobenen Lebensart im Internet.

smavel
kontakt@smavel.com

www.smavel.com
Portal mit Übersicht von Urlaubsanbietern und Veranstaltern, umfangreichen Informationen sowie Erfahrungsberichten.

touristik aktuell
info@eubuco.de

www.touristik-aktuell.de
Nachrichten von Touristikveranstaltern, Reise- und Flugunterneh-
men sowie Termine für Schulungen und Infoabende.

Reiseveranstalter

Lernidee Erlebnisreisen
team@lernidee.de
☎(030) 786 00 00

www.lernidee.de
Europas großer Spezialist für Reisen auf der Transsibirischen
Eisenbahn bietet neben der Sonderzugreise Zarengold exklusive
Bahnreisen im Süden Afrikas, in Zentralasien, durch Kanada und
die USA; dazu Flusskreuzfahrten auf dem Mekong, dem Amazonas
und durch Russland plus spannende Individualtouren weltweit.
(Siehe Abbildung)

Lernidee Erlebnisreisen

www.lernidee.de

DERTOUR
service@dertour.de

www.dertour.de
Mit einer riesigen Auswahl an kombinierbaren Urlaubs- und Erlebnisbausteinen bietet DERTOUR die ganze Welt des Urlaubs.

Explorer Fernreisen
info@explorer.de

www.explorer.de
Fernreisen nach Asien, Arabien, Afrika, Amerika, Australien, Neuseeland und in die Südsee.

forumandersreisen.de
info@forumandersreisen.de

www.forumandersreisen.de
Zusammenschluss von 140 Reiseveranstaltern, die Reisen mit Rücksicht auf Mensch und Natur anbieten.

JAHN REISEN
online.koeln@dertouristik.com

www.jahnreisen.de
Hier werden Reisen rund um den Globus angeboten. Man kann Hotels, Flüge, Pauschal- und Last-Minute-Reisen buchen.

Meier's Weltreisen
service@meiers-weltreisen.de

www.meiers-weltreisen.de
Ob Rundreisen, Badeurlaub oder Studienreisen – Meier's Weltreisen ist der Urlaubsspezialist für alles Ferne.

Neckermann Reisen
online-redaktion@thomascook.de

www.neckermann-reisen.de
Bei Neckermann Reisen findet man seinen Traumurlaub: Flug-, Individual-, Auto-, Städte-, Familien- oder Wellnessreisen.

Tischler Reisen
info@tischler-reisen.de

www.tischler-reisen.de
Der Fernreisespezialist arrangiert Individual- und Gruppenreisen. Man findet zudem länderspezifische Reiseinformationen.

Reiseveranstalter/Jugend- & Studentenreisen

● **TSC-Jugendreisen**
info@jugendreise.de
☎(0351) 86 26 070

www.jugendreise.de
Der Veranstalter für Kinder- und Jugendreisen bietet betreute Jugendcamps, Kinderferienfreizeiten, Sprachreisen und Sportcamps an. Ein gut geschultes Betreuerteam erwartet die Kinder und Jugendlichen im Alter von 6 bis 17 Jahren in Camps u. a. zum Thema Ferienlager, Outdoor, Handball, Fußball, Tanzen.
(Siehe Abbildung)

TSC-Jugendreisen

www.jugendreise.de

HEROLÉ-Reisen Klassenfahrten
kontakt@herole.de

www.herole.de
HEROLÉ ist der Veranstalter für Klassen- und Studienfahrten. Europaweit über 100 Reiseziele im Angebot.

Jugendreisen.com
info@jugendreisen.com

www.jugendreisen.com
Portal mit preiswerten Reisen für Jugendliche unterschiedlichen Alters nach Italien, Spanien, Kroatien oder Frankreich.

Jugendreisen-im-sport.de

www.jugendreisen-im-sport.de
Angebote für Kinder- und Jugendreisen: Abenteuer-, Sprach- und Sportreisen sowie Surf- oder Fußballcamps.

ruf reisen
info@ruf.de

www.ruf.de
Hier findet man viele europaweite Angebote für Jugendreisen für das ganze Jahr: Party, Strand und Sport sowie nützliche Elterninformationen.

Solegro Jugendreisen
team@solegro.de

www.solegro.de
Große Auswahl an Jugendreisen, Abireisen, Skiurlaub, Städtereisen, Eventreisen, Busreisen und Sprachreisen. Mit praktischem Suchfilter.

STA Travel
info@statravel.de

www.statravel.de
Anbieter für Jugend- und Studentenreisen: Flüge, Adventure Touren, Hostels, Mietwagen und Round-the-World-Tickets.

Reiseveranstalter/Kurzreisen

kurzurlaub.de
service@kurzurlaub.de
☎ (0385) 34 30 22 70

www.kurzurlaub.de
Das Kurzreiseportal für Deutschland bietet Wellness- und Städtereisen, Romantik-Urlaub, Familien-, Luxus- oder Wochenendreisen und Last-Minute-Angebote für zwei bis fünf freie Tage. Unter „Reisethemen" findet man viele besondere Angebote wie Gruppen-, Event-, Aktiv-, Single- oder Radreisen. **(Siehe Abbildung)**

kurzurlaub.de

www.kurzurlaub.de

Müller Touristik
info@mueller-touristik.de

www.mueller-touren.de
Informationen zu Party- und Tagestouren sowie zu Städte- und Schiffsreisen und Infos zu Betriebsausflügen.

Staedte-reisen.de

www.staedte-reisen.de
Informationen zu Sightseeing, Shopping, Hotels und Ausgehen sowie interaktive Karten für Städtetrips.

Reiseveranstalter/Seniorenreisen

seniorenreisen.de
info@skan-club-60plus.de

www.seniorenreisen.de
Weltweite, seniorengerechte Reiseangebote für Gruppen, Paare oder Individualreisende ab 60 Jahren.

Tourvital.de
info@tourvital.de

www.tourvital.de
Kur- und Wellnessaufenthalte, Fluss- und Hochseekreuzfahrten, aktive Erlebnisreisen, Langzeiturlaube und Erholungsreisen.

Reiseveranstalter/Singlereisen

singlereisen.de
info@singlereisen.de

www.singlereisen.de
Reiseveranstalter für Singles und Alleinreisende mit umfangreichem Reiseangebot.

siree
info@siree.de

www.singlereisen-experte.de
Vielfältige Angebote für den Urlaub von Singles und Alleinreisenden. Zudem ein Reise-Journal.

adamare SingleReisen
info@adamare-singlereisen.de
☎(030) 4401 06 460

www.adamare-singlereisen.de
adamare konzipiert gehobene Gruppenreisen exklusiv für Singles. Gemeinsame Erlebnisse wie Besichtigungen, Jeep-Safaris, Segeltörns usw. erleichtern das gegenseitige Kennenlernen – gänzlich ohne Gruppenzwang, Kuppelspielchen o. ä. Im Angebot sind Europa, Fernreisen, Kreuzfahrten, Skiurlaub u. v. m.
(Siehe Abbildung)

adamare SingleReisen

www.adamare-singlereisen.de

● Sunwave.de Singlereisen
info@sunwave.de

www.sunwave.de
Sunwave bietet Singlereisen in viele attraktive Reisegebiete an. Egal, ob eine Skireise in die Alpen, eine Städtereise nach Berlin, London oder New York, oder eine Rund- und Fernreisen für Singles - gemeinsam in einer Gruppe mit Männern und Frauen ähnlichen Alters kann man mehr erleben. **(Siehe Abbildung)**

Reiseveranstalter/Abenteuerreisen

a&e erlebnis:reisen
info@ae-erlebnisreisen.de

www.ae-erlebnisreisen.de
Getreu dem Motto „Begegnungen in Augenhöhe erleben!" werden außergewöhnliche Individual- und Gruppenreisen angeboten.

e-kolumbus.de – Reisewelten für Entdecker
reisen@e-kolumbus.de

www.e-kolumbus.de
Große Auswahl an Rund-, Erlebnis- und Studienreisen mit Vergleichsmöglichkeit von Reiseverläufen.

ONE WORLD Reisen mit Sinnen
info@reisenmitsinnen.de

www.reisenmitsinnen.de
Spezialist für Erlebnisreisen in Asien, Afrika und Europa. Kleine Gruppen, eigene Reiseleitung, ungewöhnliche Reiseprogramme.

World Insight Rundreisen
info@world-insight.de

www.world-insight.de
Viele Erlebnisreisen und Entdeckungstouren in exotische und weit entfernte Länder.

Reiseveranstalter/Bildungs- & Studienreisen

Rundreisen.de
beratung@rundreisen.de

www.rundreisen.de
Das große Portal für Rundreisen und Erlebnisreisen weltweit mit vielen interessanten Rundreiseschnäppchen.

Studiosus Reisen

www.studiosus.com
Veranstalter von Studienreisen mit Angeboten für Alleinreisende sowie Städtereisen.

Sunwave.de Singlereisen   **www.sunwave.de**

Anzeige

Reiseveranstalter/Familienreisen

Club Family
info@clubfamily.de

www.clubfamily.de
Familienfreundliche Unterkünfte, wie Hotels, Ferienparks und Ferienhäuser auf einen Blick.

Familienreise.de
info@schmetterling.de

www.familienreise.de
Angebote und Reisetipps für Familienreisen: Pauschalreisen.

Reiseveranstalter/Gesundheits- & Wellnessreisen

beauty24 Wellness-Urlaub
service@beauty24.de

www.beauty24.de
Dieser Wellnessreise-Spezialist bietet über 8.000 Wellness-Programme in über 650 ausgesuchten Hotels weltweit an.

● **FIT Reisen**
kontakt@fitreisen.de

www.fitreisen.de
Ob Wellness, ein Kurzurlaub, Kultur, Fasten, Wandern oder klassische Ayurveda-Kuren, hier wird man fündig. **(Siehe Abbildung)**

Online-Reisebüro Kurreisen.de
info@kurreisen.de

www.kurreisen.de
Online-Reisebüro für Kur-, Wellness- und Beauty-Urlaub mit Kur- und Wellnesslexikon sowie Links zum Thema Gesundheit.

Reiseveranstalter/Individualreisen

Chamäleon Reisen
info@chamaeleon-reisen.de

www.chamaeleon-reisen.de
Fernreisen in Kleingruppen und individuelle Reisen nach dem Motto „Natur erleben – Menschen begegnen".

migrador
info@migrador.de

www.migrador.de
Eine Sammlung von Reiseangeboten spezialisierter Veranstalter fernab des Massentourismus. Angebote sind online buchbar.

● **Tripodo.de**
reiseservice@tripodo.com

www.tripodo.de
Mehr als 10.000 außergewöhnliche Reiseangebote für Individualtouristen. **(Siehe Abbildung)**

Tripodo.de   **www.tripodo.de**

FIT Reisen

www.fitreisen.de

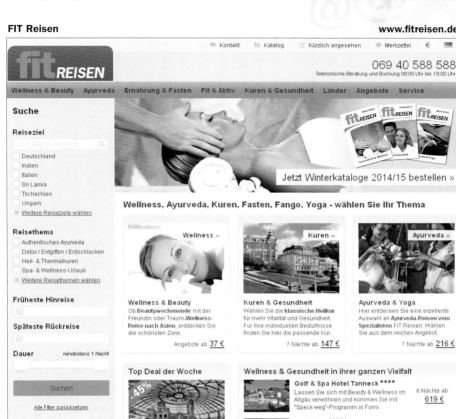

Wellness, Ayurveda, Kuren, Fasten, Fango, Yoga - wählen Sie Ihr Thema

Wellness & Beauty
Ob Beautywochenende mit der Freundin oder Traum-**Wellness-Reise** nach Asien, entdecken Sie die schönsten Ziele.

Angebote ab **37 €**

Kuren & Gesundheit
Wählen Sie die **klassische Heilkur** für mehr Vitalität und Gesundheit. Für Ihre individuellen Bedürfnisse finden Sie hier die passende Kur.

7 Nächte ab **147 €**

Ayurveda & Yoga
Hier entdecken Sie eine exzellente Auswahl an **Ayurveda-Reisen** vom **Spezialisten** FIT Reisen. Wählen Sie aus dem reichen Angebot.

7 Nächte ab **216 €**

Top Deal der Woche

Ramada Resort Aquaworld Budapest ★★★★
Wellness- und Bade-Erlebnis der Extraklasse im **Thermalparadies** Budapest - sparen Sie jetzt bis zu 45%.

4 Nächte ab **176 €**

Wellness & Gesundheit in ihrer ganzen Vielfalt

Golf & Spa Hotel Tanneck ★★★★
Lassen Sie sich mit Beauty & Wellness im Allgäu verwöhnen und kommen Sie mit "Speck weg"-Programm in Form.

6 Nächte ab **619 €**

Scubaspa ★★★★★
Entspannung und die traumhafte Unterwasserwelt der Malediven mit Scuba & Spa erleben!

7 Nächte ab ~~1.635 €~~ **1.308 €**

Ananda in the Himalayas ★★★★★
Fühlen Sie sich erholt und regeneriert mit exklusiver Auszeit im ehemaligen Maharadscha-Palast.

7 Nächte ab **2.204 €**

Weitere attraktive Reisethemen:

Alleinreisende »

Burn-out »

Fasten »

Yoga »

Deluxe & Best Spa »

Thermalquellen »

Suche

Reiseziel

- [ ] Deutschland
- [ ] Indien
- [ ] Italien
- [ ] Sri Lanka
- [ ] Tschechien
- [ ] Ungarn
- ≡ Weitere Reiseziele wählen

Reisethema

- [ ] Authentisches Ayurveda
- [ ] Detox / Entgiften / Entschlacken
- [ ] Heil- & Thermalkuren
- [ ] Spa- & Wellness-Urlaub
- ≡ Weitere Reisethemen wählen

Früheste Hinreise

Späteste Rückreise

Dauer — mindestens 1 Nacht

Suchen

Alle Filter zurücksetzen

Bestpreis-Garantie

Mit FIT Reisen erhalten Sie garantiert den günstigsten Preis.

FIT Reisen in der Presse

FIT-Kataloge anfordern

Bestellen Sie unsere Kataloge

Katalog anfordern

Katalog online ansehen

TÜV Zertifizierung

FIT Reisen steht seit über 35 Jahren für Service und Qualität: "Zufrieden reicht uns nicht, wir wollen Sie begeistern!"

Geprüft & zertifiziert vom TÜV Rheinland.

Reiseversicherungen

ERV - Europäische Reiseversicherung AG
contact@erv.de

www.reiseversicherung.de
Reiseversicherungen einfach und schnell online buchen bei der ERV, der Europäischen Reiseversicherung AG.

HanseMerkur Reiseversicherung
reiseservice@hansemerkur.de

www.hmrv.de
Reiseversicherungen für Urlaubs-, Gruppen- oder Geschäftsreisen, Au-pairs, Studenten und Schüler sowie Auslandsaufenthalte.

Jahresreiseversicherung
info@vit24.de
☎(05139) 95 81 20

www.jahresreiseversicherung.de
Der Online-Vergleichsrechner ermittelt passende Tarife für Jahresreiseversicherungen für Singles, Paare, Familien oder Senioren. Die Versicherungsangebote decken neben Reiserücktritt und Reiseabbruch auf Wunsch auch Schäden oder Verlust des Reisegepäcks sowie Erkrankungen ab. **(Siehe Abbildung)**

reiseversicherung.com
info@reiseversicherung.com

www.reiseversicherung.com
Wissenswertes zum Thema Reiseversicherung mit Vergleich verschiedener Versicherungsprodukte für Reisende.

Secure Travel Reiseversicherungen
service@secure-travel.de
☎(05139) 95 99 20

www.secure-travel.de
Secure-Travel bietet Reiseversicherungen wie Reiserücktrittversicherungen und Auslandskrankenversicherungen von verschiedenen Versicherungsgesellschaften an. Mit dem auf der Internetseite angebotenen Vergleichsrechner findet man die passende Reiseversicherung, die man dort direkt abschließen kann. **(Siehe Abbildung)**

vit24
info@vit24.de
☎(05139) 95 81 20

www.reiseversicherung-vergleich.info
Auf dem großen Vergleichsportal kann man einen Versicherungsvergleich für Reiseversicherungen durchführen. Die Vergleichsrechner werden für die Reiserücktrittsversicherung bzw. die Jahresreiseversicherung, die Auslandskrankenversicherung und ganz neu auch für Schüler, Studenten, Au-pair... angeboten. **(Siehe Abbildung)**

Jahresreiseversicherung

www.jahresreiseversicherung.de

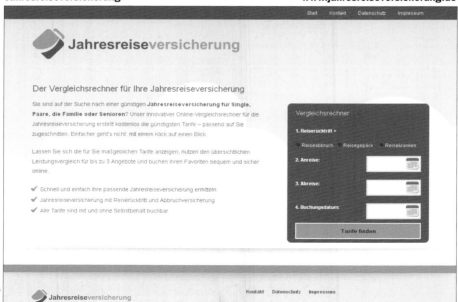

Secure Travel Reiseversicherungen

www.secure-travel.de

vit24

www.reiseversicherung-vergleich.info

Sprachreisen

Siehe Kapitel Bildung & Lernen	Sprachen/Sprachkurse & Sprachreisen

Unterkünfte

adults-hotel.de

www.adults-hotel.de
Hotelportal für alle, die einmal Urlaub ohne (ihre) Kinder machen wollen. Viele empfehlenswerte kinderfreie Hotels.

● Agoda.com

www.agoda.com
Portal mit über 450.000 Hotels weltweit, darunter zahlreiche Geheimtipps, die man in anderen Buchungsportalen nicht findet. **(Siehe Abbildung)**

Booking.com
kunden.service@booking.com

www.booking.com
Online-Hotelreservierungen für Geschäfts- und Freizeitreisende in Hotelketten, Airport- und Stadthotels in ganz Europa.

daydreams
info@daydreams.de

www.daydreams.de
Bis zu 50 % beim Kurzurlaub sparen: 3.500 Hotels europaweit – für jeden Geschmack das richtige Hotel.

DERhotel.com

www.derhotel.com
Hier kann man Hotels und Zimmer für die Geschäftsreise oder Privatreise buchen. Vom Luxushotel bis zur Familienpension.

escapio

de.escapio.com
Hotel-Buchungsplattform für Luxus-, Boutique-, Design-, Bio-, Familien-, Golf- und Schlosshotels.

hotel.de
info@hotel.de

www.hotel.de
Gebührenfreier Hotelreservierungsservice für mehr als 210.000 Hotels weltweit. Hotels online in 37 Sprachen buchen.

hotel.idealo.de

hotel.idealo.de
560.000 Hotels und Unterkünfte weltweit von 25 Anbietern im Vergleich.

hotelsnapper

www.hotelsnapper.com
Hotelsuche mit über 300.000 Hotels weltweit. Preisvergleich von neun großen Buchungsportalen.

HRS - Das Hotelportal
office@hrs.de

www.hrs.de
Kostenlose Online-Buchung einer großen Auswahl an Hotels weltweit zu tagesaktuellen Preisen mit Sofortbestätigung.

trivago
info@trivago.de

www.trivago.de
trivago vergleicht die Hotelpreise von mehr als 50 Online-Reisebüros für 500.000 Hotels weltweit.

TVtrip
contact@tvtrip.com

www.tvtrip.de
TVtrip ist ein Hotel-Videoguide und hilft, dank objektiver und professioneller Videos, das richtige Hotel zu finden.

Unterkunft.de

www.unterkunft.de
Auf Unterkunft.de kann man Ferienwohnungen, Ferienhäuser, Campingplätze und Hotels weltweit direkt beim Vermieter buchen.

Siehe auch

Flüge & Unterkünfte

Unterkünfte/Bauernhofurlaub

Bauernhofurlaub.com
info@bauernhofurlaub.com

www.bauernhofurlaub.com
Portal mit einer großen Auswahl idyllischer Urlaubsbauernhöfe in naturverbundenen Regionen in Deutschland und Europa.

Bauernhofurlaub.de
info@bauernhofurlaub.de

www.bauernhofurlaub.de
Verzeichnis für Urlaub auf dem Bauernhof mit top Bio-Bauernhöfen sowie 1.500 weiteren Ferienhöfen in ganz Deutschland.

Landtourismus.de
landtourismus@dlg.org

www.landtourismus.de
Urlaub auf dem Bauernhof in Deutschland: Rund 800 Ferienhöfe mit DLG-Gütezeichen warten auf Besuch.

Urlaub am Bauernhof in Österreich
office@farmholidays.com

www.urlaubambauernhof.at
Hier werden viele Bauernhöfe in ganz Österreich für den Bauernhofurlaub vorgestellt. Mit Online-Buchung.

Unterkünfte/Beauty- & Wellnesshotels

Beauwell.com
info@beauwell.com

www.beauwell.com
Wellnesshotels und Resorts in über 25 Ländern sowie Kreuzfahrtschiffe und Routen auf allen Weltmeeren. Mit Wellnesslexikon.

Kuren und Wellness TV
service@kurenundwellness.tv

www.kurenundwellness.tv
Hier findet man schöne Kur- und Wellnesshotels – ausführlich beschrieben, mit schönen Fotos und Videos vorgestellt.

Relax Guide
redaktion@relax-guide.com

www.relax-guide.com
Der kritische Wellness-Guide mit 2.000 Hotels für Wellnessurlaub – anonym getestet und mit Lilien bewertet.

Spaness
info@spaness.de

www.spaness.de
Nach Regionen geordnete Wohlfühlangebote in ausgesuchten Hotels, Wellness-Oasen, Day Spas und exquisiten Einrichtungen.

Wellness Heaven
info@wellness-heaven.de

www.wellness-heaven.de
Mit der Wellness-Suchmaschine findet man Wellness-Hotels, die von Hoteltestern kritisch geprüft wurden.

Agoda.com

www.agoda.com

Wellness.info

www.wellness.info
Suche nach Beauty- und Wellnesshotels mit Wellnesseinrichtungen sowie aktuelle Wellnessthemen und ein Wellnesslexikon.

Unterkünfte/Ferienwohnungen & Ferienhäuser

atraveo.de
info@atraveo.de

www.atraveo.de
276.000 Feriendomizile weltweit von bekannten Veranstaltern, regionalen Spezialisten und privaten Vermietern online buchen.

BestFewo.de
info@bestfewo.de

www.bestfewo.de
Deutschlandweites Portal für Ferienwohnungen und Ferienhäuser mit großer Auswahl an direkt buchbaren Ferienunterkünften.

Casamundo
presse@casamundo.de

www.casamundo.de
Aus zahlreichen Angeboten hochwertiger Reiseveranstalter und Privatvermieter können die Kunden ihr Feriendomizil auswählen.

e-domizil
info@e-domizil.de

www.e-domizil.de
Unterkunftssuche für Ferienhäuser und -wohnungen in vielen verschiedenen Ländern.

Ferienhaus und Ferienwohnung
info@plip.net

www.ferienhaus-privat.de
Vermietungen von ca. 2.000 Ferienwohnungen und Ferienhäusern in über 50 Ländern weltweit direkt vom Vermieter.

Ferienwohnland.de
service@ferienwohnland.de

www.ferienwohnland.de
Ferienwohnungen und Ferienhäuser in Deutschland finden und direkt beim Vermieter buchen. Mit vielen Suchfunktionen.

 ferienhuetten.de
info@ferienhuetten.de
☎(09945) 1000

www.ferienhuetten.de
Ferienhausvermittler seit 20 Jahren: Urlaub im Ferienhaus, der Alm- oder Berghütte zum Alleinbewohnen und Selbstversorgen für Gruppen von zwei bis 150 Personen. Die Regionen, in denen sich die Ferienhäuser befinden, umfassen Oberbayern, den Bayerischen Wald, Schwarzwald, Österreich, Schweiz und Tschechien.
(Siehe Abbildung)

ferienhuetten.de

www.ferienhuetten.de

FeWo-direkt.de

www.fewo-direkt.de
Mehr als 220.000 Ferienhäuser und -wohnungen mit ausführlichen Beschreibungen, Farbfotos und Bewertungen.

INTER CHALET
info@interchalet.com

www.interchalet.de
26.000 Ferienhäuser und Ferienwohnungen, Chalets und (Ski-)Hütten in ganz Europa und Florida/USA. Sommer und Winter.

Interhome
info@interhome.de

www.interhome.de
Über 33.000 qualitätsgeprüfte Ferienwohnungen und Ferienhäuser in 31 Ländern Europas.

NOVASOL
novasol@novasol.com

www.novasol.de
Ferienhausurlaub für Familie, Hund und Co. in einem von über 35.000 Ferienhäusern in 27 europäischen Ländern.

● **tourist-online.de**
mail@tourist-online.de

www.tourist-online.de
Hier können Urlaubssuchende aus über 760.400 Ferienwohnungen und -häusern wählen. Viele Angebote sind direkt von Privat.
(Siehe Abbildung)

traum-ferienwohnungen.de
info@traum-ferienwohnungen.de

www.traum-ferienwohnungen.de
Mit Hilfe dieses Portals weltweit Ferienwohnungen und -häuser von privat mieten und vermieten.

Unterkünfte/Haustausch

Haustausch
info@homelink.de

www.homelink.de
Datenbank für Haustauscher. Mit eingetragenen Tauschpartnern aus der ganzen Welt.

haustauschferien.com
admin@haustauschferien.com

www.haustauschferien.com
Über 55.000 Angebote aus 150 Ländern. Einfacher Tausch der Wohnung ermöglicht Urlaub nah an Land und Leuten.

tourist-online.de   **www.tourist-online.de**

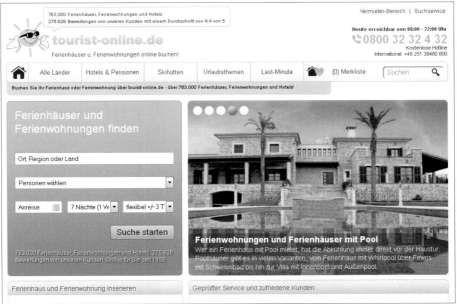

Unterkünfte/Hotelbewertungen

HolidayCheck
info@holidaycheck.de

www.holidaycheck.de
Über 980.000 weltweite Hotelbewertungen mit Urlaubsfotos sowie Schiffsbewertungen, Reisevideos und ein Reiseforum.

Holidaytest
service@reisen.de

www.holidaytest.de
Urlauber testen Urlaubshotels und nehmen dabei kein Blatt vor den Mund. Außerdem kann man Hotels und Flüge buchen.

wowarstdu.de

www.wowarstdu.de
Bewertungsportal mit Reisebüro-Expertentipps.

Unterkünfte/Hotel-Preisvergleiche

Discounthotel.de
info@marktcontrol.de

www.discounthotel.de
Mit einem Klick über 30 Hotelportale weltweit im Preisvergleich, dazu ausgewählte Hoteltipps und Schnäppchen.

Hotel Reservierung

www.hotelreservierung.de
Weltweit günstige Hotels mit tagesaktuellen Gästebewertungen.

Hotels Combined

www.hotelscombined.de
900.000 weltweite Hotelangebote von über 30 Online-Anbietern im Vergleich.

● **McHOTEL.de**
info@marktcontrol.de

www.mchotel.de
Meta-Hotelpreis-Suchmaschine mit über 100 Hotelportalen weltweit im Vergleich mit einem Klick für Urlaub, Geschäftsreisen oder Wochenend-Trips. McHOTEL.de wurde schon mehrfach von namhaften Medien ausgezeichnet. Zusätzlich: echte Gästebewertungen, Bilder, Beschreibungen und Karten zum gewünschten Hotel.
(Siehe Abbildung)

McHOTEL.de

www.mchotel.de

Unterkünfte/Jugendherbergen

Deutsches Jugendherbergswerk
service@djh.de

www.jugendherberge.de
Hier kann man online Übernachtungen buchen sowie Programme und Reiseangebote für Familien und Gruppen entdecken.

Unterkünfte/Privatunterkünfte

9flats.com
info@9flats.com

www.9flats.com
Urlaub im Apartment, Zimmer oder Haus. Hier findet man die schönsten Unterkünfte von Privatvermietern.

airbnb
terms@airbnb.com

www.airbnb.de
Online-Markt für private und kommerzielle Unterkünfte. Mit Empfehlungen und Bewertungen. **(Siehe Abbildung)**

belodged.com
public@belodged.com

www.belodged.com
Hier findet man einfache und kostenlose Unterkünfte bei Privatpersonen auf der ganzen Welt.

couchsurfing.org

www.couchsurfing.org
Auf dieser englischsprachigen Web-Seite bieten Privatpersonen ihre Couch kostenlos zum Übernachten an.

gloveler
mail@gloveler.com

gloveler.de
Plattform, auf der man Privatunterkünfte weltweit anbieten und buchen kann. Gäste geben Bewertungen der Unterkünfte ab.

HouseTrip

www.housetrip.com
Eine Alternative zu Hotels: Privatunterkünfte in vielen großen Städten weltweit. Nach verschiedenen Kriterien suchbar.

Wimdu
contact@wimdu.com

www.wimdu.de
Man findet mit wimdu Privatunterkünfte auf der ganzen Welt. So kann man direkten Kontakt zu den Einheimischen bekommen.

airbnb   **www.airbnb.de**

Afrika/Ägypten

ägypten

de.egypt.travel
Die offizielle Seite des ägyptischen Fremdenverkehrsamts bietet alle relevanten Infos für eine Reise ins Land am Nil.

Ägypten Spezialist

www.aegypten-spezialist.de
Hier findet man Infos zu Reiseanbietern, Land und Leuten, zum Ägypten von heute und dem alten Ägypten mit seinen Göttern.

Afrika/Namibia

Allgemeine Zeitung Namibia
azinfo@az.com.na

www.az.com.na
Diese deutsche Zeitung veröffentlicht Touristeninfos, Reiseberichte und Nachrichten über aktuelle Ereignisse in Namibia.

● **Namibia Travel Online**
sun-service@natron.net

www.natron.net
Seit 18 Jahren: Die „Gelben Seiten" für den Tourismus in Namibia. Nun auch fürs Smartphone. Vom Hotel bis zum Campingplatz – direkt buchbar beim Anbieter. Die Namibia-Karte bietet Übernachtungen nach Regionen. Die Rubrik „Jagdfarmen/Jagdsafaris" bietet alles für den passionierten Jäger.
(Siehe Abbildung)

namibia-info.net
contact@suedafrika.net

www.namibia-info.net
Online-Reiseführer für Namibia: Beschreibung der verschiedenen Regionen und Städte, illustriert mit eindrucksvollen Bildern.

Afrika/Südafrika

Dein Südafrika
info.de@southafrica.net

www.dein-suedafrika.de
Ausführliche Infos zu Stränden, Städten und Nationalparks in Südafrika. Außerdem ein schönes Bildarchiv mit Impressionen.

Namibia Travel Online   **www.natron.net**

Südafrika.net
contact@suedafrika.net

www.suedafrika.net
Informationen zu Reisezielen, Wild- und Naturparks, Geologie und Klima, Bevölkerung und Reiserouten in Südafrika.

Afrika/Tunesien

Tunesien
info@tunesien.info

www.tunesien.info
Wissenswertes über Anreise, Kulinarisches, Sportmöglichkeiten, Wetter und Ausflugsziele für den nächsten Tunesien-Urlaub.

Afrika/Uganda

Safari in Uganda
info@safari-in-uganda.com

www.safari-in-uganda.de
Das Uganda-Portal bietet Informationen zu Hotels, Unterkünften, Reisebüros, Safari-Veranstaltern und Autovermietern vor Ort. Damit lassen sich Safaris individuell planen oder Dienstleister für Uganda finden. Zudem gibt es viele Informationen zu Land, Leuten, Sehenswürdigkeiten und den Nationalparks. **(Siehe Abbildung)**

Amerika/Lateinamerika/Brasilien

Brasilien in XXL
info@brasilien.de

www.brasilien.de
Brasilien hautnah erleben: Exklusive Reiseangebote, Reiseführer und Kartenmaterial. Kostenlose Beratung und Direktbuchung.

Brasilien-Portal
redaktion@brasilienportal.ch

www.brasilienportal.ch
Große Brasilienplattform mit umfassenden Informationen über Kultur, Land und Leute, Reisetipps, Flora, Fauna und mehr.

Safari in Uganda   **www.safari-in-uganda.de**

579

Amerika/Lateinamerika/Kolumbien

Kolumbienforum.net
colombia@catholic.org

www.kolumbienforum.net
Ein Forum über Kolumbien zu den Themen: Auswandern, Reisen, Musik, Kultur, Geschichte, Sport und Politik.

Amerika/Lateinamerika/Kuba

Kubaforum von Habanero, Das

www.kubaforen.de
Großes Forum, in dem man sich über das Land Kuba und seine Besonderheiten austauschen und informieren kann.

Amerika/Lateinamerika/Paraguay

Paraguay Online-Magazin, Das

www.paraguay-online.net
Online-Magazin zu allen Lebensbereichen in Paraguay mit Reisetipps und einem Verzeichnis wichtiger Adressen.

Amerika/USA & Kanada

Amerika Forum
helpdesk@forumhome.com

www.amerika-forum.de
Diskussionen rund um Reisen nach Amerika sowie Auswandern, Leben und Arbeiten in den USA und Kanada.

Das Kanada Forum
sebastian@kanada-forum.net

www.kanada-forum.net
Das Forum bietet alle nötigen Infos für eine Kanadareise zu Einreisebestimmungen, Flügen und Unterkünften.

Florida Sun
mail@floridasunmagazine.com

www.floridasunmagazine.com
Tipps zu den traumhaftesten Stränden, den aufregendsten Themenparks und den schönsten Hotels in Florida.

FLORIDAJournal.de
info@floridajournal.de

www.floridajournal.de
Deutschsprachiges Online-Magazin für den Sunshine-State Florida mit Vorstellung von Reisezielen, Restaurants und Hotels.

Hawaii

www.gohawaii.com/de
Reisetipps, Infos zu den sechs großen Inseln und ein nützliches Hawaii-Reisehandbuch.

NewYork.de
info@newyork.de

www.newyork-ticketshop.de
Sightseeing-Touren und Eintrittskarten für New Yorker Attraktionen kann man hier schon vor der Reise online bestellen.

TalkAboutUSA.com

www.talkaboutusa.com
Großes Forum zum Austausch über Leben und Reisen in den USA.

The American Dream
info@americandream.de

www.americandream.de
Alles zum Thema Leben und Arbeiten in Amerika: Infos zu US-Visa, Online-Anmeldung zur GreenCard-Lotterie sowie Beratung.

● **USA-Reise.de**
redaktion@usa-reise.de

www.usa-reise.de
Eine große Reise in die USA oder nach Kanada geplant? Dieses Reiseportal von Fans für Fans bietet ausführliche Informationen zu den beliebten nordamerikanischen Reisezielen in Form von Fakten, Tipps, einer Bildergalerie und vielen Reiseberichten. Zusätzlich lädt ein Forum noch zum direkten Austausch ein.
(Siehe Abbildung)

Asien/China

China-Guide

www.china-guide.de
Informationen über China, umfangreicher Reiseführer, Reisen, chinesische Medizin, Rezepte, Kultur und Wirtschaft.

Chinaseite.de
info@chinaseite.de

www.chinaseite.de
Infos über die Volksrepublik China. Geschichte, Politik, Reise und ein Studienführer Sinologie.

DiscoverHongkong
frawwo@hktb.com

www.discoverhongkong.com
Infos und Tipps zur Metropole: Sehenswürdigkeiten, Veranstaltungen, Shopping-Guide, Landschaft, Kultur und asiatische Küche.

Asien/Georgien

Georgien Galerie
webmaster@georgien.bilder-album.com

www.georgien.bilder-album.com
Riesige Bildergalerie: Darstellung von Regionen, Sehenswürdigkeiten, Menschen und der Kultur Georgiens.

Asien/Indien

Indien Aktuell
info@prexma.com

www.indienaktuell.de
Das Indienforum: Reisevorbereitung, Reiseberichte, Rezepte, Reisepartner, Veranstaltungen, Hotels und Unterkunftstipps.

Asien/Iran

Iran-Now Network
info@iran-now.net

www.iran-now.net
Aktuelle News aus dem Iran zu Politik, Wirtschaft, Musik, Kultur und Geschichte sowie ein großes Forum mit vielen Infos.

Iran-today.net
info@true-illusions.com

www.iran-today.net
Wissenswertes zu Geschichte, Kunst, Kultur und Gesellschaft des Irans, der persischen Küche, Bildergalerie und Reiseinfos.

USA-Reise.de

www.usa-reise.de

Asien/Kambodscha

kambodscha-info.de

www.kambodscha-info.de
Im Forum gibt es Reiseberichte, Tipps zur Reise, Reisepartner und Hinweise zu Gästehäusern und Hotels.

Asien/Korea

Tour2Korea.com
kntoff@euko.de

german.visitkorea.or.kr
Auskünfte und kostenfreies Infomaterial erhält man bei der koreanischen Zentrale für Tourismus.

Asien/Laos

Laos-community.de

www.laos-community.de
Forum mit Infos über die einzelnen Provinzen, Flug- und Bahnverbindungen sowie Reiseberichte der Forumsmitglieder.

Asien/Malaysia

Malaysia Tourism Promotion Board
info@tourismmalaysia.de

www.tourismmalaysia.de
Reisetipps von Einreise bis Zeitverschiebung, Sehenswürdigkeiten, Regionen Malaysias sowie Tauchen, Rafting oder Golf.

Asien/Myanmar

Myanmar-guide.de
webmaster@myanmar-guide.de

www.myanmar-guide.de
Hier findet man fundierte Infos zu Land und Leuten und was man bei der Einreise nach Myanmar (Burma) beachten sollte.

Asien/Philippinen

Philippinenforum Deutschland
webmaster@philippinenforum.net

www.philippinenforum.net
Im Online-Forum kann über die Themen Urlaub, Unterkünfte, Behörden und Leben auf den Philippinen diskutiert werden.

Asien/Taiwan

Taiwan Reise

www.taiwantourismus.de
Praktische Hinweise und kostenloses Informationsmaterial zu Reisezielen, Freizeitangeboten und Kultur in Taiwan.

Asien/Thailand

nittaya.de
info@nittaya.de

www.nittaya.de
Thailandforum mit vielen Rubriken wie Touristik, Literarisches, Essen und Trinken oder Ehe und Familie. **(Siehe Abbildung)**

Thailändisches Fremdenverkehrsamt
info@thailandtourismus.de

www.thailandtourismus.de
Informationen für Thailandreisende: Veranstaltungen, Reiseziele, Thai-Küche, Einkaufstipps, Bilder und mehr.

Thailand-reisetipps.de

www.thailand-reisetipps.de
Übersichtliches Informationsportal für das Reiseziel Thailand. Mit Diskussionsforen für den Erfahrungsaustausch.

Thailandsun.com
infomail@thailandsun.com

www.thailandsun.com
Der interaktive Thailand-Reiseführer mit über 1.300 Seiten, 4.500 Fotos und 150 Videos weckt die Reiselust.

Asien/Vietnam

forum-vietnam.de
info@forum-vietnam.de

www.forum-vietnam.de
Diskussionsforum zu den Themen Reisen nach und in Vietnam, Städte und Dörfer Vietnams, Kultur, Tradition und Geschichte.

vietnam-freunde-forum.com
info@vietnam-freunde-forum.com

www.vietnam-freunde-forum.com
Ein Forum, in dem alle Fragen zu Vietnam beantwortet werden. Auch viele Reisetipps sowie Berichte zur Kultur und Geschichte.

VOV5
englishsection@vov.org.vn

www.vovworld.vn
Nachrichtenmagazin mit Beiträgen zur Wirtschaft, Kultur, Tourismus und aktuellen Themen rund um Vietnam.

Europa/Baltikum

Ebden Reisen - Das Baltikum Reisebüro
info@ebden-reisen.de

www.ebden-reisen.de
Der Reisespezialist für das Baltikum bietet auf seiner Seite Reisen nach Estland, Lettland und Litauen an.

Travel.lt

www.travel.lt/de
Touristische Informationen rund um Litauen, seine Regionen, Sehenswürdigkeiten, Nationalparks und Unterkünfte.

Europa/Belgien

Belgien Tourismus
info@belgien-tourismus.de

www.belgien-tourismus.de
Kultur, Freizeit, Unterkünfte, Restaurants für Wallonie und Brüssel. Infos über Land, Leute, Antik- und Trödelmarktliste.

flandern.com
info@flandern.com

www.flandern.com
Reiseangebote, Routenplaner und touristische Informationen zu Flanderns Küste, Kunst und Kultur.

Europa/Bulgarien

visitBG.de
info@visitbg.de

www.visitbg.de
Reiseportal für Bulgarien: Reise- und Länderinformationen, Urlaubstipps, Hotel-Finder sowie Sehenswürdigkeiten.

nittaya.de

www.nittaya.de

Europa/Dänemark

DK-forum.de
redaktion@dk-forum.de

www.dk-forum.de
Infos zum Leben und Arbeiten in Dänemark, Vorstellung däni-scher Traditionen und Kultur sowie ein großes Forum.

Ferienhäuser Dänemark
info@feline-holidays.de

www.feline-holidays.de
Bei Feline Holidays stehen über 30.000 Ferienhäuser und Ferien-parks in ganz Dänemark zur Auswahl, wie etwa auf Jütland, Fü-nen, Seeland oder Bornholm. Angeboten werden Ferienhäuser in jeder Kategorie, Größe und Preislage, die allesamt bequem online gebucht werden können. **(Siehe Abbildung)**

Ferienhäuser in Dänemark
info@sonneundstrand.de

www.sonneundstrand.de
Große Auswahl von Ferienhäusern für Ziele wie Bornholm, Jüt-land, Seeland, Djursland, Limfjord, Fünen, Lolland und Falster.

Grönland Reiseführer
info@iceland.de

www.groenlandinfo.de
Interessante Tipps für Reisen nach Grönland mit Angaben zur Landeskunde, zur Geschichte der Inuit sowie zum Klima.

VisitDenmark
daninfo@visitdenmark.com

www.visitdenmark.de
Infos zu Dänemarks Regionen, Unterkunft, Attraktionen und Akti-vitäten sowie Angebote, Spiele und Online-Buchung.

Europa/Finnland

Visitfinland.de
finnland.info@mek.fi

www.visitfinland.de
Angaben über die verschiedenen Reiseregionen Finnlands, Reise-veranstalter und Wissenswertes von A bis Z.

Europa/Frankreich

Corseweb

www.corsica.net
Informationen und hilfreiche Tipps zu Unterkünften und Urlaubs-aktivitäten wie Rafting, Tauchen oder Fischen auf Korsika.

Frankreich-Info
service@frankreich-info.de

www.frankreich-info.de
Rundum-Infos zu Frankreich: Wirtschaft, Geschichte und Wetter. Mit Forum und Buchungsmöglichkeit von Feriendomizilen.

Insel La Réunion
insel-la-reunion@reunion.fr

www.insel-la-reunion.com
Große Auswahl an Reiseberichten und tagesaktuelle Informatio-nen über La Réunion.

rendezvousenfrance.com
info.de@rendezvousenfrance.com

de.rendezvousenfrance.com
Veranstaltungskalender für die einzelnen Regionen Frankreichs und praktische Infos zu Anreise, Unterkunft und Transport.

Europa/Griechenland

korfu-ratgeber.de

www.korfu-ratgeber.de
Wie der Name verspricht, findet der Korfu-Reisende hier Rat. Sei es nun zu den besten Stränden oder zu Ausflugtipps.

Europa/Griechenland/Kreta

Kreta-Impressionen.de
mails@kreta-impressionen.de

www.kreta-impressionen.de
Fast 4.000 Kreta-Fotos mit ausführlichen Ortsbeschreibungen – umfangreiche Sammlung von Infos und Links, TV-Tipps, Forum.

Europa/Griechenland/Rhodos

Insel-rhodos-urlaub.de
info@insel-rhodos-urlaub.de

www.insel-rhodos-urlaub.de
Diese Seite bietet viele Fotos, Informationen, Ausflugsziele und Tourenvorschläge für den Urlaub auf der Insel Rhodos.

Europa/Großbritannien & England

London.de
info@london.de

www.london.de
Online-Reisebüro mit großem Ticketshop für wichtige Attraktionen. Buchungsmöglichkeit für Flüge, Hotels und Musicals.

Schottland Fremdenverkehrsamt
info@visitscotland.com

www.visitscotland.com/de
Infos zu Regionen, über 10.000 Unterkünfte, Verkehrsmittel, Reiseveranstalter, Attraktionen und Ausflugsziele in Schottland.

schottlandcommunity
info@sandkes.de

schottlandcommunity.de
Informationsportal zu Urlaub, Reisen, Wirtschaft und Kultur, Geschichte sowie Land und Leuten in Schottland.

VisitBritain

www.visitbritain.de
Reiseziele und Urlaubsideen sowie Online-Shop für Tickets und Touring-Pässe.

visitengland.de

www.visitengland.de
Das Reiseziel England stellt sich vor. Informationen zu Städten und Regionen, Reiseplanung und Urlaubsideen.

Europa/Irland

Dublin.de
info@triplemind.com

www.dublin.de
Die Seite macht Lust auf Dublin. Infos zu Touren, typischen Gerichten, Museen, Parks und dem öffentlichen Nahverkehr.

Ferienhäuser Dänemark   **www.feline-holidays.de**

Ireland tours
info@irelandtours.de

www.irelandtours.de
Irland aus einer Hand: günstige Mietwagen, Ferienhäuser, Hotels, B&B, Hausboote und Rundreisen.

irish-net
kontakt@irish-net.de

irish-net.de
Informationen rund um Irland, irische Produkte, Travel-Center und Irlandforum.

Irland
info@entdeckeirland.de

www.ireland.com/de-de
Freunde der irischen Insel finden hier Reiseangebote, Tipps zur Urlaubsplanung, Tourenvorschläge und Events.

Irland.com
info@triplemind.com

www.irland.com
Umfassende Infos zu Irland: Land und Leute, Sehenswürdigkeiten, Kunst und Kultur sowie Essen und Trinken.

irland.net
kontakt@irish-net.de

www.irland.net
Hier können die Erfahrungen aus und über Irland mit anderen Irlandfans ausgetauscht werden.

Europa/Island

Island Reiseführer
info@iceland.de

www.iceland.de
Virtuelle Reise durch Island mit Hintergrundinfos zu Natur, Geologie, Botanik, Geschichte, Kultur, Wirtschaft und Politik.

Isländisches Fremdenverkehrsamt
info@icetourist.de

www.visiticeland.com
Informationen zu Islandreisen für Publikum, Presse und Reiseindustrie.

Europa/Italien

Gardasee
redaktion@ferienwohnung-gardasee.it

www.ferienwohnung-gardasee.it
Reiseinformationen für die Region Gardasee mit Möglichkeit der Online-Buchung von Ferienwohnungen und Hotels.

Italien.Info
info@italien.info

www.italien.info
Reiseportal mit aktuellen Nachrichten, wertvollen Tipps und Informationen rund um die Italienreise.

Reise nach Italien
webmaster@reise-nach-italien.de

www.reise-nach-italien.de
Deutsches Italienportal mit zahlreichen Infos zu Land und Leuten, Sprache, Kultur und Gesellschaft, Lebensart und Küche.

Sardafit AG
info@sardafit.com

www.sardinienferienhaus.de
Strandnahe Ferienimmobilien auf Sardinien mit Beratung sowie Betreuung vor Ort durch ein deutschsprachiges Serviceteam.

● Toskana
service24@toskana-appartement.de
☎(08104) 25 96 000

www.toskana-appartement.de
Der Reiseführer mit vielen Reiseinformationen durch die schöne Toskana mit einem breiten und umfangreichen Unterkunftsangebot von über 18.000 Ferienwohnungen und Ferienhäusern in der Toskana und 275.000 Fewos weltweit – teils mit Bestpreis-Garantie. **(Siehe Abbildung)**

Europa/Kroatien

Adrialin GmbH
info@adrialin.de

www.kroatien-adrialin.de
Präsentation von vielen Hotels, Ferienwohnungen und Unterkünften in Kroatien, detailliert mit Fotos und Beschreibungen.

istrien.info
service@istrien.info

www.istrien.info
Infos über Kroatien wie Land und Leute sowie viel Wissenswertes über verschiedene Urlaubsregionen und Unterkünfte.

Kroatien Forum
info@printserv.de

www.forum-kroatien.de
In diesem Forum erhält man nützliche Reisetipps für den Urlaub in Kroatien. Viele Erfahrungsberichte und Empfehlungen.

Europa/Liechtenstein

Liechtenstein Tourismus
info@liechtenstein.li

www.tourismus.li
Aktuelle Informationen aus Kultur, Sport und Gastronomie sowie Reiseangebote und Ausflüge in das Fürstentum.

Europa/Malta

Malta Tours
info@malta-tours.de

www.malta-tours.de
Online-Reiseführer für die maltesischen Mittelmeerinseln Malta, Gozo und Comino.

Europa/Monaco

Monacoangebote.de
servicecenter@principaute-monaco.com

www.monacoangebote.de
Suchen und Finden wichtiger Informationen zu Monaco und Monte Carlo. Angebote, Hotels, Reisen und Veranstaltungen.

Monte-Carlo.mc

www.monte-carlo.mc
Gebirge und Meer, Parkanlagen, Sportveranstaltungen, kulturelle Ereignisse, Adressenverzeichnis und Hotelreservierung.

Europa/Niederlande

Holland
info@niederlande.de

www.holland.com/de
Alles Wissenswerte für den Urlaub in Holland: Küste, Städte, Wassersport und Aktivurlaub sowie nützliche Tipps und Adressen.

Toskana   **www.toskana-appartement.de**

Anzeige

Europa/Norwegen

Norway
germany@innovationnorway.no

www.visitnorway.de
Das offizielle Reiseportal für Norwegen. Infos zu Regionen, Tourvorschläge, Unterkünfte und „Norwegen A-Z".

Norwegeninfo.net
post@norwegeninfo.net

www.norwegeninfo.net
Infoportal für das Reiseland Norwegen mit einem Ferienhauskatalog, Reisetipps, Norwegen-News, Sprachkursen und Jobs.

Europa/Österreich

Nationaler Tourismusverband Österreichs
urlaub@austria.info

www.austria.info
Reiseführer für Urlaub in Österreich mit allen wichtigen Informationen, buchbaren Angeboten und Unterkunftsdatenbank.

● **tiscover**
office@tiscover.com

www.tiscover.com
Urlaub in Österreich: Zahlreiche Unterkünfte vom Bauernhof bis zum Fünf-Sterne-Hotel sowie Reiseführer. **(Siehe Abbildung)**

Europa/Polen

ferienland-polen.de
info@ferienland-polen.de

www.ferienland-polen.de
Ferienhäuser, Pensionen, Apartments und Hotels in Polen werden auf dieser Web-Seite ausführlich bebildert vorgestellt.

Polen
info.de@polen.travel

www.polen.travel
Praktische Reiseinformationen zum Urlaubsziel Polen. Mit Freizeittipps und vielen Sehenswürdigkeiten.

Schönes Polen
serviceteam@schoenes-polen.de

www.schoenes-polen.de
Infos rund um Polen: Reise, Land und Leute, Kultur, Essen, Städte, Kuren, Aktivurlaub, Verkehr und Sicherheit.

Europa/Portugal

Madeira Center
kontakt@madeira-center.de

www.madeira-center.de
Das Urlaubsportal für die portugiesische Atlantikinsel Madeira mit umfassenden Infos und Reiseangeboten.

Portugal
info@visitportugal.com

www.visitportugal.com
Offizielle Seite des Fremdenverkehrsamtes von Portugal mit Infos zu Unterkunft, Gastronomie, Kultur, Natur und Freizeit.

Portugal Infos
kontakt@portugal-aktuell.de

www.portugal-aktuell.de
Informationsportal mit allen wissenswerten Daten und Fakten rund um Portugal. Mit Ferienhaussuche und Städteverzeichnis.

Portugalforum

www.portugalforum.de
Im Portugalforum werden Themen wie Urlaub, in Portugal leben, Auswandern, Politik und Veranstaltungen besprochen.

Europa/Rumänien

Tourismus in Rumänien

www.turism.ro
Infos zum Donaudelta (Naturreservat), Bukarest, Fahrten nach Transsilvanien sowie zu Sommer- und Wintersport in den Bergen.

Europa/Russland

Russland entdecken
info@russlandinfo.de

www.russlandinfo.de
Wissenswertes zur russischen Kultur und nützliche Reiseinformationen zum Russland-Urlaub wie Einreise- und Zollbestimmungen.

Russland Heute
redaktion@russland-heute.de

russland-heute.de
Nachrichten und Analysen von professionellen unabhängigen Journalisten aus Russland.

russland.RU
redaktion@russland.ru

www.russland.ru
Die Internet-Zeitung berichtet über Aktuelles aus Politik, Wirtschaft, Sport und Kultur in Russland.

RusslandJournal.de
info@russlandjournal.de

www.russlandjournal.de
Infos und Videos über Russland, gratis Audio-Podcast, Sprachübungen zum Russisch Lernen, Rezepte, Unterhaltung, Forum.

Transsibirische Eisenbahn

www.transsibirische-eisenbahn.de
9.000 Kilometer auf Schienen von Moskau in Richtung Osten. Hier kann man seinen eigenen Fahrplan zusammenstellen.

Europa/Schweden

schwedenstube

sweforum.schwedenstube.de
Hier tauscht man sich über das Leben und Arbeiten in Schweden sowie Unterkünfte, Attraktionen und Veranstaltungen aus.

Schwedentor
info@schwedentor.de

www.schwedentor.de
In der Community kann man sich mit Schweden-Liebhabern über Land und Leute unterhalten und Erfahrungen austauschen.

Smålandreisen.de
kontakt@smalandreisen.de

www.smalandreisen.de
Hier findet man Ferienhäuser, Reiseangebote, Wandertouren Angel-, Rad-, Kanu-, und Reiseinformationen aus Südschweden.

Stockholm
info@svb.stockholm.se

www.visitstockholm.com
Die Seite präsentiert Schwedens Hauptstadt mit Reiseinfos, Freizeit-Tipps, Unterkünften und Sehenswürdigkeiten.

Visitsweden.com
germany@visitsweden.com

www.visitsweden.com
Infos zu Schwedens Regionen, Aktivitäten, Unterkünften und Anreise sowie Newsletter und integrierte Community.

tiscover   **www.tiscover.com**

Europa/Schweiz

hri.ch
info@tourismus-schweiz.ch

www.hri.ch/de
Anhand einer Schweizer Karte kann hier nach Unterkünften gesucht werden.

Schweiz Tourismus
info@myswitzerland.com

www.myswitzerland.com
Beschreibung der Regionen zur Sommer- und Winterzeit, aktuelle Wetterangaben und Schneehöhenberichte sowie Wandertipps.

Europa/Slowenien

Slovenia
slowenien.fva@t-online.de

www.slovenia.info
Slowenien als Tourismusland: Wissenswertes über Anreise, Unterkunft, touristische Attraktionen und Urlaubsmöglichkeiten.

Europa/Spanien

● **Barcelona**
kontakt@barcelona.de

www.barcelona.de
Die schön gestaltete Web-Seite bietet Informationen zu Hotels, Gastronomie, Kunst und Kultur in Barcelona. **(Siehe Abbildung)**

Ferienwohnungen-Spanien.de
support@spain-holiday.com

www.ferienwohnungen-spanien.de
Über 7.300 private Ferienhäuser und Ferienwohnungen in allen Urlaubsregionen Spaniens.

Spanien Tourismus
frankfurt@tourspain.es

www.spain.info
Infos zu Regionen, Stränden und Festen sowie zu Routen (wie Pilgerwege durch die Pyrenäen), Unterkünften und Spanischkursen.

spanienforum.de

www.spanienforum.de
Forum rund um das Thema Spanien. Von Auswanderung über Kunst und Kultur in Spanien bis hin zur spanischen Küche.

Europa/Spanien/Balearen/Ibiza

Ibiza Spotlight
info@ibiza-spotlight.com

www.ibiza-spotlight.de
Angaben über Urlaubsorte und Strände, Restaurants und das Nachtleben, Online-Buchung von Hotels und Apartments.

IbizaHEUTE online
office@ibiza-heute.de

www.ibiza-heute.de
Monatsmagazin für Ibiza und Formentera. Themen: Lokales, News, Reportagen, Service, Kunst und Nightlife.

Europa/Spanien/Balearen/Mallorca

Inselferien
info@inselferien.de

www.inselferien.de
Auf der Karte von Mallorca sind Restaurants, Hotels, Sehenswürdigkeiten und andere wichtige Adressen markiert.

Mallorca.de
info@mallorca.de

mallorca.de
Kultur, Geschichte, Tipps für die Mallorca-Reise, aber auch Leben und Arbeiten auf der „Lieblingsinsel" der Deutschen.

mallorca-today
redaktion@mallorca-today.de

www.mallorca-today.de
Detaillierte Infos: Der aktuelle Wetterbericht, Feste, Events, Hotelbewertungen, Shopping-Tipps sowie ein Strand-Guide.

Europa/Spanien/Kanarische Inseln

Reisesuche

www.reisesuche.de
Vorstellung der Hotels auf den Kanarischen Inseln als Video aus der Vogelperspektive.

Urlaub Kanaren
info@lascasascanarias.com

www.lascasascanarias.com
Der Spezialist für exklusive Feriendomizile auf Teneriffa, Gran Canaria, Lanzarote, Fuerteventura, La Palma und La Gomera.

Europa/Spanien/Kanarische Inseln/La Palma

la-palma-service.de
info@la-palma-service.de

www.la-palma-service.de
Informative Berichte über Strände, Ausflugsziele, Restaurants sowie Wanderungen auf La Palma mit eindrucksvollen Fotos.

Europa/Spanien/Kanarische Inseln/Lanzarote

Lanzarote
kontakt@infolanzarote.de

www.infolanzarote.de
Beschreibungen der Strände und Sehenswürdigkeiten auf Lanzarote, Hotelbewertungen und Links zu Tauch- oder Surfschulen.

Europa/Spanien/Kanarische Inseln/Teneriffa

Insel Teneriffa
info@inselteneriffa.com

www.inselteneriffa.com
Informationen über die Insel Teneriffa, aktuelle Nachrichten, Orte,
Strände, Wanderungen, Reportagen und eine Fotogalerie.

Europa/Tschechien

Tschechien Online
koehler@tschechien-online.org

www.tschechien-online.org
Aktuelle Nachrichten zu Wirtschaft, Land und Leuten. Großes
Branchen- und Web-Verzeichnis zu Tschechien.

Tschechische Republik
info1-de@czechtourism.com

www.czechtourism.com
Hier findet man viele Tipps und Informationen zum Urlaub in der
Tschechischen Republik.

Europa/Türkei

alaturka.info
info@alaturka.info

www.alaturka.info
Infos über türkische Kultur und Geschichte, türkisches Leben und
Essen, Sport in der Türkei und das Reisen in das Land.

Barcelona   **www.barcelona.de**

goTurkey.com

www.goturkey.com
Offizielles Reiseportal für die Türkei mit Infos zum Land sowie
touristischen Angeboten.

Istanbul Tourist Information
info@istanbul-tourist-information.com

istanbul-tourist-information.com
Umfangreiche Tourismusinfos zu Istanbul. Mit Museen, Gastronomie, Wissenswertem und Tipps zu Events und Ausflügen.

Europa/Ungarn

Budapester Tourismusamt

www.budapestinfo.hu
Web-Seite der ungarischen Hauptstadt. Online-Unterkunftsreser-
vierung, Attraktionen, Ausflüge, Dia-Shows und Videos.

Ungarn
sekretariat@ungarn-tourismus.de

de.gotohungary.com
Sonderangebote, Aktionen, Infos und Ideen für einen gelungenen
Ungarn-Urlaub. Nützliche Tipps und Links.

Ungarn-reisemagazin.de
redaktion@akrizo-reisemagazin.de

www.ungarn-reisemagazin.de
Umfangreiche Informationen über alle Regionen Ungarns, mit Insider-Tipps, einem Hotel-Guide und Aktivitätsmöglichkeiten.

Europa/Zypern

Bookcyprus.com
info@bookcyprus.com

www.bookcyprus.com
Hier kann man seine Reise individuell planen und direkt online
buchen: Suche nach Hotels, Mietwagen und Ausflügen.

Indischer Ozean/La Réunion

Insel-Reunion.de

www.insel-reunion.de
Präsentation der französischen Insel La Réunion mit Bildergaleri-
en, Reiseberichten und nützlichen Infos zur Anreise.

Indischer Ozean/Madagaskar

Madagaskar-online.de

www.madagaskar-online.de
Hier findet man Interessantes und Wissenswertes zu Madagas-
kar: Reiseberichte, Kultur, Hotels, Literatur und Musik.

Indischer Ozean/Malediven

Malediven
info@malediven.net

www.malediven.net
Infos über die Malediven mit Fotos und einem Forum, in dem man
Reiseberichte veröffentlichen kann.

Indischer Ozean/Mauritius

Mauritius Forum
info@info-mauritius.com

www.info-mauritius.com/forum
Im Mauritius Forum kann man sich austauschen, Bilder anschau-
en sowie über die Insel und eigene Reiseerfahrungen plaudern.

Mauritius-Links
ff@mauritius-links.de

www.mauritius-links.de
Linksammlung, News, Reiseberichte, Interviews und Reiseinformationen zur Trauminsel Mauritius.

Indischer Ozean/Seychellen

My-seychelles.net
info@my-seychelles.net

www.my-seychelles.net
Auf my-seychelles.net findet man Reisen auf die Sonneninseln in
verschiedenen Varianten, Bilder und Reiseinfos.

Naher Osten/Israel

israel
info@goisrael.de

www.goisrael.de
Portal für die Reise nach Israel mit Infos zu Städten und Regionen sowie Tipps zu Unterkünften und Freizeitgestaltung.

Pazifik/Australien

● **australia.com**

www.australia.com
Reiseinfos, Reiseangebote, Urlaubsregionen, Aktivitäten und alles Wissenswerte für den Urlaub „Down Under". **(Siehe Abbildung)**

There's nothing like Australia

www.nothinglikeaustralia.com/de
Viele Fotos und Reiseideen zu Australien. Mit Reiseberichten und Empfehlungen zu den besten Urlaubszielen in Australien.

Pazifik/Tahiti

tahiti-tourisme.de

www.tahiti-tourisme.de
Tahiti und ihre Inseln, Land und Leute, Veranstaltungen, Reiseziele sowie Tahiti-Spezialisten werden hier vorgestellt.

Vereinigte Arabische Emirate

Dubai Infoportal
info@ewtc.de

www.dubai.de
Infoportal für Dubai und Nachbar-Emirate u. a. mit den Themen: Land und Leute, Reise, Shopping, Immobilien und Events.

Dubai-city.de
info@dubai-city.de

www.dubai-city.de
Infos zu Hotels, Fluggesellschaften, Sehenswürdigkeiten, Einreisebestimmungen, Sport und dem allgemeinen Klima am Golf.

Sharjah

www.sharjahtourism.ae
Offizielle Tourismusseite des Emirats Sharjah. Infos über das Emirat, Wirtschaft, Kulturerbe und Freizeitaktivitäten.

australia.com   **www.australia.com**

Allgemein

Reiseland Deutschland
info@germany.travel

www.germany.travel
Vielfältige Infos zum Reiseland Deutschland. Inspiriert mit Bildern, 360-Grad-Panoramen und Filmen. **(Siehe Abbildung)**

Sehnsucht Deutschland
info@sehnsuchtdeutschland.com

www.sehnsuchtdeutschland.com
Reportagen über Städte, Regionen, Aktivurlaub und Wellness sowie Freizeit-, Kultur- und Veranstaltungstipps.

Bundesländer/Baden-Württemberg

ferienregion-allgaeu.de
tourist@wangen.de

www.ferienregion-allgaeu.de
Städte im Alpenvorland, Veranstaltungen, Radeln, Wandern, Westallgäuer Käsestraße, Obst-, Wasserrouten und Ausflugsziele.

Genießerland Baden-Württemberg
info@tourismus-bw.de

www.tourismus-bw.de
Informationsservice zum Genießerland Baden-Württemberg mit Freizeittipps, Angeboten, Tourenvorschlägen und Radtourenplaner. **(Siehe Abbildung)**

Bundesländer/Baden-Württemberg/Bodensee

Bodensee-Oberschwaben Verkehrsbund
info@bodo.de

www.bodo.de
Der Verkehrsbund informiert über Preise, Fahrpläne sowie Fahrplan- und Tarifänderungen.

Bodenseeurlaub
info@ferienwohnungen-bodensee.de

www.bodenseeurlaub.de
Hier werden Hotels, Pensionen und Ferienwohnungen am Bodensee vorgestellt sowie Informationen zur Region gegeben.

Friedrichshafen

www.friedrichshafen.de
Portal der Zeppelinstadt. News, Veranstaltungen, Tourismus und Wirtschaft. Webcams liefern aktuelle Bilder.

Reiseland Deutschland   **www.germany.travel**

Stadt Konstanz
webmaster@stadt.konstanz.de

www.konstanz.de
Die Web-Seite der Stadt am See bietet Einheimischen wie Touristen Kultur- und Freizeittipps.

Bundesländer/Baden-Württemberg/Rhein-Neckar

Heidelberg Tourismus
info@heidelberg-marketing.de

www.heidelberg-marketing.de
Ausführliche Infos zu Stadt und Sehenswürdigkeiten. Mit Restaurantliste, Veranstaltungshinweisen sowie Ausflugstipps.

Heilbronn Marketing
info@heilbronn-marketing.de

www.heilbronn-marketing.de
Hier gibt es alle touristischen Infos vom „Käthchen" bis hin zur Stadtgeschichte, Veranstaltungen und Unterkünften.

Karlsruhe
info@karlsruhe-tourismus.de

www.karlsruhe-tourismus.de
Tourismusinformationen der Stadt Karlsruhe. Schlösser, Museen, Nightlife oder Shopping. Mit Veranstaltungskalender.

Stadt Heilbronn
posteingang@stadt-heilbronn.de

www.heilbronn.de
Wissenswertes zu Wirtschaft, Gesundheit, Kultur, Bildung und Umwelt. Bürgerservice A-Z, Vereine und Stadtplan.

Stadt Karlsruhe
medienbuero@karlsruhe.de

www.karlsruhe.de
Aktuelle Meldungen und Infos zu den Rubriken Stadt, Rathaus, Kultur, Sport, Wirtschaft und Umwelt.

Stadt Ludwigsburg
rathaus@ludwigsburg.de

www.ludwigsburg.de
Infos zu Stadtverwaltung, Sehenswürdigkeiten, Umwelt, Freizeit und Bildung.

Stadt Mannheim
stadtverwaltung@mannheim.de

www.mannheim.de
Nachrichten, Terminkalender, Rathaus mit Online-Diensten, Straßenkarten, Stadtrundgang, Kultur- und Tourismusangebot.

Stadtmarketing Mannheim GmbH
info@stadtmarketing-mannheim.de

www.stadtmarketing-mannheim.de
Infoseite zu Themen und Projekten des Stadtmarketing Mannheim mit vielen Links und Download-Möglichkeiten.

Genießerland Baden-Württemberg   www.tourismus-bw.de

Tourist Information Mannheim
touristinformation@mannheim.de

www.tourist-mannheim.de
Mannheim bietet Kulturerlebnisse und Shopping in der Stadt der kurzen Wege.

Bundesländer/Baden-Württemberg/Schwäbische Alb

Schwäbisch Gmünd
stadtverwaltung@schwaebisch-gmuend.de

www.schwaebisch-gmuend.de
Infos zu Wohnen, Freizeit, Veranstaltungen, Theater und Museen. Mit übersichtlicher Tabelle aller Hotels.

Stadt Aalen online
presseamt@aalen.de

www.aalen.de
Infos zu Stadtteilen, Touristik, Wirtschaft, Kultur, Veranstaltungen, Vereinen und Verkehr sowie ein Stadtplan.

Universitätsstadt Tübingen
stadt@tuebingen.de

www.tuebingen.de
Die Stadt informiert über Wissenschaft, Tourismus und Veranstaltungen. Virtueller Rundgang durch die Altstadt.

Bundesländer/Baden-Württemberg/Schwarzwald

● **andorf.de**
info@andorf.de

www.andorf.de
Umfassende Informationen über den schönen Schwarzwald: Neben Hotels und Pensionen kann man hier Gäste- und Reiseführer für den Aufenthalt im Schwarzwald finden. Außerdem alles Wissenswerte zu typischen Produkten wie Kuckucksuhren oder der Schwarzwälder Kirschtorte sowie Urlaubs- und Freizeittipps. **(Siehe Abbildung)**

● **Baden-Baden**
info@baden-baden.com

www.baden-baden.de
Offizielle Website der internationalen Bäder- und Kulturstadt Baden-Baden mit ihren Sehenswürdigkeiten und vielfältigen Angeboten sowie aktuellen Informationen, Veranstaltungskalender, Stadtplan, Hotelübersicht und -reservierung, Shopping Guide, großem Branchen-Portal und Link zur Web-App. **(Siehe Abbildung)**

andorf.de

www.andorf.de

Die Ortenaulinie
tgo@ortenaukreis.de

www.ortenaulinie.de
Die Ortenaulinie stellt sich vor. Dazu viele Informationen zu Fahrkarten und Fahrplanauskunft.

fudder
info@fudder.de

fudder.de
Neuigkeiten aus Freiburg. Auf dieser Plattform, mit Themen rund um Freiburg, kann sich jeder beteiligen.

Hochschwarzwald
info@hochschwarzwald.de

www.hochschwarzwald.de
Alle Infos zur Urlaubsregion Hochschwarzwald rund um Feldberg, Titisee und Schluchsee: Unterkünfte und Ausflugsziele.

Lörrach
stadt@loerrach.de

www.loerrach.de
Die Stadt im äußersten Südwesten Deutschlands stellt ihre Wirtschaft, Kultur, Tourismus und ihren Bürgerservice vor.

Schwarzwald
mail@schwarzwald-tourismus.info

www.schwarzwald-tourismus.info
Offizielle Seiten des Schwarzwaldtourismus, mit Angeboten und Infos zu mehr als 250 Orten der Ferienregion im Südwesten.

Schwarzwald.de
info@schwarzwald.de

www.schwarzwald.de
Gut strukturierte Seiten zu Hotels, Veranstaltungen und Ferienorten im Schwarzwald, mit verschiedenen Bildergalerien.

Stadt Freiburg
info@freiburg.de

www.freiburg.de
Infos zur Freiburger Kultur und Freizeit, Stadtverwaltung und Bürgerservice, Tourismus sowie Wirtschaft.

Stadt Offenburg
internet@offenburg.de

www.offenburg.de
Aktuelles, Tourismus, Wirtschaft, Verkehr, Kultur, Bildung, Freizeit und Soziales.

Südbaden - Schwarzwald - Bodensee
info@badische-seiten.de

www.badische-seiten.de
Orte, Geschichte, Kultur, Freizeit, Sehenswürdigkeiten und alemannische Sprache.

Baden-Baden

www.baden-baden.de

597

Villingen-Schwenningen
stadt@villingen-schwenningen.de

www.villingen-schwenningen.de
Viele Infos zu Stadt, Kultur, Bildung und Freizeit. Mit großem Bürgerservice.

www.freiburg-aktiv.de
info@freiburg-aktiv.de

www.freiburg-aktiv.de
Sportliche Stadtführungen, Fahrradverleih, Nordic-Walking Betriebsausflüge und Sightseeing-Jogging.

Bundesländer/Baden-Württemberg/Stuttgart

Das Neckar Magazin
redaktion@neckar-magazin.de

www.neckar-magazin.de
Freizeit- und Touristikinfos zur Neckarregion mit Ausflugstipps, Touren, Kulinarien, Unterkunft, Veranstaltungen, Quiz.

Esslingen am Neckar
info@esslingen-tourist.de

tourist.esslingen.de
Informationen zu Sehenswürdigkeiten, Museen, Ausflugszielen, Stadtrundgängen und Veranstaltungen.

Region Stuttgart
info@region-stuttgart.de

www.region-stuttgart.de
Vielfältige Informationen über die Region Stuttgart: Freizeit, Kultur, Unternehmen und Forschungseinrichtungen.

Stadt Esslingen am Neckar
stadt@esslingen.de

www.esslingen.de
Online-Formulare, Ämterwegweiser, Veranstaltungskalender und interaktiver Stadtplan.

Stadt Sindelfingen
stadt@sindelfingen.de

www.sindelfingen.de
Infos über Tourismus, Kultur, Freizeit, Bildung, Soziales und Umwelt.

Stadt Stuttgart
info@stuttgart.de

www.stuttgart.de
Stadtporträt mit Infos zu Politik, Verwaltung, Kultur und Wirtschaft Stuttgarts mit elektronischem Bürgerservice.

Stuttgart-Marketing GmbH
info@stuttgart-tourist.de

www.stuttgart-tourist.de
Touristeninformation für Stuttgart und die Region Stuttgart mit Infos über Events, Locations und Hotels.

Bundesländer/Bayern

Bayerische Schlösserverwaltung
info@bsv.bayern.de

www.schloesser.bayern.de
Bayerns Schlösser, Burgen, Residenzen sowie die historischen Gartenanlagen werden präsentiert.

Bayern im Web
info@bayern-im-web.de

www.bayern-im-web.de
Informationen wie Sehenswürdigkeiten, Museen, Ausflugsziele, Unterkünfte und Events für alle Landkreise in Bayern.

Bayern.by
tourismus@bayern.info

www.bayern.by
Aktuelle News aus der Region, Urlaubs- und Verwöhntipps, Ferienangebote und Online-Buchung von Unterkünften. **(Siehe Abbildung)**

Bayern-Online

www.bayern-online.de
Infoportal für Bayern. Von Hotels bis Ferienwohnungen über Gastronomie bis Events alles für den Urlaub.

Ostbayern
info@ostbayern-tourismus.de

www.ostbayern-tourismus.de
Urlaub in Ostbayern: Tipps zu Wandern, Radeln, Reiten, Wellness, Burgen, Schlössern und viele Landschaftsinfos.

Bundesländer/Bayern/Alpenvorland

Bad Reichenhall
info@bad-reichenhall.de

www.bad-reichenhall.com
Wohlbefinden für Genießer: Erholung im Alpensole-Mineralheilbad Bad Reichenhall mit regionalen Heilmitteln aus der Natur.

Berchtesgadener Land
info@berchtesgadener-land.com

www.berchtesgadener-land.com
Anreise, Unterkünfte, Ausflugsziele und Veranstaltungen sowie Hinweise zum Wetter in der Region rund um den Königssee.

chiemgau.de
info@imagetype.de

www.chiemgau.de
Detaillierte Informationen über Tourismus sowie eine Suchmaschine für die Chiemseeregion.

Chiemgau-tourismus.de
info@chiemgau-tourismus.de

www.chiemgau-tourismus.de
Gastgebersuche, Erlebnisplaner für das individuelle Urlaubsprogramm, Veranstaltungen und Infos zu Regionen und Orten.

Stadt Rosenheim
ro-info@rosenheim.de

www.rosenheim.de
Soziale Projekte, Freizeit, Bildung, Kultur, Tourismus und Bürgerservice.

Stadt Traunstein
info@stadt-traunstein.de

www.traunstein.de
Herz des Chiemgaus und „Vaterstadt" von Papst Benedikt XVI. Einst Stadt des Salzhandels, heute Zentrum des Chiemgaus.

Tor zum Allgäu
info@tor-zum-allgaeu.de

www.tor-zum-allgaeu.de
Infoplattform mit Sehenswürdigkeiten, Rad- und Wandertouren, Übernachtungsmöglichkeiten und Veranstaltungskalender.

Bundesländer/Bayern/Bayerischer Wald

passau-live.de
info@passau-live.de

www.passau-live.de
Informationsportal rund um die Stadt Passau. Für Passauer und Touristen interessant. Viele Fotos und Branchen.

Stadt Passau
stadtinfo@passau.de

www.passau.de
Das Portal für die Stadt zwischen Donau, Inn und Ilz: Tourismus, Veranstaltungen, Historisches und Aktuelles.

Bundesländer/Bayern/Franken

Ansbach
pr@ansbach.de

www.ansbach.de
Informationen zu Kultur, Tourismus und Wirtschaft. Außerdem Aktuelles aus der Stadt Ansbach.

Bayern.by   **www.bayern.by**

Aschaffenburg

www.aschaffenburg.de
Die Stadt Aschaffenburg stellt sich und ihre Einrichtungen vor.

Bamberg
tourist-info@bamberg.info

www.bamberg.info
Kulturportal der Stadt Bamberg. Viele Infos zur Altstadt, dem UNESCO-Welterbe und weiteren Sehenswürdigkeiten.

Bamberg
pressestelle@stadt.bamberg.de

www.stadt.bamberg.de
Kultur, Freizeit, Veranstaltungen, Bildung, Tourismus, Kongresse, Wirtschaft und Verwaltung.

Bayreuth
verwaltung@bayreuth-tourismus.de

www.bayreuth.de
Bayreuther Festspiele, Sehenswürdigkeiten, Museen und Stadtführungen. Mit großem Veranstaltungskalender.

Die Stadt Fürth
bmpa@fuerth.de

www.fuerth.de
Großer Online-Service der Stadt Fürth. Dazu viele Infos zu Kultur, Wirtschaft und Stadtleben.

erlangen.de
ob@stadt.erlangen.de

www.erlangen.de
Portal der Stadt Erlangen: Alles zu Kultur, Universität, Alltag und Wirtschaft. Mit Veranstaltungskalender.

Frankentipps.de
rechtsabteilung@frankentipps.de

www.frankentipps.de
Tagesaktuelle Veranstaltungstipps für Franken: Feste, Konzerte, Messen, Märkte, Musicals, Sportevents und Theater.

Hof
post@stadt-hof.de

www.stadt-hof.de
Aktuelles, Wirtschaft, Tourismus und Kultur. Dazu ein Veranstaltungskalender und Webcam-Bilder der Stadt.

Info Aschaffenburg
contact@info-aschaffenburg.de

www.info-aschaffenburg.de
Touristikinformationen, Stadtplan, Veranstaltungskalender, Museen, Stadtarchiv und Postkartenservice.

Schweinfurt
pressestelle@schweinfurt.de

www.schweinfurt.de
Wirtschaft, Beruf, Tourismus, Kultur, Bildung, Freizeit, Soziales, Umwelt und Gesundheit.

Stadt Coburg
info@coburg.de

www.coburg.de
News, Politik, Verwaltung, Wirtschaft und Kultur aus Coburg. Mit großem Veranstaltungskalender.

Tourismus Nürnberg
tourismus@nuernberg.de

tourismus.nuernberg.de
Nürnberg ist immer eine Reise wert: Alle Informationen zu Hotels, Museen, Gastronomie und Veranstaltungen.

Würzburg
tourismus@wuerzburg.de

www.wuerzburg.de
Informationssystem mit Veranstaltungsterminen und Hinweisen zu Stadt, Tourismus und dem UNESCO-Weltkulturerbe.

Bundesländer/Bayern/München

muenchen.de
info@portalmuenchen.de

www.muenchen.de
Informationen zu Tourismus, Restaurants, Shopping, Kultur, Hotels und öffentlichen Einrichtungen.

mux.de

www.mux.de
Stadtinformationsportal für München mit vielen touristischen Informationen.

Oktoberfest
info@datenwerk.de

www.oktoberfest.de
Besucherinfos und Panoramabilder zum Volksfest, Wiesn-Lexikon, Promille-Rechner und Tipps zum Münchner Nachtleben.

Stadt Landshut
thomas.link@landshut.de

www.landshut.de
Stadtgeschichte, Bürgerservice, Kultur, Wirtschaft, Umwelt. Mit Veranstaltungsplaner.

treffpunkt-tegernsee.de
redaktion@treffpunkt-tegernsee.de

www.treffpunkt-tegernsee.de
Reiseführer für die Region Tegernsee und München inklusive Unterkunftssuche und Wetterinformationen.

Bundesländer/Bayern/Schwaben

Memmingen
poststelle@memmingen.de

www.memmingen.de
Infos zu Bürgerservice, Politik, Freizeit, Kultur, Bildung, Tourismus und Wirtschaft. Mit virtuellem Rathaus.

Neu-Ulm
info@neu-ulm.de

www.neu-ulm.de
Infos zur jungen Donaustadt Neu-Ulm: Aktuelles, Politik, Soziales, Kultur, Tourismus und Freizeitangebote.

Stadt Augsburg
augsburg@augsburg.de

www.augsburg.de
Infos zu Geschichte, Region, Sehenswürdigkeiten, Anreise, Hotels und Stadtplan.

Bundesländer/Berlin

BerlinOnline
info@berlinonline.de

www.berlinonline.de
Großes Informationsportal für Berlin mit Veranstaltungstipps, Ticketshop, Sehenswürdigkeiten sowie Cityguide.

Museumsportal Berlin
museumsportal@kulturprojekte-berlin.de

www.museumsportal-berlin.de
Das Museumsportal Berlin ist das offizielle Portal aller Berliner Museen mit einem Überblick über die Museumslandschaft.

Verkehrsverbund Berlin-Brandenburg
info@VBB.de

www.vbb.de
Fahrgastinformationen, Tarifauskunft und Fahrpläne für die Region Brandenburg und Berlin.

visitBerlin
info@visitberlin.de

www.visitberlin.de
Das Internet-Portal informiert Berlin-Touristen über die deutsche Hauptstadt und bietet Hotel- und Ticketbuchung.

Bundesländer/Brandenburg

Reiseland Brandenburg

www.reiseland-brandenburg.de
Portal für das Reiseland Brandenburg mit Übernachtungsbuchung, Veranstaltungskalender, Ausflugs- und Restauranttipps.

Bundesländer/Brandenburg/Oder-Spree

Kleiststadt Frankfurt (Oder)
pressestelle@frankfurt-oder.de

www.frankfurt-oder.de
Hier findet man Informationen über die Stadt, ihre Entwicklung und Historie, über Wirtschaft und Kultur.

Bundesländer/Brandenburg/Potsdam

info-potsdam.de
kontakt@info-potsdam.de

www.info-potsdam.de
Branchenführer und Hinweise zu Kultur, Freizeit und Sozialem sowie spezielle Touristeninformationen.

Potsdam.de
poststelle@rathaus.potsdam.de

www.potsdam.de
Potsdam entdecken: Neben Infos von A bis Z bietet die Seite einen ausführlichen Online-Rathaus-Bereich an.

potsdam-abc
informationsbereitstellung.ev@gmail.com

www.potsdam-abc.de
Potsdam im Internet. Alle Informationen zur Stadt auf einen Klick. Immer auf dem neuesten Stand.

Potsdamtourismus.de

www.potsdamtourismus.de
Praktische Veranstaltungs-, Ausflugs-, Hotel- und Restauranttipps. Wochenend- und Feiertagsangebote zum Direktbuchen.

Bundesländer/Bremen

Bremen-Tourismus.de
btz@bremen-tourism.de

www.bremen-tourismus.de
Informationen zum Erlebnisland Bremen. Online-Buchung von Hotels, Pauschalen, Rundfahrten und Führungen.

Bundesländer/Hamburg

Hamburg Tourismus
info@hamburg-tourismus.de

www.hamburg-tourismus.de
Die offizielle Hamburg-Seite. Hotels, Städtereisen, Musicaltickets und die besten Tipps für einen Hamburg-Besuch.

Bundesländer/Hessen

HA Hessen Agentur GmbH
info@hessen-tourismus.de

www.hessen-tourismus.de
Hessen – ob Kultur-Highlights, Wellness-, Natur- oder Aktivurlaub – Vielseitigkeit, die überrascht.

hessenparty.de
info@hessenparty.de

www.hessenparty.de
Die Partyseite für Hessen mit Eventkalender, Community sowie Adressen von Discos, Clubs und Bistros.

RMV
info@rmv.de

www.rmv.de
Der Rhein-Main-Verkehrsverbund informiert über Bus und Bahn, Straßenverkehr und gibt Tipps zu Ferienzielen.

Bundesländer/Hessen/Regionen/Mittelhessen

Fulda
tourismus@fulda.de

www.fulda.de
Ausführliche Informationen zu Kultur, Verwaltung und Wirtschaft. Dazu ein Stadtplan.

Gießen
tourist@giessen.de

www.giessen-tourismus.de
Neben vielen Infos zu Stadtgeschichte, Museen und Theater gibt es einen Veranstaltungskalender.

Universitätsstadt Marburg
mtm@marburg.de

www.marburg.de
Aktuelle Infos und Berichte aus den Bereichen Tourismus, Wirtschaft, Kultur, Bildung und Veranstaltungen.

Bundesländer/Hessen/Regionen/Nordhessen

kassel
info@kassel-marketing.de

kassel-marketing.de
Touristische Highlights im hessischen Kassel: Veranstaltungen und Termine, die Deutsche Märchenstraße und Wellness.

Kassel.de
kassel@kassel.de

www.kassel.de
Bürgerservice, Tourismus, Uni und Wirtschaft, Veranstaltungen, Bilder und Geschichte von Kassel und Region.

Bundesländer/Hessen/Regionen/Südhessen

DarmstadtNews.de
mail@curank.de.

www.darmstadtnews.de
Nachrichten und Informationen aus Darmstadt und Umgebung.

Frankfurt Tourismus+Congress GmbH
info@infofrankfurt.de

www.frankfurt-tourismus.de
Online-Hotelbuchungen, Tagungsstätten, Rahmenprogramme, Sightseeing, Shopping, Gastronomie und Events in Frankfurt.

frankfurt.de
onlinebuero@stadt-frankfurt.de

www.frankfurt.de
Infos zu den Bereichen Wirtschaft, Tourismus und Kultur. Dazu Formulare online und interaktiver Stadtplan.

Hanau

www.hanau.de
Alles zu Tourismus, Wirtschaft, Kultur und Veranstaltungen aus der Brüder-Grimm-Stadt.

mein Südhessen
info@mein-suedhessen.de

www.mein-suedhessen.de
Mitmach-Online-Zeitung für Hessen südlich des Mains. Kultur, Freizeit und Veranstaltungstipps für die Region.

Offenbach.de
info@offenbach.de

www.offenbach.de
Die Seite der Stadt Offenbach am Main mit Veranstaltungen, Links, City-Guide und Hotel-Adressen.

Wiesbaden
online-redaktion@wiesbaden-marketing.de

www.wiesbaden.de
Offizielle Homepage der Landeshauptstadt Wiesbaden mit Informationen zur Stadt sowie zu Tourismus, Kultur und Wirtschaft.

Wissenschaftsstadt Darmstadt
info@darmstadt.de

www.darmstadt.de
Kulturelles und touristisches Leben in Darmstadt: Veranstaltungen, Freizeittipps und ein Stadtplan.

Bundesländer/Mecklenburg-Vorpommern

Infossystem Mecklenburg-Vorpommern
buero@manetmail.de

www.mecklenburg-vorpommern.info
Städte und Regionen, Ausflugsziele, Unterkünfte, Touren, Regionalwetter und ein umfangreicher Veranstaltungskalender.

Tourismusverband Mecklenburg-Vorpommern
info@auf-nach-mv.de

www.auf-nach-mv.de
Radurlaub, Wander- und Hausbootferien, Schlösserreisen, Wellness: Alle Infos für den Urlaub an Ostsee und Seenplatte.

Bundesländer/Mecklenburg-Vorpommern/Regionen/Mecklenburg

Hansestadt Rostock
info@rostock.de

www.rostock.de
Portal der Hansestadt: Kultur, Freizeit, Bildung, Politik, Umwelt und Wirtschaft.

Hansestadt Wismar
touristinfo@wismar.de

www.wismar.de
UNESCO-Welterbe mit Infos zu Kultur, Freizeit, Bildung, Wohnen und Gesundheit. Hotels können online gebucht werden.

Landeshauptstadt Schwerin
ob@schwerin.de

www.schwerin.de
Die mecklenburgische Landeshauptstadt stellt sich mit Inhalten wie Kultur, Wirtschaft, Soziales oder Umwelt vor.

Schwerin.com
post@schwerin.info

www.schwerin.com
Tourismusportal für die Landeshauptstadt Schwerin mit Tipps zu Sehenswürdigkeiten, Veranstaltungen sowie Hotelbuchung.

Stadt Neubrandenburg

www.neubrandenburg.de
Regionale und überregionale Nachrichten, Stadtportrait, Kultur, Wirtschaft und Online-Rathaus.

Bundesländer/Mecklenburg-Vorpommern/Regionen/Vorpommern

Greifswald
presse@greifswald.de

www.greifswald.de
Greifswald.de bietet Infos zur Stadt, Tipps für Studenten und Touristen, ein Gastgeberverzeichnis und einen Kulturkalender.

Hansestadt Stralsund

www.stralsund.de
Portal des UNESCO-Welterbes. Infos zur Hansestadt, Tourismus und Kultur. Mit Veranstaltungskalender.

Bundesländer/Niedersachsen

Hannover
nternetredaktion@hannover-stadt.de

www.hannover.de
Der Info-Pool über Stadt und Region, Wirtschaft, Tourismus, Kultur, Freizeit, Wissenschaft und Verkehr.

Osnabrück online
redaktion@osnabrueck.de

www.osnabrueck.de
Infos über Stadt, Kultur, Veranstaltungen, Geschichte, Wirtschaft, Wissenschaft, Jobbörse, Online-Rathaus und Fundbüro.

Reiseland Niedersachsen
info@tourismusniedersachsen.de

www.reiseland-niedersachsen.de
Offizielles Landesportal für Urlaub, Freizeit und Tourismus mit Übersicht der Reiseregionen, Städte und Urlaubsaktivitäten.

Stadt Göttingen
stadt@goettingen.de

www.goettingen.de
Offizielles Portal der Stadt mit Informationen und Neuigkeiten aus Politik, Wissenschaft, Kultur und Wirtschaft.

Tourist-Information Göttingen
tourismus@goettingen.de

www.goettingen-tourismus.de
Online-Stadtrundgang, Sehenswürdigkeiten, Übernachtungsmöglichkeiten, Stadtgeschichte und Veranstaltungstermine.

Bundesländer/Niedersachsen/Regionen/Großraum Hannover

hildesheim.de
info@hildesheim-marketing.de

www.hildesheim.de
Alles zur Stadt und Region Hildesheim. Dazu noch Infos zu Gastronomie, Übernachtungen und Bürgerservice.

Bundesländer/Niedersachsen/Regionen/Lüneburger Heide

Celle
stadt@celle.de

www.celle.de
News, Wirtschaft, Kultur, Sport, Soziales und Tourismus aus Celle.

Lüneburg
touristik@lueneburg.info

www.lueneburg.info
Offizielles Tourismusportal für Hansestadt und Landkreis Lüneburg. Umfassende Infos zu Touristik, Kultur und Freizeit.

Lüneburger Heide
info@lueneburger-heide.de

www.lueneburger-heide.de
Informationsportal über die Lüneburger Heide. Unterkünfte online buchen, Angebote zu Radfahren und Wandern.

Tourismusportal für Celle und Südheide
info@celle-tourismus.de

www.celle-tourismus.de
Tourismusportal der Residenzstadt Celle. Informationen über Unterkünfte, Allerradweg und das Flusserlebnis Südheide.

Bundesländer/Nordrhein-Westfalen

Tourismus NRW e.V
info@nrw-tourismus.de

www.nrw-tourismus.de
Reiseziele in NRW, Städte und Kultur, Business, Gesundheit und Wellness, Sport, Wander-, Radrouten sowie Kulinarisches.

Bundesländer/Nordrhein-Westfalen/Regionen/Rheinland

Aachens Tourismusportal
stadt.aachen@mail.aachen.de

www.aachen-tourist.de
Stadtführungen, Gastronomie, Wellness, Sehenswertes und Veranstaltungen.

Düsseldorf Marketing und Tourismus
info@duesseldorf-tourismus.de

www.duesseldorf-tourismus.de
News über Events und touristische Highlights der Landeshauptstadt Düsseldorf. Stadtrundfahrten, Hotels, Kultur und Sport.

koeln.de
info@koeln.de

www.koeln.de
Aktuelle Nachrichten aus Köln, Branchen- und Gastronomieführer, Veranstaltungs- und Kinokalender, Chat und Foren.

koeln-journal.de
redaktion@koeln-journal.de

www.koeln-journal.de
Alle Events der Stadt: Bühne, Musik, Sport, Party, Ausstellungen, Tourismus, Freizeit und eine Community.

netcologne

www.internetcologne.de
Hier gibt es aktuelle News und das Tagesgeschehen, Veranstaltungstipps und Sport aus Köln und dem Rheinland.

Niederrhein Tourismus
info@niederrhein-tourismus.de

www.niederrhein-tourismus.de
Niederrhein-Interessenten finden hier Freizeit-, Kultur-, Gastro- und Übernachtungstipps sowie alles zum Thema Radfahren.

Stadt Düsseldorf
info@duesseldorf.de

www.duesseldorf.de
Interaktiver Stadtplan, 360°-Panoramabilder, Veranstaltungs- tipps, Zimmervermittlung und Stadtführungen.

StädteRegion Aachen
info@staedteregion-aachen.de

www.staedteregion-aachen.de
Touristische Attraktionen der zehn Kommunen der Städteregion Aachen. Altstädte, Burgen, Kultur, Veranstaltungen und Seen.

Bundesländer/Nordrhein-Westfalen/Regionen/Rhein-Sieg

Bonn
bonninformation@bonn.de

www.bonn.de
Die städtische Seite bietet Tourismusinfos zu Kunst, Kultur, Mu- sik, Beethoven, Festivals und zu Theater und Freizeit.

Tourismus & Congress GmbH Region Bonn
info@bonn-region.de

www.bonn-region.de
Darstellung aller Museen, Stadtrundfahrten, Events in Bonn und die Möglichkeit, Hotels online zu buchen.

Bundesländer/Nordrhein-Westfalen/Regionen/Ruhrpott

Bochum
info@bochum-marketing.de

www.bochum-tourismus.de
Neben Infos zu Stadtführungen, Veranstaltungen, Reiseangebo- ten und Tagungsorten können Hotels online gebucht werden.

Dortmund.de
redaktion@dortmund.de

www.dortmund.de
Veranstaltungskalender, aktuelle Informationen sowie Übersicht der einzelnen Bezirke mit Stadtplänen.

Gladbeck
rathaus@stadt-gladbeck.de

www.gladbeck.de
Ausführliches Stadtporträt, Infos zu Sehenswürdigkeiten, Verkehr, Unterkunft und Shopping.

Krefeld.de
stadtservice@krefeld.de

www.krefeld.de
Krefeld lädt zum Rundgang durch Verwaltung, Wirtschaft, Kultur, Veranstaltungen und Freizeitmöglichkeiten ein.

metropoleruhr
info@metropoleruhr.de

www.metropoleruhr.de
Umfassende Informationen über das Ruhrgebiet, z. B. Stadtpläne und Luftbilder, Erlebnistouren und Kulturkalender.

Recklinghausen
presse@recklinghausen.de

www.recklinghausen.de
Bürgerservice, Stadtinformationen, Sehenswürdigkeiten, Muse- en, Veranstaltungen und Soziales.

Stadt Bochum
info@bochum.de

www.bochum.de
Info-Pool über Veranstaltungen, Bildung und Wirtschaft sowie For- mulare und Anwendungen.

Stadt Duisburg
info@stadt-duisburg.de

www.duisburg.de
Die Hafenstadt informiert über Wirtschaft, Kultur, Bildung, Sport, Tourismus und Freizeit.

Stadt Essen
info@essen.de

essen.de
Die Kulturhauptstadt Europas 2010 stellt sich vor: Mit Kunstaus- stellungen, Theateraufführungen, Sport und Freizeit.

Stadt Herne
info@herne.de

www.herne.de
Infos über Bildung, Kultur, städtische Einrichtungen, Wirtschaft und Tourismus. Umfangreicher Bürgerservice.

Stadt Mülheim an der Ruhr

www.muelheim-ruhr.de
Wegweiser, Branchenführer, Hotel- und Gaststättenverzeichnis, Notdienste und ein umfassender Bürgerservice.

Stadt Oberhausen
presse@oberhausen.de

www.oberhausen.de
Stadtinfos, Tourismus, Kultur, Freizeit und Wirtschaft. Mit Veranstaltungskalender.

Verkehrsverbund Rhein-Ruhr
info@vrr.de

www.vrr.de
Der VRR präsentiert Infos zu Tickets und Tarifen sowie zum Verbund in der Metropolregion Rhein-Ruhr.

www.dortmund-tourismus.de
info@dortmund-tourismus.de

www.dortmund-tourismus.de
Offizielles Tourismusportal der Stadt Dortmund. Hotels, Restaurants, Geschäfte, Discos, Führungen und Pauschalangebote.

Bundesländer/Nordrhein-Westfalen/Regionen/Sauerland

Sauerland
info@sauerland.com

www.sauerland.com
Ausführliche Beschreibungen der Attraktionen und Freizeitangebote des Sauerlandes, Veranstaltungshinweise und Unterkünfte.

Bundesländer/Nordrhein-Westfalen/Regionen/Westfalen

muenster.de
redaktion@muenster.de

www.muenster.de
Stadt-Informationssystem mit Freizeit-, Tourismus- und Kulturservice. Außerdem Bürgernetz und Branchenbuch.

Münsterland Touristik
touristik@muensterland.com

www.muensterland-tourismus.de
Viele Informationen für sportliche und kulturinteressierte Urlauber: Radfahren, Reiten, Wandern, Schlösser und Burgen.

Stadt Bielefeld
info@bielefeld-marketing.de

www.bielefeld.de
Kultur- und Freizeittipps, Veranstaltungstermine, Tickets, Hotelbuchungen, Stadtführungen sowie eine Restaurantsuche.

Bundesländer/Rheinland-Pfalz

ahrtaltourismus.de
info@ahrtaltourismus.de

www.ahrtal.de
Informationsseite über die Ferienregion Bad Neuenahr-Ahrweiler mit Angeboten für den Familienurlaub oder Tagestouren.

Kaiserslautern
touristinformation@kaiserslautern.de

www.kaiserslautern.de
Hier findet man Touristisches und Sehenswertes wie die Kaiserpfalz oder den Wildpark sowie Gastronomie- und Hoteltipps.

Landeshauptstadt Mainz
mainz.online@stadt.mainz.de

www.mainz.de
Das Stadtporträt mit vielen Infos zum Tourismus: Veranstaltungen, Sehenswertes sowie Restaurant- und Kneipentipps.

Neustadt an der Weinstrasse
stv-neustadt-weinstrasse@poststelle.rlp.de

www.neustadt.eu
Ausführliches zu Tourismus und Wirtschaft, Bürgerservice mit Online-Formularen und ein praktischer Parkplan.

Stadt Ludwigshafen am Rhein
stadtverwaltung@ludwigshafen.de

www.ludwigshafen.de
Portal der Stadt Ludwigshafen mit Bürgerservice und Informationen über das Rathaus sowie Sport- und Freizeitangebote.

Trier
rathaus@trier.de

www.trier.de
Neben News aus der ältesten Stadt Deutschlands gibt es Infos zu Tourismus und Wirtschaft.

Welterbe Dom zu Speyer
info@welterbe.rlp.de

www.welterbe-speyer.de
Touristische, architektonische und geschichtliche Infos zum Kaiserdom in Speyer, der seit 1981 zum UNESCO-Welterbe gehört.

Welterbe in Trier
info@welterbe.rlp.de

www.welterbe-trier.de
Seite zum UNESCO-Welterbe in Trier mit Karten und eingehenden geschichtlichen und touristischen Informationen.

Welterbe Limes in Rheinland-Pfalz
info@welterbe.rlp.de

www.welterbe-limes-rlp.de
Informative Fakten und Fotos zum rheinland-pfälzischen Abschnitt des Obergermanisch-raetischen Limes (Welterbe seit 2005).

Welterbe Oberes Mittelrheintal
info@welterbe.rlp.de

www.welterbe-mittelrheintal.de
Seite über das UNESCO-Welterbe Oberes Mittelrheintal mit Vorstellung von Orten und Sehenswürdigkeiten sowie Freizeittipps.

Bundesländer/Rheinland-Pfalz/Regionen/Mosel

Mosel.de
info@mosel.de

www.mosel.de
Internet-Reiseführer für die Urlaubsregion Mosel mit Wissenswertem über Freizeitangebote, Weininfos und Ausflugstipps.

Bundesländer/Saarland

Saarland
info@tz-s.de

www.tourismus.saarland.de
Das Saarland wird mit der Geschichte, Landschaft und Küche vorgestellt. Hotels und Ferienwohnungen sind online buchbar.

Stadt Saarbrücken
medien@saarbruecken.de

www.saarbruecken.de
Die offizielle Stadtpräsentation mit Informationen zu Wirtschaft, Freizeit und Kultur sowie Online-Service für Bürger.

Bundesländer/Sachsen

Europastadt Görlitz
info@goerlitz.de

www.goerlitz.de
Die Stadt Görlitz und ihre 3.000 Kulturdenkmale. Stadtportal mit hoher Bürgerbeteiligung.

Sachsen-Tourismus.de
info@sachsen-tour.de

www.sachsen-tourismus.de
Sachsen ist ein beliebtes Kulturreiseziel der Deutschen und gefragt bei Radwanderern und Familien. Hier gibt es Tipps.

Stadt Chemnitz
buergermeisteramt@stadt-chemnitz.de

www.chemnitz.de
Infos über den Wirtschafts- und Technologiestandort. Stadtporträt, Serviceangebote und aktuelle Meldungen.

Stadt Zwickau
pressebuero@zwickau.de

www.zwickau.de
Online-Visitenkarte der Stadt Zwickau mit lokalen Informationen zu Tourismus, Wirtschaft, Kultur und Freizeit.

Bundesländer/Sachsen/Regionen/Erzgebirge

Ausflugsziele im Erzgebirge
info@ins-erzgebirge.de

www.ins-erzgebirge.de
Sehenswürdigkeiten im sächsischen und böhmischen Erzgebirge. Informationen zu Burgen, Schlössern, Museen und Natur.

Bundesländer/Sachsen/Regionen/Großraum Dresden

Dresden
info@dresden-tourismus.de

www.dresden-tourismus.de
Informationen zu Museen, Theater, Kabarett und Tourismusveranstalter.

Dresden.de
presse@dresden.de

www.dresden.de
Informationen über die Stadt, ihre Sehenswürdigkeiten wie die Frauenkirche, die Museen und andere kulturelle Höhepunkte.

Bundesländer/Sachsen/Regionen/Großraum Leipzig

Leipzig Tourismus und Marketing GmbH
info@ltm-leipzig.de

www.leipzig.travel
Infos zu Veranstaltungen und Adressen. Reiseangebote und Kongressservice. Zudem gibt es einen Souvenir-Online-Shop.

Stadt Leipzig
online-redaktion@leipzig.de

www.leipzig.de
Die Seite bietet ein breites Spektrum an Informationen zu Kultur, Tourismus, Freizeit, Wirtschaft und Stadt.

Bundesländer/Sachsen-Anhalt

Lutherstadt Wittenberg
oberbuergermeister@wittenberg.de

www.wittenberg.de
Stadtführer und Infos zur Stadtverwaltung der Lutherstadt mit Suchmaschine.

Reiseland Sachsen-Anhalt
welcome@img-sachsen-anhalt.de

www.sachsen-anhalt-tourismus.de
Tourismusportal mit Infos zu Städten und Regionen sowie Veranstaltungssuche und Reisetipps für Aktivurlauber.

Stadt Halle
online-redaktion@halle.de

www.halle.de
Infos über die Universitätsstadt an der Saale und ihre Geschichte, die mit Namen wie Händel, Luther und Francke verknüpft ist.

Stadt Magdeburg
info@magdeburg.de

www.magdeburg.de
Offizielles Stadt-Infosystem mit den Schwerpunkten Wirtschaft, Bürgerportal sowie Tourismus und Freizeit.

Stadtmarketing Halle (Saale) GmbH
info@stadtmarketing-halle.de

www.stadtmarketing-halle.de
Touristeninformation, Stadtrundgänge, Gruppenreisen, Halle-Shop, Online-Unterkunftssuche, Event- und Kongressorganisation.

Bundesländer/Schleswig-Holstein

Kiel

www.kiel-sailing-city.de
Tourismusportal der Stadt Kiel. Shopping, Kneipen, Wellness, Sightseeing und Segeln. Hotels können online gebucht werden.

Kiel Magazin
service@kiel-magazin.de

www.kiel-magazin.de
Aktuelles aus Kultur, Freizeit, Gastronomie, Stadtgeschichte, Sport, Verkehr und Umwelt, mit Veranstaltungskalender.

Kiel.de
rathaus@lhstadt.kiel.de

www.kiel.de
Leben in Kiel: Kultur, Wirtschaft und Politik an der Förde, Touristikinfos und ein Stadtplan.

Lübeck Fenster

www.luebeck.de
Offizieller Bürger- und Touristikauftritt der Marzipanstadt mit Infos zu Freizeit, Kultur, Wirtschaft und Politik.

Lübeck-tourismus.de
info@luebeck-tourismus.de

www.luebeck-tourismus.de
Veranstaltungen in Lübeck und Travemünde, Unterkunftssuche und -buchung, Sehenswürdigkeiten und Museen.

Urlaub in Schleswig-Holstein
info@sht.de

www.sh-tourismus.de
Tourismusportal für Nord- und Ostseeregionen sowie für das Binnenland, mit Tipps zum Familien-, Aktiv- und Kultururlaub.

Bundesländer/Thüringen

Erfurt
stadtverwaltung@erfurt.de

www.erfurt.de
Web-Seite mit Stadtplan, Veranstaltungskalender, Infos zu Geschichte, Verwaltung und Kultur.

Erfurt Tourismus & Marketing GmbH
info@erfurt-tourismus.de

www.erfurt-tourismus.de
Informationen für den Aufenthalt in Erfurt. Anreise, Übernachtung, Sehenswürdigkeiten, Veranstaltungen und Kulinarisches.

Gotha
info@gotha.de

www.gotha.de
Umfangreiche Informationen zu Kultur, Wirtschaft und Bürgerservice. Dazu ein interaktiver Stadtplan.

Jena
buero-ob@jena.de

www.jena.de
Infos und Links zu Wirtschaft, Kultur, Bildung und Tourismus aus dem thüringischen Wissenschaftszentrum.

Puffbohne.de
post@puffbohne.de

www.puffbohne.de
Portal für Erfurt mit News, Forum, Bildergalerie, Dia-Shows, Pano-
ramafotos, Veranstaltungen und Webcams.

Stadt Gera
info@gera.de

www.gera.de
Viele Informationen zu Kultur und Tourismus, Wohnen und Soziales, Sport und Gesundheit.

Thueringen.info
support@thueringen.info

www.thueringen.info
Infos rund um Urlaub in Thüringen und seine wichtigsten Regionen, Sehenswürdigkeiten, Ausflugsziele und Unterkünfte.

Thüringer Tourismus
service@thueringen-tourismus.de

www.thueringen-tourismus.de
Reiseseiten des Freistaates Thüringen mit Sehenswürdigkeiten,
aktuellen Veranstaltungen in der Region und Unterkünften.

Weimar in Thüringen
info@weimarhaus.de

www.weimar-tourist.de
Auf diesem Portal findet man alle wichtigen Infos zu Unterkünften, Museen und Sehenswürdigkeiten in und um Weimar.

Regionen/Nordsee

Cuxhaven
info@cuxhafen.de

www.cuxhaven.de
Infos zu Tourismus, Kultur, Natur und Wirtschaft. Mit Online-Bür-
gerservice.

Die Nordsee
kontakt@die-nordsee.de

www.die-nordsee.de
Informationen zur Urlaubsregion Nordsee mit Unterkünften, Sehenswürdigkeiten und Veranstaltungen in vielen Urlaubsorten.

Nordsee Schleswig-Holstein
info@nordseetourismus.de

www.nordseetourismus.de
Infos zum Urlaub an der Nordsee: Wissenswertes zu den Themen
Natur, Weltnaturerbe Wattenmeer, Unterkünfte und Gesundheit.

Ostfriesland
urlaub@ostfriesland.de

www.ostfriesland.de
Umfangreiches Portal zur beliebten Reiseregion Ostfriesland:
Seeheilbäder, idyllische Luftkurorte sowie Erholungsgebiete.

Wilhelmshaven
info@stadt.wilhelmshaven.de

www.wilhelmshaven.de
Infos zur Hafenstadt, Veranstaltungen, Sehenswürdigkeiten, Kultur und Umwelt. Webcams liefern aktuelle Bilder.

Regionen/Nordsee/Inseln

Amrum
info@amrum.de

www.amrum.de
Hinweise von der Anreise über Unterkunft bis zu Veranstaltungen
und Sehenswertem auf Amrum, mit Gezeitentabellen.

Baltrum
gemeinde@baltrum.de

www.baltrum.de
Unterkünfte, Freizeitmöglichkeiten, Veranstaltungen der liebens-
werten Nordseeinsel. Wetter und Bilder vom Badeparadies.

Föhr
urlaub@foehr.de

www.foehr.de
Unterkünfte online suchen und mieten, Tipps für den Familienurlaub, Infos zu den Inseldörfern sowie zu Anreise und Wetter.

Helgoland
info@helgoland.de

www.helgoland.de
Veranstaltungskalender, Shopping, Kultur, Wetter, Unterkünfte,
Heilwetter und Helgoland von A bis Z.

Norderney
info@norderney.de

www.norderney.de
Informationen zu Unterkünften, Veranstaltungen sowie Sport- und
Anreisemöglichkeiten.

Spiekeroog
info@spiekeroog.de

www.spiekeroog.de
Die autofreie Nordseeinsel wartet mit umfangreichen Infos über
Spiekeroog auf. Fährplan, interaktiver Inselplan und Videos.

Regionen/Nordsee/Inseln/Sylt

Insel Sylt

www.insel-sylt.de
Urlaub auf Sylt. Westerland, Archsum, Keitum, Morsum, Munk-marsch, Rantum und Tinnum werden vorgestellt.

Sylter Appartement Service GmbH
info@sas-sylt.de

www.sas-sylt.de
Hier hat man die Möglichkeit, Ferienwohnungen und Apparte-ments auf der Ferieninsel Sylt zu buchen.

Sylt-Travel
info@sylt-travel.de

www.sylt-travel.de
Ferienwohnungen auf Sylt: Hier werden erste Eindrücke der Insel vermittelt, Wetterbericht und Last-Minute-Angebote.

Regionen/Ostsee

Flensburg
stadtverwaltung@flensburg.de

www.flensburg-tourismus.de
Hier erhält man Auskunft zu den Themen Touristik, Politik, Kultur und Sport in der Stadt Flensburg.

Ostsee Holstein Tourismus e. V.
info@ostsee-sh.de

www.ostsee-schleswig-holstein.de
Portal für Urlauber über die Ostsee und Holsteinische Schweiz: Urlaubsorte, Strände, Freizeit- und Übernachtungstipps.

Ostseeland Vorpommern
info@vorpommern.de

www.vorpommern.de
Diese Seite stimmt den Ostsee-Urlauber auf Landschaft und Kul-tur ein und bietet über 4.000 online buchbare Unterkünfte.

**Tourismuszentrum
Mecklenburgische Ostseeküste**
info@tourismuszentrum-ostseekueste.de

www.tourismuszentrum-ostseekueste.de
Auf an die Ostsee – Unterkünfte und Pauschalreisen in Mecklen-burg-Vorpommern.

Regionen/Ostsee/Inseln/Rügen

Ruegenmagic
info@ruegenmagic.de

www.ruegenmagic.de
Großes Angebot an Ferienunterkünften, von Privat, in Hotels oder in Ferienwohnungen. Panoramabilder und Insider-Tipps.

Rügen
info@ruegen.de

www.ruegen.de
Übersichtliche Informationen zum Tourismus auf Rügen mit Anrei-se-, Freizeit- und Kulturtipps sowie Zimmervermittlung.

Regionen/Ostsee/Inseln/Usedom

Alles Usedom
info@alles-usedom.de

www.allesusedom.de
Portal mit Quartier- und Gastgebersuche sowie Wissenswertes zur Insel wie Veranstaltungs- und Freizeittipps.

Insel Usedom
info@usedom.de

www.usedom.de
Über 9.000 Urlaubsquartiere, Flugtickets und -pauschalen online buchbar. Hotels und Ferienwohnungen auf der Insel Usedom.

mee(h)r-usedom
info@meer-usedom.de

www.meer-usedom.de
Infos zu Insel, Gastgebern und Camping auf Usedom. Veranstal-tungen, Kultur-, Wellness- und Kurangebote sowie Freizeittipps.

Usedom Touristik
info@residenz-waldoase.de

www.usedom-touristik.de
Umfangreiche Infos über die Ostseeinsel sowie Buchungsmög-lichkeiten für Hotels, Pensionen und Ferienwohnungen.

autobild.de   **www.autobild.de**

| sportscars | allrad | tuning | motorsport | greencars | klassik | | ConnectedCar | autohaus24.de | LOGIN |

ABO | IPAD | MOBIL | NEWSLETTER | RSS   Suchbegriff oder Inserats-ID eingeben   **SUCHEN ▶**

AUTO-KATALOG **TEST** **NEWS** **RATGEBER** **AUTOMARKT** **AKTIONEN** **VIDEO** **WELTREKORDVERSUCH**

STARTSEITE

18/911 **VERBRAUCH** PASSAT AUDI A7 BMW SPORTLER BREMSEN SMART

Spritverbrauch: Hier können Sie sparen
Die sparsamsten Autos in acht Klassen
Die größten Spritsparer in acht Fahrzeugklassen – hier zählen nur handfeste Testwerte!

Video: BMW i8 vs. Porsche 911
Reif für die Rennstrecke?

Video: Insider Paris 2014
Messe-Neuheiten vom Autosalon Paris

Video: VW Amarok V8
Amarok, der Rennlaster

Video: Skoda Octavia Scout (2014)
Der Abenteuer-Kombi

Preis/Liter
1,59
clever-tanken.de
Jetzt den günstigsten Benzinpreis finden ▶

Formel 1: Nico Rosberg im Siegerinterview
Der Deutschland-Dominator
Überlegener Triumph beim Heimrennen in Hockenheim für WM-Spitzenreiter und Mercedes-Star Nico Rosberg. Der Deutschland-Gewinner im großen Siegerinterview.
■ Zum Interview mit Nico Rosberg

AUTO BILD 29/2014
Die neue AUTO BILD
Neue SUVs für alle: GLA Coupé, Q1, X2, Jaguar XF-Type und Golf SUV. Dazu: BMW 2er Active Tourer im Vergleich gegen Golf Sportsvan und Mercedes B-Klasse.
■ Das neue Heft im Überblick

Mazda2: Autosalon Paris 2014
Das ist der neue Mazda2
Mazda zeigt in Paris den neuen Mazda2. Die kommende Generation wächst, soll zugleich aber leichter, sparsamer und nicht wesentlich teurer sein.
■ So kommt der neue Mazda2

NEWS TESTS ERLKÖNIGE RATGEBER TUNING

Formel 1: Galerie - Deutschland GP
Die besten Bilder aus Hockenheim
AUTO BILD MOTORSPORT liefert die besten Bilder vom Heimspiel in Hockenheim.
■ Alle Bilder im Überblick

■ Formel 1: Vettels Blog aus Hockenheim - Gratulation an Nico!
■ Formel 1: Nico Rosberg im Siegerinterview - Der Deutschland-Dominator
■ Formel 1: Deutschland - Tagebuch - Hockenheim im Splitter: Sonntag
■ Formel 1: Die Deutschen beim Heimspiel - Gemischte Gefühle
■ Formel 1: Rosberg vor dem Heimrennen - Habe mich mit Seb gefreut
■ GP3-Hoffnung Kirchhöfer vor Heimspiel - Den ersten Sieg im Visier
■ GP2: Heimspiel für Daniel Abt - Hoffen auf Hitze
■ News: Alle Beiträge im Überblick

Erlkönig-Bildergalerie
Hier fährt der neue Top-Mustang
Ford testet die Top-Version des Mustang, und Cadillac ist derzeit gleich mit drei neuen Modellen unterwegs.
■ Erlkönig-Bildergalerie

www.1000ps.de

1000ps.de

Sie lieben die Geschwindigkeit, basteln leidenschaftlich gerne an Ihrer Kawasaki oder wollen sich mit anderen Motorrad-Cracks austauschen? Egal, ob Sie neue oder gebrauchte Maschinen, passende Bekleidung, Zubehör oder News zu den neuesten Trainingsevents suchen, hier werden Sie garantiert fündig. Sie können nicht nur gebrauchte Motorräder kostenlos anbieten oder Ihr eigenes Motorrad präsentieren, sondern auch für Sie wichtige Termine in dem Kalender der Community veröffentlichen. Falls Sie für den nächsten Sommer noch nichts geplant haben, informieren Sie sich doch einfach über Touren, Angebote, Hotels, Unterkünfte sowie diverse Reiseanbieter!

www.zukunft-mobilitaet.net

Zukunft Mobilität

Wer kennt das nicht: Kilometerlanger Stau auf der Autobahn, verspätete Züge oder schlaflose Nächte wegen Straßenlärms. Da inzwischen niemand mehr darauf verzichten kann, mobil zu sein, wird hier über die Herausforderungen der Mobilität von morgen informiert. Wie viel Geld spart man beim Radfahren tatsächlich? Sind Lkw mit Elektroantrieb eine Alternative zu herkömmlichen Fahrzeugen? Oder erhöhen Elektrofahrzeuge den CO_2-Ausstoß sogar? Anhand von zahlreichen Analysen, Grafiken, Videos und Studien werden hier Antworten auf diese Fragen gegeben. In der Kategorie „Open Blog" können Sie ebenfalls mitdiskutieren und Ihre Gedanken zu diesem Thema teilen.

www.sportauto.de

sport auto

Für Sie ist ein Auto nicht bloß ein einfaches Fahrzeug? Wer sich für schnelle, schöne und besonders ausgefallene Sportwagen interessiert, kann sich hier über die neuesten Exoten und Luxusmobile informieren: Welches ist das schnellste Cabrio der Welt, wie sieht ein Tuning-Programm von Spezialisten für Mercedes-Autos aus und welche Traummodelle fahren die Scheichs am liebsten? Aktuelle Nachrichten, Fahrberichte, Daten und Preise zu Bugatti, Ferrari & Co, Vergleichs- und Tracktests, Foto-Rundgänge von internationalen Automobilmessen und Formel-1-Statistiken finden Sie in diesem Online-Magazin.

www.autoplenum.de

autoplenum.de

Welches Auto passt zu Ihnen? Auf autoplenum.de können Sie herausfinden, welches Auto Ihre Bedürfnisse und Anforderungen erfüllt: Benötigen Sie für Ihre Großfamilie einen Siebensitzer? Ein Auto mit besonders großem Kofferraum für Urlaubsreisen? Oder sind Ihnen eine Klimaanlage, ein geringer Benzinverbrauch und ein Automatikgetriebe wichtig? Wenn Sie den passenden Wagen gefunden haben, können Sie sich durch die neuesten Tests und Erfahrungsberichte zu diesem Modell klicken, Preise vergleichen, die richtige Versicherung suchen und nach Autohändlern, Werkstätten, Autoteile-Händlern oder Waschanlagen suchen.

www.grueneautos.com

grueneautos.com

Das Internet-Magazin berichtet über die top-aktuellen Neuigkeiten und Entwicklungen von alternativen Treibstoffen, Hybrid- und Elektroautos, die längst keine Zukunftsvision mehr sind! Hier erfahren Sie, wie die verschiedenen Antriebskonzepte funktionieren und was es Neues aus den Autosalons der Welt gibt. Welches Modell schneidet im Test am besten ab und welches Design bietet die optimale Antwort auf die Herausforderungen der Mobilität von morgen? Die Ratings, Video-Testfahrten und Fahrzeug-Vorstellungen zeigen, welche Vorteile der Kauf eines „Greencars" nicht nur für die Umwelt, sondern auch für Ihren Geldbeutel mit sich bringt.

www.autobild.de

autobild.de

Neben einer großen Gebrauchtwagenbörse und vielen redaktionellen Themen rund ums Auto besticht die Web-Seite der bekannten Automobilzeitschrift durch ein umfangreiches Service-Angebot. Im Neuwagenkonfigurator gelangt man durch wenige Klicks zu seinem Traumauto, inklusive Bilder, technischer Details sowie Testberichte und Finanzierungsrechner. Wichtige Formulare wie etwa ein Musterkaufvertrag stehen kostenlos zum Download bereit. Eine Übersicht von Testergebnissen hilft bei der Wahl des richtigen Kindersitzes und das Lexikon erklärt wichtige Begriffe von A wie ABS bis Z wie Zylinderkopf. Da beginnt die Freude schon vor dem Fahren!

www.auto-motor-und-sport.de

auto motor und sport

Wann kann man endlich die neue E-Klasse von Mercedes kaufen? Antwort auf diese und ähnliche Fragen finden Sie in der Rubrik „Aktuelles", in der auch die neuesten Erlkönige präsentiert werden. Wenn Sie schon ein bestimmtes Modell ins Auge gefasst haben, finden Sie informative Einzel- und Vergleichstests sowie Fahrberichte. Um auf dem neuesten Stand zu bleiben, sollte man sich die Videos der Fahrzeugneuheiten nicht entgehen lassen. Sie suchen einen Gebrauchtwagen oder Ihr altes Auto muss weg? Dann prüfen Sie mit dem Gebrauchtwagenrechner, wie viel das Fahrzeug noch wert ist und inserieren Sie im großen Automarkt!

www.autozeitung.de

Auto Zeitung

Seine Klapperkiste gegen einen heißen Schlitten eintauschen! Auch wenn es „nur" ein kompakter Familienvan sein soll, geben Ihnen die ausführlichen Auto-Tests zu jedem Modell Infos zu Karosserie, Fahrkomfort, Umweltfreundlichkeit oder Technik. Hat man sich für ein bestimmtes Auto entschieden, kann man sich im Neuwagen-Konfigurator sein individuelles Wunschmodell mit verschiedenen Ausstattungsmerkmalen wie Xenon-Licht oder Sitzheizung zusammenstellen. Für Fragen zu Kaufvertrag, Steuern oder Versicherung gibt es nützliche Ratgeber und ein Rechner zeigt, ob der Raten- oder der Händlerkredit günstiger ist!

Auto/Allgemein

alle-autos-in.de
mail@alle-autos-in.de

www.alle-autos-in.de
Der Autokatalog hält technische Daten und Fakten, Praxis- und Vergleichstests, Fotos und News zu allen Neuwagen bereit.

AutoExtrem.de
info@omcon24.de

www.autoextrem.de
Das große markenübergreifende Forum zum Thema Auto, Technik und Tuning.

automanager.TV

www.automanager.de
Web-TV zur Automobilbranche: Von der Entwicklung über die Produktion bis hin zur Vermarktung von Autos.

Automobil Produktion
guido.kruschke@automobil-produktion.de

www.automobil-produktion.de
Ankündigungen, Technikneuheiten und Firmennews der Automobilhersteller und -zulieferer. Mit Jobbörse.

automobil-blog.de
info@automobil-blog.de

www.automobil-blog.de
Das interaktive Automagazin berichtet über alle gängigen Automarken, außerdem über Sportwagen und Exoten.

Auto-News
redaktion@auto-news.de

www.auto-news.de
Das tagesaktuelle Automagazin im Internet: News, Tests, kostenloses Testarchiv, Tuning, Neuwagen-Katalog und Videoclips.

Auto-Presse.de
info@wittmann-media.de

www.auto-presse.de
Das Online-Magazin informiert über Autokauf, neue Modelle und Motorsport. Fahrberichte, Tuning-News und Ratgeber.

Focus Auto

www.focus.de/auto/
Alles, was mit dem Thema Auto zu tun hat: News über neue Modelle, eine Gebrauchtwagenbörse und Messetermine.

Kfz-Auskunft.de
mail1@kfz-auskunft.de

www.kfz-auskunft.de
Seite mit sortiertem Verzeichnis zu allen Themen, die Auto, Motorrad und Verkehr betreffen. Infos und Tipps von A - Z.

motorkultur
redaktion@motorkultur.com

www.motorkultur.com
Artikel, Reportagen und Fotoarbeiten über Autos und andere Vehikel. Fotogalerie und Community.

Verkehrsportal
info@verkehrsportal.de

www.verkehrsportal.de
Verkehrsrecht und Verkehrsinformationen; mit Gesetzen, Bußgeldrechner und großem Forum.

Zukunft Mobilität
kontakt@zukunft-mobilitaet.net

www.zukunft-mobilitaet.net
Portal mit Hintergrundinformationen zur Zukunft von Verkehr, Transport und Mobilität.

Auto/Allrad

4wheelfun.de
redaktion_4wf@motorsport.de

www.4wheelfun.de
Aktuelle News und Infos zu Allrad-Modellen. Mit Vergleichstests, Bestenliste, Tourberichten und Fahrzeugmarkt.

autobild.de/allrad/
redaktion@autobildallrad.de

www.autobild.de/allrad
Interessantes zum Thema Allrad-Auto mit Testberichten und hilfreichen Tipps sowie Einblicken in die jeweilige Print-Ausgabe.

Auto/Antriebskonzepte/Allgemein

grueneautos.com
info@grueneautos.com

www.grueneautos.com
Internet-Magazin mit vielen Videos und Beiträgen über Hybridfahrzeuge, Elektroautos und alternative Treibstoffe.

Kraftstoff-Info

kraftstoff-info.de
Infos über Geschichte und Technik alternativer Kraftstoffe wie Erdgas, Wasserstoff, Autogas, Ethanol und Pflanzenöl.

Auto/Antriebskonzepte/Elektroautos & Hybridautos

autobild.de/greencars
redaktion@autobild.de

www.autobild.de/greencars
Informationen über alternative Kraftstoffe, Elektro-, Gas- und Hybridautos sowie Fahrberichte zu verschiedenen Modellen.

eMobilServer
info@emobilserver.de

www.emobilserver.de
Der eMobilServer informiert über alle Aspekte der Elektromobilität: Fahrzeugtypen, Elektro-Ladeinfrastruktur, Politik, Wirtschaft und Technologie. Tagesaktuelle Nachrichten und zahlreiche Online-Services, wie Elektro-Tankstellenfinder, E-Bike-Tourenvorschläge mit Live-Wetter, Veranstaltungen u. v. m. **(Siehe Abbildung)**

e-tankstellen-finder.com

www.e-tankstellen-finder.com
Suchmaschine für Elektrotankstellen. Suche detailliert eingrenzbar etwa nach Ort, Steckertyp, Volt und Ampere oder Preis.

GoingElectric
info@goingelectric.de

www.goingelectric.de
Aktuelle Infos zu Elektroautos, ein Verzeichnis mit Stromtankstellen sowie ein Forum.

Hybrid-Autos.info
kontakt@hybrid-autos.info

www.hybrid-autos.info
Wissenswertes zu Hybrid-, Elektro-, Erdgas- und Wasserstoffautos, Infos zu Modellen, Herstellern und technischen Daten.

LEMnet

www.lemnet.org
Datenbank mit über 1.000 öffentlichen und privaten Stromtankstellen für Elektrofahrzeuge.

Mein Elektroauto
blog@kai-domroese.de

www.mein-elektroauto.com
Blog zum Thema Elektroauto. Vor- und Nachteile, Reichweite, Technik, Ladestationen, Umrüstung, Finanzierung.

Tesla Motors

www.teslamotors.de
Alles über die Elektroautos von Tesla. Infos zu Modellen, Händlern, Veranstaltungen, Technik und Umweltverträglichkeit.

eMobilServer   **www.emobilserver.de**

tff-forum.de

www.tff-forum.de
Forum für Fahrer und Freunde des Tesla.

Auto/Antriebskonzepte/Erdgasautos & Autogas

Autogastanken.de
info@dvfg.de

www.autogastanken.de
Erklärung der Funktionstechnik des Autogases. Rentabilitätsberechnung und eine Suchmaschine mit Autogastankstellen.

erdgas mobil
info@erdgas-mobil.de

www.erdgas-mobil.de
Umfassende Infos über die neuesten Entwicklungen im Bereich Erdgas und Bio-Erdgas als Kraftstoff. Mit Tankstellenfinder.

Gas 24

www.gas24.de
Autogas-Portal mit aktuellen Nachrichten, Hintergrundinfos, Gasauto-Börse und Tankstellenübersicht für Deutschland.

gibgas
info@gibgas.de

www.gibgas.de
Alle Infos zu Erdgasautos und Erdgastankstellen in Deutschland und Europa, Autobörse, Forum, Shop, Suchmaschine.

Siehe auch Kapitel Umwelt

Energie/Erdgas

Auto/Autoclubs

ACE Auto Club Europa e. V.
ace@ace-online.de

www.ace-online.de
Leistungen des ACE von A bis Z, Testberichte und Musterkaufverträge für Gebrauchtwagen sowie Tipps zum Thema Mietwagen.

ADAC
adac@adac.de

www.adac.de
Umfassender Service rund um die Mobilität, nicht nur für Mitglieder: Reiseplanung, Stauinfo, Tests, Technik- und Rechtstipps.

ARCD
club@arcd.de

www.arcd.de
Der Auto- und Reiseclub stellt verschiedene Mitgliedschaften und Tarife vor. Außerdem bietet er Clubreisen und Reisetipps an.

Auto verkaufen mit carsale24   **www.carsale24.de**

AvD Automobilclub von Deutschland
avd@avd.de

www.avd.de
Portal mit Infos zu den Themen Sport, Technik, Sicherheit. Außerdem Reiseangebote, Tipps zu Gebrauchtwagen und Rechtsfragen.

Auto/Automarkt

12gebrauchtwagen.de
info@12auto.de

www.12gebrauchtwagen.de
Gebrauchtwagen-Suchmaschine, die Auto-Börsen und Kleinanzeigen-Portale durchsucht.

 Auto verkaufen mit carsale24
info@carsale24.de
☎(0800) 50 80 555

www.carsale24.de
Mit carsale24 kann man sein Auto schnell, bequem und sicher verkaufen. Im Gegensatz zu herkömmlichen Online-Portalen bleibt der Verkäufer bis zum Kaufvertrag anonym und erhält über carsale24 ausschließlich verbindliche Kaufangebote durch geprüfte Händler, die das Auto gebührenfrei abholen. **(Siehe Abbildung)**

Auto.de
info@auto.de

www.auto.de
Kostenloser Gebrauchtwagenmarkt, aktuelle Testberichte, Online-Tarifrechner für die Kfz-Versicherung.

Autoda
service@autoda.de

www.autoda.de
Gebrauchtwagen, die von einem neutralen Gutachter geprüft wurden. Mit vielen Detailbildern. Besichtigung möglich.

● **Mehrmarken Center**
info@ssis.de

www.mehrmarkencenter.de
Mehrmarken Center sind freie, kundenorientierte Autohäuser mit Meisterwerkstatt, die Neu- und Gebrauchtwagen aller Marken vertreiben. Sie können objektiv, weil herstellerübergreifend, beraten und auf einen Pool von ca. 30.000 Autos zugreifen. Insgesamt eine neue Marke für kundenorientierte Qualität. **(Siehe Abbildung)**

AutoScout24
info@autoscout24.de

www.autoscout24.de
AutoScout24 zählt mit über zwei Millionen Fahrzeugangeboten europaweit zu den größten Online-Automärkten.

Gebrauchtwagen.de
hotline@gebrauchtwagen.de

www.gebrauchtwagen.de
Kaufen, Verkaufen, Finanzieren. Fahrberichte und Neuvorstellungen von Autos.

mobile.de
info@team.mobile.de

www.mobile.de
Große Auswahl an Fahrzeugen aller Marken und Modelle. Neben dem großen Pkw-Angebot gibt es auch Motorräder und Wohnmobile.

Pkw.de
info@pkw.de

pkw.de
Autobörse mit großer Auswahl an Fahrzeugen aller Marken und Preisklassen, in der Privatinserate eingestellt werden können.

WebAuto
info@webauto.de

www.webauto.de
Hier werden Traumautos gesucht, gefunden und gekauft.

Auto/Auto-Communitys

Autogespot

www.autogespot.de
Redaktionell geführte Plattform, auf der Spotter Fotos und Videos exotischer Autos teilen.

autoplenum.de
info@12auto.de

www.autoplenum.de
autoplenum.de, die unabhängige Informations- und Bewertungsplattform mit Erfahrungen und Tests auf einen Blick.

Motor-Talk

www.motor-talk.de
Deutschsprachige Auto- und Motor-Community für Insider und Autofahrer, die einen Rat suchen.

Motosound

www.motosound.de
Hupen, Motor anlassen, Motor bei Extrembelastung – das sind einige der Sounds, die Motosound dem Auto-Fan zu bieten hat.

Auto/Autoleasing

LeasingMarkt
info@leasingmarkt.de

www.leasingmarkt.de
LeasingMarkt gibt einen Überblick über verschiedene Leasingangebote. Man kann kostenlos inserieren und Fahrzeuge suchen.

LeasingTime.de
info@leasingtime.de

www.leasingtime.de
Online-Plattform für Leasingfahrzeuge und Leasingübernahmen. Bei Fragen hilft ein Leasingratgeber weiter.

Auto/Automarkt/Autohändler & Neuwagen

Autohändler in Deutschland
info@wer-zu-wem.de

www.autohaendler-in-deutschland.de
Deutschlandweites Verzeichnis von Autohändlern, die nach Name, Postleitzahl, Ort oder Automarke durchsucht werden können.

autohaus24.de
info@autohaus24.de

www.autohaus24.de
autohaus24 bietet Neuwagen von deutschen Vertragshändlern mit Angeboten zu Finanzierung, Leasing und Versicherung.

Carworld 24
info@carworld-24.de

carworld-24.de
Neuwagen aller Hersteller direkt über Vertragshändler kaufen. Neuwagen konfigurieren und Preise anzeigen lassen.

intercar24.de
info@ic24.de

www.intercar-24.de
Fahrzeugvermittler für deutsche Neuwagen von Vertragshändlern. Zudem Finanzierungs- und Versicherungsangebote im Vergleich.

Auto/Automarkt/EU-Importautos & EU-Neuwagen

Jütten & Koolen Automobile GmbH
info@juetten-koolen.de

www.juetten-koolen.de
Auto-Import-, Export-, Groß- und Einzelhandel. Neuwagen-Suche, Gebrauchtwagenbörse, Online-Preislisten und Preisvergleich.

Neuwagen mit Preisvorteil
info@ssis.de

www.neuwagenmarkt.de
Spezial-Suchmaschine für besonders preiswerte Neu- und Jungwagen mit vielen Re-Importen.

Auto/Autopflege

McBlitz
info@mcblitz.de

www.mcblitz.de
Autopflege von Aufbereitern in ganz Deutschland mit persönlichem Termin und Preisstufen je nach Auto und Service.

Auto/Autoreifen

Goodwheel
info@goodwheel.de

www.goodwheel.de
Großes Reifensortiment mit Sommer-, Winter- und Ganzjahresreifen in allen Größen und Profilen.

offroadreifen.com
info@mayerosch.de

www.offroadreifen.com
Hier findet man Reifen und Kompletträder für Sport Utility Vehicles, Geländewagen sowie All Terrain Vehicles und Quads.

Popgom.de
info@popgom.de

www.reifen-popgom.de
Reifen und Kompletträder aller wichtigen Hersteller.

● **Reifensuchmaschine.de**
wab@reifensuchmaschine.de

www.reifensuchmaschine.de
Auf Reifensuchmaschine.de findet man schnell und einfach Reifenangebote, Reifenhändler vor Ort sowie vielfältige Informationen und Tipps rund um das Thema Reifen. Neben Bildern und Videos sind stets aktuelle Sonderangebote von Reifenhändlern abrufbar. **(Siehe Abbildung)**

Reifensuchmaschine.de   **www.reifensuchmaschine.de**

ReifenDirekt
info@delti.com

www.reifendirekt.de
Zahlreiche Reifenmarken und Reifentypen für Pkw, Motorrad und Transporter – mehr als 8.000 Partnerwerkstätten.

reifendiscount.de
kontakt@reifendiscount.de

www.reifendiscount.de
Reifen, Felgen, Kompletträder sowie Motorradzubehör einfach online kaufen und bei über 2.000 Montagepartnern montieren lassen.

reifen-profis.de
info@reifen-profis.de

www.reifen-profis.de
Komfortable Suchfunktion nach den passenden Sommer-, Winter- oder Ganzjahresreifen sowie den entsprechenden Alufelgen.

Reifensuche.com
versand@reifensuche.com

www.reifensuche.com
Auto- und Motorradreifen fast aller Hersteller. Suchmaschine für Montagestationen und ein Infoportal.

reifen-vor-ort.de
info@reifen-vor-ort.de

www.reifen-vor-ort.de
Die Reifenhändler-Preis-Suchmaschine vergleicht die Angebote von über 7.800 Reifenhändlern mit über 11 Millionen Reifen.

Tirendo
service@tirendo.de

www.tirendo.de
Mit Angaben zu Breite, Höhe, Durchmesser, Geschwindigkeit, Marke und Saison kann man seinen Reifen präzise auswählen.

Toroleo
info@toroleo.de

www.toroleo.de
Zahlreiche Angebote rund ums Auto vergleichen: Bei Toroleo.de finden Nutzer Kfz-Produkte zu günstigen Preisen.

Auto/Autovermietung

Avis Autovermietung GmbH & Co. KG
info@avis.de

www.avis.de
350.000 Fahrzeuge in 170 Ländern – neben Pkw und Lkw erwartet einen bei Avis eine umfangreiche Prestigeflotte.

Budget Autovermietung
info@budget.de

www.budget.de
Internationale Autovermietung mit einfacher Online-Buchung für eine große Auswahl an Mietwagen in vielen Ländern.

Europcar Autovermietung
infomaster@europcar.com

www.europcar.de
Pkw, Lkw, Cabrios, Minibusse. 577 Stationen in Deutschland, 13.000 weltweit. 24h-, Chauffeur-Service sowie Online-Buchung.

Hertz Autovermietung GmbH
webmaster_de@hertz.com

www.hertz.de
Autovermietung an über 11.500 Stationen in rund 145 Ländern weltweit: Vom kleinen Pkw über edle Cabrios bis zum Lkw.

SIXT Autovermietung
kundenbetreuung@sixt.de

www.sixt.de
Online-Vermietung von Pkws, Lkws und Spezialfahrzeugen wie Sportwagen oder Cabrios in zahlreichen Städten weltweit.

Auto/Autowerkstätten

AutoScout24 Werkstattsuche

werkstatt.autoscout24.de
Auf dem Werkstattportal von AutoScout24 kann man Preise und Leistungen von Werkstätten seiner Umgebung vergleichen.

Auto/Autozeitschriften

auto motor und sport

www.auto-motor-und-sport.de
Täglich aktuelle News rund um Auto, Motor und Sport. Dazu Messe-Specials, Fahrberichte und Tests zum Downloaden.

Auto Zeitung
info@autozeitung.de

www.autozeitung.de
Autotests zu jedem Modell, nützliche Ratgeber zu Steuern und Versicherung, Bußgeldkatalog, Fahrberichte sowie Tuning.

autobild.de
redaktion@autobild.de

www.autobild.de
Das Autoportal von Europas größter Autozeitschrift präsentiert News und Testberichte sowie eine Gebrauchtwagenbörse.

Automobilwoche
automobilwoche@craincom.de

www.automobilwoche.de
Nachrichten aus der Automobilbranche zu Märkten, Händlern, Lieferanten und Zulieferern, Marketing und neuen Modellen.

Auto/Autozubehör/Autoteile & Autoersatzteile

100pro-Ersatzteile
anfrage@autopaten-ersatzteile.de

www.100pro-ersatzteile.de
Über 400.000 Ersatzteile für über 20.000 verschiedene Fahrzeugtypen. Man kann sogar nach Teile- oder KBA-Nummer suchen.

A.T.U Autoteile Unger Online

www.atu.de
Große Auswahl an Ersatzteilen und Autozubehör. Online Terminvereinbarung für den nächsten Werkstattservice.

autoteilemann.de
info@autoteilemann.de

www.autoteilemann.de
Autoteile und Zubehör wie Bremsen, Trägersysteme und Wischblätter mit präziser Suchmaske schnell gefunden und bestellt.

autoworld24.de
info@autoworld24.de

www.autoworld24.de
Detaillierte Filtersuche für Schneeketten, Dach- und Heckträger sowie Reifen und Räder. Zudem Autozubehör wie Warndreiecke.

Carglass
info@carglass.de

www.carglass.de
Carglass, der Spezialist für Autoglas-Schäden, informiert über Serviceleistungen und Kosten. Mit Service-Center-Finder.

Teilefix.de

www.teilefix.de
Der Autoersatzteile-Shop bietet ca. 200.000 Fahrzeugteile für mehr als 100 Fahrzeughersteller und Modelle.

Auto/Car-Sharing

autonetzer.de
kontakt@autonetzer.de

www.autonetzer.de
Netzwerk für privates Car-Sharing. Man kann sein Auto verleihen oder sich ein Auto aus der Nachbarschaft leihen.

Bundesverband CarSharing e. V.
info@carsharing.de

www.carsharing.de
Informationen über fast alle Aspekte des Car-Sharing-Konzeptes – verlinkt zu den Web-Präsenzen der Car-Sharing-Anbieter.

Nachbarschaftsauto
office@nachbarschaftsauto.de

www.nachbarschaftsauto.de
Privates Car-Sharing: Autos von Nachbarn leihen oder sein Auto verleihen. Die Konditionen werden individuell vereinbart.

tamyca
info@tamyca.de

www.tamyca.de
Online-Portal für privates Car-Sharing. Jeder kann sein Auto zum Vermieten anbieten. Es werden keine Gebühren erhoben.

Auto/Fahrzeugbewertungen & Autotests

autotest.de
info@autotest.de

www.autotest.de
Autotests und Erfahrungsberichte von allen für alle. Jeder kann sein eigenes Auto anderen empfehlen und es bewerten.

Eurotax Schwacke GmbH
info@schwacke.de

www.schwacke.de
Individuelle Fahrzeugbewertung, Restwertprognose für Neu- und Gebrauchtwagen, Neuwagenvergleich und -konfigurator.

rateyourcar.de
info@rateyourcar.de

www.rateyourcar.de
Fahrzeugbeurteilungen und Autotests von Autofahrern für Autofahrer mit nützlichen Infos wie dem Kraftstoffverbrauch.

Auto/Kfz-Kennzeichen

Autokennzeichen

www.autokennzeichen.info
Hier können Autokennzeichen online abgefragt werden.

Auto/Kfz-Versicherungen & Kfz-Finanzierungen

Siehe Kapitel Geld & Finanzen

Versicherungen/Kfz-Versicherung

Auto/Kfz-Zulassungsstellen

Strassenverkehrsamt.de
info@strassenverkehrsamt.de

www.strassenverkehrsamt.de
Deutschlands nicht-behördliches Informations- und Serviceportal zum Straßenverkehr und den Zulassungsstellen.

Auto/Lkw & Nutzfahrzeuge

TruckScout24
info@truckscout24.de

www.truckscout24.de
Europas großer Nutzfahrzeugmarkt für Lkw, Transporter, Anhänger und Auflieger sowie für Bau- und Landmaschinen.

Auto/Oldtimer

autobild-klassik.de
redaktion@autobildklassik.de

www.autobild-klassik.de
Informationen zu Old- und Youngtimern mit Berichten über den technischen Stand und die Besonderheiten der Fahrzeuge.

carsablanca
info@carsablanca.de

www.carsablanca.de
Hier findet man die Community für alle Fans von Oldtimern und Liebhaberautos.

ClaCR
info@clacr.de

www.clacr.de
Oldtimer- und Youngtimer-Community mit Fahrzeugregister, „Online-Scheckheft", Branchenbuch und Veranstaltungskalender.

classic-analytics
info@classic-analytics.de

classic-analytics.de
Infodienst über den Wert von Oldtimern. Baujahr, Marke und Modell angeben und die Seite zeigt den Preisrahmen an.

Motor Klassik

www.motor-klassik.de
Autos, die man nicht vergisst: Markenübersicht, Fahrberichte, Restaurierungstipps und Kaufberatung für Old- und Youngtimer.

Oldtimer 24
info@oldtimer24.net

www.oldtimer24.net
Überregionales und übersichtlich sortiertes Verzeichnis für Oldtimer mit Chauffeur oder für Selbstfahrer.

Auto/Sportwagen

autobild.de/sportscars
redaktion@autobildsportscars.de

www.autobild.de/sportscars
Aktuelle Infos zu Sportwagen aller Marken, Angaben zu Fahrverhalten, Beschleunigung und Leistung sowie Testberichte.

Hotcars

www.hotcars.de
Hier gibt es Berichte und Fotos von Edelkarossen, Sportwagen und Offroad-Fahrzeugen.

Speed Heads

www.speedheads.de
Täglich die neuesten Sportwagen-Nachrichten, Fahrberichte, Tests, Events und Reports. Mit einer Community.

sport auto

www.sportauto.de
Das Portal stellt Sportwagen der unterschiedlichsten Hersteller vor und bietet Vergleiche sowie Testberichte an.

Auto/Tuning

autobild.de/tuning
redaktion@autobildtuning.de

www.autobild.de/tuning
In der Tuning-Abteilung von AUTO BILD finden Fans und Interessierte alles Wissenswerte über veredelte Wagen.

DTS Tuning
info@dtsshop.de

www.dtsshop.de
Versandhändler für sportliches Autozubehör. Alles von Auspuffanlagen bis Überrollbügel und Zubehör.

geileKarre.de
info@geilekarre.de

www.geilekarre.de
Die Auto-Tuning-Community. Hier kann man Autobilder hochladen, andere Autos bewerten und Tuning-Tipps austauschen.

pagenstecher.de
info@pagenstecher.de

www.pagenstecher.de
Tuning-Magazin, -Community und -Forum. Artikel, Bilder und Daten zu den Autos der Community-Mitglieder.

Tuning
info@tuningmagazin.de

www.tuningmagazin.de
Portal der Zeitschrift Tuning Magazin mit einer Galerie toller Tuning-Cars und aktuellen Nachrichten.

tuning.de
info@tuning.de

www.tuning.de
Internet-Portal zur Welt des Automobil-Tunings. Es informiert markenübergreifend über Neuheiten, Techniktipps und Termine.

Tuning-Fans.de
tuning-fans@gmx.net

www.tuning-fans.de
Auto- und Tuning-Forum mit Nachrichten, Umfragen, Chat, Marktplatz und Galerie.

Boote & Yachten

boot-Portal
info@messe-duesseldorf.de

www.boot.de
Firmen- und Produktinfos, Testberichte, Revier- und Törnberichte, Gebrauchtbootbörse, Sport und Wettkampf.

chartercheck
info@chartercheck.com

www.chartercheck.net
Yachtcharter-Vergleichs- und Buchungsportal. Auf einer Karte kann man weltweit Reviere und Yachtclubs finden.

Happycharter
webinfo@happycharter.com

www.happycharter.com
Yachtcharter, Bootscharter und Bootsverleih weltweit. Segelboote, Motorboote und Katamarane verschiedener Anbieter.

internationale Yachtcharter-Portal, Das
info@charterboat24.com

www.charterboat24.com
4.000 Charterboote: Bareboats, Haus-, Motor- und Segelboote mit oder ohne Skipper sowie Megayachten mit Crew.

Rentabo.com
office@rentabo.com

www.rentabo.com
Weltweites Portal für Boot- und Yacht-Charter mit Last-Minute-Angeboten, Charter-Informationen und Suchfunktion.

Vesseltracker.com
info@vesseltracker.com

www.vesseltracker.com
Umfangreiche Hafeninformationen und Schiffspositionsdaten.

Yachtico
help@yachtico.com

www.yachtico.com/de
Suchmaschine für den Boote- und Yachtcharter. Die Suche lässt sich nach Preis, Region und Art des Bootes eingrenzen.

Boote & Yachten/Markt

BoatNet
mail@boat.de

www.boatnet.de
Neu- und Gebrauchtyachten aller Marken, Motoren-, Trailer-, Liegeplatzdatenbank, Versicherungs- und Finanzierungsangebote.

BoatShop24
bjoern.echternach@boatshop24.com

www.boatshop24.com
Bootsbörse mit über 80.000 Booten und Yachten von über 1.200 Händlern und Brokern weltweit.

yachtworld.com

www.yachtworld.de
Die Seite für alle, die sich eine Yacht kaufen möchten. Hier findet man viele Gebrauchtangebote.

Boote & Yachten/Segeln

Siehe Kapitel Sport   **Segeln**

Bußgelder & Strafzettel

Bussgeldkatalog.biz
info@bussgeldkatalog.biz

www.bussgeldkatalog.biz
Auflistung aller Strafen beim Verstoß gegen die Straßenverkehrs-ordnung. Bußgeldkatalog nach Themen geordnet.

Eisenbahn & Deutsche Bahn

Deutsche Bahn
reiseportal@bahn.de

www.bahn.de
Bahnfahrkarten und Sitzplatzreservierungen zum Selbstausdru-cken, Pauschal- und Last-Minute-Reisen sowie Fahrplanauskunft.

Eisenbahn Webkatalog, Der
info@eisenbahn-webkatalog.de

www.eisenbahn-webkatalog.de
Umfangreicher Web-Katalog zum Thema Modelleisenbahn und Ei-senbahn mit Lexikon, Terminen, Nachrichten und Foren.

Fahrpläne

DB Bahn: bahn.de
reiseportal@bahn.de

www.fahrplanauskunft.de
Aktueller Bahn-Fahrplan, Online-Buchung von Bahnfahrkarten und Reservierungen, aktuelle Ankunfts- und Abfahrtszeiten.

DB Bahn: bahn.de

www.fahrplanaenderung.de
Mit wenigen Klicks auf der Deutschlandkarte findet man hier ak-tuelle Fahrplanänderungen der Bahn.

Fahrplanauskünfte
info@pro-bahn.de

www.pro-bahn.de/auskunft
Link-Verzeichnis des Fahrgastverbandes. Nationale und internati-onale Fahrplan- und Tarifauskünfte für Bus und Bahn.

Fahrplan-Online
kontakt@fahrplan-online.de

www.fahrplan-online.de
Links zu weltweiten Fahrplan-Informationsseiten, sei es für eine Fahrt von Dublin nach London oder von Hamburg nach München.

Fahrrad/Fahrradmarkt

B.O.C.
kundenservice@b-o-c.com

www.boc24.de
Fahrräder: Mountainbikes, Rennräder, Trekkingräder, Cityräder, Kinder- und Jugendräder sowie Fahrradzubehör und Bekleidung.

Bobshop
info@bobshop.de

www.bobshop.de
Fachhändler für Fahrradbekleidung: Trikots, Hosen, Brillen, Ja-cken, Fahrradunterwäsche, Handschuhe und Kopfbedeckungen.

Brügelmann

www.bruegelmann.de
Alles vom Carbon-Renner bis zum Kinderrad. Umfangreiches Sor-timent an Fahrrädern, Ersatzteilen, Bekleidung und Zubehör.

fafit24
info@fafit24.de

www.fafit24.de
Mountainbikes, Crossbikes, E-Bikes und Kinderräder sowie Kin-deranhänger, Fahrradkörbe, Fahrradschlösser oder Fahrradcom-puter.

Fahrrad Online Rad Shop
mail@internetstores.de

www.fahrrad.de
Große Auswahl an Markenrädern und Auslaufmodellen über alle Kategorien hinweg.

Fahrrad XXL
info@fahrrad-xxl.de

www.fahrrad-xxl.de
Mountainbikes, Trekkingräder, City-Räder, Kinder- und Jugendfahr-
räder, E-Bikes, Fahrradteile, Zubehör und Fitnessgeräte.

Radwelt
shop@radwelt-coesfeld.de

www.radwelt-shop.de
Elektro-, Renn-, Jugend-, Cross-, Falt- oder Hollandräder. Zudem
eine große Auswahl an Zubehör wie Sattel und Pedale.

Fahrrad/Fahrradreisen

Siehe Kapitel Urlaub & Reise

Aktivurlaub/Fahrradreisen

Fahrrad/Radsport

Siehe auch Kapitel Sport

Radsport

Fahrschulen & Führerschein

Fahrschule.de
info@fahrschule.de

www.fahrschule.de
Fahrschüler finden hier eine Datenbank mit über 14.000 Fahr-
schulen und ein Lernsystem zur Vorbereitung auf die Theorie.

fahrschule-123.de
info@fahrschule-123.de

www.fahrschule-123.de
Viele Tipps helfen von der Auswahl der richtigen Fahrschule bis
hin zum Meistern der theoretischen/praktischen Prüfung.

Luftfahrt & Flugzeuge

aerokurier
redaktion@arokurier.de

www.aerokurier.de
Aktive Piloten und Flugbegeisterte finden hier Infos und Reportagen zur Luftfahrt, zum Luftsport und zum Motorflug.

Airliners.de
info@airliners.de

www.airliners.de
Beschäftigte aus der Branche und Luftfahrtinteressierte finden
hier Nachrichten, Berichte und zahlreiche Datenbanken.

ClipWings

www.clipwings.com
ClipWings.com ist die Internet-Community für Luftfahrt-Freunde
und bietet Videos, Fotos und Social Networking.

FlightAware
contact@flightaware.com

www.flightaware.com
Anhand der Flugdaten kann man hier die momentane Position eines beliebigen Flugzeugs während des Flugs nachverfolgen.

flightradar24.com
info@flight24.com

www.flightradar24.com
Auf einer Karte ist der aktuelle weltweite Luftverkehr live verzeichnet. Detaillierte Angaben zu den Flugzeugen.

FLUG REVUE
redaktion@flugrevue.de

www.flugrevue.de
Aktuelle News und Infos zu Zivilluftfahrt, Airlines, Herstellern,
Technik und Motorsport, mit Veranstaltungskalender.

Flugzeugbilder.de

www.flugzeugbilder.de
Die große Bilddatenbank für Flugzeugfotografie mit über 600.000
Fotos.

flugzeuge.de
info@fairmail-media.com

www.flugzeuge.de
Porträts von Flugzeugen mit vielen Bildern, technischen Daten
und Hintergrundinformationen. Mit Anzeigenmarkt.

Klassiker der Luftfahrt
redaktion@klassiker-der-luftfahrt.de

www.klassiker-der-luftfahrt.de
Fotos, Zeichnungen und Dokumentationen von und über historische Flugzeuge, deren faszinierende Technik und Piloten.

Mitfahrzentralen

Siehe Kapitel Urlaub & Reise   Mitfahrzentralen

Motorrad

1000ps.de
www.1000ps.de
Alles über Motorradmodelle, Testberichte, eine Gebrauchtbörse und ein Motorradforum.

harleysite.de
info@harleysite.de
www.harleysite.de
Informationen zu Harley-Davidson-Veranstaltungen, Bilder und Videos rund um das Kultthema Harley-Davidson.

motorradonline24.de
boardmaster@motorradonline24.de
www.motorradonline24.de
Motorradmarkt, News, Tests und Ratgeber, Terminkalender und ein großer Zubehör-Shop gehören zu diesem Web-Angebot.

Motorrad/Markt/Zubehör & Ersatzteile

Hein Gericke Deutschland GmbH
info@heingericke.de
www.hein-gericke.de
Der Motorrad- und Motorradzubehörhändler hält eine große Vielfalt an Artikeln, Infos und Sonderangeboten im Shop bereit.

Louis
info@louis.de
www.louis.de
Online-Shop für Biker-Zubehör mit Datenbank für Produkte zu jedem Motorrad, Schraubertipps und Biker-Terminkalender.

Motorradbekleidung
info@mot-ecke.de
www.motorradbekleidung.de
Im Shop für Motorradbekleidung findet man eine große Auswahl an Leder- und Textilbekleidung sowie Motorradhelme.

POLO Expressversand
info@polo-motorrad.de
www.polo-motorrad.de
Spezialist für Motorradbekleidung, Sportswear und technisches Zubehör mit Online-Shop, Ersatzteildatenbank und Biker-Forum.

Motorrad/Motorradzeitschriften

BikerSzene
info@bikerszene.de
www.bikerszene.de
Großes Motorrad-Infoportal: Community, News, Forum sowie Test- und Reiseberichte.

Motorrad online
leserbriefe_mrd@motorpresse.de
www.motorradonline.de
Europas große Motorradzeitschrift bietet Motorradtests und -daten, Fotos, Videos, Reiseinfos und einen Gebrauchtmarkt.

Reise Motorrad.de
www.reisemotorrad.de
Portal für organisierte Motorradreisen zu Nah- und Fernzielen wie etwa Spanien, Italien, USA, Kanada oder Australien.

Routenplaner

Falk
info@falk.de
www.falk.de
Mobilitätsportal mit kostenloser Routenplanung, Stadtplänen, Hotels und Infos zu den Themen Auto, Reise und Technik.

Google Maps
maps.google.de
Weltweite Routenberechnung für Fußgänger, Motorrad- und Autofahrer.

here
www.here.com
Routenplanung, lokale Suche und viele Zusatzinfos: 2,3 Millionen Branchenadressen, Sehenswürdigkeiten und Verkehrsinfos.

VerkehrsmittelVergleich
info@verkehrsmittelvergleich.de
www.verkehrsmittelvergleich.de
Verkehrsmittel wie Auto, Bahn, Flugzeug, Reisebus, Mitfahrgelegenheit für eine ausgewählte Strecke miteinander vergleichen.

ViaMichelin

www.viamichelin.de
Routenplanung für ganz Europa: Routenplaner, detaillierte Straßenkarten und Stadtpläne sowie Restaurant- und Hotelsuche.

Staumeldung

Verkehrsinfo.de
info@verkehrsinfo.de

www.verkehrsinfo.de
Bundesweite Verkehrsinformationen – Staumeldungen, Baustel-
len und Radarfallen – mit individuellem Nachrichtendienst.

Verkehrsinformation.de
webmaster@verkehrsinformation.de

www.verkehrsinformation.de
Hier kann man sich über die aktuelle Verkehrslage informieren:
Einfach Bundesland anklicken und Staumeldungen abrufen.

Tanken & Autobahnrasthöfe

clever-tanken.de
infoservice@clever-tanken.de

www.clever-tanken.de
Aktuelle Kraftstoffpreise für alle gängigen Sorten wie Diesel, Super, E10 und Superplus sowie Autogas und Erdgas. Beinhaltet die
Preise der Markttransparenzstelle. Verbindung zu den Apps von
clever-tanken.de für Android, iOS und WindowsPhone. Viele Zu-
satzfunktionen runden das Bild ab. **(Siehe Abbildung)**

Links+Rechts der Autobahn
autobahn-guide@stuenings.de

www.linksundrechts.com
Der Autobahnreiseführer präsentiert ausgesuchte Hotels, Gast-
höfe, Ausflugsziele und Tankstellen in 22 Ländern Europas.

mehr-tanken.de
mail@webfactor.de

www.mehr-tanken.de
Spritpreisvergleich und Tankstellensuche für Deutschland, Österreich und Schweiz.

Tank & Rast
kundenkontakt@tank.rast.de

www.tankundrast.de
Infos zu den über 700 Raststätten und Tankstellen an deutschen
Autobahnen.

clever-tanken.de   **www.clever-tanken.de**

VERKEHR

Taxen

Taxi.de
info@taxi.de

www.taxi.de
Deutschlandweite, kostenlose Taxi-Suche, Taxi-Online-Bestellung und Fahrtenvermittlung für Taxiunternehmer.

TÜV

TÜV NORD Gruppe
info@tuev-nord.de

www.tuev-nord.de
Infos zum EU-Führerschein, eine Auflistung der TÜV-Stationen und aktuelle Preise und Gebühren. Mit Online-Terminvereinbarung.

TÜV SÜD
info@tuev-sued.de

www.tuev-sued.de
Internet-Portal für Verbraucher und Unternehmen mit Infos und Tipps zu Autos, Fahrzeugen, Führerschein und Weiterbildung.

Verkehrsrecht & Verkehrsanwälte

Siehe auch

Bußgelder & Strafzettel

Verkehrsanwaelte.de
dav@anwaltverein.de

www.verkehrsanwaelte.de
Verzeichnis der örtlichen Verkehrsanwälte, Tipps zur Vorgehensweise beim Verkehrsunfall und aktuelle Urteile.

Yelp   **www.yelp.de**

yelp

| Finde | Currywurst, Brunch-Buffet, Italienisch | Wo | Berlin | 🔍 | **Registrieren** |

Home   Mein Profil   Beitrag schreiben   Freunde suchen   Nachrichten   Forum   Events   **Anmelden**

Mit Yelp findest du die coolsten neuen Geschäfte in deiner Umgebung!

Bei Yelp tauscht ihr euch darüber aus, wo man am besten isst, einkauft, ausgeht, sich erholt oder austobt. Hier gibt's für jeden die passende Antwort auf die Frage, Ist das der richtige Ort für mich?

Erstelle dein gratis Konto!

Jetzt auch von unterwegs yelpen

Frankfurt am Main   Hamburg   Köln   München

Mehr Städte

Best of Yelp: Berlin

¶ **Restaurant**
8.753 Beiträge

♦ **Essen & Trinken**
5.512 Beiträge

Y **Nightlife**
2.367 Beiträge

🛍 **Shopping**
7.446 Beiträge

Y **Bar**
1.900 Beiträge

¶ **Café**
1.403 Beiträge

¶ **Deutsches Restaurant**
950 Beiträge

¶ **Italienisches Restaur...**
1.202 Beiträge

✂ **Gesundheit & Ärzte**
3.809 Beiträge

✂ **Beauty & Wellness**
2.345 Beiträge

⚲ **Lokale Dienstleistung**
1.653 Beiträge

✂ **Handwerk**
1.243 Beiträge

🚗 **Auto & Motorrad**
1.053 Beiträge

▼ **Mehr Kategorien**

Shopping   Mehr

1. ZebraClub
★★★★★ 18 Beiträge
Ein toller Laden, Streetwear vom Feinsten.

2. Snuggery - DaWanda Show Room
★★★★☆ 40 Beiträge
Die Online-Plattform bietet allen eine Heimat, die ihre...

3. Dussmann das KulturKaufhaus
★★★★☆ 165 Beiträge
Auch werden Bücher abseits des Mainstreams gut präsentiert.

4. Overkill Shop
★★★★☆ 21 Beiträge
außerdem gibts hier geile klamotten und streetwear vom feinsten.

5. Flohmarkt am Mauerpark
★★★★☆ 135 Beiträge
Sonntag mauerpark Flohmarkt und Makrele ist Pflichtprogramm.

Yelp-News

James B. hat ein Foto für Müggelsee Terrassen - Restaurant Rübezahl geknipst   Vor 1 Minute

---

Beitrag des Tages

Christiane B. hat einen Beitrag geschrieben: **Curry Baude**
★★★★☆

Dank Tom habe ich nun auch mal meine erste Wurst bei der Curry Baude genießen dürfen. Ich habe noch vor meiner Bestellung das Treiben etwa 15 Minuten beobachtet, bevor ich mich angestellt habe.... Weiterlesen

Archiv

Yelp unterwegs

Hol' dir die Yelp App für's Handy. Die App ist kostenlos und hilft dir dabei tolle, lokale Geschäfte ausfindig zu machen.

Jetzt kostenlos holen

Beliebte Events

Gelato World Tour
Freitag, 22. Aug, 18:00 – Sonntag, 24. Aug, 18:00
14 sind interessiert

Sustainability Drinks Berlin
Morgen, 21. Aug, 19:00
5 sind interessiert

Sustainability Drinks Berlin #5
Morgen, 21. Aug, 19:00
3 sind interessiert

Weitere Events

Die aktuellsten Listen

Eventualitäten!
Leute, das hat echt Spaß gemacht!!

Coffee shops in Berlin
Favourite Coffee Places in Berlin

Berliner Burger
Wo gibt's den besten Burger der Bundeshauptstadt?

Weitere Listen

Heute im Forum

Berlin ißt Eis!
Essen & Trinken
Vor 41 Minuten

Unsere Yelp Events im September 2014
Events
Vor 3 Stunden

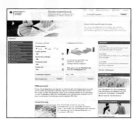

www.foerderdatenbank.de

Förderdatenbank

Wussten Sie schon, dass Ihre geplante Weiterbildung staatlich gefördert werden kann? Informieren Sie sich über mögliche Förderprogramme von Bund, Ländern und der EU für Unternehmen, Verbände, Kommunen und Privatpersonen. Hier gibt es einen Förderassistenten, der diese Möglichkeiten individuell für Sie auslotet – einfach ein paar Fragen zu Ihren Plänen beantworten und schon sind Sie informiert. Zudem gibt es viele Tipps und Hinweise rund um das Thema Finanzen und Finanzplanung. Auch aktuelle Nachrichten halten Sie über die neuesten Bestimmungen auf dem Laufenden. Wagen Sie den Schritt und informieren Sie sich über Ihre persönlichen Fördermöglichkeiten!

www.yelp.de

Yelp

Sie sind auf der Suche nach einem günstigen Restaurant mit gutem Service und noch besserem Essen? Wollen Sie wissen, wo in Ihrer Region die beste Cocktail-Bar oder der gemütlichste Biergarten ist? Sie suchen einen zuverlässigen Handwerker, der schnell Ihr Badezimmer umbaut? Yelp bietet Ihnen die besten Adressen, Dienstleister und Treffpunkte einer Stadt, die von Usern für User empfohlen wurden. Bewerten Sie den neuen Italiener um die Ecke oder den Biomarkt nebenan. Finden und zeigen Sie das Beste in Ihrer Stadt!

www.juraforum.de

Juraforum.de

Verfällt die strafrechtliche Haftung bei irreführenden Verkehrsschildern? Ist eine Mieterhöhung nach Modernisierung auch ohne Ankündigung erlaubt? Ist ein Ehevertrag unumgänglich? Dieser Treffpunkt für Rechtsinteressierte, Jura-Studenten und Juristen beantwortet Fragen aus den Bereichen Verkehrs-, Arbeits-, Miet-, Internet-, oder Steuerrecht. Passende Fachanwälte in Ihrer Nähe finden Sie über die Beratersuche. Täglich werden außerdem Urteile und Entscheidungen im Originalwortlaut veröffentlicht und aktualisiert. Im Rechtslexikon können zusätzlich juristische Grund- und Fachbegriffe wie „Eventualvorsatz" oder „Kameralistik" nachgeschlagen werden.

www.kennstdueinen.de

KennstDuEinen.de

Sie suchen einen kompetenten Handwerker, einen pünktlichen Brötchenbringer oder einen zuverlässigen Versicherungsmakler in Ihrer Stadt? Ob die gewünschte Dienstleistung den Erwartungen entspricht, erfährt man leider meistens erst hinterher. Guter Rat muss dabei nicht immer teuer sein! Auf Kennstdueinen.de können Kunden gute Dienstleister empfehlen und kritisieren oder selbst nach Adressen von Ärzten, Finanzberatern oder Sprachschulen suchen und dabei vom Wissen der Nutzer profitieren. Besonders hilfreich: Mit einem Klick können Sie sogar den Bewerter kontaktieren und sich von der Glaubwürdigkeit seiner Rezension überzeugen.

www.blauarbeit.de

blauarbeit.de

Die Waschmaschine ist kaputt, das Dach muss saniert werden und der Rasen steht auch noch an? Dann machen Sie Schluss mit dem lästigen Suchen in den Gelben Seiten und drehen Sie den Spieß mal um. Hilfe kommt nämlich direkt zu Ihnen nach Hause, wenn Sie Ihren Auftrag einfach auf blauarbeit.de ausschreiben. Dienstleister, Handwerker, Freiberufler und Unternehmen aller Art suchen jetzt nach Ihnen und unterbieten sich in ihren Preisen gegenseitig, um von Ihnen „ersteigert" zu werden! So ergattern Sie den günstigsten Preis, während Dienstleister selbst über die Vergütung ihrer Arbeit entscheiden und vielleicht sogar wertvolle Neukunden gewinnen können.

www.firmenwissen.de

Firmenwissen

Ihre Firma hat einen großen Millionenauftrag an Land gezogen, aber Sie wissen kaum etwas über den Auftraggeber? Wenn Sie sicher sein möchten, dass Ihr neuer Geschäftspartner auch wirklich solvent ist, sollten Sie auf diesem Portal vorbeischauen, denn hier finden Sie alle verfügbaren Unternehmensinfos auf einen Blick. Angefangen von der kostenfreien Auskunft zu Anschrift, Telefonnummer und E-Mail-Adresse bis hin zu kostenpflichtigen Daten wie Umsatz, Jahresabschlüsse, Kreditwürdigkeit und Geschäftsführer, erhalten Sie hier Angaben zu jeder Firma in Deutschland, Österreich, Schweiz und Luxemburg und somit das gewünschte Hintergrundwissen.

www.wer-zu-wem.de

wer-zu-wem.de

Ein umfassendes Branchenverzeichnis mit Adressen und direkten Links zu den Homepages der größten und wichtigsten deutschen Unternehmen. Zu Einzelhändlern, Dienstleistern und Vertreibern von Markenartikeln gibt es ausführliche Profile. Wer sich über die größten Marktführer, Unternehmensgruppen oder Versandhändler aller Bereiche von Auto- und Lebensmittelherstellern bis hin zur Bau- oder Möbelindustrie informieren möchte, muss keine Suchmaschinen mehr mühsam durchforsten, sondern wird in diesem sehr übersichtlichen Register schnell fündig. Außerdem gibt es eine kostenlose Liste der No-Name-Produkte und wer sich dahinter verbirgt.

www.auma.de

AUMA e. V.

Wollten Sie schon immer zur Kosmetikmesse nach Mexiko? Diese Seite bietet alle Messedaten im In- und Ausland. Sie können außerdem die aktuellen Messen der Woche, Informationen zu Messestandorten, -planung und -förderung sowie zu Verbänden und Organisationen rund um die Messe abfragen. Wenn Sie sich mit Messeveranstaltern in Verbindung setzen möchten, dann erhalten Sie hier die entsprechenden Kontakte. Die Deutsche Messebibliothek bietet zudem Recherchemöglichkeiten und zahlreiche Zeitschriften zum Thema an. Ob Sie Messeteilnehmer oder -besucher sind, hier gibt es alle Antworten vielseitig und kompakt.

Branchenverzeichnisse & Firmenbewertungen

Business Branchenbuch
info@business-branchenbuch.de

www.business-branchenbuch.de
Business Branchenbuch Deutschland kombiniert die Funktionen eines klassischen Branchenbuches mit denen eines Marktplatzes. Durch die Erweiterung mit Produkt/Leistungsangeboten, News, Pressethemen bis hin zu Gutscheinen und Bewertungen erlaubt es damit eine Rund-um-Sicht auf Unternehmen.

dialo
info@dialo.de

www.dialo.de
Online-Auskunft für Deutschland mit Bewertungsmöglichkeit.

● FirmGo
wab@firmgo.de

www.firmgo.de
Bei FirmGo findet man Firmenbewertungen und kann zudem seine eigenen Lieblingsfirmen vorschlagen oder bewerten. So erfährt man, welche Erfahrungen andere User mit bestimmten Firmen, Unternehmen oder Einrichtungen gemacht haben. Im FirmGo Tipp werden besonders empfehlenswerte Firmen vorgestellt.
(Siehe Abbildung)

GelbeSeiten
info@gelbe-seiten-marketing.de

www.gelbeseiten.de
Firmensuchmaschine, die Postadressen und Rufnummern anzeigt, mit Extrasuche im Nahbereich oder dem Branchenfinder.

golocal
info@golocal.de

www.golocal.de
Bewertungen von Restaurants, Ärzten, Handwerkern und Werkstätten.

Ortsdienst
info@ortsdienst.de

www.ortsdienst.de
Branchenportal und Behördenauskunft mit Adressen, Kontaktdaten, Öffnungszeiten und Telefonnummern.

Yelp

www.yelp.de
Yelp ist ein Städte-Guide, bei dem man die Geschäfte oder Dienstleister seiner Stadt bewerten und kommentieren kann.

FirmGo   **www.firmgo.de**

Stadtbranchenbuch
deutschland@opendi.com

www.stadtbranchenbuch.com
Stadtbranchenbuch ist eines der meistgenutzten Bewertungsportale. Über 170.000 Bewertungen helfen bei der Auswahl eines lokalen Anbieters. Mehr als eine halbe Million Firmen haben eine Kurzbeschreibung hinterlegt. Dadurch wird Stadtbranchenbuch zum praktischen Ersatz für die gedruckten Branchenbücher.

wer-zu-wem.de
kontakt4@wer-zu-wem.de

www.wer-zu-wem.de
wer-zu-wem.de ist eine der größten deutschen Firmendatenbanken mit Informationen zu Eigentümerstrukturen und Konzernverflechtungen. Darüber hinaus gibt es eine Liste von No-Name-Produkten von dem aus dem TV (ARD, ZDF, SAT1, RTL, PRO7, WDR, SWR) bekannten Markendetektiv Stefan Duphorn.
(Siehe Abbildung)

Buchhandel & Verlage

AdB Online

www.adb-online.de
Adressen finden: 7.500 Buchhandlungen, 24.000 Verlage und Auslieferungen in Deutschland, Österreich und der Schweiz.

boersenblatt.net
boersenblatt@mvb-online.de

www.boersenblatt.net
Online-Magazin und Debattenforum für den deutschsprachigen Buchhandel.

Business to Business

„Wer liefert was?"
info@wlw.de

www.wlw.de
Lieferantensuchmaschine für Produkte und Dienstleistungen mit kostenlosen aktuellen Informationen und Kontaktdaten.

brainGuide
service@brainguide.com

www.brainguide.de
Das Expertenportal der Wirtschaft bietet die kostenfreie Recherche nach dem Fachwissen von Top-Experten.

wer-zu-wem.de   **www.wer-zu-wem.de**

digitalnext.de
info@twt.de

www.digitalnext.de
Informationsblog für die digitale Wirtschaft.

Europages
info@europages.com

www.europages.de
Das europaweite Branchenverzeichnis bietet die Möglichkeit zur Suche nach Land, Region, Firmenname oder Tätigkeit.

IndustryStock.com
anfrage@industrystock.com

www.industrystock.de
Hier wird man fündig, wenn man passende Hersteller und Händler für ein gewünschtes Produkt oder eine Dienstleistung sucht.

KäuferPortal
info@kaeuferportal.de

www.kaeuferportal.de
Beschaffung von preiswerten gewerblichen Produkten und Dienstleistungen für Mittelständler und Freiberufler.

Kompass
mail@kompass-info.de

www.kompass.com
Ein Branchenführer, der für fast jeden Bedarf einen Firmeneintrag mit Infos zu Unternehmen und Produkten findet.

Seibt
info@seibt.com

www.seibt.com
Industrieinformationsportal: Produkte und Quellen für Oberflächen-, Industrie-, Medizin-, Umwelt- und Verpackungstechnik.

Techniksuchmaschine SJN
email@sjn.net

www.sjn.de
Verzeichnis mit über vier Millionen Dienstleistern und Herstellern aus Industrie und Handwerk aus Deutschland und Europa.

VDMA-Products
verlag@vdma-verlag.de

www.vdma-products.com
Die Datenbank des Maschinen- und Anlagebaus listet Lieferanten, Dienstleister, Produkte und Firmeninfos zu Unternehmen.

Business to Business/Dienstleistungen

Web-Service- und Internet-Dienstleistungen
support@b2b-grosshaendleradressen.de
☎(089) 2421 6979

www.b2b-grosshaendleradressen.de
B2B-Grosshaendleradressen.de ist der Internet-Dienstleister für Gewerbetreibende und Online-Gründer. Auf dieser Seite findet man Händleradressen für Rest- und Sonderposten sowie Dropshipping-Lieferanten. Ebenso Profi-Shopsoftware mit individuellem Design für den eigenen Webshop mit Webhosting mit Domain.
(Siehe Abbildung)

Business to Business/Restposten & Großhandel

B2B-Zentrum
info@b2b-zentrum.de

www.b2b-zentrum.de
B2B-Zentrum ist ein Marktplatz für gewerbliche Großhändler, Wiederverkäufer, Einzel- und Restpostenhändler und Importeure.

RESTPOSTEN.de
info@restposten.de

www.restposten.de
B2B-Handelsplattform für Restposten, Sonderposten, Lagerüberhänge, Insolvenzgüter sowie Aktionswaren und Trendartikel.

Restposten24
info@restposten24.de

www.restposten24.de
Restposten24 ist mit über 36.000 Händlern der B2B-Marktplatz für Restposten, Neuware und überschüssige Wirtschaftsgüter.

Zentrada.de
info@zentrada.de

www.zentrada.de
Großhandels-Marktplatz für Trendartikel, Sortiments- und Aktionswaren mit 100.000 gewerblichen Mitgliedern.

Businesskontakte

LinkedIn

www.linkedin.com
Austauschplattform für Ideen, Informationen und Angebote speziell für Führungs- und Fachkräfte.

salambc.com
info@salambc.com

www.salambc.com
Mit dem Geschäftsnetzwerk für die arabische, asiatische und muslimische Welt Jobs, neue Kunden und Kontakte finden.

XING

www.xing.com

Das Business-Netzwerk XING vermittelt Kontakte für Geschäft, Beruf und Karriere weltweit in 16 Sprachen.

Dienstleistungen

blauarbeit.de
support@portalunited.com

www.blauarbeit.de

Welcher Handwerker macht's billiger? Aufträge kostenlos und völlig unverbindlich an den günstigsten Betrieb versteigern.

eventmanager.de
mail@eventmanager.de

www.eventmanager.de

Portal für die Eventmanagement-Branche: Agenturen, Produktionsfirmen, Catering und Veranstaltungstechnik.

KennstDuEinen.de

www.kennstdueinen.de

Bei KennstDuEinen.de werden Dienstleister und Profis von anderen Kunden bewertet.

MyHammer
service@myhammer.de

www.myhammer.de

Portal für Handwerks- und Dienstleistungsaufträge aller Art. Dienstleister können nur gegen Gebühr Angebote abgeben.

Rent A Rentner
info@rentarentner.de

www.rentarentner.de

Bei Rent a Rentner können Rentner ihre Unterstützung in verschiedensten Tätigkeitsbereichen anbieten.

Dienstleistungen/Bürodienstleistungen

mein-virtuellerassistent.com
kontakt@mein-virtuellerassistent.com

www.mein-virtuellerassistent.com

Qualifizierte Assistenten auf der ganzen Welt unterstützen übers Internet bei Backoffice- und Marketing-Tätigkeiten.

Dienstleistungen/Detekteien

detekteien-verzeichnis.de

www.detekteien-verzeichnis.de
Bundesweites Branchenverzeichnis für Detektive und Sicherheits-
dienste.

Dienstleistungen/Grafik, Design & Gestaltung

12designer.com
team@12designer.com

www.12designer.com
Hier kann man Designaufträge vergeben. Mehrere Designer gestalten Entwürfe, nur der beste Entwurf wird bezahlt.

Die Illustratoren
kontakt@illustratoren.de

www.illustratoren.de
Illustratoren-Verzeichnis mit Arbeitsproben. Den passenden Illustra-
tor finden und eine Auftragsanfrage schicken. **(Siehe Abbildung)**

grafiker.de
mail@grafiker.de

www.grafiker.de
Auf dem Kontaktnetzwerk für Kreative findet man Ausschreibungen und Showcases.

Dienstleistungen/Kurierdienste

Anyvan
info@anyvan.de

www.anyvan.de
Auf dem Online-Marktplatz für Speditionsangebote kann man Ku-
rierdienste und Transporte in Auftrag geben.

Dienstleistungen/Schornsteinfeger

Schornsteinfeger.de
ziv@schornsteinfeger.de

www.schornsteinfeger.de
Hier findet man seinen zuständigen Schornsteinfeger sowie Infos
und Antworten rund um die Säuberung der Heizungsanlage.

Die Illustratoren   **www.illustratoren.de**

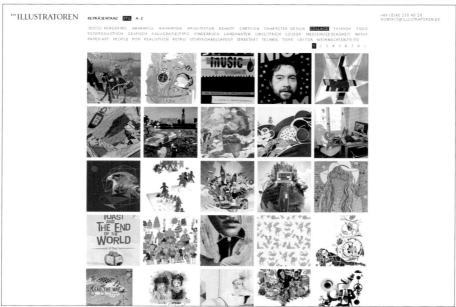

Dienstleistungen/Übersetzer & Dolmetscher

**Bundesverband der Dolmetscher
und Übersetzer e. V.**
info@bdue.de

www.bdue.de
Für fast alle Sprachen kann man hier online nach Dolmetschern
und Übersetzern mit nachgewiesener Qualifikation suchen.

Dolmetscher.NET
team@sprachmittler-truu.de

www.dolmetscher.net
Internationales Verzeichnis mit Dolmetschern und Übersetzern
für mehr als 70 Sprachen.

justiz-dolmetscher.de
Dolmetscherdb@olg.justiz.hessen.de

www.justiz-dolmetscher.de
Deutschlandweite Datenbank der Landesgerichte mit allen offiziellen Dolmetschern und Übersetzern für verschiedene Sprachen.

TEXTpark
info@textpark.de

www.textpark.de
Genaue Fachübersetzungen in über 50 Sprachen, von 820 Übersetzern aus 154 Fachgebieten.

Elektronik

Elektroniknet

www.elektroniknet.de
Aktuelle Nachrichten und Produktneuigkeiten aus dem Bereich
der Elektronik.

● **RoboterNetz**
webmaster@roboternetz.de

www.roboternetz.de
Technik-Community für Robotik, Elektronik und Microcontroller mit
Quiz, Videos und großer Wissensdatenbank. **(Siehe Abbildung)**

Export & Außenhandel

Deutsche Exportdatenbank, Die
info@sachon.de

www.deutsche-exportdatenbank.de
35.000 exportorientierte Hersteller und Dienstleister von Produkten und Leistungen „Made in Germany".

RoboterNetz　　　　　　　　　　　　　　　　　　　**www.roboternetz.de**

Formulare & Verträge

AVERY Zweckform Formulare

formulare.avery-zweckform.com
Im Formularportal sind rechtlich geprüfte Vorlagen und Formulare für den privaten und geschäftlichen Bereich erhältlich.

Formblitz.de
info@formblitz.de

www.formblitz.de
Das Formularportal bietet kostenpflichtige Musterbriefe, Musterverträge und Formulare für jeden Anlass.

Gastronomiebedarf

Hotelwäsche Erwin Müller
service@hotelwaesche.de
☎(0800) 628 84 50

www.hotelwaesche.de
Einkäufer aus Gastronomie und Hotellerie finden hier ein großes Angebot an Textilien für den Hotelbedarf sowie für die Bereiche Catering und Gastronomie. Das Sortiment enthält Tischdecken, Servietten, Geschirrtücher, Bettwäsche, Laken, Bademäntel, Duschvorhänge sowie Stuhlkissen und Bankauflagen. **(Siehe Abbildung)**

JOBELINE
service@jobeline.de
☎(0800) 628 84 50

www.jobeline.de
JOBELINE Berufsmode bietet Gastronomen und Servicekräften innovative Bekleidungsstücke von klassisch über traditionell bis modern. Ob funktionelle Kochbekleidung, bequeme Servicebekleidung oder Qualitätstrachtenmode, hier lässt sich für jeden Zweck die passende Kleidung finden. **(Siehe Abbildung)**

VEGA Gastronomiebedarf
service@vega-direct.com
☎(0800) 2 332 262

www.vega-direct.com
Auf der Plattform für den Verkauf von Gastronomie-, Catering- und Hotelbedarf sind alle erdenklichen Artikel erhältlich: Bestecke, Porzellan, Geschirr, Gläser, Möbel, Tischdecken und Dekorationsartikel, Barbedarf, Tabletts, Speisekarten, Tafeln, Aufsteller, Leuchten sowie Küchenausstattung und Kochgeräte. **(Siehe Abbildung)**

Hotelwäsche Erwin Müller　　　　　**www.hotelwaesche.de**

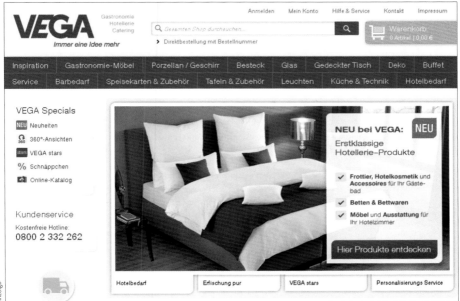

Geschäftsberichte & Unternehmensberichte

geschaeftsberichte-portal.de
info@geschaeftsberichte-portal.de

www.geschaeftsberichte-portal.de
Investor Relations Fachportal mit Unternehmensberichte-Datenbank und Informationen zur Unternehmenspublizität.

Handel

Der Handel
crescenti@derhandel.de

www.derhandel.de
Nachrichten und Berichte über aktuelle Entwicklungen in der Handelsbranche. Mit Dossiers, Messeplaner und Blog.

handelsdaten.de
kundenservice@handelsdaten.de

www.handelsdaten.de
Große Datenbank zur Handelsbranche. Hier erhält man Kennzahlen und Statistiken zu Trends und Entwicklungen im Handel.

Handelsregister & Firmenauskünfte

Auszug aus dem Handelsregister
mail@auszug-handelsregister.info

www.auszug-handelsregister.info
Lieferung der originalen Handelsregisterauszüge aller bundesweiten Amtsgerichte per E-Mail oder auf dem Postweg.

Elektronischer Bundesanzeiger

www.bundesanzeiger.de
Plattform für zentrale Veröffentlichungen. U. a. Jahresabschlüsse und Bekanntmachungen offenlegungspflichtiger Unternehmen.

Firmenwissen
info@firmenwissen.de

www.firmenwissen.de
Bei Firmenwissen kann man online rund 170.000 Jahresabschlüsse von rund 62.000 Unternehmen abrufen: Bilanzen, GuV.

GENIOS
info@genios.de

www.genios.de
Online-Wirtschaftsinformationen: Firmen- und Personeninformationen, Handelsregister-Bekanntmachungen, Presse, Fachpresse.

Handelsregister.de
poststelle@jm.nrw.de

www.handelsregister.de
Das Handelsregister, das Vereinsregister, die Registerbekanntmachungen und das Partnerschaftsregister.

kompany
office@kompany.com

www.kompany.de
Kostenpflichtige Anforderung von Firmenprofilen, Handelsregisterauszüge und Bonitätsauskünfte internationaler Firmen.

Unternehmensregister.de
service@bundesanzeiger.de

www.unternehmensregister.de
Zugang zu sämtlichen gesetzlich vorgegebenen Unternehmensinformationen.

Handwerk

Deutsche Handwerks Zeitung

www.deutsche-handwerks-zeitung.de
Das Portal der Deutschen Handwerks Zeitung informiert über die Themen Wirtschaft, Betrieb und Politik.

Handwerkermarkt.de
kontakt@handwerkermarkt.de

www.handwerkermarkt.de
Informationen und Nachrichten für Handwerker zu den Themen Arbeit, Weiterbildung, Veranstaltungen, Beruf und Produkte.

handwerksblatt.de
info@verlagsanstalt-handwerk.de

www.handwerksblatt.de
Infos und Service für den Mittelstand, Überblick zu Meisterschulen, Handwerkslexikon, Azubitests sowie Insolvenz-Infos.

Zentralverband des deutschen Handwerks
info@zdh.de

www.zdh.de
Infos zu Gewerbeförderung, Steuern, Tarifpolitik sowie ein Überblick über die Organisationen des deutschen Handwerks.

Insolvenzen

Insolvenzbekanntmachungen.de

www.insolvenzbekanntmachungen.de
Auf diesem Portal kann man einsehen, welche Firmen oder Privatpersonen Insolvenz angemeldet haben.

Insolvenzrecht.info
info@insolvenzrecht.info

www.insolvenzrecht.info
Fachportal zum Thema Insolvenz, mit Sanierungskonzepten, Rechtsberatung und aktuellen Urteilen.

Sanierungsportal
info@sanierungsportal.de

www.sanierungsportal.de
Im Insolvenzfall bietet das Sanierungsportal für Unternehmen konkrete Beratungs- und Hilfsangebote.

Labore

analytik.de
info@analytik.de

www.analytik.de
Die Adresse für Analytiker, Chemiker und Labormanager. Aktuelle Branchenmeldungen, Jobbörse und ein Diskussionsforum.

Labo.de
info@weka-businessmedien.de

www.labo.de
Das Online-Portal für Labortechnik und Life-Sciences.

Managementportale

● **Business-wissen.de**
info@business-wissen.de

www.business-wissen.de
Plattform mit Werkzeugen für Organisation und Management. Manager und Mitarbeiter finden hier Anleitungen, Checklisten, Arbeitsvorlagen für jeden Aufgabenbereich. Mit fertigen Word-, Powerpoint- und Excel-Dateien kommt man einfach und schnell zu guten Arbeitsergebnissen oder zu einem schlüssigen Konzept.
(Siehe Abbildung)

Business-wissen.de   **www.business-wissen.de**

Marken- & Produktinfos

Markenlexikon.com
info@markenlexikon.com

www.markenlexikon.com
Umfangreiches Markenportal mit Markenwissen von A bis Z: Markenexperten, Markenglossar sowie Fachbeiträge als Download.

Markenschutz & Patentschutz

Deutsches Patent- und Markenamt

www.dpma.de
Informationen zu Schutzrechten, Recherchemöglichkeiten in den DPMA-Datenbanken, Download von Formularen.

Marketing & Vertrieb

LEAD digital
redaktion@lead-digital.de

www.lead-digital.de
Tipps, Berichte, Prognosen und Rankings für erfolgreichen E-Commerce und Infos zum Online-Marketing.

marconomy

www.marconomy.de
Der Media-Treffpunkt für Marketing-Profis.

marketing-BÖRSE
info@marketing-boerse.de

www.marketing-boerse.de
Großes Dienstleisterverzeichnis für Marketing mit rund 17.000 Anbietern und Produkten. Der Basiseintrag ist kostenlos.

ONEtoONE
info@jsdialog.de

www.onetoone.de
Nachrichten aus der Marketing- und Medienbranche.

Onlinemarketing-Praxis
info@onlinemarketing-praxis.de

www.onlinemarketing-praxis.de
Tipps und Praxiswissen für ein erfolgreiches und individuelles Online-Marketing mit Checklisten und Fallbeispielen.

vertriebsnachrichten.de
redaktion@vertriebsnachrichten.de

www.vertriebsnachrichten.de
Portal für Vertriebsnachrichten. Die wichtigsten und wirksamsten Tipps aus Marketing und Vertrieb für die Praxis aufbereitet.

Marktforschung

Marktforschung.de
info@marktforschung.de

www.marktforschung.de
Das Portal für Marktforschung, Studien, Institute und Beratung.

Messen

AUMA e. V.
info@auma.de

www.auma.de
Der AUMA bietet Informationen rund um die Messewirtschaft wie auch die kostenfreie Nutzung der Messedatenbanken – weltweit.

ExpoDataBase - Messesuche weltweit
mua@dfv.de

www.expodatabase.de
Messen suchen, finden, speichern: Weltweit über 15.000 Messen und Termine. Mit Checklisten für den Messeauftritt.

Messen.de
info@messen.de

www.messen.de
Kostenlose Suche nach Messen mit allen relevanten Informationen wie Termine, Angebot und Eintrittspreise.

Mittelstand

Deutsche Handwerks Zeitung
info@deutsche-handwerks-zeitung.de

www.deutsche-handwerks-zeitung.de
Die Wirtschaftszeitung für den Mittelstand und offizielles Mitteilungsorgan von 23 Handwerkskammer.

MittelstandDirekt
kontakt@vr-networld.de

www.mittelstanddirekt.de
Infos zu Recht, Steuern, Finanzierungshilfen sowie zur Gründung und Förderung von Unternehmen.

MittelstandsWiki.de
redaktion@mittelstandswiki.de

www.mittelstandswiki.de
Das Know-how-Portal für Unternehmer bietet aktuelle Meldungen aus der Wirtschaft.

Multimedia

Interactive Business Net
info@hightext.de

www.ibusiness.de
Aktuelle News und Trends, Stellenmarkt und Verzeichnis für deutschsprachige Multimedia-Dienstleister.

Patente & Erfindungen

COPAT
copat@copat.de

www.copat.de
Umfangreiches Portal zum gewerblichen Rechtsschutz. Aktuelle Nachrichten, Gesetzestexte, Lexikon des gewerblichen Rechtsschutzes. Erfinderleitfaden und Lehrprogramme zu Innovationen, Patenten, Marken und Design. Patent- und Marken-Datenbanken im Internet sowie neueste Fachaufsätze. COPAT-Markengenerator.
(Siehe Abbildung)

Erfinderprofi

www.erfinderprofi.de
Großes Portal für Erfinder: Blogs, Präsentation von Erfindungen, Erfindervideos und ein Erfinderwiki.

Google Patentsuche

www.google.com/patents
In dieser Datenbank befinden sich sieben Millionen Patente aus den USA von 1790 bis heute.

patent-net.de
office@erfinderhaus.de

www.patent-net.de
Der Marktplatz für Ideen, Erfindungen und Patente bringt Erfinder und Investoren zusammen.

tchibo-ideas.de

www.tchibo-ideas.de
Vorstellung von Alltagsproblemen, für die Mitglieder im Rahmen eines Ideenwettbewerbes eine Lösung präsentieren können.

COPAT
www.copat.de

Recht/Allgemein

123recht.net
info@123recht.net

www.123recht.net
Rechtsberatungsportal mit juristischen Ratgebern, Nachrichten und Foren für Experten und Rechtsinteressierte.

Forum Deutsches Recht
info@recht.de

www.recht.de
Über 50 Foren zu den verschiedenen juristischen Fachgebieten. Mit Anwaltsverzeichnis.

Juraforum.de

www.juraforum.de
Das Portal für Recht bietet neben einem Suchservice für Rechts- und Fachanwälte ein großes Forum, Urteile und Gesetze.

Legal Tribune ONLINE
info@lto.de

www.lto.de
Juristisches Nachrichtenportal mit der neuesten Rechtspre- chung, Branchennews sowie Hintergründen zu Recht und Gesetz.

Recht/Rechtsanwälte

anwalt.com
info@arenonet.com

www.anwalt.com
Rechtsanwälte finden, Rechtsberatung am Telefon sowie Online- Rechtsberatung bietet anwalt.com.

anwalt.de
info@anwalt.de

www.anwalt.de
Das Rechtsinformationsportal bietet ein umfangreiches Anwalts- verzeichnis, mit dessen Hilfe die Suche eines Anwalts vor Ort in allen denkbaren Rechtsgebieten ermöglicht wird. Ergänzt wer- den die Services für Rechtsratsuchende durch E-Mail- und tele- fonische Rechtsberatung sowie einer Vielzahl an Rechtstipps.
(Siehe Abbildung)

anwalt24.de
info@anwalt24.de

www.anwalt24.de
Datenbank mit über 76.000 Rechtsanwälten, von Anwälten ver- fassten Fachartikeln und News rund ums Recht.

rechtsanwalt.com
info@arenonet.com

www.rechtsanwalt.com
Hier findet man deutschsprachige Rechtsanwälte, Kanzleien so- wie renommierte Business Law Firms in über 50 Ländern.

Sicherheit

Sicherheit.info
info@sicherheit.info

www.sicherheit.info
Online-Portal zu Themen der Sicherheit: Sicherheitstechnik, Wirt- schaftsschutz, Bewachungsgewerbe und private Sicherheit.

Subventionen & Fördermittel

Förderdatenbank
info@bmwi.bund.de

www.foerderdatenbank.de
Datenbank mit Förderprogrammen und Finanzhilfen des Bundes, der Länder sowie der EU.

Subventionen.de
webmaster@subventionen.de

www.subventionen.de
Portal mit Informationen zu den Themen öffentliche Fördermittel, Existenzgründung, Arbeitsplatzförderung und Investitionen.

Subventionsberater.de
info@subventionsberater.de

www.subventionsberater.de
Unabhängige und außergewöhnliche Information über EU-Förder- programme und wirtschaftliche Zusammenhänge.

Technik

Multimediaforum.de

www.multimediaforum.de
Alles zu Multimedia, TV, SAT Receiver und Smartphones im Fo- rum.

produktion.de
info@mi-verlag.de

www.produktion.de
Großes Informationsportal rund ums Thema Wirtschaft und Technik für die deutsche Industrie.

Techniker-Forum
webmaster@techniker-forum.de

www.techniker-forum.de
Das Techniker-Forum ist die Ressource für den staatlich geprüften Techniker im Internet.

vdi-nachrichten.com
info@vdi-nachrichten.com

www.vdi-nachrichten.com
Infoportal für Ingenieure: Aktuelles zu Technik, Wirtschaft, Gesellschaft, Karriere, Weiterbildung.

Telekommunikation/Mobilfunk & DSL

BASE
kundenservice@base.de

www.base.de
Handyverträge und Tarife für jedes Budget. Der Tarifberater findet schnell den passenden Tarif, mit oder ohne Vertrag.

E-Plus
kundenservice@eplus.de

www.eplus.de
Alle Infos und Services zu E-Plus, Kundenbetreuung online, günstige Tarife und alle neuen Handys im Online-Shop.

Informationszentrum Mobilfunk e. V. (IZMF)
info@izmf.de

www.izmf.de
Das Informationszentrum Mobilfunk ist Ansprechpartner bei allen grundsätzlichen Fragen zur mobilen Kommunikation.

O2 online

www.o2online.de
Das Kundenportal von O2 Germany bietet im Online-Shop Angebote und Tarife zu den Themen Handys, DSL, E-Mail und UMTS.

Open Signal Maps
hello@staircase3.com

www.opensignal.com
Wo steht der nächste Sendemast? Open Signal Maps liefert eine Kartographie der Mobilfunknetze.

anwalt.de　　　　　　　　　　　　　　　　　　　　　　　**www.anwalt.de**

T-Mobile
kundenservice@t-mobile.de

www.t-mobile.de
Handys und Zubehör mit Testberichten und Bedienungsanleitungen, Tarife und Kundenservice sowie Klingeltöne, Logos und SMS.

Vodafone
kontakt@vodafone.com

www.vodafone.de
Auskunft über Vodafone-Services für Privat- und Geschäftskunden mit abgestimmten Produktangeboten, Preisen und Tarifen.

Telekommunikation/Telefonauskunft

DasÖrtliche

www.dasoertliche.de
Telefonnummern und Adressen von Firmen und Privatpersonen.
(Siehe Abbildung)

GelbeSeiten
info@detemedien.de

www.gelbeseiten.de
GelbeSeiten online mit Schnellsuche, Nahbereichsuche und Branchen-Finder.

klickTel.de
info@klicktel.de

www.klicktel.de
Die Plattform für lokale Suche vernetzt Telefon- und Branchenbücher mit Routenplanung, dynamischen Karten und Luftbildern.

Telefonbuch, Das

www.dastelefonbuch.de
Das bundesweite Online-Kontaktdatenverzeichnis.

telefonbuch.com
kritik@telefonbuch.com

www.telefonbuch.com
Links zu Telefonverzeichnissen, Branchenverzeichnissen, Vorwahlen, Postleitzahlen aus aller Welt, deutsch und englisch.

Unternehmensmakler & Firmenverkäufe

Deutsche Unternehmensbörse
info@dub.de

www.dub.de
Börse, um Unternehmen zu kaufen und zu verkaufen oder einen Unternehmensnachfolger zu finden.

DasÖrtliche   **www.dasoertliche.de**

Firmenboerse
office@firmenboerse.com

www.firmenboerse.com
Kauf und Verkauf von Firmen in Deutschland, Österreich, der Schweiz und Italien. Die Firmen werden anonym angeboten.

UnternehmensBörse
info@unternehmensboerse-abos.de

www.unternehmensboerse-abos.de
Portal für Unternehmenskauf, -verkauf und -beteiligungen. Services von der Vorbereitung bis zum Verkaufsabschluss.

Verträge

aboalarm
info@aboalarm.de

www.aboalarm.de
Portal für die Kündigung von Abos und Verträgen. Es können Kündigungen direkt online geschrieben und versendet werden.

Werbeagenturen

Gesamtverband Kommunikationsagenturen
info@gwa.de

www.gwa.de
Suchmaschine für Agenturen, eine Jobbörse, themenbezogene Diskussionen, Literaturtipps und Brancheninfos.

Wirtschaftslexikon

Wirtschaftslexikon24.net
witherton@wirtschaftslexikon24.net

www.wirtschaftslexikon24.net
Großes Internet-Wirtschaftslexikon, das über 15.000 Fachbegriffe aus der Welt der Wirtschaft erklärt.

Wirtschaftsverbände

AHK - Deutsche Auslandshandelskammern
infocenter@dihk.de

ahk.de
Profil und Adressen der Deutschen Auslandshandelskammern (AHKs). Erste Adresse auf den Weltmärkten für deutsche Unternehmen. **(Siehe Abbildung)**

AHK - Deutsche Auslandshandelskammern   **ahk.de**

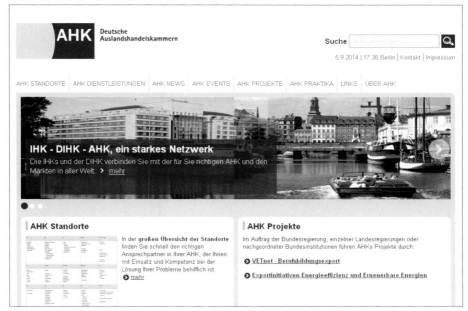

WIRTSCHAFT

BDA – Die Arbeitgeber
info@arbeitgeber.de

www.arbeitgeber.de
BDA – Der Spitzenorganisation der deutschen Wirtschaft gehören 51 Bundesfachspitzenverbände und 14 Landesvereinigungen an.

BDI
info@bdi.eu

www.bdi.eu
Wirtschaftspolitische Interessenvertretung der Industrie mit dem Ziel, die wirtschaftlichen Rahmenbedingungen zu verbessern.

Deutsches Verbände Forum
info@verbaende.com

www.verbaende.com
12.000 Adressen deutscher Verbände und Organisationen. Über 30.000 Pressemitteilungen im Nachrichtenbereich.

Industrie- und Handelskammertag
infocenter@dihk.de

www.dihk.de
Portal der IHK-Organisation in Deutschland, Infos zu Aus- und Weiterbildung, Standortpolitik und Starthilfe.

INDEX

Index

B

INDEX

INDEX

Index

INDEX

INDEX

Index

M

Index

INDEX

Index

INDEX

Die 19. Auflage des Web-Adressbuchs für Deutschland erscheint am 01. Oktober 2015.

Weitere Infos: www.web-adressbuch.de